Finanzplanfinanzierungen

Europäische Hochschulschriften
Publications Universitaires Européennes
European University Studies

Reihe II
Rechtswissenschaft

Série II Series II
Droit
Law

Bd./Vol. 4449

PETER LANG
Frankfurt am Main · Berlin · Bern · Bruxelles · New York · Oxford · Wien

Oliver Habighorst

Finanzplanfinanzierungen

Materielles Eigenkapital in der GmbH

PETER LANG
Europäischer Verlag der Wissenschaften

Bibliografische Information Der Deutschen Bibliothek
Die Deutsche Bibliothek verzeichnet diese Publikation in der Deutschen Nationalbibliografie; detaillierte bibliografische Daten sind im Internet über <http://dnb.ddb.de> abrufbar.

Zugl.: Heidelberg, Univ., Diss., 2006

D 16
ISSN 0531-7312
ISBN 3-631-55591-1

www.peterlang.de

Für

Iris

Vorwort

Die Fakultät für Rechtswissenschaften der Ruprecht-Karls-Universität Heidelberg hat die vorliegende Arbeit im Wintersemester 2005/2006 als Dissertation angenommen. Wesentliche Teile entstanden während meiner Zeit als wissenschaftlicher Mitarbeiter am dortigen Institut für deutsches und europäisches Gesellschafts- und Wirtschaftsrecht, danach während meiner Tätigkeit als Rechtsanwalt. Rechtsprechung und Literatur konnten weitestgehend bis März 2006 berücksichtigt werden.

Dank gebührt meinem Doktorvater Professor Dr. Dr. h.c. Peter Hommelhoff für seine Anregung des Themas und die Betreuung der Arbeit; besonderen Dank schulde ich auch Professor Dr. Christian Schubel für die Erstattung des Zweitgutachtens und für manch weitere Unterstützung.

Zu danken ist schließlich allen, die das Entstehen der Arbeit mit ihrem Interesse unterstützt haben. Allen voran meinen Eltern, die mir das Studium in jeder Hinsicht ermöglicht haben. Gewidmet ist die Arbeit meiner Frau Iris. Ihre Geduld war auf eine harte Probe gestellt.

Frankfurt am Main, Mai 2006 Oliver Habighorst

Inhaltsverzeichnis

Teil 1 Grundlagen der Unternehmensfinanzierung 1

I. Ziel der Untersuchung 1
- **1. Haftungsmasse** 2
  - a) Insolvenzgrund Überschuldung 3
  - b) Bedeutung im Insolvenzverfahren 4
- **2. Haftungsfonds** 4
  - a) Formelles Eigenkapital 5
  - b) Materielles Eigenkapital 6
  - c) Funktionelles Eigenkapital 7
- **3. Prüfungsgegenstand** 8
  - a) Gruppen materiellen Eigenkapitals 9
    - aa) Rangrücktrittsdarlehen 9
    - ab) Eigenkapitalersatz 9
    - ac) Finanzplanfinanzierungen 10
  - b) Relevante Sachverhalte 11
  - c) Gang der Untersuchung 13

II. Grundlagen der Fremdfinanzierung der GmbH durch ihre Gesellschafter 14
- **1. Vor- und Nachteile einer Gesellschaftsfinanzierung mit Gesellschafterdarlehen - Einführung** 14
  - a) Vorzüge einer Gesellschafterfremdfinanzierung aus der Sicht der Gläubiger 15
  - b) Vorzüge der Gesellschafterfremdfinanzierung aus der Sicht der Gesellschaft 17
    - ba) Vermeidung der Fremdbestimmung durch Dritte 18
    - bb) Erweiterte Vergabebereitschaft 20
    - bc) Erhaltung der Kreditfähigkeit und Schonung bestehender Kreditlinien 22
    - bd) Sanierungsbereitschaft 23
  - c) Vorzüge einer Gesellschafterfremdfinanzierung aus der Sicht der Mitglieder 24
- **2. Grundsätze der De-Finanzierung von Gesellschafterleistungen** 26
  - a) Fragestellung 26
  - b) Finanzierungsfreiheit 27
  - c) Kostenvergleich 29
  - d) Beteiligungsstabilität 30
  - e) Einkommensfunktion der Fremdfinanzierung 32
  - f) Optimierung der Finanzierungsstruktur 33
  - g) Steuerliche Optimierung 34

ga) Körperschaftsteuer 35
gb) Bewertungsgesetzabhängige Steuerarten 36
gc) Zusammenfassung 38
3. Risiken der Gesellschafterfremdfinanzierung 39
a) Darlehensfinanzierung und Finanzierungskompetenz 39
b) Gläubigergefährdung 39
III. Materielles Eigen- und Haftkapital 42
1. Bewertung 43
2. Bedürfnis für ein materiell-funktionelles Eigenkapital? 45
a) Anknüpfungspunkt: Befriedigungspotential 46
b) Rechtfertigungsdruck für materielles Eigenkapital 47
ba) Schutz durch Eigenkapital 47
bb) Gläubigerschutz durch Zwangsliquidation 49
bc) Krisenbezug 49
bd) Kritik am Überschuldungstatbestand 52
be) Effektivität des Überschuldungstatbestandes 52
c) Unzureichendes freies Gesellschaftsvermögen 52
ca) Bewertungsdifferenzen 53
cb) Insolvenzbezogene Wertansätze 54
cc) Zur Reichweite des Gläubigerschutzes durch den Überschuldungstatbestand; Einbeziehung von Gesellschafterdarlehen 55
IV. Ergebnisse 56
1. Befund 56
2. Weiterer Fortgang der Untersuchung 57

Teil 2 Gesplittete Einlagen 59

I. Abstrakte Übertragbarkeit auf die GmbH 59
1. Haftungsverfassung der KG 59
2. Haftungsverfassung der GmbH 60
3. Vergleich weiterer Gesellschafterleistungen an die KG und GmbH 60
4. Eigenkapital als materielles rechtsformunabhängiges Problem 62
II. Gesellschafterdarlehen als einlagengleiche Außenfinanzierung 64
1. Begriff des Einlagen-Splitting 67
2. Struktur des Einlagen-Splitting 67
3. Motivation für Einlagen-Splitting 68
4. Einlagengleiche Finanzierung: Akzeptanz der Motivation 68
5. Einlagengleiche Finanzierung in der GmbH 70
a) Grundannahme: Finanzierungsfreiheit 70
b) Grenze der Finanzierungsfreiheit 71
c) Schnittstelle zum objektiv-rechtlichen Kapitalersatzrecht 76

d) Zwischenergebnis ... 76

6. Gegenwärtiger Stand der Rechtsprechung zur „gesplitteten Einlage“ ... 77

III. Haftkapitalqualität qua Auslegung ... 80

1. Rechtsgeschäftlicher Ansatz ... 80

2. Auslegungs- und Gesamtwürdigungskonzept ... 81

a) Gesellschaftsrechtliche Gewährungspflicht ... 81

b) Gesamtwürdigung ... 82

ba) Abfindungs- und Liquidationsbefangenheit ... 82

bb) Bewertung ... 82

c) Auslegungskonzept der Rechtsprechung ... 83

d) Willenserklärung als Gegenstand der Auslegung ... 84

e) Prüfprogramm ... 84

3. Methodik der Rechtsgeschäftsauslegung ... 85

a) Grundlagen ... 85

b) Materielles Eigenkapital als Ergebnis einer Auslegung vertraglicher Vereinbarungen ... 91

c) Das Erfordernis der gesellschaftsvertraglichen Abrede ... 93

d) Grundannahme ... 94

e) Rechtsformverfehlende „Darlehensfinanzierung“ ... 96

f) Abgrenzung zu Rangrücktrittsabreden ... 98

fa) Bisheriger Stand der Entwicklung zum gewillkürten Rangrücktritt ... 99

fb) Rechtsfolgen - Konsequenzen ... 101

fc) Abgrenzung einlagengleicher Finanzierung zu Rangrücktrittsvereinbarungen ... 101

4. Rechtfertigung einer eigenständigen Haftkapitalkategorie einlagengleicher Finanzierung ... 104

5. Rechtsfolgen einlagengleicher Finanzierung ... 105

a) Grundlagen ... 105

b) Rechtsfolge: Aufhebung der Einlagenqualität ... 107

ba) Voraussetzungen der Enthaftung ... 109

bb) Individualvertragliche und verbandsrechtliche Elemente 109

(1) Individualvertrag ... 110

(2) Finanzierung auf der Grundlage des Gesellschaftervertrages oder eines Gesellschafterbeschlusses ... 111

bc) Objektiv-rechtliche Voraussetzungen der Enthaftung ... 113

bd) Kapitalbindung nach §§ 30, 31 GmbHG ... 114

be) Gläubigerschutz ohne objektiv-rechtliche Rechtfertigung ... 115

6. Verjährungsfragen ... 117

a) Grundlagen ... 118

b) Gleichwertigkeit von Auszahlung und Umwidmung; „Vermögensabfluss" durch Umwidmung ... 118
c) Fazit: Verjährung ... 119
d) Zwischenergebnis ... 120
e) Reichweite der Qualifizierung - Rechtsfolgen ... 121

7. Insolvenzhaftung ... 123
a) Rechtsfolgen bei Insolvenz ... 124
b) Ergebnisse ... 126
c) Ergebnisvergleich ... 126

8. Die Einzelerwägungen im Gesamtwürdigungskonzept ... 129
a) Bindung an die Mitgliedschaft ... 129
b) Langfristigkeit der Finanzierung ... 130
c) Erfolgsbezug der Gegenleistung ... 131
d) Einlagenspezifische Verwendung der Mittel ... 132
e) Unverzichtbarkeit für die Erreichung der Unternehmensziele ... 134
f) Gesamtwürdigung: Einigung, den gewillkürten Rangrücktritt der Mittel bzw. die einlagengleiche Qualität zu ermitteln ... 136
fa) Rangrücktrittsabrede nach Gesamtwürdigung ... 137
fb) Einlagengleicher Charakter nach Gesamtwürdigung ... 139
g) Analyse objektiv-rechtlicher Haftkapitalparameter ... 140

9. Befund: Haftungsrechtliches Vermögen in der GmbH ... 142
a) Abfindungsguthaben ... 143
aa) Ausgangslage in der Personengesellschaft ... 143
ab) Ausgangslage in der Kapitalgesellschaft GmbH ... 144
(1) Übertragung von Geschäftsanteilen ... 144
(2) Einbeziehung in die Findung des Kaufpreises ... 144
(3) Einbeziehung in die Findung der Abfindung ... 145
ac) Abfindungssituationen ... 145
b) Berücksichtigung in Liquidationsguthaben ... 147
ba) Grundlagen: Liquidationsverfahren in der GmbH ... 148
(1) Liquidationsverfahren in der GmbH ... 149
(2) Relevante Darlehensbindungen ... 151
bb) Befund: Ermittlung einlagengleicher Funktionen in der Liquidation ... 152
bc) Gesamtergebnis und praktische Relevanz für die GmbH-Finanzierung ... 153

10. Eigenkapitalbegriff in der GmbH - Bilanzierungsfragen ... 156
a) Abgleich mit Rangrücktrittsabreden ... 157
aa) Handelsbilanz ... 157
ab) Überschuldungsstatus ... 158
b) Abgleich einlagengleicher Finanzierungen mit formellem Eigenkapital ... 158

ba) Vergleichsmaßstab ... 159
bb) Kapitalrücklagen ... 160
bc) Willensmoment ... 161
bd) Würdigung einlagengleicher Finanzierung ... 162
c) Befund und Begründung ... 163

Teil 3 Finanzplanfinanzierungen - Nachrangiges Haftkapital in der GmbH ... 165

I. Untersuchungsgegenstand und -ziel ... 165
II. Fallmaterial ... 166
1. Gesellschaftsvertragliche Fremdfinanzierungspflicht ... 167
2. Gesellschaftsrechtliche Finanzierungspflicht ... 168
3. Nebenleistungspflichten ... 168
4. Sonstige Fälle ... 169
5. Finanzplannutzungen ... 169
III. Grundlagen der Fremdfinanzierung durch Mitglieder ... 170
1. Finanzierungspflicht ... 170
2. Gesellschafterfremdfinanzierung ... 172
IV. Krisenunabhängig gewährte Darlehen als Gegenstand des Ersatzkapitalrechts ... 173
1. Ausgangslage; Grundlagen der Einbeziehung in den Normenkreis der Rechtsprechungs- und Novellen-Regeln ... 173
2. Krisenunabhängige Fremdfinanzierungen als Fallgruppe Eigenkapital ersetzender Gesellschafterleistungen ... 175
a) Subsumtion der verschiedenen Gestaltungen unter anerkannte Fallgruppen des Ersatzkapitalrechts ... 175
aa) Auf Krisenfinanzierung angelegte Darlehen ... 176
ab) BGH II ZR 58/86 vom 9. Oktober 1986, WM 1986, 1154176
ac) BGH, II ZR 256/79, Urteil vom 13. Juli 1981 ... 178
b) Fremdfinanzierungen mit vorweggenommener Krisenfinanzierungsfunktion in der Literatur ... 180
ba) Auffassung von Ulmer ... 180
bb) Auffassung von Hueck ... 180
bc) Auffassung von K. Schmidt ... 181
c) Gesamtwürdigung: Auf Krisenfinanzierung angelegte Darlehen ... 181
d) Subsumtionsfähigkeit von Finanzplankrediten ... 181
da) Konkludente Vorwegnahme der Krisenfinanzierung ... 183
db) Eigenkapital- / Fremdkapitaldecke ... 183

dc) Gesellschaftsrechtliche Pflicht zur Fremdmittelausstattung; Bindung der Gewährungsdauer an die Mitgliedschaft ... 184
dd) Extreme Langfristigkeit der Darlehensgewährung ... 188
de) Zwischenergebnis ... 189

V. Materielles Eigenkapital qua objektiven Rechts ... 189
1. Überblick zum Rechtsbereich kapitalersetzender Gesellschafterleistungen ... 190
2. Einheitlicher Umqualifizierungsansatz ... 194
3. Regelungsintention des Gesetzgebers ... 195
4. Materieller Umqualifizierungsansatz im zweigliedrigen Kapitalersatzrecht ... 197
a) Grundlagen ... 198
b) Konkretisierung des Begriffs der Unterkapitalisierung ... 198
ba) Unterkapitalisierung in Rechtsprechung und Literatur ... 199
(1) Allgemeine / branchenspezifische Finanzierungsmaßstäbe ... 199
(2) Insolvenz- und ausfallorientierte Konkretisierungsansätze ... 200
(3) Gesellschaftszweck als Konkretisierungsansatz ... 200
(4) Geschäftsumfang und Haftungsfonds ... 201
(5) Kapitalbedarf und seine Deckung ... 202
bb) Ergebnis ... 203
5. Eingrenzung des Begriffs der Unterkapitalisierung ... 203
6. Exkurs: Haftung für Unterkapitalisierung ... 205
a) Sanktionen für fehlendes Eigenkapital ... 205
b) Deliktischer Ansatz ... 206
c) Erklärungshaftung ... 207
d) Organisationsfehlerhaftung ... 207
e) Subjektive Missbrauchslehre ... 208
f) Normzwecklehre ... 209
g) Rechtsprechung und materielle Unterkapitalisierung ... 210
7. Gefährdungspotential der nominellen Unterkapitalisierung ... 211
a) Gegenstand und Normzweck des Ersatzkapitalrechts ... 211
b) Erweiterte Abzugsmöglichkeit ... 213
c) Befriedigungskonkurrenz / Liquidationsverschleppung ... 213
d) Befriedigungsverminderung durch Gläubigervermehrung ... 214
e) Zusammenfassung: Risikopotential gerade der Gesellschafterfremdfinanzierung bei Unterkapitalisierung ... 214
8. Konzeptionelle Umqualifizierung: Institutionenbildung im Ersatzkapitalrecht ... 215
a) Umqualifizierungsansätze und ihre Bewertung ... 216

aa) Rechtsprechung des RG ... 216
ab) Behandlung in der Literatur ... 217
ac) Gesellschafterdarlehen als eigenständige Haftkapitalkategorie ... 218
b) Finanzierungsverantwortung der Gesellschafter ... 220
c) Risikoabwälzung ... 222
d) Risikoabwälzung und Informationsvorsprung ... 223
e) Spekulationsabwehr ... 225
f) Dogmatisch ausgerichtete Lösungsansätze ... 226

9. Gesellschaftliche Finanzierungsverantwortung: Subordination als Sanktion missachteter Grundsätze ordnungsgemäßer Unternehmensfinanzierung ... 227

a) Wahrung GmbH-rechtlicher Finanzverfassung ... 227
b) Eigenständiger Kerngehalt der gesellschafterlichen Finanzierungsverantwortung ... 228
c) Umqualifizierung wegen treuwidrigen Verhaltens ... 230
d) Gesellschafterfremdfinanzierung und widersprüchliches Verhalten ... 231
e) Missbrauchserwägungen, § 242 BGB ... 233
ea) Voraussetzungen rechtsmissbräuchlicher Gesellschafterfremdfinanzierung; Ausübung von Finanzierungsfreiheit; Missbrauch der Finanzierungsform ... 234
eb) Bewertung ... 236
f) Risikoabwälzung, Chancenzuteilung und Finanzplanfinanzierung ... 238
fa) Objektiver Verkehrsschutz ... 239
fb) Normzweck einer gesellschaftsrechtlichen Finanzierungsverantwortung ... 242
fc) Risikotragung als Umqualifizierungsmaßstab ... 243
fd) Kreditunfähigkeit der Gesellschaft bei Dritten ... 244
(1) Einwände aus dem fehlenden Gebot angemessener Eigenkapitalausstattung ... 246
(2) Feststellung der Kreditunwürdigkeit ... 247
(3) Jahresabschluss als Informationsquelle für Überschuldung ... 250
(4) Kreditunwürdigkeit bei Unterbilanz ... 251
(5) Informationsquelle Lagebericht / Prüfungsbericht ... 252
(6) Kreditunwürdigkeit qua Bilanzanalyse in der Rechtsprechung ... 253
g) Ergebnis zur Finanzierungsverantwortung ... 255

10. Prüfprogramm bei Ausmessung der Finanzierungsverantwortung ... 258

a) Ausgangslage ... 258
b) Fallausweitungen im Finanzplanbereich ... 259
ba) Grundsatzüberlegungen ... 260
bb) Eigenkapital ersetzende Fremdfinanzierung qua finanzplangebundener Risikoabwälzung ... 261
bc) Einlagengleiche Gesellschafterfremdfinanzierung ... 262
bd) Objektiv-rechtliche Umqualifizierung ... 263
c) Zeitpunktbezogene Betrachtung ... 264
ca) Schon anfänglich kapitalersetzende Finanzierungsstruktur ... 264
cb) Vorwirkungen der Finanzplanung ... 264
d) Normierte Vorgaben für eine risikoangemessene Eigenkapitalausstattung ... 266
e) Allgemeine Ausstrahlung positiv geregelter Kapitalisierungsvorgaben ... 269
f) Ansatzpunkt für Grundsatz ordnungsgemäßer Unternehmensfinanzierung; Eigenkapitalfunktionen als Risikoindikator ... 270
fa) Grundaussage ... 271
fb) Individuell-konkreter Risikomaßstab ... 272
fc) Finanzplanung und Risikostruktur ... 273
fd) Betriebswirtschaftliche Überlegungen zur Konkretisierung unangemessener Risikoabwälzung ... 274
(1) Grundlagen ... 274
(2) Entsprechung in der Problemsicht ... 275
(3) Horizontale und vertikale Finanzierungsregeln ... 276
(4) Grundsätzliche Bedenken ... 277
(5) Mögliche Anregungen durch betriebswirtschaftliche Regeln ... 278
(6) Tauglichkeit der Umqualifizierungskriterien ... 279
(7) Befund ... 280
g) Konkretisierung der Risikoabwälzung: Bezugnahme der Finanzplanung auf feststehende Aufgaben einer Eigenkapitalfinanzierung ... 281
ga) Grundaussagen ... 281
gb) Befund ... 284

11. Finanzplanung und Umqualifizierung ... 285
a) Risikoabwälzung durch Haftkapitalmangel ... 290
aa) Angemessene Haftkapitalausstattung ... 290
ab) Finanzierungsgestaltung ... 292
b) Summenorientierte Überlegungen ... 293
c) Finanzierungsregeln ... 295
ca) Grundsätzliche Eignung ... 295

cb) Eignungsprüfung betriebswirtschaftlicher Finanzierungsvorgaben ... 296
(1) Finanzplanung als betriebswirtschaftliches Leitungsinstrument ... 297
(2) Liquiditätsplanung als Ziel der Finanzplanung ... 297
(3) Betriebswirtschaftliche Anforderungen an Finanzplan und Liquiditätsmessung ... 298
(4) Grundsätze der betriebswirtschaftlichen Finanzplanung ... 299
(5) Kapitalbedarf und Kapitaldeckung ... 300
cc) Befund: Geplante Differenzierung in Eigen- und Fremdfinanzierung ... 301
d) Rentabilität und Risiko ... 302
e) Betriebswirtschaftlicher Beitrag zur Bestimmung einer Risikostruktur ... 302
f) Gestaltungsorientierte Umqualifizierung ... 304
fa) Grundaussagen ... 304
fb) Risikoumbruch durch eigenkapitalorientierte Darlehensgestaltung ... 305
fc) Voraussetzungen planungsorientierter Umqualifizierung ... 306
fd) Wertungsgrundlagen planungsorientierter Umqualifizierung ... 308
fe) Eigenkapitalnahe Darlehensgestaltung ... 309
(1) Relevante Sachverhalte ... 310
(2) Ansatz für Risikoüberwälzung ... 310
(3) Eigenkapitaltypische Funktionen ... 311
(4) Finanzierungssicherheit ... 312
(5) Doppelrolle als Umqualifizierungsansatz: Gesamtwürdigung ... 313
g) Abschließender Befund zum Tatbestand ... 315
h) Abgleich mit Status Quo des Ersatzkapitalrechts ... 318
12. Erkenntnisgewinn gegenüber bisherigen Fallgruppen des Ersatzkapitalrechts ... 318
a) Verhältnis zu bekannten Fallgruppen der Sanierungs- und Krisendarlehen ... 319
b) Substituierung der Gewährungshandlung ... 322
c) Korrektiv durch Krise ... 322
d) Eigentlicher Ertrag der Fallgruppe ... 323
da) Entkoppelung vom Marktaustrittsbezug ... 324
db) Verknüpfung von Risikostruktur und Kreditunfähigkeit ... 324

e) Normativer Gleichklang von Gestaltungsmissbrauch und Kreditunfähigkeit ... 325
ea) Umqualifizierung schon bei Kreditunfähigkeit ohne Liquidationsdruck ... 325
eb) Korrekturdruck aus Doppelrolle als Gesellschafter und Gesellschaftsgläubiger ... 326
ec) Erwartete Auswirkungen der Ergebniskorrektur ... 327
ed) Inhalt der entlastenden Kreditwürdigkeit ... 328
f) Struktur der Vermutungswiderlegungsprüfung - Kriterien ... 330
fa) Der Vermutungstatbestand ... 331
fb) Drittbezogene Ersatzkapitalkriterien ... 331
fc) Zusätzliche innere Begrenzung der Vermutungsrechtsfolge ... 334
g) Auswirkungen des Finanzierungsvolumens auf den Vermutungstatbestand ... 335
h) Finanzierungsvolumen und Kriseneintritt ... 336
i) Wirkung auf verschiedene Tatbestandsvarianten ... 337
j) Berechtigung eigener Fallgruppe der Finanzplankredite ... 342
ja) Grundaussagen ... 342
jb) Feststellungsalternativität hinsichtlich Fallgruppen ... 346
jc) Befund: Erleichterungen in der Beweisführung ... 347
k) Abschließender Befund ... 350
ka) Tatbestand ... 350
kb) Rechtsfolgenabschätzung ... 351
kc) Rechtsfolgenkanon ... 352
kd) Fazit und eigene Stellungnahme ... 356
ke) Abgleich mit sonstigen Auffassungen ... 357
kf) Gesamtwürdigung der Rechtsfolgen ... 359
l) Rechtsfolgendetails finanzplangebundenen Ersatzkapitals ... 361
la) Grundsätzliche Kernrechtsfolgen ... 362
lb) Finanzplanspezifische Rechtsfolgen ... 363
lc) Bisherige Anforderungen an Re-Umqualifizierung ... 363
ld) Re-Umqualifizierung und ihre Voraussetzungen ... 365
(1) Beurteilungszeit und -bezugspunkte ... 367
(2) Grundsätzliche Beweislastfragen ... 369
(3) Enthaftungs-Alternativen ... 370
(4) Beweisführung ex post auf den Zeitpunkt der Ausreichung ... 370

13. Vermutungsvermeidung ... 371
a) Grundaussage ... 371
b) Praktische Durchführung ... 372
ba) Nachweis dynamischer Veränderungen ... 372

bb) Anwendung auf Finanzplankredite 373
c) Eintreten der Entsperrung und ihr Nachweis 375
ca) Präzisierung der Fragestellung 375
cb) Beweisanforderungen 376
cc) Beweisinhalte 377
(1) Entsperrung durch Vermutungsentkräftung; Kreditwürdigkeit als Gegenindikation 379
(2) Darlegung ordnungsgemäßen Finanzierungsverhaltens 380
cd) Resümee 381
d) Zeitpunktbezug der Vermutungswiderlegung 382
e) Entsperrungshindernisse 385
f) Widerlegung der Nachrangigkeitsvermutung über objektive Finanzierungsvorgaben 387
14. Vermutungswiderlegung 389
a) Prüfungsdichte, Prüfungsumfang und Prüfungsintensität 389
b) Prüfkriterien 391
ba) Krisenvorwirkung der Finanzplanung 392
bb) Vorwirkungen des Vermutungstatbestandes? 393
(1) Erfordernis der Ausrichtung und Widmung 394
(2) Kriseneintritt als letztes Tatbestandsmerkmal 394
c) Tatbestand für Finanzplandarlehen, die nicht den Vermutungstatbestand erfüllen 395
d) Sonderrechtsfolgen 397
da) Details zum Tatbestand 398
db) Rechtsfolgenabschätzung 401
(1) Grundsatz 401
(2) Unmittelbare Rechtswirkung der Subordination 401
dc) Rechtsfolgenüberblick 402
(1) Rechtsprechungsregeln 403
(2) Novellen-Regeln 406
e) Beweisfragen 408
ea) Grundsatz 408
eb) Anwendung auf Finanzplankredite 409
15. Schutz der Gläubiger über nicht kapitalersatzspezifische Rechtsinstitute 411
a) Vertrauensschutz auf finanzplangemäße Fremdfinanzierung 411
aa) Konkreter oder abstrakter Vertrauensschutz? 412
ab) Befund 414
b) Deliktischer Gläubigerschutz 415
c) Bindung über das Verbot selbstwidersprüchlichen Verhaltens 416
16. Ausblick 418

Teil 4 Finanzplandarlehen und Nutzungsüberlassung. 421

I. Ausgangslage 421
1. Tatbestand der Eigenkapital ersetzenden Nutzungsüberlassung 421
a) Überblick und relevante Umqualifizierungszeitpunkte 421
b) Materielle Anforderungen 422
2. Rechtsfolgen kapitalersetzender Nutzungsüberlassung 423
II. Finanzplannutzungen und Eigenkapitalersatz 426
1. Einlagengleiche Finanzplannutzungen 429
2. Eigenkapital ersetzende Nutzungsüberlassung 433
a) Tatbestand kapitalersetzender Finanzplannutzungen und Normzweck 434
b) Tatbestandsvoraussetzungen 437
ba) Doppelter Ansatzpunkt 437
bb) Bedeutung gemeinsamer Finanzplanung 439
bc) Risikoabwälzung durch Finanzplannutzung 440
bd) Einzelvoraussetzungen 442
(1) Vereinbarte Nutzungsdauer 442
(2) Fallgestaltungen zur Nutzungsdauer 444
(3) Bindungsform der Nutzungsmöglichkeit 444
(4) Regelungen über das Nutzungsentgelt 446
(5) Volumen der Nutzungsüberlassung 448
(6) Schaffung von Kreditwürdigkeit 449
(7) Beteiligungsproportionale Nutzungsüberlassung 451
c) Gesamtwürdigung des Tatbestandes 452
d) Sondertatbestand: Betriebsüberlassungen 453
e) Überlassung einzelner Nutzungsgegenstände oder von Sachgesamtheiten 455
f) Finanzplanung bei singulärer Nutzungsüberlassung 456
III. Einschätzung praktischer Anwendbarkeit der Umqualifizierung durch Finanzplanung im Bereich gesellschafterlicher Nutzungsüberlassung 459
1. Grundaussagen 459
2. Relativierung des Umqualifizierungstatbestandes 460
3. Vermutungswirkung des Finanzplantatbestandes 463
a) Weitgehende Entsprechung der Tatbestände 463
b) Befund 465
4. Rechtsfolgen der Nutzungsüberlassung 466
a) Verstrickung durch Kapitalerhaltung und Insolvenz 467
b) Rechtsfolgen: Voraussetzungen und Modalitäten 469
c) Praktische Bedeutung 469
IV. Wegfall der Verstrickung 470

1. Ursachenneutrale Auffüllung des Stammkapitals 470
2. Fortfall der Ersatzkapitalfunktion 470
a) Drittvergleich 470
b) Vermutungswiderlegung 471
ba) Revidierung der Finanzplanung und Aufhebung der individuellen Merkmale der Gesamtwürdigung 472
bb) Mögliche Einwände und Bewertung 473

Teil 5 Ergebnisse 477

Literaturverzeichnis 483

Teil 1 Grundlagen der Unternehmensfinanzierung

I. Ziel der Untersuchung

Für eine Vielzahl von Entscheidungsträgern in der GmbH gilt es immer wieder aufs Neue, Klarheit über die Finanzierungsbedingungen in der Unternehmung zu gewinnen.

Angesprochen sind hier insbesondere die Geschäftsführung, aber auch die an der Unternehmensführung interessierten Gesellschafter.

Vor allem aber in der Situation drohenden unternehmerischen Scheiterns ist es der Insolvenzverwalter, der sich einen Überblick über die Finanzierungsstruktur der nun von ihm fortzuführenden oder abzuwickelnden Gesellschaft verschaffen muss. Dabei geht es regelmäßig um zwei Problemkreise, den der Liquiditätsausstattung und den der Haftkapitalausstattung[1]. Der Insolvenzverwalter sieht sich mit der Anforderung konfrontiert, ein möglichst großes Vermögen zur Befriedigung der Gläubiger zu sammeln, die einzelnen Vermögensgegenstände zu veräußern und den Erlös den Gläubigern zuzuführen[2]. Der bestimmende Problembereich für die Unternehmenskrise ist der der - regelmäßig unzureichenden - Ausstattung der Gemeinschuldnerin mit haftendem Vermögen[3].

Für die hier zu untersuchenden Finanzplanfinanzierungen in der GmbH hat der Bundesgerichtshof in seiner Entscheidung vom 28. Juni 1999[4] seine Festlegung getroffen. Derartige Finanzierungen zählen nicht als eine weitere Fallgruppe zum Recht Eigenkapital ersetzender Gesellschafterdarlehen nach den bekannten Rechtsprechungs- und Novellen-Regeln. Soweit Finanzplandarlehen nicht zusätzlich in der Krise gewährt oder einer solchen belassen werden - insoweit folgen sie dann den allgemeinen Regeln - sieht der Bundesgerichtshof eine

---

1 Beide Parameter bestimmen über die Insolvenzantragspflicht maßgeblich das Marktausscheiden der Gesellschaft, § 64 GmbHG. § 64 GmbHG. Zu den Insolvenzgründen vgl. Fenske, AG 1997, S. 534; Fleischer, ZIP 1996, S. 773.

2 Zur grds. Aufgabenstellung des Insolvenzverwalters – nach altem Recht - Kilger/ K. Schmidt, InsG, § 6, Rz. 1 ff.; Uhlenbruck, InsR, Rz. 188 ff.; Haarmeyer, InsO § 5 I, Rz. 1 ff.

3 Angaben zur durchschnittlichen Eigenkapitalquote deutscher Unternehmen werden regelmäßig im Statistischen Jahrbuch veröffentlicht.

4 BGHZ 142, 116.

eigene Rechtsfigur, die ihren materiellen Haftkapitalcharakter allein aus den Festlegungen der Gesellschafter untereinander oder des einzelnen Gesellschafters gegenüber seiner Gesellschaft bezieht. Die Entscheidung des Bundesgerichtshofs ist auf großes Interesse gestoßen, zumal sie den bislang schildernden Rechtsbereich der Finanzplandarlehen für die Praxis weitgehend geklärt hat. Sie ist gleichwohl nicht ohne Widerspruch geblieben[5]. Eine erneute wissenschaftliche Befassung mit Tatbestand und Rechtsfolgen der Finanzplanfinanzierungen ist gleichwohl geboten: Die Entscheidung des Bundesgerichtshofs hat es mit ihrer Ausrichtung auf das klassische Verständnis des Eigenkapitalersatzrechtes als Sanktion für ausgewählte Formen der Gesellschafterfremdfinanzierung in der Krise noch nicht geleistet, den materiellen Umqualifizierungsgrund im Eigenkapitalersatzrecht vollständig zu identifizieren. Geschieht dies, könnten durchaus Möglichkeiten eröffnet werden, auch Finanzplanfinanzierungen und die Rechtsprechungs- und Novellen-Regeln zu subsumieren.

Das GmbH-Recht wird an dieser Stelle noch nicht zum Stillstand gelangen; vor dem Hintergrund der ständig lauter werdenden Diskussion über die Sinnhaftigkeit einer festen, der Höhe nach bestimmten Stammkapitalziffer[6], dem Vordringen europäischer Rechtsformen[7] in den deutschen Rechtskreis und innovativen Ansätzen zur gesetzlichen Regelung der Ersatzkapitalproblematik[8] wird auch der deutsche Gesetzgeber früher oder später darüber nachzudenken haben, das Recht Eigenkapital ersetzender und einlagengleicher Gesellschafterfremdfinanzierungen einheitlich zu regeln. Auch das Bundesjustizministerium scheint gegenwärtig Sachverhalte im GmbH-Recht zu identifizieren, die zukünftig einer grundlegend neuen Regelung zugeführt werden könnten[9].

1. Haftungsmasse

Die Frage nach der Haftungsmasse, die den Gläubigern zur Verfügung steht, ist die nach dem verwertbaren Gesellschaftsvermögen[10]. Sie beschäftigt den Insol-

---

5 Altmeppen, Festschrift Sigle, S. 211, 216; Henze, GmbHR 2000, 1077.

6 Kallmeyer, GmbHR 2004, 377.

7 Wilhelmi, GmbHR 2006, 13.

8 Österreichisches Bundesgesetz über Eigenkapital ersetzende Gesellschafterleistungen, Bundesgesetzblatt I, 2003, 1437.

9 Vgl. etwa Seibert, Festschrift Röhricht, S. 585 ff.

10 Vgl. hierzu die Zentralnorm, bislang § 1 KO, jetzt § 35 InsO.

venzverwalter vom ersten Moment seines Tätigwerdens an und begleitet ihn bis zur Beendigung seines Amtes.

a) Insolvenzgrund Überschuldung

Schon für die Frage, ob über das Vermögen einer GmbH das Insolvenzverfahren wegen Überschuldung der Gesellschaft zu eröffnen ist, muss sich der Insolvenzverwalter über die Struktur der Finanzausstattung und den Stand des Gesellschaftsvermögens Klarheit verschaffen.

Zunächst gilt es also zu überprüfen, ob die Verbindlichkeiten der Gesellschaft noch durch Vermögen gedeckt sind; rechnerisch wäre dann ein Ausfall der Gläubiger nicht zu besorgen[11]. Das Insolvenzverfahren könnte und dürfte dann - jedenfalls aus diesem Insolvenzgrund - nicht eröffnet werden[12]. Während sich die Frage, welche Gegenstände zum Vermögen der Gesellschaft zählen, noch relativ einfach erschließen lässt,[13] bereitet die Feststellung des Schuldenstands weitaus größere Probleme.

Das Finanzierungsgebaren vieler Gesellschafter, Finanzierungsleistungen, die die Gesellschafter als Fremdkapital der Gesellschaft zugeführt haben, dem Haftungsfonds der Gesellschaft zu erhalten und zur Gläubigerbefriedigung zu verwenden.

Dieses Ziel ist nur zu erreichen, wenn diese Mittel trotz ihrer formellen Fremdkapitalqualität haftungsrechtlich Eigenkapital darstellen. Unter welchen Voraussetzungen etwa der Insolvenzverwalter zu diesem Befund gelangen kann, ist Gegenstand eines komplexen Systems rechtsgeschäftlicher Vereinbarungen und objektiv-rechtlicher Wertungen.

Schon bei der Prüfung des Insolvenzgrundes der Überschuldung geht es darum, das Eigenkapital der Gesellschaft, wie es u. a. als Passiva in der Bilanz abge-

---

11 Die Unzulänglichkeiten des Gläubigerschutzes durch den Insolvenzgrund der Überschuldung sollen nicht ausgeblendet werden. Sie sollen an geeigneter Stelle erörtert werden, vgl. dazu unten III. 2. b) bd).

12 Für die GmbH wird in einer Vielzahl der Fälle ergänzend der Insolvenzgrund der Illiquidität hinzutreten. Zum Verhältnis zum Überschuldungstatbestand, vgl. nur Lutter/ Hommelhoff GmbHG, § 64, Rz. 6 ff.

13 Hier geht es vor allem um die Frage, ob einzelne Vermögensgegenstände mit Sicherungsrechten belegt und so dem Zugriff des Insolvenzverwalters der Gläubigergesamtheit entzogen sind; hierzu §§ 47 ff. InsO.

bildet ist und sich in den Aktivposten niederschlägt, festzustellen und gegen Verbindlichkeiten gegenüber Gesellschaftern abzugrenzen[14].

Darüber hinaus gilt es, anhand rechtsgeschäftlich-gewillkürter und objektiv-rechtlich zwingender Kriterien weiteres Haftkapital zu erschließen.

b) Bedeutung im Insolvenzverfahren

Entsprechende Überlegungen setzen sich fort, wenn es darum geht, die Haftungs- oder Schuldenmasse den Verbindlichkeiten gegenüberzustellen. Auch im eröffneten Insolvenzverfahren muss der Insolvenzverwalter daran interessiert sein, die Masse möglichst umfassend zu gestalten. Denn nur mit der sorgfältigen Prüfung jeder formellen Gesellschafterfremdfinanzierung auf ihren materiellen Gehalt kann er seiner Amtspflicht, das Gesellschaftsvermögen sachgerecht zu verwerten[15] und eine möglichst gleichmäßige und weit reichende Befriedigung der Gläubigergesamtheit zu erzielen, nachkommen.

2. Haftungsfonds

Bei der Ermittlung des haftenden Vermögens wird eine formelle Sehweise der Vermögenspositionen zusehends von einer materiellen verdrängt. Hier spielen die Begriffe formelles, materielles und funktionales Eigenkapital der Gesellschaft eine zunehmende Rolle.

Allen ist gemeinsam, dass Finanzierungen, die derart als Eigenkapital identifiziert worden sind, fast immer von den Gesellschaftern herrühren, durchgängig aber in der Insolvenz nicht anmeldungsfähig sind[16]. Auch außerhalb der Insolvenzsituation hat eine solche Haftkapitalposition ihre Bedeutung. So ist zu bedenken, ob derartige formelle Fremdkapitalpositionen auch im Anwendungsbereich der Normen zur Kapitalerhaltung liegen, §§ 30, 31 GmbHG.

---

14 Erste - indes wohl nicht abschließende - Aussagen trifft die Bilanzgliederung in § 266 HGB.

15 Zur Amtspflicht des Insolvenzverwalters, die Gläubigergesamtheit so weit wie möglich zu befriedigen, vgl. oben Fn. 2.

16 Entspricht der Beschreibung materiellen Eigenkapitals bei K. Schmidt, Gesellschaftsrecht, § 18 Abs. 2 Satz 2.

a) Formelles Eigenkapital

Nach traditionellem Verständnis unterliegt es keinerlei Zweifeln, welche Mittelzuführungen der Gesellschafter als Eigenkapital aufzufassen sind. Hierbei handelt es sich um jene Finanzierungen, die die Gesellschafter bewusst und von Anfang an jenen Mittelkategorien zuweisen, die die Rechtsordnung ausdrücklich als Eigenkapital qualifiziert. Für die GmbH kommt man hier zu eindeutigen Ergebnissen: Eigenkapital der GmbH ist zunächst in der Stammkapitalziffer abgebildet. Die Summe der von den Gesellschaftern zugesagten und ggf. eingezahlten Einlagen gehört zum anerkannten Bestandteil der Haftungsmasse und wird auch in der Handelsbilanz der Gesellschaft unter dem Eigenkapital der Gesellschaft ausgewiesen[17].

Gleiches gilt für etwaige Nachschusspflichten, die einzelne oder alle Gesellschafter ursprünglich oder nachträglich im Gesellschaftsvertrag übernommen haben. Auch hier steht ihre Eigenkapitalqualifikation - gesetzlich vorgegeben - außerhalb der Diskussion. Das Gesetz, GmbHG wie HGB, weist aufgrund einer Nachschussvereinbarung zugeführte oder versprochene Mittel dem Eigenkapital der Gesellschaft zu[18].

Damit ist der sichere Bereich der dem Eigenkapital zuzuzählenden Mittel noch nicht erschöpft:

Die Eigenkapitalziffer wird maßgeblich durch Mittel gebildet, die sich in der Handelsbilanz in den offenen Rücklagen wieder finden. Soweit es um Außenfinanzierung geht, werden hier Zahlungen, Zuschüsse und Zubußen im Eigenkapital abgebildet[19].

Mittel, die der Gesellschaft in einer dieser Kategorien zur Verfügung stehen, werden heute verbreitet als formelles Eigenkapital angesprochen. Diese Begriffsbildung ist vor dem Hintergrund verschwimmender Grenzen von Eigen-

---

17 Vgl. dazu die Bilanzgliederung im § 268 HGB.

18 § 26 GmbHG, § 266 HGB; indes spielen Nachschusspflichten in der Rechtswirklichkeit keine Rolle. Ihre Funktion, einem entstehenden Kapitalbedarf unter Vermeidung einer Stammkapitalerhöhung abzuhelfen, haben die noch weit flexibler zu handhabenden Gesellschafterdarlehen übernommen; vgl. dazu etwa Hommelhoff/Kleindiek, in: Festschrift 100 Jahre GmbHG, S. 421, 424 f., 431; von Gerkan/Hommelhoff, Kapitalersatz, S. 3 f.; Scholz-Emmerich, GmbHG, § 26, Rz. 1; Hachenburg/Müller, GmbHG, § 26, Rz. 5 f.; Kornblum, u. a., GmbHR 1985, 42, 47.

19 Beck'scher Bilanz-Kommentar § 272, Rz. 56 ff.; Küting-Weber, Rechnungslegung, § 272, Rz. 85 ff.

und Fremdkapital in der Unternehmensfinanzierung zu verstehen. In einem breiter werdenden Spektrum von Unternehmensfinanzierungen werden auch Außenfinanzierungen der Gesellschafter, die zunächst nach ihrem äußeren Erscheinungsbild als Fremdkapital zu kennzeichnen wären, jedenfalls partiell mit den Rechtsfolgen von Eigenkapital belegt. Dabei geht es in erster Linie darum, als Fremdkapital gewährte Mittel dem Haftungsfonds der Gesellschaft zuzuordnen. Entgegen ihrer formellen Ausgestaltung werden diese Mittel in der Sache von der Rechtsordnung objektiv oder von den Gesellschaftern gewillkürt in Teilbereichen wie Eigenkapital behandelt, ohne dass sie ihre formelle Fremdkapitalnatur dabei notwendig einbüßen müssen[20].

Insoweit unbehandelt bleibt der steuerrechtliche Eigenkapitalbegriff. Hier kommt es durchaus zu Abweichungen gegenüber der zivilrechtlich-gesellschaftsrechtlichen Sehweise. Diese liegen vor allem in den vorrangig wirtschaftlich orientierten Wertungen des Steuerrechts begründet[21].

Zur Abgrenzung von diesen Außenfinanzierungen, die ihren Haftkapitalcharakter erst aufgrund einer materiell-funktionalen Betrachtung gewinnen, scheint es gerechtfertigt, die Terminologie der Unternehmensfinanzierung um den Begriff des formellen Eigenkapitals zu erweitern.

Näher zu erklären sind nunmehr die Begriffe des materiellen wie des funktionalen Eigenkapitals.

b) Materielles Eigenkapital

Dem vornehmlich den Bilanzvorschriften entnommenen formellen Eigenkapitalbegriff wird in der Diskussion um den haftenden Charakter von formellem Fremdkapital zunehmend ein Kapitalbegriff gegenübergestellt, der auf einer materiellen Bewertung der Finanzmittel beruht.

---

20 Dies ist der Anwendungsbereich der kapitalersetzenden Gesellschafterleistungen, einschließlich der freiwilligen Rangrücktrittsvereinbarungen zwischen Gesellschafter und Gesellschaft. Zum objektiv-rechtlichen Ersatzkapitalrecht grundlegend Hachenburg/ Ulmer, GmbHG, §§ 32 a, b, Rz. 1 ff.; Scholz/K. Schmidt, §§ 32 a, b, Rz. 2 ff.; Lutter/ Hommelhoff, §§ 32 a, b, Rz. 1 ff.; Hommelhoff ZGR 1988, S. 460; K. Schmidt, Gesellschaftsrecht, § 18 Abs. 3 Satz 1.

21 Vgl. aber neuerdings § 8 a KStG, der sich eher einer zivilrechtlichen Entwicklung des Eigenkapitalbegriffs zuzuwenden scheint. Materiell geprägte Definitionsversuche des Eigenkapitalbegriffs finden sich auch bei K. Schmidt, Gesellschaftsrecht, § 18 Abs. 3 Satz 4; Knobbe-Keuk, Bilanz- und Unternehmenssteuerrecht, S. 102 ff.; dies. ZIP 1983, 127 ff.; Habersack, ZGR 1991, 378 ff.; Sieker, Eigenkapital, S. 46.

Die nach außen verlautbarte, von dem finanzierenden Gesellschafter offenbar gewünschte Rechtsform, wird nicht ohne weiteres anerkannt: Entscheidend für die - insbesondere haftungsrechtliche - Qualifizierung als Eigenkapital der Gesellschaft kommt es bei einer materiellen Betrachtung der Finanzierung auf die Funktion an, die eine Finanzierung in der Gesellschaft wahrnehmen soll. Während Eigenkapital haftungsrechtlich das Verlustdeckungspotential der Gesellschaft[22] bildet und wegen dieser Voraushaftungsfunktion in der Gesellschaftsinsolvenz nicht mit einem Rückforderungsanspruch zur Insolvenztabelle angemeldet werden kann, so ist diese Rechtsfolge wiederum gerade wesensfremd für formelles und zugleich auch für materielles Fremdkapital[23]: Unabhängig von der wirtschaftlichen Lage der Gesellschaft ist es bei Fälligkeit an den Gläubiger zurückzuzahlen, in der Insolvenz nimmt es als Insolvenzforderung an der gleichmäßigen Verteilung des Gesellschaftsvermögens teil[24]. Welche materiellen Kriterien dies sind, ist noch nicht vollständig geklärt; in der Sache geht es darum, ob sich der Finanzierungssituation oder der schuldrechtlichen Ausgestaltung der Mittelzufuhr entnehmen lässt, dass die dem Unternehmen aufgrund eines formalen Fremdkapitaltitels zur Verfügung gestellten Beträge - nach objektiven Kriterien der Rechtsordnung - gerade auch der Gläubigerbefriedigung in der Insolvenz dienen sollen[25].

Wie auch immer die Kriterien von materiellem Eigenkapital abschließend zu definieren sind: Formelles Eigenkapital wird sie zwangsläufig erfüllen. Formelles Fremdkapital ist dagegen der Modifizierung und Unqualifizierung nach den normativen Kriterien materiellen Eigenkapitals zugänglich.

Damit wird eine erste Annäherung an den Begriff des funktionalen Eigenkapitals möglich.

c) Funktionelles Eigenkapital

Mittel der Gesellschaft, die formell Fremdkapital darstellen, aber auch die Kriterien materiellen Eigenkapitals erfüllen, werden nach einer noch uneinheit-

---

22 Zur Voraushaftungsfunktion von Eigenkapital, Wiedemann, Gesellschaftsrecht, S. 570.

23 Diese Rechtsfolge ergibt sich ohne weiteres daraus, dass Fremdkapital der Gesellschaft nur auf Zeit zur Verfügung steht. Die Nutzungsmöglichkeit ist für die Gesellschaft immer mit der zu passivierenden Rückzahlungspflicht belastet, § 266 HGB.

24 Zur bloßen Entwertung von Fremdkapital, Wiedemann, a. a. O., S. 570.

25 Teller, Rangrücktrittsvereinbarungen, S. 72; Niemann/Mertzbach, DStR 1992, 929, 932; Fleck, GmbHR 1989, 313, 316; K. Schmidt, Festschrift Goerdeler 1987, 487, 502.

lichen Terminologie als funktionales Eigenkapital, nachrangiges Haftkapital oder auch Quasi-Eigenkapital bezeichnet[26]. Ihr materieller Eigenkapitalgehalt führt dabei nicht zu einer Gleichstellung mit formellem Eigenkapital in jeder Beziehung. Prüfungsmaßstab ist - in bestimmten Finanzierungssituationen – die Frage, ob ein Gesellschafter anstelle des genährten Fremdkapitals Eigenkapital hätte zur Verfügung stellen sollen. In diesen - noch eingehend zu beschreibenden - Fällen akzeptiert die Rechtsordnung die gesellschafterliche Finanzierungsentscheidung nicht uneingeschränkt: Unter bestimmten Voraussetzungen wird Fremdkapital hinsichtlich der Gläubiger schützenden Rechtsfolgen und Funktionen dann haftendem Eigenkapital gleichgestellt.

Damit übernehmen die Kriterien materiellen Eigenkapitals also ihrerseits die Funktion, die Spreu formellen Fremdkapitals vom Weizen materiellen Eigenkapitals zu scheiden.

Diese eher abstrakte Einführung in die Terminologie bedarf an dieser Stelle bereits einer vorläufigen Konkretisierung: An (formellen) Verbindlichkeiten, die als materielles Eigenkapital in Betracht kommen, sind vor allem kapitalersetzende Gesellschafterleistungen in ihren verschiedenen Erscheinungsformen immer wieder Gegenstand der Erörterung.

3. Prüfungsgegenstand

In diesem Umfeld formell, materiell und funktionell zu klassifizierender Finanzierungen müssen alle Außenfinanzierungen durch Gesellschafter ihren Standort finden können.

Für das in der Handelsbilanz als Eigenkapital ausgewiesenes Kapital bereitet dies kaum Schwierigkeiten.

Größere Unsicherheiten stellen sich dagegen im Anwendungsbereich der kapitalersetzenden Unternehmensfinanzierungen ein.

---

26 Teller, a. a. O., S. 73; Hommelhoff, ZGR 1988, S. 460; Lutter/Hommelhoff, ZGR 1979, 31; K. Schmidt, in: Festschrift Goerdeler, S. 487, 493; vgl. auch BGH ZIP 1995, S. 124, 125.

Dieser Rechtsbereich ist - bei weitem Verständnis - geprägt von den Kategorien der Rangrücktrittsdarlehen[27] sowie von Gesellschafterdarlehen, die aufgrund der Rechtsprechungs- und Novellen-Regeln[28] (vgl. unten b)) als Finanzierungen behandelt werden müssen, die den Gläubigern zur Befriedigung ihrer Forderungen zur Verfügung stehen sollen.

a) Gruppen materiellen Eigenkapitals

aa) Rangrücktrittsdarlehen

Rangrücktrittsdarlehen sind dabei im Kern dadurch geprägt, dass - regelmäßig, aber keinesfalls ausschließlich Gesellschafter - Darlehen an die Gesellschaft der Charakter von Haftkapital rechtsgeschäftlich beigelegt wird.

ab) Eigenkapitalersatz

Die objektiv-rechtlichen Rechtsregeln des BGH und der GmbH-Novelle von 1980 sanktionieren diejenigen Gesellschafterfinanzierungen, die im Widerspruch zum Finanzierungsverhalten eines ordentlichen Kaufmanns vom Gesellschafter als Darlehen und nicht, wie die Rechtsordnung von ihm erwartet hätte, als Eigenkapital ausgereicht worden sind.

Hierzu hat sich eine breit akzeptierte Konkretisierung in zwei Fallgruppen herausgebildet. Dem Haftkapital der Gesellschaft sind danach jedenfalls solche Darlehen zuzuordnen, die Gesellschafter ihrem Verband bei dessen Insolvenzreife gewährt haben[29]. Gleichgestellt sind solche Darlehen, die die Gesellschaft nur noch bei ihren Gesellschaftern bekommen konnte, nicht aber bei Dritten und

---

27 Rangrücktrittsabreden stellen eine Schöpfung der Kautelarjurisprudenz dar. Ihr wesentlicher Inhalt ist, formelles Fremdkapital der Gläubigerbefriedigung vorzuhalten, soweit ein Ausfall von Gläubigern droht. Zu Tatbestand und Rechtsfolgen, Peter, WM 1988, 641 ff. und 685 ff. Zu Rechtsnatur und Dogmatik der Nachrangabrede, Scholz/K. Schmidt, GmbHG, §§ 32 a, b, Rz. 85 ff.; Priester, DB 1977, 2429 ff.; Priester, DB 1991, 1917 ff.

28 Grundlegend hierzu BGHZ 31, 258; BGHZ 90, 370; Hommelhoff ZGR 1988, 460; von Gerkan/Hommelhoff, Kapitalersatz, 43 ff.; Häuselmann/Rümker/Westermann, Finanzierung der GmbH, 139 ff.; Hachenburg/Ulmer, GmbHG, §§ 32 a, b, Rz. 14 ff.; Scholz/K. Schmidt, GmbHG, §§ 32 a, b, Rz. 11 ff.; Baumbach/Hueck, GmbHG, § 32 a, Rz. 8 ff.; Lutter-Hommelhoff, GmbHG, §§ 32 a, b, Rz. 10 ff; zu jüngeren Änderungen und Ergänzungen der gesetzlichen Ausgangslage, Pentz, GmbHR 1999, S. 437 ff.

29 BGHZ 69, 274, 278; 75, 334, 338.

sie ohne diese Unterstützung hätte liquidiert werden müssen (Kreditunwürdigkeit)[30].

ac) Finanzplanfinanzierungen

Zu diesem Systemzusammenhang sucht eine weitere Finanzierungsform Anerkennung und Positionierung. Es handelt sich um Gesellschafterdarlehen, die nicht in der Gesellschaftskrise oder gar bei Insolvenzantragspflicht ausgereicht werden; jedenfalls ist ein solcher Tatbestand bei den zu beurteilenden Sachverhalten nicht ohne weiteres nachweisbar[31].

Auch lässt sich den sogleich zu skizzierenden Gestaltungen der Darlehensverträge kaum einmal entnehmen, dass es die Absicht der finanzierenden Gesellschafter war, die Befriedigung ihrer Darlehensforderungen hinter die der sonstigen Gläubiger zurücktreten zu lassen[32].

Dies sind Gesellschafterfremdfinanzierungen, die mit dem Stichwort Finanzplanfinanzierungen gekennzeichnet werden[33].

---

30 H. M.: Zweifelhaft ist, ob das Merkmal der Liquidationsnotwendigkeit unverzichtbar ist. Zweifelnd oder doch unentschieden etwa: Lutter/Hommelhoff, GmbHG, §§ 32 a, b, Rz. 18; A. Müller, Finanzierungsregeln, S. 67 f. Eindeutig darauf stellen ab: BGHZ 76, 326, 330; 81, 252, 255, 264; 81, 311, 318 (BGH-Regeln); BGHZ 90, 370, 380; 105, 168, 184 f.; BGH WM 1990, 182, 183 (Novellen-Regeln). Für eine Anwendung des Merkmals auch im Rahmen der Novellen-Regeln: Scholz/K. Schmidt, §§ 32 a, b, Rz. 32, Baumbach/Hueck, § 32 a, b, Rz. 43; Lutter/Hommelhoff, §§ 32 a, b, Rz. 18; Rowedder, GmbHG, § 32 a Rz. 31, 42; Roth, GmbHG, § 32 a Rz. 5 f., 12, 19; a. A. K. Müller GmbHR 1982, 35 ff.; Schulze-Osterloh, ZGR 1983, 135 f.; zur Reform durch KapAEG und KonTraG, § 32 a Abs. 3 Satz 3 GmbHG – Minderheits- und Sanierungsprivileg; Karollus, ZIP 1996, S. 1893; Kallmeyer, GmbHR 1996, R 177; Altmeppen, ZIP 1996, S. 1455; Claussen, GmbHR 1996, S. 316; Pape, DB 1996, S. 2113; Grunewald, GmbHR 1997, S. 7; von Rechenberg, INF 1997, S. 369; Götz, DB 1997, S. 2365; Pentz, BB 1997, S. 1265; Dauner-Lieb, DStR 1998, 609; Goette, ZHR 162 (1998), 223, 256 ff.; zur strafrechtlichen Dimension der eigenkapitalersetzenden Gesellschafterfremdfinanzierung, Hartung, NJW 1996, S. 229.

31 Mindestvoraussetzung ist die Kreditunwürdigkeit, die indes zumeist bei Überschuldung oder Zahlungsunfähigkeit der Gesellschaft vorliegen wird, Hachenburg/Ulmer, GmbHG, §§ 32 a, b, Rz. 47.

32 Angesprochen ist insoweit der gewillkürte Rangrücktritt von Forderungen. Das Recht kapitalersetzender Gesellschafterleistungen ist hierauf in den Rechtsfolgen grds. anwendbar, Scholz/K. Schmidt, GmbHG, §§ 32 a, b, Rz. 85-88, m. w. N.

33 Behandelt wird diese Finanzierungsform bei Hachenburg/Ulmer, GmbHG, §§ 32 a, b, Rz. 48, 61, 111; Lutter/Hommelhoff, GmbHG, §§ 32 a, b, Rz. 169 ff.; von Gerkan/Hom-

b) Relevante Sachverhalte

Um welche Sachverhalte geht es nun, deren Qualifikation als materielles Eigen- oder Fremdkapital hier untersucht werden soll?

Von Interesse sind hier jene Fremdfinanzierungen, die Gesellschafter planmäßig der Gesellschaft zur Verfügung stellen, um ihr die Erreichung der gesetzten unternehmerischen Ziele zu ermöglichen[34]. Dabei kommt es vor allem auf jene Finanzierungen an, die der Gesellschaft anlässlich ihrer Gründung oder einer nachhaltigen Ausweitung der unternehmerischen Aktivitäten ausgereicht werden, um den offenkundigen, von den Gesellschaftern erkannten Kapitalbedarf der Gesellschaft zu decken[35]. Diese Bindung an die langfristigen unternehmerischen Interessen der Gesellschaft pflegen die Gesellschafter zugunsten der Finanzierungssicherheit entsprechend zu sichern.

Finanzierungen, auf deren Verbleib die Gesellschaft nach der unternehmerischen Planung und der zugrunde liegenden finanziellen Struktur dringend angewiesen ist, werden regelmäßig besonders langfristig ausgereicht. Zusätzliche Sicherheit entsteht, wenn die Entscheidung über Gewährung und Abzug nicht allein in der Hand des einzelnen Gesellschafters und Darlehensgläubigers und seines Einflusses auf die Gesellschaft verbleibt, sondern kollektiv entschieden wird.

Dies ist etwa der Fall, wenn die Gesellschafter die Darlehensunterstützung der Gesellschaft bereits im Gesellschaftsvertrag als verbindliche Pflicht vorgesehen haben oder ein Gesellschaftsbeschluss die Grundlage bildet[36]. Dem entspricht

---

melhoff, Kapitalersatz, S. 49 f., 199 ff.; Hommelhoff/Kleindiek, Festschrift 100 Jahre GmbHG, S. 421, 438 ff.; Scholz/K. Schmidt, GmbHG, §§ 32 a, b, 38, 114; Kastner, GesRZ. 199; Hommelhoff, Jb. FA f. StR 1991/92, S. 427, 448; BGHZ 104, 33; BGHZ 70, 61; BGH WM 1978, 898; WM 1982, 742; WM 1981, 761; WM 1980, 332; WM 1985, 284; BGHZ 93, 159.

34 BGHZ 104, 33, 41; BGH WM 1981, 761; WM 1980, 332; Priester, DB 1991, 1917, 1919.

35 Lutter/Hommelhoff, GmbHG, §§ 32 a, b, Rz. 179; von Gerkan/Hommelhoff, Kapitalersatz, S. 23 f.; Hachenburg/Ulmer, §§ 32 a, b, Rz. 61; Scholz/K. Schmidt, GmbHG, §§ 32 a, b, Rz. 114; Hommelhoff/Kleindiek, Festschrift 100 Jahre GmbHG, S. 421, 439; Priester, DB 1991, 1917, 1920; BGHZ 133, 302 f.; GmbHR 1997, 499.

36 Die gesellschaftsvertragliche Bindung liegt etwa bei allen Gestaltungen vor, die als „gesplittete Einlagen“ im Personengesellschaftsrecht bekannt geworden sind, vgl. die Rechtsprechungsnachweise Fn. 34, insb. BGHZ 104, 38 ff., BGHZ 121, 41 ff.; Kritisch: Joost, ZGR 1987, 370, 397; Schön, ZGR 1990, 220, 241 f.; Priester, DB 1991, 1917, 1921.

jene Gestaltung, derzufolge die Gesellschafter durch eine schuldrechtliche Nebenabrede, die den Anforderungen eines Gesellschaftsbeschlusses nicht genügen muss, sich wechselseitig verpflichten, in Vollzug der finanziellen Unternehmensplanung Kreditfinanzierungen auf Dauer vorzunehmen[37].

Welche am Mittelbedarf und Planung seiner Befriedigung orientierten Fremdfinanzierungen sich unter diesen aus grob umrissenen Adressen verbergen, welches Finanzierungsspektrum der Begutachtung auf seinen materiellen Charakter zugeführt werden, ist noch wenig aufbereitet.

Dies gilt einmal generell für den Begriff der Finanzplanfinanzierung[38], insbesondere aber für seine Anwendung auf die GmbH.

Die gerichtliche Entscheidungspraxis hat den Blick bislang auf die KG gerichtet und sich dabei auf einzelne Sachverhalte beschränken können; dort liegt mit den in Hafteinlagen- und Fremdkapitalanteil gesplitteten Einlagen ein weiter Bereich durchweg gesellschaftsvertraglich vorgegebener planmäßiger Fremdfinanzierung vor[39].

Der Stellungnahme in anderen, eher GmbH-spezifischen Fällen hat sich die Rechtsprechung bislang weitgehend verweigert; dies, obwohl sich eine Ausmessung der Figur der Finanzplanfinanzierung als materielles Haftkapital durchaus angeboten hätte[40].

Die Literatur sieht Anwendungsbeispiele etwa bei einer planmäßigen Nutzung des Schütt-aus-Hol-zurück-Verfahrens zur darlehensweisen Re-Investition ausgeschütteter Gewinne[41].

Aufzubereiten und zu würdigen sind demnach all jene Sachverhalte, in denen Gesellschafter ihre Unternehmung mit Fremdmitteln planmäßig ausstatten und

---

37 Von Gerkan/Hommelhoff, a. a. O., S. 29, Hommelhoff/Kleindiek, 100 Jahre GmbHG, S. 421, 440; Lutter/Hommelhoff, GmbHG, §§ 32 a, b, Rz. 176.

38 Priester, DB 1991, 1917, 1920; Scholz/K. Schmidt, GmbHG, §§ 32 a, b, Rz. 38 f.

39 Dazu die Nachweise oben Fn. 34.

40 Vgl. etwa die Entscheidung BGHZ 121, 31, 41, die planmäßige Nutzungsüberlassung betreffend mit kritischer Anmerkung K. Schmidt, ZIP 1993, 161, 167; wohl a. A. Häuselmann DZWiR 1993, 163, 164.

41 Hachenburg/Ulmer, GmbHG, §§ 32 a, b, Rz. 48, 61.

damit im Interesse der Erreichung unternehmerischer Vorgaben eine durchaus als notwendig erkannte Eigenmittelzufuhr planmäßig ersetzen[42].

Einzubeziehen sein wird hier der gerade erst entdeckte Bereich der Finanzplannutzungen. Auch hier kommt es in Betracht, die unternehmensnotwendige planmäßige miet- oder pachtweise Überlassung von Anlagevermögen zur Vermeidung seines Erwerbs in durch materielle Vorgaben bestimmtem Umfang gegenüber den Gläubigern dem haftenden Gesellschaftsvermögen zuzuschlagen[43].

c) Gang der Untersuchung

Der Gang der Untersuchung hat sich an der vorläufigen Orientierung auszurichten, die die vermeintlichen Tatbestände finanzplangebundener Gesellschafterfremdfinanzierung und ihre bisherige Bewertung durch Rechtsprechung und Wissenschaft nahe legen.

Ausgehend von der gesellschaftsvertraglichen Fremdfinanzierungspflicht der Kommanditisten, der „gesplitteten Einlage“, ist planmäßige Gesellschafterdarlehensfinanzierung als materielles Haftkapital zunächst unter dem Gesichtspunkt der Auslegung vertraglicher Abreden zu würdigen[44]. Hier deuten sich Berührungspunkte zur im Grundsatz breit anerkannten Figur der Bildung materiellen Haftkapitals durch Rangrücktrittsvereinbarungen über Verbindlichkeiten der Gesellschaft an.

„Gesplittete Einlagen“ oder verwandte Tatbestände in der GmbH könnten zugleich oder statt dessen auch die[45] Parameter einer objektiv-rechtlichen Umqualifizierung in Kapitalersatz nach den richterrechtlich entwickelten Regeln

---

42 Dies entspricht als vorläufige Arbeitsdefinition dem Verständnis von Finanzplanfinanzierungen in Rechtsprechung und Literatur. Vgl. etwa Priester, DB 1991, 1917, 1921; Scholz/K. Schmidt, GmbHG, §§ 32 a, b, Rz. 38.

43 Dazu im Einzelnen Teil 4, II. 1.; Finanzplannutzungen sind etwa behandelt in BGHZ 121, 31; Hachenburg/Ulmer, GmbHG, §§ 32 a, b, Rz. 111; ders. Festschrift Kellermann 485, 496 f.; Lutter/Hommelhoff, GmbHG, §§ 32 a, b, Rz. 169 ff.; Hommelhoff/Kleindiek, Festschrift 100 Jahre GmbHG, 421, 439; Scholz/K. Schmidt, GmbHG, §§ 32 a, b, Rz. 114.

44 So für „gesplittete Einlagen“ bei der KG die Rechtsprechung, kritisch:Mundry, Darlehen und stille Einlagen, S. 117 ff.; Joost, ZGR 1987, 370; Schön, ZGR 1990, 220.

45 Für eine jedenfalls teilweise Erfassung dieser Finanzierungen durch breit akzeptierte Fallgruppen kapitalersetzender Gesellschaftsleistungen auch Ulmer, Festschrift Kellermann, S. 485, 497.

oder nach §§ 32 a/b GmbHG erfüllen. Diesem Problemkreis muss sich die Arbeit vorzugsweise zuwenden, steht doch mit diesen Regeln ein weitgehend geklärtes und breit akzeptiertes Instrumentarium zur Verfügung. Beide grundsätzlichen Wege einer Annäherung haben neben der Darlehensfinanzierung insbesondere auch die plangebundene Nutzungsüberlassung in den Blick zu nehmen.

II. Grundlagen der Fremdfinanzierung der GmbH durch ihre Gesellschafter

Die Auseinandersetzung um die Frage, ob die eine oder andere Form planmäßiger Gesellschafterfremdfinanzierung in der Sache als Haftkapitalausstattung der GmbH zu behandeln ist, wird erst dann recht nachvollziehbar und entscheidbar, wenn die Motive, Vorzüge und Nachteile einer Fremd- bzw. einer Eigenmittelausstattung der Unternehmung deutlich sind.

Hierüber erklärt sich der Hang der Gesellschafter, ihre Unternehmung rechtsformübergreifend vorzugsweise mit Fremdkapital zu finanzieren und die Ausstattung mit Eigenmitteln wie auch die Finanzierung aus erwirtschafteten Gewinnen weitgehend zu meiden[46].

Die Behandlung dieser Frage muss sich den unterschiedlichen Sehweisen der von einer Außenfinanzierung der GmbH betroffenen Interessengruppen annehmen. Aus der Sicht der Gesellschafter, der Geschäftsführung und der Gläubiger werden die Ergebnisse differieren.

1. Vor- und Nachteile einer Gesellschaftsfinanzierung mit Gesellschafterdarlehen - Einführung

Abgesehen von den minimalen Anforderungen, die § 5 Abs. 1 GmbHG an die Eigenkapitalausstattung stellt, können die Gesellschafter im Grundsatz nach

---

46 Auf die traditionell niedrige Eigenkapitalquote deutscher Unternehmen, insbesondere der GmbH, weisen hin: Wiedemann, Gesellschaftsrecht, S. 540, 555; Hachenburg/ Ulmer, GmbHG Anh. § 30 Rz. 4 f.; Scholz/K. Schmidt, §§ 32 a, b, Rz. 2; K. Schmidt, Gesellschaftsrecht, § 9 Abs. 4; ders. JZ 1984, 777; Rogusch, Mindesteigenkapital, S. 33 ff.; Fritsch, Die Eigenkapitallücke in der BRD, 1981; Reuter/ Albach/Sauber, Gutachten DJT I/II/1984/1985.

ihrem Belieben entscheiden, wie die Finanzausstattung der Unternehmung gestaltet werden soll[47]. Ganz nach den Vorstellungen der Mitglieder hinsichtlich der erforderlichen Liquidität, der erwarteten Risiken und der damit verbundenen Anlaufverluste oder operativen Verluste kann darüber befunden werden, ob eine Mittelzufuhr erfolgen soll, ob Kapital als Darlehen oder Haftkapital ausgereicht wird, ob diese Zufuhr von Betriebsmitteln durch die Mitglieder oder durch Dritte geleistet werden soll

Wie die Entscheidungsfindung im Einzelfall verläuft, hängt nicht zuletzt von den Vorzügen und Nachteilen ab, die sich für Gesellschafter, Gesellschaft und Gläubiger mit einer Eigenkapital- oder Darlehensfinanzierung verbinden.

Diese Entscheidungswege der für die Unternehmensfinanzierung Verantwortlichen sollen in diesem Abschnitt aufbereitet und nachvollzogen werden[48].

a) Vorzüge einer Gesellschafterfremdfinanzierung aus der Sicht der Gläubiger

Eine erste Überlegung soll sich der zunächst überraschend anmutenden Fragestellung widmen, ob es aus der Sicht der Gläubiger gerade spezifische Vorteile einer Fremdfinanzierung der Gesellschafter geben kann. Vergleichsmaßstab kann naturgemäß nur die Eigenkapitalausstattung der Unternehmung sein.

Vergleicht man hier, so wird erwartungsgemäß schnell deutlich, dass Vorzüge gegenüber einer Haftkapitalzufuhr nicht zu erwarten sind. Letztere ist für die Gläubiger unter jedem Gesichtspunkt günstiger. Denn alle Funktionen, die Fremdkapital in der Gesellschaft zu übernehmen in der Lage ist, werden auch vom Eigenkapital getragen[49]. Beide Finanzierungsformen tragen also in gleicher Weise dazu bei, die positive Entwicklung des Unternehmens zu ermöglichen.

---

47 Grundlegend zum Grundsatz der Finanzierungsfreiheit BGHZ 75, 334, 336 f.; BFH GmbHR 1991, 382, 285; BGHZ 81, 252, 257; 90, 381, 390; Hachenburg/Ulmer, GmbHG, §§ 32 a, b, Rz. 7; Baumbach/Hueck, GmbHG, §§ 32 a, b, Rz. 2; Fleck, Festschrift Werner 1981, S. 106, 116; K. Schmidt ZHR 1983, 165 f.; Schulze-Osterloh, ZGR 1983, 134 f.; Ulrich, GmbHR 1983, 141; Hommelhoff, Untern. Betätigung, S. 12 ff.; Häuselmann/Rümker/Westermann, Finanzierung der GmbH, S. 7; Ulmer, Festschrift Duden S. 674; Wiedemann, ZIP 1986, 1293, 1297.

48 Eingehend zu diesem Fragenkreis auch Fleischer, Finanzplankredite, S. 11 ff.

49 Dies gilt namentlich für die Fähigkeit, Grundlage für den Betrieb des Unternehmens und seiner Investition zu sein (Arbeitsfunktion), Vormbaum, Finanzierung der Betriebe, S. 35.

Hieran sind die Gläubiger im Interesse der Befriedigung ihrer Forderungen vornehmlich interessiert.

Gleichwohl fehlt Fremdkapital die in diesem Zusammenhang bedeutendste Funktion: Nur Eigenkapital haftet den Gläubigern, d. h. seiner Verwendung zur Anschaffung von Vermögensgegenständen steht nicht eine entsprechende Belastung des Vermögens mit Rückzahlungsansprüchen entgegen. Auch kann eine Eigenkapitalausreichung nicht zugunsten des Gesellschafters besichert werden. Nur eine Eigenkapitalfinanzierung erweitert daher den Haftungsfonds der Gesellschaft und erhöht tendenziell die Befriedigungsaussichten der Gläubiger[50].

Betrachtet man die spezifischen Vorzüge einer Darlehensfinanzierung, so kann es folglich nur noch darum gehen, welche Beiträge zur Unternehmensentwicklung Darlehen im Vergleich zur Nicht-Finanzierung der Gesellschaft zu leisten vermögen[51].

Insbesondere in Gesellschaften, die bedingt durch einen Mangel an Liquidität in die Krise geraten, kann auch Fremdkapital dazu beitragen, den Sanierungserfolg eintreten zu lassen. Hätte die Gesellschaft aufgrund der Liquiditätsschwäche ihre wirtschaftliche Tätigkeit einstellen müssen, wären - mangels Überschuldung - die Befriedigungsaussichten der Gläubiger theoretisch gewahrt. Wegen der unterschiedlichen Wertansätze in der Überschuldungsbilanz und der Insolvenzeröffnungsbilanz treten indes regelmäßig auch dann Ausfälle der Gläubiger auf, wenn alleiniger Insolvenzgrund die Zahlungsunfähigkeit ist[52].

Tritt daher mit Hilfe der Gesellschafterfremdfinanzierung der Sanierungserfolg ein, können zugunsten der Gläubiger Forderungsausfälle vermieden werden. Selbst, wenn die angestrebte Sanierung letztlich ausbleibt, kann sich die Insolvenzquote zwischenzeitlich gleichwohl verbessert haben. Bezogen auf die Ausgangslage vor dem Mittelzufluss kann die Darlehensfinanzierung dazu beigetragen haben, dass die Zahlungsunfähigkeit zwar nicht auf Dauer zu beheben war, gleichwohl aber weiteres Gesellschaftsvermögen erwirtschaftet werden

---

50 Im Übrigen ist Eigenkapital nicht besicherbar, K. Schmidt, Gesellschaftsrecht, § 14 II 2, S. 413. Für eine Fremdfinanzierung ist grundsätzlich seine Kündbarkeit und Rückzahlung typisch, Scholz/K. Schmidt, GmbHG, §§ 32 a, b, Rz. 2, K. Schmidt, JZ 1984, 772.

51 Diese Entscheidung steht den Gesellschaftern regelmäßig offen. Sie ist wesentlicher Inhalt der Finanzierungsfreiheit. Vgl. Häuselmann/Rümker/Westermann, Finanzierung der GmbH, S. 13, daneben die in Fn. 47 Genannten.

52 Vgl. dazu die Diskussion zum Überschuldungstatbestand, BGHZ 119, 201; K. Schmidt, Wege zum Insolvenzrecht, 1990, S. 50 ff.; Kilger/K. Schmidt, InsO § 102 Anm. 2 b.

konnte, was den Gläubigern nunmehr als Befriedigungssubstrat zur Verfügung steht.

Vorteile einer Gesellschafterfremdfinanzierung ergeben sich also aus Gläubigersicht allenfalls gegenüber der Nicht-Finanzierung. Aber auch hier nicht ohne weiteres. Denn die Fremdfinanzierung kann es der Gesellschaft auch gerade ermöglichen, weiteres Vermögen zu verwirtschaften.[53] Zumindest aber ist die Gewährung eines Gesellschafterdarlehns überschuldungsneutral. Denn jeder Erhöhung der Passiva (Verbindlichkeiten) steht eine Erhöhung der Aktiva (Kasse, Anlage- und Umlaufvermögen) gegenüber[54].

b) Vorzüge der Gesellschafterfremdfinanzierung aus der Sicht der Gesellschaft

Betrachtet man die Beweggründe, die für eine bestimmte Finanzierungsentscheidung der Geschäftsführung und der Gesellschafter bestimmend sein können, so ergeben sich eine ganze Reihe von Gründen, die eine Außenfinanzierung mit Fremdmitteln gerade der Gesellschafter sinnvoll erscheinen lassen.

Hierbei handelt es sich also nicht um die Entscheidung zwischen einer Stärkung des Gesellschaftsvermögens mit Eigenkapital oder einer Zufuhr von Leihkapital[55]. Angesprochen ist allein, wie die Entscheidung, den entstandenen Kapitalbedarf über Fremdmittel zu decken, umgesetzt werden soll.

Hierfür steht der Gesellschaft in erster Linie der Kreditmarkt offen. Im Folgenden sollen die Gründe beleuchtet werden, die die Entscheidungsträger in der Gesellschaft gerade dazu veranlassen könnten, unter Vermeidung des institutionalisierten Kreditmarkts oder sonstiger gesellschaftsfremder Dritter gerade die Gesellschafter zur Fremdfinanzierung zu bewegen.

Ausgeklammert werden soll an dieser Stelle der vielleicht häufigste und wichtigste Grund für eine Gesellschafterfremdfinanzierung: Die Gesellschaft ist aus eigener Kraft nicht (mehr) in der Lage, das erforderliche Kapital zu beschaffen. Jene Kreditgeber, die allein an einem Höchstmaß an Sicherheit für Tilgung und Verzinsung interessiert sind, werden Darlehen nicht - jedenfalls nicht zu akzep-

---

53 BGH WM 1964, 671, 673; Lutter/Hommelhoff, ZGR 1979, 31, 38; Herrmann, 50 Jahre WP-Beruf, S. 151, 153.

54 Vgl. dazu § 266 HGB.

55 Diese Abwägungsentscheidung wurde soeben angesprochen, wird jedoch auch an anderer Stelle vertieft.

tablen Bedingungen - an eine Gesellschaft ausreichen, deren verwertbares Vermögen und Ertragskraft keine hinreichende Gläubigersicherheit versprechen[56].

Der folgende Abschnitt wird diesen Aspekt außer Acht lassen; dort soll davon ausgegangen werden, dass die Gesellschaft durchaus bei Dritten kreditfähig gewesen wäre oder jedenfalls ihre Kreditunfähigkeit nicht als sicher angenommen werden kann.

ba) Vermeidung der Fremdbestimmung durch Dritte

Deckt ein Unternehmen seinen Kapitalbedarf über Kredite von Nicht-Gesellschaftern, so ist eine Einflussnahme der Kreditgeber im Grundsatz kaum zu besorgen. Das gesetzliche Normalstatut des Darlehensvertrags in den §§ 488 ff BGB räumt dem Darlehensgeber keine ausdrücklichen Informations- und Mitspracherechte ein. Allein aus dem Charakter des Darlehensvertrags als Dauerschuldverhältnis wird man rudimentäre, gegenseitige Informationsrechte der Beteiligten folgern dürfen[57].

Diese sind aus Gläubigersicht etwa erforderlich, um vor der Valutierung des Darlehens eine Entscheidung über die Möglichkeit des Widerrufs der Darlehenszusage nach § 490 BGB zu treffen zu können. Gleiches gilt nach Auszahlung der Darlehensvaluta für eine im Dauerschuldverhältnis immer mögliche Kündigung aus wichtigem Grund[58].

Jedoch sind die gesetzlich legitimierten Informationsrechte eher schwach ausgestaltet; Mitspracherechte lassen sich aus dem Kreditrecht kaum begründen. Folgerichtig geben sich insbesondere die Banken mit der gesetzlichen Ausgestaltung der Kreditgeberstellung nicht zufrieden und machen die Finanzierung des Unternehmens von weit reichenden Zugeständnissen abhängig. Auf diesem Weg gelingt es, jedenfalls soweit eine Darlehensfinanzierung größeren Umfangs

---

56 Angesprochen ist hier der Bereich der kapitalersetzenden Gesellschafterleistungen, dazu bereits oben grundlegend Hommelhoff, ZGR 1988, 460 ff. und die Nachweise in Fn. 29, 30.

57 Gleichwohl enthalten Kreditverträge der Banken regelmäßig vertragliche Informations- und Einsichtsrechte.

58 Zur Kündigung aus wichtigem Grund: Palandt-Heinrichs, BGB, § 314 Rz. 4; BGHZ 29, 172, 41, 108, NJW 1989, 1483. Zum Widerrufsrecht nach § 610 BGB a. F., Palandt/Putzo, BGB. § 490 BGB stellt die außerordentliche Kündigung vor und nach der Valutierung des Darlehens zur Verfügung; daneben kommen § 313 BGB (Störung der Geschäftsgrundlage) und § 314 BGB (Außerordentliche Kündigung von Dauerschuldverhältnissen) in Betracht, vgl. hierzu Palandt/Putzo, § 490 Rz. 1 ff.

und - vor allem - mittlerer oder langer Fristigkeit zur Entscheidung ansteht[59], den Banken mit Hilfe ihrer überlegenen Angebotsmacht weitgehende Informations- und Kontrollrechte in eine konkrete Kreditbeziehung oder die gesamte Geschäftsbeziehung einzuführen. Diese können unterschiedlich stark ausgestaltet sein. So kommen einfache Einsichts- und Prüfungsrechte hinsichtlich des Jahresabschlusses, aber auch Konsultationspflichten der Geschäftsführung bei für die Liquidität relevanten Entscheidungen vor. Langjährige Geschäftsbeziehungen begleitet die Hausbank oftmals aus einem Sitz in einem fakultativen bzw. obligatorischen Beirat oder Aufsichtsrat[60].

Das Bestreben eines jeden Unternehmens ist es indes, in seinen Entscheidungen auch im Übrigen von jeder gesetzlich nicht zwingend erforderlichen Kontrolle frei zu sein, um die für richtig gehaltene Geschäftspolitik selbstbestimmt verwirklichen zu können und Gesellschaftsinterna nicht ohne Not Dritten mit dem Risiko unkontrollierbarer Verwendung zugänglich zu machen.

Diese Unzuträglichkeiten können vermieden werden, wenn es der Gesellschaft gelingt, das erforderliche Fremdkapital bei ihren Mitgliedern zu rekrutieren. Informationsvorbehalte bestehen jedenfalls nach dem gesetzlichen Normalstatut des GmbHG gegenüber den Gesellschaftern nicht. § 51 a Abs. 1 GmbHG erlaubt es jedem Gesellschafter, jederzeit Einsicht in die Geschäftsunterlagen der Gesellschaft zu nehmen und Auskunft über die Angelegenheiten der Gesellschaft zu verlangen; diese Rechtsstellung kann im Gesellschaftsvertrag nicht abbedungen werden, § 51 a Abs. 3 GmbHG[61].

Gewähren nun die Gesellschafter das erforderliche Fremdkapital, so entsteht hierdurch gerade kein Interesse, weitere Informationsrechte durchzusetzen. Ausschlaggebend ist also, dass die Gesellschafter, auch wenn sie bei der Fremdfinanzierung ihrer Gesellschaft wie Dritte gegenübertreten, keine Außenstehenden sind, vor denen Informationen verborgen werden müssten. Vielmehr sind es ja gerade die Gesellschafter, die die wesentlichen Interessen der Gesell-

---

59 Zur Konkretisierung und Unterscheidung der Fristigkeiten vgl. etwa Vorgaben der Deutschen Bundesbank, mitgeteilt bei K. Schmidt, Gesellschaftsrecht, § 18 II 3. 423; weiterführend hinsichtlich der Bedeutung für die unternehmerische Finanzplanung Perridon/Steiner, Finanzwirtschaft der Unternehmung, S. 197; Vormbaum, Finanzierung der Betriebe, S. 303 ff., 335 ff.

60 Zur unternehmerischen Mitbestimmung in der GmbH, Lutter/Hommelhoff, GmbHG, Einleitung Rz. 15, § 52 Rz. 10 ff., 21 ff.

61 Vgl. § 51 a Abs. 3 GmbHG, Baumbach/Hueck, GmbH, § 51 a Rz. 2; OLG Köln WM 1986, 761, 763; Scholz/K. Schmidt, GmbHG, § 51 a Rz. 50 f.

schaft prägen[62]. Die Gesellschafterfremdfinanzierung ist daher taugliches Mittel zur Abwehr der Einflussnahme Dritter.

bb) Erweiterte Vergabebereitschaft

Die mitgliedschaftliche Bindung zwischen Darlehensgeber und Darlehensnehmer bei der Gesellschafterfremdfinanzierung führt zu einzelnen Vorzügen gegenüber der Außenfinanzierung durch Dritte.

Diese Vorteile liegen einmal in der gegenüber der Finanzierungsbereitschaft der Banken häufig größeren Bereitwilligkeit der Gesellschafter, Sicherheits- und Renditeaspekte der Darlehensausreichung hinten anstehen zu lassen, begründet. Aufgrund ihrer Insiderkenntnisse - wohl noch mehr aber aufgrund ihrer positiven Erwartungen an den geschäftlichen Erfolg der von ihnen geführten GmbH - neigen Gesellschafter zu einem für die Interessen der Gesellschaft unmittelbar günstigen Finanzierungsverhalten.

Gesellschafter sind eher bereit, in größerem Umfang Zukunftsprojekte oder eine erhebliche Geschäftsausweitung mit eigenen Mitteln zu finanzieren, als Außenstehende. Hier spielt gerade die innere Überzeugung der Gesellschafter von der Zukunftsträchtigkeit der selbst entwickelten Projekte und Marktstrategien eine Rolle.

Konkret äußert sich das erweiterte Finanzierungsverhalten in der Überlassung höherer Darlehensbeträge, als sie von an der Gesellschaft nicht beteiligten Dritten zu bekommen wären. Damit unmittelbar verbunden ist das Verlangen der Kreditgeber nach einer insolvenzfesten Besicherung der gewährten Darlehen. Auch wenn die Gesellschaft in der Lage ist, diesem Bedürfnis Rechnung zu tragen[63], ist es doch ihr begründetes Interesse, diese Sicherheiten zu schonen. Denn so lassen sich Vermögensgegenstände der Gesellschaft unbelastet anderen Aufgaben der Unternehmung zuführen[64]. Insbesondere können die rechtlich noch nicht vollständig gelösten Koordinationsprobleme zwischen Eigentumsvorbehalten der Lieferanten und Vorausabtretungen zur Sicherung der Banken

---

62 Vgl. etwa: §§ 45, 46 GmbHG, über die Möglichkeit von Weisungsbeschlüssen an die Gesellschaft haben die Gesellschafter die Unternehmenspolitik weitgehend in der Hand, dazu auch Konzen, NJW 1989, 2977; OLG Düsseldorf ZIP 1984, 1478.

63 In dieser Konstellation kommt bereits eine Qualifizierung als Eigenkapitalersatz in Frage, vgl. nur den Überblick bei Raiser, Recht der Kapitalgesellschaften, 1992, S. 448 ff.

64 Zur Problemlage: Baur/Stürner, Zwangsvollstreckungsrecht, § 59 Abs. 6.

entschärft werden, wenn es der Gesellschaft gelingt, den Darlehensgeber zu einem Verzicht auf die Besicherung zu veranlassen. Solche Erwartungen scheinen jedoch nur gegenüber darlehensgebenden Gesellschaftern realistisch; nur Gesellschafter werden bereit sein, im Vertrauen auf den von ihnen mitgestaltbaren wirtschaftlichen Erfolg und eine damit verbundene Ertragskraft auf Tilgung und Verzinsung auch ohne Besicherung zu vertrauen.

Die mitgliedschaftliche Bindung der Gesellschafter an ihre Gesellschaft und der als Gegenleistung für die Übernahme und Einzahlung einer Stammeinlage begründete Anspruch auf Gewinnausschüttungen[65] kann zu weiteren Vorzügen einer Gesellschafterfremdfinanzierung für die Gesellschaft führen.

Gesellschafter zeigen sich oftmals dazu bereit, eine Fremdfinanzierung zu weit günstigeren Konditionen vorzunehmen, als diese auf dem allgemeinen Kreditmarkt durchsetzbar wären.

Eine wichtige Rolle spielt hier erneut, dass Gesellschafter der von ihnen betriebenen Gesellschaft über die Kalkulation des Darlehenszinses in weit geringerem Maße Risiken der Fremdfinanzierung in Rechnung stellen als Dritte. Denn in der GmbH können die Gesellschafter - zumindest nach dem gesetzlichen Normalstatut - Umfang und Risiken der Geschäftstätigkeit mitbestimmen[66]. So muss das Tilgungs- und Verzinsungsrisiko nicht allein über die Höhe des Kreditzinses abgefangen werden.

Günstig auf die Darlehenskonditionen wirkt sich ebenfalls aus, dass der Darlehenszins von den Gesellschaftern nicht notwendig als Einkommensquelle verstanden wird. Wenn die Gesellschafter einen Großteil des aus der Beteiligung erwarteten Einkommens aus den Gewinnausschüttungen erzielen, kann die Einkommensfunktion regelmäßiger Zinszahlungen vernachlässigt werden. Der Zinssatz kann entsprechend niedriger angesetzt werden. In der Folge kann die Gesellschaft kostengünstiger arbeiten und ausschüttungsfähige Gewinne entsprechend höher ausweisen, die dann - wenn sich die Erwartungen an die Wirkungen günstiger Darlehenskonditionen realisieren lassen - den Gesellschaftern unmittelbar zugute kommen.

---

65 § 29 GmbHG; Wiedemann, Gesellschaftsrecht, S. 554.

66 Vgl. etwa §§ 45, 46 GmbHG, über die Möglichkeit von Weisungsbeschlüssen an die Geschäftsführung, vgl. auch: Konzen, NJW 1989, 2977; OLG Düsseldorf ZIP 1984, 1478.

Die nur den Gesellschaftern gegebene Möglichkeit, Einkünfte aus Gewinnanteilen zu erzielen, kann sich somit insgesamt günstig auf die Kostenstruktur der Gesellschaft und den wirtschaftlichen Erfolg auswirken. Die Gesellschafter ihrerseits können ihr Eigeninteresse über erweiterte Gewinnansprüche realisieren und so bei der Vereinbarung der Darlehenskonditionen großzügig sein.

Das Gesamtergebnis stellt keinen Widerspruch zu der oben gewonnenen Erkenntnis dar, dass Darlehenszinsen als Betriebsausgaben Gewinn mindernd und sogar erwünscht sein können; welche Konstellationen sinnvoll sind, hängt nur von der konkreten Gesellschaft und ihrer Situation, insbesondere ihrer Ertragskraft, ab.

bc) Erhaltung der Kreditfähigkeit und Schonung bestehender Kreditlinien

Ungeachtet der durchsetzbaren Konditionen können Gesellschafterdarlehen auch positive Wirkungen auf den Erhalt der allgemeinen Kreditfähigkeit und die Schonung der Kreditobergrenzen bei der Hausbank haben.

Gesellschafter sind weit eher als Dritte bereit, Darlehen gänzlich ohne oder doch ohne vollwertige Sicherheiten zu gewähren[67].

Der ohnehin oft nur begrenzte Vorrat an sicherungsgeeigneten Vermögenswerten[68] wird so nicht weiter in Anspruch genommen und steht - ungeschmälert durch die Besicherung oft in großem Umfang gewährter Gesellschafterdarlehen - zur Verfügung, um am Markt die Fremdfinanzierung durch Dritte zu ermöglichen. Denn diese machen die Mittelzuführung regelmäßig von der Einräumung werthaltiger und insolvenzfester Sicherheiten abhängig. Auch wenn Gesellschafterdarlehen als regelmäßig echte Verbindlichkeiten der Gesellschaft auf den Verschuldungsgrad der Unternehmung voll durchschlagen, beeinträchtigen sie so doch kaum die allgemeine Kreditfähigkeit, ist diese doch zumindest so lange gewährleistet, wie die Gesellschaft aus eigener Kraft in der Lage ist, Sicherheiten für ihre vornehmlich bei Dritten aufgenommenen Fremdmittel zu stellen[69].

---

67 Dazu die Nachweise in Fn. 61.

68 Besonders auffällig etwa bei den Betriebsführungsgesellschaften im Rahmen einer Betriebsaufspaltung, aber auch dort, wo Vermögen bereits zur Besicherung sonstiger Forderungen Dritter verwandt wurde.

69 Raiser, Recht der Kapitalgesellschaften, S. 454 als wichtiges Indiz zur Feststellung der Kreditfähigkeit.

Soweit Gesellschafter bereit und in der Lage sind, ihrer Gesellschaft das notwendige Fremdkapital zuzuführen, ergibt sich zugleich eine Entlastung bestehender Kreditlinien.

Im Rahmen einer ständigen Geschäftsbeziehung räumen Kreditinstitute ihrem unternehmerischen Kunden in der Regel nach vorrangiger Prüfung der Kreditwürdigkeit eine allgemeine Kreditobergrenze ein, die der Kunde dann ohne gesonderte Prüfung im Einzelfall in Anspruch nehmen kann[70]. Schöpft die Gesellschaft eine solche Kreditlinie voll aus, geht einer weiteren Kreditvergabe eine umfangreiche Prüfung voraus. Oft wird die Mittelfreigabe gerade von der Einräumung der Informations- und Einsichtsrechte abhängig gemacht, die die Gesellschaft gerade vermeiden will[71].

Gesellschafterdarlehen wirken einer solchen Entwicklung tendenziell entgegen: Im Umfang einer Gesellschafterfremdfinanzierung muss die Geschäftsführung eine Kreditlinie nicht in Anspruch nehmen. Ungewünschte Verhandlungen mit den Banken können so vermieden, zumindest jedoch hinausgeschoben werden.

bd) Sanierungsbereitschaft

Ein weiteres Argument, die Fremdfinanzierung durch die Inhaber einer Darlehensgewährung durch Dritte vorzuziehen, tritt erst in der Unternehmenskrise zu Tage. Gerät die Gesellschaft in einen Finanzierungsengpass, deuten insbesondere erste Zahlungsstockungen auf die Möglichkeit einer baldigen Illiquidität hin, so werden Banken und andere Kreditgeber frühzeitig ihr finanzielles Engagement in der Gesellschaft zurückfahren. Kredite werden oft fristlos gekündigt, sobald die Verschlechterung in der Vermögenslage offenbar wird[72]. Auch voll gesicherte Gläubigerbanken gehen diesen Weg, um eine noch möglichst weitgehende Rückführung der Darlehen zu erreichen. Eine Befriedigung aus den Sicherheiten in einem nachfolgenden Insolvenzverfahren wird wegen der dabei zusätzlich auftretenden Probleme nach Möglichkeit vermieden.

Auch Gesellschafter könnten von diesen Kündigungsmöglichkeiten Gebrauch machen. Gesellschafter zeigen aus nahe liegenden Gründen vielfach jedoch ein

---

70 Münchener Kommentar, Westermann, BGB, vor § 607 Rz. 131, m. w. N.; Baumbach/Hopt, HGB (7) Bankgeschäfte VI Anm. 2 A; BGHZ 83, 81.

71 Hierzu oben II. 1. b) ba).

72 Rechtsgrundlage hierfür ist das gesetzliche Recht zur Kündigung von Dauerschuldverhältnissen aus wichtigem Grund, dazu Palandt/Heinrichs, BGB, § 314 Rz. 4, sowie die vertragliche Möglichkeit der Kündigung etwa nach § 17 AGB-Banken.

ganz anderes Verhalten: Auch und gerade der Not leidenden Gesellschaft werden die nunmehr umso dringender benötigten Mittel belassen, um ihr die Sanierung zu ermöglichen[73].

Denn für die Gesellschafter geht es nicht allein um die vollständige Rückführung des Darlehens. Sie sind immer auch in ihrer Doppelrolle als Darlehensgeber und Gesellschafter angesprochen. Für den Gesellschafter geht es zugleich darum, „seine" Gesellschaft in ihrem Bestand zu sichern und zu ihrer Sanierung beizutragen. Denn mit der Erwartung, dass es sich bei der Krise nur um eine vorübergehende handeln möge, die durch ein Belassen und ggf. die Zufuhr neuen Kapitals zu überwinden ist, verbindet sich die Hoffnung, den eigenen Geschäftsanteil in seinem Wert halten und auch wieder steigern zu können, letztlich also wieder Gewinnausschüttungen in Empfang zu nehmen. Affektionsinteresse und wirtschaftliches Eigeninteresse bilden somit häufig die Grundlage für die gesellschafterliche Bereitschaft, der Gesellschaft in ihrer wirtschaftlichen Schieflage Darlehenskapital nicht zu entziehen und ergänzend vielleicht sogar günstigere Konditionen zu gewähren[74].

c) Vorzüge einer Gesellschafterfremdfinanzierung aus der Sicht der Mitglieder

GmbH-Gesellschafter besitzen bekanntlich ein weitgehendes Wahlrecht, ob sie ihren Verband mit Eigen- oder Fremdkapital finanzieren oder eine Mittelzufuhr ganz unterlassen wollen. Diese Finanzierungsfreiheit gilt sowohl für die Situation der Unternehmensgründung wie auch hinsichtlich der Deckung eines späteren Mittelbedarfs im Zuge einer Unternehmensausweitung.

Entscheidungen über die Unternehmensfinanzierung werden von den Gesellschaftern nicht willkürlich getroffen. Vielmehr liegen gerade der Darlehensfinanzierung eindeutige Motive und Interessen zugrunde, die die Gesellschafter dazu bestimmen, ihre Finanzierungsfreiheit gerade in dieser Weise auszuüben.

---

73 Eine Nachschusspflicht besteht nicht. Die Finanzierungsfreiheit erlaubt ein Absehen von jeglicher Sanierungsbereitschaft, dazu: BGHZ 31, 258, 268; 90, 381, 390; 75, 334, 338; ZIP 1994, 1261, 1264; Scholz/K. Schmidt, §§ 32 a, b, Rz. 4; Hachenburg/Ulmer, §§ 32 a, b, Rz. 8; Lutter/Hommelhoff, §§ 32 a, b, Rz. 3.

74 Zur in dieser Konstellation nahe liegenden Gefahr einer Umqualifizierung durch Belassen von Fremdmitteln, § 32 a, Abs. 3 GmbHG; BGHZ 105, 186; 109, 60, OLG Hamburg, ZIP 1984, 576; BGH WM 1985, 195; Ulmer, ZIP 1984, 1167 ff., von Gerkan, GmbHR 90, 387; Wiedemann, ZIP 1986, 1297; Rümker, Festschrift Stimpel 1985, S. 659.

Im Mittelpunkt der Entscheidung zwischen Eigenkapitalausstattung und Darlehensfinanzierung stehen die grundsätzlich abweichenden Rechtsfolgen hinsichtlich beider Finanzierungsarten in der Insolvenz der Gesellschaft. Während Eigenkapital die Haftungsmasse der Gesellschaft bildet und gerade in der Insolvenz der Gläubigerbefriedigung dient, ist Fremdkapital grundsätzlich nur entwertet; Gläubiger können ihre Darlehensrückforderungsansprüche zur Insolvenztabelle anmelden und zu Lasten des (noch) zur Verfügung stehenden Gesellschaftsvermögens ganz oder anteilig deren Rückforderung beanspruchen. Auch wenn diese Insolvenzquoten in der Praxis verschwindend gering ausfallen, ergibt ein Risikovergleich mit der Eigenkapitalfinanzierung aus der Sicht des Gesellschafters die günstigeren Ergebnisse[75].

Chancen auf eine Rückgewähr von Einlagen hat ein Gesellschafter theoretisch dann, wenn nach einer Beendigung der Insolvenzliquidation verteilungsfähiges Vermögen übrig bleibt. Dies ist in der Praxis indes nahezu ausgeschlossen. Überwiegend wird das Verfahren schon gar nicht erst eröffnet, da der Verwalter eine die Kosten deckende Masse nicht mehr feststellen kann[76]. Genügt die Insolvenzmasse diesen Anforderungen doch, führen die weitgehenden dinglichen Sicherungsrechte und die niedrigen Liquidationswerte im Überschuldungsstatus dazu, dass nur minimale Insolvenzquoten ausgeschüttet werden[77].

Diese entfallen aber nur auf Fremdkapital, da von den Gesellschaftern als Einlagen eingebrachte Mittel Bestandteil des Gesellschaftsvermögens geworden sind. Gesellschaftsvermögen - unabhängig ob es unmittelbar von den Gesellschaftern zugeführt oder in Form thesaurierter Gewinne das Ergebnis erfolgreicher Geschäftstätigkeit ist - begründet also keine Insolvenzforderung.

Auch wenn die Quoten, mit denen sich Insolvenzgläubiger zufrieden geben müssen, äußerst niedrig sind, stellt Fremdkapital auch in der Insolvenz für den Gesellschafter die günstigere Finanzierungsform dar: Die Forderung ist regelmäßig nur entwertet, nicht jedoch verloren.

---

75 K. Schmidt, Gesellschaftsrecht, S. 419; von Arnim, in: Büschgen, Handwörterbuch der Finanzwirtschaft, S. 285 f.

76 Vgl. dazu die Ausführungen bei Kilger/K. Schmidt, InsO, § 107 Anm. 2; Uhlenbruck, InsR Rz. 303, Schmidt/Uhlenbruck, Rz. 1129.

77 Auswirkungen dinglicher Sicherheiten auf die Quote, vgl. III. 2. b) bd).

2. Grundsätze der De-Finanzierung von Gesellschafterleistungen

a) Fragestellung

Unterschiede ergeben sich zwischen Eigenkapital- und Fremdfinanzierung auch hinsichtlich der Voraussetzungen, unter denen eine De-Finanzierung (Mittelabzug) des Unternehmens möglich ist.

Typisch für eine Darlehensfinanzierung ist, dass der Darlehensvertrag von vornherein befristet, jedenfalls aber kündbar ausgestaltet ist. Die Leihkapitalausstattung ist daher von vornherein auf Zeit angelegt[78].

Dies ist für eine formelle Eigenkapitalfinanzierung nicht zulässig zu vereinbaren. So kann der Gesellschafter weder eine befristete noch eine kündbare Stammkapitalerhöhung, Nachschussgewährung oder Zuschusszahlung vornehmen.

Andererseits ist die Rückforderbarkeit eines Gesellschafterdarlehens nicht auf die Erreichung des Rückzahlungstermins durch Fristablauf oder ordentliche Kündigung beschränkt. Möglich ist immer die einvernehmliche Rückzahlung.

Der Schuldcharakter des Darlehensvertrages erlaubt es dem Gesellschafter, auf deutliche Verschlechterungen in der Vermögenssituation der Gesellschaft angemessen und schnell zu reagieren. So ist weithin anerkannt, dass dem Darlehensgläubiger in solchen Fällen, in denen der Rückzahlungsanspruch nachhaltig gefährdet ist, ein Recht zur außerordentlichen Kündigung der Darlehensbeziehung zusteht.

Ob dies mittels Kündigung aus wichtigem Grund geschieht ist, wie sie - ausgehend von der arbeitsvertraglichen außerordentlichen Kündigung - in jedem Dauerschuldverhältnis zur Verfügung steht oder ob der nach seinem Wortlaut nur auf die zugesagte Darlehensfinanzierung anwendbare § 490 BGB auch auf das valutierte Darlehen anwendbar ist, kann an dieser Stelle offen bleiben[79]. Für den Vergleich der Fremdfinanzierung mit der Eigenkapitalausstattung ist insoweit allein festzustellen, dass die schuldrechtliche Beziehung

---

78 RGZ 161, 52; BGHZ 25, 174, 177; Münchener Kommentar, Westermann, BGB vor § 607 Rz. 5. Zur Gleichwertigkeit von langfristigem Fremdkapital und unkündbarem Eigenkapital vgl. Hahn, Finanzwirtschaft, S. 185 f., 206.

79 Vgl. hierzu jüngstens BGHZ 133, 298; von Gerkan/Hommelhoff, a. a. O., S. 63 ff.

anerkannte Möglichkeiten eröffnet, nach Vertragsschluss eingetretene Disparitäten zu beseitigen.

Darlehenskapital erlaubt also eine Rücksichtnahme auf das berechtigte Interesse des Finanziers, die nur auf Zeit überlassene Valuta sofort zurückzufordern, wenn sich das Risiko, sie zur vorgesehenen Zeit zurückzuerhalten, unverhältnismäßig erhöht hat.

Eine entsprechende Risikoanpassung ist für die Eigenkapitalfinanzierung begrifflich ausgeschlossen. Denn Eigenkapital ist unkündbar und erfüllt seine sichernde Funktion gerade in der Unternehmenskrise[80], in einer Situation also, in der für Darlehensgeber gerade die Möglichkeit zur außerordentlichen Kündigung oder zum Widerruf nach § 490 BGB in Betracht käme.

Ein Günstigkeitsvergleich zwischen beiden Finanzierungsformen ergibt somit aus Gesellschaftersicht einen deutlichen Vorteil für die Gesellschafterfremdfinanzierung.

b) Finanzierungsfreiheit

Wichtiger Entscheidungsparameter für die Unternehmensfinanzierung mit Gesellschafterdarlehen oder Eigenkapital ist die Flexibilität, mit der Gesellschafter und Geschäftsführung Finanzierungsentscheidungen durchsetzen können. Hier erweist sich, dass Gesellschafterdarlehen gegenüber der Eigenmittelausstattung ein deutliches Flexibilitätsplus auszeichnet.

Fremdkapital - sei es vom Kreditmarkt oder aus Gesellschafterhand - wird der Gesellschaft regelmäßig auf der Grundlage eines einfachen schuldrechtlichen Vertrages zwischen der Gesellschaft und dem finanzierenden Gesellschafter zur Verfügung gestellt. Die Entscheidung über das Ob und das Ausmaß der Fremdfinanzierung liegt - sofern der Gesellschaftsvertrag keine anderweitige Bestimmung, etwa eine Kompetenzverlagerung auf die Gesellschafterversammlung, vorsieht - in der Hand des Gesellschafters und auf Seiten der Gesellschaft beim Geschäftsführer[81].

---

80 K. Schmidt, Gesellschaftsrecht, § 18 Abs. 2 Satz 2.

81 Zur Frage, ob der Geschäftsführer über das Kreditvolumen selbständig den Geschäftsumfang bestimmen können sollte, oder ob insoweit bereits eine ungewöhnliche Maßnahme vorliegt, grundsätzlich: Schneider/K. Schmidt, GmbHG; § 37 Rz. 12 ff.; Lutter/Hommelhoff, GmbHG, § 37 Rz. 8 ff.

Damit wird es möglich, einen erkannten Finanzierungsbedarf schnell und unbürokratisch am Kapitalmarkt oder bei den Gesellschaftern zu decken.

Einer Beteiligung der Gesellschafterversammlung bedarf es hier für den gesetzlichen Normalfall nicht. Die Kreditfinanzierung der Gesellschaft begründet nach dem Normalstatut des GmbHG keine Zuständigkeit, die zwingend der Gesellschafterversammlung zugewiesen wäre. Diese muss also nicht mit einem oft erheblichen Zeit- und Kostenaufwand einberufen und zur Beschlussfassung über eine Darlehensfinanzierung veranlasst werden.

Anders sieht der Befund für die Außenfinanzierung der Gesellschaft mit Eigenkapital aus.

Die Eigenkapitalausstattung der Gesellschaft ist schon nach dem gesetzlichen Normalstatut der Entscheidung der Gesellschafterversammlung zugewiesen. Diese Entscheidungsgewalt der Gesellschafter bezieht sich sowohl auf die Begründung einer Nachschusspflicht und einer Stammkapitalheraufsetzung wie auch deren Durchsetzung gegenüber den Gesellschaftern: Auch die Einforderung beschlossener Nachschüsse oder Stammkapitalerhöhungen obliegt grundsätzlich der Gesellschafterversammlung. Nur per satzungsgebundener Delegation kann diese Kompetenz dem Geschäftsführer zugewiesen werden.

Daneben zeichnet diese Finanzierungsentscheidungen über die (nachträgliche) Eigenkapitalausstattung der Gesellschaft ihre Gesellschafter noch durch ein weiteres zeitliches und bürokratisches Hemmnis aus.

Entschließen sich Gesellschafter, ihre Gesellschaft über eine Stammkapitalerhöhung oder die Vereinbarung einer Nachschusspflicht mit zusätzlichem Eigenkapital zu versorgen, so bedarf die Wirksamkeit einer solchen Vereinbarung der notariellen Beurkundung und der Eintragung in das Handelsregister. Beide kostenträchtige Vorgänge erfordern einen nicht zu unterschätzenden Aufwand an Zeit und Organisation.

In vielleicht noch stärkerem Maße fällt dieser an, wenn Eigenkapital wieder zurückgewährt werden soll.

Soweit es nicht allein darum geht, aus Gewinnen gebildete Rücklagen an die Gesellschafter auszuschütten - hier genügt ein einfacher Gesellschafterbeschluss[82], bedarf es erneut einer notariell zu beurkundenden und einzutragenden

---

[82] Scholz/K. Schmidt, § 29, Rz. 41, Anh. § 42 a, Rz. 192 ff.

Satzungsänderung: Die Herabsetzung des Stammkapitals und die Rückzahlung von Nachschüssen erfordern also bereits insoweit den größeren Aufwand.

Diese Benachteiligung der Eigenkapitalfinanzierung wird noch deutlicher, schaut man sich das zum Schutz der Gläubiger eingerichtete Verfahren an, das durchlaufen werden muss, bevor das durch die Stammkapitalherabsetzung oder Nachschussaufhebung entbundene Kapital auch tatsächlich an die Gesellschafter zurückgewährt werden darf.

Für die Stammkapitalherabsetzung ist hier § 58 GmbHG einschlägig. Zwar ist hier nicht der Ort, das aufwendige Verfahren der Kapitalherabsetzung im Detail nachzuzeichnen. Bereits ein flüchtiger Blick auf die Norm zeigt jedoch, dass der Aufwand nicht unerheblich ist und eine effektive Kapitalrückgewähr frühestens im Jahr nach der letzten in § 58 Abs. 1 Nr. 3 GmbHG geforderten öffentlichen Bekanntmachung der Kapitalherabsetzung und der Anmeldung des Herabsetzungsbeschlusses zum Handelsregister möglich ist.

Ähnlich langwierig gestaltet sich die Rückzahlung von Kapital, das auf der Grundlage einer Nachschusspflicht eingezahlt worden ist.

Einschlägig ist hier § 30 Abs. 2 GmbHG. Danach dürfen Nachschüsse - soweit sie nicht zur Abdeckung des statutarischen Stammkapitals erforderlich sind - unter Einhaltung einer Dreimonatsfrist nach Veröffentlichung des Rückzahlungsbeschlusses zurückgewährt werden.

Auch hier zeigt sich erneut: Eigenkapitalausstattung ist gegenüber der Gesellschafterfremdfinanzierung - aus Gründen des Gläubigerschutzes zu Recht - die aus der Sicht des finanzierenden Gesellschafters weniger flexible und geschmeidige Finanzierungsform.

c) Kostenvergleich

Wesentliche Motive der gesellschafterlichen Entscheidung für die eine oder andere Finanzierungsform lassen sich aus einem Vergleich der Kosten beider Finanzierungsformen gewinnen. Auch hier schneidet die Gesellschafterfremdfinanzierung gegenüber der Eigenkapitalausstattung günstig ab. Mit den Kosten der Finanzierung sollen hier nicht etwa jene Vermögenseinbußen angesprochen werden, die ein Gesellschafter erleidet, wenn die Gesellschaft in die Schieflage gerät und später das Insolvenzverfahren eröffnet werden muss. Die für Eigen-

und Fremdkapital unterschiedlichen Rechtsfolgen (Verlust oder nur Entwertung) wurden bereits oben erläutert.

In diesem Abschnitt soll es allein darum gehen, welche unmittelbaren Kosten mit der Begründung der Finanzierungspflicht und ggf. ihrer Durchführung verbunden sind.

Für die Gesellschafterfremdfinanzierung ist eine Kostenlast nicht ersichtlich. Rechtshandlungen und -akte, die finanziellen Aufwand verursachen könnten, fallen nicht an. Die Darlehensgewährung ist formfrei möglich und bedarf keiner unterstützenden Handlungen des Notars oder des Registergerichts. Kosten einer notariellen Beurkundung und - weniger bedeutsam - der Registereintragung entstehen nicht.

All diese Aufwendungen entstehen jedoch, beruht die Unternehmensfinanzierung auf einer Stammkapitalheraufsetzung oder der nachträglichen Festlegung einer Nachschusspflicht. Beide Erscheinungsformen der Eigenkapitalfinanzierung bedürfen einer satzungsmäßigen Festlegung und damit der notariellen Beurkundung. Kosten verursacht aber auch schon die Beschlussfassung der Gesellschafter als solche; um eine Kapitalheraufsetzung und Nachschussverpflichtung einzuführen, bedarf es einer Satzungsänderung. Diese wird regelmäßig auf einer u. U. kostenintensiven Gesellschafterversammlung beschlossen, sofern die Gesellschafter nicht auch für derart bedeutende Beschlüsse das schriftliche Umlaufverfahren oder ähnliches vereinbart haben.

Auch hier zeigt sich erneut: Schon bei der Begründung der Finanzierungspflicht hat die Finanzierung über Gesellschafterdarlehen kostenmäßige Vorzüge gegenüber der Kapitalheraufsetzung und der Einführung von Nachschusspflichten. Dieser Vorteil setzt sich fort bei der Rückführung der Finanzierungen: Auch für die Kapitalherabsetzung und die Aufhebung von Nachschusspflichten bedarf es der Satzungsänderung in einer Gesellschafterversammlung.

d) Beteiligungsstabilität

Die Gesellschafter sind grundsätzlich daran interessiert, dass eine im allgemeinen Einvernehmen für notwendig erachtete Mittelzufuhr die Beteiligung des einzelnen Gesellschafters an der Gesellschaft und damit das Verhältnis der Beteiligungen untereinander nicht berührt.

Dieses Interesse ist zwar gewahrt, wenn die Gesellschafter eine Kapitalheraufsetzung im Verhältnis ihrer bisherigen Stammeinlagen vornehmen, da in diesem Fall die Beteiligungsparitäten beibehalten werden können.

Probleme treten jedoch dann auf, wenn nicht alle Gesellschafter bereit oder wirtschaftlich in der Lage sind, die geplante Kapitalheraufsetzung auch in die Tat umzusetzen. Soll die Aufhebung des statutarischen Stammkapitals die Kapitalgrundlage der Gesellschaft nachhaltig stärken, sind regelmäßig Einlagen größeren Umfanges erforderlich; sie zu leisten wird die Leistungsfähigkeit der zur Mitwirkung aufgerufenen Gesellschafter in nicht wenigen Fällen überfordern.

Beharren die Gesellschafter in dieser Situation dennoch auf einer Unternehmensfinanzierung durch Stammkapitalheraufsetzung, so könnte die Finanzierungslast nur von einem oder einigen wenigen Gesellschaftern getragen werden. In der Folge würden sich die Stammeinlagen dieser finanzstarken Gesellschafter nominell, aber auch relativ zu den unverändert gebliebenen Einlagen der finanzierungswilligen aber nicht leistungsfähigen Gesellschafter erhöhen.

Mit diesem relativ höheren Anteil am Stammkapital wären dann erweiterte Stimmrechte in der Gesellschafterversammlung und zugleich erhöhte Gewinnbezugsrechte verbunden[83]. Mit diesen Erweiterungen auf der einen Seite korrespondiert eine relative Beschränkung jener Gesellschafter, die an der Kapitalheraufsetzung nicht haben teilnehmen können. Deren Mitgliedschafts- und Gewinnbezugsrechte werden entsprechend verwässert, sofern die Satzung keine entsprechende Vorsorge trifft.

Der Eintritt einer solchen Situation wird regelmäßig von den betroffenen Gesellschaftern nicht gewünscht sein.

Alternativ wäre eine Finanzierung über Nachschusspflichten oder Zuschüsse in das Eigenkapital zu erwägen. Eine Verschiebung der Beteiligungsverhältnisse wäre insoweit nicht zu besorgen. Ein solches Vorgehen - lässt es sich nicht mit allen Gesellschaftern und beteiligungsproportional verwirklichen - führt indes zu anderen Unzuträglichkeiten unter den Gesellschaftern: Während einzelne der Gesellschaft haftendes Kapital ohne eine unmittelbare Gegenleistung zuführen, profitieren die anderen ohne die Zufuhr weiteren Risikokapitals über ihre Geschäftsanteile von den erweiterten Möglichkeiten der Gesellschaft, einem ggf. eintretenden Sanierungserfolg und dem Vermögens- und Gewinnzuwachs.

---

[83] So jedenfalls die gesetzliche Regelung nach §§ 29 Abs. 3, 14 GmbHG; vgl. dazu statt vieler Lutter/Hommelhoff, GmbHG, § 14, Rz. 10.

Die Lösung dieser Problemlage findet sich einmal mehr in der Gesellschafterfremdfinanzierung. Gewähren die finanzkräftigen Gesellschafter langfristige Darlehen, deren Verzinsung vielleicht nicht feststehend, sondern an die Gewinnentwicklung des Unternehmens geknüpft ist, können so die Wirkungen einer Eigenkapitalfinanzierung nachempfunden werden, ohne deren Nachteile zu übernehmen.

Mit langfristigen oder gar (zeitweise) unkündbaren Darlehen können die Gesellschafter die angestrebte Kapitalgrundlage herbeiführen, ohne dass die Finanzierung störende Einflüsse auf das Innenverhältnis unter den Gesellschaftern ausüben könnte. Finanzierungssicherheit kann regelmäßig durch die verabredete Langfristigkeit oder gar fehlende Befristung, einen Ausschluss der Kündbarkeit oder insbesondere eine gesellschaftsrechtliche Grundlage der Fremdfinanzierung gewährleistet werden.

Beruht die Fremdfinanzierung auf einer Satzungsabrede oder einem Gesellschafterbeschluss, so bedarf es zur Rückführung dieser Darlehen eines entsprechenden Entzugs dieser verbandsrechtlichen Finanzierungsgrundlage. Eine allein eigenmotivierte Kündigung des Darlehens - auch aus wichtigem Grund - oder sein Widerruf nach § 490 BGB scheinen dann ausgeschlossen[84].

Gerade auf diesem Weg können die Gesellschafter die für die Gesellschaft wichtige Finanzierungs- und Planungssicherheit sicherstellen, ohne dass die mitgliedschaftsrechtlichen und haftungsrechtlichen Störeinflüsse von verschiedenen Eigenkapitalfinanzierungsalternativen zu besorgen sind.

e) Einkommensfunktion der Fremdfinanzierung

Anlass, sich zwischen Eigen- und Fremdfinanzierung zugunsten Letzterer zu entscheiden, kann auch sein, dass allein mit einer festverzinslichen Fremdfinanzierung jederzeit verlässliche Einkommenseffekte zu erzielen sind.

Belassen es die Gesellschafter bei dem gesetzlichen Regelfall, dass Stammeinlagen keine feste Zinsrendite, sondern nur einen Anspruch auf Teilhabe am

---

84 Diese Gewährung „causa societatis" nimmt der Finanzierung nicht den Fremdkapitalcharakter, entzieht die Verfügungsbefugnis jedoch der alleinigen Entscheidung des Darlehensgläubigers. Vgl. etwa: OLG Hamburg, EWiR 1986, S. 901, 902, § 32 a GmbHG (Priester), zum Ausschluss des § 610 BGB a. F. und zur Aufhebung der korporationsrechtlichen Finanzierungsgrundlage, Staudinger/Hopt/Mülbert, BGB, § 607, Rz. 109 f.

Bilanzgewinn vermittelt, so ist die Einkommenserwartung des finanzierenden Gesellschafters entsprechend unsicher.

Dies gilt gerade in der Phase der Unternehmensgründung oder der erheblichen Geschäftsausweitung. Hier führen die zu erwartenden Anlauf- und Expansionsinvestitionen wohl regelmäßig dazu, dass die Gesellschaft einen nennenswerten Gewinn zunächst kaum wird erwirtschaften können. Vielmehr werden in vielen Fällen zunächst Bilanzverluste auszuweisen sein.

Einkommen von Anfang an verspricht dagegen die Festverzinsung als übliche Gegenleistung für die zeitweise Überlassung einer Darlehensvaluta.

Für die Darlehensgewährung beanspruchen Gesellschafter - wie jeder Dritte auch - eine in der Regel angemessene Gegenleistung. Diese wird normalerweise als fester Zinssatz auf das Jahr vereinbart. Damit bemisst sich das für den Gesellschafter zu erzielende Einkommen allein nach dem festgesetzten Zinssatz und der Höhe der Valuta.

Ein am Erfolg der Gesellschaft orientiertes Einkommensmoment fehlt.

Darlehensfinanzierung erlaubt es dem Gesellschafter, mit festen Einkünften zu kalkulieren. Dies ist insbesondere von Bedeutung, wenn der Gesellschafter die Beteiligung an der GmbH gerade und von Anfang an unter dem Aspekt der Einkommenserzielung übernommen hat.

f) Optimierung der Finanzierungsstruktur

Neben eigennützigem Interesse der Gesellschafter, Kostengründen und Flexibilitätsvorteilen können auch betriebswirtschaftliche Überlegungen den Ausschlag bei der Entscheidung zwischen Eigenkapitalzufuhr und Gesellschafterfremdfinanzierung geben. So kann es sich unter dem Aspekt der optimalen Gestaltung der Eigenkapitalrentabilität als sinnvoll erweisen, den Fremdkapitalanteil in der Gesamtfinanzierung möglichst hoch zu bemessen.

Gelingt dies, lässt sich über die eintretenden „Leverage-Effekte" eine verbesserte Gesamtkapitalrendite erreichen[85].

---

[85] Zur Erläuterung des „Leverage-Effekt" vgl. die Lehrbücher zur Finanzwirtschaft, etwa Jamberg, Finanzierungshandbuch, S. 53; Wöhe, Allg. Einführung in die Betriebswirtschaftslehre, S. 695; Spreemann, S. 112; vgl. auch Michel, S. 9.

Wie bereits ausgeführt, erhält das Fremdkapital den vertraglich vereinbarten Zins unabhängig von der Ertragslage der Gesellschaft. Ist nun die Verzinsung des Gesamtkapitals höher als der feste Fremdkapitalzins, so fällt der gesamte vom Fremdkapital über den festen Fremdkapitalzins heraus verdiente Ertragsteil dem Eigenkapital zu. Die Eigenkapitalverzinsung wird dann prozentual umso größer, je kleiner der prozentuale Anteil des Eigenkapitals am Gesamtkapital ist.

Die Erhöhung der Eigenkapitalrentabilität durch Fremdfinanzierung von Investitionen, deren Gesamtkapitalrentabilität über dem Fremdkapitalzins liegt, wird gemeinhin als „Leverage-Effekt" bezeichnet.

Er beschreibt die Hebelwirkung zunehmender Verschuldung auf die Eigenkapitalrentabilität oder - anders gewendet - die Abhängigkeit der Eigenkapitalrentabilität von der Gesamtkapitalrentabilität, dem Fremdkapitaleinsatz und dem Verhältnis von Fremdkapital und Eigenkapital, also dem Verschuldungsgrad[86]. Stehen die Unternehmensführung und die Gesellschafter vor der Entscheidung über den optimalen Verschuldungsgrad der Gesellschaft, geht es also um die Frage, in welchem Verhältnis zur Deckung des für ein Investitionsprogramm erforderlichen feststehenden Kapitalbedarfs Eigen- und Fremdkapital eingesetzt werden sollen, so kann der Gesichtspunkt der Eigenkapitalrentabilität weitere Argumente für eine Fremdfinanzierung durch die Gesellschafter liefern.

g) Steuerliche Optimierung

Die Entscheidung der Gesellschafter, ihrer Unternehmung Eigen- oder doch nur Fremdkapital zuzuführen, ist in vielen Fällen zumindest auch steuerrechtlich motiviert. Durch geschickte Gestaltung der eigenen Steuerbilanz der Gesellschafter und der Gesellschaft können Geschäftsführung und Gesellschafter eine Optimierung der steuerlichen Belastung erreichen.

Ziel wird es dabei immer sein, die Steuerlast der Beteiligten so gering wie möglich zu halten. Im Rahmen dieser Darstellung kann es nicht darum gehen, die steuerrechtlichen Gestaltungsmöglichkeiten der Unternehmensfinanzierung in ihren Einzelheiten zu würdigen.

Jedoch kann nicht darauf verzichtet werden, anhand der einzelnen Steuerarten zu skizzieren, wie sich dort eine Finanzierung mit nicht rückzahlbarem Eigenkapital oder alternativ mit nur zur Nutzung überlassenem Fremdkapital der

---

86 Vgl. Michel, Gesellschafterleistungen, S. 9, m. w. N.

Gesellschafter auswirkt. Die Darstellung soll sich auf das Körperschaftsteuerrecht und Bewertungsrecht auf Seiten der Gesellschaft sowie auf das Einkommensteuerrecht des Gesellschafters beschränken. Zur Vermögensteuer sind nur historische Anmerkungen angebracht.

ga) Körperschaftsteuer

Die GmbH hat ihr Einkommen zu versteuern, es unterliegt der Körperschaftsteuer, § 1 Abs. 1 Nr. 1, § 7 KStG.

Auch wenn die Gesellschaft naturgemäß daran interessiert ist, einen möglichst großen ausschüttungsfähigen Gewinn auszuweisen, so geht es doch zugleich darum, die darauf entfallende Steuerlast zu minimieren.

Hierzu eröffnet sich ein Weg, wenn es der Gesellschaft gelingt, den Gewinn mit Fremdkapital ihrer Gesellschafter zu erwirtschaften. Denn die auf ein Gesellschafterdarlehen gezahlten Zinsen werden - wie bei jedem Unternehmensrecht - als Betriebsausgaben einkommensmindernd wirksam. Werden die den Zinsen entsprechenden Werte indes als Gewinne auf das anstelle der Darlehen zugeführte Eigenkapital gewährt, so werden diese von der Körperschaftsteuer erfasst.

Die an die Gesellschafter ausgezahlten Gewinne müssen dort grundsätzlich erneut als Einkommen des Gesellschafters versteuert werden. Die Doppelbelastung des erwirtschafteten Gewinns wird im Ergebnis jedoch vermieden:

Seit dem Steuerjahr 2001 beträgt der Körperschaftsteuersatz für thesaurierte und ausgeschüttete Gewinne einheitlich 25 %. Unter Anwendung dieses Steuersatzes findet eine Definitivbesteuerung auf der Ebene der Körperschaftsteuer statt, bei Gewinnausschüttungen erstreckt sich die Besteuerung auch auf die Ebene des Anteilseigners. Dort werden Zuschüsse mit dem individuellen Steuersatz des Gesellschafters belegt. Bis einschließlich des Steuerjahres 2000 galt das so genannte Vollanrechnungsverfahren, wonach auf der Ebene der Körperschaft im Thesaurierungsfall lediglich eine Vorbesteuerung der erzielten Gewinne eintrat, im Ausschüttungsfall dann jedoch die Besteuerung mit dem persönlichen Einkommen- bzw. Körperschaftsteuersatz des Anteilseigners hinzutrat.

Der ausgeschüttete Gewinn wurde bis zum Steuerjahr 2001 letztlich nur beim Anteilseigner mit dessen Einkommen- oder Körperschaftsteuer belastet, indem auf ausgeschütteten Gewinn zunächst 36 % Körperschaftsteuer erhoben wurde. Damit trat gegenüber dem normalen Steuersatz von derzeit 50 % zunächst eine

Begünstigung ein. Die entstandene Belastung wurde schließlich dadurch beseitigt, dass sie auf die Einkommensteuer des Anteilseigners angerechnet wurde.

Bei der Gesellschaft belastete das Körperschaftsteuergesetz damit nur den (noch) nicht ausgeschütteten Gewinn mit Körperschaftsteuer[87].

Vernachlässigt man die Details, lässt sich nicht unmittelbar erkennen, ob eine Darlehensfinanzierung oder eine Eigenkapitalausstattung für die Gesellschaft und ihre Mitglieder die steuerlich günstigere Finanzierung darstellt. Dies wird kaum in erster Linie davon abhängen, ob die Steuerprogression beim Anteilseigner es günstiger erscheinen lässt, Einkünfte als Darlehenszinsen oder Gewinnanteile entstehen zu lassen. Die Entscheidung dürfte vornehmlich davon bestimmt werden, ob die Finanz- und Gewinnplanung der Gesellschaft es geboten erscheinen lässt, der Gesellschaft über die Zinszahlungen an die Gesellschafter ertragsmindernde und damit die Körperschaftsteuerschuld ermäßigende Betriebsausgaben zu ermöglichen.

Dieser Effekt stellt sich aber dann nicht ein, wenn die im Steuerrecht praktizierte wirtschaftliche Betrachtungsweise zu einer Umdeutung formellen Gesellschafterfremdkapitals in Gesellschaftskapital führt. Die Behandlung als „verdecktes Kapital" wird heute von der Rechtsprechung in den Fällen praktiziert, „wenn rechtlich und wirtschaftlich die Form der Zuführung von Gesellschaftskapital allein möglich also zwingend" gewesen wäre[88]. Grundsätzlich aber gilt: Die zivilrechtliche Gestaltung der Unternehmensfinanzierung ist auch für das Körperschaftsteuerrecht grundsätzlich verbindlich. Nur in Ausnahmefällen erlaubt die wirtschaftliche Betrachtungsweise Fremdkapital der Anteilseigner durch Umdeutung im Bereich des Körperschaftsteuerrechts als „verdecktes (Gesellschafts-) Kapital" zu begreifen[89].

gb) Bewertungsgesetzabhängige Steuerarten

Gesellschaft wie Gesellschafter können mit ihrem Vermögen zur Gewerbekapitalsteuer ggf. auch zur Erbschaftsteuer veranlagt werden, vor 1996 auch zur Vermögensteuer.

87 Hierzu: Tipke/Lang, Steuerrecht, S. 386 mit instruktiven Beispielen und umfangreichen weiteren Nachweisen.

88 Grundlegend BFH BStBl. II 1956, 179, BFH 1955, 27, 32 f. einen Überblick über die Rechtsprechung von BFH und BGH gibt Kamprad, Gesellschafterdarlehen, S. 48 ff.

89 Döllerer, Verdeckte Gewinnausschüttungen, S. 203 f.

Für alle diese Steuerarten gilt jedenfalls im Grundsatz übereinstimmend, dass - soweit eine GmbH als Steuerpflichtiger in Betracht kommt - das Betriebsvermögen der Gesellschaft festzustellen ist. Denn das Betriebsvermögen ist bei diesen Steuern wichtige Bestimmungsgröße der Steuerlast. Die von der Gesellschaft ehemals zu zahlende Vermögensteuer bestimmte sich nach dem steuerpflichtigen Vermögen, § 9 VStG. Bemessungsgrundlage war nach § 4 VStG das Gesamtvermögen. Dessen Ermittlung übernehmen die §§ 114 - 120 BewG. Für die Ermittlung des Betriebsvermögens einer GmbH gelten die §§ 95 - 109 BewG. Von Interesse ist hier insbesondere § 103 Abs. 1 BewG; danach sind Schulden - also auch Darlehensverbindlichkeiten - zur Feststellung des Einheitswertes des Betriebsvermögens vom Vermögen abzuziehen.

Die Norm hat gleichfalls maßgebliche Bedeutung bei der Feststellung der Steuerlast aus der Gewerbesteuer.

Der gewerbekapitalsteuerliche Teil setzt am Einheitswert des Betriebsvermögens an; dieses ist wiederum nach dem BewG festzustellen, § 12 Abs. 1 GewStG.

Entsprechend verhält es sich nach dem Erbschaftsteuergesetz.

Danach erfolgt die Ermittlung des Wertes eines steuerpflichtigen Erwerbs von Betriebsvermögen in entsprechender Anwendung der relevanten Vorschriften des Bewertungsgesetzes, damit auch nach § 103 BewG, § 12 Abs. 5 Satz 2 ErbStG.

Darlehensschulden der Gesellschaft werden damit steuerlich unmittelbar wirksam. Sie verkürzen nach § 103 BewG die im Rahmen der Substanzsteuern relevanten Werte. Dies bewirkt bei der Gesellschaft im Fall der GewSt, VSt eine tendenziell geminderte Steuerlast, der Gesellschafter ist über eine verminderte ErbSt begünstigt.

Auch die Vermögensteuerschuld des Gesellschafters bleibt insoweit neutral, als ein Darlehen an die Gesellschaft den Wert der Beteiligung als Gegenstand der Vermögensteuer nicht erhöht; jedoch: Die Darlehensvaluta bzw. der wertgleiche Rückgewährungsanspruch sind dann weiterhin Bestandteil des Gesellschaftervermögens und werden dort bestimmt. Dies ist anders, wenn die Werte aus dem Gesellschaftervermögen ausscheiden und als Gesellschaftskapital das Betriebsvermögen der Gesellschaft mehren.

Diese Auswirkungen des Fremdkapitals stehen jedoch auch bei den Substanzsteuern unter dem Risiko, bei atypischer Gestaltung oder Verwendung als „verdecktes Eigenkapital“ qualifiziert zu werden. Die Voraussetzungen, unter denen der BFH einem Darlehen die Qualität als Fremdkapital aberkennt und „verdecktes Kapital“ annimmt, entsprechen - nach einiger Unsicherheit - schon seit längerer Zeit der für das Ertragsteuerrecht gefestigten Rechtsprechung der dort zuständigen Senate.

Hierauf kann verwiesen werden.

Liegen die Voraussetzungen vor, entfällt die Abzugsfähigkeit als Betriebsschuld. Dann aber hat die Gesellschaft nach § 4 I VStG, § 114 III BewG auch auf das formelle Gesellschafterfremdkapital Vermögensteuer zu zahlen. Die tatsächliche Steuerbelastung erhöht sich zudem dadurch, dass die Vermögensteuer bei der Ermittlung des körperschaftsteuerlichen Einkommens nicht als Betriebsausgabe abzugsfähig ist, § 10 Nr. 2 KStG. Die Gesellschaft muss diese Beträge dem körperschaftsteuerpflichtigen Einkommen hinzurechnen und darauf die Körperschaftsteuer entrichten.

Eine höhere Vermögensteuer erhöht auch den gewerbesteuerpflichtigen Gewerbeertrag, so dass darauf Gewerbeertragsteuer zu zahlen ist[90].

Konsequenzen der „verdeckten Einlage“ birgt auch § 12 I GewStG: Der um das verdeckte Kapital erhöhte Einheitswert ist Steuermaßstab für die Gewerbekapitalsteuer. Soweit also Gesellschafterdarlehen den Einheitswert erhöhen, hat die Gesellschaft auf sie Gewerbekapitalsteuer zu entrichten.

Gesellschafterdarlehen, die als „verdecktes Kapital“ anzusehen sind, können im Erbfall zu einer erhöhten Erbschaftsteuerlast führen; die Bewertung des ererbten Geschäftsanteils erfolgt nach § 12 I ErbStG, V § 11 II BewG, wobei das Gesellschafterdarlehen als verdeckte Einlage volle Berücksichtigung findet.

gc) Zusammenfassung

Mit dem Gesellschafterdarlehen bietet sich den Beteiligten eine Vielzahl von Gestaltungsmöglichkeiten, die Steuerlast zu beeinflussen und zu verlagern; diese konnten hier nur angedeutet werden[91].

---

90 Zum Ganzen: Kamprad, a. a. O., S. 84 auch mit Blick auf Konsequenzen auf Gesellschafterseite.

Die Gestaltbarkeit hat - für die einzelnen Steuerarten durchgängig, jedoch in den Konsequenzen abweichend - ihre Grenzen in der wirtschaftlichen Betrachtungsweise des Steuerrechts. „Verdecktes Kapital“ nimmt regelmäßig entgegen den Interessen der Parteien des Darlehensvertrages Einfluss auf die steuerliche Belastung von Gesellschaft und/oder Gesellschafter.

3. Risiken der Gesellschafterfremdfinanzierung

a) Darlehensfinanzierung und Finanzierungskompetenz

Der Darlehensaufnahme durch die Gesellschaft liegt in der Regel nicht mehr als ein schuldrechtlicher Vertrag zugrunde. Der Abschluss dieser Verträge fällt regelmäßig in den Zuständigkeitsbereich der Geschäftsführung. Selbst wenn die Geschäftsführungsbefugnis des Vertretungsorgans auf das Innenverhältnis beschränkt ist, schränkt dies seine Rechtsmacht im Außenverhältnis nicht ein[92]. Eine ungehinderte Fremdmittelaufnahme durch die Geschäftsführung läuft daher Gefahr, faktisch in Kompetenzen einzugreifen, die originär den Gesellschaftern zugewiesen sind. Ihnen fällt es zu, über das Finanzierungsvolumen den Geschäftsumfang zu bestimmen. Über den Geschäftsumfang aber definiert sich jedenfalls auch das unternehmerische Risiko[93].

b) Gläubigergefährdung

Betroffen von der Entscheidung zur Fremdfinanzierung sind aber insbesondere die Gläubiger der Gesellschaft. Dabei ist in der Ausgangslage eine spezifische Gefährdung der Gläubigerinteressen gerade durch eine Darlehensauszeichnung der Mitglieder noch nicht auszumachen. Diese Ausgangslage ist gekennzeichnet durch die Bereitschaft der Gesellschafter zur Finanzierung eines festgestellten Kapitalbedarfs. Allein daraus folgen noch keine spezifischen Gläubigergefährdungen. Die mit einer Fremdfinanzierung gegenüber einer Eigenmittelfinanzierung verbundenen Nachteile trägt jede Fremdmittelzufuhr unabhängig davon, ob sie aus Gesellschafterhand oder von Dritten stammt.

---

91 Weiterführend: Siegel, GmbHR 1990, 138; Fasnacht, Fremdfinanzierung, S. 10 ff.; Wysocki u. a., Fremdfinanzierung, S. 29 ff.

92 Zur Differenzierung insoweit: Lutter/Hommelhoff, a. a. O., § 37 Rz. 2.

93 Angedeutet bei Lutter/Hommelhoff, GmbHG, § 37 Rz. 8 ff.

Jedoch: Für Gesellschafter ergibt sich aus der Darlehensfinanzierung die bereits schon per se gläubigergefährdende Möglichkeit der De-Finanzierung. Im Gegensatz zur Eigenkapitalfinanzierung verbleibt dem Gesellschafter die Möglichkeit, das benötigte Kapital in der Krise wieder abzuziehen. Gläubigerbenachteiligung kann sich daraus unter zwei Aspekten ergeben: In einem nachfolgenden Insolvenzverfahren - das durch die Darlehensrückführung und einen damit verbundenen Liquiditätsverlust maßgeblich begünstigt worden sein kann - werden Fremdgläubiger nur in Höhe der (minimalen) Quote befriedigt[94]. Die Gesellschafter waren aber in der Lage, ihre Darlehensrückforderungsansprüche in voller Höhe zu liquidieren. Dies gilt für jeden Darlehensgläubiger, für Gesellschafter aber wegen Insider-Kenntnissen in besonderem Maße. Nur das Institut der Insolvenzanfechtung eröffnet Möglichkeiten, diesen Befund nachträglich wieder aufzuheben.

Gefahren der Gesellschafterfremdfinanzierung ergeben sich aber auch, wenn das Gesellschafterdarlehen bei Insolvenzeröffnung noch in der Gesellschaft vorhanden ist. Gesellschafter treten notwendig in Konkurrenz mit allen anderen - ungesicherten - Gesellschaftsgläubigern um das die Schulden regelmäßig nicht mehr deckende Gesellschaftsvermögen[95]. Diese Konkurrenzsituation mindert die Befriedigungsaussichten und ihre Quote zusätzlich, stellt man sich alternativ vor, die Finanzierung wäre in Form haftenden Eigenkapitals gewährt worden.

Aber auch jenseits der unmittelbaren Befriedigungskonkurrenz kann die Gesellschafterfremdfinanzierung zusätzliche Gefährdungsmomente in die Gesellschaft tragen.

Mit ihrer erweiterten Bereitschaft, auch in der Schieflage der Gesellschaft noch zur Fremdfinanzierung zu schreiten, erhält die Gesellschaft Raum und Zeit, ihre Geschäfte weiterzubetreiben. Die Fortsetzung erfolgloser wirtschaftlicher Tätigkeit kann zu einer weiteren Verwirtschaftung von Gesellschaftsvermögen und damit auch zu einer Quotenminderung der Gläubiger in einem schließlich doch eröffneten Verfahren führen[96].

---

94 Aktuelle Zahlen zu den finanziellen Ergebnissen in Insolvenzverfahren finden sich im Statist. Jahrbuch 2003.

95 Befriedigungskonkurrenz ausgeschlossen bei Qualifizierung des Eigenkapitalersatz; Wiedemann, Gesellschaftsrecht, S. 569; Raiser, Kapitalgesellschaften, S. 448 f. Dieser Grundgedanke klingt an in: BGHZ 31, 258, 268 ff.; 67, 171, 174 f.; 75, 334, 336 f.; 76, 326, 329.

96 Lutter/Hommelhoff, ZGR 1979, 33, 38; Herrmann, in: 50 Jahre WP-Beruf, S. 151 ff.

Diese „Verschleppung" der Insolvenzeröffnung zeitigt weitere Gefahren insbesondere für Neugläubiger, Dritte also, die ihre Forderungen zeitlich nach der Gesellschafterfremdfinanzierung begründet haben. Die fortgesetzte Gesellschafterfinanzierung könnte gegenüber Dritten den Anschein der Lebensfähigkeit - und damit die Erwartung voller Befriedigung - hervorrufen. Diese Gefahr wird in der Literatur von manchen gesehen, im Übrigen aber hinsichtlich des von Fremdkapital wie von Eigenkapital gleichermaßen ausgehenden Anscheins, der keine Rückschlüsse auf die Mittelherkunft oder ihren Bindungsgrad erlaubt, überwiegend zurückgewiesen[97].

Insgesamt lässt sich gleichwohl festhalten, dass Gesellschafterdarlehen - seien sie nun als Eigenkapital ersetzende oder neutrale Gesellschafterfremdfinanzierung anzusehen - gegenüber einer Eigenkapitalausstattung tendenziell eine Verlagerung des Unternehmensrisikos von den Gesellschaftern auf die Gesamtheit der Gläubiger bewirken.

Rechtsprechung und Literatur haben früh und umfangreich zu diesen Risikoverlagerungen Stellung bezogen[98]. Dabei wurde alsbald deutlich, dass die gegenüber einer Eigenkapitalfinanzierung bestehende „Gläubigerbenachteiligung" über weite Strecken hinzunehmen ist; auch Gesellschafter können ihrer Gesellschaft Fremdmittel gewähren. Denn sie können aufgrund der von der ihrer Gesellschaftern losgelösten Rechtsstellung der GmbH zu ihr in Drittbeziehungen treten und sind insoweit wie unabhängige Dritte zu behandeln[99].

Grundsätzlich gilt eine weitgehende Finanzierungsfreiheit, die es - abgesehen von einem minimalen Stammkapital von € 25.000,00, das die Gesellschafter zwingend als Eigenkapital aufzubringen haben - den Gesellschaftern die Ent-

---

97 Zentral darauf stellen ab: Lutter/Hommelhoff, ZGR 1979, 33, 38; Hachenburg/Ulmer, GmbHG, §§ 32 a, b, Rz. 8 f.; Ulrich, GmbHR 1983, 143 f.; K. Schmidt ZHR 1983, 176 f.; vgl. auch BGHZ 76, 326, 335.

98 Erste Stellungnahmen schon durch das RG JW 1938, 862; JW 1939, 355; ausdrücklich den Gedanken der Risikoabwälzung ziehen heran BGHZ 90, 381, 388; zentrale Legitimation für diese Sehweise liefert Begr. RegE 1977, S. 39; aus der Literatur: Fleck, Festschrift Werner, S. 106, 117; Wiedemann, Gesellschaftsrecht, S. 570; A. Müller, Regeln für Gesellschafterdarlehen, S. 73 ff.

99 Ganz unbestritten; dies verbietet es, alle Gesellschafterdarlehen zugunsten der Gläubiger als Haftkapital zu werten, BGHZ 76, 326, 330; 90, 38, 388; Baumbach/Hueck, GmbHG, §§ 32 a, b, Rz. 2; K. Schmidt ZGR 1983, S. 183; Haftungsdurchgriff, S. 187 ff.; zeitweilig befürwortet indes von: Immenga, Kapitalgesellschaft, S. 423; Winter, Haftung der Gesellschafter, S. 176 f.; Lutter, in: GmbH-Reform, 1969, S. 76; Ballerstedt, ZHR 1971, S. 353 f.

scheidung freistellt, ob eine erforderliche Unternehmensfinanzierung mit Eigen- oder Fremdmitteln aufgebracht werden soll[100]. In Rechtsprechung und Literatur ist darüber hinaus anerkannt, dass die Gesellschafterfremdfinanzierung gegenüber der Eigenmittelausstattung aus betriebswirtschaftlichen und steuerrechtlichen Gründen sogar wirtschaftlich sinnvoll und geboten ist[101].

Gesellschafterdarlehen können also nicht allein aufgrund der - vom Gesetz gebilligten - möglichen Doppelrolle des Gesellschafters als Quelle einer Außenfinanzierung wahlweise durch Eigen- oder Fremdkapital und den sich daraus u. U. ergebenden Belastungen der Gläubiger einem besonderen restriktiven Rechtsregime unterstellt werden[102].

III. Materielles Eigen- und Haftkapital

Die Einheitlichkeit und Unterscheidbarkeit der oben vorgestellten Kategorien haftenden Eigenkapitals[103] wird durch eine Begrifflichkeit relativiert, die die Zuordnung formellen Fremdkapitals zum haftenden Gesellschaftsvermögen anhand wertender Gesichtspunkte vornimmt.

Neben den formellen Kapitalbegriff tritt der materielle Kapitalbegriff[104].

Während der formelle Kapitalbegriff nach den GmbH-rechtlichen Haftkapitalkategorien unterscheidet, daneben vielleicht noch zwischen den bilanzrechtlichen Gliederungen gezeichnetes Kapital, Kapitalrücklage, Gewinnrücklage und Gewinnvortrag differenziert, versucht der materielle Kapitalbegriff die Haftka-

---

100 Überblick zur Finanzierungsfreiheit: Begr. RegE 1979, S. 38 f.; BGHZ 75, 334, 336 f.; BFH DB 1992, 763, 765; Hachenburg/Ulmer, GmbHG, §§ 32 a, b, Rz. 7; Baumbach/Hueck, GmbHG, §§ 32 a, b, Rz. 2; K. Schmidt, ZHR 1983, 165 f.; Schulze-Osterloh, ZGR 1983, 134 f.

101 BGHZ 76, 326, 330.

102 BGHZ 76, 326, 330; gleichwohl ist diese Doppelrolle wichtiges Wertungselement einer etwaigen Subordination, Immenga, Kapitalgesellschaft, S. 422; Lutter/Hommelhoff, GmbHG, §§ 32 a, b, Rz. 3; Ulmer, Festschrift Duden, S. 673; Hachenburg/Ulmer, GmbHG, §§ 32 a, b, Rz. 8; K. Schmidt, ZIP 1981, 690.

103 Priester, DB 1991, 1917.

104 Siehe etwa: Lutter/Hommelhoff, ZGR 1979, 31, 42 ff.; K. Schmidt, in: Festschrift Goerdeler, S. 487, 490 ff.; Priester, DB 1991, 1917; Knobbe-Keuk, Bilanz- und Unternehmensteuerrecht, S. 107 ff.

pitalfunktion formellen Gesellschafterfremdkapitals über normative Wertungen auszumessen.

Materielles Eigenkapital wirkt danach vordergründig dergestalt, dass es der Abgrenzung schuldrechtlicher Ansprüche gegen die Gesellschaft zu deren Fehlen dient. Materielles Eigenkapital beschreibt daher die Summe aller in der Insolvenz zu berücksichtigenden Vermögensansprüche[105].

Andererseits bildet (materielles) Eigenkapital das in der Gesellschaft gebundene Kapital, das der freien Kreditkündigung entzogen ist und das haftende Kapital, das in der Insolvenz nicht geltend gemacht werden kann[106].

Ausstehendes Eigenkapital kann in der Insolvenz noch eingefordert werden. Für Fremdkapital ist dies regelmäßig nicht der Fall[107]. Nicht erfüllte Kreditzusagen kann der Darlehensgläubiger im Vorfeld der Insolvenz aus wichtigem Grund widerrufen, wenn die gesellschaftliche Krise die ordentliche Erfüllung zukünftiger Tilgungs- und Verzinsungsansprüche als gefährdet erscheinen lässt[108].

1. Bewertung

Die Entwicklung eines Begriffs des materiellen Eigenkapitals ist angestoßen von den offensichtlichen Missständen bei der Kapitalausstattung der GmbH. Der Zweck, der mit einer materiellen Abgrenzung von Eigen- und Fremdkapital verfolgt werden kann, ist die funktionell „richtige" haftungs- und bilanzrechtliche Erfassung von Gesellschafterleistungen.

Die Funktion, die mit einer Finanzierungsmaßnahme verfolgt wird, tritt in den Vordergrund und verdrängt das Diktat der rechtlichen Formenwahl.

Insbesondere der von K. Schmidt[109] aufgestellte Katalog zur Ermittlung des materiellen Eigenkapitals einer Gesellschaft scheint geeignet, rechtssicher haftendes Gesellschaftsvermögen von zu berichtigenden Verbindlichkeiten zu

---

105 Knobbe-Keuk, a. a. O., S. 107.

106 K. Schmidt, Festschrift Goerdeler, S. 487, 491; ders., Gesellschaftsrecht, § 18 Abs 2 Satz 2; dem folgend: BGH, GmbHR 1991, 45.

107 Vgl. etwa für das funktionale Eigenkapital: Kilger/K. Schmidt, InsO, § 209 Anm. 2 d) aa) (§ 213 Anm. 3 d); Schlegelberger/K. Schmidt, HGB, § 145 Rz. 75.

108 Hierzu die Nachweise in Fn. 79.

109 Vgl. oben Fn. 107; vgl. nunmehr auch den gesetzlichen Rangrücktritt in § 39 Abs. 1 Nr. 5 InsO.

scheiden. Die dort entwickelten Kriterien werden naturgemäß von den formellen Eigenkapitalkategorien erfüllt. Ebenso erfüllen die Ersatzkapitalkategorien - seien sie nun objektiv-rechtlich durch das Ersatzkapitalrecht oder gewillkürt durch Rangrücktrittsabreden begründet - diese Anforderungen.

Ob Finanzplankredite hierunter fallen, muss sich erst erweisen; denn einstweilen ist noch offen, ob sie zu einer dieser beiden Gruppen gehören oder eine weitere Spezies haftenden Kapitals bilden.

Damit wird aber zugleich deutlich: Der Begriff des materiellen Eigenkapitals ist selbst viel zu undifferenziert, als dass er sich als subsumtionsfähiger Tatbestand zur Bestimmung der Finanzierungen eignete, die ganz oder partiell dem Gesellschaftsvermögen zuzurechnen sind. Dieser ist auf anderem Wege, über normative Wertungen des jeweils betroffenen Rechtsbereichs zu gewinnen. So bleibt auch bei zunehmender Akzeptanz eines materiellen Kapitalbegriffs die Frage einer Haftungsfunktion formellen Fremdkapitals weiterhin anhand etwa der Rechtsprechungs- und Novellen-Regeln oder der Voraussetzungen eines Rangrücktritts zu beurteilen[110].

Die Bedeutung des materiellen Kapitalbegriffs beschränkt sich dann darauf, übergreifend und losgelöst von den Einzelerwägungen der Umqualifizierung die materiellen Kriterien zu beschreiben, die als Tatbestandsmerkmale und Rechtsfolgen eine materielle Haftkapitalzufuhr kennzeichnen.

Der Erkenntnisgewinn besteht dann vorrangig darin anzuerkennen, dass es neben dem formellen Eigenkapital einen weiteren breit gefächerten Bereich - aus den unterschiedlichen Gründen - haftenden Kapitals gibt.

Dieser Begriff des materiellen Kapitals ist indes nur in der Begrifflichkeit neu und innovativ, vielleicht auch unter dem Aspekt, dass mit einer materiellen Betrachtung zu Recht die Verkürzung der Perspektive auf einzelfallbezogene Versuche einer Qualifizierung aufgegeben wird.

So werden formelle Fremdmittel, die nach den materiellen Eigenkapitalkriterien in der Sache Eigenmittel der Gesellschaft bilden, andernorts Quasi-Eigenkapital[111], nachrangiges Haftkapital[112] oder funktionelles Eigenkapital[113] genannt.

---

110 Zum Fortbestand der Darlehenseigenschaft, Dendorfer, Feststellung S. 43; Lutter/Hommelhoff, ZGR 1979, 33, 39; K. Schmidt, AG 1984, 15.

111 BGHZ 101, 33, 40; K. Schmidt, Festschrift Goerdeler, S. 487, 493.

112 Lutter/Hommelhoff, ZGR 1979, 31 ff.

Diese Begriffe decken ebenso die Kriterien einer materiellen Sehweise des Haftkapitals; indes pflegen sie nach ihrer bisherigen Verwendung eine größere Nähe zum Eigenkapitalersatz.

Die Entwicklung gerade der materiellen Voraussetzungen einer Eigenkapitalqualifizierung ermöglichen es, Eigenkapitalersatz von neutralen Fremdmitteln der Gesellschaft zu unterscheiden. Die insoweit als mögliche Erscheinungsform vom Kapitalersatz reichhaltig behandelten Krisendarlehen, Sanierungsdarlehen, Rangrücktrittsdarlehen stellen über ihre Haftkapitalfunktion damit immer auch materielles Eigenkapital dar. Eine gegenseitige Befruchtung der Begriffe des materiellen und des funktionellen Eigenkapitals steht somit nicht zu erwarten. Es dürfte eine Entwicklung eintreten, durch die weitere normzweckorientierte Überlegungen zu einer fortschreitenden Klärung des objektiv-rechtlichen Ersatzkapitalrechts wie auch sonstiger Kapitalpositionen führen; damit gewänne demnach auch der Begriff des materiellen Eigenkapitals deutlichere Konturen.

Danach ist zu überlegen, inwieweit die neue Schubkraft des Begriffs des materiellen Eigenkapitals auch die hier zu erörternden finanzplangestützten und oftmals eigenkapitalvertretenden Gesellschafterfremdfinanzierungen erfasst. Auch diese Finanzierungen lassen sich letztlich nur dem formellen Fremdkapital, dem formellen Eigenkapital oder - nach einer normativen Bewertung - dem funktionellen Eigenkapital zuweisen.

Dabei werden die weiteren Ausführungen zeigen: Der als Finanzplanfinanzierung gehandelte Teilbereich der Unternehmensfinanzierung ist keineswegs homogen. In Betracht kommt daher, dass unterschiedliche Erscheinungsformen finanzplanorientierter Finanzierungen in ihrer Qualifizierung ein unterschiedliches Schicksal nehmen können.

2. Bedürfnis für ein materiell-funktionelles Eigenkapital?

Neben den Kategorien formellen Eigenkapitals werden in zunehmend größerem Umfang Gesellschafterfremdmittel in den Fonds der den Gläubigern haftenden Mittel einbezogen. Voraussetzung ist, dass diese Kapitalleistungen funktionelles Eigenkapital darstellen, also in der Unternehmung die Funktionen von Eigenkapital wahrnehmen[114].

---

[113] Hommelhoff, ZGR 1988, 460, 491.

[114] Wiedemann, Gesellschaftsrecht, S. 565 ff.

Die Umqualifizierung geschieht auf der Grundlage eines inzwischen weit ausufernden und vielfältig zersplitterten Rechtsbereichs: Dieser erfreut sich in seinen Grundzügen breiter Akzeptanz; gleichwohl stellt sich die Frage, ob für die richterrechtliche Formung und gesetzliche Übernahme einer solchen Umqualifizierung im Gesellschaftsrecht der GmbH überhaupt ein Bedürfnis bestand. Diese Betrachtung ist indes nicht retrospektiv; sie bestimmt das Bedürfnis nach einer Fortentwicklung.

Diese Frage bedarf der Präzisierung. Angesprochen und bezweifelt werden kann sicher nicht, dass so manche GmbH mit ihrer unbestritten unzureichenden Eigenmittelfinanzierung sich in ständiger Insolvenzgefahr bewegt und insofern ein Bedürfnis besteht, die Gesellschaft mit höherer Eigenkapitalsicherheit auszustatten[115].

Vielmehr soll danach gefragt werden, ob nicht bereits die im GmbHG angelegten Instrumentarien hinreichen, um den Gläubigerschutz angemessen zu verwirklichen. Überprüft werden soll damit letztlich die These, das Gesetz habe hinsichtlich der Unternehmensfinanzierung dem Gläubigerschutz bereits hinreichend Rechnung getragen, so dass für ein Kapitalersatzrecht, zumindest aber seine Fortentwicklung kein Raum bestehe. In Zweifel gezogen wäre damit jegliches Bedürfnis, neben den formellen Eigenkapitalkategorien Rechtsfortbildung in Richtung einer materiellen Sehweise zu betreiben.

a) Anknüpfungspunkt: Befriedigungspotential

Allen Versuchen, formelles Fremdkapital durch Umqualifizierung oder funktionsgerechte Qualifizierung in Kapitalersatz oder kapitalgleiche Finanzierungen umzuwandeln, ist eines gemein: Ziel aller Bemühungen ist es, die Befriedigungsaussichten der Drittgläubiger zu verbessern. Dies kann nur auf dem Weg erfolgen, Gesellschaftsmitteln, die sich regelmäßig als Fremdkapital schon in der Unternehmung befinden[116], ihren Charakter als rückzahlbare Verbindlichkeiten zu nehmen und so jedenfalls für bestimmte Gesellschafterdarlehen eine Befriedigungskonkurrenz zu den Forderungen Dritter auszuschalten. Damit korrespondiert, die Mittel nunmehr selbst der Gläubigerbefriedigung vorzubehalten. Von zentraler Bedeutung ist also die Überlegung, Verbindlichkeiten ihren schuldrechtlichen Charakter zu nehmen und dem Haftungspotential der Gesellschaft zuzuschlagen.

---

115 Wiedemann, a. a. O., S. 565; Hachenburg/Ulmer, GmbHG §§ 32 a, b, Rz. 12.

116 Hierzu: BGH NJW 1985, 1079; Anm. K. Schmidt in JuS 1985, 557.

Keine gesonderte Bedeutung kommt Liquiditätsüberlegungen zu. Liquidität, als die Fähigkeit der Gesellschaft, ihre fälligen Verbindlichkeiten im Wesentlichen ordnungsgemäß zu berichtigen, kann ohne Einschränkungen auch durch Fremdfinanzierung der Gesellschafter wie Dritter gesichert werden. Einer Haftkapitalausstattung bedarf es insoweit nicht[117]. Allenfalls mittelbar vermag die Fremdfinanzierung gegenüber einer Haftkapitalausstattung die Zahlungsfähigkeit der Gesellschaft mit zu beeinflussen. Fremdmittel stehen der Gesellschaft nicht auf Dauer zur Verfügung; Darlehen sind nur befristet ausgereicht, jedenfalls aber kündbar[118]. Steht eine solche Finanzierung zur Rückzahlung an, wird zu diesem Zeitpunkt auch die Liquidität belastet.

Sachlicher Grund für eine materielle Sehweise der Unternehmensfinanzierung bleibt damit jedoch, dem Gläubigerschutz größere Bedeutung einzuräumen. Indes: Das Bedürfnis, den Gläubigerinteressen gegenüber den Gesellschafterbelangen den größeren Stellenwert einzuräumen, bedarf besonderer Begründung.

b) Rechtfertigungsdruck für materielles Eigenkapital

Rechtfertigungsdruck besteht dabei unter mehreren Gesichtspunkten.

Nur kurz angesprochen sei an dieser Stelle die offensichtlich im Gesellschaftsrecht nicht vorhandene Pflicht zu angemessener Kapitalausstattung. Inwieweit dieser Grundsatz entgegensteht, wenn es gilt, die grundsätzliche Rechtfertigung einer Subordination formellen Gesellschafterfremdkapitals zu hinterfragen, ist zu erörtern. Insbesondere das objektiv-rechtliche Kapitalersatzrecht nimmt sich dieser Rechtfertigung an.

Die hier aufgeworfene Fragestellung ist jedoch letztlich durch einen anderen Akzent bestimmt. Maßgeblich ist die Erwägung, ob nicht bereits andere GmbH-rechtliche Instrumente Gläubigerschutzaspekte im Zusammenhang mit einer Fremdfinanzierung auch durch die Mitglieder hinreichend berücksichtigen.

ba) Schutz durch Eigenkapital

Es fehlt zwar an einem die Interessen der Gläubiger effektiv schützenden Stammkapital. Das Eigenkapital mit seiner Voraushaftungsfunktion, die das im

---

[117] Gleichwohl sichert die Bindung von nachrangigem Haftkapital auch die Liquidität der Gesellschaft. Rümker, ZGR 1988, 494, 499; für einen unmittelbaren Liquiditätsschutz wohl BGHZ 67, 171, 174; 76, 326, 335.

[118] Scholz/K. Schmidt, GmbHG, §§ 32 a, b, Rz. 2; ders., JZ 1984, 772.

Unternehmen lagernde Gläubigervermögen (= Verbindlichkeiten der Gesellschaft) vor Entwertung und - schaut man sich die aktuellen Insolvenzquoten für ungesicherte Verbindlichkeiten an - faktischem Verlust bewahren könnte, ist im GmbHG, und im deutschen Gesellschaftsrecht allgemein, nur schwach ausgestaltet. Eigenkapital, das nur einmalig und in nicht am Unternehmensgegenstand und -umfang orientierter Höhe vorgehalten werden muss, kann den Schutz der Verbindlichkeiten kaum gewähren[119].

So wurde auch deshalb von der Einführung eines Gebots angemessener Eigenkapitalvorsorge Abstand genommen, weil man die Durchsetzung und Kontrolle dieser Neuerung angesichts der nur vagen und keinesfalls rechtssicher handhabbaren Erkenntnisse der Betriebswirtschaftslehre bis heute nicht für möglich hält[120]. In der Literatur wurde die drohende Gefahr einer anderenfalls erforderlichen Eigenkapitalbehörde beschworen, die - mit notwendig deutlich weitergehenden Kompetenzen ausgestattet als das Handelsregister - den Vollzug etwaiger Kapitalisierungsrichtlinien zu überwachen hätte[121].

Dies hätte - ungeachtet der fehlenden Entscheidungsparameter zur Feststellung der richtigen Finanzierung - eine massive Überwachung und Kontrolle der Gesellschaften zur Konsequenz gehabt; dies vor allem deshalb, weil die Beachtung einer angemessenen Eigenkapitalvorsorge während der gesamten wirtschaftlichen Dauer der Gesellschaft hätte sichergestellt werden müssen. Anders als bei der bei Gesellschaftsgründung vom Registergericht einmalig zu prüfenden Einhaltung der Kapitalaufbringungsvorschriften machte ein Gebot angemessener Kapitalausstattung nur dann Sinn, wenn es fortwährend beachtet und überprüft werden würde[122].

Aus gutem Grund hat der Gesetzgeber sich daher nicht darauf verstehen können, eine Rechtspflicht der Gesellschafter und/oder der Geschäftsführung zur Beachtung einer bestimmten Eigenmittelrelation zu normieren[123]. Es bleibt also zunächst dabei, dass dem Bedürfnis nach Gläubigerschutz über die Angemessen-

---

119 Zu den Quoten siehe oben Fn. 94. Zum Ganzen: Hachenburg/Ulmer, GmbHG, Anh. § 30 Rz. 1; §§ 32 a, b, Rz. 8; Baumbach/Hueck, GmbHG, § 5 Rz. 5.

120 Von Gerkan/Hommelhoff, Kapitalersatz, S. 58 f.; K. Schmidt, Gesellschaftsrecht, § 18 Abs. 2 Satz 5.

121 Hommelhoff, in: Roth (Hrsg.) Die Zukunft der GmbH, S. 15, 18; Herber, GmbHR 1978, 25, 30; Winter, Haftung der Gesellschafter, S. 143 ff.

122 Dazu Hachenburg/Ulmer, GmbHG, Anh. § 30, Rz. 3.

123 Vgl. oben Fn. 105.

heit der Eigenmittelausstattung nicht Rechnung getragen werden kann. Dies ist für die Belange der Gläubiger indes folgenlos, wenn andere Regelungsinstrumente des GmbHG wirksam greifen und einen akzeptablen Gläubigerschutz gewährleisten.

bb) Gläubigerschutz durch Zwangsliquidation

Ein solches gläubigerschützendes Vorsorgeinstrumentarium könnte das GmbHG mit dem Insolvenzgrund der Überschuldung zur Verfügung stellen.

Nach § 63 I GmbHG ist über das Vermögen der Gesellschaft das Insolvenzverfahren zu eröffnen, wenn Zahlungsunfähigkeit und/oder Überschuldung eingetreten ist. Handelt es sich bei der Zahlungsunfähigkeit um das wahrscheinlich dauernde Unvermögen der GmbH wegen Mangels an Zahlungsmitteln ihre fälligen Geldschulden zu begleichen[124], welches zum Schutz der Gläubiger dem Gesetzgeber Anlass gab, die wirtschaftliche Tätigkeit der Gesellschaft vor weiterem Vermögensverzehr zu beenden, so setzt der Insolvenzgrund der Überschuldung den Gläubigerschutz anders durch.

bc) Krisenbezug

Gläubigerschutz durch Eigenkapital muss sich vorrangig in der Krise beweisen. Zehren operative Verluste an der Substanz der Gesellschaft, kann ein gesetzlicher Gläubigerschutz, der am Eigenkapitalbestand ansetzt, nur effektiv greifen, wenn der Gesetzgeber dafür Sorge getragen hat, dass haftendes Kapital in nennenswerter Höhe zur Verfügung stehen muss. Diese Vorgabe hat die gesetzliche Regelung nicht realisiert. Der Gesetzgeber ist den Weg eines angemessenen gläubigerschützenden Stammkapitals ausdrücklich nicht gegangen. Schon für das GmbHG in seiner Fassung des Jahres 1892 war dies nahezu unumstritten[125].

Die insbesondere in den sechziger und siebziger Jahren - allerdings vorwiegend um betriebswirtschaftliche Optimierungsfragen - geführte Diskussion um ein

---

124 Kilger/K. Schmidt, InsO, § 213 Anm. 1; § 102 Anm. 2 a, b; Lutter/Hommelhoff, GmbHG, § 63, 64 Rz. 6 f.; BGH WM 1957, 68; WM 1985, 396.

125 Besonders deutlich: Niederleithinger, GmbHR 1992, 220, 221.

angemessenes Eigenkapital der Unternehmung hat der Gesetzgeber der GmbH-Novelle ausdrücklich nicht aufgegriffen[126].

In den Motiven und Erläuterungen zur GmbH-Novelle wird deutlich, dass der Gesetzgeber auch in künftigen GmbHs ein solches Gebot angemessener Eigenkapitalausstattung nicht verankert oder hineininterpretiert wissen wollte. Dabei dürfte sich der Gesetzgeber der gläubigerschützenden Wirkung nur gesetzlich vorgegebenen angemessenen Eigenkapitaldecke durchaus bewusst gewesen sein. Gleichfalls war auch die völlig unzureichende Eigenkapitaldecke deutscher Unternehmen bekannt und das Bedürfnis, hier den Gläubigerschutz zu stärken, breit akzeptiert. Auch wenn die Gesellschaft noch in der Lage ist, ihre fälligen Geldverbindlichkeiten im Wesentlichen ordnungsgemäß zu bedienen, ist das Insolvenzverfahren zu beantragen, sofern der Tatbestand der Überschuldung verwirklicht ist. Die Einzelheiten dieses Tatbestandes sind bis heute umstritten. In der Diskussion sind dabei sowohl seine Zweckmäßigkeit wie auch die präzise Definition[127].

An dieser Stelle soll nur auf das gläubigerschützende Grundprinzip hingewiesen werden, das dem Insolvenzgrund zugrunde liegt.

Die Haftungsverfassung der GmbH ist dadurch geprägt, dass den Gesellschaftsgläubigern allein das Gesellschaftsvermögen als Haftungsmasse zur Verfügung steht. Ein Zugriff auf das Privatvermögen der Gesellschafter ist grundsätzlich nicht möglich[128]. Eine scheinbare Ausnahme stellt die unmittelbare und unbegrenzte Ausfallhaftung der Gesellschafter im Fall der materiellen Unterkapitalisierung dar; in Wahrheit aber findet das zuvor Gesagte hier lediglich seine Bestätigung. Denn das mit der Kapitalgesellschaft verbundene Trennungsprinzip soll allein dann durchbrochen werden, wenn die Gesellschafter es in extremer Weise versäumen, die Gesellschaft mit den für den Geschäftsbetrieb erforderlichen Mitteln auszustatten (qualifizierte Unterkapitalisierung). Die rechtsdogmatische Begründung für eine Durchbrechung dieser typprägenden Haftungsab-

---

126 Zur Entscheidung des Gesetzgebers vgl. soeben Fn. 125. Die Diskussion findet sich etwa bei Vormbaum, Finanzierung, S. 35 ff.; Spreemann, Finanzierung, S. 83; Bischoff, DB 1971, S. 1581 ff.; Büschgen, GmbHR 1974, S. 51 dargestellt.

127 Grundlegend hierzu: Scholz/K. Schmidt, GmbHG, § 63, Rz. 10, m. w. N.; Lutter/Hommelhoff, GmbHG, §§ 63, 64 Rz. 15; Schulze-Osterloh, in: Baumbach/Hueck, GmbHG, § 63; vorab § 60 Rz. 2; BGH NJW 1987, 2433; BGHZ 119, 210, 213 f.

128 § 13 Abs. 2 GmbHG, Baumbach/Hueck, GmbHG, § 13, Rz. 8; Rowedder, GmbHG, § 13 Rz. 12.

schottung wird heute vermehrt in ihrem Missbrauch im Falle völlig unzureichender Kapitalausstattung gesehen[129].

Fehlt dieser Haftungsrückhalt im Vermögen der Gesellschaft, so muss diese ihre Tätigkeit beenden. Diese Notwendigkeit entsteht, wenn ihr Vermögen (realisierbare Aktiva) zur Deckung der Schulden der Gesellschaft nicht mehr hinreicht. Setzt die Gesellschaft in dieser Situation ihre Geschäftstätigkeit fort, drohte eine Fortsetzung dieser negativen Entwicklung im Zweifel zu Lasten der Gläubiger zu gehen. Während in der Unterbilanz bis hin zur Grenze zur Überschuldung begrifflich noch immer ein Vermögensstand vorhanden sein müsste, der eine vollständige Gläubigerbefriedigung gestattet, ändert sich mit dem Eintritt in die Überschuldungssituation die Situation für die Gläubiger nachhaltig. In diesem Moment deckt der Bestand an Haftungsmasse nach der Annahme des Gesetzgebers nicht mehr den durch die Verbindlichkeiten repräsentierten potentiellen Bedarf. Eine Gesellschaft, in der der Bestand von echten Aktiva und Passiva nicht mehr im Gleichgewicht ist, will der Gesetzgeber möglichst umgehend durch Verteilung des verbliebenen Gesellschaftsvermögens an die Gläubiger abgewickelt wissen; bis zum Verlust dieses Gleichgewichts scheinen Gläubigerinteressen nicht berührt.

Vor diesem Hintergrund der gesetzlichen Regelung erscheint die Frage angebracht, ob nicht schon sie allein eine zweckgerechte Behandlung der mit der Gesellschaftsfremdfinanzierung - und damit auch der Gesellschafterfremdfinanzierung - möglicherweise verbundenen Gläubigergefährdung erlaubt.

Denn ein gesetzliches Regelungsinstrument, das aus offensichtlichem Gläubigerinteresse dem Geschäftsführer das Prüfungs- und Verhaltensprogramm des § 63 I GmbHG auferlegt, erfasst scheinbar auch die bei der Gesellschafterfremdfinanzierung typischen Gläubigergefährdungen. Das Bedürfnis, Gefahren aus einer Gesellschafterfremdfinanzierung mit einem komplexen System haftender Eigenkapital ersetzender Gesellschafterdarlehen zu begegnen, scheint daher begrenzt.

---

129 Zum Haftungsdurchgriff auf das Gesellschaftervermögen, Scholz/K. Schmidt, GmbHG, § 13 Rz. 75 ff, 82 ff.; K. Schmidt, Gesellschaftsrecht, § 5 Abs. 4 Satz 4; Stimpel, Festschrift Goerdeler, S. 601, 608 ff.; Ulmer, Festschrift Duden, S. 661; ders, GmbHR 1984, 256; Vonnemann, GmbHR 1992, 77. Sehr zurückhaltend die Rechtsprechung vgl. die Nachweise bei Scholz/K. Schmidt, GmbHG, § 13 Rz. 77, 85 ff.

bd) Kritik am Überschuldungstatbestand

Insoweit bleibt aber unberücksichtigt, dass zum einen der Insolvenzgrund der Überschuldung in der praktischen Anwendung seine gläubigerschützende Aufgabe nur unzureichend zu erfüllen vermag[130]. Zum anderen werden wohl doch nicht alle Gefahren, die sich aus der Begründung von Darlehensverbindlichkeiten gerade gegenüber Gesellschaftern ergeben können, durch die Überschuldungsinsolvenz angemessen behandelt und aufgefangen[131].

be) Effektivität des Überschuldungstatbestandes

Effektiven Gläubigerschutz kann der Insolvenzgrund der Überschuldung nur gewährleisten, wenn die ihm zugrunde liegende Konzeption, die Insolvenzliquidation der Gesellschaft zu einem Zeitpunkt zu erzwingen, in dem die Vermögenslage der Gesellschaft noch gerade ausreichen müsste, um eine vollständige Gläubigerbefriedigung zu ermöglichen, auch in der Praxis funktioniert.

Dies ist keineswegs der Fall.

Aus mehreren Gründen erweist sich gleichwohl gerade der Überschuldungstatbestand als praktisch ungeeignet, Interessen der Insolvenzgläubiger zu wahren[132].

c) Unzureichendes freies Gesellschaftsvermögen

Der Insolvenzgrund der Überschuldung befasst sich unmittelbar mit dem Risiko der Aufzehrung des Eigenkapitals. Sobald dieses auf Null geschrumpft ist - die Schulden also gerade noch durch das Aktivvermögen gedeckt sind - ist der Geschäftsführer gezwungen, den Insolvenzfall eintreten zu lassen und Gesellschaftsvermögen zugunsten der Gläubiger zu liquidieren. Das Ergebnis der Insolvenzliquidation müsste - nach der Anlage des Gesetzes - sein, dass die

---

130 Roth, ZGR 1993, 170, 177 ff., m. w. N.; Fleischer, ZIP 1996, S. 774; LG Waldshut-Tiengen, NJW-RR 1996, S. 105; Fenske, AG 1997, S. 554.

131 Vgl. dazu das von Lutter/Hommelhoff, ZGR 1979, 33, 38; Herrmann, in: 50 Jahre WP-Beruf aufgezeigte Gefährdungspotential gerade durch Gesellschafterdarlehen. Siehe auch: BGHZ 81, 311, 317; zu den Verhaltensanforderungen an den GmbH-Geschäftsführer und seiner Haftung, Uhlenbruck, GmbHR 1996, R 53; Wimmer, NJW 1996, S. 2546.

132 Vgl. dazu die Nachweise in Fn. 130; zur Überschuldensprüfung vgl. auch: Ehlers, DStR 1998, 1756; Früh/Wagner, WPg 1998, 907.

Gläubiger noch zu 100 % befriedigt werden könnten. Dieses Bild des Gesetzes wird in der Realität in keiner Weise bestätigt. In der weit überwiegenden Zahl der Fälle wird das Insolvenzverfahren heute bereits nicht mehr eröffnet, da der Verwalter nicht einmal mehr eine die Kosten des Verfahrens deckende Masse feststellen kann[133]. Hierfür ist in erster Linie verantwortlich, dass ein großer Teil der in der Insolvenz zu befriedigenden Forderungen aufgrund dringlicher Sicherheiten oder kraft besonderer Regelung in der Insolvenzordnung vorrangig zu befriedigen sind[134].

Für die große Masse der ungesicherten Gläubiger bleibt dann kein nennenswertes Vermögen mehr als Haftungsmasse übrig.

ca) Bewertungsdifferenzen

In zumindest gleichwertigem Umfang beruht das praktische Scheitern des in seiner Anlage gläubigerschützenden Insolvenzgrundes auf den Unterschieden in der Bewertung von Vermögensgegenständen in der normalen Handelsbilanz einerseits und im Überschuldungsstatus andererseits[135]. Mit dem Überschreiten der Grenze zur rechnerischen Überschuldung tritt eine Situation ein, die den Bestand des zur Gläubigerbefriedigung zur Verfügung stehenden Gesellschaftsvermögens und die Schuldenmasse weiter als zunächst erwartet „scherenartig" auseinander fallen lassen.

Während die Schuldenmasse weiter anschwillt, unterliegen die Aktiva der Gesellschaft einem rätselhaften Verfall. Der in der Insolvenz realisierbare Wert des Aktivvermögens sinkt unter die handelsbilanziellen Wertansätze.

Und dies aus nachvollziehbarem Grund: Der in der Insolvenz erzielbare Liquidationserlös ist erstens nicht exakt vorherzusehen und zweitens nach aller praktischen Erfahrung auch deutlich niedriger als der in der Handelsbilanz ordnungsgemäß bilanzierte Wert. Dieser ohnehin feststellbare und durch eine noch so zügige Insolvenzeröffnung nicht zu vermeidende „Schereneffekt" wird zu Lasten der allgemeinen Insolvenzforderungen durch das Ausmaß der dinglich gesicherten Forderungen weiter verstärkt. Denn es sind gerade die Wirtschaftsgüter mit einem auch in der Insolvenzliquidation stabilen Wertansatz und Liqui-

---

133 Hachenburg/Ulmer, GmbHG, Anh. § 30 Rz. 8; Roth, ZGR 1993, 170, 171.

134 Roth, a. a. O., 170, 171.

135 Lutter/Hommelhoff, ZGR 1979, 31, 59. Roth, a. a. O., 170, 171; Ehlers, DStR 1998, 1756; Früh/Wagner, WPg 1998, 907.

dationserlös, die zumeist schon weit vor der Insolvenz Gegenstand dinglicher Sicherungsrechte geworden sind. Sie werden auf diese Weise weitestgehend ausgeschöpft und kommen den allgemeinen einfachen Insolvenzforderungen somit im Umfang, wie sie als dingliche Sicherheiten verwertet werden, nicht zugute.

cb) Insolvenzbezogene Wertansätze

Wollte man andererseits das Aktivvermögen auch in der Handelsbilanz bereits mit einem vorweggenommenen - und damit notwendigerweise geschätzten - Liquidationswert ansetzen, so ergäbe sich für manches zukunftsträchtige Unternehmen die rechnerische Überschuldung bereits mit seiner Gründung. Die Wertansätze, die der Zweck dieses Insolvenzgrundes eigentlich erforderte, können also nicht Bemessungsgrundlage für den Insolvenzgrund der Überschuldung sein[136].

So war denn schon bislang nach der Konkursordnung weithin anerkannt, dass der Ansatz der mutmaßlichen Liquidationswerte allenfalls **ein** Baustein eines mehrgliedrigen Überschuldungstatbestandes sein kann. Ergänzend musste hinzukommen, dass dem rechnerisch überschuldeten Unternehmen eine negative Fortbestehensprognose gestellt werden kann; erst wenn dem überschuldeten Unternehmen auch keine Überlebenschancen mehr zugebilligt werden können, war der Insolvenzgrund verwirklicht[137]. § 19 InsO stellt nun ausdrücklich klar, dass bei dem Vergleich von Vermögen und Verbindlichkeiten in der Überschuldungsprüfung der juristischen Person die Fortführung des Unternehmens zugrunde zu legen ist, sofern diese nach den Umständen überwiegend wahrscheinlich ist.

Dieser im Interesse des Unternehmens sicherlich zu begrüßende Befund leistet mit Blick auf die Gläubigerinteressen dem Wertverzehr bis zur Eröffnung des Insolvenzverfahrens eher weiteren Vorschub. Denn in der Zwischenzeit kann weiteres Vermögen verwirtschaftet werden; indes besteht auch die Chance für Gläubiger, dass sich die Gesellschaft erholt.

---

136 K. Schmidt, JZ 1982, 171; ders., ZIP 1985, 713; Scholz/K. Schmidt, GmbHG, § 63 Rz. 11; Hachenburg/Ulmer, GmbHG, § 63 Rz. 31; Roth, GmbHR 1985, 137, 142; Roth, GmbHG, Vorb. § 64 Rz. 13; BGH NJW 1987, 2433; BGHZ 119, 205.

137 Der juristische Überschuldungsbegriff erfordert eine Fortbestehensprognose, heute wohl h. M., vgl. die Nachweise soeben Fn. 136; zur Behandlung von eigenkapitalersetzenden Gesellschafterdarlehen im Überschuldungsstatus jüngst Weyand, INF 1998, S. 80 ff. m. w. N.

Festzuhalten bleibt, dass der Insolvenzgrund der Überschuldung nach keiner der bekannten Auslegungsformen seinen ursprünglichen Zweck, eine möglichst weitgehende Gläubigerbefriedigung zu ermöglichen, sicherstellen kann.

cc) Zur Reichweite des Gläubigerschutzes durch den Überschuldungstatbestand; Einbeziehung von Gesellschafterdarlehen

Im vorangestellten Abschnitt wurde dargelegt, dass der Insolvenzgrund der Überschuldung nicht geeignet ist, Gefahren, die sich aus einer hohen Verschuldung der Gesellschaft ergeben, im Interesse einer hohen Gläubigerbefriedigung zu bewältigen.

Dieses Versagen wurde vor allem darin erkannt, dass die Wertansätze in der Überschuldungsbilanz im Zusammenspiel mit der heute überwiegend verlangten negativen Fortbestehensprognose das Fortbestehen der Gesellschaft und den Verzehr von Vermögen - das die Schulden eigentlich decken sollte - gegenüber den Interessen der Gläubiger massiv begünstigen. Hierzu tritt, dass die verbleibende Haftungsmasse ganz überwiegend durch Masseverbindlichkeiten und die Befriedigung dinglich gesicherter Forderungen verzehrt wird. Eine Erfassung der Gesellschafterdarlehen durch den Überschuldungstatbestand führt daher nicht zu Ergebnissen, die eine Sonderbehandlung der Gesellschafterdarlehen - mangels praktischem Bedürfnis - ausschließen könnten. Zu prüfen ist nunmehr, ob die Gesellschafterdarlehen nicht zudem eine besondere Gefahrenlage repräsentieren, die durch den Insolvenzgrund der Überschuldung konzeptionell gar nicht erst erfasst werden können. Denn dieser unterscheidet nicht nach der Gläubigerstellung. Ob etwa ein Gesellschafter oder ein Kreditinstitut der Gesellschaft ein Darlehen gewährt haben, ist im Insolvenzgrund der Überschuldung kein Differenzierungskriterium. Umso mehr richtet sich der Blick darauf, ob gerade Besonderheiten der Gesellschafterfremdfinanzierung eine spezielle rechtliche Behandlung von Gesellschafterdarlehen erfordern. Diese Fragestellung stellt in Wahrheit das Kernproblem des Ersatzkapitalrechts, wie auch des gesamten materiellen Haftkapitals dar. Ihr soll daher in einem eigenen Abschnitt nachgegangen werden. An dieser Stelle kann nur festgestellt werden, dass - unabhängig von seinen sonstigen Schwächen - der Insolvenzgrund der Überschuldung etwaige Besonderheiten der Gesellschafterfremdfinanzierung nicht zu erfassen vermag.

IV. Ergebnisse

1. Befund

In den vorangestellten Kapiteln konnte anhand einer Reihe von Einzelfragen der Finanzierungswirklichkeit dargestellt werden, welche Merkmale einer Darlehensfinanzierung es für die Gesellschafter besonders attraktiv machen, die Unternehmensfinanzierung vorzugsweise auf die Grundlage von Fremdmitteln zu stellen. Damit korrespondieren die Nachteile, die aus der Sicht der Gesellschafter eine Haftkapitalausstattung ausweist.

Die Geschäftsführung selbst wird - jedenfalls, wenn sie nicht zugleich dem Gesellschafterkreis angehört ist - die Unternehmensfinanzierung vorzugsweise über Eigenmittel bestreiten wollen.

Es kann daher nicht überraschen, wenn Gesellschafter und Geschäftsführung nach Lösungen suchen, in denen sich die Vorzüge beider Idealtypen der Außenfinanzierung in einer Finanzierung vereinigen lassen.

Zumindest auch diesem Ziel dienen die Finanzplankredite, die bislang vornehmlich als „gesplittete Einlagen" und allein bei der KG in Erscheinung getreten sind[138]. Auf diese Rechtsform, auf diese Erscheinungsform ist das Phänomen der planmäßigen Fremdfinanzierung durch Gesellschafter in seiner Problematik aber nicht zu begrenzen.

Indes scheint es mit den „gesplitteten Einlagen" erstmals systematisch versucht worden zu sein, die Verzüge der Fremdmittelqualifikation mit der Langfristigkeit, Unkündbarkeit und Entgeltung von Eigenkapital zu verknüpfen. Damit zeichnet sich schon deutlich ab, dass auf diesem Wege eine Haftkapitalausstattung vermieden werden soll und das Finanzierungsrisiko unternehmerischen Scheiterns vor allem von den Gläubigern zu tragen sein wird[139].

---

138 Zu den gesplitteten Einlagen: BGH NJW 1985, 1468; NJW 1981, 2251; NJW 1982, 2259 u. Anm. K. Schmidt; JuS 1985, 557, 645 u. Anm. K. Schmidt; BGHZ 93, 159, 161; BGHZ 101, 33.; K. Schmidt, Gesellschaftsrecht, § 18 Abs. 3 Satz 3; Schlegelberger/Martens, HGB, § 161 Rz. 162 f.; Heymann/Horn, HGB, § 161 Rz. 85, § 172 a Rz. 39; Staub/Schilling, HGB, Anh. § 161 Rz. 17.

139 Zum begrenzten Erfolg dieses Unterfangens, Michel, Gesellschafterleistungen, S. 13; Koch, Eigenkapitalleistungen, S. 24 ff., m. w. N.

Unsicher ist jedoch zunächst, wie diese Fallgruppen systematischer Eigenmittelvermeidung im Interesse des Gläubigerschutzes systematisch und dogmatisch zu erfassen ist.

Abgesehen von den offenen Sachfragen zu Tatbestand und Rechtsfolgen ist ebenso schon im Grundsätzlichen unsicher, ob eine Betrachtung unter dem Aspekt einer weiteren Fallgruppe der objektiv-rechtlichen Rechtsprechungs- und Novellen-Regeln erfolgen sollte oder ob es eher angezeigt ist, neue Wege zu gehen.

In letzterem Sinne verhält sich der BGH, indem er hinsichtlich der „gesplitteten Einlagen" auf deutliche Distanz zu den kapitalersetzenden Gesellschafterdarlehen geht[140]. In der Literatur hingegen überwog lange in GmbH-rechtlichen Schriften eine mögliche Qualifizierung als Kapitalersatz[141]. Für die Auffassung des BGH spricht, dass nach herkömmlicher Leseart das Kapitalersatzrecht in seiner Anwendung auf die krisenbehaftete oder durch potentiell krisengeneigte Gesellschaft beschränkt ist[142]. An diesen Voraussetzungen fehlt es nach dem Dafürhalten des BGH jedoch bei den dem KG-Recht zugehörigen „gesplitteten Einlagen".

2. Weiterer Fortgang der Untersuchung

Angesichts der breiten Akzeptanz und des geschlossenen Bildes, das die Rechtsprechung in diesem Themenkreis bietet, scheint das folgende weitere Vorgehen sinnvoll:

Bevor untersucht werden kann, unter welchen Voraussetzungen Gesellschafterfremdfinanzierungen, die von vornherein darauf abzielen, im Unternehmen die Funktion von Eigenkapital zu übernehmen, in der GmbH als haftendes Kapital zu behandeln sind, ist die Rechtslage bei der KG zu würdigen. Denn dort gibt es

---

140 Deutlich: BGHZ 104, 33, 36 ff.; dazu auch: von Gerkan/Hommelhoff, Kapitalersatz, S. 27 ff.; einstweilen abschließend, BGHZ 142, 116.

141 Vgl. dazu: Hachenburg/Ulmer, GmbHG, §§ 32 a, b, 32 b Rz. 48, 61; Scholz/K. Schmidt, GmbHG, §§ 32 a, b, Rz. 38; anders in aktueller Auflage: Lutter/Hommelhoff, GmbHG, §§ 32 a, b, Rz. 169 ff.; K. Schmidt, ZIP 1983, 161, 165 f.

142 Sanierungs- und Kreditunfähigkeit sind die akzeptierten Fallgruppen des Ersatzkapitalrechts, statt aller: Baumbach/Hueck, GmbHG, §§ 32 a, b, Rz. 42 ff. Finanzplandarlehen stehen indes in einer noch nicht abgeschlossenen Entwicklung. Scholz/K. Schmidt, GmbHG, §§ 32 a, b, Rz. 38; Priester, DB 1991, 1917, 1920; Hommelhoff/Kleindiek, Festschrift 100 Jahre GmbHG, S. 438 f.; Fleischer, Finanzplankredite, S. 298 ff.

ein weitgehend gleichförmiges Fallaufkommen, welches auch bereits Gegenstand wissenschaftlicher Erörterung war[143].

Dabei soll vorrangig das Qualifizierungskonzept der Rechtsprechung begutachtet werden. Erst danach soll - beschränkt auf die GmbH - der Anwendungsbereich des objektiven Kapitalersatzrechts ausgemessen werden.

143 Vgl. etwa: Michel, Gesellschafterleistungen, S. 13; Koch, Eigenkapitalersetzende Leistungen, S. 20 ff.; Zanner, Rechtsfolgen, S. 27 ff., 148 ff.; Mundry, Darlehen und stille Einlagen, S. 106 ff.; Joost, ZHR 1984, 27 ff.; Schön, ZGR 1990, 220 ff., jeweils mit umfangreichen Nachweisen.

Teil 2 Gesplittete Einlagen

I. Abstrakte Übertragbarkeit auf die GmbH

Eine Auseinandersetzung mit den KG-typischen „gesplitteten Einlagen“ macht nur Sinn, wenn zu erwarten steht, dass die anhand jener Sachverhalte ermittelten Befunde auch Aussagekraft für das hier zu bearbeitende GmbH-Recht haben.

Der Beginn der Untersuchung in der Personengesellschaft hat vor allem für sich, dass sich hier auf aufbereitetes Tatsachenmaterial zurückgreifen lässt; die Sachverhalte, die in der Kapitalgesellschaft für eine Qualifizierung als finanzplanorientierte Gesellschafterfinanzierung in Betracht kommen, sind dagegen eher uneinheitlich und kaum bekannt.

Damit eröffnet sich zunächst die Frage, ob die von der Rechtsprechung getragene Gleichstellung „funktioneller“ Einlagen mit formellen Einlagen - die also das Gesellschaftsvermögen mehren und den Gläubigern haften - eine Besonderheit allein der KG beschreibt. Dann operierte die Rechtsprechung und die ihr folgende Literatur mit Begriffen und Argumenten, die dem Recht der KG vorbehalten sind.

Ansatz für eine Differenzierung könnte das für Personenhandelsgesellschaften und Kapitalgesellschaften grundsätzlich abweichend konstruierte System der Gesellschafterhaftung für Verbindlichkeiten der Gesellschaft sein, die abweichende Haftungsverfassung beider Gesellschaftsformen.

1. Haftungsverfassung der KG

In der Personenhandelsgesellschaft gilt unabhängig von dem Grad der inneren Ausgestaltung als personalistische oder kapitalistische Gesellschaft und damit etwa auch von der Zahl ihrer Gesellschafter der Grundsatz, dass jeder Gesellschafter für die vor und während seiner Mitgliedschaft begründeten Verbindlichkeiten persönlich und unmittelbar haftet[144]. Allerdings erlaubt es die Rechts-

[144] §§ 128, 161 Abs. 2 HGB; dazu nur: Baumbach/Hopt, HGB, § 128 Anm. 2, 5.

form der KG, die Haftung auf einen Höchstbetrag, die satzungsgemäße, ins Handelsregister einzutragende Kommanditeinlage zu beschränken[145].

Daneben kann der Gesellschaftsvertrag indes noch weitere Leistungspflichten des Kommanditisten gegenüber der Gesellschaft begründen.

Beruhen diese auf dem Gesellschaftsvertrag, so handelt es sich um zumindest auch gesellschaftsrechtlich zu beurteilende Fragen. Über ihren Charakter als Haftkapital ist damit noch nicht befunden.

2. Haftungsverfassung der GmbH

In den Kapitalgesellschaften verhält sich die Haftung der Gesellschafter für die Verbindlichkeiten der Gesellschaft grundlegend abweichend.

Den Gläubigern der GmbH haftet allein das Gesellschaftsvermögen. Eine unmittelbare Haftung der Gesellschafter scheidet aus. Diese haben in erster Linie die Verpflichtung übernommen, eine gesellschaftsvertraglich zu übernehmende Stammeinlage aufzubringen. Diese fließt in das Vermögen der Gesellschaft und bildet dort mit den Stammeinlagen der übrigen Gesellschafter das statutarische Stammkapital. Mit dem Stammkapital steht den Gläubigern ein Mindesthaftungsfonds zur Verfügung, gegen den sie ihre Ansprüche u. a. richten können. Die Gesellschafter selbst können über ihre Stammeinlage somit nur sehr mittelbar Verantwortung für die Gesellschaftsschulden übernehmen. Zur Erfüllung einer Gesellschaftsverbindlichkeit sind sie jedenfalls nicht zu verpflichten. Auch GmbH-Gesellschafter können jedoch über ihre satzungsmäßige Stammeinlagepflicht hinaus zu weiteren Leistungen an die Gesellschaft verpflichtet sein.

3. Vergleich weiterer Gesellschafterleistungen an die KG und GmbH

In der KG erlischt die Haftung des Kommanditisten, wenn der Gesellschafter seiner Gesellschaft für die Gläubigerbefriedigung verwertbares Vermögen in

---

[145] § 171 Abs. 1 HGB; einen Überblick über die rechtliche Regelung gibt Kraft/Kreutz, Gesellschaftsrecht, S. 241 ff.

Höhe seiner Hafteinlagepflicht effektiv zugeführt hat[146]. Entsprechendes gilt insoweit für den GmbH-Gesellschafter, der gegenüber der Gesellschaft seine Einlageschuld erbracht hat mit der Maßgabe, dass damit die alleinige gläubigerbegünstigende Finanzierungshandlung, die in Betracht kommt, erbracht ist.

KG und GmbH haben also zunächst gemeinsam, dass über dieses Minimalprogramm der Gesellschaftsfinanzierung hinaus keine weiteren gesetzlichen Finanzierungs- und Haftungsverpflichtungen bestehen.

Was von den Gesellschaftern nicht als Hafteinlage oder Stammeinlage gewollt, im Gesellschaftsvertrag und - aus Gläubigerschutzgesichtspunkten wichtiger - nach außen im Handelsregister nicht verlautbart ist, kann nicht ohne weiteres als der Gläubigerbefriedigung dienendes Gesellschaftsvermögen qualifiziert werden.

Soweit Finanzierungen angesprochen sind, die Gesellschafter an ihr Unternehmen ausreichen, ist eine haftende Funktion nur in dem Fall sicher anzunehmen, dass die Gesellschafter sie als Hafteinlage bzw. Stammeinlage gewähren wollen oder sonst die Bezeichnung einer „Eigenkapitalkategorie“ wählen. Aber auch darüber hinaus können die Gesellschafter in und außerhalb des Gesellschaftsvertrags gegenüber der Gesellschaft Finanzierungspflichten eingehen, die zu einer Zufuhr haftenden Kapitals führen. In der KG etwa können sich die Kommanditisten dazu verpflichten, weitere Einlagen in das Vermögen der KG zu erbringen. Deren Rückgewähr bleibt indes - bis zur Grenze der Insolvenzanfechtung nach der Insolvenzordnung - jederzeit möglich, ohne das die gegenüber den Gläubigern eingegangene Außenhaftung wieder aufleben würde[147]. In der Sache aber handelt es sich auch bei diesen Finanzierungen um Haftungsmasse der Gesellschaft.

Haftungsmasse neben dem aus den Stammeinlagen gebildeten Stammkapital ist auch bei der GmbH geläufig. Nachschusskapital[148] und im Gesetz nur mittelbar in § 272 Nr. 4 HGB erwähnte verlorene Zuschüsse (z. B. ein Agio auf die Stammeinlage) in das Eigenkapital der Gesellschaft bilden eigene Kategorien haftenden Kapitals, die nicht auf die ursprünglich zur Bildung des Gesell-

---

146 Staub/Schilling, HGB, § 171, Rz. 5 ff.; K. Schmidt, Einlage und Haftung; Schlegelberger/K. Schmidt, HGB, § 171, Rz. 41-61.

147 Pflichteinlage, dazu Staub/Schilling, § 171, Rz. 1 f, § 161 Rz. 15 ff.

148 § 26 GmbHG, zur praktischen Relevanz dieser Finanzierungsform, Hommelhoff/Kleindiek, Festschrift 100 Jahre GmbHG, S. 421, 421 f.; Lutter/Hommelhoff, GmbHG, § 26 Rz. 1; Winter, GmbHR 1969, 146 ff.

schaftsvermögens konzipierte Stammeinlagepflicht anzurechnen sind, diese summenmäßig jedoch weit übersteigen. Für beide Gesellschaftsformen - GmbH wie KG - stellt das Gesetz damit verschiedene Haftkapitalkategorien zur Verfügung.

4. Eigenkapital als materielles rechtsformunabhängiges Problem

Was Eigenkapital ist, ist nach den oben skizzierten Kriterien für beide Gesellschaftsformen gleich.

Dies gilt selbst dort, wo rechtsformspezifisch das Eigenkapital allein zum Aufbau des Gesellschaftsvermögens dient - wie in der GmbH - oder daneben auch die betragsmäßig begrenzte persönliche Haftung des Gesellschafters gegenüber den Gläubigern zum Erlöschen bringt.

In beiden Fällen wird deutlich, dass haftendes Kapital für die Personenhandelsgesellschaft wie für die Kapitalgesellschaft GmbH nach einheitlichen Kriterien zu bestimmen ist.

Geht es nun darum, die von Rechtsprechung und Literatur bislang allein am Fallmaterial der (GmbH & Co) KG entwickelten Grundsätze einer neuen eigenständigen Haftkapitalkategorie zwischen Eigenkapital und Eigenkapitalersatz als einlagengleiche Finanzierung zu bewerten, so bedeutet dies für die zu erwartende Erkenntnis: Erweist sich eine insoweit nach ihrem Tatbestand - also den Voraussetzungen der Behandlung als haftendes Kapital - vertretene Begründung des BGH oder der Literatur für die KG als tragfähig, so spricht manches dafür, diesen Ansatz rechtsformübergreifend auch für die Möglichkeiten einlagengleicher Finanzierungen im GmbH-Recht zu verwerten.

Es erscheint zulässig, die Begründung, mit der formelles Fremdkapital allein nach seinem Sinn und Zweck, in der Finanzierung des konkreten Unternehmens der KG Kredit- und Haftungsgrundlage zu bilden, als einlagengleiche Finanzierung den Gesellschaftsgläubigern als Haftungsmasse in der Insolvenz zur Verfügung zu stehen und ggf. auch noch vom Insolvenzverwalter eingefordert zu werden auf vergleichbare Gestaltungen in der GmbH zu übertragen. Bislang wird die Übertragung der bislang für die KG entwickelten Grundsätze auch auf die GmbH befürwortet.[149]

Finden sich etwa im Gesellschaftsvertrag einer GmbH - und man wird sehen, ob es auf diese gesellschaftsrechtliche Verankerung überhaupt ankommt, die entsprechenden Vereinbarungen, über die die Rechtsprechung bislang allein für die KG zu entscheiden hatte, so ist kein Grund ersichtlich, für die Kapitalgesellschaft hier zu abweichenden Ergebnissen zu kommen, auch wenn es hier nicht auf Erfüllung einer Hafteinlage ankommt. Denn es geht darum, Parameter zu entwickeln, nach denen formelles Fremdkapital allein aufgrund einer funktionalen Betrachtung dem haftenden Kapital zugeschlagen werden soll.

Die Grundsätze einer solchen Umqualifizierung können aber nicht von den - wenn auch grundlegenden - Unterschieden in den Haftungsverfassungen von KG und GmbH abhängig gemacht werden. In beiden Gesellschaftsformen müssen die Beteiligten zwischen Eigen- und Fremdfinanzierung differenzieren. Soll nun nach der Gestaltung der Gesellschafter Fremdkapital die grundsätzlich dem Eigenkapital vorbehaltenen Funktionen übernehmen, so sind keine Gesichtspunkte erkennbar, die für diese Funktionsadaption für beide Gesellschaftsformen eine unterschiedliche Begründung erforderten.

Unterschiede mögen sich bei der Sanktionierung einer einlagengleichen Finanzierung im Detail ergeben. So hat den BGH etwa bereits beschäftigt, ob eine als einlagengleich qualifizierte Pflicht zur Darlehensgewährung in der KG auf die Leistung der gesondert versprochenen Hafteinlage angerechnet werden muss[150]. Folgefrage wäre, ob eine Rückzahlung des formellen Fremdkapitals eine Rückgewähr von Gesellschaftsvermögen darstellt; diese Rückgewähr wäre dann geeignet, die Haftung des Kommanditisten nach § 171 I HGB wieder aufleben zu lassen[151].

Rechtsformspezifisch wird sich hier die Frage für die GmbH stellen: Führt die Rückzahlung einer einlagengleichen Finanzierung ggf. zu einer Unterdeckung der nach § 30 GmbHG geschützten Stammkapitals? Dies setzt seinerseits voraus, dass das Darlehen materiell als Gesellschaftsvermögen und nicht als Gesellschaftsschuld anzusehen ist.

---

149 Befürwortend Hachenburg/Ulmer, §§ 32 a, b, Rz. 48, 61; Lutter/Hommelhoff, §§ 32 a, b, Rz. 169 ff.; Scholz/K. Schmidt, §§ 32 a, b, Rz. 38; hierzu auch Dauner-Lieb, in: von Gerkan/Hommelhoff, Handbuch des Kapitalersatzrechts, S. 349 f.

150 BGH, NJW 1985, 2253 f.

151 So etwa: Mundry, Darlehen und stille Einlagen, S. 130.

II. Gesellschafterdarlehen als einlagengleiche Außenfinanzierung

Die planmäßige Ausstattung der Unternehmung mit Fremdmitteln ihrer Gesellschafter hat bislang vor allem in der Erscheinungsform der „gesplitteten Einlagen“ bei (Publikums-)Kommanditgesellschaften Beachtung und Erörterung gefunden[152]. Inzwischen hat diese Art der Finanzierung deutlich an Bedeutung verloren. Dies liegt vor allem darin begründet, dass den Gestaltungen in steuerlicher wie in haftungsrechtlicher Hinsicht die Anerkennung versagt geblieben ist[153].

Insbesondere die wiederholten Stellungnahmen des BGH zur „gesplitteten Einlage“ scheinen hier Orientierung gegeben zu haben.

Diese Maßgaben erlangen naturgemäß Bedeutung, wenn es gilt, vergleichbare Gestaltungen für die GmbH zu untersuchen. In den bislang zur GmbH & Co. KG bekannt gewordenen Gestaltungen übernahmen die beschränkt haftenden Gesellschafter neben ihrer vergleichsweise niedrigen Kommanditeinlage die weitergehende Verpflichtung, in bedeutendem Umfang als Darlehen oder stille Einlagen bezeichnete Finanzleistungen gegenüber der Gesellschaft zu erbringen.

Diese Pflicht war regelmäßig als Beitragspflicht ausgestaltet. Jeder Gesellschafter, der Mitglied der Gesellschaft werden wollte, konnte dies nur, wenn er zugleich eine Kommanditeinlage und eine Verpflichtung zur „Darlehensfinanzierung“ bzw. zur Leistung einer „stillen Einlage“ übernahm[154].

Die Verpflichtung wurde - soweit ersichtlich ausnahmslos - als Bestandteil des Kommanditvertrages vereinbart. Dies hatte wohl verschiedene Gründe. Der entscheidende liegt darin, dass die Gesellschafter ihre für die Unternehmensfinanzierung objektiv und - dies lässt sich aus den Umständen und Bedingungen der Darlehensverpflichtung folgern - auch subjektiv nach Einschätzung der

---

152 BGHZ 104, 33; BGHZ 70, 61; WM 1978, 878; WM 1982, 742; WM 1981, 761; WM 1980, 332; WM 1985, 284; BGHZ 93, 159. K. Schmidt, Gesellschaftsrecht, § 14 Abs. 4 Satz 2, S.423; von Gerkan, GmbHR 1990, 384, 385. Eingehende Behandlung bei: Mundry, Darlehen, S. 16 ff.; Koch, Eigenkapitalleistungen, S. 13 ff.; Zanner, Rechtsfolgen, S. 132 ff.; Michel, Gesellschafterleistungen, S. 206; Joost, ZGR 1987, 371; Schön, ZGR 1990, 220; weitere Nachweise in Fn. 34-38.

153 Heymann-Horn, HGB, § 161 Rz. 153, 169.

154 Vgl. nur BGHZ 104, 93.

Gesellschafter erforderlichen Finanzierungsbeiträge nicht auf allein schuldrechtlicher Ebene geregelt wissen wollten.

Die schuldrechtliche Darlehensgewährung birgt Risiken hinsichtlich der Dauerhaftigkeit und Verlässlichkeit der Finanzierung.

Beruht die Darlehensgewährung allein auf einem schuldrechtlichen Verpflichtungsvertrag, ist die Finanzierungssicherheit für die Gesellschaft und die anderen Gesellschafter nur eingeschränkt gewährleistet. Der noch nicht valutierte Darlehensvertrag kann nach § 490 Abs. 1 BGB fristlos gekündigt werden, wenn in den Vermögensverhältnissen der Gesellschaft eine wesentliche Verschlechterung eintritt, durch die der Anspruch auf die Rückerstattung gefährdet wird. Verschlechtert sich die wirtschaftliche Lage, so kann der Gläubiger eines zuvor valutierten Darlehens das Dauerschuldverhältnis aus wichtigem Grund kündigen[155].

Dem kann durch die Gestaltung begegnet werden, dass die Verpflichtung, der Gesellschaft neben der Hafteinlage weiteres Kapital zur Verfügung zu stellen, als gesellschaftsvertragliche Pflicht vereinbart wird.

In diesem Fall ist die Zweifelsregelung in § 490 BGB widerlegt[156]. Denn die Gesellschafter gewähren das Kapital nun nicht aus allein eigenem Interesse; die gesellschaftsrechtliche Anbindung der Fremdfinanzierung bringt zum Ausdruck, dass die Gesellschafterleistungen der Zweckförderung der Gesellschaft dienen sollen. Dies wird insbesondere deutlich, wenn die Pflicht zur Darlehensgewährung unmittelbar bei Abschluss des Gesellschaftsvertrages oder durch eine spätere Vertragsänderung in den Gesellschaftsvertrag eingeführt wird. In diesem Fall wird der Charakter der Fremdfinanzierung nachhaltig modifiziert. Die Kapitalzufuhr ist auf die Interessen der Gesellschaft ausgerichtet. Die Entscheidung, ob die Darlehensgewährung durch einen Widerruf oder eine Kündigung aus wichtigem Grund rückgängig gemacht werden kann, liegt hier nicht auch allein in der Entscheidungsmacht des finanzierenden Gesellschafters. Ob der einzelne Gesellschafter von seiner Finanzierungspflicht frei wird, entscheidet die Ge-

---

155 Zum Teil wurde auch nach der Valutierung § 610 BGB noch herangezogen. Vgl. dazu: Vorauflage Lutter/Hommelhoff, GmbHG, §§ 32 a, b, Rz. 46 und die Nachweise in Fn. 79, 108.

156 BGH DB 1978, 1133, 1134; NJW 1981, 2251, Koch, Eigenkapitalleistungen, S. 27 (jeweils noch zu § 610 BGB).

samtheit der Gesellschafter im Wege einer Änderung des Gesellschaftsvertrages[157].

Auch Änderungen des Gesellschaftsvertrages können indes auf einem wichtigen Grund beruhen und auf der Grundlage der gesellschafterlichen Treuepflicht sogar erzwingbar sein[158]. Gleichwohl erfasst diese Möglichkeit der Vertragsänderung nicht den Fall, dass ein Gesellschafter wegen verschlechterter wirtschaftlicher Verhältnisse der Gesellschaft die auf gesellschaftsrechtlicher Grundlage versprochenen oder bereits ausgereichten Darlehen nicht länger zur Verfügung stellen will.

Die Auflösung oder Abänderung des Gesellschaftsverhältnisses ist Störungen vorbehalten, die das fortgesetzte unveränderte Zusammenwirken der Gesellschafter als unerträglich erscheinen lassen, so dass sämtliche Mitglieder zu einer Vertragsanpassung verpflichtet sind[159].

Geht es einem Gesellschafter aber allein darum, die Verwirklichung des Risikos abzuwenden, das er mit der gesellschaftsrechtlichen Darlehenszusage eingegangen ist, so kann dies nicht genügen, eine Vertragsänderung aus der Treuepflicht der Gesellschafter durchzusetzen oder das Gesellschaftsverhältnis aus wichtigem Grund zu kündigen.

Denn die Gesellschafter sind mit ihrer Darlehensfinanzierung auf gesellschaftsrechtlicher Grundlage eine besondere Bindung gegenüber der Gesellschaft und ihren Mitgesellschaftern eingegangen.

Ist die Pflicht der Gesellschafter, ihrer Gesellschaft ein Darlehen zu gewähren, bereits im Gesellschaftsvertrag festgeschrieben, so ist dies als gesellschaftsrechtlicher Beitrag zu werten; ein Beitrag des Gesellschafters dient der Zweckförderung der Gesellschaft und ist damit vorrangig an den Bedürfnissen und Interessen der Gesellschaft ausgerichtet. Damit verträgt es sich nicht, wenn der finanzierende Gesellschafter in der wirtschaftlichen Schieflage, einen Rückfluss der Finanzierung veranlassen könnte. Die Zweckförderungspflicht besteht in jeder Lage des Unternehmens.

---

157 Angedeutet bei Anm. Priester EWiR 2186, S. 901/902 zu OLG Hamburg § 32 a.

158 Lutter/Hommelhoff, GmbHG, § 53 Rz. 32; a. A. Rowedder/Zimmermann, § 53 Rz. 58.

159 Hachenburg/Ulmer, GmbHG, § 53 Rz. 70; M. Winter, Treubindungen, S. 178; K. Schmidt, Gesellschaftsrecht, § 5 Abs. 4 Satz 3, S. 130 ff.

1. Begriff des Einlagen-Splitting

Insbesondere in Publikums-KG hatte sich eine Gestaltung durchgesetzt[160], nach der die Kommanditisten schon anlässlich des Beitritts zur Gesellschaft im Rahmen ihrer Beitragspflichten der Gesellschaft umfangreiche Darlehenszusagen zu machen hatten. Diese Verpflichtung traf jeden Gesellschafter in der Weise, dass eine die Hafteinlage regelmäßig um ein Vielfaches übersteigende Kreditfinanzierung zu versprechen war.

Im Ergebnis werden damit die Gesellschaften - schon soweit es die Finanzierungsleistungen ihrer Gesellschafter angeht - ganz überwiegend auf der Grundlage gesellschaftsvertraglich begründeter Kreditverpflichtungen finanziert[161].

2. Struktur des Einlagen-Splitting

Das den Gläubigern schon qua definitionem haftende, weil als Hafteinlage im Handelsregister eingetragene Eigenkapital der Gesellschaft, spielt für die Unternehmensfinanzierung eine nur nachgeordnete Rolle. Daneben ebenso wenig die darüber hinausgehende Pflichteinlage. Dieser Befund ergibt sich für die KG unter zwei Gesichtspunkten:

- Zum einen genügte das formelle Einlagenkapital auch nicht annähernd, um die der Gesellschaft vorgegebenen unternehmerische Ziele zu erreichen[162],
- zum anderen ist das formelle Eigenkapital nur in Verbindung mit den als gesellschafterliche Beiträge zugesagten Kreditausreichungen in der Lage, als Eigenleistung der Gesellschafter bei der Dritten die Vertrauensgrundlage für ein eigenes Kreditargument zu schaffen[163].

---

160 Diese Aussage gilt für alle bekannt gewordenen Entscheidungen; allein BGHZ 104, 33 trifft eine insoweit gesetzestypische KG.

161 BGHZ 104, 33, 42.

162 BGHZ 104, 33, 41; Raiser, Kapitalgesellschaften, S. 454; K. Schmidt, Gesellschaftsrecht, § 18 Abs. 3 Satz 3, S. 528 f.

163 BGHZ 104, 33, 42.

3. Motivation für Einlagen-Splitting

Die Motivation gesellschaftsvertraglicher Regelungen, Beitragsleistungen in Form besonders ausgestalteter Kreditausreichungen zu gewähren, ist komplex. Im Vordergrund steht das Bestreben der Gesellschafter, eine Finanzierungsstruktur zu schaffen, die es der Gesellschaft ermöglicht, Ausschüttungen an die Gesellschafter vorzunehmen, ohne dass die persönliche Haftung des Kommanditisten wieder auflebt. Diese Rechtsfolge des § 172 Abs. 4 HGB tritt ein, wenn Vermögen an den Kommanditisten zurückfließt und in der Folge dieser Ausschüttung die Einlage haftenden Vermögens unter den Wert des im Handelsregister verlautbarten Betrages absinkt[164]. Durch die Rückzahlung der vermeintlich als Darlehen ausgereichten Mittel sollte es so gelingen, trotz der aus steuerlichen Gründen erwünschten Buchverluste[165] - beabsichtigt war die Minderung des Kapitalkontos des jeweiligen Kommanditisten - risikolos Auszahlungen an die Mitglieder vornehmen zu können[166].

4. Einlagengleiche Finanzierung: Akzeptanz der Motivation

Die von den Gesellschaftern, ihren Beratern und vor allem von den Initiatoren dieser vom gesetzlichen Regelstatut weit abweichenden Verbandsstrukturen vorgesehenen steuerlichen und haftungsrechtlichen Vorzüge wurden regelmäßig nicht erreicht[167]. Die Rechtsprechung und eine breite Mehrheit in der Literatur akzeptieren den Fremdkapitalcharakter der als Beitragspflichten ausgestalteten Kreditfinanzierungen nicht oder doch nicht uneingeschränkt[168]. Das Unbehagen, das von dieser Seite den in einen formellen Haftkapital- und einen formellen

---

164 Baumbach/Hopt, HGB, § 172 Anm. 2 a, b; Heymann/Horn, HGB, § 171 Rz. 10; Staub/Schilling, HGB, § 171 Rz. 8 f.; BGHZ 39, 319, 331; BGHZ 76, 127, 130; G. A. Wilhelm, Massen-KG, S. 196; H. Westermann, in: Festschrift Barz. S. 81 Fn. 2; Priester, BB 1976, S. 1005.

165 Heymann/Horn, HGB, § 161 Rz. 153.

166 Vgl. die Nachweise in Fn. 165.

167 Dies gilt sowohl für die steuerlichen Effekte, Heymann/Horn, HGB, § 161 Rz. 153, wie auch für die Vermeidung eines Wiederauflebens der persönlichen Haftung.

168 Vgl. die Rechtsprechungs-Nachweise in Fn. 34-38, 146; für die Anerkennung als Fallgruppe des Ersatzkapitalrechts indes reserviert BGHZ 121, 31, 140 f. Zustimmung im Wesentlichen erfährt die Rechtsprechung von von Gerkan/Hommelhoff, Kapitalersatz, S. 27 ff.; Scholz/K. Schmidt, GmbHG, §§ 32 a, b, Rz. 38; Hachenburg/Ulmer, GmbHG, §§ 32 a, b, Rz. 48, 61; Lutter/Hommelhoff, GmbHG, §§ 32 a, b, Rz. 169 ff.; Wiedemann, in: Festschrift Beusch, S. 893, 904; von Gerkan, GmbHR 1990, 384, 385; K. Schmidt, ZIP 1993, 161, 165 f.

Fremdkapitalanteil aufgespaltenen Gesellschafterbeiträgen entgegengebracht wird, beruht auf ihrer inhaltlichen Ausgestaltung. In der Folge einer besonderen, den Funktionen wie der äußeren Gestaltung von Haftkapital nachempfundenen Ausgestaltung der Darlehensbedingungen, lehnt es insbesondere die Rechtsprechung ab, den Darlehensteil „gesplitteter Einlagen“ auch materiell als Fremdkapital zu akzeptieren[169]. Insgesamt werden den formellen Fremdkapitalpositionen die gewollten Rechtsfolgen des Darlehenskapitals abgesprochen. An deren Stelle treten die Rechtsfolgen von auf gesellschaftsvertraglicher Grundlage zugesagter Einlagen - also von Eigenkapitalpositionen.

Vor Insolvenzeröffnung an die Gesellschafter zurückgezahlte Darlehen kann der Insolvenzverwalter nach erfolgreicher Anfechtung der Befriedigungshandlung zur Zahlung in die Masse zurückverlangen[170].

So bleibt es den Gesellschaftern auch verwehrt, Tilgungs- und Verzinsungsansprüche aus der gesellschaftsrechtlich fundierten Darlehensbeziehung in der Gesellschaftsinsolvenz anzumelden[171].

Gleiches gilt für Darlehen, die auf gesellschaftsvertraglicher Grundlage von den Mitgliedern bislang nur zugesagt, nicht aber valutiert wurden. Auch diese Forderungen können vom Insolvenzverwalter zur Masse gezogen werden, soweit dies zur vollständigen Gläubigerbefriedigung erforderlich ist[172].

Im Ergebnis läuft die Rechtsprechung zu den „gesplitteten Einlagen“ darauf hinaus, das formelle Fremdkapital in den Rechtsfolgen so zu behandeln, als seien entsprechend höhere Pflichteinlagen vereinbart worden. Denn auch diese sind Haftkapital der Gesellschaft und stehen so lange sie in der Gesellschaft vorhanden sind der Gläubigerbefriedigung zur Verfügung. Indes haben die Gläubiger - anders bei den Hafteinlagen - keinen Anspruch auf Verbleib dieses Vermögens in der Gesellschaft[173]

---

169 Dies ist der Grundtenor der oben in Fn. 152 wiedergegebenen Entscheidungen.

170 Dies ist Konsequenz der Zugehörigkeit zum Haftungsfonds, BGH BB 1988, 1084.

171 BGHZ 93, 159, 161; BGH NJW 1980, 1522, 1523; NJW 1981, 2251; WM 1978, 898.

172 BGHZ 104, 33, 39, 70, 61; WM 1978, 898.

173 Vgl. Koch, Eigenkapitalleistungen, S. 26 f.

5. Einlagengleiche Finanzierung in der GmbH

In diesem Abschnitt gilt es, der Frage nachzugehen, ob die Qualifizierung von Finanzierungsleistungen, die die GmbH-Gesellschafter als Fremdfinanzierung tituliert haben, mit den für die Rechtsfigur der „gesplitteten Einlagen" entwickelten Maßgaben möglich ist[174]

a) Grundannahme: Finanzierungsfreiheit

Alle Überlegungen, die sich damit beschäftigen, formelles Fremdkapital zugunsten der Gläubiger in eventuell haftendes Vermögen umzuzeichnen, müssen sich mit einer Grundannahme auseinandersetzen: Die Gesellschafter einer Personen- wie einer Kapitalgesellschaft genießen Finanzierungsfreiheit[175].

Danach haben die Gesellschafter zum einen Wahlfreiheit, ob sie der Gesellschaft Mittel als Liquiditäts- oder Betriebsgrundlage zuführen wollen oder ob eine Finanzierungsmaßnahme unterbleiben soll[176]. Zum anderen steht den Gesellschaftern zum Vollzug der getroffenen Finanzierungsentscheidung ein breites Spektrum an Finanzierungsinstrumenten zur Verfügung.

Die Gesellschafter verfügen dabei über grundsätzliche Wahl- und Gestaltungsmöglichkeiten, um über die Finanzierung die Grundlage für die Erreichung unternehmerischer Ziele zu schaffen[177]. Dieser Grundsatz der Finanzierungsfreiheit gilt unabhängig von der Rechtsform der Unternehmung und erlangt Bedeutung überall dort, wo in der Unternehmung zwischen Eigen- und Fremdkapital

---

[174] Wegweisend war hier die Rechtsprechung, diese kann sich auf breite Gefolgschaft in der Literatur berufen, etwa: K. Schmidt, Gesellschaftsrecht, § 11 Abs. 4 Satz 5, S. 329 f.; ders. ZGR 1986, S. 162; ders., in: Festschrift Goerdeler, S. 496 ff.; Staub/Schilling, Anh. § 161 Rz. 17; Hachenburg/Ulmer, GmbHG, §§ 32 a, b Rz. 48, 61, von Gerkan/Hommelhoff, Kapitalersatz, S 24 f.; Lutter/Hommelhoff, GmbHG, §§ 32 a, b, Rz. 169 ff.; Westermann, Handbuch I, Rz. 827.

[175] Scholz/K. Schmidt, GmbHG, §§ 32 a, b, Rz. 4; Hachenburg/Ulmer, GmbHG, §§ 32 a, b, Rz. 7; von Gerkan/Hommelhoff, Kapitalersatz, S. 5 ff.; Baumbach/Hueck, GmbHG, §§ 32 a, Rz. 2; BGHZ 75, 334, 336.

[176] Von Gerkan/Hommelhoff, Kapitalersatz, S. 5 f.; Hachenburg/Ulmer, GmbHG, §§ 32 a, b, Rz. 7.

[177] Zur Maßgeblichkeit der unternehmerischen Ziele für die richtige Qualifizierung der Mittel, BGHZ 104, 33.

getrennt wird. Dies ist jedenfalls bei den Personen- und Kapitalgesellschaften der Fall[178].

b) Grenze der Finanzierungsfreiheit

Die Rechtsprechung hatte lange Zeit im Zusammenhang mit den hier als Anwendungsfall einer Finanzplanfinanzierung behandelten „gesplitteten Einlage" eine deutliche und einfach zu handhabende Begrenzung dieser Finanzierungsfreiheit formuliert: Fremdfinanzierungen, die Gesellschafter im Gesellschaftsvortrag neben ihrer Haft- und Pflichteinlage zu versprechen haben, werden als integrierter Teil der Einlage behandelt. Dies hat die haftungsrechtliche Gleichstellung mit der Einlage als Bestandteil des Gesellschaftsvermögens zur Folge[179].

Von diesem eingliedrigen Tatbestand der „gesplitteten Einlage" - Pflicht zur Darlehensfinanzierung durch gesellschaftsvertragliche Abrede - ist die Rechtsprechung nach Kritik aus dem Schrifttum[180] inzwischen abgerückt.

Dem liegt die zutreffende Erkenntnis zugrunde, dass die Freiheit der Gesellschafter, ihre Gesellschaft wahlweise und nach Maßgabe verschiedenster Entscheidungsparameter[181] auch mit Darlehen zu finanzieren, nicht allein dadurch eingeschränkt werden kann, dass die Entscheidung zur Fremdfinanzierung auf einer gesellschaftsvertraglichen Abrede beruht[182]. Denn damit ist noch nicht über einen etwaigen Haftkapitalcharakter des als Beitrag gewährten Fremdkapitals befunden. Auch wenn in einem Zwischenergebnis festzustellen ist, dass der Gesellschafter seine Finanzierung der Gesellschaft wird belassen müssen, damit sie auch in dieser Situation den durch den Betrieb des Unternehmens verkörperten gemeinsamen Zweck dienen kann: Es bleibt ohne weiteres beim Fremdkapitalcharakter. Denn eine Umqualifizierung bedarf weiterer Begründungen. Ebenso wenn die Haftkapitaleigenschaft nicht mit einer Umqualifizierung nach den

---

178 K. Schmidt befürwortet sogar eine Erstreckung der Umqualifizierung von formellem Fremdkapital auf den Einzelkaufmann; entsprechend gelten die Finanzierungsfreiheiten auch hier, ZIP 1991, 1 ff.

179 BGH NJW 1981, 2251; NJW 1982, 2253 mit Anm. K. Schmidt; JuS 1985, 645 mit Anm. K. Schmidt.

180 Vor allem: K. Schmidt, Gesellschaftsrecht, § 18 III 3, S. 529 ff.; Scholz/K. Schmidt, GmbHG, §§ 32 a, b, Rz. 38, 7. Aufl. Rz. 35; ders. Festschrift Goerdeler, S. 495 f.

181 Vgl. etwa BGHZ 76, 326, 330 sowie die Ausführungen in Teil 1, II. 1.

182 BGHZ 104, 33, 40.

Rechtsregeln Eigenkapital ersetzender Gesellschafterdarlehen zu begründen ist, sondern die Kategorie einlagengleicher Fremdfinanzierungen zu bemühen ist.

Weiterführend ist insoweit die Unterscheidung gesellschaftsrechtlicher Finanzierungspflichten in Einlage- und Beitragsleistungen bei Personengesellschaften. Für den Einlagebegriff ist dabei kennzeichnend, dass er Mittelzuführungen beschreibt, die das Vermögen der Gesellschaft also mehren, da der Zuführung nicht zugleich die Belastung mit einer Verbindlichkeit in entsprechender Höhe mit sich bringt. Über den Charakter einer Gesellschafteraußenfinanzierung als Einlage sagt ihre Anbindung an den Gesellschaftsvertrag aber als solche nichts aus[183].

Als gesellschaftsrechtlichen Beitrag können Gesellschafter jede Leistung - jedenfalls jede vermögenswerte - zusagen. Dieser Befund ist für die KG festgestellt, gilt aber gleichermaßen auch für die Kapitalgesellschaft[184]. Denn auch hier ist zwischen Fremd- und Eigenmittelfinanzierung zu unterscheiden. Und allein die Verpflichtung zur Darlehensgewährung in der Satzung vermag einer solchen Gestaltung noch nicht den Fremdkapitalcharakter zu nehmen. So ist der Auffassung zuzustimmen, nach der der Beitragsbegriff allein dadurch beschrieben ist, dass die Mitglieder Leistungen erbringen, die eine Förderung des Gesellschaftszwecks beabsichtigen[185].

Angezeigt erscheint jedoch bereits an dieser Stelle, die oben begründete Bindung von Gesellschafterfremdfinanzierungen zumindest auf auch solche Finanzierungen zu übertragen, die erkennbar ebenso auf die Interessen der Gesellschaft ausgerichtet sind, wie eine gesellschaftsvertragliche Fremdfinanzierungspflicht.

Diese Bindung an die Förderung des gemeinsamen Zwecks findet sich auch in den Fällen, in denen die Gesellschafter der Gesellschaft Fremdkapital auf der Grundlage eines im Gesellschaftsvertrag gesondert vorgesehenen, aber ebenso spontan möglichen, Gesellschafterbeschlusses zuführen[186]. Dieser Beschluss

---

183 Inzwischen wohl h. M.; vgl. etwa Sieker, Eigenkapital, S. 23 ff.

184 So auch: Teller, Rangrücktrittsvereinbarungen, S. 81, K. Schmidt, Festschrift Goerdeler, S. 487, 496.

185 So - rechtsformübergreifend - das ganz überwiegende Verständnis, vor allem K. Schmidt, Gesellschaftsrecht, § 14 IV 2, S. 432.

186 Die Haftkapitalqualifizierung auf dieser Grundlage befürworten ebenfalls: Hachenburg/Ulmer, GmbHG, §§ 32 a, b, Rz. 48, 61; ders., Festschrift Kellermann, S. 485, 496 f.; Hommelhoff/Kleindiek, Festschrift 100 Jahre GmbHG, 421, 440, von Gerkan/

führt nicht notwendig zu einer Satzungsänderung, so dass der Fall einer gesellschaftsvertraglichen Finanzierungspflicht begründet wäre. Dennoch lässt sich der Entschließung entnehmen, dass der daraufhin abgeschlossene Darlehensvertrag nicht alleine das Ergebnis einer Vertragsverhandlung zwischen vorrangig am Eigeninteresse orientierten Partnern ist, das Finanzierungsinteresse der Gesellschaft tritt vielmehr in den Mittelpunkt[187]. Mit der Darlehensfinanzierung auf der Grundlage eines Gesellschafterbeschlusses schaffen die Gesellschafter - entsprechend einer gleich lautenden Regelung im Gesellschaftsvertrag - einen eigenständigen Rechtsgrund für das Gewähren aber gleichfalls auch für das Belassen des Fremdkapitals in der Gesellschaft. Im Mittelpunkt der Finanzierungspflicht steht jedenfalls im Zeitpunkt ihrer Begründung, der Gesellschaft in ihrem Interesse, und nur insoweit im gemeinsamen Interesse der Gesellschafter, die Finanzmittel für die vorgesehene Laufzeit mit großer Finanzierungssicherheit zu erhalten.

Solange der Gesellschafterbeschluss Wirksamkeit entfaltet, sind die einzelnen Gesellschafter gehalten, das Darlehen in Vollzug ihrer gemeinsamen Entschließung vertrags- und beschlusstreu zu unterhalten.

Damit ist zugleich die Entscheidung darüber, ob eine veränderte wirtschaftliche Situation Anlass geben soll, ein Darlehensversprechen zu widerrufen oder ein valutiertes Darlehen aus wichtigem Grund zu kündigen, der alleinigen Rechtszuständigkeit des einzelnen Darlehensgläubigers entzogen. Beruht die Darlehensfinanzierung auf einer gemeinsamen Entschließung der Gesellschafter, so ist nicht nur die Entscheidung über die Zufuhr von Fremdkapital sondern auch über seinen Abzug eine gesellschaftsrechtliche, ein actus contraius der Gesellschaftergesamtheit.

Kommt es für einen Ausschluss der Wirkungen des § 490 Abs. 1 BGB entscheidend darauf an, dass die Entscheidung über Gewähren und Belassen einer Darlehensfinanzierung keine individuell-schuldrechtliche, sondern eine kollektiv-gesellschaftsrechtliche ist, so muss man ergänzend in Bedacht nehmen, ob nicht auch weitere koordinierte planvolle Gesellschafterfremdfinanzierungen neben den institutionalisierten gesellschaftsrechtlichen Grundmustern (Gesellschaftsvertrag und Gesellschafterbeschluss) hinreichen, um eine gesellschafts-

---

Hommelhoff, Kapitalersatz, S. 206 f. für Verzicht auf jede gesellschaftsrechtliche Verankerung der Gewährungspflicht, ebenso inzwischen BGHZ 121, 31, 41 f.; a. A. OLG Karlsruhe, ZIP 1996, 918, 923.

187 Der Gesellschafter gewährt das Darlehen aus seiner Mitgliedsposition, Flume, Allg. Teil des Bürgerlichen Rechts, Bd. I/2, S. 84: Kapitalhingabe causa societatis.

rechtliche Bindung der Finanzierungsleistungen im Vermögen der Gesellschaft zu erreichen[188]. Um der Einschätzung, dass das Unternehmen zur Verwirklichung der ihm gesteckten Ziele einer verlässlichen krisensicheren Finanzierung bedarf, Ausdruck zu geben, können die Gesellschafter auch auf die Finanzierungssicherung durch nicht originär gesellschaftsrechtliche Bindungsinstrumente setzen. Wird im „Beschluss" der Gesellschafter etwa außerhalb der Gesellschafterversammlung gefasst oder leidet er als solcher an Mängeln, die seine Unwirksamkeit als formellen Gesellschafterbeschluss nach sich ziehen, so bleibt die Frage, ob sich diesem Regelungsversuch nicht gleichwohl der übereinstimmende Wille der Gesellschafter entnehmen lässt, dass die Zusage oder Zufuhr von Fremdkapital nicht als schuldrechtlich Individualleistung gewollt ist, sondern der Gesellschaft „causa societatis" gewährt wird. Denn das Ziel der Kapitalzufuhr, der Gesellschaft einen als sinnvoll oder gar notwendig erkannten Finanzbedarf zu decken, der der Gesellschaft unabhängig von schuldrechtlich nach § 490 Abs. 1 BGB oder durch außerordentliche Kündigung möglichen Entzug die vertragsgemäße Laufzeit erhalten bleibt, könnte auch erreichbar bleiben.

Gleiches gilt für die Einrichtung von Fremdfinanzierungspflichten in Nebenverträgen zum Gesellschaftsvertrag.

In all diesen Fällen wird deutlich, dass die Gesellschafter ihre Darlehenszusage oder -gewährung als nicht allein schuldrechtlich, sondern gesellschaftsbezogen verstehen.

Dies sollte genügen, in den entsprechenden Regelungen eine anderweitige Bestimmung im Sinne des § 490 BGB zu erkennen, die der „Zweifelsregelung" entgegensteht. Denn die Norm verlangt hierfür keinen rechtsgeschäftlich wirksamen Verzicht auf das Widerrufsrecht; ausreichend, aber auch erforderlich ist, dass sich zumindest aus den äußeren Umständen der Darlehenszusage eine Widerlegung der Vermutungsregel ergibt, nach der die Darlehenszusage nach Eintritt einer Vermögensverschlechterung des Vertragspartner widerruflich ist[189].

---

188 So Hommelhoff/Kleindiek, Festschrift 100 Jahre GmbHG, 421, 440; Ulmer, Festschrift Kellermann, S. 485, 496 f.; auch: von Gerkan/Hommelhoff, Kapitalersatz, S. 27; Lutter/ Hommelhoff, GmbHG, §§ 32 a, b, Rz. 169 ff.

189 § 490 BGB stellt ausdrücklich auf die Umstände ab („im Zweifel"). Der Befund hierzu wird regelmäßig deckungsgleich sein mit einem konkludenten Ausschluß des Rechts zur außerordentlichen Kündigung.

Dass dieselben niedrigen Voraussetzungen auch für den Ausschluss des Rechts auf außerordentliche Kündigung wegen Vermögensverschlechterung gelten, liegt nach allem nahe.

Dass ein Darlehensgeber auf ein solches wichtiges Gläubigerschutzrecht durch die Umstände der Darlehensgewährung verzichten wollen soll, mag zunächst fern liegend erscheinen. Jedoch: Es geht um Gesellschafter, die in den angesprochenen Fällen gerade auch Interessen der von ihnen getragenen Gesellschaft verfolgen. Gesellschafter können zweifellos auch der eigenen Gesellschaft Darlehen zuführen, ohne dass diese Fremdfinanzierung einem Sonderregime unterstellt werden müsste. Geben die Gesellschafter indes selbst zu erkennen, dass sie die Fremdfinanzierung zumindest hinsichtlich der Finanzierungssicherheit an den Interessen der Gesellschaft ausrichten wollen, stellen sie im Rahmen ihrer Doppelrolle als Darlehensgläubiger und Gesellschafter letztere in den Vordergrund. Derart „aus der Gesellschafterstellung heraus" gewährte Darlehen können ihren Zweck aber nur vollständig erfüllen, wenn die Gesellschaft gerade in Situationen, in denen sie auf die fortbestehende Möglichkeit, noch ausstehende Gesellschafterdarlehen einfordern oder zugeführtes Fremdkapital behalten zu können, angewiesen ist.

Im Rahmen der hier zunächst zu erörternden Fragestellung, unter welchen Bedingungen formell Fremdkapital titulierte Gesellschafterleistungen schon nach der Gestaltung des Darlehensvertrages bzw. zugrunde liegender Begebungsvereinbarungen Eigenkapital der Gesellschaft darstellen können, lässt sich damit zunächst festhalten, dass die Gesellschafter es in der Hand haben, das Recht zum Widerruf einer Darlehenszusage oder zur außerordentlichen Kündigung wegen Vermögensverschlechterung preiszugeben.

Damit ist noch keinerlei Entscheidung darüber getroffen, ob das Darlehenskapital damit Haftkapitalqualität erworben hat. Denn unbestritten ist inzwischen, dass ein Gesellschafter selbst auf gesellschaftsrechtlicher Grundlage seiner Gesellschaft Darlehen gewähren kann, die dabei ihren Fremdkapitalcharakter auch bewahren und weder ohne weiteres zu einlagengleichen noch zu Eigenkapital ersetzenden Gesellschafterleistungen mutieren[190].

---

190 So etwa K. Schmidt, Gesellschaftsrecht, § 18 III 3, S. 528 f. m. w. N.

c) Schnittstelle zum objektiv-rechtlichen Kapitalersatzrecht

Ins Auge sticht jedoch eines: Führt die gesellschaftsrechtliche oder sonst gesellschaftsbezogene Fremdfinanzierungspflicht der Gesellschafter dazu, dass die im allgemeinen den Darlehensgläubiger schützenden Widerrufs- bzw. Kündigungsrechte sachlich ausscheiden, so könnten sich diese Gestaltungen regelmäßig bereits als Fallgruppe Eigenkapital ersetzender Gesellschafterdarlehen darstellen und mit dieser Rechtfertigung dem Haftungsfonds der Gesellschaft zuzuordnen sein.

Darlehensgewährungen, bei denen der Gesellschafter von vornherein auf das Recht, wegen einer Krise der Gesellschaft aus wichtigem Grund kündigen zu können, verzichtet, gelten nach der Rechtsprechung und wohl einhelliger Meinung in der Literatur als von vornherein auf den Krisenfall gewährt. Sie unterfallen damit den Rechtsprechungs- und Novellen-Regeln. Das unterwirft diese Finanzierungen den allseits bekannten Rechtsfolgen, sobald - so die allgemeine Meinung - die Gesellschaft zu einem späteren Zeitpunkt nicht mehr in der Lage ist, Fremdkapital zu marktüblichen Bedingungen bei Dritten anzuwerben und deshalb liquidiert werden musste. Der Feststellung eines umqualifizierenden Stehenlassens bedarf es wegen der bereits vorweggenommenen Finanzierungsentscheidung des Gesellschafters nicht mehr.

Dazu ist zu bemerken: Geht es hier um die Feststellung der Voraussetzungen, unter denen eine Fremdkapital titulierte Gesellschafterfinanzierung nach zutreffender rechtlicher Beurteilung Eigenkapital darstellt, so geht es im Recht Eigenkapital ersetzender Gesellschafterdarlehen darum, Gläubigergefährdungen, die sich mit fortgesetzter Gesellschafterdarlehensfinanzierung noch in der Kreditunwürdigkeit verbinden, zu begegnen. In beiden Fragestellungen kann es durchaus zu Überschneidungen kommen; eine gesellschaftsrechtlich begründete oder sonst gesellschaftsbezogen versprochene oder gewährte Gesellschafterfremdfinanzierung kann gleichzeitig die Voraussetzungen erfüllen, nach denen nach bisherigem Erkenntnisstand eine Gesellschafterfremdfinanzierung allein als potentielle Krisenfinanzierung vorgesehen war.

d) Zwischenergebnis

Die Übertragbarkeit der rechtlichen Würdigung der aus dem KG-Recht bekannten „gesplitteten Einlagen" auf vergleichbare Sachverhalte in der GmbH führt in einem ersten Schritt zu dem Ergebnis, dass gesellschaftsvertraglich zu gewährende Fremdmittel der schuldrechtlichen Ebene des Darlehensvertrages entzogen und so eine Kündigung nach § 490 BGB oder eine sonstige Kündigung aus wichtigem Grund nicht zulassen. Gleiches gilt für Darlehen, die aufgrund eines Gesellschafterbeschlusses oder sonstiger Absprachen zu gewähren sind.

Verstehen sich die Gesellschafter außerhalb dieser originär gesellschaftsrechtlichen Bindungen dazu, der Gesellschaft Fremdkapital zuzuführen, das mit dem erkennbar werdenden Willen mit erhöhter Finanzierungssicherheit während der vorgesehenen Laufzeit zur Verfügung stehen soll, so dürfte auch hier ein sachlicher Ausschluss der Widerrufs- und Kündigungsvorschriften vorliegen. Über den haftenden Charakter dieser Finanzierung ist damit noch nicht befunden; regelmäßig werden die Darlehen jedoch auf die Finanzierung einer zukünftigen Krise angelegt und somit potentiell kapitalersetzend sein. Diese Fragestellung ist jedoch erst in dem Abschnitt über etwaige aus der Finanzierungsverantwortung folgende Finanzierungspflichten abschließend zu behandeln[191].

Kommt es aber entscheidend darauf an, dass die Gesellschafter bei einem Verzicht auf ein außerordentliches Kündigungsrecht und Widerrufsrecht gerade die Unternehmenskrise ins Kalkül ziehen, so muss gerade dieses Element nachgewiesen werden, soll mit einem Eintritt der Kreditunfähigkeit bei Dritten oder der Insolvenzreife die abschließende Subordination vollzogen sein. Andernfalls stießen die Mittel als Fremdfinanzierungen, die sie formell nach wie vor sind, „unbelastet" auf die Unternehmenskrise. In der Insolvenz wären sie nur entwertet.

Will man hingegen in Anknüpfung an die inzwischen differenzierte Rechtsprechung Darlehen, die jedenfalls in Vollzug einer Beitragspflicht zugesagt wurden, die Rechtsfolgen haftenden Einlagenkapitals rechtsgeschäftlich beilegen, so ruft dies weiteren Erklärungsbedarf hervor.

6. Gegenwärtiger Stand der Rechtsprechung zur „gesplitteten Einlage"

Auf die vorgenannte Sehweise ist inzwischen auch die Rechtsprechung eingeschwenkt[192].

---

191 Dieser objektiv-rechtliche Ansatz soll eingehend unter C. behandelt werden; hier gilt die Aufmerksamkeit der Auslegung des Rechtsgeschäfts.

192 Hachenburg/Ulmer, a. a. O., Anh. § 30, Rz. 16.; BGH, BB 1996, S. 2316; von Gerkan/ Hommelhoff, Kapitalersatz S. 49 f.

Nach neuerer Erkenntnis kann der Einlagen- und Haftkapitalcharakter nicht mehr allein aus der gesellschaftsvertraglichen Gewährungspflicht folgen[193].

Ergänzend und gleichberechtigt wird darauf abgestellt, ob die Gesellschafter die als Beitrag zugesagte formelle Fremdfinanzierung darüber hinaus auch „in der Sache wie Eigenkapital behandeln“[194].

Ob diese Voraussetzung einer Einlagenqualifizierung vorliegt, bestimmt die Rechtsprechung unter breiter Akzeptanz in der Literatur[195] anhand einer Gesamtwürdigung der Darlehensbedingungen und aller der Fremdmittelauszeichnung zugrunde liegenden Umstände[196].

Ganz maßgeblich kommt es insbesondere dem Bundesgerichtshof dabei auf Einzelkriterien an, die jedes für sich bereits Funktionen und Gestaltungstypen einer Einlagenfinanzierung rezipieren[197]. In der Entscheidungspraxis hat daher insbesondere die Langfristigkeit der Kreditausreichung[198], ihre Niedrigverzinslichkeit oder die Anbindung der Entgeltzahlung an die Gewinnentwicklung[199] eine Rolle gespielt. Besonders in den Vordergrund gestellt wurde, wenn Gewährung und Belassung an die Mitgliedschaft gebunden werden[200].

---

193 K. Schmidt, Gesellschaftsrecht, § 14 IV 2, S. 423; ders., Festschrift Goerdeler, S. 487 ff,; Scholz/K. Schmidt, GmbHR, §§ 32 a, b, Rz. 38, vgl. Rz. 35; dem folgend nunmehr die Rechtsprechung BGHZ 104, 33, 40.

194 BGHZ 104, 33, 40; entspricht wohl der von von Gerkan/Hommelhoff, Kapitalersatz, S. 34 f., wiedergegebenen Auffassung. Dazu: Hellwege, Diskussionsbericht, ZGR 1988, 516, 519, vgl. auch: Scholz/K. Schmidt, GmbHR, §§ 32 a, b, Rz. 38; Lutter/Hommelhoff, GmbHG, §§ 32 a, b, Rz. 169 ff.; Hommelhoff/Kleindiek, Festschrift 100 Jahre GmbHG, 421, 140.

195 Vgl. die Nachweise in Fn. 194.

196 BGHZ 101, 33, 40; bestätigt in BGHZ 121, 31, 41, m. w. N.

197 Zur Übertragung von Eigenkapitalfunktionen auf Fremdfinanzierungen Wiedemann, Gesellschaftsrecht, S. 569; ders., JZ 1986, 857; ders. Festschrift Beusch, 895, 905.

198 Wiedemann, Gesellschaftsrecht, S. 570; dieses Kriterium zeichnet sämtliche Sachverhalte aus, die als „gesplittete Einlagen“ zur Entscheidung der Rechtsprechung standen; vgl. nur: BGHZ 104, 33, 40, m. w. N. zur Rechtsprechung, Hachenburg/Ulmer, GmbHG, §§ 32 a, b, Rz. 61, m. w. N. in Fn. 133.

199 Wiedemann, Gesellschaftsrecht, S. 570; BGHZ 104, 33, 40; Scholz/K. Schmidt, GmbHG, §§ 32 a, b, Rz. 38.

200 Wiedemann, Festschrift Beusch, S. 895, BGHZ 104, 33, 40; von Gerkan/Hommelhoff, Kapitalersatz, S. 201; Hachenburg/Ulmer, GmbHG, §§ 32 a, b, Rz. 61; Scholz/K. Schmidt, GmbHG, §§ 32 a, b, Rz. 38; BGHZ 69, 160, 170; 70, 61, 64; 93, 159, 161 f.; Herrmann, 50 Jahre WP-Beruf, S. 167.

Aus der Sicht der Gesellschafter soll es vor allem darauf ankommen, ob die Gesellschafter die beitragsweise ausgereichten - oder doch versprochenen - und so der Verfügung und Einforderung durch die Gesellschaft übertragenen Mittel für unverzichtbar halten, die Ziele der Gesellschaft zu erreichen[201]. Die von den Zivilgerichten entwickelte Rechtsprechung deckt sich im Wesentlichen mit der des Bundesfinanzhofs. „Gesplittete Einlagen" wurden der - seinerzeit noch geltenden - Gesellschaftsteuer unterworfen.[202] Die Billigung der Rechtsprechung des Bundesgerichtshofs zu den „gesplitteten Einlagen" findet sich auch in einer weiteren zum KVStG ergangenen Entscheidung des Bundesfinanzhofs.[203] In dieser Entscheidung folgt der BFH im Wesentlichen den Vorarbeiten des Bundesgerichtshofs zur Feststellung des Eigenkapitalcharakters formeller Fremdmittel.

Der Argumentations- und Begründungsweg, auf den die Rechtsprechung - und mit ihr weite Teile der Literatur[204] - den Einlagencharakter des Fremdkapitalanteils einer „gesplitteten Einlage" rechtfertigen, ist so noch nicht einsichtig[205]. Es bedarf einer genaueren Analyse, um nachvollziehen und bewerten zu können, unter welchen Voraussetzungen das beitragsweise ausgereichte oder zugesagte Fremdkapital zu einer einlagengleichen Finanzierung mutiert. Denn zunächst muss auf der Grundlage der gesellschaftsrechtlichen Finanzierungsfreiheit, aber auch der bürgerlichrechtlich-privatautonomen Gestaltungsfreiheit gelten, dass die Gesellschafter auch die als Beiträge gewährten Fremdfinanzierungen in einer Weise gestalten können, wie es - ohne die Gefahr als Einlagenkapital qualifiziert zu werden - der Fall wäre, beruhte die Kreditfinanzierung nicht auf einer gesellschaftsorientierten Abrede.

Dabei wird sich zeigen, dass die Rechtsprechung die Begründung für die einlagengleiche Behandlung beitragsweise gewährter Fremdmittel schuldig bleibt. Will man den Ansatz, Gesellschafterdarlehen auch jenseits des individualvertraglichen Rangrücktritts und der objektiv-rechtlichen Kaitalersatzregeln als Haftkapital zu erfassen, weiterverfolgen, so bedarf es einer eigenständigen Begründung hierfür.

---

201 BGHZ 104, 33, 40; dazu auch: Mundry, Darlehen und stille Einlagen, S. 121.

202 BFH, BStBl. II 1977, 6; BStBl. II 1977, 4; NJW 1984, 1056; kritisch hierzu: Kamprad, GmbHR 1989, 127, 129 f.

203 BFH, BB 1991, 654 m. Anm. Hoffmann, BB 1991, 655; kommentierend auch: Thiel, GmbHR 1992, 20, 26.

204 So etwa, indes beschränkt auf „gesplittete Einlagen" in der KG, BGHZ 104, 33.

205 Kritisch auch: Schön, ZGR 1990, S. 220 ff.; Joost, ZGR 1987, S. 371 ff.

III. Haftkapitalqualität qua Auslegung

Um die Haftkapitalkategorie der „gesplitteten Einlage“ des Personengesellschaftsrechts auch für die GmbH fruchtbar machen zu können, bedarf es der genauen Analyse der Rechtsprechung zur „gesplitteten Einlage“ bei der KG. Wenn sich hier genau dokumentieren lässt, worauf sich die Bildung einer neuen Haftkapitalkategorie neben den formellen Eigenkapitaltypen und den Erscheinungsformen des Ersatzkapitals der Rechtsprechungs- und Novellen-Regeln gründet, lässt sich auch der Ertrag für das GmbH-Recht ausmessen.

1. Rechtsgeschäftlicher Ansatz

Im Mittelpunkt der Betrachtung einlagengleicher Finanzierungen stehen die individual- und gesellschaftsvertraglichen Abreden, die der Darlehensausreichung zugrunde liegen. Beruht die Darlehensvereinbarung auf einer allein schuldrechtlichen Abrede, sind an diesem Verhältnis der finanzierende Gesellschafter und der kreditnehmende Verband beteiligt. „Gesplittete Einlagen“ zeichneten sich in der Personengesellschaft ausnahmslos dadurch aus, dass die Gewährungspflicht gesellschaftsvertraglich vorgegeben war. Insoweit sind an dem Finanzierungskonzept alle Gesellschafter beteiligt.

Diese Besonderheit ist in der Literatur aufgegriffen worden: Eine Ausweitung erfährt der Tatbestand dort durch die Einbeziehung anderer Entschließungsformen der Gesellschafter, die auf eine Fremdfinanzierung der Unternehmung durch alle oder mehrere Gesellschafter abzielen. So soll eine Finanzplanfinanzierung auch dort in Betracht kommen, wo die Finanzierungspflicht nur auf einen Gesellschafterbeschluss oder eine schuldrechtliche Nebenabrede gestützt ist[206].

Die Rechtsprechung hatte jedoch bislang nur über gesellschaftsvertragliche Finanzierungspflichten zu befinden[207]. In der Entscheidungspraxis deutet zunächst manches darauf hin, dass die Rechtsfolgen etwa der Insolvenzhaftung auf der Grundlage einer reinen Rechtsgeschäftsauslegung der Darlehensbeziehung wie der zugrunde liegenden mitgliedschaftsrechtlichen Beziehungen beruhen.

---

206 So insbes.: Hachenburg/Ulmer, GmbHG, §§ 32 a, b, Rz. 61; von Gerkan/Hommelhoff, Kapitalersatz, S. 27.

207 Soweit ersichtlich bezieht sich die Rechtsprechung zur „gesplitteten Einlage“ überwiegend auf die KG; allein die neue Grundsatzentscheidung BGHZ 142, 116 bezieht sich auf einen vergleichbaren Sachverhalt.

Wenn der BGH etwa in seinem grundlegenden Urteil vom 21. März 1988 darauf hinweist, dass eine Auswertung des Vertragsganzen zu dem Ergebnis führe, die Gesellschafter[208] selbst zählten die formellen Fremdmittel zum Haftungsfonds der Gesellschaft, so ist dieser Qualifizierungsansatz rechtsgeschäftlich. Denn damit wird der Wille der Gesellschafter in den Mittelpunkt der Betrachtung gerückt. Dieser soll es gerade sein, der die Einlagenqualität formellen Darlehenskapitals zum Ausdruck bringt. Nimmt man diese Aussagen ernst, so scheint die Rechtsprechung das Vertragswerk, und damit die Erklärungen der Beteiligten, daraufhin auszulegen, ob die Finanzierung gegenüber Gesellschaft und Dritten bewusst und gewollt Eigenkapitalwirkungen entfalten soll[209]. Angesprochen ist damit ein Konsens über den Leistungszweck.

2. Auslegungs- und Gesamtwürdigungskonzept

Bei genauerer Betrachtung stellt sich gleichwohl die Überzeugung ein, dass auch die Rechtsprechung letztlich objektiv-rechtlichen Kriterien folgt, um „gesplittete Einlagen" dem Regime des Haftkapitals zu unterstellen[210].

a) Gesellschaftsrechtliche Gewährungspflicht

Rechtsgeschäftlich bedeutsam bleibt für die Rechtsprechung jedoch das Erfordernis einer gerade gesellschaftsrechtlichen Begründung der Finanzierungspflicht. Diese ist nach der gesamten Rechtsprechungsübersicht bis hin zu jüngsten Entscheidungen Essentialia für eine Haftkapitalkategorie der einlagengleichen Finanzierung und insoweit auch vertragliche Qualifizierungsvoraussetzung[211].

---

208 BGHZ 101, 33, 40 f. unter fragwürdiger Berufung auf Hachenburg/Ulmer, GmbHG, 7. Aufl., Rz. 52, 59; K. Schmidt, Festschrift Goerdeler, S. 487, 496 f.

209 So etwa BGHZ 142, 116; em BGH folgend: Lutter/Hommelhoff, a. a. O., Rz. 170; kritisch: Altmeppen, Festschrift Sigle, S. 211; Sieger/Aleth, GmbHR 2000, S. 462.

210 Mundry, Darlehen und stille Einlagen, S. 122 f.

211 Vgl. nur die ausdrückliche Erwähnung in BGHZ 104, 33, 40 unter Bezugnahme auf die vorangegangene Rechtsprechung; vgl. auch die Tatbestandsbildung Priester, DB 1991, 1917 ff.

b) Gesamtwürdigung

Neben diesem ohne weiteres rechtsgeschäftlichen Element, stützt der BGH die Rechtsfigur der „gesplitteten Einlage“ ganz wesentlich an einer Gesamtwürdigung der Vertragsbedingungen ab.

Dabei bleiben Entscheidungsparameter, denen sich im Zuge der Auslegung von Willenserklärungen und Rechtsgeschäften die von den Beteiligten gewollte Einlagenqualität entnehmen ließe, nur ein Teilaspekt.

ba) Abfindungs- und Liquidationsbefangenheit

Im Rahmen dieser Gesamtwürdigung kommt vorrangig der Frage Bedeutung zu, ob die Darlehensvereinbarung Abreden enthält, die eine Rückzahlung des Darlehens nur als Rechnungsposten eines Restanspruchs auf Vermögensauskehr bei einem Ausscheiden oder nach Liquidation der Gesellschaft zulassen[212]. Nach dem hier vertretenen Verständnis ist dies das einzige Merkmal, auf das es für die Qualifizierung einer formellen Fremdfinanzierung als einlagengleiche Finanzierung ankommt. Jedoch findet es im Konzept der Rechtsprechung keine hinreichende Beachtung. Der BGH stellt in jüngeren Entscheidungen zwar durchaus auf dieses Merkmal ab; jedoch findet es allein Berücksichtigung im Rahmen einer Gesamtwürdigung mit anderen möglichen Gesichtspunkten einer einlagengleichen Finanzierung.

Dabei verkennt die Rechtsprechung, dass bereits die Feststellung, nach der Gesellschafterdarlehen nur im Rahmen eines Abfindungs- und Liquidationsguthaben - also letztlich wie die Hafteinlage und Pflichteinlage - an die Gesellschafter zurückgeführt werden, ihren Haftkapitalcharakter abschließend beschreibt. Eine solche Abrede hinsichtlich der Darlehensrückführung steht im Ergebnis der Vereinbarung gleich, die eine Rückführung der Mittel im Insolvenzverfahren oder bei Unterdeckung des Stammkapitals verbietet.

bb) Bewertung

Obwohl die Rechtsprechung die Bedeutung dieses Merkmals grundsätzlich anerkennt, werden die Sachverhalte in denen der BGH den Darlehensteil einer „gesplitteten Einlage“ einlagengleich haften lässt den Anforderungen an Eigenkapital nicht gerecht. Regelmäßig tragen die Erwägungen der Entscheidungs-

[212] Dazu BGHZ 104, 33 m. w. N.

gründe nicht die Aussage, dass die Mittel deshalb einlagengleich sind, weil die Beteiligten sie in die Voraushaftungs- und Verlustdeckungsfunktion von Eigenkapital einbezogen haben. Vielmehr machen eine Reihe dieser insoweit als einlagengleich angesprochenen Fallgestaltungen nur den Eindruck einer eigenkapitalnahen Ausgestaltung des Fremdkapitals. Die Qualifizierung als Gesellschaftsvermögen mit dessen Rechtsfolgen ist dann aber noch nicht gerechtfertigt.

Die zur Entscheidung gestellten Sachverhalte lassen vielmehr auch die Auslegung zu, dass die Fremdmittelfinanzierung von den Beteiligten in der Weise gewollt war, dass die Mittel auf den Zeitpunkt des Ausscheidens des Darlehensgläubigers oder der Auflösung der Gesellschaft fällig werden. Der Fortbestand ihrer Fremdkapitaleigenschaft kann dann nicht ernsthaft in Zweifel gezogen werden[213].

Das Ergebnis insoweit macht deutlich: Die Argumentation der Rechtsprechung trägt das scheinbar erzielte Ergebnis nicht. Es scheint nicht möglich, über eine Abrede, die nicht erkennbar die Fremdmittel mit Haftkapitalqualität versieht, die Eigenkapitalqualität einer formellen Fremdmittelfinanzierung zu begründen, wenn man methodisch den Weg der Rechtsgeschäftsauslegung nicht verlassen und doch objektiv-rechtliche Umqualifizierungsansätze heranziehen will.

c) Auslegungskonzept der Rechtsprechung

Will man auf dem Weg der Vertragsauslegung und der Auslegung von Willenserklärungen weiter fortschreiten, um die Eigenkapitalqualität von Gesellschaftermitteln festzustellen, so ist es erforderlich, auf das Vorgehen der Rechtsprechung näher einzugehen.

Damit wird die Frage zum Prüfungsgegenstand, ob es möglich ist, im Wege einer Gesamtschau des Vertragsganzen zu ermitteln, ob die gesellschaftsvertraglich oder die individualvertragliche Finanzierungsgrundlage darauf gerichtet sind, die Finanzmittel der Gesellschafter dem Regime haftenden Eigenkapitals zu unterstellen. Dieses Vorgehen erfordert, dass Klarheit in zwei Fragen geschaffen wird:

Zum einen ist zu klären, ob es eine Form der Vertragsauslegung gibt, die Rechtsfolgen eintreten lassen kann, ohne dass die Beteiligten dies ausdrücklich

---

[213] Mundry, Darlehen und stille Einlagen, S. 121 f., in Kritik der bis dahin ergangenen Rechtsprechung.

oder schlüssig wollen; zum anderen ist zu prüfen, ob und ggf. welche Gestaltungselemente einer Finanzierungsabrede dann geeignet sind, den Schluss auf die Eigenkapitalqualität einer Gesellschafterfinanzierung zu ziehen.

d) Willenserklärung als Gegenstand der Auslegung

Die erste Frage ist die nach dem Inhalt und die Qualifizierung von Willenserklärungen und den damit verfolgten oder ohne eine solche Zweckverfolgung eingetretenen Rechtsfolgen.

Die zweite Frage ist darauf gerichtet, unter welchen Voraussetzungen die einzelnen Elemente einer Darlehensfinanzierung in ihrer Gesamtheit den Schluss auf eine Eigenkapitalqualität zulassen. Letzteres Ergebnis könnte zweckdienlich sein, unabhängig davon, wie man in der Frage der Auslegung entscheiden möchte, ob man also die Eigenkapitalqualität qua Vertragsauslegung nur zulässt, wenn eine Willenserklärung mit entsprechendem Inhalt vorliegt oder auch dann, wenn man die Qualität haftenden Eigenkapitals aus einer Gesamtwürdigung von Vertragsbedingungen folgert - und dies gerade, ohne dass sich ein hierauf gerichteter Wille der Beteiligten auch nur konkludent erschließen ließe.

Es ist nämlich absehbar, dass die Voraussetzungen, die hinsichtlich einer konkludent gewollten Eigenkapitalfunktion an eine Auslegung und Gesamtwürdigung des Vertragsganzen zu stellen sind, denen entsprechen, die auch zu verlangen sind, weist man die Qualifikation eines Rechtsgeschäfts allein der Rechtsfolgenseite zu, die sich als indisponibel für die Beteiligten darstellt. Danach führt eine Gesamtwürdigung des Vertragsganzen unabhängig von einem zumindest schlüssig erkennbaren Willen der Parteien zur Gewährung materiellen Eigenkapitals zur Annahme seiner Haftkapitalqualität, wenn der Tatbestand einer haftenden, den Gläubigern zusätzlich zum formellen Eigenkapital als Sicherung dienenden Finanzierung objektiv vorliegt.

e) Prüfprogramm

Zu ermitteln ist also folgendes: Ist es möglich jenseits objektiv-rechtlicher Umqualifizierungsansätze im Wege der Rechtsgeschäftsauslegung allein unter dem Gesichtspunkt der Auslegung von Rechtsgeschäften und Willenserklärungen die Eigenkapitalqualität einer Finanzierung herzuleiten, wenn nicht zumindest schlüssig erklärt ist, dass die Parteien die Rechtsfolgen materiellen Eigenkapitals herbeiführen wollten?

3. Methodik der Rechtsgeschäftsauslegung

Will man wie der BGH die Eigenkapitalfunktion nicht-krisenbezogen gewährter oder zugesagter Fremdmittel durch eine Auslegung des Finanzierungsvertrages - sei es ein einfacher Darlehensvertrag, sei er zusätzlich gesellschaftsrechtlich oder schuldrechtlich abgesichert - begründen, so bedarf die oben aufgeworfene Frage der Klärung.

Dazu ist der Blick auf die Grundlagen juristischen Arbeitens zu richten. Welches sind die Anforderungen und Voraussetzungen der Auslegung rechtsgeschäftlicher Vereinbarungen, mithin von Willenserklärungen an den Finanzierungsabreden beteiligter Gesellschafter?

a) Grundlagen

Grundsätzliches zur Rechtsgeschäftsauslegung hat Larenz[214] in seiner Methodenlehre juristischen Arbeitens geleistet. Hier sind auch ausführliche Ausführungen darüber zu erwarten, wie Rechtsfolgen eines Rechtsgeschäfts zur Entstehung gelangen.

Wenn Larenz rechtsgeschäftliche Erklärungen deutet, so geht er von einem bestimmten Vorverständnis aus. Rechtsgeschäftliche Erklärungen werden hier als Rechtsfolgeanordnungen aufgefasst. Danach sind rechtserhebliche Sachverhalte gerade solche, die aus einer oder mehreren Erklärungen bestehen, die auf den Eintritt bestimmter Rechtsfolgen gerichtet sind (Rechtsgeschäfte)[215].

Rechtsgeschäftliche Erklärungen sind aber nicht nur Sachverhalte, an deren Vorliegen das Gesetz bestimmte Rechtsfolgen knüpft. Rechtsgeschäfte besagen schon nach ihrem eigenen Inhalt, dass diese oder jene Rechtsfolge eintreten soll.

Exemplarisch führt Larenz hier an, dass eine Kündigung bereits aus sich heraus besage, dass das gekündigte Rechtsverhältnis zu dem angegebenen Zeitpunkt enden solle, ein Vertrag über den Übergang des Eigentums an einer bestimmten Sache, dass dieses auf den Erwerber übergehen, ein Schuldvertrag, dass der eine dem anderen oder jeder dem anderen eine bestimmte Leistung erbringen soll. Denn die rechtsgeschäftliche Willenserklärung enthält nicht nur die Kundgabe einer bestimmten Meinung oder Absicht, sie ist bereits Geltungserklärung, also

---

214 Larenz, Allg. Teil des Bürgerlichen Rechts, § 28 A II zur Auslegung von Willenserklärungen.

215 Larenz, a. a. O.

ein Akt, der darauf abzielt, unmittelbar eine Rechtsfolge in Geltung zu setzen. Rechtsgeschäfte sind Sachverhalte, die die ihnen primär zugeordneten Rechtsfolgen bereits implizieren[216].

So sind die Parteien eines wirksamen Schuldvertrages deshalb zu den vertraglichen Hauptleistungen verpflichtet, weil sie sich durch den Vertrag selbst dazu verpflichtet haben. Denn ihre Verpflichtung ergibt sich nicht erst daraus, dass das Gesetz sie als Rechtsfolge an einen solchen Tatbestand knüpft, sondern - unter der Voraussetzung, dass die Rechtsordnung derartige Verträge überhaupt anerkennt, unter der Voraussetzung und innerhalb der Grenzen der jeweiligen Rechtsordnung also - aus dem Tatbestand „rechtsgültiger Schuldvertrag" selbst.

Deutlich zu machen ist dies etwa am Beispiel des wohl häufigsten Schuldvertrages, des Kaufvertrages. Der Käufer ist zur Zahlung des vereinbarten Kaufpreises verpflichtet, weil er sich dann in einem Rechtsakt, den das Gesetz eben deshalb als „Kaufvertrag" bezeichnet, selbst verpflichtet hat. Der Normansatz § 433 Abs. 2 BGB begründet nicht erst diese Verpflichtung. Es wird allein klargestellt, was das Gesetz unter einem „Kaufvertrag" versteht. Damit wird deutlich: Solange man nicht weiß, wozu sich in einem Vertrag der eine und der andere Teil verpflichten, kann auch nicht darüber befunden werden, ob es sich um einen Kaufvertrag oder einen anders gearteten Schuldvertrag handelt. Was haben die Parteien vereinbart? Dies ist die Kardinalfrage, die der Jurist, der sich auf die Suche nach Rechtsfolgen - also der Lösung von Rechtsfragen - begibt, beantworten muss. Dazu sind die Erklärungen auszulegen. Erst wenn feststeht, was, d. h. welche Rechtsfolgen die Parteien vereinbart haben, stellt sich die Frage, wie die Vereinbarung rechtlich einzuordnen und zu qualifizieren ist. Diese Folgefrage mag zu einer Einordnung als Kaufvertrag, Schenkung oder einer Mischform führen.

Schaut man genauer hin, was die Parteien vereinbart haben, stellt sich heraus, dass dies keineswegs nur eine Frage der Tatsachenfeststellung oder auch der psychologischen Deutung ist. Denn die Parteien teilen einander nicht nur unverbindlich mit, was sie wünschen, sie kommen darin überein, dass in ihrem Verhältnis zueinander bestimmte Rechtsfolgen gelten sollen[217].

216 Larenz, a. a. O.

217 Larenz, Allg. Teil des Bürgerlichen Rechts, § 28 B I, II; dem folgend, Mundry, Darlehen und stille Einlagen, S. 120 f.; Flume, Allg. Teil des Bürgerlichen Rechts, Bd. II, § 4, 5; Schulze-Osterloh, AcP 1990, 139, 145.

Damit nimmt die rechtliche Beurteilung bereits Einfluss auf die Ermittlung des Erklärungsinhalts; die als rechtlich maßgeblich zu betrachtende Bedeutung seiner Erklärung muss der Erklärende als verbindlich gegen sich gelten lassen. Dieses von Larenz so vorgegebene Verständnis der Rechtsfolgensetzung müsste auch für den Fall der Zufuhr von Fremdkapital der Gesellschafter außerhalb von unternehmerischen Krisen zu aussagekräftigen Ergebnissen führen. Gerade die Gestaltung der in der Personengesellschaft als einlagengleiche Finanzierung diskutierten Finanzierungen gibt Anlass zu der Überlegung, ob die Parteien hier nicht schon nach dem von ihnen verlautbarten Willen eine Finanzierung von Haftkapital vereinbart haben.

Zu prüfen ist also, ob und unter welchen Voraussetzungen eine Finanzierung in der GmbH auf der Grundlage einer Auslegung von Willenserklärungen dem Haftkapital zuzuordnen ist.

Äußerungen im Schrifttum fordern jedoch dazu auf, dieses von Larenz so deutlich herausgearbeitete Verständnis der Begründung von Rechtsfolgen allein durch einen darauf gerichteten Willen der Beteiligten noch einmal zu überdenken. Gerade in Beiträgen zur einlagengleichen Finanzierung in der Form der „gesplitteten Einlage" im KG-Recht begegnet die Einschätzung, dass die Rechtsfolge eines Rechtsgeschäfts der Disposition der Parteien entzogen ist und allein kraft objektiven Rechts eintritt.

So führt etwa Sieker[218] aus, der Nachweis, dass ein Darlehen der Gesellschaft als Eigenkapital geschuldet wird, nach Larenz die Gesellschafter also den übereinstimmenden Willen hatten, ihre als Fremdkapital titulierte Finanzierung mit den Eigenschaften von Eigenkapital auszustatten, sei entbehrlich. Danach könne darauf verzichtet werden festzustellen, dass die Gesellschafter das Ziel hatten, die gewährten Fremdmittel der Gesellschaft so weit zur Verfügung zu halten, als sie zur Befriedigung der Gesellschaftsgläubiger erforderlich gewesen wären.

Entbehrlich sei dieser Nachweis deshalb, weil die von der Formaltitulation abweichende sachliche Qualifikation der Mittel die Rechtsfolgen betreffe, die sich für Einlagen und ihre gleichzustellende Außenfinanzierungen der Gesellschafter in Liquidation und Insolvenz ergeben. Fragen der juristischen Qualifikation stellten aber keinen Gegenstand der Auslegung von Rechtsgeschäften und Willenserklärungen mehr dar.

---

218 Sieker, Eigenkapital und Fremdkapital, S. 49 f.

Fraglich ist, ob die von Sieker so vorgenommene Stützung der alten Rechtsprechung, nach der allein der Beitragscharakter vermögenswerte Gesellschafterleistungen über die Bindung an den Gesellschaftszweck die Gleichbehandlung von Fremdmitteln mit Einlagen rechtfertigt, ein hier behandelter Zusammenhang zu abweichenden Ergebnissen führen muss.

Zu der von Sieker vor allem vertretenen Auffassung, dass schon allein der Beitragscharakter einer Gesellschafterfremdfinanzierung die Gleichstellung mit haftendem Eigenkapital rechtfertige, wurde oben bereits Stellung genommen; diese Auffassung musste schon deshalb verworfen werden, weil Gesellschafter in jeder Gesellschaftsform auf gesellschaftsrechtlicher wie auch rein schuldrechtlicher Grundlage Fremdmittel zur Nutzung zur Verfügung stellen können, ohne dass automatisch eine einlagengleiche Behandlung in der Gesellschaftsliquidation oder in der Gesellschaftsinsolvenz zu begründen wäre[219].

Hier soll es allein darum gehen, welche Konsequenzen aus der Aussage, dass die von der bezeichneten Form abweichende Beurteilung sich auf die für Einlagen in Liquidation und Insolvenz ergebenden Rechtsfolgen beziehe, die aber Teil der juristischen Qualifikation des Rechtsgeschäfts und damit der Auslegung entzogen seien, für die Behandlung einlagengleicher Finanzierungen in der GmbH folgen. Die These, dass die rechtliche Qualifikation der Parteivereinbarungen von der Vertragsauslegung unabhängig ist, kann nur vertreten, wer Versuche der Vermeidung haftungsrechtlicher Folgen als unbeachtliche Motivation der Gesellschafter betrachtet. Werden die zur Verwirklichung des Gesellschaftszwecks erforderlichen Mittel zur Risikominimierung zu einem (großen) Teil als Fremdmittel aufgebracht, soll die von den Parteien offenkundig gewollte Rechtsform mittels einer Gesamtwürdigung, die die Einbeziehung auch der Fremdmittel in das Gesamtfinanzierungskonzept zum Gegenstand hat und ausweislich ihrer Ausgestaltung offensichtlich einen höheren Eigenkapitalbedarf substituiert, umgangen werden; dies mit der Erwägung, dass individuelle Motive gegenüber der vorzunehmenden Gesamtwürdigung nur ein untergeordnetes Gewicht zukommt.

Die Gegenmeinung[220], die die Rechtsprechung des Bundesgerichtshofs auf ihrer Seite hat will zwischen dem durch Auslegung zu ermittelnden Vertragsinhalt und den kraft objektiven Rechts eintretenden Rechtsfolgen differenzieren.

---

219 Im Grundsatz als Ausfluss der Finanzierungsfreiheit unumstritten, konkret: Joost, ZGR 1987, S. 371 ff.

220 So wohl zuletzt: BGHZ 104, 33, 40 f.

Letztere sollen demnach auch unabhängig vom Parteiwillen oder - handelt es sich um zwingendes Recht - auch entgegen dem erklärten Willen der Beteiligten eintreten können. Auch die Rechtsprechung setzt für die Feststellung der Einlagenqualität an einer Gesamtwürdigung der Vertragsbedingungen an, stellt diese jedoch nicht ausdrücklich als eine von den Vertragsparteien gewollte Rechtsfolge fest.

Entscheidend auch für die Folgebetrachtung ist die in diesem Zusammenhang getroffene Aussage, dass die Parteien nicht durch die bloße Bezeichnung des Vertragstyps Rechtsfolgen verhindern können, die durch Auslegung des Gesetzes ermittelt werden und an den zuvor festgestellten Inhalt des Rechtsgeschäfts geknüpft sind. So liege es nicht in der Macht der Parteien, die rechtliche Qualität ihrer Rechtsbeziehungen und der damit verbundenen Rechtsfolgen allein durch Bezeichnung des Vertragstyps zu bestimmten. Die rechtliche Form eines Rechtsgeschäfts wird also durch dessen juristische Qualifikation bestimmt.

Stellt man die referierten Positionen so pointiert gegenüber, scheint sich ein unauflöslicher Widerspruch zu ergeben[221].

Nach der von Larenz vertretenen Auffassung kann sich für eine als Fremdkapital ausgewiesene Finanzierung nur dann - ohne die Rechtsgrundsätze Eigenkapital ersetzender Gesellschafterleistungen, also einer objektiv-rechtlich zwingenden Umqualifizierung zu bemühen - die Rechtsfolge haftenden Kapitals ergeben, wenn eine Auslegung des Rechtsgeschäfts bzw. der dieses begründenden Willenserklärungen ergibt, dass die Beteiligten ihrer Finanzierung diese Eigenschaft beilegen wollten.

Völlig unvereinbar mutet dazu die Gegenauffassung[222] an: Die Qualifizierung von einlagentypischen Rechtsfolgen soll der Disposition der Parteien vollständig entzogen sein und allein der objektiv-rechtlichen Qualifizierung auf der Grundlage des ausgelegten Rechtsgeschäfts vorbehalten bleiben.

Doch so unversöhnlich, wie es zunächst den Anschein hat, sind diese beiden Grundpositionen letztlich nicht. Die Aussage, dass Willenserklärungen gerade deshalb zu Rechtsfolgen führen, weil diese von den Erklärenden gewollt werden, darf nicht missverstanden werden.

---

221 Larenz, a. a. O., § 28 B I, II.

222 Dazu vgl. oben Fn. 218.

Selbstverständlich können die Beteiligten nicht frei darüber verfügen, welche Rechtsfolgen etwa durch die Qualifizierung eines Rechtsgeschäfts als eines bestimmten schuldrechtlichen Vertragstyps eintreten. Ergibt die Auslegung, dass die Voraussetzungen vereinbart sind, die das Gesetz einen Vertrag als Kaufvertrag, Darlehensvertrag oder Eigenkapitalzufuhr begreifen lässt, sind die Parteien im gesetzlich zwingenden Bereich dieses Vertragstyps (oder typengemischten Vertrages) an Rechtsfolgen gebunden. Allein dispositive Rechtsfolgen lassen sich ersatzlos abbedingen oder durch andere ersetzen.

Ob es sich aber um den einen oder einen anderen Vertragstyp handelt, ist zunächst ganz allein davon abhängig, welches „Tor" rechtlicher Qualifikation die Parteien mit dem Austausch ihrer Willenserklärungen aufstoßen. Vereinbaren sie, dass ein Eigentumswechsel an einem Recht oder einer Sache gegen Zahlung einer Geldsumme stattfinden soll, verabreden sie, dass der eine Teil dem anderen eine bestimmte Geldsumme übereignen soll, später indes eine gleich hohe oder um ein Nutzungsentgelt (Zinsen) erhöhte Summe zurückzuzahlen hat, so handelt es sich um ein Schuldverhältnis, welches die Rechtsordnung als Kaufvertrag bzw. als Darlehens(vor)vertrag qualifiziert. Ist dies als solches erkannt, können die Beteiligten den sonstigen Rechtsfolgen des Vertragstyps, so sie zwingend sind, nicht entgehen. Dies können sie insbesondere nicht dadurch, dass sie dem Schuldverhältnis entgegen seiner im Gesetz ganz oder teilweise vertypten Bedeutung die Bezeichnung eines anderen Schuldverhältnisses beilegen. So wird die entgeltliche Gebrauchsüberlassung einer Sache, die zeitweise Nutzungsgewährung an zu übereignenden Geldvermögen nicht allein dadurch zu einem Leihvertrag, dass die Parteien diese Bezeichnung wählen. Es bleibt dabei: Die von den Parteien vereinbarten Rechtsfolgen bestimmen in ihrer Anerkennung oder Nichtanerkennung durch die gesetzliche Rechtsordnung die Rechtsfolgen des Vertrages. Rechtsfolgen entstehen damit - insoweit kann dieser Ansatz als vermittelnd bezeichnet werden, stellt aber letztlich nur eine Klarstellung des Larenz'schen Ansatzes dar - aufgrund einer Dualität von freier Vereinbarung und objektiv-rechtlicher Kategorisierung.

Angewandt auf die hier zu erörternde Fragestellung, unter welchen Voraussetzungen die Haftkapitaleigenschaft einer als Fremdkapital titulierten Gesellschafterfinanzierung schon mittels der Auslegung des von den Beteiligten Gewollten zu erzielen ist, kommt man zu klaren Ergebnissen: Lässt sich der von Gesellschafter und Gesellschaft gewollten und daher nach Austausch der entsprechenden Willenserklärungen Rechtsgeschäft gewordenen Rechtsfolgen entnehmen, dass hier objektiv die materiellen Eigenschaften von Haftkapital vereinbart wurden, so ist das Finanzierungsverhältnis ungeachtet der gewählten Bezeichnung als Haftkapital zu behandeln. Hieran müssen sich die Beteiligten festhalten lassen, wenn sie sich später entgegen dem beiderseits erklärten und gewollten Inhalt der Finanzierung auf die inhaltswidrige und Rechtsform verfehlende Bezeichnung als Fremdkapital berufen.

Zusammengefasst lässt sich festhalten: Haftungsrechtliche Folgen ergeben sich daraus, dass die Partner einer Gesellschaftsfinanzierung durch Mitgliedergesellschafter die Mittelzufuhr auf Vertragsbedingungen stützen, denen sich schon durch Auslegung des Erklärten entnehmen lässt, dass sie eigenkapitaltypisch haften. Die Rechtsfolgen treten ein, weil sie von den Beteiligten gewollt sind; dies ist in dem Sinne zu verstehen, dass die Haftungskonsequenz durch Auslegung aus dem zu gewinnen ist, was die Parteien vereinbart und gewollt haben. Dabei müssen sie nicht zwingend den Haftkapitalcharakter zielgerichtet im Auge gehabt haben. Ausreichend ist, dass dieser aus der gewählten und insoweit gewollten Gestaltung folgt. Dies Ergebnis ergibt sich aber unmittelbar in den Fällen, in denen die Finanzierung zu einer Stärkung des gesellschaftlichen Reinvermögens und damit zu einer zusätzlichen - zum formellen Eigenkapital - Sicherung der übrigen Gläubiger führt. Diese Wirkung aber tritt ein, wenn eine Vereinbarung Platz greift, nach der das vermeintliche Fremdkapital nur als Rechnungsposten einer Abfindungs- oder Liquidationsguthabens zurückzahlbar sein soll. Denn dann gehört das formelle Fremdkapital unweigerlich zum Voraushaftungs- und Verlustdeckungspotential der Gesellschaft, ist damit also materielles Eigenkapital.

b) Materielles Eigenkapital als Ergebnis einer Auslegung vertraglicher Vereinbarungen

In dem vorangegangenen Abschnitt konnte mit dem Befund geschlossen werden, dass im Wege der Vertragsauslegung eine Haftkapitalqualifizierung nur dann erzielt werden kann, wenn objektive Parameter der Rechtsordnung den Charakter materiellen Eigenkapitals einfordern. Daran schließt sich die Folgefrage an, unter welchen Voraussetzungen diese Annahme geboten ist.

Der von der Rechtsprechung[223] und verbreitet in der Literatur[224] heran gezogene Ansatz, die dem Eigenkapital typische Verlustdeckungs- und Voraushaftungs-

---

[223] So z. B. BGHZ 104, 33, fragwürdig gefolgert aus dem Ausschluss d. Kündigung aus wichtigem Grund.

funktion aus einer Gesamtwürdigung der einzelnen eigenkapitaltypischen Finanzierungsfunktionen zu folgern, ist nach der hier vertretenden Auffassung kein Erfolg beschieden.

Denn auch aus einer Summe von eigenkapitalnahen Gestaltungsdetails folgt noch keineswegs, dass es sich um eine Gestaltung handelt, mit der der Eigenkapitalcharakter zwangsläufig verbunden ist.

Hinweise darauf, welche Finanzierungen in der GmbH den oben entwickelten Anforderungen genügen könnten, ergeben sich erneut aus der Diskussion um die „gesplitteten Einlagen“ in der Personengesellschaft.

In der Kritik an der Gesamtwürdigungskonzeption der Rechtsprechung haben jene Stimmen einiges Gewicht erlangt, die eine materielle Eigenkapitalfunktion dann annehmen, wenn formelles Gesellschafterfremdkapital in gleicher Weise wie Eigenkapital zur Begleichung von Verbindlichkeiten herangezogen wird wie formelles Eigenkapital[225].

Diese Voraushaftungs- und Verlustdeckungsqualität scheint für Fremdkapital jedenfalls dann gegeben zu sein, wenn ein Darlehen allein als Rechnungsposten eines Abfindungs- oder Liquidationsguthabens zurückgezahlt werden kann[226]. Ein solches Darlehen könnte nicht bei Auflösung und Liquidation der Gesellschaft wie ihre sonstigen Verbindlichkeiten vorab unter Heranziehung des Eigenkapitals getilgt werden.

Erst wenn alle Verbindlichkeiten beglichen sind und die von den Gesellschaftern geleisteten Einlagen noch in voller Höhe vorhanden sind, kann ein solches Darlehen vollständig zurückgezahlt werden. Auf dieser Grundlage lässt sich für die Personengesellschaft in der Tat von einlagengleicher Finanzierung sprechen.

Dabei spielt eine Gesamtwürdigung verschiedener eigenkapitaltypischer Umstände indes kaum eine Rolle. Es geht **allein** um die vertragliche Vereinbarung der Rechtsfolgen hinsichtlich Abfindung und Liquidation. Nur soweit sich dieser Befund als Ergebnis einer Gesamtwürdigung feststellen lässt, kann es auf Einzelindizien ankommen. Dies ist recht unwahrscheinlich: Aus dem bislang

---

224 So etwa auch Hachenburg/Ulmer, GmbHG, §§ 32 a, b, Rz. 48 mit umfangreichen Nachweisen in Fn. 104.

225 Zu dieser Voraushaftungs- und Verlustdeckungsfunktion Priester, DB 1991, 1917.

226 So auch Fleischer, Finanzplankredite, S. 131 ff.; Mundry, Darlehen und stille Einlagen, S. 109 f.

erkannten Fallaufkommen sind keine Gestaltungsdetails bekannt, die zu einem solchen Ergebnis hinführen könnten. Wieder eine besonders lange Gewährungsdauer, Gewinnanteile statt Festzinsen, Anknüpfung von Mitgliedschaftsrechten am Fremdkapital, nicht einmal die Abrede, dass die Darlehen bis zum Ende der Mitgliedschaft der Gesellschaft zu belassen sind, sind für sich geeignet, Hinweise auf den einlagengleichen Charakter einer Fremdfinanzierung zu geben[227]. Letzteres Indiz weist für sich nur die Gewährungsdauer aus. Sollte es insoweit zum Ausscheiden oder zur Liquidation kommen, ist damit über den Haftkapitalcharakter noch nicht befunden. Solange damit nicht zugleich vereinbart ist, dass die Mittel Verlustausgleichsfunktion haben, also im Abfindungs- und Liquidationsguthaben als haftendes Vermögen der Gesellschaft Berücksichtigung finden sollen, kann dies auch allein bedeuten, dass die Mittel solange wie möglich in der Gesellschaft verbleiben sollen.

Eine Gesamtwürdigung aller Umstände könnte jedoch hier zu dem Ergebnis führen, dass weitere Indizien letzte Zweifel insoweit beseitigen könnten.

c) Das Erfordernis der gesellschaftsvertraglichen Abrede

Kommt es somit darauf an, dass die Gesellschafter für die Behandlung und Rückzahlbarkeit Rechtsfolgen bestimmt haben, die das formelle Fremdkapital schon nach dem Willen der Gesellschafter zwingend zu Eigenkapital machen, so stellt sich die Frage, ob dieses Ergebnis zwingend nur auf der Grundlage einer gesellschaftsvertraglichen Abrede erzielt werden kann[228].

Dies scheint zunächst manches für sich zu haben. Denn in allen bekannt gewordenen Fällen konnte die Einlagenqualität nur den gesellschaftsvertraglichen Bestimmungen entnommen werden. Allein daraus auf das Erfordernis einer gesellschaftsvertraglichen Gewährungspflicht zur Annahme einer einlagengleichen Finanzierung zu schließen, hieße jedoch, sich des Vorwurfes induktiven Vorgehens auszusetzen.

Viel näher liegt der Gedanke, dass der BGH und die Literatur (teilweise) sich bei der Entwicklung der Tatbestandsvoraussetzungen auch von den Besonder-

---

227 Dies widerspricht der Gesamtwürdigungshypothese des BGH in BGHZ 104, 33 ff.

228 So der BGH in ständiger Rechtsprechung, offener, indes für Kapitalersatz, Hachenburg/Ulmer, a. a. O., §§ 32 a, b, Rz. 61. Ausschließlich auf materielle Eigenkapitalfunktion abstellend ohne Ansehung der Gewährungsgrundlage, von Gerkan/Hommelhoff, Kapitalersatz, S. 203 ff.; a. A. noch BGHZ 104, 33, 40; vgl. auch Hommelhoff/Kleindiek, Festschrift 100 Jahre GmbHG, S. 439 f.

heiten des im KG-Recht gleichförmig vorgelegten Fallmaterials haben leiten lassen. Wenn die zur Beurteilung anstehenden Sachverhalte dadurch geprägt sind, dass die auffälligen Darlehensgestaltungen auf der Abrede im Gesellschaftsvertrag beruhen, so ist die Versuchung groß, dieses typische Merkmal als typisches Tatbestandsmerkmal festzuschreiben.

Dies gilt jedenfalls dann ganz besonders, wenn man sich - wie die Rechtsprechung - zunächst vom alleinigen Tatbestandsmerkmal der gesellschaftsrechtlichen Gewährung lösen und hin zu einer materiell-funktionellen Betrachtung entwickeln musste.

Hierzu scheint sich inzwischen die Auffassung durchzusetzen, wonach eine Gesellschafterverpflichtung im Gesellschaftsvertrag zur Gewährung eines Darlehens oder einer anderen Leistung an die Gesellschaft keine Voraussetzung für den materiellen Eigenkapitalcharakter ist. Die „gesplittete Einlage“ wird insoweit nur als eine Erscheinungsform des Finanzplandarlehens angesehen. Bejaht wird jedoch ihre Bedeutung für die Rechtsfolgen; hier bleibt die Satzungsänderung mitgliedschaftsrechtlich Voraussetzung für die Rückführung des Darlehens bzw. für die Aufhebung der Einzahlungsverpflichtung[229].

d) Grundannahme

Auf dieser Grundlage lässt sich die These formulieren, dass die Einlagenqualität immer dann erzielt werden kann, wenn die vertragliche Vereinbarung im Darlehensvertrag oder einer diesem zugrunde liegenden Abrede für das - von den Gesellschaftern zumeist weiterhin als Fremdkapital bezeichnete - Darlehen die Rechtsfolge der Voraushaftung - Verlustdeckungspotential - von Eigenkapital ergibt.

Das Erfordernis, die Abrede als gesellschaftsvertragliche zu verlangen, liegt zunächst besonders nahe. Jedenfalls in der Kommanditgesellschaft. Denn die Gestaltung, die hier typischerweise begegnet, die Verpflichtung zur Fremdfinanzierung im Gesellschaftsvertrag, deutet darauf hin, dass die Gesellschafter hier ihre Finanzierungsgestaltung gerade der aus den oben gezeigten Gründen nicht gewollten entsprechend höheren Pflichteinlage von Eigenkapital nachempfinden. Aus diesem die Wirkungen von Eigenkapital wirtschaftlich rezipierenden, seine Rechtsfolgen indes weitgehend zu vermeiden suchenden Verhalten, lässt

---

229 Hommelhoff, a. a. O., Rz. 177; BGHZ 121, 41 ff.; Sieger/Aleth GmbHR 2000, 466; Habersack ZHR 161, 481.

sich folgern, dass hier in Wahrheit eine Finanzierung mit Eigenkapital eintreten sollte. Überlegungen in diese Richtung müssen sich jedoch den Vorwurf gefallen lassen, hinter dem Erfordernis einer Gesamtwürdigung eigenkapitaltypischer Gestaltungselemente mit Umgehungsargumenten zu arbeiten.

Denn hieran sei erinnert: Die Finanzierungsfreiheit erlaubt - lässt man Einschränkungen durch objektiv-rechtliches Kapitalersatzrecht zunächst beiseite - den Gesellschaftern ein Wahlrecht zwischen der Finanzierung mit Eigenkapital und mit Fremdkapital[230]. Wird dieses Wahlrecht dahingehend ausgeübt, dass die Unternehmensfinanzierung mit rückzahlbarem Fremdvermögen bestritten werden soll, so herrscht auch insoweit Gestaltungsfreiheit. Die Rechtsordnung muss dies akzeptieren.

Diese Gestaltungsfreiheit ist grundsätzlich unbeschränkbar; jedoch unterliegen die Gesellschafter den Grenzen der Rechtsform. Darlehensverträge können inhaltlich nur soweit vom gesetzlichen Normalstatur entfernt werden, wie die essentialia negotii des Vertragstyps noch gewahrt bleiben. Wird diese Regel nicht beachtet, droht ein - ganz oder teilweises - Übertreten in einen anderen Vertragstyp.

Für den Darlehensvortrag gilt dies insbesondere, stellt er doch ein beliebtes Alternativ-Instrument der Außenfinanzierung neben der Eigenkapitalisierung dar. Dabei ist der Darlehenscharakter insbesondere dadurch bedroht, durch atypische Gestaltungen Elemente anderer Vertragstypen aufzunehmen. Im Mittelpunkt steht im Bereich der „gesplitteten Einlage“ die - aus Sicht der Gesellschafter - Gefahr, dass Gestaltungsvarianten die Grenze hin zum Eigenkapital überschreiten. Die Gesellschafter müssten sich dann der fortgesetzten Bezeichnung und Qualifizierung der Finanzierung als Darlehen gegenüber den Einwand der Rechtsformverfehlung gefallen lassen[231].

---

230 Grundlegend zur Finanzierungsfreiheit: Scholz/K. Schmidt, GmbHG, §§ 32 a, b, Rz. 4; Lutter/Hommelhoff, GmbHG, §§ 32 a, b, Rz. 3; von Gerkan/Hommelhoff, a. a. O., S. 5 ff.; BGHZ 75, 334; 81, 152, 257; 90, 381, 390; Wiedemann ZIP 1986, 12293, 1297; Ulmer, in: Festschrift Duden, S. 674.

231 Die Rechtsformverfehlung ist auch für Koch, Eigenkapitalleistungen, S. 30 ff. die zentrale Überlegung zur Rechtfertigung der Eigenkapitalqualifikation außerhalb der objektiv-rechtlichen Kapitalersatzregeln.

e) Rechtsformverfehlende „Darlehensfinanzierung"

Der Befund, der sich an die Feststellung einer Finanzierung der Gesellschaft mit rechtsformverfehlender „Darlehensfinanzierung" anschließt, ist einfach: Außenfinanzierungen, die objektiv-rechtlich nicht das halten, was die Gesellschafter mit der gewählten Bezeichnung versprechen, sind allein nach den Vorgaben der Rechtsordnung zu beurteilen[232]. Unabhängig von der Bezeichnung durch die Beteiligten ist die Finanzierung als das zu behandeln, als was die Rechtsordnung sie qualifiziert. Die Betrachtung verlagert sich damit ganz zwangsläufig auf die Frage, unter welchen Voraussetzungen eine solche Qualifikation erforderlich ist.

Diese Rechtsformverfehlung drängt sich zwar besonders auf, wenn sie - zunächst mit Blick auf die Kommanditgesellschaft - in gestalterischer Nähe zu der Form der Unternehmensfinanzierung liegt, die für die Gesellschaft die klassische Form der Außenfinanzierung mit haftendem Kapital darstellt. Die Affinität des Darlehensteils einer „gesplitteten Einlage" zu gesellschaftsvertraglich geschuldeten „echten Einlagen", seien es die die Haftung des Einzelnen nach außen begrenzenden Hafteinlagen, seien es die darüber hinausgehend die Kapitalisierungspflicht im Verhältnis des Gesellschafters zur Gesellschaft bestimmenden Pflichteinlagen, scheint dann besonders deutlich, wenn die Pflicht zur Fremdfinanzierung ebenfalls auf der Grundlage der Satzung erfolgt[233]. Wird die Darlehensgestaltung dann - aus Gründen, die zwar nicht den Haftkapitalcharakter nach außen, wohl aber Eigenkapitalfunktionen gegenüber der Gesellschaft und auch den Mitgesellschaftern begründen - mit Mitgliedschaftsrechten und gewinnorientierter Entgeltung verknüpft, ist die „optische" Annäherung jedenfalls an die gesellschaftsrechtliche Pflichteinlage weitestgehend vollzogen. Kommt es aber nur auf die der Fremdfinanzierung wesensfremde Voraushaftungs- und Verlustdeckungsfunktion an, kann das Verdikt der Rechtsformverfehlung nicht auf die gesellschaftsvertraglich begründete Fremdfinanzierungspflicht beschränkt bleiben.

Dabei springt eine bereits in der Literatur vorgeschlagene, allerdings noch nicht rechtspraktisch gewordene, Gestaltung ins Auge: der Darlehensgewährung auf der Grundlage des ursprünglichen oder nachträglich modifizierten Gesellschaftsvertrages muss es gleichstehen, wenn die Gesellschafter aus einem

---

232 Vgl. etwa Koch, a. a. O., S. 31 f.

233 So in allen der Rechtsprechung zur Entscheidung vorgelegten Fällen. Vgl. etwa BGHZ, 70, 61; WM 1978, 898; WM 1988, 742; WM 1981, 761. Vom BGH zur Essentialia der einlagengleichen Finanzierung erhoben, BGHZ 104, 33, 40.

Gesellschafterbeschluss verpflichtet werden[234], die Gesellschaft neben einem knappen Eigenkapital in hohem Umfang mit Fremdkapital auszustatten. Weist der Beschluss dann noch die Merkmale auf, nach denen sich ergibt, dass eine formelle Fremdfinanzierung auch der Voraushaftung und Verlustdeckung zu dienen bestimmt ist, - kann das Darlehen etwa nur als Rechnungsposten eines Abfindungs- oder Liquidationsguthabens zurückgeführt werden - ist es also im Übrigen in seiner Laufzeit an die Mitgliedschaft gebunden, so muss auch hier attestiert werden: Das nach Beschlusslage gewährte formelle Fremdkapital wird von den Parteien rechtsformverfehlend als Darlehen qualifiziert. Die Qualifizierungsgewalt steht den Gesellschaftern aber gar nicht zu; was rückzahlbares Fremdkapital ist und was haftendes Eigenkapital bestimmt die Rechtsordnung nach objektiven Kriterien[235].

Danach dürfte sich aus eigenkapitaltypischen Darlehensgewährungen der Gesellschafter keine Differenzierung hinsichtlich der Eigenkapitalqualifizierung daraus ergeben, ob der Anspruch der Gesellschaft aus dem Gesellschaftsvertrag oder einem Gesellschafterbeschluss folgt.

Vielmehr verdichtet sich der Eindruck, dass die Grundlage für den Abschluss eines Darlehensvertrages ohne Bedeutung bleibt für die Folgefrage, ob ein Gesellschafterdarlehen dem haftenden Kapital zuzurechnen ist. Denn auch, wenn man die Darlehenszusage auf der Grundlage eines Gesellschafterbeschlusses näher betrachtet, ergeben sich keine Erkenntnisse, weshalb der Beschluss als Finanzierungsgrundlage in den Kreis der Tatbestandsmerkmale aufzunehmen sein sollte.

Soweit Satzung oder Beschlusslage in der Literatur als Bausteine eines zweigliedrigen Tatbestandes der einlagengleichen Finanzierung genannt werden, geschieht dies zum Nachweise eines anderen Merkmals: Weite Teile der Literatur behandeln die hier als einlagengleiche Finanzierung bezeichnete Variante der Unternehmensfinanzierung als Fallgruppe der objektiv-rechtlichen Grund-

---

234 So auch: Hachenburg/Ulmer, GmbHG, §§ 32 a, b, Rz. 61, indes nicht für Rechtsformverfehlung, sondern für objektiv-rechtliche Umqualifizierung. Nur Indiz: Lutter/ Hommelhoff, GmbHG, §§ 32 a, b, Rz. 175 ff.; von Gerkan/Hommelhoff, Kapitalersatz, S. 27.

235 Vgl. dazu oben zur Auslegung von Willenserklärungen Teil 2, III. 3. und Larenz, Allg. Teil des Bürgerlichen Rechts, § 28 B I, II.

sätze einer kapitalersetzenden Gesellschafterfremdfinanzierung[236]. Für diese soll es darauf ankommen, dass die Gesellschafter im Innenverhältnis die Finanzierung zur Kapitalausstattung vorgesehen haben[237]. Dieser Konsens kann jedoch einen entsprechenden Beschluss ebenso oder wie auch durch eine Satzungsabrede hergestellt und dokumentiert werden. Hier aber soll es zunächst darum gehen, unter welchen Voraussetzungen eine von dem oder den Gesellschaftern als Darlehen gewollte und so qualifizierte Finanzierung nach den objektiven Grundsätzen der Rechtsformverfehlung materiell-rechtlich als Eigenkapital bewertet werden muss[238]. Dann aber stellt sich die Frage, ob nicht auch der isolierte, von jeder Koordination der Gesellschafter untereinander - mithin auch von jeder kollektiv getragenen Gewährungspflicht - freie Darlehensvertrag der Behandlung als materielles Eigenkapital zugänglich ist.

f) Abgrenzung zu Rangrücktrittsabreden

Jene zuvor kritisierte Argumentation, die die Haftkapitalqualität aus einer Gesamtwürdigung des Vertragsganzen einschließlich der für zwingend gehaltenen gesellschaftsvertraglichen Gewährungspflicht zu ermitteln sucht, trägt das Ergebnis einer uneingeschränkten Anwendung eigenkapitalspezifischer Rechtsfolgen auf eigenkapitalähnliche Darlehen nicht[239].

Will man die Haftkapitalqualität formellen Fremdkapitals ohne die Anwendung objektiv-rechtlicher Umqualifizierungsansätze allein auf der Grundlage der Rechtsgeschäftsauslegung begründen, so sind Insolvenzrichter und -verwalter darauf angewiesen, die Willenserklärungen der Beteiligten daraufhin zu untersuchen, ob sie den Schluss auf eine gewillkürte Voraushaftungsfunktion der Mittel rechtfertigen.

Kommt es aber zur erfolgreichen Herleitung der Eigenkapitaleigenschaft einlagengleicher Finanzierungen allein auf die gewillkürte Einbeziehung in die gläubigerschützende Haftungsmasse der Gesellschaft an, so stellt sich die Frage

---

236 So wohl Hachenburg/Ulmer, GmbHG, §§ 32 a, b, Rz. 61; Scholz/K. Schmidt, GmbHG, §§ 32 a, b, Rz. 38, beide erkennen jedoch außerhalb des Ersatzkapitalrechts auch die Haftkapitalkategorie der „gesplitteten Einlage" an.

237 So ausdrücklich: Hachenburg/Ulmer, a. a. O., §§ 32 a, b, Rz. 48, 61; hierauf stellen auch andere ab, wenn sie die (interne) Finanzplanung in den Vordergrund stellen, so etwa: Lutter/Hommelhoff, a. a. O., §§ 32 a, b, Rz. 169 ff.

238 Dass es hierbei im Kern um die Auslegung des Vereinbarten gehen muss, konnte bereits geklärt werden, dazu eben S. 80 ff.

239 Ebenso Joost, ZGR 1987, S. 371 ff.; Mundry, Darlehen und stille Einlagen, S. 116 ff.

der Abgrenzung zur anerkannten Haftkapitalqualität qua individualvertraglicher Vereinbarung, der Bildung nachrangigen Haftkapitals durch eine Rangrücktrittsabrede zwischen finanzierendem Gesellschafter und darlehensnehmender Gesellschaft[240].

fa) Bisheriger Stand der Entwicklung zum gewillkürten Rangrücktritt

In der Literatur wird das nachrangige Haftkapital in der Unternehmensfinanzierung gemeinhin in drei Kategorien eingeteilt. Neben der Umqualifizierung auf der Grundlage des objektiven Rechts, gefasst in den BGH- und Novellen-Regeln, und der einlagengleichen Fremdfinanzierung, die die Rechtsprechung mit der h.M. für eine Besonderheit einer gesellschaftsvertraglichen Gewährungspflicht hält, spielt die bewusste und gewollte Nachordnung formellen Fremdkapitals durch vertragliche Abreden zwischen darlehensgebendem Gesellschafter und Gesellschaft eine Rolle[241].

Die Partner eines Fremdfinanzierungsvertrages bringen mit dem Abschluss eines Rangrücktritts - in der Regel zielgerichtet und daher sehr deutlich - zum Ausdruck, dass sie Finanzierungsmittel einvernehmlich wie Eigenkapital behandeln wollen. Dieser Wille äußert sich auf verschiedene Weise: Welche Anforderungen an eine Erklärung dieser Art zu stellen sind, um einen Rangrücktritt als wirksam zu erachten, ist abhängig von den Rechtsfolgen, die mit dieser finanzierungsflankierenden Gestaltung erzielt werden sollen.

Im vielleicht häufigsten Fall geht es in der Kapitalgesellschaft darum, mit Hilfe des Rangrücktritts die Überschuldungsbilanz zu beeinflussen. Vereinbaren die Beteiligten, dass der Darlehensgläubiger in der Gesellschaftsinsolvenz erst nach der vollständigen Befriedigung aller anderen Gesellschaftsgläubiger auf seine mit einem Rangrücktritt belegte Forderung Befriedigungsleistungen erhalten

---

240 Allg. zum Rangrücktritt von Forderungen: Scholz/K. Schmidt, GmbHG, §§ 32 a, b, Rz. 85 ff.; von Gerkan/Hommelhoff, Kapitalersatz, S. 16; Baumbach/Hueck, GmbHG, §§ 32 a, b, Rz. 16; Hueck/Schulze-Osterloh, a. a. O., §§ 63 Rz. 15; Teller, Rangrücktritt S. 69 ff.; Rodewald, GmbHR, S. 194.

241 Gewillkürter Rangrücktritt, im Gegensatz zum zwingenden Rangrücktritt durch §§ 32 a, b; vgl. oben die Nachweise in Fn. 240. Zur Abgrenzung von Finanzplanfinanzierungen vgl. auch: Fleischer, Finanzplankredite, S. 295 ff.

darf, so darf und muss die betreffende Verbindlichkeit bei der Feststellung einer etwaigen Überschuldung der Gesellschaft außer acht gelassen werden[242].

Mit dieser Abrede kann erreicht werden, dass das materielle Vermögen der Gesellschaft ihre Schulden weiterhin übersteigt. Die vollständige Befriedigung der Gläubiger aus einem die Schulden der Gesellschaft übersteigenden Aktivvermögen erscheint dann theoretisch gesichert. Die Überschuldungsinsolvenz kann durch eine Rangrücktrittsabrede also tendenziell verhindert oder verzögert werden.

Die insolvenzbezogene eigenkapitaltypische Wirkung des Rangrücktritts beruht unmittelbar und allein auf dem Inhalt der von den Beteiligten abgegebenen Willenserklärungen. Nicht erforderlich ist indes, dass die Bereitschaft - insbesondere des zurücktretenden Gläubigers - zur Subordination der Forderung ausdrücklich verlautbart wird. Hinreichend ist, dass sie aus den Umständen folgt[243]. Diese konkludente Subordinationsbereitschaft wird verbreitet für den Fall angenommen, dass - insbesondere, aber nicht zwingend - Gesellschafter gerade im Bewusstsein der aktuellen oder unmittelbar drohenden Überschuldung noch Fremdmittel an die Gesellschaft ausreichen[244]. Diese Außenfinanzierung macht nur dann Sinn, wenn der Gesellschafter mit ihr Sanierungsinteressen verfolgt. Denn die formelle Fremdmittelgewährung droht in diesen Situationen ohnehin von den objektiv-rechtlichen Rechtsregeln der BGH-Rechtsprechung und GmbHG-Novelle erfasst zu werden, indes ohne der Gesellschaft den Genuss einer verschuldensmindernden Wirkung zukommen zu lassen[245].

Der Gesellschafterfremdfinanzierung in einer solchen Situation kann daher mit einigem Recht unterstellt werden, dass der finanzierende Gesellschafter mit seiner Finanzierung Rechtsfolgen des Rangrücktritts herbeiführen will, die Mittelzuführung als solche also schlüssig zum Ausdruck bringen soll, dass der Gesellschafter bereit ist, die Mittel in drohender Gesellschaftsinsolvenz eigenkapitalgleich in Rang hinter alle sonstigen Verbindlichkeiten der Gesellschaft zurücktreten zu lassen, ihnen also Voraushaftungsfunktion beizulegen.

---

242 Teller, Rangrücktrittsvereinbarungen, S. 84 f.; Scholz/K. Schmidt, GmbHG, §§ 32 a, b; ders. Festschrift Goerdeler, S. 487, 453, 499 f. zur exakten Formulierung, S. 500; Schmidt nimmt dazu eine klare Trennung zwischen einzelvertraglicher und gesellschaftsvertraglicher Subordination vor.

243 So etwa: Scholz/K. Schmidt, a. a. O., Rz. 87.

244 So etwa: Scholz/K. Schmidt, a. a. O., Rz. 87.

245 Kapitalersetzende Darlehen bleiben trotz Subordination Verbindlichkeiten zur Behandlung in Überschuldungsbilanz, Scholz/K. Schmidt, GmbHG, §§ 32 a, b, Rz. 60.

Diese zentrale Eigenkapitalfunktion beruht mithin darauf, dass die Beteiligten ausdrücklich oder konkludent vereinbaren, ihre Finanzierungen sollen - trotz fortbestehendem Fremdkapitalcharakter - in der Gesellschaftsinsolvenz erst nach der vollständigen Befriedigung aller übrigen nicht zurückgetretenen Gläubiger befriedigt werden können.

fb) Rechtsfolgen - Konsequenzen

Damit ist das Rechtsfolgenpotential des von der Kautelarjurisprudenz geschaffenen Rechtsinstitut keinesfalls vollständig ausgeschöpft: Zwar gelingt es nach der wohl überwiegenden Meinung in der Literatur - Rechtsprechung liegt soweit ersichtlich nicht vor - mit dem zuvor referierten Erklärungsinhalt, den Fremdmitteln für das Insolvenz- und Vergleichsverfahren die Eigenschaften von haftendem Kapital beizulegen. Sollen Fremdmittel aber auf breiter Front, etwa hinsichtlich ihres Ansatzes in der Handelsbilanz, als nachrangiges Haftkapital behandelt werden, so genügt es nicht, dass sich der Erklärungsinhalt allein auf die insolvenzbezogene Überschuldungsvermeidung bezieht. Die Beteiligten müssen darüber hinaus all jene Situationen in ihrem Erklärungswillen aufgenommen haben, in denen es gleichfalls auf eine Differenzierung zwischen Eigen- und Fremdmitteln der Gesellschaft ankommt[246]. Eine vollwertige Subordination ist etwa dann gegeben, wenn ergänzend erklärt wird, die Mittel nur aus einem Liquidationsüberschuss oder erwirtschafteten Gewinnen der Gesellschaft tilgen zu wollen. Damit nehmen die Beteiligten eine vollständige Bindung der Fremdmittel entsprechend dem durch § 30 GmbHG vorgegebenen Schutz des Gesellschaftsvermögens vor.

fc) Abgrenzung einlagengleicher Finanzierung zu Rangrücktrittsvereinbarungen

Der kurze Seitenblick auf die schon bislang unter dem Aspekt der gewillkürten Subordination unter die Rechtsregeln des Eigenkapitalersatzrechts in der Lehre vielfältig behandelten Fremdfinanzierungen mit flankierender Rangrücktrittsabrede führt zu folgendem Befund: Einer Gesellschaftsinsolvenz, bei in der Abrede besonders breit angelegter Subordination auch außerhalb dieser besonderen Situation, sind formelle Fremdmittel der Gesellschafter oder Dritter dem gegenüber den Gläubigern haftenden Kapital der Gesellschaft zuzurechnen, weil

---

[246] Vgl. etwa den bereits akzeptierten Formulierungsvorschlag von K. Schmidt, Festschrift Goerdeler, S. 500.

die Fremdmittelgeber aus übergeordneten Interessen der Unternehmensfinanzierung konkrete Rechtsfolgen der formellen Eigenkapitalausstattung herbeiführen wollen. Die Vereinbarung typischer Eigenkapitaleigenschaften ist regelmäßig von konkreten Sanierungsinteressen getragen, die die für die Fremdkapitalgläubiger grundsätzlich nachteiligen Rechtsfolgen hinter dem Interesse am Erhalt des Unternehmens zurücktreten lassen[247]. Dies ist etwa bei der bereits angesprochenen Entlastung der Überschuldungsbilanz durch Rangrücktritte der Fall. Für die Subordination formellen Fremdkapitals bestimmt zudem die gegenüber der Eigenkapitalzufuhr - vielleicht sogar in Form der satzungsändernden Kapitalerhöhung - einfachere, da schneller und billiger zu vollziehende, Mittelzufuhr und -entziehung[248] die Motive der darlehensgebenden Gesellschafter.

Demgegenüber liegt die Rechtfertigung für die Eigenkapitaleigenschaft einlagengleicher Finanzierungen - auch nach der hier vertretenen Auffassung - in einigen wesentlichen Punkten anders.

Zwar kann auch die Eigenkapitaleigenschaft einlagengleicher Finanzierungen - will man sie nicht auch auf objektiv-rechtliche Umqualifizierungsansätze stützen - nur auf der Basis des abgeschlossenen Rechtsgeschäfts und seiner Auslegung gewonnen werden. Ausgehend von den Gestaltungen, die aus dem Recht der Kommanditgesellschaft bekannt sind, wurde bereits auf die Bindung von Fremdkapital an die Mitgliedschaft als wesentlichen Ansatz für die Begründung der Eigenkapitaleigenschaft formellen Fremdkapitals hingewiesen.

Dabei konnte festgestellt werden, dass die Qualität haftenden Kapitals nur dann erreicht wird, wenn die Fremdmittel von den Beteiligten bewusst und gewollt zum Gegenstand der Abfindungs- oder Liquidationsrechnung gemacht werden und anderweitig nicht zurückgeführt werden können sollen[249].

Über diesen unmittelbaren Erklärungsinhalt hinaus ließ sich aus der damit verbundenen Einbindung der Mittel in die Unternehmensfinanzierung auch für sachlich außerhalb und zeitlich vor der Abfindung von Gesellschaftern bzw. der

---

247 Sanierungsfunktion von gewillkürtem Rangrücktritt hervorgehoben von Scholz/ K. Schmidt, GmbHG, §§ 32 a, b, Rz. 88.

248 Allg. zu Vorteilen einer Fremdfinanzierung in dieser Hinsicht, Raiser, Kapitalgesellschaften, S. 448 f.

249 Ebenso: Fleischer, Finanzplankredite, S. 60, S. 295 ff.; a. A. Staudinger/Hopt/Mülbert, § 607, Rz. 108; Heymann/Horn, § 172 a, Rz. 39, die Rangrücktrittsvereinbarung und Finanzplankredit zusammenfassend als „gewillkürtes Eigenkapital" betrachten.

Auskehrung von Liquidationsguthaben angesiedelten Situationen - etwa in Insolvenz- oder Vergleichsverfahren - der Haftkapitalcharakter ableiten.

Aus dieser gedrängten Zusammenfassung ergeben sich Gemeinsamkeiten wie Differenzen von Rangrücktrittsabreden bisheriger Lesart und einlagengleichen Fremdfinanzierungen nach dem hier erarbeiteten Verständnis.

Rangrücktrittsabreden sind - insbesondere, wenn sie darauf gerichtet sind, die Überschuldung der Gesellschaft und damit die Insolvenzantragspflicht für die Geschäftsführung abzuwenden - von dem konkludent oder ausdrücklich geäußerten Willen der Parteien gekennzeichnet, die begehrte Eigenkapitaleigenschaft eintreten zu lassen. Dies ist für den ausdrücklich erklärten Rangrücktritt offenkundig; aber auch für die nur aus den Umständen deutlich werdende Subordination gilt: Hätte man den finanzierenden Gesellschafter im Zeitpunkt der Mittelausreichung nach dem Zweck seiner Finanzierung befragt, so würde deutlich, dass die „Kreditausreichung" gerade auch in der Verfolgung von Sanierungsinteressen vollzogen wird und somit in der abzuwendenden Insolvenz oder Vergleich über das Vermögen der Gesellschaft erst nachrangig nach der Befriedigung aller anderen Gläubiger zurückgezahlt werden könnte[250]. Eine auf die konkrete Rechtsfolge der Insolvenzbefangenheit gerichtete Willenserklärung lässt sich für die einlagengleiche Finanzierung regelmäßig nicht feststellen. Dieses Defizit mag es zugleich mit zu verantworten haben, dass der Rechtsbereich der einlagengleichen (Finanzplan-) Finanzierungen bislang nicht als Unterfall des breit ausdifferenzierten Rechts Eigenkapital ersetzender Gesellschafterleistungen verstanden werden konnte[251]. Diesen Unterschied verkennt Sieker[252], wenn sie die Subordination von „gesplitteten Einlagen" - und damit auch von Finanzplanmitteln - mit dem Parteiwillen begründet. Ein solcher lässt sich anders als bei der Rangrücktrittsabrede gerade nicht feststellen. Tatbestand und Rechtsfolgen der Finanzplanfinanzierung müssen daher außerhalb der reinen Auslegung von Rechtsgeschäften gewonnen werden.[253]

---

250 Dies ist die zentrale Rechtsfolge gewillkürter Rangrücktritte, vgl. Scholz/K. Schmidt, a. a. O., §§ 32 a, b, Rz. 88.

251 Ausdrücklich ablehnend BGHZ 104, 33, für eine eigenständige Qualifizierung zu Eigenkapital und Eigenkapitalersatz Lutter/Hommelhoff, GmbHG, §§ 32 a, b, Rz. 169 ff.; von Gerkan/Hommelhoff, Kapitalersatz, S. 199 ff.; Hommelhoff/Kleindiek, Festschrift 100 Jahre GmbHG, S. 438 ff.

252 Sieker, Eigenkapital, S. 48 ff.

253 Ebenso: Fleischer, Finanzplankredite, S. 58.

Die Haftkapitaleigenschaft einlagengleicher Finanzierungen in der Gesellschaftsinsolvenz beruht dagegen darauf, dass die Gesellschafter ihrer Finanzierung insgesamt eine Gestaltung geben, welche dazu führt, diese Mittel als materielles Eigenkapital einzuordnen. Diese nach den Finanzierungsvereinbarungen, also den zum Vertragsschluss führenden Willenserklärungen, zu treffende Qualifizierung, hat dann die Folgewirkungen, dass die Rechtsfolgen haftenden Kapitals insgesamt eintreten.

Beim herkömmlichen Rangrücktritt ergibt sich der Haftkapitalcharakter der formellen Fremdmittel aus den zielgerichtet formulierten Rechtsfolgen; einlagengleiche Gesellschaftsfinanzierung indes gewinnt ihren Haftkapitalcharakter in der Insolvenz aus der umfassenden Eigenkapitalqualität, wie sie sich zwingend aus der von den Beteiligten gewählten Gestaltung als rechtsformverfehlende Fremdfinanzierung herleiten muss.

4. Rechtfertigung einer eigenständigen Haftkapitalkategorie einlagengleicher Finanzierung

Nach diesem Befund ergibt sich: Die insolvenzhaftende Eigenschaft eines Rangrücktrittsdarlehens wie auch die einer einlagengleichen Finanzplanfinanzierung folgt im Kern durch die Auslegung des Finanzierungsvertrags. Die zuvor gekennzeichneten Divergenzen scheinen nur gradueller Natur zu sein. Während beim Rangrücktritt die Eigenkapitaleigenschaft nur partiell, jedenfalls begrenzt durch den konkret-zielgerichteten Inhalt der verlautbarten Willenserklärungen, ausgestaltet sein kann - etwa dem, dass das Darlehen nur mit der Maßgabe ausgereicht wurde, in der Insolvenz nicht als Forderung geltend gemacht zu werden -, führt die Qualifizierung als einlagengleiche Finanzierung über die vorbehaltlose Behandlung als materielles Eigenkapital zur umfassenden Geltung eigenkapitalspezifischer Rechtsfolgen.

Fraglich ist gleichwohl, ob die durch die Qualifizierung des gesamten Finanzierungskonzepts begründete Eigenkapitaleigenschaft eines Darlehens es rechtfertigt, die einlagengleiche Finanzierung haftungssystematisch von der Kategorie der Rangrücktrittsdarlehen zu trennen. Denkbar wäre es immerhin auch, beide Formen der durch Rechtsgeschäftsauslegung gewonnenen, insoweit also gewillkürten, Haftkapitalformen Rangrücktritt und einlagengleiche Finanzierung dahingehend zu betrachten, dass die eine als speziellerer Unterfall der anderen gelten könnte. Eine solche Betrachtung ist in der Literatur hinsichtlich der so genannten Finanzplankredite schon recht früh vorgestellt worden, indes blieb seinerzeit offen, auf welcher dogmatischen Grundlage die Behandlung der Finanzierung als haftendes Kapital begründet werden soll[254].

So könnte man, will man beide Haftkapitaltypen hierarchisch gliedern, die einlagengleiche Finanzierung als Unterfall des Rangrücktritts subsumieren. Diese Stufung liegt nahe, da die einlagengleiche Fremdfinanzierung in ihren Voraussetzungen enger, wenn auch in ihren Rechtsfolgen umfassender ist.

Letztlich ergeben sich aber doch durchgreifende Bedenken dagegen, die beiden nach dem Auslegungskonzept als materielles Eigenkapital qualifizierten Finanzierungskonzepte in einem Stufenverhältnis zueinander zu gruppieren.

Denn bis auf die gemeinsame Herleitung der Haftkapitaleigenschaft aus der Gestaltung des Finanzierungsgeschäfts weisen beide Tatbestände doch gravierende Unterschiede auf. So lässt sich die konkret-zielgerichtete Rechtsfolgenbegründung in der Rangrücktrittsabrede und die aus dem umfassen begründeten Eigenkapitalcharakter hergeleitete Haftkapitaleigenschaft nur mit Schwierigkeiten gestuft darstellen. Einsichtiger erscheint es, die Gemeinsamkeit auf die Auslegung des von den Beteiligten Gewollten zu beschränken. Einlagengleiche Finanzierung und Rangrücktrittsabrede erscheinen damit als durchaus eigenständige Varianten einer durch Rechtsgeschäftsauslegung gewonnenen (partiellen oder einheitlichen) Haftkapitalqualifikation.

Hinsichtlich der Terminologie wird vorgeschlagen, Rangrücktrittsdarlehen und einlagengleiche Finanzierungen dem übergreifenden Prinzip der gewillkürten Bildung materiellen Eigenkapitals zuzuordnen.

5. Rechtsfolgen einlagengleicher Finanzierung

a) Grundlagen

Richtet sich nun der Blick auf Gesellschafterfremdfinanzierungen, die ihre Einlagenqualität aus ihrer Zugehörigkeit zum Verlustdeckungs- und Voraushaftungspotential beziehen, weil sie nur als Gegenstand eines Abfindungs- oder Liquidationsguthabens zurückgezahlt werden dürfen, die Gesellschafter aber dennoch auf der uneingeschränkten Fremdkapitaleigenschaft beharren, so ergibt sich das folgende Bild: Die Eigenkapitalqualifizierung beruht - wie bereits

---

254 Vgl. von Gerkan/Hommelhoff, Kapitalersatz. S. 23 f.; eingehend hierzu auch K. Schmidt, ZIP 1999, S. 1246; Sieger/Aleth, GmbHR 2000, S. 462 ff.

ausgeführt - nicht auf dem darauf gerichteten Interesse des Gesellschafters, sondern tritt nach objektiven Kriterien ein. Damit steht die Finanzierung der Gesellschaft als Eigenkapital zur Verfügung. Ob sie im Sinne der Unterscheidung von Eigen- und Fremdkapital auch bilanziell als Eigenkapital zu bezeichnen ist, bedarf gesonderter Klärung.

In jedem Fall aber integriert die vorstehend mehrfach beschriebene Finanzierungsgestaltung die einlagengleichen Darlehen in das gesellschaftliche Vermögen. Als Gesellschaftsvermögen gehören die von den Gesellschaftern weiterhin als Fremdkapital titulierten Darlehen zu den Mitteln, die zur Aufrechterhaltung des Mindesthaftungsfonds der GmbH nicht an die Gesellschafter ausgeschüttet werden dürfen. Diese Erkenntnis scheint in ihrem Wert jedoch gemindert: Denn die hier erkannte Rechtsfolge scheint sich bereits daraus zu ergeben, dass die Darlehen nur unter Bedingungen getilgt werden dürfen, die ohnehin eine Rückführung unter Schmälerung des Stammkapitals nicht zulassen. Ist es den Gesellschaftern nur im Rahmen eines Abfindungs- oder Liquidationsguthabens möglich, die Finanzierungsleistungen von der Gesellschaft zurückzufordern, so könnte damit zugleich festgelegt sein, dass anderenfalls - jenseits dieser Voraussetzungen - bereits die vertragliche Abrede die Bindung der angeblichen Fremdmittel im Gesellschaftsvermögen trägt.

Indes: Gerade dies ist fraglich. Denn mehr als die Zugehörigkeit zum Vermögen der Gesellschaft folgt nicht aus der Zugehörigkeit zum Voraushaftungs- und Verlustdeckungspotential der Gesellschaft, wie sie sich aus der Absprache mit der Gesellschaft ergibt, die Mittel nur in der Liquidation oder bei Abfindung eines ausgeschiedenen Gesellschafters zur Rückzahlung zu beanspruchen. Diese Aussagen sind für sich oder kumuliert nicht darauf gerichtet - etwa wie der Rangrücktritt - eine Einbeziehung in den Geltungsbereich des Rechts der Kapitalerhaltung zu bewirken. Dieses Ergebnis hieße, die unmittelbare Erklärung der Parteien zu überspannen. Anders als bei der Auslegung der Rangrücktrittsabrede dahingehend, die Erklärung, die Rückforderung nur aus Gewinnen der Gesellschaft beanspruchen zu wollen - dies ergibt sich daraus, dass eine Gewinnermittlung und -ausschüttung nur möglich ist, wenn das als Eigenkapital passivierte Stammkapital uneingeschränkt in der Gesellschaft präsent ist, ist die Einbeziehung in den Haftungsfonds für die einlagengleiche Finanzierung nur über einen wertenden Zwischenschritt zu erzielen[255].

---

[255] Die Passivierung des Stammkapitals bedingt, dass Gewinne nur bei unberührtem Mindesthaftungsfonds ausgewiesen werden können.

Dieser Schritt besteht darin, die von den Parteien gewählte Gestaltung mit den normativen Maßstäben für eine Einlagenqualifizierung zu vergleichen. Lautet das Ergebnis hier: Die Mittelzufuhr teilt nicht nur die Finanzierungsfunktionen, die auch für Fremdkapital festzustellen sind, sondern erweist sich auch die eigenkapitaltypische Haftungsfunktion, so gelten für die Gestaltung insoweit die Grundsätze der Rechtsformverfehlung.

Die Parteien haben eine Mittelzufuhr gewählt, die die Finanzierung zum Vermögen der Gesellschaft werden lässt. Vermögen der Gesellschaft ist aber zugleich Haftungsfonds zugunsten der Gläubiger. Über diese zwingende Rechtsfolge können die Parteien nicht verfügen. Die fortgesetzte Bezeichnung der Finanzierung als Darlehen geht insoweit ins Leere[256].

b) Rechtsfolge: Aufhebung der Einlagenqualität

Als wesentliche Rechtsfolgen einer einlagengleichen bzw. Einlagenfinanzierung wurden bereits zuvor die Haftung in der Gesellschaftsinsolvenz sowie die Einbeziehung der Finanzierung in das zur Deckung der Stammkapitalziffer dienende Gesellschaftsvermögen hervorgehoben.

Die weitere Rechtsfolge, die Einforderung einer der Gesellschaft zwar versprochenen, aber noch nicht eingeforderten Finanzierung mit einlagengleichem Charakter im Gesellschaftsinsolvenz, stellt lediglich eine unselbständige Konsequenz dieser Haftkapitalqualifizierung dar. Die Einforderung steht der einer versprochenen Zuzahlung als verlorenem Zuschuss in das Eigenkapital gleich.

Von besonderem Interesse ist indes, unter welchen Voraussetzungen Gesellschafter die ihren Finanzierungsabreden entnommene gleichwohl aber objektivrechtlich begründete Einlagenqualifikation wieder beseitigen können. So können die Gesellschafter daran interessiert sein, die einlagengleichen Mittel zu deinvestieren oder aber der Gesellschaft unter Aufhebung der gesellschafts- und gläubigerbegünstigenden Wirkungen der einlagengleichen Unternehmensfinanzierung, also mit nunmehr eindeutiger Darlehensfunktion zu belassen.

Dabei wird es - nach allen Erfahrungen mit der (vermeintlichen) Fremdfinanzierung einer Gesellschaft durch ihre Mitglieder - auf die Frage ankommen, ob die Enthaftung der Finanzierung von der Rechtsordnung akzeptiert wird. Dann bleibt die Rückführung der Mittel an die Gesellschafter folgenlos, ein Belassen

---

256 Vgl. oben III. 2. b) bb).

der ehedem einlagengleichen Mittel als Darlehen führte in der Gesellschaftsinsolvenz lediglich zu ihrer Entwertung, nicht jedoch zu ihrem Verlust. Die Gesellschafter könnten derart in Fremdkapital zurückverwandelte einlagengleiche Finanzierungen - sollten sie nicht nach den ganz anders gearteten Rechtsregeln über Eigenkapital ersetzende Gesellschaftsleistungen zwischenzeitlich zu haftendem Kapitalersatz geworden sein – in der Gesellschaftsinsolvenz gleichberechtigt mit allen anderen Gläubigern als Insolvenzforderungen geltend machen[257].

Damit ist das Ergebnis zunächst thesenartig vorgezeichnet: Auch Darlehen, die nach dem Willen der Vertragsparteien zur Verlustdeckung und Voraushaftung bestimmt waren, müssen diese Qualität nicht während ihrer gesamten Laufzeit behalten. Ihre Enthaftung muss ebenso möglich sein wie „echtes" bilanzielles Eigenkapital de-investiert, an die Gesellschafter ausgekehrt und so über eine Reduzierung des Gesellschaftsvermögens dem möglichen Zugriff der Gläubiger in und außerhalb des Insolvenzverfahrens entzogen werden kann[258].

Jede vom Gesellschafter zur Verfügung gestellte oder in der Gesellschaft erwirtschaftete Eigenkapitalform kann - im Grundsatz unabhängig von Bindungsgrad, dem sie unterworfen ist - an die Gesellschafter ausgekehrt werden[259].

Divergenzen sieht das GmbHG in Abhängigkeit von den gestaffelten Bindungsstufen im Gesellschaftsvermögen allein für das bei der Rückgewähr einzuhaltende Verfahren vor. So ist für die Ausschüttung von Vermögen, das durch die Stammkapitalziffer geschützt ist, das zeitaufwendige und mit unerwünschter Publizität belastete Verfahren der Kapitalherabsetzung einzuhalten. Die Rückführung von Nachschüssen folgt in § 30 Abs. 2 GmbHG wiederum eigenen, weniger scharfen Regeln, ist aber gleichfalls möglich[260].

Unproblematisch ist die Rückzahlung von „einfachem" Eigenkapital, also solchen Vermögenspositionen, die nicht der Bindung des § 30 GmbHG unterliegen. Hier ist die Rückführung jederzeit ohne Einhaltung gläubigerschützender Kautelen möglich; Voraussetzung ist allein, dass der den Gläubigern durch die

257 H.M., erhalten bleiben muss allein das statutarische Stammkapital.

258 So thesenartig formuliert von von Gerkan/Hommelhoff, Kapitalersatz, S. 26. Gefordert auch von Priester EWiR 86, S. 902.

259 Zum Verfahren der ordentlichen Kapitalherabsetzung Lutter/Hommelhoff, § 58 Rz. 4 ff.

260 Zur allerdings wenig praxisrelevanten Rückzahlung von Nachschüssen Baumbach/Hueck, § 30 Rz. 35; Lutter/Hommelhoff, § 30 Rz. 51 f.

Veröffentlichung im Handelsregister zur Aufbringung und Erhaltung versprochene Mindesthaftungsfonds unangetastet bleibt.

ba) Voraussetzungen der Enthaftung

Schaut man sich nun im Einzelnen die Voraussetzungen an, unter denen einlagengleiche Finanzierungen ihre Eigenschaften verlieren können, so ergibt sich die Notwendigkeit der Differenzierung:

Einerseits ist zu berücksichtigen, dass die Rechtsfolgen, die sich aus der Qualifizierung als Gesellschaftsvermögen ergeben, das Ergebnis der Anwendung **objektiven Rechts** auf eine privatautonom gestaltete Vereinbarung sind. Dies setzt wiederum objektive Maßstäbe für die Beseitigung dieser Rechtsfolgen.

Andererseits kann nicht unberücksichtigt bleiben, dass die Haftkapitaleigenschaft gerade auf der vertraglichen Abrede der Parteien beruht[261]. Ein möglicher Ansatzpunkt ist daher auch in der Aufhebung der zugrunde liegenden vertraglichen Abrede zu suchen.

bb) Individualvertragliche und verbandsrechtliche Elemente

Sollen die Rechtsfolgen aus einer einlagengleichen Gesellschafterfinanzierung entfallen, so ist eines sicher erforderlich: Die Vereinbarung, die nach dem Zugriff des objektiven Rechts die Gestaltung dem Haftkapital zuordnet, muss von den Beteiligten aus der Welt geschafft werden. Nur so kann einer objektivrechtlichen Haftkapitalqualität die Grundlage entzogen werden.

Welche Voraussetzungen dies im Einzelnen sind, orientiert sich naturgemäß an den Tatbestandsvoraussetzungen der einlagengleichen Finanzierung. Wie sich zeigen wird, können aber je nach Gestaltung Voraussetzungen notwendig werden, die über den oben festgestellten Mindesttatbestand hinausgehen.

---

261 Insoweit zutreffend die Rechtsprechung, BGHZ 104, 33, 39 f., m. w. N.

(1) Individualvertrag

Die Einlagenqualität von Darlehen kann sich auch aus der Gestaltung des einfachen Darlehenvertrages ergeben. Voraussetzung ist eine Abrede, die das Darlehen dem haftenden Vermögen der Gesellschaft zuweist[262].

Geht es nun darum, die aus dieser Abrede resultierenden Rechtsfolgen zu beseitigen, so muss in einem ersten Schritt der von den Parteien als rein schuldrechtlich gewollte Status Quo beseitigt werden. Auch wenn die Rechtsfolgen des Haftkapitalcharakters letztlich von der Anwendung des objektiven Rechts ausgeht, ist Ansatzpunkt für die Würdigung einer Finanzierung an den Rechtsformvoraussetzungen der Rechtsordnung für eine noch akzeptierte Fremdfinanzierung bzw. bereits als Eigenkapitalausstattung einzugruppierende Mittelzuführung die individuelle Vertragsgrundlage.

Unverzichtbare, vielleicht jedoch nicht alleinige, Voraussetzung ist es also, dass die am Vertrag Beteiligten ihre Abrede aufheben oder jedenfalls soweit modifizieren, dass die Rechtsformvoraussetzungen einer Einlagenqualifizierung nunmehr leer gehen.

Dieser Gedankenschritt ist als Voraussetzung einer Enthaftung durchaus ernst zu nehmen. In der Praxis würde seine Feststellung indes keine Probleme bereiten, so dass die Wertigkeit als eigenständiges Merkmal eher gering ist. So müsste jede tatsächliche Rückgewähr zumindest des gesamten Finanzierungsbetrages als einvernehmliche Aufhebung der Verlustdeckungs- und Voraushaftungsfunktion angesehen werden. Anders mögen sich die Dinge verhalten, wenn nur ein Teilbetrag der ursprünglich ausgereichten Gesamtfinanzierung zurückgeführt wird. Hier ließe sich die Erwägung anstellen, dass dieser Teil-De-Finanzierung zu entnehmen ist, dass die Gesellschaft und damit auch der Gesellschafter ein modifiziertes Finanzierungskonzept verfolgen. Hieran ließe sich knüpfen, dass die Gesellschafter nach ihrer Planung der künftigen Finanzstruktur nicht länger davon ausgehen, die Mittel in ihrer einlagengleichen Ausgestaltung und dem damit verbundenen hohen Maß an Finanzierungssicherheit zu benötigen. Dies für den ausgeschütteten Teilbetrag offenkundige Ergebnis könnte indes auf die verbleibende Finanzierung ausstrahlen. Überzeugend scheint diese These allerdings nur dann, wenn auch die einlagengleiche Finanzierung in ihrem Tatbestand zuvor bereits nur aus den Umständen der Gewährung hergeleitet werden

---

[262] Nach der hier vertretenen Auffassung nur, wenn die Gestaltung die Voraushaftungs- und Verlustdeckungsfunktion ergibt, dazu oben III. 3. f) fa).

konnte. Sind die Vereinbarungen, die eine Gesellschafterfinanzierung zum haftenden Vermögen der Gesellschaft machen, dagegen ausdrücklich - vornehmlich etwa in der Schriftform - getroffen, scheidet die Annahme aus, den verbleibenden Teil der Finanzierung das rechtliche Schicksal der zurückgezahlten Mittel teilen zu lassen. Hier ist davon auszugehen, dass etwaige Veränderungen in der Finanzplanung nicht automatisch auf die Restfinanzierung durchschlagen. Eine formelle Fremdfinanzierung, die ihren Einlagencharakter aus einer ausdrücklichen dahingehenden Abrede gewinnt, bleibt daher als einlagengleiche Finanzierung bestehen, wenn nur ein Teilbetrag - insoweit indes unter schlüssiger Aufhebung des Einlagencharakters - zurückgewährt wird.

Soweit die Finanzierung ganz oder teilweise in der Gesellschaft verblieben ist, kommt eine Beseitigung der Haftkapital-Rechtsfolgen im ersten Schritt nur durch eine Aufhebung derjenigen Vertragsbestandteile in Frage, die die Mittelzufuhr dem Vermögen der Gesellschaft zugeordnet und so den Einlagencharakter begründet haben.

Erforderlich wäre also, dass Gesellschaft und Gesellschafter die vertraglichen Abreden aufheben, die die Finanzierung als Bestandteil des zur Verlustdeckung und Voraushaftung gewidmeten Vermögens ausweisen. Dies wird regelmäßig in der Weise zu geschehen haben, wie auch die Einlagenqualität begründet worden ist: Eine ausdrückliche, schriftliche Vereinbarung, dass ein Darlehen nur als Bestandteil des Abfindungs- oder Liquidationsguthabens getilgt werden darf, muss durch einen ebenso deutlichen actus contrarius aufgehoben werden.

(2) Finanzierung auf der Grundlage des Gesellschaftervertrages oder eines Gesellschafterbeschlusses

Der erste Schritt, mit dem der finanzierende Gesellschafter die Einlagenfunktion seiner Finanzierung rückgängig machen kann, ist die Aufhebung der entsprechenden Abreden auf der Ebene des individuellen Darlehensvertrages. Diese Anforderung ist aber nur dann hinreichend, wenn dem finanzierenden Gesellschafter überhaupt die alleinige Rechtsmacht zukommt, die gegenüber der Gesellschaft eingegangene Verpflichtung nach Art und Inhalt allein im Zusammenwirken mit der Gesellschaft - d. h. ihrem Geschäftsführer - aufzuheben oder abzuändern. Soweit die Unternehmensfinanzierung allein auf der Initiative des Gesellschafters und der Geschäftsführung beruht, ist dies unzweifelhaft der Fall.

Anders mag die Situation aber schon dann sein, wenn der jeweilige Gesellschafter bereits aufgrund einer Satzungsabrede oder eines - mit seiner Zustimmung gefassten - Gesellschafterbeschlusses verpflichtet ist, die Gesellschaft mit (vermeintlichem) Fremdkapital zu finanzieren.

Dies sind etwa die Fallgestaltungen, die in dem Recht der (Publikums-)Kommanditgesellschaft die „gesplittete Einalge“ bekannt gemacht haben [263].

Geht man hier davon aus, dass der Gesellschaftsvertrag oder Gesellschafterbeschluss bereits in allen Einzelheiten vorgibt, zu welchen Bedingungen die Gesellschafter Kapital zur Nutzung zu überlassen haben, kann dies nicht ohne Auswirkungen auf die Befugnisse der Geschäftsführung und jedes einzelnen Gesellschafters bleiben, die Finanzierung aufzuheben oder auch nur inhaltlich zu modifizieren. Nur in dem Rahmen, wie der Gesellschaftsvertrag bzw. Gesellschafterbeschluss den Beteiligten hinsichtlich des Ob bzw. Wie der Darlehensfinanzierung Entscheidungs- und Ausgestaltungsfreiheit belässt, können die Parteien eines Darlehensvertrages auch bei der Aufhebung von Vertragsbedingungen oder des Vertrages als Ganzem die Rechtsmacht zu eigenverantwortlichem Handeln ausüben. Soweit die verbandsrechtlichen Vorgaben hinsichtlich Laufzeit, Rückzahlungsmodus, Verzinsung nur nach einer Auslegung dieser Grundlagen für die Gesellschafter verbindlich und nicht verhandelbar sein sollen, bedarf es zu ihrer Abänderung einer entsprechenden Änderung der gesellschaftsrechtlichen Finanzierungsgrundlage.

Nur wenn der Gesellschaftsvertrag oder ein entsprechender Beschluss die regelmäßig vom Gesellschafter gewünschte Rückführung oder Vertragsänderung gestattet, kann diese von den am Darlehensvertrag Beteiligten letztlich wirksam umgesetzt werden. Einer ohne dieses Plazet des Verbands bewirkten Modifikation oder Vertragsaufhebung stünde die fortdauernde Gewährungspflicht nach Art und Umfang dem Gesellschafterhandeln dauerhaft entgegen [264]. Zuvor wäre bei allein zivilrechtlicher Beurteilung auch diese Maßnahme gegenüber Gesellschafter und Gesellschaft wirksam. Die Gesellschaft könnte jedoch auf der Grundlage der fortbestehenden Satzungs- oder Beschlusslage jederzeit erneut verleugnen, dass der Gesellschafter ihr in der Unternehmensfinanzierung die ihr zustehende Rechtsposition erneut einräumt.

Angewandt auf das Phänomen einlagengleicher Finanzierungen bedeutet dies: Beruht die Finanzierung, die nach den Maßstäben objektiven Rechts nicht mehr als Fremdfinanzierung, sondern bereits als vermögensmehrende Einlagenfinan-

---

[263] BGHZ 104, 33, m. w. N. auf S. 39.

[264] Ebenso: Priester in EWiR 1986, S. 902.

zierung zu qualifizieren ist, auf einer gesellschaftsrechtlichen Gewährungspflicht, so kann die Aufhebung der mit dieser Qualifizierung verbundenen Rechtsfolgen nur mit der Hilfe der anderen Gesellschafter bewirkt werden. Nur auf der Grundlage einer solchen mitgliedschaftlichen Entscheidung kann der Finanzierungspflicht ein anderer Inhalt gegeben, kann sie aufgehoben werden.

Auch wenn eine entsprechende Satzungsabrede oder ein Gesellschafterbeschluss keine unverzichtbare Voraussetzung sind, um eine als Fremdfinanzierung titulierte Gesellschafterfinanzierung dem Gesellschaftsvermögen und damit dem den Gläubigern zur Verfügung stehenden Haftungsfonds zuzuordnen[265], ist eine dennoch von den Gesellschaftern gewählte Gestaltung dieser Art von Bedeutung; dies jedenfalls dann, wenn es gilt, die Rechtsfolgen einer einlagengleichen Finanzierung wieder zu beseitigen.

bc) Objektiv-rechtliche Voraussetzungen der Enthaftung

Gesellschafter werden vielfältig daran interessiert sein, die - möglicherweise inzwischen erkannte - Haftkapitalfunktion einer einlagengleichen Finanzierung zu beseitigen. Im Vordergrund steht dabei das Bestreben, die Mittel endgültig und folgenlos der Vorаushaftung und Verlustdeckung zu entziehen[266], die sie durch die alleinige Rückgewährungsmöglichkeit als Abfindungs- oder Liquidationsguthaben gewonnen haben.

In einem ersten Schritt wurde die Notwendigkeit erläutert, auf Seiten der Gesellschafter die Voraussetzungen zu schaffen, die Finanzierungen nicht länger mit einer Gestaltung zu unterhalten, die ihre Qualifizierung als haftendes Kapital zu einer unausweichlichen Folge macht.

Die Erfüllung der hierzu erkannten Voraussetzungen reicht jedoch nicht hin, um die vollständige Enthaftung zu erzielen. So kann es trotz der seitens der beteiligten Gesellschafter und Gesellschaft gebotenen acti contrarii dazu kommen, dass die Rechtsfolgen des Haftkapitalcharakters bestehen bleiben.

Genügt aber der auf die Aufhebung der einlagengleichen Gestaltung gerichtete Wille nicht, um die Haftkapitalfunktion uneingeschränkt zu beseitigen, ist auf

---

265 So aber dezidiert der BGH in BGHZ 104, 33 ff., wenn auch nicht als alleiniges Tatbestandsmerkmal gefordert; daneben Erfordernis materieller Eigenkapitalfunktion, vgl. dazu aber die neue Rechtsprechung in BGHZ 121, 41 f.

266 Nur so ist oftmals das Verhalten der Beteiligten in den Rechtsprechungs-Fällen zu erklären, vgl. etwa die Sachverhalte der in Fn. 152 wiedergegebenen Rechtsprechung.

objektiv-rechtliche Anforderungen hinzuweisen, die die Qualifizierung und ihre Aufhebung mit beeinflussen können. Die Darstellung soll sich dabei erneut an den Situationen orientieren, in denen es auf die Unterscheidung zwischen der Qualifizierung einer Gesellschafterfinanzierung als Fremdmittel - bzw. Eigenmittelzufuhr ankommt. In den oben vorgegebenen Situationen geht es insbesondere darum, ob Gesellschaftermittel in der Gesellschaftsinsolvenz haften und - in Abhängigkeit davon - der Kapitalbindung nach § 30 GmbHG unterfallen.

Aus den in diesem Zusammenhang für Eigenkapitalfinanzierungen geltenden Regeln lassen sich möglicherweise auch Konsequenzen für die Abzugs- oder Enthaftungsmodalitäten einlagengleicher Finanzierungen entwickeln.

bd) Kapitalbindung nach §§ 30, 31 GmbHG

Dass einlagengleiche Finanzierungen aufgrund ihres Haftkapitalcharakters der Kapitalbindung zugunsten des gläubigerschützenden Mindesthaftungsfonds unterliegen, wurde eingehend begründet. Auf eine erneute Erörterung an dieser Stelle kann daher verzichtet werden. An Bedeutung gewinnt jedoch die Frage, welche Konsequenzen aus dieser Rechtsfolge kraft objektiven Rechts gezogen werden müssen, soweit es die Rückführung der Mittel betrifft. Wenn das von den Gesellschaftern als einlagengleiches Kapital zugeführte „Darlehen" zu dem Vermögen der Gesellschaft zu rechnen ist, welches zur materiellen Abdeckung der nominellen Stammkapitalziffer dient, so kann sich hieraus jene Konsequenz herleiten lassen, die in objektiv-rechtlicher Hinsicht die Enthaftungsvoraussetzungen prägt.

Wie erwähnt, beruht die Haftkapitalfunktion einlagengleicher Darlehen nur in zweiter Linie auf der rechtsgeschäftlichen Gestaltung der Gesellschafter. Zwar ist diese Grundlage und Ansatzpunkt der rechtlichen Würdigung und Rechtsfolgenermittlung. Gleichwohl sind die rechtlichen Konsequenzen nicht vom Willen der Gesellschafter umfasst, so dass sich von gewillkürtem Einlagenkapital nicht sprechen lässt. Ihre rechtliche Qualifizierung gewinnen sie erst über einen Vergleich des von den Gesellschaftern mit der Gesellschaft vereinbarten Finanzierungsbedingungen mit dem objektiv-zwingenden Anforderungen an eine Eigenkapitalfinanzierung als somit erkannte Rechtsformverfehlung.

Bestimmt sich aber die Rechtsfolge zuvörderst nach den Maßgaben des objektiven Rechts, dann ist dieses auch dann zu berücksichtigen, wenn es um die Beseitigung dieser Rechtsfolgen geht.

be) Gläubigerschutz ohne objektiv-rechtliche Rechtfertigung

Die als materielles Einlagenkapital gekennzeichneten Gesellschafterdarlehen sind haftendes Kapital der Gesellschaft. Diese Eigenschaft gewinnen sie nicht aufgrund einer Umqualifizierung, sondern sie sind es als Ergebnis einer Qualifizierung[267]. Wesentliche Rechtsfolge ist die, dass die Gesellschafter eine Rückführung der Mittel in der Unterbilanz der Gesellschaft nicht beanspruchen können. Da die Unterbilanz dahingehend definiert ist, dass das den Gläubigern versprochene Mindest-Gesellschaftsvermögen nicht mehr voll durch Haftungsmasse gedeckt ist und in die hier erforderliche Gegenrechnung jeder als Haftkapital zur Verfügung stehende Gesellschaftsvermögen einzubeziehen ist, darf in einer solchen gläubigergefährdenden Situation kein weiteres Haftkapital die Gesellschaft verlassen. Dabei kommt es nicht darauf an, welcher Haftkapitalkategorie die Finanzierung zuzuordnen ist[268]. Entscheidend für die Kapitalbindung ist allein der haftende Charakter.

Dieser objektiv-rechtliche Ansatz für die Kapitalbindung muss sich naturgemäß fortsetzen, wenn es darum geht, die Mittel der Haftung zu entziehen, sie also vollständig aus der Gesellschaft abzuziehen oder doch ihren Charakter von haftendem Einlagenkapital zu in der Insolvenz nur entwertetem Gesellschafterfremdkapital herabzustufen.

Damit ergibt sich der nicht unerwartete Befund: Rein schuldrechtlich ist jeder Gesellschafter frei, jederzeit mit der Gesellschaft die Aufhebung der Finanzierungsvereinbarung zu verabreden. Beruht die Finanzierungspflicht auf satzungsrechtlicher Grundlage oder liegt ihr ein Gesellschafterbeschluss zugrunde, gibt es ebenfalls keine Rechtsnorm, die die Gesellschafter daran hindern könnte, die erforderliche gesellschaftsrechtliche Gegenmaßnahme zu vollziehen.

Indes bleibt jeder dieser De-Investitionsmaßnahmen der Erfolg versagt, wenn die Kapitalsituation der Gesellschaft sie nicht mehr zulässt. So kann eine einlagengleiche Finanzierung nicht mehr an den Gesellschafter zurückgeführt werden, wenn das Vermögen der Gesellschaft nicht mehr den den Gläubigern im

---

267 Dazu die Ausführungen oben unter III. 3. a).

268 Die Voraushaftungs- und Verlustdeckungsfunktion ist eigenkapitaltypisch, aber unabhängig vom Bindungsgrad des Eigenkapitals.

Handelsregister versprochenen Umfang hat[269]. Dieser Situation gleichgestellt ist, dass die Unterbilanz erst durch die Rückzahlung der Mittel ausgelöst wird[270].

Aber nicht nur der Umwidmung einlagengleicher Darlehen in Form des unmittelbaren Mittelabflusses zurück in Fremdkapital steht die Einbeziehung in die GmbH-rechtliche Kapitalbindung entgegen; ebenso betroffen sind Finanzierungen, die nach der Aufhebung ihres Einlagencharakters als normales - und auch nicht nach den Grundsätzen Eigenkapital ersetzender Gesellschaftsleistungen umqualifiziertes - Fremdkapital verbleiben. Denn diese Mittel erhalten der Gesellschaft nur ein gewisses Liquiditätspotential. Jedoch stehen sie nunmehr den Gesellschaftsgläubigern nicht länger als Haftungsmasse zur Verfügung. In einem Insolvenz- oder Zwangsvollstreckungsverfahren könnten die Gläubiger auch auf diese Gesellschaftermittel nicht mehr zugreifen; vielmehr stünden Gesellschafter mit ihren Tilgungs- und Verzinsungsansprüchen in direkter Konkurrenz zu den - ungesicherten - Gläubigern im Wettlauf um das verbliebene Gesellschaftsvermögen[271]. Entsprechende Enthaftungsmaßnahmen bleiben daher wirkungslos, wenn sie die Gesellschaft in die Unterbilanz führen oder eine schon bestehende Unterdeckung des Stammkapitals verschärfen würden.

Verstoßen Gesellschafter und Gesellschaft gegen diese Finanzierungs- und De-Finanzierungspostulate ergibt sich auch hier ein klarer Befund:

Zum einen kann und muss sich der Geschäftsführer gegen Anstrengungen und Weisungen der Gesellschafter zur Wehr setzen, die der Gesellschaft nach § 30 GmbHG gebundenes Haftkapital entziehen würden. Gibt der Geschäftsführer einem solchen Drängen nach, besteht die Gefahr einer Schadensersatzpflicht nach § 43 Abs. IV GmbHG[272].

Kommt es zum Vollzug einer nach § 30 GmbHG sanktionierten De-Finanzierung, hat der Geschäftsführer die ihm zu Gebote stehenden Maßnahmen zu ergreifen, um den Mindesthaftungsfonds wieder aufzufüllen. Dabei steht dem

---

269 Zentraler Grundsatz der Kapitalerhaltung; Sicherung des Mindesthaftungsfonds.

270 Auszahlungsverbot, wenn Mittelabfluss Unterbilanz entstehen lässt, Lutter/Hommelhoff, GmbHG, § 30 Rz. 26.

271 Unbenommen ist jedoch eine zwischenzeitliche Umqualifizierung nach objektivem Recht, etwa durch Belassen in der Krise, vgl. hierzu BGHZ 75, 334, 338 f.; von Gerkan, GmbHR 1986, 218, 220; ders., GmbHR 1990, 384, 387; Hachenburg/Ulmer, GmbHG, §§ 32 a, b, Rz. 27, 30 ff., 87 ff.; Scholz/K. Schmidt, GmbHG, §§ 32 a, b, Rz. 44, 46 ff., 100.

272 Hierzu: Lutter/Hommelhoff, GmbHG, § 31 Rz. 28, § 43 Rz. 25.

Geschäftsführer und vor allem dem Insolvenzverwalter als Anspruchsführer der gesellschaftsrechtliche Rückgewährungsanspruch aus § 31 GmbHG zur Verfügung. Die unter Verletzung der Stammkapitalziffer aus dem Haftungsfonds der Gesellschaft ausgeschiedenen Vermögenspositionen sind der Gesellschaft wieder einzuräumen.

Dieser Befund deckt sich in weiten Teilen mit den Auffassung jener, die Finanzplanfinanzierungen außerhalb des bewährten Rechts der Eigenkapital ersetzenden Gesellschafterleistungen sehen. Soweit etwa vertreten wird, dass in jenem Konzept die Bindung einlagengleicher Gesellschafterleistungen ihre Rechtfertigung im Konsens zwischen der Gesellschaft und ihrem Gesellschafter über den Leistungszweck findet, wird etwa darauf abgestellt, dass derartige Finanzplanfinanzierungen - seien sie gewährt oder nur zugesagt - ab Krisenbeginn ihre vereinbarte Zwecksetzung gerade entfalten. Die ihnen damit beigelegte Funktion von materiellem Eigenkapital als Risikopuffer soll erfordern, dass sie vom Gesellschafter nun nicht mehr entzogen oder vorenthalten werden können. Der Bundesgerichtshof etwa erwägt, die Entpflichtung derartiger Fremdmittel nur unter den Voraussetzungen einer die Gläubiger beteiligenden Kapitalherabsetzung zuzulassen[273]. Angreifbar ist diese Auffassung, soweit sie einen unter Umständen festzustellenden Konsens unter den Gesellschafter hinsichtlich der tatsächlichen Funktion einer Finanzierung in der Gesellschaft im Wege der Rechtsgeschäftsauslegung einer Subordination der Mittel beilegen will. Dies ist in der erforderlichen Klarheit nur in seltenen Fällen möglich.

6. Verjährungsfragen

Verjährungsfragen stellen sich dort, wo - in der Regel durch den Insolvenzverwalter - die Gesellschaft Ansprüche auf Rückzahlung von einlagengleichen Finanzierungen gegen den Gesellschafter geltend macht. Dem war die Rückerstattung durch den Geschäftsführer unter Verletzung der Stammkapitalziffer vorausgegangen.

273 BGHZ 142, 116, 121; eingehend zum Ganzen Lutter/Hommelhoff, a. a. O., Rz. 171 ff.; Michalski/de Vries, NZG 1999, 185; K. Schmidt ZIP 1999, 1249; Habersack ZHR 161, 484; Altmeppen, Festschrift Sigle, 2000, 216; Henze GmbHR 2000, 1077; Fleischer DStR 1999, 1787.

a) Grundlagen

Auf der Grundlage der vorausgegangenen Befunde macht die Behandlung dieser Fragen kaum Schwierigkeiten: Einlagengleiche Finanzierungen unterliegen der Vermögensbindung des § 30 GmbHG in analoger Anwendung, da sie materiell Gesellschaftsvermögen darstellen. Dann aber sollte diese Spezies von Gesellschaftsvermögen hinsichtlich der Verjährung von Rückerstattungsansprüchen nach § 31 GmbHG keinen Besonderheiten unterliegen.

Für die Verjährung von Rückerstattungsansprüchen bezogen auf Forderungen aus stammkapitalverletzenden Vermögensabflüssen an die Gesellschafter, enthält § 31 Abs. 5 GmbHG eindeutige Regelungen. Derartige Abflüsse können innerhalb von fünf Jahren nach der Auszahlung zurückverlangt werden. Diese Maßgabe muss auch für einlagengleiche Finanzierungen gelten[274].

b) Gleichwertigkeit von Auszahlung und Umwidmung; „Vermögensabfluss" durch Umwidmung

Diese Verjährungsregelung gilt einmal für den Fall, dass einlagengleiche Gesellschafterfinanzierungen an den Gesellschafter zurückgeflossen sind. Die Schutznorm des § 30 GmbHG ist dann offenkundig verletzt; denn der Gesellschaft ist Haftkapital in einem Umfang entzogen, der den den Gläubigern registerrechtlich zugesagten Mindestfonds an Haftungsmasse berührt.

Dieser Effekt der gläubigerbenachteiligenden Auszahlung haftenden Kapitals unter Verletzung der Stammkapitalziffer kommt aber auch in weiteren Fällen in Betracht. Diese sind dadurch gekennzeichnet, dass nicht unmittelbar ein Vermögensfluss im Sinne echten Zahlungsverkehrs von der Gesellschaft an den Gesellschafter stattfinden muss. Die für den Gläubigerschutz relevante Verletzung des Prinzips effektiver Kapitalerhaltung ist auch dann eingetreten[275], wenn Mittel auf andere Weise dem Befriedigungszugriff der Gesellschaftsgläubiger entzogen ist.

Hier kommt die oben bereits erörterte Umwidmung von einlagengleichen Finanzierungen in rein schuldrechtliche Kreditbeziehungen in Frage.

Die Parteien einer einlagengleichen Finanzierung können den Charakter haftenden Kapitals u. a. dadurch aufheben, dass sie diejenigen Abreden, die die

---

274 Angedeutet bei: Lutter/Hommelhoff, GmbHG, §§ 32 a, b, Rz. 169 ff.

275 Zur Umqualifizierung, vgl. bereits Teil 1, I. 2. c).

Zugehörigkeit der Mittel zum Verlustdeckungs- und Voraushaftungspotential der Gesellschaft begründen, aufheben.

Ob dies letztlich mit befreiender Wirkung möglich ist, hängt davon ab, ob der actus contrarius und die Rückführung der Mittel zu einer Unterdeckung des Stammkapitals führen[276].

Darauf kommt es aber letztlich gerade für die Verjährungsproblematik nicht notwendig an. Denn hier geht es im Rahmen des § 31 GmbHG gerade darum, Vermögenspositionen, die bei ihrem Abfluss durch § 30 GmbHG gebunden waren, der Gesellschaft im Interesse ihrer Gläubiger wieder zuzuführen.

Ein solcher materieller Abfluss von Vermögenspositionen ist aber auch dann festzustellen, wenn die Gesellschafter die Mittel in der Gesellschaft belassen, jedoch mit der Aufhebung der Zugehörigkeit zum Voraushaftungs- und Verlustdeckungspotential die rechtsgeschäftliche Grundlage entfallen ist, die Finanzierungen im Wege der Rechtsformverfehlung nach objektiven Vorgaben als materielles Haftkapital zu qualifizieren. Dies hat zur Folge, dass die Mittel nunmehr als Verbindlichkeiten der Gesellschaft zu behandeln sind. Trotz Verbleibens in der Unternehmen vermögen die Mittel dann aber nur noch die Liquidität der Gesellschaft günstig zu beeinflussen. Befriedigungspotential zugunsten der Gläubiger bieten sie nicht mehr. Geschäftsführer und Insolvenzverwalter können die Wiedereinräumung der früheren Rechtsposition verlangen, soweit die Änderung der Finanzierungsstruktur zu einer Unterdeckung der Stammkapitalziffer geführt hat. Dieser Anspruch auf Wiedereinbeziehung in den Haftkapitalfonds ist in der Frist des § 31 Abs. 5 GmbHG durchsetzbar.

c) Fazit: Verjährung

In den Verjährungsfragen finden sich die Ergebnisse bestätigt, die hinsichtlich der Qualifizierung einlagengleicher Gesellschafterfinanzierungen entwickelt wurden. Als materielles Gesellschaftsvermögen unterfallen derartige Finanzierungen der Vermögensbindung des § 30 GmbHG. Verletzungen dieser Stammkapitalziffer können durch unmittelbare Auszahlungen an den Gesellschafter eintreten, aber auch durch bloße Umwidmungen des materiellen Haftkapitals in schuldrechtliche Rechtspositionen.

---

276 Allg. Voraussetzung für Rechtsfolge aus § 31 GmbHG: Scholz/K. Schmidt, GmbHG, §§ 32 a, b, Rz. 7 ff.; Hachenburg/Ulmer, GmbHG, §§ 32 a, b, Rz. 28 ff.

In beiden Fällen sind die begünstigten Gesellschafter in der Fünfjahresfrist des § 31 Abs. 5 GmbHG verpflichtet, die Maßnahmen aufzuheben und rückgängig zu machen.

d) Zwischenergebnis

Einlagengleiche Gesellschafterleistungen sind mit dem gesetzlichen Regelungskonzept zur Kapitalerhaltung für die Rechtsform der GmbH rechtssicher zu erfassen und praktikabel zu handhaben.

Ihr Fortbestand ist allein dadurch geprägt, dass der finanzierende Gesellschafter der als Fremdfinanzierung titulierten Außenfinanzierung den Charakter einer Einlage gibt. Diese Qualifizierung ist dadurch gerechtfertigt, dass in der Kreditbeziehung zwischen Gesellschafter und Gesellschaft die Kriterien und Rechtsfolgen vereinbart werden, die die Mittel nach den objektiven Merkmalen, die die Rechtsordnung zur Verfügung stellt, zwingend dem Gesellschaftsvermögen zuzuweisen. Einlagengleiche Gesellschafterleistungen stellen damit Gesellschaftsvermögen dar, ohne dass dies einer am Gläubigerinteresse orientierten Umqualifizierung bedürfte[277].Daran lassen sich die entsprechenden Rechtsfolgen festmachen: Die Einlagen haften den Gläubigern in und außerhalb der Insolvenz. Im Einzelnen zeigt sich dies darin, dass Zahlungsansprüche in der Insolvenz nicht angemeldet und ausstehende Finanzierungen noch eingefordert werden können, soweit dies zur Gläubigerbefriedigung erforderlich ist[278].

Eine gesonderte Frage ist die, ob die einlagengleichen Darlehen getrennt von der mitgliedschaftlichen Beziehung kündbar sind. Sie ist für die Personengesellschaft vom BGH verneint worden[279], stellt sich aber überhaupt nur dann, wenn man den haftenden Charakter solcher Gesellschafterleistungen auch dann zulässt, wenn die Darlehen nicht nur als Bestandteil eines Abfindungs- oder Liquidationsguthabens zurückgezahlt werden dürfen. Dieser Ansicht, die von der Rechtsprechung und der überwiegenden Literaturmeinung vertreten wird,

---

277 Dies wäre notwendig für einen Ansatz im Rahmen des Ersatzkapitalrechts, Gläubigerschutz als ratio legis; Scholz/K. Schmidt, GmbHG §§ 32 a, b, Rz. 4; Hachenburg/Ulmer, GmbHG, §§ 32 a, b, Rz. 8; dazu auch Begr. RegE 1977, S. 39 f.; BGHZ 109, 55.

278 So die propagierten Rechtsfolgen, allerdings meistenteils auf nach hier vertretener Auffassung fragwürdiger Tatbestandsgrundlage. Zu den Rechtsfolgen: BGHZ 104, 33; BGH JuS 1985, 145 mit Anm. K. Schmidt; NJW 1981, 2251; JuS 1985, 557 mit Anm. K. Schmidt BGHZ 93, 159; ebenso referierend von Gerkan/Hommelhoff, Kapitalersatz, S. 23 f.

279 BGHZ 104, 33, 37.

konnte hier nicht gefolgt werden. Die Gesamtwürdigung von Darlehensbedingungen mit Blick auf ihre Einlagengleichheit ist ohne die gleichzeitige Heranziehung objektiv-rechtlicher Umqualifizierungsansätze, wie sie sich in den Regeln über Eigenkapital ersetzende Gesellschaftsleistungen finden, oder privatautonom-gezielter Rangrücktrittsabreden kein taugliches Mittel, einen Haftkapitalcharakter von formellem Fremdkapital zu begründen. Ein Teilbereich der als einlagengleiche Finanzierungen beschriebenen Fremdfinanzierungen lässt sich jedoch über die zutreffende Qualifizierung als Gesellschaftsvermögen erfassen. Die damit verbundene Einbeziehung in das Haftkapital der Gesellschaft und die Kapitalerhaltung bestimmt die Rechtsfolgen. Solche Darlehen tragen in und außerhalb der Insolvenz haftenden Charakter. Dieser Charakter kann nur beseitigt werden, wenn die Gesellschafter die tatsächlichen Bedingungen der rechtlichen Würdigung in einer Weise modifizieren, die den Vorwurf der Rechtsformverfehlung nicht länger rechtfertigt. Als zweiter, bedeutender, Schritt muss hinzukommen, dass eine haftungsrechtliche Herabstufung der Gesellschaftermittel mit den objektiv-zwingenden Grundsätzen der GmbH-rechtlichen Kapitalerhaltung vereinbar ist. Dies ist nur der Fall, wenn die Rückstufung die Gesellschaft nicht in eine Unterbilanz führt oder eine bestehende Unterdeckung des Stammkapitals verschärft.

Ungeachtet der Frage, ob man derart einlagengleiche Finanzierungen in letzter Konsequenz als echtes, auch bilanzielles Eigenkapital kennzeichnen will, sind derartige Finanzierungen haftungsrechtlich als Eigenkapital/Vermögen der Gesellschaft zu bewerten und entsprechend zu behandeln. Die Rechtsfolgen sind damit denen vergleichbar, die für formelles Eigenkapital der Gesellschaft gelten.

e) Reichweite der Qualifizierung - Rechtsfolgen

Als Zwischenergebnis konnte festgestellt werden, dass formelles Fremdkapital in der KG (wie in der GmbH) dann als Eigenkapital zu qualifizieren ist, wenn die Partner der Finanzierungsabrede die Rückzahlung der Finanzierung in der Weise an die Mitgliedschaft in der Gesellschaft binden, dass die Tilgung allein als Bestandteil eines Abfindungs- oder Liquidationsguthabens möglich sein soll[280].

---

[280] Damit ist die Vereinbarung der materielles Eigenkapital kennzeichnenden Voraushaftungs- und Verlustdeckungsfunktion vorgenommen; ebenso: Mundry, Darlehen und stille Einlagen, S. 109, 110.

Das unmittelbare Auslegungsergebnis der rechtsgeschäftlichen Erklärungen - sei es auf der Ebene des einfachen schuldrechtlichen Vertrages, sei es auf gesellschaftsrechtlicher Grundlage - ist zunächst begrenzt auf die in der Erklärung aufgeführten Situationen: Scheidet ein Gesellschafter aus oder soll die Gesellschaft liquidiert werden, so ist für diese Situation die Eigenkapitaleigenschaft vereinbart, wenn die Mittel als Gesellschaftsvermögen zuvor den Gläubigern als Haftungspotential zur Verfügung stehen.

Dieser durch Auslegung gewonnenen Erkenntnis ist jedoch noch nicht zu entnehmen, welches haftungsrechtliche Schicksal solche Finanzierungen in dem für die Gläubiger wohl wichtigsten Ereignis der gesellschaftlichen Tätigkeit nehmen: der Gesellschaftsinsolvenz und ihrem sachlichen und zeitlichen Umfeld.

Bei vordergründiger Betrachtung liegt hier das Ergebnis nah, dass eine Haftkapitaleigenschaft auf dem in diesem Kapital verfolgten Weg der Rechtsgeschäfts- und Willenserklärungsauslegung für die Insolvenzsituation nicht zu erzielen ist. Denn in den Fällen, die die Abfindungs- und Liquidationssituation in Bedacht genommen haben, ist die praktisch so bedeutsame Gesellschaftsinsolvenz nicht erfasst. Daraus ließe sich schließen, dass es in der Insolvenzsituation nach dem Willen der Beteiligten bei der der äußeren Bezeichnung entsprechenden Fremdkapitaleigenschaft verbleibt.

Dieser Zwischenstand berücksichtigt indes nicht hinreichend, dass die Parteien es nur in begrenztem Umfang in der Hand haben, die Rechtsfolgen des von ihnen gewählten und gewollten Finanzierungskonzepts zu bestimmen.

Schon zuvor musste aus gegebenem Anlass darauf hingewiesen werden, dass die Rechtsmacht der Beteiligten, Rechtsfolgen über die von ihnen abgegebenen Willenserklärungen herbeizuführen, in dem Sinne begrenzt ist, als ein einmal per Auslegung als gewollt erkannter Rechtsbereich auch die Rechtsfolgen zur Anwendung bringt, die die Parteien nicht unmittelbar in ihren Willen aufgenommen hatten. So muss den Parteien nicht unmittelbar bewusst gewesen sein, dass sich mit der Vereinbarung, die Finanzierungen nur als Abfindungs- oder Liquidationsguthaben zurückfordern zu können, eine Voraushaftungs- und Verlustdeckungsfunktion jedenfalls für diese konkret bezeichneten Situationen verbindet[281].

---

[281] Dazu oben III. 3. b).

Dieser Ansatz lässt sich fortdenken: Wenn es Aufgabe der objektiven Rechtsordnung ist, die Rechtsfolgen letztlich in der ganzen Bandbreite festzulegen, dann könnte aus der Haftkapitalfunktion bei Ausscheiden und Liquidation auch auf eine haftende Funktion in der Gesellschaftsinsolvenz geschlossen werden.

7. Insolvenzhaftung

Dazu ist eine grundlegende Annahme erforderlich: Mit der von den Gesellschaftern und der Gesellschaft verabredeten Haftkapitalfunktion bei Ausscheiden eines Gesellschafters oder der Liquidation der Gesellschaft müssten die Beteiligten eine Finanzierung gewählt haben, die sich durchgängig als (materielles) Eigenkapital qualifizieren lässt.

Lässt sich ein allgemeiner Begriff materiellen Eigenkapitals bereits damit begründen, dass die Parteien für die konkret angesprochenen Situationen - aber dann mit Allgemeingültigkeit - die Fremdmittel mit gläubigerbegünstigender Wirkung in das Gesellschaftsvermögen eingegliedert haben, so folgt daraus das gesamte Spektrum eigenkapitaltypischer Rechtsfolgen.

Für die Annahme einer solchen umfassenden materiellen Eigenkapitalfunktion spricht eine von den Parteien selbst vorgenommene Einbindung der formellen Fremdmittel in die Gesellschaftsfinanzierung. Damit soll nicht etwa auf der Ebene der Auslegung des von den Parteien Gewollten eine Annäherung an die von der Rechtsprechung und auch in der Literatur vielfältig versuchten Qualifizierungsversuche auf der Grundlage einer Gesamtwürdigung des Vertragsganzen versucht werden[282].

Denn gerade im Rahmen dieser hier abgelehnten Rechtsprechung spielt etwa die Langfristigkeit der Kreditausreichung oder die von den Gesellschaftern subjektiv angenommene Unverzichtbarkeit der Mittel zur Erreichung der gesellschaftlichen Ziele eine maßgebliche Rolle.

Stellt man jedoch die Frage, ob aus der insoweit ausreichend erwiesenen, aus der Abfindungsbefangenheit folgenden Haftkapitalfunktion eine breitflächige Eigenkapitalqualifizierung folgt, geht es allein um Ausmaß und Folgen der dadurch angestoßenen Rechtsfolgen.

---

[282] Allen voran BGHZ 104, 33, 40 f.; auf die Behandlung „als Einlage" stellen ab: Scholz/K. Schmidt, GmbHG, §§ 32 a, b, Rz. 38; von Gerkan/Hommelhoff, Kapitalersatz, S. 201 ff.

Eine Gestaltung, nach der Darlehen vom Zeitpunkt der Gewährung oder gar Zusage bis zu einem Ausscheiden des Darlehensgläubigers aus der Gesellschaft oder ihrer Liquidation dem Unternehmen im Übrigen unentziehbar zur Verfügung stehen sollen, werden auf diese Weise vom Darlehensgeber zwangsläufig in das Vermögen der Gesellschaft eingegliedert. Fremdmittel, die unbefristet zur Verfügung stehen sollen und - vorbehaltlich einer zwischenzeitlichen Änderung der Vertragsbedingungen - nur dann zurückgeführt werden können, wenn der Gesellschaftergläubiger ausscheidet oder die Gesellschaft insgesamt liquidiert und in diesen Situationen haftendem Eigenkapital insoweit gleichgestellt als ein Liquidationsanspruch nach Versilberung des Gesellschaftsvermögens nur dann entsteht, wenn zuvor alle Gesellschaftsgläubiger - auch unter Heranziehung der Fremdfinanzierungsanteile der Gesellschafter - befriedigt werden konnten, bilden Eigenkapital. Die gleiche Eigenkapitalfunktion wird deutlich bei der Berechnung eines Abfindungsguthabens, indes ist diese Gestaltung aufgrund der abweichenden Struktur der Kapitalgesellschaft für die GmbH weniger häufig zu erwarten.

Während der gesamten Nutzungsdauer ist die Finanzierung nach dem Willen der Beteiligten daher mit Eigenkapitaleigenschaft behaftet. Dann aber ist es nur folgerichtig, wenn man unter den Voraussetzungen einer solchen Finanzierung ihre Voraushaftungsfunktion nicht nur für die konkret angesprochenen Situationen (Ausscheiden und Liquidation) annimmt, sondern die Finanzierung während ihrer gesamten Laufzeit als das behandelt, als was Gläubiger und Schuldner, d. h. Gesellschafter und Gesellschaft, diese Finanzierung funktionell begreifen. Insoweit scheint es gerechtfertigt, die Mittel in Gesellschaftssituationen sachlich außerhalb und zeitlich vor dem Entstehen eines ausscheidens- oder liquidationsbedingten Abfindungsanspruchs als materielles Eigenkapital zu qualifizieren. Damit korrespondiert dann aber auch die Rechtsfolge, dass eine derart liquidations- und abfindungsbefangene Finanzierung ihre (Voraus-) Haftungsfunktion auch in einer Gesellschaftsinsolvenz entfaltet[283].

a) Rechtsfolgen bei Insolvenz

Diese Mittel müssen dann auch zur Gläubigerbefriedigung vorgehalten werden. „Gläubiger“ dürfen im Insolvenzverfahren – mangels Verbindlichkeiten der Gesellschaft - nicht quotenmäßig befriedigt werden. „Gläubigern“ dieser ver-

---

283 Bedeutende Rechtsfolge auch für „gesplittete Einlage“ nach Verständnis der Rechtsprechung, vgl. etwa die Entscheidungen BGHZ 76, 61 ff.; BGH NJW 1986, 1522 ff.; BGH NJW 1981, 2251 ff.; NJW 1985, 1079 f.; BGHZ 93, 159 ff.

meintlichen Darlehensrückforderungsansprüche stehen in einer Gläubigerversammlung keine Stimmrechte zu; ihre „Ansprüche“ sind nicht anmeldefähig[284].

Macht man dann aber ernst mit der Grundaussage, dass die Gesellschafter die Unternehmung schon nach ihren eigenen Vorgaben Kapital mit haftender Funktion zugesagt und ggf. auch gewährt haben, dann ist es nur konsequent, diesen Finanzierungsanspruch auch vollends insolvenzfest auszugestalten:

War die Gesellschaft berechtigt, eine Finanzierung einzufordern, die nach den zuvor erarbeiteten Kriterien in sämtlichen für den Gläubigerschutz relevanten Situationen als Haftkapital konzipiert war, so muss die Durchsetzung der Einforderung auch dem Insolvenzverwalter möglich sein. Tritt mit der Insolvenzeröffnung die Fälligkeit von Zahlungspflichten gegenüber der Gesellschaft ein, so hat der Insolvenzverwalter die Mittel in ihrer Rechtsnatur als Haftkapital einzufordern, soweit sie erforderlich sind, um die übrigen Gläubiger (vollständig oder doch soweit wie möglich) zu befriedigen[285].

In den Rechtsfolgen decken sich die Ergebnisse exakt mit jenen, die Rechtsprechung und der wohl überwiegende Teil der Literatur auf der Grundlage einer Gesamtwürdigung des Vertragsganzen erzielen.

Grundlegende Differenzen bestehen indes in der Tatbestandsbildung: Herrscht im Ausgangspunkt noch Übereinstimmung dahingehend, dass die Probleme einlagengleicher Finanzplanfinanzierungen jedenfalls auch mittels eines „Auslegungskonzepts“, also der Würdigung von Willenserklärungen, bewältigt werden könnten, so verfolgen in der Ausführung beide Ansätze unterschiedliche Wege.

Die Rechtsprechung - und in ihrer Nachfolge weite Teile der Literatur - nehmen in Wahrheit keine Auslegung in dem Sinne vor, dass aus den geäußerten Willenserklärungen durch klassische Auslegung (§ 133 BGB) ermittelt wird, was der rechtsgeschäftliche Wille der vertragschließenden Parteien war. Vielmehr wird aus einer Fülle von Einzelkriterien auf eine Eigenkapitaleigenschaft einer

---

284 BGHZ 104, 33, 35 f.

285 Einforderung soweit zur Gläubigerbefriedigung erforderlich, BGHZ 104, 33, 39, m. w. N.; vgl. auch: Fleischer, Finanzplankredite, S. 157 f.

möglicherweise auf Satzung oder Gesellschafterbeschluss beruhenden Gesellschafterfremdfinanzierung geschlossen[286].

b) Ergebnisse

Als Ergebnis lässt sich festhalten: Die vor allem in der Rechtsprechung zur KG als „gesplittete Einlagen" behandelten einlagengleichen Finanzierungen können unter engen Voraussetzungen insgesamt dem haftenden Vermögen der Gesellschaft zugerechnet werden. Unverzichtbar dafür ist der Nachweis, dass die formellen Fremdmittel nach ihrer von den Beteiligten gewollten individuellen Ausgestaltung eine - zum regulären Eigenkapital - zusätzliche Sicherung der Gesellschaftsgläubiger bewirken. Diese unmittelbare Konsequenz folgt als Rechtsfolge - orientiert an den für die KG bekannt gewordenen Fallgestaltungen - jedenfalls daraus, dass die Gesellschafter mit der Gesellschaft vereinbaren, ihre Mittel nur als Rechnungsposten eines Abfindungs- oder Liquidationsguthabens zurückfordern zu dürfen. Diese Einbindung in die Voraushaftungsfunktion von Eigenkapital erfasst die Mittel in allen Situationen. In der Folge führt die Einbindung in die Vermögens- und Haftungsmasse der Gesellschaft breitflächig zu den Rechtsfolgen von Eigenkapital, mithin auch zur Haftung im Gesellschaftsinsolvenz. Damit korrespondiert die Berechtigung der Gesellschaft, ausstehende einlagengleiche Finanzierungen in der Insolvenz zur Gläubigerbefriedigung einzufordern.

Zentrale Erwägung ist also, die Eigenkapitalqualifikation daran festzumachen, dass nur Eigenkapital gegen einen willkürlich am ersatzlosen Entzug zu Lasten der Gläubiger geschützt ist und vor dem Fremdkapital von unternehmerischen Verlusten betroffen sind[287].

c) Ergebnisvergleich

Nachdem die hier vertretene Auffassung, nach der in der Rechtsprechung und Literatur als „gesplittete Einlagen" oder einlagegleiche Finanzierungen behandelte Gesellschafterfinanzierungen auf der Grundlage der in diesem Zusammenhang auch dort regelmäßig praktizierten „Auslegung" der Finanzierungsabreden nur dann als den Gläubigern gegenüber haftendes Gesellschaftsvermögen angesprochen werden können, wenn die Gesellschafter ausdrücklich oder

---

[286] Die Einzelindizien nennt auch Fleischer, Finanzplankredite, S. 128 ff.; daraus schließt BGHZ 104, 33, 40 die Einlagenqualität; ebenso BGHZ 121, 41 f.

[287] So auch: Habersack, ZHR 1991, 378, 382 zum Genussrechtskapital.

konkludent die (weiterhin als Fremdkapital titulierten) Mittelzuführungen mit einer Voraushaftungs- und Verlustdeckungsfunktion versehen, vorgestellt wurde, ist der Blick **noch einmal** auf die Gesamtkonzeption der Rechtsprechung zu richten[288].

Diese nimmt den Einlagencharakter formellen Fremdkapitals auch nach einem „Auslegungskonzept" vor; gleichwohl unterscheidet sich das Vorgehen deutlich von der hier begründeten Vorgehensweise.

Schon zuvor wurde das von der Rechtsprechung und ihr folgend von weiten Teilen der Literatur praktizierte Verfahren kursorisch vorgestellt und bewertet[289]. Hier soll es schwerpunktmäßig noch einmal darum gehen, inwieweit die von den Gerichten im Rahmen der dort entwickelten zweigliedrigen Tatbestandsprüfung vorzunehmende Einlagenqualifizierung mit der Hilfe einer Gesamtwürdigung des Vertragsganzen geleistet werden kann.

Schaut man sich die Argumentation des Bundesgerichtshofs näher an, so fällt auf, dass sämtliche Vertragsbedingungen und - darüber hinaus - die vermeintlichen Motive der Fremdmittelfinanzierung daraufhin ausgewertet werden, ob sich aus ihnen Hinweise darauf ergeben, dass die Mittelzuführungen in Wahrheit Eigenkapitalcharakter tragen. Hieraus folgert der BGH dann die einlagentypischen Rechtsfolgen[290]. Diese wesentliche Gedankenführung, nach der aus der Feststellung eigenkapitaltypischer Singular-Funktionen auf eine Eigenkapitalfunktion der Finanzierung in der Unternehmensfinanzierung geschlossen wird, die Eigenschaft Eigenkapital also unmittelbare Folge daraus sein soll, dass die Gesamtwürdigung der Finanzierung eine überwiegende Häufung eigenkapitaltypischer Gestaltungselemente ergibt, wurde bereits erläutert und verworfen.

Diese Sichtweise, die von bestimmten Gestaltungsformen auf den Haftkapitalcharakter schließt, ohne insoweit Bedacht auf den verlautbarten Gesellschafterwillen zu nehmen, wurde gerade deshalb abgelehnt. Die Häufung von Gestaltungselementen in der Darlehensfinanzierung adaptiert lediglich Eigenkapitalfunktionen. Die insoweit aber allein feststellbare atypische Fremdkapitalgestaltung stellt, wenn man sich methodisch auf der Ebene der Vertragsauslegung bewegt, keine hinreichende Qualifizierungsgrundlage für Eigenkapitaleigen-

---

288 Vgl. dazu auch die Analyse von Mundry, Darlehen und stille Einlagen, S. 110 ff.; Koch, Eigenkapitalleistungen, S. 25 ff.; Michel, Gesellschafterleistungen, S. 206 ff.

289 Dazu oben III. 2. b).

290 Deutlich etwa in der Entscheidung BGHZ 104, 33, 40; kritisch dazu auch Mundry, a. a. O., S. 116 f.; Joost, ZGR 1987, 370, 397; Schön, ZGR 1990, 220, 241 f.

schaften dar, sondern ist zunächst rechtsformkonforme Ausübung der Finanzierungs- und Gestaltungsfreiheit[291].

Noch nicht hinreichend beantwortet erscheint indes die Fragestellung, wie sie sich unter einer leicht geänderten Betrachtungsweise der relevanten Sachverhalte neu stellt: Hier soll die These in den Mittelpunkt des Interesses gerückt werden, dass sich die gewillkürte Eigenkapitaleigenschaft, also gerade die Entwicklung der Haftkapitaleigenschaft aus dem von den Beteiligten Gewollten und Vereinbarten, aus den Elementen ergeben könnte, die die Rechtsprechung zum Gegenstand der Gesamtwürdigung des Vertragsganzen macht. Diesen Weg zu gehen, gibt zwar auch die Rechtsprechung selbst vor, wenn sie die Darlehensbedingungen und die diesen zugrunde liegenden Umstände würdigt. Ihr Blickwinkel ist jedoch darauf beschränkt, aus objektiv vorliegenden Ausstattungsdetails auf den Einlagencharakter zu schließen, ohne dass recht deutlich würde, wie sich die Folgerung mit dem geäußerten Gesellschafterwillen abstützen ließe[292].

Nach dem „Auslegungskonzept" mit dem hier vertretenen Verständnis ist es aber gerade erforderlich, entweder breitflächig oder doch für einzelne Situationen konkret-zielgerichtete Rangrücktrittsvereinbarungen zu isolieren oder eine Gestaltung der Finanzierung festzustellen, die die Mittel entgegen der gewählten Bezeichnung dauerhaft dem Verlustdeckungs- oder Voraushaftungspotential zuweist. Dies war für die auch in der Rechtsprechung angedeutete Gestaltung, dass Gesellschafterdarlehen in ihrem Bestand an die Mitgliedschaft gebunden sein sollen, für den (bislang für die GmbH indes nicht fallpraktisch gewordenen) Sachverhalt angenommen worden, nach dem Fremdmittel nur als Rechnungsposten eines Abfindungs- oder Liquidationsguthabens wieder zurück an die Gesellschafter belangen können.

---

[291] So auch, Joost, a. a. O., zur Möglichkeit, Finanzierungsziele auf nahezu beliebigen Wegen zu erzielen; zum Begriff der Finanzierungsfreiheit vor allem: Beg RegE 1977, S. 38; BGHZ 75, 334, 336 f.; Hachenburg/Ulmer, GmbHG §§ 32 a, b, Rz. 7; Baumbach/Hueck, § 32 a, Rz. 2; K. Schmidt, ZHR 147 (1983), 165 f.; Schulze-Osterloh, ZGR 1983, 134 f.; Ullrich, GmbHR 1983, 141.

[292] Denn dieser ist regelmäßig gerade auf die Vermeidung jeglicher Haftkapitalfunktion gerichtet, deutlich: Joost, ZGR 1987, 370, 396 f.; vgl. Wiedemann JZ 1986, 855, 887 „gewaltsame Umdeutung". Wiedemann, Festschrift Beusch, S. 904 f., ebenso wohl: Fleischer, Finanzplankredite, S. 111 ff. Zweifelhaft jedoch, wenn die Darlehensgeber selbst die Mittel etwa in der Bilanz/bei Gewinnberechnung als Fremdkapital werten, so etwa angedeutet bei BGHZ 104, 33, 42.

Gerade eine dementsprechende objektive Einlagenqualifikation müsste sich aus einer Gesamtwürdigung des Vertragsganzen entwickeln lassen.

8. Die Einzelerwägungen im Gesamtwürdigungskonzept

Soll im Finanzierungsvertrag im Wege der Gesamtabschätzung daraufhin untersucht werden, ob die Mittelgeber ihre Finanzierung als zusätzliche Sicherung der sonstigen Gläubiger ausgestaltet haben, muss erhöhte Aufmerksamkeit auf die Einzelaspekte der komplexen Gestaltung gelegt werden. Die Feststellung einer materiellen Eigenkapitalfunktion der Gesellschafterleistung anhand der gesamten hier zugrunde liegenden Vertragsgestaltung hat sich durchgesetzt. Unabhängig davon, ob man Finanzplanfinanzierungen als weiteren Tatbestand in das Recht der Eigenkapital ersetzenden Gesellschafterleistungen eingliedern mag, oder diese Erscheinungsform der Gesellschafterfinanzierung als einlagengleiche Finanzierung eigenständig daneben sieht, gilt: Die Gesamtschau einer Reihe von Kriterien führt in ihrer Summe zu einer solchen Verdichtung der materiellen Haftkapitalkriterien, dass jede der vertretenen Auffassungen - unabhängig von dem verfolgten Konzept - im Ergebnis zu einer Qualifizierung als Haftkapital gelangt[293].

a) Bindung an die Mitgliedschaft

Wiederholt begegnet in der Diskussion um „gesplittete Einlagen“ und einlagengleiche Finanzierungen die Bindung an die Mitgliedschaft als vermeintlich wichtiges Indiz für den Haftkapitalcharakter[294]. Jedenfalls bei isolierter Betrachtung taugt dieses Merkmal aber nicht zur Begründung einer Vermögenszugehörigkeit der Mittel. Denn nur die Bindung an den Fortbestand der Mitgliedschaft erlaubt kaum den Schluss auf die Bereitschaft, die Mittel dem haftenden Vermögen der Gesellschaft zu widmen. Es müsste gesondert festgestellt werden können, dass die Gesellschafter damit nicht nur einen u. U. weit herausgeschobenen Termin für die Fälligkeit des Rückzahlungsanspruchs festgelegt haben,

---

[293] BGHZ 104, 33; 142, 116; Lutter/Hommelhoff, a. a. O., Rz. 176; Habersack, ZHR 161, 484; Sieger/Ahlet, GmbHR 2000, 463; Hachenburg/Ulmer a. a. O. §§ 32 a, b, Rz. 52, 59; Wiedemann, a. a. O. Seite 906 ff.

[294] Bindung an die Mitgliedschaft, wenn Darlehen als Beitrag ohne Befristung versprochen; Scholz/K. Schmidt, GmbHG, §§ 32 a, b, Rz. 38; Herrmann, 50 Jahre WP-Beruf, S. 167, Wiedemann, Gesellschaftsrecht, S. 570; nach K. Schmidt, Gesellschaftsrecht, § 37, 2 c, kommt es auf die Bereitstellung als Risikokapital an, die sich aus den nachfolgenden Parametern erschließt.

sondern bei Ausscheiden und Liquidation die Mittel tatsächlich zur Verlustdeckung den übrigen Gläubigern vorausshaften. Dies aber ist nur dann anzunehmen, wenn die Gesellschafter - dies wurde wiederholt herausgestellt - ihre Finanzierungen nur als Rechnungsposten eines Abfindungs- oder Liquidationsguthabensanspruchs zurückerhalten können.

Lässt sich diese Vereinbarung feststellen, kann die Finanzierung ohne Umschweife als das Gesellschaftsvermögen mehrend, mithin einlagengleich qualifiziert werden. Der Bindung der Fremdfinanzierung an die Mitgliedschaft als solche kann hinsichtlich eines gewillkürten Haftkapitalcharakters unmittelbar jedoch nichts entnommen werden.

b) Langfristigkeit der Finanzierung

Innerhalb des vom BGH vertretenen Auslegungs- und Gesamtwürdigungskonzepts führt das Gericht die einlagengleiche Qualifizierung auch auf das Indiz der besonders langfristigen Kreditausreichung zurück[295]; damit scheint sich die Vorstellung zu verbinden, dass die langfristige Unternehmensfinanzierung Privileg der mit einer Eigenkapitalzufuhr grundsätzlich verbundenen Unkündbarkeit der Finanzierung ist. Ebenfalls hierher gehören aber auch die, mehrfach angesprochenen, an die Mitgliedschaft gebundenen Kreditausreichungen[296]. Hier ist die Dauer der Fremdfinanzierung zwar nicht von vornherein absehbar. Denn den Rückgewährzeitpunkt setzt das Ende der Mitgliedschaft, wie es durch das Ausscheiden des darlehensgebundenen Gesellschafters oder die Liquidation und Vollbeendigung der Gesellschaft vorgegeben ist. Abzustellen ist indes auf die vom finanzierenden Gesellschafter in Aussicht genommene Finanzierungsdauer. Hier zeigt sich insbesondere hinsichtlich der liquidationsbefangenen Darlehen, dass die Mittel auf letztlich unbestimmte Zeit mit „Ewigkeitsperspektive" ausgereicht werden sollten. Auf diese in den Finanzierungsbedingungen offenbar werdende Erwartungshaltung hinsichtlich der tatsächlichen Verweildauer der Finanzierung in der Unternehmung ist deswegen abzustellen, da auch die von vornherein auf zehn oder mehr Jahre ausgerichtete Darlehensfinanzierung durch einvernehmliches Handeln der Parteien oder nach einer außerordentlichen Kündigung jederzeit der Gesellschaft wieder entzogen werden könnte. Beide Formen

---

[295] Langfristige Kreditausreichung: Scholz/K. Schmidt, a. a. O., Rz. 38; Herrmann, 50 Jahre WP-Beruf, S. 167; nach Flume soll allein dieses Merkmal die Umqualifizierung tragen, Allg. Teil des Bürgerlichen Rechts, Bd. 1/II, § 3 Abs. 3 Satz 2.

[296] Hierzu soeben III. 8. a), vgl. auch BGHZ 104, 33.

der Kreditausreichung sind daher unter dem Aspekt der Langfristigkeit zu behandeln.

Zweifel ergeben sich jedoch, ob sich aus einer extrem langfristigen Ausreichung eines Darlehens oder - auch weitergehend - einem Beruhen der Unternehmensfinanzierung auf dieser Finanzierungsstruktur Hinweise auf einen gewillkürten Eigenkapitalcharakter der Mittel folgern lassen. Dies ist auf der Grundlage der hier heranzuziehenden Rechtsgeschäftsauslegung kaum möglich. Mit der Vereinbarung langer Kreditlaufzeiten bewegen sich die Parteien des Darlehensvertrages im Spektrum der Gestaltungsmöglichkeiten, die die Finanzierungsfreiheit den Gesellschaftern nach der Entscheidung für eine Gesellschafterfremdfinanzierung eröffnet. Gerade der oft deutlich hervortretende Haftungsvermeidungswille steht jedem Versuch, die mit dem Vertragsschluss vorliegenden Willenserklärungen dahingehend auszulegen, dass die Beteiligten eine zusätzliche Haftungsmasse zugunsten der Gläubiger schaffen wollten, entgegen. Entsprechend zurückhaltend ist die Erwartung, mit Hilfe des Kriteriums der Gewährungsdauer im Wege der Gesamtwürdigung des Vertragsganzen die gewillkürte Einlagengleichheit zu entwickeln.

c) Erfolgsbezug der Gegenleistung

Die Adaptierung einlagentypischer Gestaltungsmerkmale spielt im Rahmen der vom BGH vorgenommenen Gesamtwürdigung eine maßgebliche Rolle.

Hervorzuheben ist hier die Gestaltungsvariante, die die den kreditgewährenden Gesellschaftern versprochene Gegenleistung für die zeitweise Überlassung der Darlehensvaluta atypisch ausgestaltet. Angesprochen sind hier Fallgestaltungen, in denen den Gesellschaftern nicht wie im gesetzlich vorgesehenen Regelfall der entgeltlichen Darlehensgewährung (§ 488 BGB) eine feste oder auch im Zeitverlauf variabel gestaltete Verzinsung zugesagt wird, sondern in denen Gegenleistung am unternehmerischen Erfolg der Gesellschaft orientiert wird.

So kann das Entgelt dergestalt vorgesehen sein, dass dem Darlehensgläubiger entsprechend dem mitgliedschaftlichen Anspruch des Gesellschafters ein Gewinnanteil versprochen wird. Nach außen erscheint die Darlehensfinanzierung - stellt man allein auf den Charakter der Gegenleistung ab - dann in der Tat als eine entsprechende Erhöhung des individuellen Geschäftsanteils. Denn die

Gewinnausschüttung entfällt typischerweise als mitgliedschaftliches Recht auf den Geschäftsanteil[297].

Der Weg, dieser Form der Entgeltlichkeit im Wege der Rechtsgeschäftsauslegung entnehmen zu wollen, dass die Beteiligten damit eine Gestaltung gewählt hätten, die den Rechtsformvoraussetzungen von Fremdkapital widerspricht, geht indes ins Leere: Die Bindung der Gegenleistung der Gesellschaft an ihren unternehmerischen Erfolg stellt eine zulässige Abweichung vom gesetzlichen Normalstatut der Kreditfinanzierung dar. Die Gestaltung rechtfertigt bei isolierter Betrachtung weder eine hinreichende Rechtfertigung, einen konkludenten Rangrücktritt anzunehmen, noch haben die Beteiligten Willenserklärungen ausgetauscht, die die gewählte Finanzierung zwingend den Rechtsformvoraussetzungen der Einlagenfinanzierung zuweisen würde[298].

Auch insoweit bleibt unklar, mit welchem Ansatz, dieser Gestaltungsvariante nach dem Gesamtwürdigungskonzept des BGH Bedeutung für den Schluss auf eine einlagengleiche Finanzierung erlangen könnte. Teilweise wird die erfolgsabhängige Gegenleistung als Hinweis darauf gesehen, dass die Gesellschafterfremdfinanzierung als Gesellschafterbeitrag gewollt war.[299] Festzustellen ist zumindest, dass die gewinnabhängige Vergütung der Darlehensüberlassung die Gläubigerstellung in besonderer Weise den mitgliedschaftlichen Interessen des Gesellschafters annähert. Der Gesellschafter übernimmt innerhalb der schuldrechtlichen Vertragsbeziehung unternehmerische Risiken, die eine besondere Affinität zu seinem Gesellschafterstatus aufweisen.[300]

d) Einlagenspezifische Verwendung der Mittel

Ohne dass dies in der Aufzählung der in die Gesamtwürdigung durch den BGH einfließenden Einzelindizien ausdrücklich Erwähnung fände, stellt das Gericht

---

297 Vgl. hierzu § 29 Abs. 3 GmbHG; dazu eingehend Scholz/Emmerich, GmbHG, § 29, Rz. 132 ff.

298 D.h., die Zuweisung zum Voraushaftungs- und Verlustdeckungspotential durch Abfindungs- und Liquidationsbefangenheit, dazu bereits oben III. 3. b).

299 Baumbach/Hopt, § 109, Anm. 4 D; Westermann, in: Handbuch der Personengesellschaften, Bd. I, Rz. 384.

300 Im Grundsatz ebenso: Fleischer, Finanzplankredite, S. 30 f.

auch auf die von den Gesellschaftern im Zuge ihrer Finanzplanung vorgesehene Mittelverwendung ab[301].

So soll es zur Begründung des einlagengleichen Charakters auch darauf ankommen, dass das Darlehenskapital in Verwendungen investiert wird, die - hier greift der BGH wohl auf betriebswirtschaftliches Gedankengut zurück - typischerweise durch (unkündbares) Eigenkapital abgedeckt werden. Vorgeführt wird exemplarisch, dass Fremdmittel im Bereich der „gesplitteten Einlagen" zur Beschaffung des Anlagevermögens dienen, welches dann seinerseits zur Akquisition und Besicherung gesellschafterfremden Darlehenskapitals eingesetzt werden könnte.

Eine Affinität zur Einlagenfinanzierung könnte hier jedenfalls darin gesehen werden, dass das Anlagevermögen aus gutem Grund deshalb bilanziell durch Eigenkapital gedeckt sein sollte, weil kündbares Fremdkapital die Gefahr in sich birgt, im Falle seines vorzeitigen Abzugs dem Unternehmen die Grundlage wirtschaftlich zu entziehen. Dies wäre der Fall, wenn eine nominelle Unterkapitalisierung die Gesellschaft dazu zwänge, betriebsnotwendiges Anlagevermögen zu veräußern. Betriebswirtschaftliche Grundregeln derart weitgehend in die GmbH-rechtliche Finanzierungsgestaltung einfließen zu lassen, dass von der Bestimmung des Gesellschafterfremdkapitals zur Finanzierung des Anlagevermögens auf einen Willen des Finanziers zum Rangrücktritt bzw. auf die objektiv-rechtliche Qualifizierung einer solchen Finanzierung als einlagengleiche Fremdfinanzierung ausgelegt werden könnte, hieße, die mit der Finanzierungsabrede abgegebenen Willenserklärungen auch vor dem Hintergrund der konkret verabredeten Mittelverwendung überzuinterpretieren. Mit einer methodisch richtigen Auslegung des erklärten Willens wären solche Ergebnisse nicht zu sichern.

Bei isolierter Betrachtung dieses Merkmals scheint es daher gleichfalls ungeeignet, die Einlagengleichkeit der Finanzierung oder ihre Subordination im Wege der Rangrücktritts durch Rechtsgeschäftsauslegung zu ermitteln.

Nicht ausgeschlossen erscheint es nach diesem Befund jedoch, dass dem Kriterium der einlagenspezifischen Kapitalverwendung Bedeutung im Rahmen einer auf die Gesamtheit aller Eigenkapital indizierenden Kriterien gestützten Auslegung zukommt.

---

301 Angedeutet in: BGHZ 104, 33, 36; vgl. auch Wiedemann, Gesellschaftsrecht, S. 554 f. mit Blick auf die investitionstechnische Funktion von Eigenkapital.

Immerhin lässt sich - akzeptiert man erst einmal die zweifelhafte Sinnhaftigkeit der betriebswirtschaftlichen Bilanzregel - der Finanzierungsgestaltung ein gewisser „Kapitalersetzungswille" zu attestieren; werden Fremdmittel, ggf. gepaart mit einer langen oder auch an die Mitgliedschaft gekoppelten Laufzeit, zum Zwecke gewährt, betriebsnotwendiges Anlagevermögen zu erwerben, so muss sich bei den finanzierenden Gesellschaftern jedenfalls ein Bewusstsein eingestellt haben, dass sie mit ihrer Finanzierung in einer funktionellen Form Einlagenkapital ersetzen.

e) Unverzichtbarkeit für die Erreichung der Unternehmensziele

Ausdrücklich hervorgehoben wird vom Bundesgerichtshof in der soweit ersichtlich jüngsten Entscheidung zur „gesplitteten Einlage" in der KG das Kriterium der Unverzichtbarkeit der vermeintlich einlagengleichen Finanzierung für die Finanzplanung der Gesellschaft[302]. Dieses Merkmal ist in zweierlei Hinsicht inhaltlich zu erläutern: Negativ ist festzustellen, dass der BGH insoweit keine Annäherung sucht an die objektiv-rechtliche Umqualifizierung auf der Grundlage der BGH- oder Novellen-Regeln. Dies wird schon daran deutlich, dass das Gericht die haftende Funktion bejaht, die Entscheidung indes ausdrücklich nicht auf das Kapitalersatzrecht gestützt, dieses vielmehr ausdrücklich abgelehnt wird[303]. Unverzichtbarkeit in der Finanzplanung ist daher nicht zu verwechseln mit Unerlässlichkeit für den Fortbestand der Gesellschaft, wie sie im klassischen Kapitalersatzrecht eine zentrale Rolle spielt. Im Übrigen stellt der BGH nicht auf das objektive Vorliegen dieses Kriteriums ab, sondern lässt es auf die subjektive Einschätzung der Gesellschafter ankommen.

Darüber hinaus bedarf die Absicht, die Mittel zur Erreichung und Förderung der unternehmerischen Ziele einzusetzen, der Abgrenzung vom satzungsbestimmten Unternehmensgegenstand. Dieser kann mit den unternehmerischen Zielen deckungsgleich sein, muss es sogar insoweit, als keine unternehmerischen Ziele verfolgt werden dürfen, die in Widerspruch mit der entsprechenden Satzungsbestimmung stehen[304]. Gleichwohl aber ist der Einbindung der Fremdfinanzierung

---

302 BGHZ 104, 33, wobei dieses Merkmal - gewissermaßen nachträglich - auch der Begründung zuvor ergangenen Entscheidungen zur „gesplitteten Einlage" dient.

303 BGHZ 104, 33, 37 f.; andere sehen in der Unverzichtbarkeit eher eine Widmung zur Kapitalausstattung und wenden Kapitalersatzrecht an, Scholz/K. Schmidt, GmbHG, §§ 32 a, b, Rz. 38.

304 Vgl. Baumbach/Hueck, GmbHG, § 1 Rz. 5; Hachenburg/Ulmer, GmbHG, § 1 Rz. 5 ff.; Lutter/Hommelhoff, GmbHG, § 1 Rz. 3.

in die unternehmerische Zielerreichung gesondert Aufmerksamkeit zu schenken. Mit dem BGH soll hier davon ausgegangen werden, dass es in diesem Merkmal inhaltlich darum geht, konkrete unternehmerische Planungen zu verwirklichen, also eine ins Auge gefasste Geschäftsentwicklung mit Hilfe der dazu erforderlichen Mittel zu verwirklichen. Gerade in den gerichtskundig gewordenen Fällen zur KG ging es oftmals um ein einziges unternehmerisches Projekt, zu dessen Verwirklichung die (Publikums-) Gesellschaft ins Leben gerufen wurde.

Betrachtet man nach dieser Vorklärung des sachlichen Inhalts nun die Bedeutung dieses Merkmals isoliert und als Bestandteil einer Gesamtabschätzung hinsichtlich einer Rangrücktrittsabrede und einer Qualifizierung als Einlagenkapital, so gelangt man zu deutlichen Ergebnissen: Kommt es dem BGH tatsächlich darauf an, dass die Fremdmittel für unverzichtbar gehalten werden, um Ziele zu erreichen und soll sich daran notwendig die Rechtsfolge knüpfen, diese Finanzierung als einlagengleich zu qualifizieren, so hieße dies: Darlehen könnten nur dann unverdächtig als Fremdkapital angesprochen werden, wenn sie zur Abdeckung einer verzichtbaren, in diesem Sinne also unternehmerisch nicht benötigten Verwendung ausgereicht werden; bei echtem Kapitalbedarf würden die Mittel demnach unmittelbar dahingehend gewürdigt, dass die Gesellschafter damit erklären, ihre Mittel im Rang hinter die übrigen Gesellschaftsverbindlichkeiten zurücktreten lassen zu wollen bzw. die subjektive Unverzichtbarkeit zu einer Qualifizierung als einlagengleiche Finanzierung führt oder doch beiträgt.

Auch hier kann diesem vom BGH so betonten Kriterium in diesem Zusammenhang keine eigenständige Bedeutung beigemessen werden.

Dass die Gesellschafterfremdfinanzierung unverzichtbar ist, die gesellschaftlichen Ziele zu erreichen, dürfte gerade bei einer betriebswirtschaftlich sinnvoll konzipierten Finanzstruktur der Regelfall sein. Die Aufnahme nicht benötigter Fremdmittel wird in der Unternehmung kaum vorkommen, allenfalls zur Befriedigung nicht am Wohl der Gesellschaft orientierter Gesellschafterinteressen. Jedenfalls aber lässt sich der Fremdfinanzierung in diesen Fällen keine Willensäußerung dahingehend entnehmen, dass eine Subordination angestrebt wäre. Gleichfalls stellt die - hier für unternehmerisch allein sinnvoll gehaltene - unverzichtbare Finanzgestaltung kein Privileg einer Eigenkapitalfinanzierung dar. Es ist daher unzulässig, von ihrem Vorliegen direkt auf deren vereinbarten Einlagencharakter zu schließen. Entsprechend scheint auch Zurückhaltung geboten, dieses Kriterium in eine Gesamtwürdigung einfließen zu lassen.

f) Gesamtwürdigung: Einigung, den gewillkürten Rangrücktritt der Mittel bzw. die einlagengleiche Qualität zu ermitteln

Unter III. 1. bis 3. konnte - insoweit abschließend - erarbeitet werden, unter welchen Voraussetzungen von den Gesellschaftern ausgereichte oder auch nur zugesagte Außenfinanzierungen nach den Grundsätzen der Rechtsgeschäftsauslegung zum Haftungspotential der Gesellschaft gegenüber ihren Gläubigern zählen.

Für den **Rangrücktritt** ergab sich das Resultat, dass sich der haftende Charakter formellen Fremdkapitals nur aufgrund des ausdrücklich verlautbarten oder den Umständen der Kreditausreichung schlüssig zu entnehmenden Erklärungen der am Finanzierungsvertrag Beteiligten entnehmen lässt[305]; dabei kam es darauf an, einen Erklärungsgehalt der Willenserklärungen zu bestimmen, der darauf gerichtet ist, bewusst und gewollt die Rechtsfolgen haftenden Eigenkapitals eintreten zu lassen

Von hervorgehobenem Interesse waren jedoch die regelmäßig als „gesplittete Einlagen" behandelten einlagengleichen Finanzierungen.

Hier konnte die für die Einlagenqualität konstituierende Voraushaftungs- und Verlustdeckungsfunktion allein dann festgestellt werden, wenn die Beteiligten eine Finanzierungsgestaltung vereinbart haben, die den Rechtsformvoraussetzungen von Einlagenkapital entspricht. Wenn die Mittelzufuhr auf der Grundlage des von den Beteiligten Gewollten nach objektiv-rechtlichen Kriterien haftenden Einlagenkapital entspricht, treten - dann auch unabhängig vom konkreten Rechtsfolgenwillen - breitflächig die Haftungsfolgen von Gesellschaftsvermögen ein. Diese Voraussetzung konnte, ausgehend von der KG, auch für die GmbH in den Fällen festgestellt werden, in denen die Rückforderbarkeit der Mittel auf ihre Berücksichtigung in einem Restanspruch nach der Liquidation und Vollbeendigung der Gesellschaft beschränkt worden war.

Mit Einschränkungen hinsichtlich der praktischen Relevanz gilt dies auch für die alleinige Rückforderbarkeit von Darlehen in einem Abfindungsfall unter Einrechnung in das Abfindungsguthaben.

Damit wurde ein Lösungsansatz weiterverfolgt, der durch die Argumentation des BGH vorgezeichnet schien; das Gericht hat die Bindung der Fremdfinanzierung deutlich als wichtiges Qualifizierungskriterium herausgestellt. Gleichwohl

---

305 Dazu Teil 1, I. 2. c); III. 3. fb) und Fn. 27, 28, 246-252.

kann die hier für entscheidend erachtete Voraushaftungsfunktion in den BGH-Fällen nicht festgestellt werden. Der BGH bescheidet sich mit einem Verständnis der Bindung an die Mitgliedschaft dahingehend, dass allein die Fälligkeit der Rückzahlung durch Ausscheiden oder Liquidation bedingt war. Die richtigerweise notwendigen Eigenkapitalvoraussetzungen stellt der BGH nicht fest. Vielmehr findet nach dem BGH die so verstandene Bindung an die Mitgliedschaft allein Eingang in eine Gesamtwürdigung des Vertragsganzen. Neben den anderen zuvor interpretierten Einzelmerkmalen spielt dieses Kriterium eine allenfalls gleichwertige Rolle; diese Einschränkung ist angebracht, da die Rechtsprechung auch dort, wo es keinen Anlass gab, auf dieses Merkmal einzugehen, den Einlagencharakter bejahen konnte.

Das Vorgehen der Rechtsprechung, im Wege der Rechtsgeschäftsauslegung den Einlagencharakter begründen zu wollen, ohne in der Sache wirklich eine Analyse und Auslegung der Willenserklärungen vorzunehmen, wurde bereits grundsätzlich kritisiert[306]; ein abschließendes Ergebnis zur Frage, ob die Gesamtwürdigung sich zur Bestimmung eines objektiven Haftkapitalcharakters eignet, steht indes noch aus.

fa) Rangrücktrittsabrede nach Gesamtwürdigung

Soll eine wirksame Rangrücktrittsabrede das Ergebnis einer Würdigung des gesamten Finanzierungsvertrages sein können, so muss sich eine die Mittelausreichung begleitende Willenserklärung mit entsprechendem Inhalt ausmachen lassen. Letztlich muss diese regelmäßig zunächst vom Gesellschafter abgegebene Erklärung zum Inhalt haben, dass die Rückzahlung der Darlehensvaluta durchgängig oder doch in einzelnen Beziehungen den Rechtsfolgen von haftendem Kapital gleichgestellt werden soll[307].

Zieht man entsprechend dem Ansatz der Rechtsprechung den gesamten Vertragsinhalt heran, so sind zwei Wege der Auslegung vorgezeichnet:

- Zum einen könnte die Auslegung gerade durch die Einbeziehung aller Einzelindizien dazu führen, dass diese Wertung zu einer praxis-definierten Subordination der einbezogenen Fremdmittel führt,

---

306 Vgl. dazu die Ausführungen oben unter III. 3. b).

307 Nochmals zum Rangrücktritt, Scholz/K. Schmidt, GmbHG, §§ 32 a, b, Rz. 85; Teller, Rangrücktrittsvereinbarungen, S. 2.

- zum anderen könnte bei einem jedenfalls ausdrücklich ausgesprochenen, jedoch etwa auf die Gesellschaftsinsolvenz beschränkten, Rangrücktritt die Berücksichtigung sonstiger Kriterien zu einer schlüssigen Ausweitung des Rechtsfolgengehalts führen.

Fraglich bleibt jedoch grundsätzlich, inwieweit von den in der Rechtsprechung bislang herangezogenen Einzelindizien sich auf einen rechtsfolgen-orientierten Erklärungswillen schließen lässt.

Auszugehen ist von dem Erklärungswert, der den zuvor vorgestellten Einzelkriterien zukommt. Dieser war durchweg pessimistisch hinsichtlich eines Rechtsfolgewillens bezüglich der Subordination von Gesellschafterfremdkapital zu beurteilen. Denn regelmäßig geben die Merkmale eher darüber Auskunft, dass Gesellschafter ihre Finanzierung trotz Übernahme einzelner Eigenkapitalfunktionen gerade dem Haftzugriff der Gläubiger vorenthalten wollen[308]; eher ist in der bewussten gestalterischen Nähe zum formellen Einlagenkapital jedenfalls für das Einzelkriterium eine Gegenindikation zu dem Versuch zu sehen, der Finanzierungsgestaltung Hinweise auf einen konkludenten Rangrücktritt zu entnehmen.

Fortgedacht werden könnte dieser Ansatz nur dahingehend, dass gerade in der kumulativen Betrachtung der vorgestellten Gestaltungsdetails ein Wertungsumbruch zum Tragen kommen könnte; ein solches Ergebnis liefe letztlich jedoch auf die Betrachtungsweise des Bundesgerichtshofs hinaus, der - ohne auf die Feststellung des Inhalts der ausgetauschten Willenserklärungen den erforderlichen Wert zu legen - die Haftung formellen Fremdkapitals bereits dann annimmt, wenn das Ergebnis der Gesamtwürdigung den Eindruck einer Fremdfinanzierung vermittelt, die in Wirkung und Funktion einer bewusst vermiedenen Eigenkapitalzufuhr nahe stellt.

Für die Feststellung einer - konkludenten wie ausdrücklichen - Rangrücktrittsabrede ist aber ein entsprechender Erklärungswille unverzichtbar[309]. Die Beurteilungskriterien, die der BGH bislang herangezogen hat, um die Zugehörigkeit von Gesellschafterdarlehen zur Haftungsmasse zu begründen, sind weder isoliert noch in ihrer Gesamtheit geeignet, der gesellschafterlichen Willensäußerung, gerichtet auf Abschluss der Finanzierungsabrede, den Inhalt einer breitflächigen

---

308 Wiedemann, Festschrift Beusch, S. 905; Joost, ZGR 1987, 370, 397; Schön, ZGR 1990, 220, 241 f.

309 Wegen des zielgerichteten Ersatzes von Eigenkapitalfunktionen vgl. dazu oben III. 8.

Subordination zu geben. Auch hinsichtlich der Gesamtabschätzung gilt: Die gewillkürte Übernahme einlagentypischer Merkmale in der Gestaltung der Gesellschafterfremdfinanzierung umfasst eine auf Rangrücktritt gerichtete Auslegung der ausgetauschten Willenserklärungen regelmäßig nicht.

fb) Einlagengleicher Charakter nach Gesamtwürdigung

Das zentrale Ergebnis des Abschnitts Teil 2 III. 4. war, dass Gesellschafterfremdmittel auch dann im Wege der Rechtsgeschäftsauslegung dem Gesellschaftsvermögen zuzurechnen sein können, wenn sich nicht unmittelbar und zielgerichtet die Willenserklärung eines Inhalts feststellen lässt, der die Voraussetzungen eines gewillkürten Rangrücktritts trägt. Angesprochen sind die Fallgestaltungen, in denen Gesellschafter die Fremdmittel in einer Weise ausgestalten, die die Rechtsform des Fremdkapitals verlassen und die zwingenden Rechtsformvoraussetzungen einer Einlagenfinanzierung vereinbart werden[310]. Dieser Fall - insoweit durchaus auf eine Auslegung des zugrunde liegenden Rechtsgeschäfts gestützt - war etwa gegeben, wenn die als Fremdkapital titulierte Außenfinanzierung mit der Maßgabe zugesagt und ausgereicht worden war, dass sie nur als Gegenstand eines Abfindungs- oder Liquidationsguthabens, also mit vereinbarter Verlustdeckungs- und Voraushaftungsfunktion, rückführbar sei. Diese extreme Gestaltung würde die Einlagenqualifikation erlauben, da die Gesellschafter die insoweit objektiv-rechtlichen Voraussetzungen haftenden Kapitals vereinbart haben.

Die vom BGH vertretene Auffassung, nach der formelles Fremdkapital dann dem Gesellschaftsvermögen als einlagengleich einzurechnen ist, wenn der Mittelzufuhr eine gesellschaftsrechtliche Gewährungspflicht zugrunde liegt und die Gesellschafter die Finanzierung auch sonst „in der Sache“ wie Eigenkapital behandeln, wurde bereits eingehend behandelt[311]; sie musste letztlich abgelehnt werden, soweit sie auf einer bloßen Zusammenstellung einlagentypischer Gestaltungsmerkmale beruht und den geäußerten Willen der Mitglieder missachtet. Diese aber tragen die Einlagenqualifikation jedenfalls auf der methodischen Grundlage der Rechtsgeschäftsauslegung nicht. Denn der BGH lässt es bereits im Ansatz vermissen, die vereinbarten Gestaltungsdetails auf die Aussage zurückzuführen, dass die Gestaltungsgesamtheit entweder den konkludenten

310 Identifiziert als Rechtsformverfehlung, vgl. auch, Koch, Eigenkapitalleistungen, S. 30 ff.

311 Dazu oben III. 2. b), vgl. auch Joost ZGR 1987, 370, 396 f.; Schön ZGR 1990, 220, 241 f.

Erklärungsgehalt hat, die Mittel in bestimmten Situationen hinter alle anderen Verbindlichkeiten der Gesellschaft zu subordinieren (insoweit gewillkürter Rangrücktritt) oder, dass die Gesamtwürdigung des Vertragsganzen nach objektiv-rechtlichen Grundsätzen zwingend die Einlagenqualifikation nach sich zieht.

Auf diesen letzten Ansatz hin soll das „Gesamtwürdigungskonzept“ der Rechtsprechung noch untersucht werden.

g) Analyse objektiv-rechtlicher Haftkapitalparameter

Entsprechend den Ergebnissen zur Ermittlung einer konkludenten Rangrücktrittsabrede scheint der isolierte Erklärungswert der vom BGH herangezogenen Einzelindizien auch für die jetzt gestellte Frage gering bis aussagelos. Allein aus der einlagentypischen Mittelverwendung konnte mit Zurückhaltung auf einen Willen der Gesellschafter geschlossen werden, der Gesellschaft die Mittel mit der Qualifikation von Einlagen zuzuführen[312].

Gegenstand der Betrachtung muss es nunmehr sein, das Gesamtfinanzierungskonzept dahingehend zu untersuchen, ob die kumulierte Vereinbarung einlagentypischer Finanzierungsfunktionen zur Annahme rechtsgeschäftlich begründeter Rechtsformvoraussetzungen einer Einlagenqualifizierung hinreichen kann.

Gegenüber der Argumentationsweise der Rechtsprechung stellt dieser Gedankengang durchaus eine andere Qualität dar. Während sich die Rechtsprechung dem Vorwurf ausgesetzt sieht, unter dem Begriff der Rechtsgeschäftsauslegung letztlich aus einer Summe von Einzelvereinbarungen auf den Haftkapitalcharakter zu schließen, sobald der „Einlagenanteil“ gegenüber dem „Fremdkapitalanteil“ überwiegt, soll es hier darum gehen, festzustellen, unter welchen Voraussetzungen die Beteiligten eine Finanzierung vereinbart haben, die nach den - insoweit dann objektiv-rechtlich zwingenden - Vorgaben der Rechtsordnung dem den Gläubigern voraushaftenden Gesellschaftsvermögen zuzuweisen ist.

Auszugehen ist dabei erneut von den Sachverhalten, die die Rechtsprechung ihren Entscheidungen zugrundelegen konnte. Auf dieser Grundlage bleibt zweifelhaft, ob die bislang isolierten Einzelkriterien, wie sie in der Entscheidung vom 21. März 1988 noch einmal zusammengefasst sind[313], geeignet und in der

---

312 Dazu Wiedemann, Gesellschaftsrecht, S. 554; vgl. auch oben III: 3. f).

313 BGHZ 104, 33 ff.

Lage sind, im Wege der Auslegung die Annahme eines Einlagencharakters, mithin die rechtsformverfehlende Bezeichnung als Fremdkapital zu rechtfertigen.

Dies Ergebnis, wie es für den exemplarisch vorangestellten Sachverhalt, nach in dem die Darlehensrückforderung allein durch die Einbeziehung der Mittel in die Berechnung eines Abfindungs- oder Liquidationsguthabens möglich blieb, erarbeitet werden konnte, wird sich im Wege einer Gesamtschau des Vertragsganzen kaum erzielen lassen. Hier begegnet die Rechtsprechung des BGH dem Einwand, dass sie lediglich einen aus Indizien gebildeten offenen Tatbestand, nicht aber ein festes Tatbestandsbild gebildet habe. Der BGH ordne die eigenkapitaltypischen Einzelindizien nicht nach ihrem Rang für die Konkretisierung der gesellschaftsinternen Risikostruktur.[314]

Die kumulative Anhäufung einlagentypischer Gestaltungsmuster erfüllt auch in ihrer Summe nicht zwangsläufig die Rechtsformvoraussetzungen einer Einlagenfinanzierung. Die Häufung einlagentypischer Funktionen, mögen sie auch in der Darlehensabrede oder einer dem schuldrechtlichen Vertrag zugrunde liegenden gesellschaftsrechtlichen Gewährungspflicht verabredet sein, führt gegenüber der isolierten Betrachtung jedes einzelnen Kriteriums nicht zu einer einlagenkonstitutiven Gesamtfinanzierung. Wenn eine extrem lange, hinsichtlich der Rückzahlungsfälligkeit zusätzlich möglicherweise an den Fortbestand der Mitgliedschaft geknüpfte Darlehensausreichung, auch noch gewinnabhängig und nicht über eine Festverzinsung entgolten wird, ist diese in breiter Ausübung der Finanzierungsfreiheit geschaffene Finanzierung keineswegs konstituierend für einen Haftkapitalcharakter.

Wie sich dieser Finanzierungsgestaltung kein gezielter gewillkürter Rangrücktritt entnehmen lässt, haben die Gesellschafter auch keine Finanzierungsabrede getroffen, die sich nach den Maßstäben der Rechtsordnung als haftendes Gesellschaftsvermögen qualifizieren ließe. Die Rechtsordnung akzeptiert vielmehr gerade den Willen der Gesellschafter, auch atypische Finanzierungen zu wählen[315]. Die bislang im Rahmen „gesplitteter Einlagen“ angetroffenen Sachverhalte rechtfertigen es demnach nicht, die Finanzierungen als einlagengleiche dem voraushaftenden Gesellschaftsvermögen zuzuordnen.

---

314 Fleischer, Finanzplankredite, S. 113.

315 Angesprochen ist ein Teilaspekt der Finanzierungsfreiheit, dazu oben die Nachweise in Fn. 81.

9. Befund: Haftungsrechtliches Vermögen in der GmbH

Anhand der „gesplitteten Einlagen" in der Personengesellschaft konnte festgestellt werden, dass jenseits der bekannten Kategorien nachrangigen Haftkapitals objektiv-rechtlicher Eigenkapitalersatz und vereinbarter Rangrücktritt eine weitere Fallgruppe materiellen Kapitals denkbar ist.

Unabhängig von zwangsweisen Umqualifizierungen nach den Regeln der Rechtsprechung und der GmbH-Novelle sowie den individuell begründeten Rangrücktritten ließ sich eine Fallgruppe haftenden Kapitals feststellen, die allein aufgrund der „Darlehensbedingungen" haftendes Kapital darstellt. Ohne dass die Gesellschafter dies beabsichtigt haben müssten, gründet die Qualifizierung als Haftkapital allein auf einer Auslegung des der Finanzierung zugrunde liegenden Vertragsverhältnisses. Ergibt sich dabei, dass die Gesellschaftermittel wirtschaftlich zu Gesellschaftsvermögen geworden sind, ließ sich daran die für die Gläubiger wichtigste Rechtsfolge, die Haftung der Mittel in der Gesellschaftsinsolvenz, ableiten. Entscheidend für dieses Ergebnis war die Erkenntnis, dass Finanzierungen, die nur als Rechnungsposten eines Abfindungs- oder Liquidationsguthabens an einen Gläubiger zurückgeführt werden dürfen, in der Personengesellschaft dem Vermögen der Gesellschafter angehören, welches sie der Gesellschaft zur Verlustdeckung gewidmet haben[316]. Mittel aber, die die Gesellschafter nur unter den Voraussetzungen zurückerhalten können, wie sie für Einlagen gelten, sind in jeder Beziehung als Haftkapital zu qualifizieren: Insolvenzverwalter und Gläubiger interessiert dabei vor allem, dass die als Darlehen titulierten Außenfinanzierungen in der Gesellschaftsinsolvenz nicht geltend gemacht werden können, und aufgrund einer - insoweit durchaus auf dem Willen der Gesellschafter beruhenden - vertraglichen Gestaltung zur Haftungsmasse zu rechnen sind[317].

Dieser Abschnitt gilt der Prüfung, wie eine Außenfinanzierung in der GmbH beschaffen sein muss, um auch ohne oder gegen den Willen der Gesellschafter als Haftkapital angesprochen werden zu können.

Angesichts der umfangreichen Vorarbeiten im Recht der Personengesellschaft, die hier in der Argumentation aufgegriffen werden, die einem Haftkapitalcha-

---

[316] Entscheidend ist, dass sie den Gläubigern als zusätzliche Sicherheit dienen, so auch Mundry, Darlehen und stille Einlagen, S. 120 f.

[317] So auch - hier in Frage gestellter tatbestandlicher Basis - die Rechtsprechung, insbesondere in BGHZ 104, 33.

rakter unter den Voraussetzungen der Rechtsformverfehlung annimmt, ist zunächst zu untersuchen, ob entsprechende Fallgestaltungen auch in der GmbH notwendig eine Haftkapitalqualität bedingen.

Soweit sich die Haftkapitalqualität in der Personengesellschaft daraus ergibt, dass von den Gesellschaftern als Fremdkapital bezeichnete Mittelzuführungen nur als Gegenstand der Berechnung eines Abfindungs- oder Liquidationsguthabens zurückgeführt werden können, ist zu überprüfen, ob sich vergleichbare Abreden auch in der GmbH als den Gläubigern haftendes Kapital bewerten lassen[318].

Dabei wird in besonderer Weise eine Abgrenzung der rechtlichen und tatsächlichen Verhältnisse beim Ausscheiden eines Gesellschafters bei der Personengesellschaft und bei der GmbH erforderlich sein.

a) Abfindungsguthaben

aa) Ausgangslage in der Personengesellschaft

In der Personengesellschaft konnte die Qualifizierung einer Außenfinanzierung der Gesellschafter als materielles Haftkapital unter anderem daran festgemacht werden, dass nach der individualvertraglichen oder gesellschaftsvertraglichen Bindung die formellen Fremdmittel mit herangezogen wurden, um den Abfindungsanspruch des Ausscheidenden festzustellen.

Der ausscheidende Personengesellschafter hat einen nach Köpfen bzw. nach seinem Kapitalanteil bemessenen, gegen die Gesellschafter gerichteten Anspruch auf Abfindung. Dessen Höhe ist grundsätzlich daran orientiert, welche Werte der Gesellschafter in das Gesellschaftsvermögen eingebracht hat. Insbesondere bestimmen jedoch Wertzu- und -abschreibungen im Laufe der Geschäftstätigkeit die Höhe des Anspruchs[319]. Haben die Gesellschafter vorgesehen, dass auch formelle Fremdmittel zu ihrem Bestand den Abfindungsanspruch dahingehend beeinflussen, dass sie wie Gesellschaftsvermögen und nicht wie Verbindlichkeiten wirken, so waren für die Personengesellschaft die objektiven Voraussetzungen materiellen Eigenkapitals auch in Bezug auf diesen Darlehensanteil erfüllt.

---

318 Zur mangelnden Relevanz der rechtsformspezifischen Finanzverfassung vgl. bereits oben II.

319 Zur Bemessung des Abfindungsguthabens etwa bei der KG, § 738 BGB, vgl. auch Schlegelberger/K. Schmidt, HGB Rz. 30, 42 f., 52.

ab) Ausgangslage in der Kapitalgesellschaft GmbH

Die Ausgangslage in der GmbH ist dagegen eine grundsätzlich andere:

Scheidet ein GmbH-Gesellschafter aus der Gesellschaft aus, so entsteht in aller Regel kein Zahlungsanspruch gegen die Gesellschaft oder ihre Gesellschafter.

Der Geschäftsanteil wird an einen Dritten übertragen. Gegen diesen richtet sich der Anspruch auf Kaufpreiszahlung.

Gleichwohl können auch in der GmbH Ansprüche auf Zahlung eines Abfindungsguthabens gegen die Gesellschaft entstehen. Diese Konstellation entsteht dann, wenn ein Gesellschaftsvertrag ein Ausscheiden gegen Abfindung - etwa nach Kündigung der Gesellschaft durch den Gesellschafter - vorgesehen ist.

(1) Übertragung von Geschäftsanteilen

Beschränkt man die Betrachtung zunächst auf den Fall der Weiterveräußerung von Geschäftsanteilen, so stellt sich die Frage, ob sich in diesem Zusammenhang überhaupt Finanzierungen einstellen können, deren spezifische Einbeziehung in die Ermittlung etwa des Kaufpreises ihren wahren Charakter als materielles Eigenkapital ausweist.

(2) Einbeziehung in die Findung des Kaufpreises

Konzentriert man die Betrachtung des Ausscheidens eines Gesellschafters auf die Übertragung des Geschäftsanteils, so kann der Ansatzpunkt für die Ermittlung der materiellen Eigenkapitalfunktion einer Finanzplanfinanzierung nur ein sehr unmittelbarer sein.

Eine materielle Einlagenfunktion könnte allenfalls dann in Betracht kommen, wenn die von den Beteiligten der Finanzierungsabrede getroffene Vereinbarung Einfluss auf die Höhe des von dem übernehmenden Dritten zu zahlenden Kaufpreis nehmen. Dies ist jedoch nur sehr indirekt möglich. Auf die vielschichtigen rechtlichen und kaufmännischen Probleme, die mit der Kaufpreisfindung für einen GmbH-Geschäftsanteil verbunden sind, ist an dieser Stelle nicht weiter einzugehen[320].

---

[320] Vgl. dazu: Schlegelberger/-K. Schmidt, HGB, § 138 Rz. 52 f.

Nach jeder hierzu vertretenen Auffassung kommt es jedoch wesentlich auch darauf an, wie groß das Gesellschaftsvermögen ist, an dem jeder Geschäftsanteil Teilhabe vermittelt.

Auch für die GmbH wäre danach zu überlegen, ob es den „gesplitteten Einlagen" entsprechende Darlehensgestaltungen gibt, die aufgrund ihrer Gestaltung hinsichtlich der Berechnung des Kaufpreises zum Gesellschaftsvermögen zu rechnen sind. Nur eine solche Gestaltung könnte eine Parallele darstellen. Indes: Derartige Gestaltungen sind für die GmbH nicht bekannt. Im Übrigen steht der gedankliche Ansatz in der Gefahr, Ursache und Wirkung, Tatbestand und Rechtsfolge zu verwechseln.

Es ist eher mit Abreden zu rechnen, die auf andere Weise die materielle Einlagenfunktion begründen. Hieraus ergibt sich dann ihre Zugehörigkeit zum Gesellschaftsvermögen. Dies hat dann seinerseits Auswirkungen auf die Ermittlung eines Kaufpreises für einen Geschäftsanteil eines ausscheidenden Gesellschafters.

Regelungen, die sich konkret auf die Behandlung einer Finanzierung für den Fall des Ausscheidens durch Anteilsübertragung an Dritte beziehen, sind nicht zu erwarten. Auf diese Beziehung des Ausscheidenden zum Erwerber gehen die Gesellschafter bei der Ausreichung ihrer Finanzierung regelmäßig nicht ein.

(3) Einbeziehung in die Findung der Abfindung

Damit ist indes noch nicht darüber befunden, ob es nicht gleichwohl Darlehensgestaltungen in der GmbH gibt, die über die Einbeziehung dieser Mittel in die Berechnung eines Abfindungsguthabens ihre materielle Einlagenfunktion ausweisen.

ac) Abfindungssituationen

Die Übertragung von Geschäftsanteilen an Dritte dürfte in der GmbH der häufigste Weg sein, um aus der Gesellschaft auszuscheiden. Jedoch wird auch das Ausscheiden gegen eine von der Gesellschaft zu zahlende Abfindung praktisch.

Dieser Fall tritt etwa in den Situationen ein, in denen ein Gesellschafter aus der Gesellschaft ausgeschlossen worden ist. In Betracht kommen hier etwa die

Zwangseinziehung oder der Ausschluss durch Gestaltungsurteil[321]. Zu einer Abfindung eines Gesellschafters muss es auch kommen, wenn Gesellschafter eine satzungsrechtliche Möglichkeit nutzen, die Gesellschaft zu kündigen.

Diese nach § 60 Abs. 2 GmbHG eröffnete Möglichkeit der Satzungsgestaltung kann darauf gerichtet sein, dem Gesellschafter das Ausscheiden aus der Gesellschaft zu ermöglichen. Insbesondere in diesem Fall wird die Vereinbarung darauf gerichtet sein, ein Ausscheiden gegen eine Abfindung zu Liquidationswerten zu ermöglichen, sei es durch Einziehung seines Geschäftsanteils, sei es durch Erwerb des Geschäftsanteils durch die Gesellschaft selbst[322].

In diesem Umfeld könnten Regelungen angesiedelt sein, die vom ausscheidenden Gesellschafter ausgereichte Darlehen wertbestimmend in die Berechnung des Abfindungsguthabens einbeziehen. Derartige Abreden können in der GmbH jedoch theoretisch nur in der Weise Platz greifen, dass vereinbart wird, die Fremdmittel in solchen Fällen als Gesellschaftsvermögen zu behandeln, der dem ausscheidenden Gesellschafter analog seiner Beteiligung am Stammkapital zustehende Anteil am Gesellschaftsvermögen also entsprechend größer wird.

Wenn derart vermögensmehrende Gestaltungen auch in der Kapitalgesellschaft vorstellbar sind, so beruhen sie auf einer dogmatisch abweichenden Struktur gegenüber der Personengesellschaft. Während dort der Abfindungsanspruch durch unmittelbare Verrechnung der geleisteten Einlagen mit aufgelaufenen Verlusten oder erwirtschaftetem Gewinn ermittelt wird, erlaubt das GmbH-Recht nur eine Teilhabe des Einzelnen am Gesellschaftsvermögen in seinem jeweiligen Bestand.

Eine Zu- oder Abrechnung zum jeweiligen Geschäftsanteil findet nicht statt, da eine Gesellschafterhaftung - wenn auch summenmäßig beschränkt - nicht möglich ist. Entsprechend gering sind - anders als bei der „gesplitteten Einlage" in der Personengesellschaft - die Aussichten derart vermögensmehrende Gestaltungen mit Blick auf die Berechnung des Abfindungsguthabens anzutreffen. Derartige Abreden sind denn auch soweit ersichtlich nicht bekannt geworden. Denkbar sind sie indes.

---

[321] Lutter/Hommelhoff, GmbHG, § 34 Rz. 35 ff.

[322] Lutter/Hommelhoff, GmbHG, § 60 Rz. 26 ff.

Die rechtsgeschäftliche Mehrung des Gesellschaftsvermögens scheint jedoch in der Praxis der GmbH den Rangrücktrittsabreden vorbehalten zu sein[323].

b) Berücksichtigung in Liquidationsguthaben

Überlegungen, die Darlehensgestaltungen mit Blick auf ihre Behandlung bei der Ermittlung der Höhe eines Abfindungsanspruchs als materielle Haftkapitalpositionen „enttarnen" könnten, führen für die Rechtsform der GmbH zumeist ins Leere. Anders als in der Personenhandelsgesellschaft erlaubt die Rechtsform der GmbH keine unmittelbare Verrechnung von Verlusten der Gesellschaft mit Rückgewähransprüchen hinsichtlich der Einlagen.

Denkbar ist allein, dass die Haftkapitalqualität formellen Fremdkapitals über die Buchung unter den Aktiva der Gesellschaft den Unternehmenswert positiv beeinflusst und so - im Grundsatz unabhängig von der gesellschaftsvertraglich bedungenen Berechnungsmethode - die Abfindung des ausscheidenden Gesellschafters in ihrer Höhe begünstigt; im Ergebnis lässt sich jedoch als Befund festhalten, dass sich der grundlegend anders gearteten Finanz- und Haftungsverfassung Gestaltungen und Wertungen der „einlagengleichen" Gesellschafterleistungen (insbesondere) bei der KG rechtsformübergreifend nicht auf die GmbH übertragen lassen, soweit es um Abfindungsguthaben bei individuellem Ausscheiden geht.

Der Blick soll nun auf den zweiten Komplex gerichtet werden, an dem in der (Publikums-)KG die Haftkapitalqualität einer Gesellschafterfremdfinanzierung entwickelt werden konnte: In der Personengesellschaft konnte die Zurechnung zum haftenden Gesellschaftsvermögen auch daran festgemacht werden, dass Gläubiger und Schuldnerin die Vereinbarung getroffen hatten, dass das Darlehen in der Liquidation der Gesellschaft nur nach Befriedigung der übrigen Gläubiger, also in Erfüllung der eigenkapitaltypischen Voraushaftungsfunktion, Gegenstand und Rechnungsposten der allgemeinen Auseinandersetzungsbilanz

---

323 Flexible Handhabung zur Vermeidung der Überschuldung, dazu Scholz/K. Schmidt, GmbHG, §§ 32 a, b, Rz. 85; Teller, Rangrücktrittsabreden, S. 1, aber wohl auch mangelnde Anreize zur Gestaltung aufgrund steuerrechtlicher Unterschiede und anderer Finanzverfassung der GmbH bzw. Personenhandelsgesellschaft. Erstmals anerkannt RG 37, 61, 357; vgl. insbesondere BGH, ZIP 1992, 177; ZIP 1987, 574; OLG Hamburg, ZIP 1986, 1113; OLG Stuttgart, BB 1992, 531; Peter, WM 1988, 685 ff.; Priester, DB 1977, 2429 ff.

werden und allein mit dieser Maßgabe an den Gesellschafter zurückgeführt werden konnte[324].

An anderer Stelle konnte dazu ausgeführt werden, dass eine Außenfinanzierung, die solcherart mit den Rechtsfolgen von Eigenkapital ausgestattet ist, insgesamt dem Gesellschaftsvermögen zuzurechnen ist[325].

Für die GmbH ist nunmehr zu untersuchen, unter welchen Voraussetzungen Regelungen über die Gestaltung des Liquidationsverfahrens und hierin einzubeziehende Mittel Aussagen zum Haftkapitalcharakter zulassen.

ba) Grundlagen: Liquidationsverfahren in der GmbH

Dazu ist zunächst der Gang des Liquidationsverfahrens in der GmbH kurz nachzuzeichnen. Daran muss sich anschließen eine Analyse der rechtlichen Konsequenzen, die sich aus einer einlagengleichen Gestaltung ergeben.

Auch hier muss sich die Betrachtung an den Fallgruppen orientieren, die in der (Publikums-)KG als „gesplittete Einlagen“ bis in die jüngste Vergangenheit einige Publizität erlangt haben. In Erinnerung sei gerufen, dass dort Gesellschafterdarlehen vielfach von Rechtsprechung und Literatur auf der Grundlage eines zweigliedrigen Tatbestandes aus gesellschaftsrechtlicher Gewährungspflicht und eigenkapitalnaher Ausgestaltung als haftendes Eigenkapital qualifiziert wurden[326]. Dieser Auffassung konnte nicht gefolgt werden: Sie stellt erkennbar darauf ab, dass sich aus der Gesamtwürdigung von Darlehensbedingungen und der Verankerung im Gesellschaftsvertrag - als typischem Ort für die Zusage einer Einbringung haftenden Einlagenkapitals - die Haftkapitalfunktion ergibt.

Für richtig befunden wurde hier die Variante, die es erlaubt, ohne objektivrechtliche Umqualifizierung die Haftkapitalqualität direkt aus dem Darlehens- oder Gesellschaftsvertrag zu entnehmen, wenn eine wirtschaftliche Zugehörigkeit des Darlehens zum Gesellschaftsvermögen feststellbar ist. Haben die Parteien eine Gestaltung gewählt, die die Darlehensvaluta nicht nur nach ihrem

---

324 Vgl. dazu oben III. 2. b) ba).

325 Da die Voraushaftungs- und Verlustdeckungsfunktion vereinbart und so zusätzlich Gläubigersicherheit, gegeben ist, Mundry, a. a. O. S. 510.

326 Zu diesen Doppeltatbestand BGHZ 104, 33 ff.; aber auch K. Schmidt, Gesellschaftsrecht, § 20 II 1, S. 567.

Nutzungswert, sondern auch nach ihrem Vermögenswert[327] dem Gesellschaftsvermögen zuordnet, so handelt es sich bei dieser Finanzierung wirtschaftlich um Gesellschaftsvermögen, um eine Mittelzufuhr mit Einlagenqualität, haftungsrechtlich mithin um Eigenkapital[328].

Eine solche Gestaltung wurde in der Personengesellschaft dort angetroffen, wo als Darlehen ausgereichte Mittel vereinbarungsgemäß nur als Rechnungsposten in einer Auseinandersetzungsrechnung bei Liquidation der Gesellschaft berücksichtigt werden konnten. Hieraus folgt konsequent, dass die Mittel dazu bestimmt sind, etwaige Verluste der Gesellschaft abzudecken. Denn bevor die Gesellschafter ihre „Darlehen" oder Hafteinlagen als Liquidationsguthaben beanspruchen können, müssen zuvor alle Verluste und Verbindlichkeiten der Gesellschaft (gegenüber Gesellschaftern und Nicht-Gesellschaftern) abgedeckt sein. Zur Verteilung steht nur das verbleibende Vermögen an. Damit haben die finanzierenden Gesellschafter eine Gestaltung gewählt, die die Mittel in die einlagenkonstituierende Funktion der Verlustdeckung und Voraushaftung eingliedert[329].

(1) Liquidationsverfahren in der GmbH

Trotz erheblicher und grundsätzlicher Unterschiede in den Finanz- und Haftungsverfassungen von GmbH und KG, weisen gerade die Liquidationsverfahren in gewichtigen Punkten Gemeinsamkeiten auf:

In der GmbH soll die Liquidation der korrekten Erfüllung aller Verbindlichkeiten dienen und zur Verteilung eines möglichst hohen Restvermögens an die Gesellschafter führen[330]. Dabei haben die Liquidatoren grundsätzlich die Möglichkeit, verschiedene Liquidationskonzepte zu verfolgen. So kann das Unternehmen als Ganzes oder in Teilen an Dritte veräußert werden[331]. Die unternehmerische Tätigkeit kann aber auch gänzlich eingestellt werden mit der Folge,

---

327 Dies ist der Fall, wenn das „Darlehen" den Gläubigern als weitere Sicherung dient; also im Rangrücktritt oder einlagengleiche Ausgestaltung festgestellt ist.

328 So im Ergebnis auch: Habersack, ZHR 1992, S. 382.

329 Auch für andere das maßgebliche Kriterium für haftungsrechtliches Eigenkapital, Habersack, a. a. O., S. 382; Mundry, Darlehen und stille Einlagen, S. 10, 122.

330 § 70 GmbHG, dazu: Baumbach/Hueck/Schulze-Osterloh, GmbHG, § 70 Rz. 3 ff.; Raiser, Kapitalgesellschaften, § 41; Lutter/Hommelhoff, GmbHG, § 70 Rz. 5 ff.

331 Lutter/Hommelhoff, GmbHG, § 70 Rz. 14 ff.

dass die einzelnen Vermögensgegenstände zu veräußern sind[332]. Im Zuge der Abwicklung ist die Schuldentilgung Voraussetzung für die Vermögensverteilung; gerade diese aber ist das eigentliche Ziel der Liquidation und Voraussetzung der Beendigung der Gesellschaft. Der Liquidator hat zunächst den Schuldenstand zu erfassen. Um die Verbindlichkeiten abtragen zu können, ist die notwendige Liquidität sicherzustellen[333]. Schulden, die die Gesellschaft aus Drittgeschäften gegenüber Gesellschaftern belasten, sind grundsätzlich regulär zu erfüllen. Kredite bilden hier keine Ausnahme. Sonderregeln greifen nur dann, sofern formelles, über objektiv-rechtliches Kapitalersatzrecht oder gewillkürte Rangrücktritte im Gesellschaftsvermögen gebundenes Fremdkapital festzustellen ist; solcherart qualifizierte Mittel bilden ihrerseits nachrangiges Haftkapital[334] der Gesellschaft und rangieren dann hinter den Ansprüchen Dritter (einschließlich der ungebundenen Forderungen von Gesellschaftern).

Forderungen der Gesellschaft gegenüber Dritten oder Gesellschaftern sind unabhängig vom Rechtsgrund einzuziehen, ebenso restliche Einlageverpflichtungen, soweit diese etwa zur Schuldentilgung noch erforderlich sind[335].

Die Einzelheiten des Liquidationsverfahrens zu erörtern ist hier nicht der Ort. Zweckdienlich ist bereits ein Blick auf die Grundzüge der Abwicklung der GmbH bis hin zu ihrer Vollbeendigung und Löschung.

Ein Anspruch auf einen Liquidationserlös ist nur dann gegeben, wenn nach einer vollständigen Gläubigerbefriedigung verteilungsfähiges Vermögen übrig bleibt[336]. Ist dies nicht der Fall, darf der Liquidator kein Gesellschaftsvermögen ausreichen; gleiches gilt, wenn der Vermögensstatus ergibt, dass die Verbindlichkeiten der Gesellschaft durch Vermögen nicht hinreichend gedeckt sind. In diesem Fall folgt daraus, dass die Gesellschaft von vornherein oder doch ab einem gewissen Zeitpunkt für ein Liquidationsverfahren nicht (mehr) zur

---

332 Lutter/Hommelhoff, GmbHG, § 70 Rz. 13.

333 Lutter/Hommelhoff, GmbHG, § 70 Rz. 9.

334 Vgl. etwa die Formulierung zum Rangrücktritt bei Scholz/K. Schmidt, GmbHG, §§ 32 a, b, Rz. 85; Teller, Rangrücktrittsvereinbarungen, S. 4 ff.; Peters, WM 1988, 685 ff.

335 RGZ 138, 106, 111; Scholz/K. Schmidt, GmbHG, § 59 Rz. 21; Hachenburg/Hohner, GmbHG, § 65 Rz. 17.

336 Arg. e. § 70 GmbHG; vgl. auch Lutter/Hommelhoff, GmbHG § 70, Rz. 9.

Verfügung stand und ein (Anschluss-)Insolvenzverfahren wegen Überschuldung eröffnet werden müsste[337].

(2) Relevante Darlehensbindungen

Findet sich nun in den Darlehensbedingungen[338] eine Bestimmung, nach der die Mittel nur als unselbständige Rechnungsposten in die Berechnung eines Liquidationsguthabens Eingang finden und (nur) in dieser Weise zurückgezahlt werden können, so folgt daraus auch für die GmbH die Qualifizierung der Mittel als Haftkapital: Diese Abrede - sie mag aus der Sicht der Gesellschaft wie der Gesellschafter in erster Linie den Wunsch spiegeln, die Finanzierungsmittel möglichst lange in der Gesellschaft zu binden - weist den Mitteln nicht nur dispositive Funktionen von Eigenkapital zu. Insoweit ginge es etwa um die Finanzierungsfunktion von Eigenkapital, die typischerweise empfiehlt, das Anlagevermögen über eigene - d. h. nicht kündbare, grds. nicht rückzahlbare - Mittel der Gesellschaft zu finanzieren[339].

Es geht dabei darum, dass aus einer Gestaltung der Finanzierungsbedingungen unweigerlich der Haftkapitalcharakter der Mittelzufuhr folgt. Dies ist für die zuvor beschriebene Einbeziehung von Mitteln in den Liquidationszusammenhang deshalb der Fall, weil die Mittel damit notwendig dem gesellschaftlichen Fonds zugewiesen werden, der - ohne eine Konkurrenz der Gesellschafter fürchten zu müssen - uneingeschränkt der Gläubigerbefriedigung vorbehalten ist. Diese Zuweisung folgt daraus, dass von den Gesellschaftern zur Verfügung gestellte Mittel - ganz ähnlich einem gewillkürten Rangrücktritt - den Gläubigern voraushaften; d. h., sie gehören zu dem gesellschaftlichen Vermögen, das vorrangig der Gläubigerbefriedigung gewidmet ist und diese Aufgabe erfüllen soll, bevor - in der Situation der beginnenden Überschuldung - Fremdvermögen, das sich nur vorübergehend im Unternehmen befindet, zur Rückzahlung verwandt wird; dies mit der Folge, dass letztlich eine Entwertung dieser Forderungen eintritt und ihre vollständige Befriedigung gefährdet[340].

---

337 Lutter/Hommelhoff, GmbHG, § 70 Rz. 9.

338 Oder in dem ggf. zugrundeliegenden Gesellschaftsbeschluss oder schuldrechtliche Abrede.

339 Dazu etwa: Wiedemann, Gesellschaftsrecht, S. 554 und das betriebswirtschaftliche Schrifttum.

340 Zur Entwertung von Forderungen bei Insolvenz, K. Schmidt, Gesellschaftsrecht, § 18 II 2, S. 515 f.

Die objektiv-rechtliche Zuweisung zum Haftkapital ergibt sich im hier zu behandelnden Zusammenhang schon daraus, dass nach der Systematik des GmbH-rechtlichen Liquidationsverfahrens, formelle Fremdmittel, die als materielles Gesellschaftsvermögen zuvor zur Schuldentilgung verwandt werden sollen, unmittelbar der Voraushaftung zugeführt sind. Denn sollen die Mittel wie auszuschüttendes Gesellschaftsvermögen nur bei der Berechnung des individuellen Liquidationsanspruchs berücksichtigt werden, kann es nur dann zu einer - ganzen oder teilweisen - Rückführung kommen, wenn zuvor sämtliche sonstigen Verbindlichkeiten der Gesellschaft zurückgezahlt sind[341]. Bei dieser Rückzahlung sind dann auch die insoweit einlagengleichen Darlehen zur Gläubigerbefriedigung heranzuziehen; denn soweit der Gesellschafter die Darlehen nur als Liquidationsguthaben zurückverlangen kann, findet eine Gleichstellung mit haftendem Gesellschaftsvermögen statt. Dies führt zu einer materiellen Eigenkapitalfunktion über die gewünschte Voraushaftungsfunktion.

bb) Befund: Ermittlung einlagengleicher Funktionen in der Liquidation

Die für die Personengesellschaft entwickelte Argumentation, die als Darlehen bezeichnete Gesellschaftermittel dem haftenden Kapital zuweist, wenn die Gestaltung der Finanzierung deutlich macht, dass die Mittel endgültig in ihrer Substanz in das Gesellschaftsvermögen gelangt sind, trägt auch in der Kapitalgesellschaft: Ergibt die Analyse der Gewährungsbedingungen, dass Gesellschafter und Gesellschaft die Mittel dauerhaft der Gesellschaft zur Verfügung halten wollen und so die Gewährungsdauer mit ihrer Mitgliedschaft verknüpfen, so folgt daraus unter der allein zählenden Voraussetzung, dass die Rückgewähr nicht nur durch die Beendigung der Gesellschaft und damit der Mitgliedschaft bedingt ist, sondern das Titular-Fremdkapital im Procedere der Gesellschaftsauflösung und Beendigung Funktionen von Gesellschaftsvermögen übernimmt, die gewollte Haftkapital- und Einlagenqualität der Mittel; damit verbindet sich über die allein gewollte Rechtsfolge hinaus - die möglichst eigenkapitalähnliche Bindung der Finanzierung in der Gesellschaft unter Fortbestand der Fremdkapitalqualität - ein Bündel von Rechtsfolgen: Die Mittel gehören auch in der Gesellschaftsinsolvenz zum haftenden Gesellschaftsvermögen.

Ihre Qualifizierung als Haftkapital bedingt zugleich ihre Einbeziehung in den Schutzkreis des § 30 GmbHG. Der Geschäftsführer darf also nicht - auch dann nicht, wenn die Verabredung einlagengleicher Leistungen aufgehoben ist - die

341 Insoweit ganz entsprechend die Verhältnisse bei der Personengesellschaft.

Mittel an einen Gesellschafter zurückführen, sollte hierdurch eine Unterbilanz der Gesellschaft entstehen oder eine bestehende verschärft werden.

Gesellschaftsmittel, die entgegen diesem gesellschaftsrechtlichen Ausschüttungsverbot an den Gläubiger zurückgewährt worden sind, hat der Geschäftsführer - ggf. später auch der Insolvenzverwalter - für die Gesellschaft zurückzufordern[342], soweit eine Unterbilanz fortbesteht und nicht etwa inzwischen - egal aus welchem Grund - behoben werden konnte[343].

Abschließend lässt sich die Aussage treffen, dass Gesellschaftermittel, die nach dem Willen der an der Ausreichung Beteiligten (zunächst) nur als Rechnungsposten eines Liquidationsguthabens zurückgeführt werden sollten, auch in der Kapitalgesellschaft GmbH als den Gläubigern haftendes Gesellschaftsvermögen qualifiziert werden muss. Diese Konsequenz stellt sich unabhängig davon ein, ob man entgegen dem formellen Eigenkapitalbegriff, wie er sich in der Bilanzgliederung des § 266 HGB und verschiedenen Vorschriften des GmbHG zeigt, auch solche Mittel als zu bilanzierendes Eigenkapital qualifiziert und als Zuzahlung in die Rücklage einstellt oder dieses Ergebnis allein aufgrund der materiellen Eigenkapitalfunktion (bei fortbestehendem Fremdkapitalcharakter) zulässt[344].

In jedem Fall liegt eine aufgrund objektiv-rechtlicher Würdigung, nicht jedoch durch Umqualifizierung gewonnene Zuweisung der Mittel zum haftenden Gesellschaftsvermögen vor. Diese kann nur nach den für die Rückzahlung von Eigenkapital geltenden Maßgaben aufgehoben werden. Bis zu ihrer wirksamen Enthaftung teilen sie die Rechtsfolgen von Finanzierungen, die Gesellschafter von vornherein mit allen Konsequenzen als materielles Eigenkapital gewollt haben.

bc) Gesamtergebnis und praktische Relevanz für die GmbH-Finanzierung

Im vorstehenden Kapital wurden die Voraussetzungen entwickelt, nach denen Gesellschaftermittel - von den Mitgliedern als Fremdkapital tituliert - auch ohne einen gewillkürten Rangrücktritt oder eine objektiv-rechtliche Umqualifizierung

---

342 § 31 GmbHG, Scholz/Westermann, GmbHG, § 31 Rz. 8; RGZ 92, 77, 81.

343 BGH ZIP 1987, 1113 mit Anm. Westermann; dagegen: Hommelhoff, Festschrift Kellermann, S. 165; Brendner, Festschrift Fleck, S. 23; Lutter/Hommelhoff, GmbHG, § 31 Rz. 11.

344 So etwa für den Rangrücktritt: Peters, WM 1988, 641; Priester, DB 1977, 2429.

nach den Rechtsprechungs- und Novellen-Regeln dem Haftkapital der Gesellschaft zugerechnet werden können und müssen.

Es konnte das Ergebnis erzielt werden, dass dies entgegen der bislang allein zur Personengesellschaft ergangenen Rechtsprechung nur dann möglich ist, wenn die Gesellschafter selbst eine Gestaltung gewählt haben, die eine Qualifizierung der Finanzierung als Fremdmittel nach den objektiven Vorgaben der Rechtsordnung nicht mehr zulässt, sondern die Mittel zwingend dem Haftungsfonds der Gesellschaft zuweist.

Diese Konstellation konnte in der GmbH für den Fall ausgemacht werden, dass die ausgereichten Kreditmittel (bei befristeter wie unbefristeter Ausreichung) nur als Rechnungsposten eines Liquidationsguthabens, einschränkt auch eines Abfindungsguthabens bei Ausscheiden eines Gesellschafters, für eine Rückzahlung Berücksichtigung finden.

Ausgangspunkt dieser Betrachtung waren Gestaltungen - durchgängig auf gesellschaftsvertraglicher Grundlage - in der (Publikums-)KG, die formelles Fremdkapital an den Bestand der Mitgliedschaft binden und dort wiederum die Rückzahlung nur im Rahmen der Ermittlung eines Abfindungs- oder Liquidationsguthabens zulassen.

Mit dem Ergebnis, dass vergleichbare Strukturen auch in der Kapitalgesellschaft zu entsprechenden - lediglich rechtsformspezifisch modifizierten - Ergebnissen führen, ist indes noch nicht viel gewonnen: Denn in der Personengesellschaft gibt es gerade besondere Interessen und Mechanismen, die jene Gestaltungen, die in so vielfältiger Weise Gegenstand von Gerichtsentscheidungen wurden, hervorgebracht haben[345]. Zwar wurden die Ziele, die mit den ungewöhnlichen Gestaltungen verfolgt werden, in keiner Weise erreicht, sondern durch die Rechtsprechung konterkariert[346]. Dennoch stammen die Anreize, die die Rechtsfigur der „gesplitteten Einlage“ hervorgebracht haben, aus haftungs- und steuerrechtlichen Besonderheiten der Personengesellschaft. Dies legt die Erwartung nahe, dass in der GmbH-Finanzierung derart „intensive“ Darlehensbeziehungen nicht in einem Umfang vorkommen werden, der dem, wie er zeitweise für die KG auszumachen war, gleichkommt. Dies gilt insbesondere für die hier allein als Haftkapital akzeptierte Finanzierung, die an die Mitgliedschaft gekoppelt ist. Das fehlende Fallaufkommen in der GmbH stützt diese Annahme.

---

345 Dazu nochmals: Koch, Eigenkapitalleistungen, S. 24 f., 28.

346 Koch, a. a. O., S. 28 (zusammenfassend), vgl. auch oben III. 6.

Für die Behandlung von Gesellschafterfinanzierungen, die, ohne dass ein Krisenbezug schon im Zeitpunkt ihrer Ausreichung oder Zusage erkennbar wäre, ergibt sich in der GmbH nur ein schmaler Anwendungsbereich, sofern man versucht, bereits den von den Beteiligten getroffenen Abreden eine Haftkapitalqualifizierung zu entnehmen. Hier blieben nur die von den Parteien eines vermeintlichen Darlehensvertrags verkannten Rechtsformvoraussetzungen der Eigenkapitalausstattung, um einer Gesellschafterfinanzierung den Haftkapitalcharakter zu geben.

Gestaltungen dieser Art spielen jedoch in der Kapitalgesellschaft nur eine untergeordnete Rolle; orientiert man sich am Fallaufkommen in der Rechtsprechung, so scheint es derart einlagengleiche Finanzierungen in der Kapitalgesellschaft nicht - oder doch jedenfalls nicht publiziert - zu geben. Angesichts der breit ausgeübten Gestaltungs- und Finanzierungsfreiheit ist es jedoch nicht ausgeschlossen, dass auch in der GmbH Finanzierungskonzepte versucht werden, die - vielleicht sogar auf gesellschaftsrechtlicher Grundlage - es einem oder mehreren Gesellschaftern auferlegen, der Gesellschaft Kredite auszureichen und bis zum Ende mitgliedschaftlicher Beziehungen zu belassen. Erinnert sei an den bereits zuvor erwähnten Fall, dass der für eine Expansion erforderliche Kapitalbedarf nicht von allen Gesellschaftern gleichmäßig aufgebracht werden kann, die Kapitalerhöhung jedoch zur Wahrung paritätischer Mitgliedschaften auch nicht einzelnen Gesellschaftern überlassen werden soll. Hier ist auch in der GmbH-Finanzierung die Versuchung groß, die Finanzierungssicherheit durch eine Bindung von Fremdmitteln an die Mitgliedschaft einlagengleich zu gewährleisten.

Größeres Augenmerk ist jedoch auf den nächsten Teil der Arbeit zu richten: Dort geht es darum, unter welchen Voraussetzungen Darlehensmittel nach den Maßgaben der gesellschaftsrechtlichen Finanzierungsverantwortung - mithin objektiv-rechtlich unter Berücksichtigung anerkannter Grundsätze einer ordnungsgemäßen Unternehmensfinanzierung von formellen Fremdkapital im haftenden Kapitalersatz - umqualifiziert werden müssen. Der Einbeziehung von Gesellschafterdarlehen in das Abfindungs- und insbesondere Liquidationsguthaben kommt in der GmbH wohl keine hervorgehobene Bedeutung zu. Das normative Umfeld der Kapitalgesellschaft ist weniger als das der Personengesellschaft geeignet, derartige Darlehensgestaltungen zu begünstigen.

Breiterer Anwendungsraum könnte sich insoweit für Finanzplannutzungen[347], etwa in Fällen der Betriebsaufspaltung ergeben.

Hier liegen Gestaltungen nah, die formelle Gebrauchsüberlassungsverhältnisse in die Nähe einlagengleicher Finanzierungen rücken. Darauf wird gesondert einzugehen sein.

10. Eigenkapitalbegriff in der GmbH - Bilanzierungsfragen

Auch für die GmbH ist nunmehr geklärt, dass Darlehensabreden, die die Rückzahlbarkeit der Mittel auf ihre Berücksichtigung in einem Abfindungs- oder Liquidationsanspruch beschränken, dem haftenden Kapital zuzurechnen sind.

Wie schon bei den „gesplitteten Einlagen" in der Personengesellschaft sollte die Haftkapitalfunktion hier nicht anhand des objektiv-rechtlichen Ersatzkapitalrechts oder des zielgerichtet herbeigeführten, gewillkürten Rangrücktritts begründet werden. Es war vielmehr Aufgabe, aufgrund der von den Beteiligten vereinbarten Darlehensbedingungen allein durch Vergleich des Verabredeten mit den objektiv-rechtlichen Parametern einer Haftkapitalausstattung die relevanten Rechtsfolgen von Eigenkapital festzustellen.

Die gefundenen Ergebnisse erlauben es, einlagengleiche Finanzierungen systematisch in die Nähe von Rangrücktrittsdarlehen zu stellen[348].

Dieser Befund beruht auf der zentralen Bedeutung des von den Beteiligten Gewollten. Zwar haben die Gesellschafter in ihrer Abrede mit der Gesellschaft keine bewusste und gewollte Subordination von Fremdkapital, geschweige denn die Zufuhr von (formellem) Eigenkapital im Sinn gehabt[349]. Indes ist die Qualifizierung als materielles Eigenkapital schon dann geboten, wenn die Vereinbarun-

---

347 Vgl. nur Ulmer, Festschrift Kellermann, Ziegler, S. 62 ff.; Oppenländer, DStR 1993, 1526; Lutter/Hommelhoff, §§ 32 a, b, Rz. 151 f., 169 ff.; Scholz/K. Schmidt, GmbHG, §§ 32 a, b, Rz. 114; Hachenburg/Ulmer, GmbHG, §§ 32 a, b, Rz. 111; BGH ZIP 1993, 189.

348 So schon tendenziell: von Gerkan/Hommelhoff, Kapitalersatz, S. 17 ff.

349 Dies ist aber konstitutiv für Qualifizierung als gewillkürter Rangrücktritt, Scholz/K. Schmidt, GmbHG, §§ 32 a, b, Rz. 85.

gen nach den Maßgaben des objektiven Rechts zur Haftungsmasse der Gesellschaft zu zählen sind[350].

Auf der Grundlage dieses Befundes ist die systematische Abgrenzung zum gewillkürten Rangrücktritt zu entwickeln, jedoch allein mit Blick auf Folgerungen für die Behandlung in der Handelsbilanz, aber auch in der wichtigsten Sonderbilanz, dem Überschuldungsstatus.

Grundlegende Ausführungen zur Abgrenzung zwischen gewillkürtem Rangrücktritt und einlagengleicher Finanzplanfinanzierung wurde schon an anderer Stelle gemacht[351]. Zur Vermeidung unnötiger Wiederholungen soll an diesem Ort die Betrachtung dahingehend vertieft werden, welche Ansatz- und Darstellungsentscheidungen für derartige Finanzierungen zu treffen sind. Die vielfältigen Affinitäten der nach den vorstehenden Maßgaben entwickelten einlagengleichen Außenfinanzierungen zum gewillkürten Rangrücktrittskapital zum einen und zu formellem Einlagenkapital zum anderen sollte es erlauben, diesen Fragenkreis jeweils im direkten Vergleich zu den Bilanzierungsansätzen jener Mittel zu klären.

a) Abgleich mit Rangrücktrittsabreden

Rangrücktrittsdarlehen der Gesellschafter oder auch Dritter können heute in ihrer bilanziellen Behandlung rechtssicher beurteilt werden[352].

aa) Handelsbilanz

Der Ansatz von gewillkürtem Rangrücktrittskapital in der Handelsbilanz orientiert sich nachhaltig an der formellen Rechtsnatur der Finanzierung.

Die Gesellschafter haben hier eine zunächst zweifelsfrei als Fremdkapital zu wertende Finanzierung ausgereicht und diese in maßgeblichen eigenkapitaltypischen Funktionen zugunsten von Haftkapitalparametern modifiziert[353]. Für den Bilanzansatz ausschlaggebend ist dann weniger, dass die Darlehensmittel der

---

350 Den Gesellschaftern fehlt in solchen Fällen regelmäßig der Rechtsfolgenwille hinsichtlich der haftenden Funktion.

351 Vgl. dazu oben III. 3. f).

352 Dazu: Knobbe-Keuk, Bilanz- und Unternehmenssteuerrecht, S. 108 f.; Adler/Düring/Schmaltz, § 246 HGB Anm. 93 ff.; Priester, DB 1977, 2429 ff.

353 Zur Bestimmung von haftendem Kapital siehe K. Schmidt, Gesellschaftsrecht, § 14 II 2, S. 412 ff.

Gesellschaft nur auf Zeit zur Verfügung stehen, also zu jedem Zeitpunkt, insbesondere natürlich bei Fälligkeit, die Gesellschaft mit Rückzahlungspflichten belasten. Die Gesamtheit der für die Insolvenz- oder Liquidationssituation vorgenommenen Modifizierungen erfordert für eine korrekte Darstellung der Kapitalsituation die Darstellung als haftendes Kapital[354].

ab) Überschuldungsstatus

Ebenso unproblematisch in Ergebnis und sachlicher Begründung ist die Entscheidung über den Ansatz von Rangrücktrittsdarlehen im Überschuldungsstatus. Ist mit einer weittragenden Formulierung die vertragliche Subordination von Darlehen gelungen, haben die Beteiligten die Rangrücktrittsabrede also korrekt gefasst, so sind die nunmehr zum nachrangigen Haftkapital zu zählenden Verbindlichkeiten nicht länger zu passivieren. Gerade dieses Ergebnis wollten die Beteiligten erzielen: Denn ihnen geht es darum, zumeist aus Sanierungsinteressen die Passivseite der Überschuldungsbilanz zu entlasten und so die gesetzlich zwingende Insolvenzeröffnung wegen Überschuldung abzuwenden.

Die einlagengleiche Wirkung der Subordination beruht also insoweit auf dem zielgerichteten Willen der Darlehensbeteiligten[355].

b) Abgleich einlagengleicher Finanzierungen mit formellem Eigenkapital

Der Abgleich mit den Gründen für die ganz selbstverständliche bilanzielle Behandlung formellen Eigenkapitals erfüllt vorrangig die Aufgabe einer Kontrollüberlegung. Hier lassen sich wertvolle Hinweise für den Bilanzansatz einlagengleicher Finanzierungen erwarten. Denn argumentativ konnte die breitflächig haftende Funktion einlagengleich ausgestalteter Gesellschafterdarlehen allein mit der objektiv-rechtlich zu bestimmenden Übereinstimmung mit den Bestimmungsparametern formeller Eigenmittel belegt werden.

Was in diesem Zusammenhang als formelles Eigenkapital zu begreifen ist, unterliegt keinem Zweifel: Das formelle Eigenkapital der GmbH ist das als

---

354 Zur Diskussion um die Rechtsnatur von Rangrücktrittsabreden, Knobbe-Keuk, a. a. O., S. 106 f.; Priester, DB 1977, 2429 ff.; Peter, WM 1988, 641, 692 ff.; K. Schmidt, Festschrift Goerdeler, S. 487 ff, 501 ff.

355 Knobbe-Keuk, a. a. O., S. 108 f.; Scholz/K. Schmidt, GmbHG, §§ 32 a, b, Rz. 85; K. Schmidt, Gesellschaftsrecht, § 18 III 2, S. 527 f.; Teller, Rangrücktrittsvereinbarungen, S. 93 ff.

Stammkapital gebundene Garantiekapital, das Nachschusskapital sowie das - in der GmbH immer freiwillig eingelegte - Rücklagenkapital. Formelles Eigenkapital ist in der bilanziellen Behandlung unproblematisch. Zwingend ist die Darstellung auf der Passivseite der Handelsbilanz, um so die Mittelherkunft für die auf der Aktivseite abgebildeten Vermögensgegenstände zu erklären. Die haftende Funktion formellen Eigenkapitals setzt sich in besonderer Weise fort in der Struktur der Überschuldungsbilanz. Hier ist es das formelle Eigenkapital, das kraft seiner Voraushaftungs- und Verlustdeckungsfunktion, den Verbindlichkeiten gegenübergestellt, Aufschluss über das verbleibende Gläubigerbefriedigungspotential der Gesellschaft gibt. Um eine Abgrenzung zu diesem formellen, die Qualität und Rechtsfolgen materiellen Haftkapitals notwendig umfassenden[356], Gesellschaftsvermögen hinsichtlich der hier zu erörternden einlagengleichen Finanzierungen vornehmen können, ist darauf abzustellen, welches Willenselement der Mitglieder eine Außenfinanzierung zur Zufuhr formellen Gesellschaftsvermögens macht.

Denn auf den Gesellschafterwillen muss es bei der Bestimmung jedenfalls des formellen Haftkapitals maßgeblich ankommen[357].

ba) Vergleichsmaßstab

Versucht man die bilanziell richtige Behandlung von einlagengleichen Finanzierungen zu ermitteln, so ist die Auswahl des geeigneten Vergleichsmaßstabs im Spektrum der möglichen Eigenkapitalformen von Bedeutung.

Dabei zeichnet sich von vornherein ab, dass die qualifizierten Eigenkapitalkategorien des Stammkapitals wie auch des Nachschusskapitals nicht geeignet sind, Hinweise auf den den wahren Verhältnissen entsprechenden Ansatz einlagengleicher Gesellschafterleistungen zu geben.

Denn in beiden Fällen ist erforderlich, dass die Gesellschafter sich in qualifizierter Form zur Zusage oder gar Ausreichung des Haftkapitals bekennen. Die Vergleichbarkeit mit einlagengleichen Finanzierungen ist dann aber kaum möglich; denn hier sind die Fallgestaltungen vor allem dadurch geprägt, dass die finanzierenden Gesellschafter zum möglichen Haftkapitalcharakter der Mittel

---

356 Zu den Begriffen: Teller, a. a. O., S. 71 ff.; K. Schmidt, Gesellschaftsrecht, § 18 II 2, S. 515 ff.

357 Küting/Weber, Handbuch, § 272 Rz. 9; Beck'scher Bilanz-Komm., Förschle/Hoffmann, § 272 Rz. 66 f.

auf Distanz gehen. Vielmehr beharren sie regelmäßig auf der Fremdkapitalfunktion[358]. Zumindest jedoch behandeln die Gesellschafter ihre Finanzierungen nicht in allen Punkten als Eigenkapital.

Bei Stammkapital wie Nachschusskapital müssen sich die Gesellschafter jedoch anlässlich der Gesellschaftsgründung oder einer späteren gerade darauf einigen, Haftkapital mit qualifizierter Bindung zu versprechen. Eine Annäherung einlagengleicher Finanzierungen an diese Erscheinungsformen formeller Eigenmittel ist damit nicht möglich.

Hinweise auf die richtige handels- und überschuldungsbilanzielle Qualifizierung einlagengleicher Darlehen sind allein durch einen Abgleich mit „einfachem" ungebundenem Rücklagenkapital zu erwarten, §§ 266 (3) A II, III, 272 Abs. 2 HGB.

bb) Kapitalrücklagen

Dabei soll der Blick von vornherein auf jene als Rücklagen zu passivierende Mittel beschränkt bleiben, die der Gesellschaft im Wege der Außenfinanzierung zugeflossen sind[359]. In Betracht kommen damit aus den möglichen Rücklagen insbesondere jene Finanzierungen, die nach § 272 Abs. 2 HGB in die Rücklagen zu passivieren sind. Weniger von Interesse sind dagegen Gewinnrücklagen i. A. von § 266 Abs. 3 III HGB.

Zu diesem formellen Eigenkapital scheinen Mittelzuführungen, denen ein einlagengleicher Charakter attestiert werden konnte, in einem besonderen Näheverhältnis zu stehen. Anknüpfungspunkt ist dabei nicht die besondere Spezifizierung und Differenzierung, wie sie sich für die unterschiedlichen Mittelzuführungen in den Ziff. 1 - 4 des § 272 Abs. 2 HGB darstellt. Von zentraler Bedeutung ist die Frage, unter welcher Maßgabe eine solche Kapitalzufuhr als Eigenkapitalrücklage angesetzt werden kann und muss.

Die Berechtigung dieser Frage mag zunächst nicht ohne weiteres einleuchten: Eigenkapital ist ganz selbstverständlich als solches zu bilanzieren. Indes soll dieser Frage nun gerade unter der Fragestellung begegnet werden, ob auch ein-

---

358 Dies zeigt sich in den regelmäßigen Versuchen, die Mittel in der Insolvenz als Fremdmittel zu behandeln; vgl. nur die Sachverhalte der BGH-Entscheidungen, BGHZ 70, 61; WM 1978, 898; WM 1982, 742; WM 1981, 761; WM 1985, 284.

359 Damit scheidet die Rücklagenbildung aus thesaurierten Gewinnen aus der Betrachtung aus.

lagengleiche Finanzierungen, bei denen sich die Finanziers eben nicht zum Haftkapitalcharakter ihrer Mittelzufuhr bekennen, in den Rücklagen als Eigenkapital eingestellt werden können.

Weiterführend ist also die Überlegung, unter welchen Voraussetzungen eine Außenfinanzierung der Gesellschafter als Rücklage zu passivieren ist. Hierzu gibt es im bilanzrechtlichen Schrifttum eine breite Darstellung[360].

bc) Willensmoment

Bei den Kapitalrücklagen geht es um Vermögensmehrungen der Kapitalgesellschaft, die im Zusammenhang mit der Beschaffung von Kapital stehen[361]. Dieses Kapital kann sich die Gesellschaft im Rahmen des Rücklagenkapitals auf verschiedene Weise beschaffen (vgl. dazu § 272 Abs. 2 Ziff. 1 - 4 HGB). Für einen Vergleich mit einlagengleichen Finanzierungen scheint insbesondere die Alternative des § 272 Abs. 2 Ziff. 4 HGB geeignet. Denn hier muss der für die Passivierung ausschlaggebende Gesichtspunkt deutlich hervortreten, da es in dieser Variante um die Zuführung von Kapital allgemein, also bereinigt um etwa in den Tatbeständen der § 272 Abs. 2 Ziff. 1 - 3 HGB verborgene Sondergesichtspunkte geht.

„Andere Zahlungen“ sind danach „in das Eigenkapital“ einzustellen. Hierunter sind grundsätzlich freiwillige Leistungen zu verstehen, die die Gesellschafter ohne besondere Vorzüge als Gegenleistung erbringen[362].

Die Voraussetzung der Leistungen „in das Eigenkapital“ ist so zu verstehen, dass der Gesellschafter seine freiwillige sonstige Leistung gerade erbringt, damit sie im Eigenkapital - als Kapitalrücklage - einstweilen verbleibt[363]. Entsprechendes gilt für echte Einlagen im Rahmen des Schütt-aus-Stell-zurück-Verfahrens, die als ein Anwendungsfall der Finanzplanfinanzierung gehandelt werden[364]. Die Einstellung von Zuschüssen usw. in die Kapitalrücklage hat also zur Vor-

---

360 Hingewiesen sei nur auf Beck'scher Bilanz-Komm., Förschle/Hoffmann, § 272 Rz. 56 ff.; Küting-Weber/Küting, Handbuch, § 272 Rz. 60 ff.; Adler/Düring/Schmaltz, Rechnungslegung und Prüfung, § 272 Rz. 74 ff.

361 Knobbe-Keuk, a. a. O., S. 103.

362 Beck'scher Bilanz-Komm., Förschle/Hoffmann, § 272 Rz. 54 ff.

363 Förschle/Hoffmann, a. a. O., Rz. 67.

364 Adler/Düring/Schmaltz, § 272 Rz. 132 f.; Küting/Kessler, BB 1989, S. 36.

aussetzung, dass die Leistung vom Gesellschafter gerade als Eigenkapital gewollt war[365].

bd) Würdigung einlagengleicher Finanzierung

Diesen Maßstäben vermag eine Kapitalzufuhr, die als abfindungs- und liquidationsverstrickte formelle Fremdfinanzierung dem haftenden Gesellschaftsvermögen jedenfalls materiell zuzurechnen ist, nicht ohne weiteres zu entsprechen.

Denn dort liegen die Dinge regelmäßig so, dass die Gesellschafter zu einer Eigenkapitalqualifikation auf Distanz gehen. In den Fällen, in denen sich die Mitglieder zu der materiellen Funktion bekennen und ihre Mittelausreichungen als Eigenkapital bezeichnen[366], kommt eine Einstellung in die Rücklagen der Kapitalgesellschaft ohne weiteres in Betracht.

Reserve ist dagegen angezeigt, wenn ein solches Bekenntnis fehlt; die Einlagenfunktion ergibt sich dann allein aus dem Vergleich des von den Parteien vereinbarten Vertragsinhalts zu den objektiv-rechtlich zu beurteilenden Voraussetzungen einer Haftkapitalausreichung[367]. Doch wie diese Beurteilung der Voraussetzungen für die haftungsrechtliche Seite materiellen Eigenkapitals hinreicht, sollte dies auch für den bilanziellen Ansatz gelten. Dies ergibt ebenso ein Vergleich mit dem - ansonsten ganz anders gelagerten - Genussrechtskapital. Hier hat sich eine einhellige Auffassung dahingehend gebildet, dass Genussrechtskapital bilanziell Eigenkapital darstellt, wenn das hingegebene Kapital allein aus dem Liquidationserlös zu tilgen und im Insolvenzfall verloren ist[368]. Es ist dann in der Gliederung des Eigenkapitals als besonderer Posten nach dem gezeichneten Kapital auszuweisen[369].

Ist das Genussrechtskapital hingegen so konzipiert, dass es den Gläubigern in einer möglichen Insolvenzsituation nicht mehr zur Verfügung steht, etwa weil die Laufzeit befristet oder für die eine oder andere Seite ein Kündigungsrecht

---

365 Knobbe-Keuk, a. a. O., S. 104.

366 So etwa in: BGHZ 104, 33, 42.

367 Dazu bereits oben III. 2.

368 Beck'scher Bilanz-Komm., Ellrott/M. Ring, § 247 HGB Rz. 228 f., m. w. N.

369 Knobbe-Keuk, a. a. O., S. 105; Sarx, in: Beck'scher Bilanz-Komm., Förschle/Hoffmann, § 272 Rz. 3; Adler/Düring/Schmaltz, § 266 HGB Rz. 195.

vereinbart ist, so scheidet ein Ausweis als Haftkapital aus[370]. Zugleich ergeben sich hieraus überzeugende Argumente für die Bilanzierungspraxis.

Nach den vorangestellten Überlegungen zur Passivierung von Zuschüssen usw. wie von bestimmten Erscheinungsformen des Genussrechtskapitals, überzeugt es, in der Kapitalgesellschaft auch einlagengleiche Finanzierungen einheitlich zu passivieren. Dies sollte - entgegen der Behandlung von Zuschüssen, Zuzahlungen usw. - auch dann möglich sein, wenn die Gesellschafter die Einstellung in die Rücklagen nicht wollen oder die Bilanzpflege als Ziel jedenfalls nicht erkennbar ist[371].

Damit können also nicht nur jene Fremdmittelzuführungen in das Eigenkapital eingestellt werden, bei denen die Gesellschafter die Behandlung als Eigenkapital wollen; hier muss man für die Kapitalgesellschaft den für die Passivierung als Rückstellung nach § 272 Abs. 2 HGB erforderlichen Vermögensstärkungswillen annehmen[372].

Als Rückstellungen, beziehungsweise analog der zum Genussrechtskapital vertretenen Auffassung, als gesonderter Eigenkapitalposten nach dem gezeichneten Kapital, können dann auch jene einlagengleichen Finanzierungen angesetzt werden, die zwar nach objektiv-rechtlichen Kriterien Voraushaftungs- und Verlustdeckungsfunktion aufweisen, bei denen die Gesellschafter jedoch zu dieser Vermögensqualität der Mittel auf Distanz gehen.

c) Befund und Begründung

Dieser Befund bedarf der zusätzlichen Begründung. Zunächst hat es manches für sich, die Passivierung einer Mittelzufuhr als Eigenkapital vom Bekenntnis der Gesellschafter abhängig zu machen. Der bilanzierende Kaufmann hat auf eine vorsichtige und zurückhaltende Darstellung seiner Vermögensverhältnisse bedacht zu sein[373]. Deshalb ist es grundsätzlich erforderlich, bei ambivalenten Finanzierungsmustern auch darauf abzustellen, mit welcher Haltung die finanzierenden Gesellschafter der Außenfinanzierung gegenüberstehen. Diesem Grundsatz ist jedoch Genüge getan, bzw. er kann vernachlässigt werden, wenn

---

370 Knobbe-Keuk, a. a. O., S. 105.

371 Hierzu siehe bereits oben III. 9. b) bb).

372 So der Sachverhalt im BGHZ 104, 33 ff.

373 Üblich in Kommentierungen zu § 243 HGB; Beck'scher Bilanz-Komm., Förschle, § 243 Rz. 1 ff.; Beetge, D. Fey, G. Fey, in: Küting/Weber, Handbuch, § 243 Rz. 1 ff., 12 ff.

die Gesellschafter nach den Grundsätzen der Rechtsformverfehlung bei objektiv-rechtlicher Würdigung Haftkapital gewährt haben. Die Begründung für diesen Bilanzansatz entspricht der für die Rechtfertigung der Vermögensfunktion einlagengleicher Gesellschaftermittel.

Auch für den bilanziellen Passivierungsansatz kann es nur darauf ankommen, welche Qualifizierung sich bei objektiver Würdigung des von den Parteien Vereinbarten - und insoweit Gewollten - ergibt. Auf einen „Rechtsfolgewillen" kann es nicht gesondert ankommen.

Danach gilt: Finanzierungen, die nach den oben entwickelten Kriterien als einlagengleich identifiziert worden sind, müssen zur Darstellung eines der Realität entsprechenden Bildes der Vermögenslage im Eigenkapital abgebildet werden. Dabei kommt analog der Passivierung bestimmter Erscheinungsformen des Genussrechtskapitals in erster Linie die Bildung einer gesonderten Position von Eigenkapital neben gezeichnetem Kapital und Rücklagen in Betracht[374].

Sollten die Gesellschafter sich mit einem entsprechenden Rechtsfolgewillen nachträglich zur vereinbarten Haftkapitalqualität bekennen, so kommt die Einstellung in die Rücklagen nach § 272 Abs. 2 Nr. 4 HGB in Frage.

---

374 Knobbe-Keuk, a. a. O., S. 104 f. zu Genussrechtskapital; zur Behandlung von Gesellschafterdarlehen in Handels- und Steuerbilanz, Krink/Maertins, DB 1998, 833.

Teil 3 Finanzplanfinanzierungen - Nachrangiges Haftkapital in der GmbH

I. Untersuchungsgegenstand und -ziel

In den vorangestellten beiden Abschnitten wurden Gesellschafterfremdfinanzierungen, die in Rechtsprechung und Literatur mit verschiedener Akzentsetzung als einlagengleiche Gesellschafterleistungen[375] oder Finanzplanfinanzierungen[376] aufgerufen werden, unter zwei präzisen Fragestellungen gewürdigt. Dabei musste mit Blick auf die maßgeblich auf die Personenhandelsgesellschaft ausgerichtete Diskussion[377] festgestellt werden, dass die hier in Rede stehenden nicht krisengebundenen Gesellschafterdarlehen in den der Rechtsprechung vorgelegten Fällen[378] weder für die KG noch für die hier zu behandelnde GmbH als „echtes", formelles Eigenkapital qualifiziert werden können. Gleichfalls scheidet aus, Gesellschafterdarlehen allein deshalb eine haftende Funktion zuzuschreiben, weil die Gesellschafter einzelne oder auch eine Fülle eigenkapitaltypischer Funktionen mit ihrerseits reduziertem Risiko durch Fremdfinanzierungen ersetzen[379].

In diesem Abschnitt soll das Phänomen der nicht krisenbezogenen Gesellschafterleistungen an den Rechtsregeln Eigenkapital ersetzender Gesellschafterleistungen ausgemessen werden. Gleichzeitig bildet dies den Hauptteil der Arbeit. An dieser Stelle die Untersuchung fortzusetzen, drängt sich auf: Der Weg der Rechtsprechung, eine eigenständige Kategorie haftenden Kapitals zu entwickeln, wurde oben weitgehend verworfen. Dem Versuch, eigenständig eine

---

375 Von einlagengleicher Finanzierung sprechen etwa der BGHZ 104, 33, 38 KG, aber auch von Gerkan/Hommelhoff, Kapitalersatz, S. 27 f.

376 So die inzwischen gebräuchlichste Bezeichnung für eine planmäßige Kombination aus Eigenkapital und Fremdkapital, so etwa: K. Schmidt, in: Scholz, GmbHG, §§ 32 a, b, Rz. 38; K. Schmidt, Festschrift Goerdeler, S. 487, 496 ff.; K. Schmidt, Gesellschaftsrecht, § 18 III 3; Lutter/Hommelhoff, GmbHG, §§ 32 a, b, Rz. 169 ff.; Hommelhoff/Kleindiek, Festschrift 100 Jahre GmbHG, S. 438 ff.; von Gerkan/Hommelhoff, Kapitalersatz, S. 199 ff.

377 Vgl. nur die Rechtsprechungs-Nachweise bei BGHZ 104, 33; Zauner, Rechtsfolgen, S. 148 ff.; Michel, Gesellschafterleistungen, S. 206 ff.; Mundry, Darlehen und stille Einlagen, S. 26 ff.; Koch, Eigenkapitalersetzende Leistungen, S. 24 f.

378 Vgl. erneut die Rechtsprechungs-Nachweise in BGHZ 104, 33, 37, 39.

379 Vgl. hierzu Teil 1, II. 1.

Lösung außerhalb des bislang rechtlich geordneten Bereichs der Gesellschaftsfinanzierung zu entwickeln[380], ist es logisch vorangestellt, bekannte und breit akzeptierte Lösungsmuster der Rechtsordnung auf ihre Tragfähigkeit hin auszuloten.

Mit den Rechtsregeln über Eigenkapital ersetzende Gesellschafterleistungen steht – zumindest -[381] für Kapitalgesellschaften ein in den Grundwertungen gefestigter Regelungsrahmen zur Verfügung. Finanzplanfinanzierungen unter dem Aspekt Eigenkapital ersetzender Gesellschafterleistungen zu betrachten folgt zugleich „strategischen" Erwägungen: Sollte es gelingen, die tatbestandlich noch zu präzisierenden Gesellschafterleistungen als neue eigenständige Fallgruppe[382] dieses Rechtsinstituts zu qualifizieren, steht auf der Rechtsfolgenseite ein langjährig erprobtes, ausdifferenziertes und rechtssicher handhabbares Instrumentarium mit breiter Akzeptanz zur Verfügung.

II. Fallmaterial

Eine rechtswissenschaftliche Untersuchung, die es sich zum Ziel gesetzt hat, ein praktisches Phänomen der Unternehmensfinanzierung in seinem Tatbestand zu erfassen und in den Rechtsfolgen präzise zu beschreiben, muss dafür Sorge tragen, dass die tatsächliche Grundlage der Analyse und Prüfung hinreichend sicher ist. Dies gilt umso mehr, als Finanzplanfinanzierungen bislang nur in sehr reduziertem Umfang auf Akzeptanz in der Rechtsprechung gestoßen sind[383]. Wenige Fallgestaltungen haben - wenn auch in großer Zahl - die Gerichte beschäftigt[384]. Andere Sachverhalte, die einer Begutachtung wert wären, bleiben unbeachtet.

---

380 So die Annahme von Hommelhoff, GmbHG, §§ 32 a, b, Rz. 2, 14; von Gerkan/Hommelhoff, Kapitalersatz, S. 199 f.; Hommelhoff/Kleindiek, Festschrift 100 Jahre GmbHG, S. 441.

381 Die Entwicklung geht hier dahin, auch Darlehen in der Personengesellschaft oder gar in einzelkfm. Unternehmen als Eigenkapitalersatz zuzulassen, vor allem K. Schmidt ZIP 1991, S. 1 ff.

382 So vor allem: K. Schmidt/Scholz, GmbHG, §§ 32 a, b, Rz. 38; Hachenburg/Ulmer, GmbHG, §§ 32 a, b, Rz. 48, 61; letztlich so auch: Lutter/Hommelhoff, GmbHG, §§ 32 a, b, Rz. 169 ff.

383 Vgl. BGHZ 104, 33 ff., m. w. N.; nunmehr BGHZ 142, 116.

384 Angesprochen ist der Fall der gesplitteten Einlage.

Insoweit ist es der Verdienst allein der Wissenschaft, darauf aufmerksam gemacht und die Diskussion angestoßen zu haben[385].

1. Gesellschaftsvertragliche Fremdfinanzierungspflicht

Von der Rechtsprechung aufgegriffen, wenngleich nicht als Gegenstand des Ersatzkapitalrechts behandelt, sind die in Gesellschaftsverträgen enthaltenen Verpflichtungen der Mitglieder, ihrer Gesellschaft neben einem - regelmäßig für den ins Auge gefassten Geschäftsgegenstand und -umfang völlig unzureichenden - Einlagenanteil um ein Vielfaches höhere Darlehensfinanzierungen zuzuführen[386].

Mit dieser Finanzierungsstruktur gehen besondere Gestaltungen der Darlehensverträge einher. Regelmäßig werden die Mittel sehr langfristig ausgereicht oder gar an die Mitgliedschaft gebunden, so dass eine Rückführung erst im Zuge der Liquidation oder des Ausscheidens des Gesellschafters möglich ist. Typisch ist weiter, dass die Darlehen zu einem relativ niedrigen Zinssatz, zum Teil auch unverzinslich vereinbart werden. In einzelnen Fällen wurde von einer Festverzinsung abgesehen und das Entgelt für die Fremdfinanzierung gewinnbezogen ausgestaltet[387].

Die so insgesamt einer Eigenkapitalausstattung äußerlich nahe stehende Gesellschafterfremdfinanzierung hat die Rechtsprechung veranlasst, diese Finanzierungsmuster als Ergebnis einer Gesamtwürdigung haftenden Einlagenkapitals gleichzustellen[388]. Ein maßgebliches Indiz für die Einlagenfunktion war dabei, dass die Gesellschafter die nachhaltige Fremdfinanzierung zum festen Bestand-

---

385 Größeres Spektrum ergibt sich etwa, wenn man auf die gesellschaftsvertragliche Gewährungspflicht verzichtet und Beschlüsse oder nur schuldrechtliche Abreden genügen lässt, so: Hachenburg/Ulmer, GmbHG, §§ 32 a, b, Rz. 61; Lutter/Hommelhoff, GmbHG, §§ 32 a, b, Rz. 169 ff.; von Gerkan/Hommelhoff, Kapitalersatz, S. 199; ebenso inzwischen die Rechtsprechung, vgl. BGHZ 121, 31, 41 f.; a. A. OLG Karlsruhe, ZIP 1996, 918, 923.

386 BGHZ 104, 33.

387 Dies sind die typischen Parameter einer „gesplitteten Einlage", vgl. nur BGHZ 104, 33, 41.

388 BGHZ 104, 33, 41; dazu kritisch Mundry, Darlehen und stille Einlagen, S. 120 f.; siehe Teil 2, III. 8.

teil ihrer Finanzplanung gemacht hatten, also subjektiv davon ausgingen, dass die Mittel erforderlich sind, um die unternehmerischen Ziele zu erreichen[389].

2. Gesellschaftsrechtliche Finanzierungspflicht

Eine erste Ausdehnung erfährt das mögliche Sachverhaltsspektrum durch die Literatur. Hier werden nicht nur die planmäßigen Gesellschafterfremdfinanzierungen diskutiert, die auf einer Abrede im (ursprünglichen oder später dahingehend geänderten) Gesellschaftsvertrag beruhen. Gleichgestellt werden auch die zur Kapitalausstattung vorgesehenen Fremdmittel, wenn die Abrede auf der gesellschaftsrechtlichen Entschließungsform, dem Gesellschafterbeschluss, beruht[390].

3. Nebenleistungspflichten

Eine Ausdehnung auf Nebenleistungspflichten im allgemeinen[391] verbindet sich mit der Einbeziehung regelmäßiger Fremdfinanzierungen, die etwa an eine Instrumentalisierung des GmbH-rechtlichen Ausschüttungs-/Rückholverfahrens[392] für die Zwecke der planmäßigen Unternehmensfinanzierung anknüpfen. Praktisch ist insoweit der Fall, dass Gesellschafter im Gesellschaftsvertrag oder durch einen Gesellschafterbeschluss die Verpflichtung eingehen, ausgeschüttete Gewinnanteile umgehend ganz oder teilweise der Gesellschaft wieder als Darlehen zur Verfügung stellen und über die als Quasi-Kapitalausstattung ausgestaltete Fremdfinanzierung eine Kapitalerhöhung, Nachschussabrede oder sonstige Zuzahlung vermeiden.

---

389 BGHZ 104, 33; BGHZ 121, 41 f.; Hachenburg/Ulmer, GmbHG, §§ 32 a, b, Rz. 48; Lutter/Hommelhoff, GmbHG, §§ 32 a, b, Rz. 169 ff., 175; Hommelhoff/Kleindiek, Festschrift 100 Jahre GmbHG, S. 439 f.

390 Hachenburg/Ulmer, a. a. O., §§ 32 a, b, Rz. 61; Ulmer, Festschrift Kellermann, S. 497; Hommelhoff/Kleindiek, Festschrift 100 Jahre GmbHG, S. 440.

391 Dazu von Gerkan/Hommelhoff, Kapitalersatz, S. 27; Lutter/Hommelhoff, GmbHG, § 3 Rz. 54 ff., 35.

392 Dazu insb.: Hachenburg/Ulmer, GmbHG, §§ 32 a, b, Rz. 61; ders. Festschrift Kellermann, S. 496.

4. Sonstige Fälle

Zunehmend stellt die Literatur den materiellen Kapitalcharakter von Finanzplanfinanzierungen in den Vordergrund[393].

Damit korrespondiert ein Verzicht auf das Merkmal einer gesellschaftsrechtlich rückgebundenen Finanzplanung. Unter dieser Prämisse erschließt sich ein breit gefächertes Fallspektrum der Begutachtung. Interessant werden alle Fremdfinanzierungen, die nach dem Planungsentscheid der Gesellschafter dazu bestimmt sind, Eigenkapital zu vermeiden, Eigenkapitalfunktionen zu übernehmen. Mit dieser Erweiterung des Tatbestandes wird der Gefahr Rechnung getragen, dass Gesellschafter mit der Vermeidung gesellschaftsvertraglicher oder sonstiger gesellschaftsrechtlicher Vorgaben die materielle Eigenkapitalfunktion planmäßig ausgereichter Gesellschafterdarlehen vermeiden könnten.

Damit sind alle Fremdfinanzierungen angesprochen, die von einzelnen oder allen Gesellschaftern koordiniert vergeben werden; vorausgesetzt bleibt indes weiterhin, dass die Mittel dazu vorgesehen sind, im Unternehmen die Finanzierung der für die Planverfolgung erforderlichen Investitionen und Liquiditätsreserven abzudecken. Es soll mithin allein auf die materielle Eigenkapitalfunktion ankommen[394].

5. Finanzplannutzungen

Großes Interesse finden unter dem Aspekt der planmäßigen Gesellschafterfremdfinanzierung die Fälle der planmäßigen Nutzungsüberlassung.

Häufig vermeidet die neu gegründete oder die nachhaltig erweiterte Gesellschaft die Bildung von Haftungsmasse; das Anlagevermögen, dass das von der Gesellschaft betriebene Unternehmen benötigt, um den satzungsmäßigen Unternehmenszweck nach Art und Umfang mit Aussicht auf Erfolg zu betreiben, wird

---

393 So etwa: von Gerkan/Hommelhoff, Kapitalersatz, S. 199 ff.; allein anknüpfend an materieller Einlagenfunktion auch Scholz/K. Schmidt, GmbHG, §§ 32 a, b, Rz. 38; von Gerkan, ZGR 1997, 173, 194 m. w. N.

394 So deutlich: von Gerkan/Hommelhoff a. a. O., S. 199 ff.; wohl ebenso: Scholz/K. Schmidt, a. a. O., Rz. 38.

nicht von der Gesellschaft erworben, sondern durch die Gesellschafter miet- oder pachtweise überlassen[395].

Die zuvor unter I. - IV. für die planmäßige Darlehensfinanzierung aufbereiteten Sachverhalte sind auch für die kapitalersetzende Nutzungsüberlassung aktuell. Insbesondere die vielfältig geübte Unternehmensstruktur der Betriebsaufspaltung[396] wird damit in den Mittelpunkt des Interesses gerückt. Gerade für dies Sachverhalte deutet sich an, dass sie - jedenfalls für die GmbH - den Hauptanwendungsfall einer neuen Fallgruppe der planmäßig Kapital ersetzenden Gesellschafterfremdfinanzierung bilden könnten[397].

III. Grundlagen der Fremdfinanzierung durch Mitglieder

Sucht man mit einer bisher bestimmenden Auffassung im Schrifttum[398] das Phänomen kapitalersetzender planmäßiger Gesellschafterfremdfinanzierungen mit den Rechtsregeln über kapitalersetzende Gesellschafterleistungen der Rechtsprechungs- und Novellen-Regeln zu erfassen, bedarf es zunächst einer Erhellung des rechtlichen Umfeldes, in dem sich eine Gesellschafterfremdfinanzierung bewegt.

1. Finanzierungspflicht

Unternehmensfinanzierung in der Form der Außenfinanzierung[399] ist auf verschiedene Weise möglich: Der Gesellschaft kann das benötigte operative Kapital

---

395 Zu den kapitalersetzenden Aspekten BGHZ 109, 55 ff., Lagergrundstück I; BGHZ 121, 31 ff., Lagergrundstück II; BGHZ 127, 1 ff., Lagergrundstück III; BGHZ 127, 17 ff., Lagergrundstück IV; BGH ZIP 1997, 1375 Lagergrundstück V; Scholz/K. Schmidt, a. a. O., §§ 32 a, b, Rz. 106 ff.; ablehnend: Hachenburg/Ulmer, a. a. O., Rz. 105 ff.; Lutter/Hommelhoff, a. a. O., § 32 a, b, Rz. 138 ff.; Baumbach/Hueck, GmbHG, §§ 32 a, b, Rz. 32 ff.; Ziegler, Gebrauchsüberlassungsverhältnisse; Bäcker, ZIP 1989, 61 ff.; Drygala, Gläubigerschutz, S. 45 ff.

396 Insb. zur Betriebsaufspaltung: Drygala, a. a. O., S. 45 ff.; Priester/Timm (Hrsg.), Betriebsaufspaltung, S. 16; und die Kommentarliteratur.

397 Vgl. nur Lutter/Hommelhoff, a. a. O., Rz. 151, 169 ff.

398 So etwa: Scholz/K. Schmidt, a. a. O., Rz. 38; Vorauflage Lutter/Hommelhoff, a. a. O., Rz. 17; Hachenburg/Ulmer, a. a. O., Rz. 48, 61; Ziegler, a. a. O.; Raiser, Kapitalgesellschaften, S. 454 f.

399 Zur Terminologie insoweit vgl. nur: K. Schmidt, Gesellschaftsrecht, § 18 III 1.

einerseits als Eigenkapital aus der Hand der Gesellschafter zugeführt werden. Differenziert nach dem Grad der Bindung in der Gesellschaft lässt sich hier die Finanzierung über Stammeinlagen, Nachschusskapital und sonstige Zuzahlungen unterscheiden[400]. Dieses Spektrum an Finanzierungsinstrumenten steht den Gesellschaftern bei der Unternehmensgründung wie auch zur Deckung eines nachträglichen Kapitalbedarfs zur Verfügung, etwa anlässlich einer Ausweitung der Geschäftstätigkeit. In letzterem Fall kann zusätzliches Eigenkapital im Wege einer Kapitalerhöhung[401], der Einforderung zuvor oder spontan vereinbarter Nachschüsse[402] oder beschlussgebundener Zuzahlungen eingespeist werden. In welchem Umfang die Gesellschafter ihre GmbH mit Eigenkapital der verschiedenen Kategorien ausstatten, ist ihnen weitestgehend freigestellt.

Das GmbHG verlangt in § 5 Abs. 1 eine nur äußerst bescheidene Kapitalisierung. Mit einem Stammkapital von mindestens € 25.000,00 können der oder die Gesellschafter jede GmbH gründen.

Versuche in der Literatur, über die Vorschrift des § 5 Abs. 1 GmbHG hinaus, Rechtspflichten zu entwickeln, die es den Gesellschaftern auferlegen, ein höheres Stammkapital aufzubauen, haben sich nicht durchsetzen können[403].

So herrscht in der Beurteilung der Ausgangslage weitestgehend Übereinstimmung. Die Eigenkapitalausstattung der bundesdeutschen Kapitalgesellschaften ist äußerst gering und weist zudem zurückblickend eine Tendenz zur Verschlechterung auf[404]. Das Interesse, über eine Verbesserung der Eigenkapitaldecke und der damit verbundenen tendenziellen Insolvenzvermeidungswirkung gläubigerschützende Wirkungen[405] zu erzielen, ist breit anerkannt und in der Sache berechtigt. Gleichwohl müsste die gesetzliche oder richterrechtliche Normierung einer am Risiko und Geschäftsumfang der Unternehmung ausgerichteten Kapitalisierungspflicht schon im Ansatz scheitern. Um die jeweils

---

400 Als Eigenkapitalpositionen dazu die Bilanzgliederung § 286 HGB und K. Schmidt, a. a. O., § 18 II 3.

401 Verfahren nach § 35 GmbHG.

402 Zu den Nachschüssen vgl. nur § 26 GmbHG.

403 Büschgen, GmbHR 1974, S. 25, 49; Erlinghagen, GmbHR 1962, S. 169; zur Diskussion hierzu: Hachenburg/Ulmer, GmbHG, Anh. § 30 Rz. 4 ff.

404 Vgl. das stat. Material für kleinere und mittlere Unternehmen aufbereitet bei Hansen, AG 1997, R 84 f.

405 Zur Voraushaftungs- und Verlustdeckungsfunktion von Eigenkapital vgl. nur: K. Schmidt, Gesellschaftsrecht, § 18 II 4; sowie: Wiedemann, Gesellschaftsrecht, S. 554.

individuell angemessene Eigenkapitalausstattung feststellen zu können, fehlt es bislang an verlässlichen Bestimmungsparametern. Die Normierung einer Pflicht zu angemessener Eigenkapitalausstattung könnte im Einzelfall nicht umgesetzt werden[406]. Denn weder der Rechtswissenschaft noch der sicherlich mehr angesprochenen Betriebswirtschaftslehre ist es bis heute gelungen, klare Maßstäbe für eine im vorhinein gebotene Eigenkapitalquote zu entwickeln[407]. Versuche, über bestimmte Bilanzrelationen Regelmäßigkeiten zu konstatieren, konnten zeitweise Achtungserfolge erringen[408]. Letztlich waren auch sie zum Scheitern verurteilt, da sie zu starr waren und branchenbedingte, konjunkturelle und unternehmensspezifische Determinanten nicht zu bilden wussten und damit zwangsläufig ausblendeten.

Im Ergebnis lässt sich festhalten: In der GmbH ist die Pflicht der Gesellschafter, ihre Unternehmung mit Eigenkapital auszustatten, nur rudimentär ausgestaltet. Die Mitglieder haben allein das satzungsmäßige Stammkapital aufzubringen. Bei seiner Bemessung unterliegen sie allein den Vorgaben des § 5 Abs. 1 GmbHG. Eine rechtssicher handhabbare Pflicht zu angemessener Eigenkapitalausstattung lässt sich de lege lata nicht begründen, de lege ferenda steht sie nicht zu erwarten.

Die vorangestellten Ausführungen erfahren durch die Haftung der Gesellschafter wegen materieller Unterkapitalisierung der Gesellschaft geringfügige Einschränkungen.

2. Gesellschafterfremdfinanzierung

Mit dem Nicht-Gebot, der Gesellschaft das Kapital, welches sie benötigt, um ihre Geschäfte zu betreiben, über ein Mindeststammkapital hinaus als Eigenkapital zu gewähren, korrespondiert die Notwendigkeit der Fremdfinanzierung.

---

406 Zu den Eigenkapitalfunktionen auch: Wiedemann, Gesellschaftsrecht, S. 554 f.

407 Vgl. hierzu: Hachenburg/Ulmer, a. a. O., Anh. § 30 Rz. 10 f.; G. Winter, Haftung d. Gesellschafter, S. 85, 99, 107; Reinhardt, in: Festschrift Lehmann, S. 589 ff.; gegen: Erlinghagen, GmbHR 1962, 169; Erman, KTS 1970, 267; Wiedemann, in: Bär/Debin/Wiedemann, Haftung d. Gesellschafter, S. 5; Winkler, DB 1969, 1202; Wiedemann, Gesellschaftsrecht, S. 565 ff.; Hartmann AG 1965, 94; Kalter, KTS 70, 271 f, 274, Immenga, Kapitalgesellschaft, S. 400 ff.; Pleyer, GmbHR 1960, 44; Kuhn, in: Festschrift Fischer, S. 358; zu den Auswirkungen auf die Bestimmung des kapitalersetzenden Charakters, von Gerkan/Hommelhoff, Kapitalersatz, S. 57 f., siehe auch Begr. zum RegE 1977 zur GmbH-Novelle, BT-Drucks. 8/1947, S. 38 f.

408 So etwa die Zusammenfassung bei Rogusch, Mindesteigenkapital, S. 66 ff., m. w. N.

Denn mit dem Mindestkapital ist kein nennenswerter Geschäftsbetrieb möglich. Fremdmittel in Form von Darlehen - praktisch weniger bedeutsam: die stille Beteiligung - können im Wege der Außenfinanzierung[409] wahlweise im Kreis der Mitglieder oder bei Gesellschaftsfremden, bei Dritten, akquiriert werden.

Die Gesellschafter sind bei der Gestaltung der Finanzierungsstruktur ihrer Gesellschaft im Grundsatz frei; neben einem - dem Geschäftsumfang grundsätzlich nicht anzupassenden - Stammkapital in der gesetzlichen Mindesthöhe von € 25.000,00, stellt das GmbHG keine zusätzlichen positiven Finanzierungsstandards auf. So obliegt es der freien Entscheidung der Gesellschafter und der Geschäftsführung, ob ein regelmäßig vorhandener, darüber hinausgehender Finanzierungsbedarf über ein entsprechend höheres Stammkapital, die Vereinbarung einer Nachschussfinanzierung, die Zahlung eines Zuschusses zum Eigenkapital (Agio / Rücklagen) gedeckt wird, oder ob der Investitions- und Betriebsmittelbedarf über Fremdmittel der Gesellschafter oder Dritter befriedigt wird.

IV. Krisenunabhängig gewährte Darlehen als Gegenstand des Ersatzkapitalrechts

1. Ausgangslage; Grundlagen der Einbeziehung in den Normenkreis der Rechtsprechungs- und Novellen-Regeln

In den vorangegangenen Abschnitten war der Frage nachzugehen, ob es gelingt, eine haftende Fremdkapitalkategorie mit materiellem Eigenkapitalcharakter auf rechtsgeschäftlicher Basis zu entwickeln.

Diese Bemühungen waren nur eingeschränkt erfolgreich; insbesondere gelang es nicht umfassend, die Tatbestandsmerkmale und Rechtsfolgen plausibel abzustützen, die nach der BGH-Rechtsprechung die Eigenkapitalfunktion des Darlehensanteils einer „gesplitteten Einlage“ belegen. Im Ergebnis konnte der Befund der Rechtsprechung nur dort bestätigt werden, wo die Gesellschafter ihrem Darlehensanteil die grundlegenden Merkmale einer Haftkapitalausstattung beigegeben hatten, die Bezeichnung und Qualifizierung der Mittel als Fremdkapital also letztlich rechtsformverfehlend war.

---

[409] Dazu: K. Schmidt, Gesellschaftsrecht, S. 423 f.

Das Ergebnis der Rechtsprechung, die Einlagenfunktion der Abrede zwischen Gesellschaftern und Gesellschaft zu entnehmen, kann daher nur gehalten werden, wenn die Gesellschafter die Einbeziehung in die Voraushaftungs- und Verlustdeckungsfunktion des Eigenkapitals vereinbart haben[410].

Die Rechtsprechung und mit ihr eine Auffassung in der Literatur haben u. a. auch deshalb versucht, die als „gesplittete Einlagen“ bezeichneten Finanzierungsmuster in ihrer gesamten Erscheinungsbreite als neue gewillkürte Haftkapitalkategorie zu entwickeln, weil das objektiv-rechtliche Ersatzkapitalrecht nicht geeignet erschien, dem Gläubigerschutz in diesen Fällen zum Durchbruch zu verhelfen.

So stützt der BGH seine gesamte bis dahin vergangene Rechtsprechung zur einlagengleichen Finanzierung schon deshalb **nicht** auf das objektiv-rechtliche Recht der Eigenkapital ersetzenden Gesellschafterdarlehen, da dieses nur in der Finanzierung der krisengeschüttelten GmbH zur Anwendung gelangen könne[411].

Die so definierte Krise ist nach der Rechtsprechung nur dann gegeben, wenn die Darlehensfinanzierung in einer Situation ausgereicht wurde, in der die Gesellschaft von Dritten Kredit nicht mehr zu marktüblichen Bedingungen erhalten hätte **und** ohne diese Finanzierung hätte liquidiert werden müssen (Existenzbedrohung)[412].

Diese kumulative Voraussetzung ist ihrerseits als Tatbestandsvoraussetzung in der Wissenschaft umstritten[413]. Zum einen wird in der Diskussion um die Voraussetzungen einer objektiv-rechtlichen Umqualifizierung von formellem Gesellschafterfremdkapital die vom BGH aufgestellte Forderung, dass das in der Kreditunfähigkeit ausgereichte Darlehen gerade der Abwendung der - wirtschaftlich sinnvollen und gebotenen - Liquidation zu dienen bestimmt gewesen sein muss, oft nicht hinreichend gewürdigt. Vielfach scheint mit der Feststellung der Kreditunfähigkeit der Gesellschaft bei Dritten als wesentlicher Konkretisierungsansatz für eine Umqualifizierung bzw. des Verstoßes gegen die gesellschafterliche Finanzierungsverantwortung die Prüfung erschöpft zu sein.

---

410 S.o. S. 142 f.; ebenso: Mundry, Darlehen und stille Einlagen, S. 106 ff.

411 S.o. S. 70; ebenso: Koch, Eigenkapitalleistungen, S. 29 ff.

412 Durchgängig die Behandlung für die „gesplittete Einlage“ bei Personenhandelsgesellschaften; vgl. nur die Rechtsprechung BGHZ 104, 33, 36 ff.

413 Hierzu: von Gerkan/Hommelhoff, Kapitalersatz, S. 199 f.

Dass die Rechtsprechung die Umqualifizierung nur bei Existenzbedrohung der Gesellschaft zulässt, wird nicht aufgegriffen[414].

Zum anderen gehen die Auffassungen dort, wo das Problem erkannt wird, auseinander[415]. Zum Verständnis des Ersatzkapitalrechts in dieser Frage ist Stellung zu nehmen; eine eigene Auffassung setzt indes voraus, dass zuvor der die Bandbreite möglicher Umqualifizierungstatbestände bestimmende Normzweck klar dargelegt wird[416]. Einstweilen soll auf der Grundlage jenes Verständnisses der Umqualifizierung von formellem Gesellschafterfremdkapital, die durch die Rechtsprechung weite Verbreitung und für die Praxis naturgemäß überragende Bedeutung gewonnen hat, vorgegangen werden. Dies bedeutet, dass zunächst untersucht werden muss, ob die bislang als Finanzplanfinanzierungen bekannt gewordenen Sachverhalte nach jenem Verständnis des objektivrechtlichen Kapitalersatzrechts dem materiellen Eigenkapital der GmbH zugeführt werden können.

Dieses Vorgehen erscheint zulässig. Denn die Rechtsprechung vertritt den engeren Ansatz für eine Umqualifizierung, verlangt sie nicht allein die Kreditunwürdigkeit, sondern darüber hinaus die Existenzbedrohung der Gesellschaft. Andere, weitergehendere Auffassungen müssen dieser Behandlung notwendig folgen, könnten indes insgesamt dem Eigenkapitalersatzrecht einen breiteren Anwendungsbereich erschließen.

2. Krisenunabhängige Fremdfinanzierungen als Fallgruppe Eigenkapital ersetzender Gesellschafterleistungen

a) Subsumtion der verschiedenen Gestaltungen unter anerkannte Fallgruppen des Ersatzkapitalrechts

Es ist zu prüfen, ob nicht - entgegen der Rechsprechung - so manche Darlehensgewährung außerhalb einer Krise sogar ohne einen größeren Begründungsauf-

---

414 Vgl. nur BGHZ 31, 258, 272; 75, 334, 336; 81, 252, 257; 81, 311, 317; 90, 381, 388; 109, 55, 57; 121, 17.

415 A. Müller, Rechtsregeln, S. 72 ff.; BGH ZIP 1987, 169, 171; dazu: EWiR 1986, 1209 m. Anm. von Gerkan; von Gerkan/Hommelhoff, Kapitalersatz, S. 199 ff.

416 Zum Normzweck vgl. insb. Hachenburg/Ulmer, GmbHG, §§ 32 a, b, Rz. 6 f.; Scholz/ K. Schmidt, GmbHG, §§ 32 a, b, Rz. 4 ff.; Lutter/Hommelhoff, GmbHG, §§ 32 a, b, Rz. 2 f.

wand in den rechtlichen Grenzen des überkommenen Ersatzkapitalrechts unter diesen Rechtsbereich zu fassen ist.

Dies ist der Fall, wenn sich eine der breit anerkannten Fallgruppen des Ersatzkapitalrechts als geeignet erweist, auch eine Fallgestaltung des zunächst krisenfrei gewährten Darlehens tatbestandlich aufzunehmen und in den Rechtsfolgen befriedigend zu regeln.

aa) Auf Krisenfinanzierung angelegte Darlehen

In Betracht kommt hier die Darlehensvergabe außerhalb der Gesellschaftskrise, indes mit der Maßgabe, dass diese insoweit noch ungebundene Darlehensfinanzierung in einer später womöglich eintretenden Krise nicht abgezogen wird und in der Gesellschaft zum Zweck ihrer Sanierung verbleiben soll.

In diesen Fällen herrscht in Rechtsprechung und Literatur weitgehende Einigkeit, dass eine solche Darlehensfinanzierung der Finanzmittelgewährung in der Insolvenzreife oder Kreditunwürdigkeit gleichzustellen ist[417]. Daran knüpft sich die haftende Funktion auch dieser Darlehen im Insolvenz. Denn nach der herrschenden Auffassung soll es wertungsmäßig keinen relevanten Unterschied machen, ob Gesellschafter in der Krise ihre Gesellschaft mit funktionalem Eigenkapital zu unterstützen suchen oder ob sich diese mit einer konkreten Finanzierung verbundene Bereitschaft - ausdrücklich oder aus den Umständen - bereits bei der Kreditausreichung erkennbar bei einer ansonsten kreditfähigen Gesellschaft[418] äußert.

Eine solche der Kreditausreichung bei Insolvenzreife oder in der Kreditwürdigkeit gleichwertige funktionale Eigenkapitalisierung mit formellem Fremdkapital haben Rechtsprechung und Literatur bislang für verschiedene Fallgestaltungen angenommen.

ab) BGH II ZR 58/86 vom 9. Oktober 1986, WM 1986, 1154

In dieser Entscheidung hat der BGH entschieden, dass eine Finanzierungsleistung, die ein Gesellschafter der GmbH nach seinem Ausscheiden in einer finanziellen Krise erbringt, dem Rückzahlungsverbot des § 30 GmbHG unter-

417 In Abgrenzung dazu: umqualifizierendes Stehenlassen, BGHZ 81, 252, 256; OLG Hamburg, ZIP 1986, 1113, 1118 f.; OLG Stuttgart, GmbHR 1988, 27; BGH ZIP 1985, 1075, 1077; Hachenburg/Ulmer, GmbHG, §§ 32 a, b, Rz. 58.

418 Vgl. oben Fn. 30.

liege, wenn die Leistung schon vor dem Ausscheiden zumindest auch auf Krisenfinanzierung angelegt war, verstanden als Eintritt existenzbedrohender Kreditunfähigkeit. Diese Voraussetzung sieht der BGH erfüllt, wenn ein Gesellschafter ausdrücklich oder durch schlüssiges Verhalten darauf verzichtet, sie aus wichtigem Grund zu kündigen, falls die Gesellschaft später kreditunwürdig wird und deshalb die Leistung etwa unter das Rückforderungsverbot des § 30 GmbHG zu fallen droht[419]. Im zu entscheidenden Fall kam es darauf an festzustellen, ob der ausgeschiedene Gesellschafter noch für eine hinreichende Kapitalausstattung der Gesellschaft verantwortlich gewesen sei. Diese Finanzierungsverantwortung treffe den ausgeschiedenen Gesellschafter nur dann fortgesetzt, wenn das Darlehen von vornherein auf Krisenfinanzierung angelegt war. Anderenfalls könne das freie Darlehen mit Beginn einer Krise nicht den Charakter von Kapitalersatz erlangen[420]. Dazu müsse der Gesellschafter zu einer Zeit, als er der Gesellschaft noch angehörte, bestimmt haben, dass dieser das Darlehen auch dann verbleiben solle, wenn sie den Kredit zu marktüblichen Bedingungen von dritter Seite nicht mehr erhielte und deshalb liquidiert werden müsste, wenn er sein Darlehen abzöge[421]. Ist diese Zweckbestimmung nicht auf die Dauer der Mitgliedschaft beschränkt oder nimmt der Gesellschafter nicht sein Ausscheiden zum Anlass, das Darlehen oder seine Zweckbestimmung zu kündigen, so bleibt der Zusammenhang zwischen Darlehensgewährung und der Gesellschafterstellung auch nach dem Ausscheiden mit der Folge erhalten, dass das Darlehen zum durch § 30 GmbHG geschützten Gesellschaftsvermögen zu zählen ist.

Wann diese Voraussetzung, dass ein - zunächst ungebundenes - Darlehen auch von vornherein auf Krisenfinanzierung angelegt ist, vorliegt, hat der BGH in seiner Entscheidung aufwendig begründet[422]. Im Ergebnis läuft die Begründung darauf hinaus, dass allein die Bereitschaft des Gesellschafters, seine Finanzierung der Gesellschaft auch dann zu belassen, wenn die Krise erst eintritt, nachdem er ausgeschieden ist, genügt, um mit Beginn der Krise den Eigenkapital ersetzenden Charakter der Finanzierung zu bejahen. Mit Recht stellt der BGH

---

419 BGH, a. a. O., S. 115;

420 Grds. zur Finanzierungsverantwortung ausgeschiedener Gesellschafter, BGHZ 127, 1, 6 f.; KG GmbHR 1990, 259; OLG Celle, GmbHR 1983, 17.

421 BGH NJW 1985, 2719, 2720; NJW 1987, 1080, 1082.

422 BGH, a. a. O., 1154, 115.

fest, dass der Verzicht auf das Recht, eine Leistung aus wichtigem Grund zu kündigen, im Ergebnis einem Rangrücktritt gleichkomme[423].

Das Berufungsgericht entnahm eine schlüssige Vereinbarung dieses Inhalts aus dem Umstand, dass es Ziel der Klägerin gewesen sei, die Darlehensnehmerin auch in der Krise zu erhalten. Der BGH billigt diese Einschätzung grundsätzlich als ein Indiz dafür, dass eine Kreditfinanzierung schon von vornherein auf Krisenfinanzierung angelegt war, sah das gefundene Ergebnis indes nicht durch die Feststellungen getragen[424]. Mitteilenswert sind an dieser Stelle noch die Voraussetzungen, unter denen der BGH die Aufhebung einer solchen Abrede auf den Krisenfall zulassen will: Diese kann stattfinden, solange mit der Kreditunwürdigkeit eine Krise noch nicht eingetreten ist.

ac) BGH, II ZR 256/79, Urteil vom 13. Juli 1981

Mit dieser Frage, ob auch bereits vor einer Unternehmenskrise ausgereichte Gesellschafterfremdfinanzierungen in der Finanzierungskrise zu Kapitalersatz werden - ohne dass es der Voraussetzung eines umqualifizierenden Stehenlassens bedürfte[425] -, hatte sich der BGH in der Entscheidung II ZR 256/79 vom 13. Juli 1981 zu befassen.

Im konkreten Fall würdigte der BGH eine vom Gesellschafter bereitgestellte Bürgschaft im Rahmen des § 30 GmbHG als kapitalersetzende Leistung, wenn mit ihr das Ziel verfolgt wird, der Not leidenden Gesellschaft unter Vermeidung einer sonst gebotenen Kapitalerhöhung neue Mittel zuzuführen[426]. In den die Entscheidung tragenden Erwägungen konnte der Senat dahinstehen lassen, ob die zur Entscheidung stehende Bürgschaft nicht bereits im Zeitpunkt ihrer Einräumung kapitalersetzende Funktion hatte[427].

Das Gericht konnte entscheidend darauf abstellen, dass die Bürgschaft als Sicherheit - im Unterschied zu Gesellschafterdarlehen, die auch anderen Zwecken als dem Ausgleich eines ohne sie bestehenden Kapitalmangels dienen können - gerade dann zum Zuge komme, wenn die Gesellschaft ihre Gläubiger

---

423 BGH, a. a. O., 1154, 115.

424 BGH, a. a. O., 1154, 115.

425 Vgl. hierzu auch BGHZ 76, 326, 329; 81, 252, 263; 81, 365, 367; zusammenfassende Darstellung des Meinungsstandes bei von Gerkan/Hommelhoff, Kapitalersatz, S. 126 ff.

426 BGHZ 81, 252.

427 BGHZ 81, 252.

allein aus eigenen Mitteln nicht - oder nur unter Verschärfung einer bereits eingetretenen Insolvenzlage - befriedigen kann. Sachlich sind sie wirtschaftlich als eine von vornherein auf den Krisenfall hin angelegte Kapitalhilfe anzusehen.

Diesen Duktus verdeutlicht der Senat noch einmal in seiner Entscheidung vom 9. Oktober 1986[428]. Erläuternd wird hier ausgeführt, dass sich die Kapitalersatzfunktion der Bürgschaft nicht bereits aus ihrer typischen Funktion ergebe, gerade in der Zahlungsunfähigkeit des Schuldners zum tragen zu kommen. Diese Würdigung verbiete sich schon deshalb, da es dem Bürgen nach dem gesetzlichen Regelstatut freisteht, bei einer wesentlichen Verschlechterung des Schuldnervermögens nach § 775 Abs. 1, Satz 1 BGB zu verlangen, von seinem Bürgschaftsversprechen befreit zu werden. Der BGH präzisiert seine Aussage dahingehend, dass bei einer Bürgschaft - anders als beim Gesellschafterdarlehen - von vornherein die Möglichkeit ausscheidet, dass sie anderen Zwecken dient als dem Ausgleich eines ohne sie bestehenden Mangels an Eigenkapital[429]. Auch eine Bürgschaft ist indes nur dann von vornherein auf Krisenfinanzierung angelegt, wenn das Recht aus § 775 BGB abbedungen ist. Im konkreten Fall kommt der BGH hinsichtlich der Grundschuldbestellung durch den Gesellschafter zugunsten eines Drittdarlehensgebers zu dem Ergebnis, dass dementsprechend auch hier von einer Finanzierung auch auf den Krisenfall nur auszugehen sei, wenn sich ein ausdrücklicher oder schlüssiger Ausschluss des außerordentlichen Kündigungsrechts wegen wesentlicher Vermögensverschlechterung und des daraus folgenden Befreiungsanspruchs aus § 670 BGB i. V. m. § 257 Abs. 1 BGB feststellen lasse.

Ansonsten könne der Gesellschafter kündigen, wenn die Kreditwürdigkeit der Gesellschaft sich verschlechtere und deshalb die Gefahr bestehe, dass die bisher neutrale Grundschuldbestellung des Gesellschafters zu einer Eigenkapital ersetzenden Leistung werde.

Die Gleichsetzung einer Gesellschafterfremdfinanzierung, die auch in einer späteren Krise zur Stützung der Gesellschaft dienen soll, mit der Darlehensvergabe bei Insolvenzreife bzw. der existenzbedrohenden Kreditunwürdigkeit geht auf Überlegungen in der Literatur zurück. Diese sind im Folgenden wiederzugeben, soweit dies geboten erscheint, um den dieser wirtschaftlichen Gleichsetzung zugrunde liegenden Gedankengang nachvollziehen zu können.

---

[428] BGH WM 1986, 1154.

[429] BGH, a. a. O., S. 1154.

b) Fremdfinanzierungen mit vorweggenommener Krisenfinanzierungsfunktion in der Literatur

ba) Auffassung von Ulmer

Ulmer behandelt die Frage im Zusammenhang mit der umqualifizierenden Wirkung einer Nichtkündigung von Darlehen bei gegebener ordentlicher oder außerordentlicher Kündigungsmöglichkeit[430]. Während hier die Voraussetzungen grundsätzlich unsicher sind, stehe eine Vereinbarung über die Nichtausübung gesetzlicher oder vertraglicher Kündigungsrechte der Darlehensgewährung in der Krise ebenso gleich wie auch die Rücknahme einer schon erklärten Kündigung mit Zustimmung der Gesellschaft oder die einverständliche Nichtgeltendmachung einer fälligen Forderung.

Die Fallgestaltung, dass Gesellschafter - etwa durch Verzicht auf Kündigungsrechte schon im Zeitpunkt des Darlehensversprechens oder der Darlehensgewährung - Fremdfinanzierungen auch mit Blick auf eine eventuelle Krise erbringen, wird damit auch von **Ulmer** als Unterfall der krisenbezogenen Darlehensgewährung der die Rechtsfolgen der BGH- und Novellen-Regeln auslösen kann, aufgefasst.

bb) Auffassung von Hueck

Ähnlich selbstverständlich und unspektakulär fällt die Gleichstellung dieser Sachverhalte als vorweggenommene Krisenfinanzierung bei **Hueck** aus.

Dort wird zu Recht ausgeführt, dass eine Änderung der wirtschaftlichen Verhältnisse nach der Kreditauszeichnung allein noch keine Umqualifizierung zuvor gewährter Fremdfinanzierungen bewirken kann[431]. Dies sei jedoch anders zu beurteilen, falls das Darlehen auch im Hinblick auf eine eventuelle Krise gegeben ist. Dann bedürfe es keines neuen Tatbestands des Gewährens oder einer gleichwertigen Handlung nach § 32 a Abs. 3 GmbHG, etwa durch Belassen im Rahmen einer Stundungs- oder Finanzierungsabrede, um die Rechtsfolgen des Kapitalersatzrechts herbeizuführen.

---

430 Hachenburg/Ulmer, GmbHG, §§ 32 a, b, Rz. 57, 183, m. w. N.

431 Baumbach/Hueck, GmbHG, § 32 a, Rz. 28 ff., m. w. N.

bc) Auffassung von K. Schmidt

Ähnlich äußert sich auch **K. Schmidt**, der zugleich das in dieser Arbeit zu behandelnde Thema erstmals zusammenfasst. Für **K. Schmidt** geht es bei der Behandlung von Gesellschafterdarlehen, die von vornherein auch auf Krisenfinanzierung angelegt sind, um einen Unterfall planmäßiger Fremdfinanzierung[432]. Andere Fallgruppen seien hier die gerade vom BGH getrennt gehaltenen einlagengleichen Gesellschafterleistungen.

c) Gesamtwürdigung: Auf Krisenfinanzierung angelegte Darlehen

Zusammenfassend lässt sich feststellen, dass in Rechtsprechung und Literatur insoweit Übereinstimmung herrscht, als Gesellschafterfremdfinanzierungen, die erkennbar dazu bestimmt sind, auch in der Finanzierungskrise nicht aus verständlichem Eigeninteresse des Darlehensgebers abgezogen zu werden sondern der Gesellschaft als (Liquiditäts-) Hilfe verbleiben sollen, von Anfang an nicht als Fremdfinanzierungen sondern als aus dem Interesse des Gesellschafters am Schicksal seiner Gesellschaft gewährte Leistung causa societatis eingeordnet werden. Diese Finanzierungen unterfallen - soweit stimmen Rechtsprechung und Literatur überein - als in der Krise Eigenkapital ersetzende Leistungen den Rechtsprechungs- und Novellen-Regeln.

d) Subsumtionsfähigkeit von Finanzplankrediten

Will man nun prüfen, ob die hier zu erörternden unterschiedlichen Gestaltungen der **Finanzplankredite** als von vornherein auch auf Krisenfinanzierung angelegt den Ersatzkapital-Regeln unterfallen, stößt man frühzeitig auf Subsumtionsschwierigkeiten. Die Rechtsprechung lehnt eine Subsumtion ab zugunsten einer eigenen Kategorie haftenden Quasi-Eigenkapitals[433]. Die Gründe hierfür blieben zunächst unklar. Die ausschließlich für die Fallgestaltung der gesplitteten Einlagen bei der (Publikums-)GmbH & Co. KG ergangene Rechtsprechung gründet eine einlagengleiche Behandlung der hier interessierenden Fremdfinanzierungen auf ihre gesellschaftsvertragliche Einbindung und - kumulativ - auf ihre materielle Einlagenfunktion.

---

432 Scholz/K. Schmidt, GmbHG, §§ 32 a, b, Rz. 38; K. Schmidt, Gesellschaftsrecht, § 37 IV 2; m. w. N.; ders., ZIP 1981, 691 f.

433 Deutlich in BGHZ 104, 33.

Eine Auseinandersetzung mit nach ständiger Rechtsprechung auch schon vor der GmbH-Novelle - und damit der Einführung des § 177 a HGB - auf die GmbH & Co. KG anzuwendendem Ersatzkapitalrecht ließen die einschlägigen Entscheidungen indes weitgehend vermissen. Diese Abstimmung mit den Rechtsprechungs- und Novellen-Regeln nimmt der BGH erstmals in seiner Entscheidung II ZR 238/87 vom 21. März 1988 (= BGHZ 104, 33) vor und legt die Gründe offen, die nach seiner Überzeugung einer klassisch Eigenkapital ersetzenden Funktion der einlagengleichen Darlehen entgegenstehen[434]. Diese lassen sich im Kern auf eine einzige grundlegende Aussage zurückführen: Den ihm zur Entscheidung vorgelegten Fällen fehle es an einem entscheidenden Merkmal, das für das Kapitalersatzrecht unverzichtbar sei. Für die Annahme einer von vornherein auch auf eine Krisenfinanzierung angelegten Darlehensgewährung sei erforderlich, dass die finanzierenden Gesellschafter zumindest an die Möglichkeit einer späteren Krise gedacht und sich Gedanken über das Schicksal der Finanzierung gerade in dieser Situation gemacht hätten[435]. Nimmt man - zunächst heuristisch - an, dass es tatsächlich zwingend erforderlich ist, dass eine Darlehensfinanzierung in der Krise oder jedenfalls mit Blick auch auf die künftige Krise ausgereicht worden sein muss, um als haftendes Quasi-Eigenkapital im Sinne der BGH- oder Novellen-Regeln gelten zu können, ist es sicher richtig, für den Fall der von vornherein auf Krisenfinanzierung angelegten Gesellschafterdarlehen zu verlangen, dass die Finanziers sich erkennbar mit der Frage beschäftigt haben, welches Schicksal das Fremdkapital in der Krise nehmen soll. Anderenfalls kann die Ausreichung eines Darlehens zu einem neutralen Zeitpunkt nicht der Fremdfinanzierung eines Gesellschafters in der Kreditunwürdigkeit oder der Insolvenzreife der Gesellschaft gleichgestellt werden. Denn bei dieser vorweggenommenen Krisenfinanzierung wird allein die Finanzierungsentscheidung darüber, ein Darlehen auch noch in der Krise zu gewähren, bereits zu einem früheren Zeitpunkt getroffen. Das aber setzt dann voraus, dass eine solche Entscheidung zugunsten der - eventuellen - Krisenfinanzierung auch als Ergebnis eines Entscheidungsprozesses, der zumindest die Möglichkeit einer späteren Krise eingeschlossen hat, zustande gekommen ist.

In seiner bisherigen Rechtsprechung zu den Eigenkapital ersetzenden Gesellschafterdarlehen hatte der BGH diese Voraussetzung immer der vertraglichen Ausgestaltung des Darlehensvertrages entnommen. Erinnert sei insbesondere daran, dass die Voraussetzungen einer von vornherein auf Krisenfinanzierung

---

[434] BGHZ 104, 33.

[435] BGHZ 104, 33.

angelegten Finanzierung dann auch angenommen werden, wenn die Kündigungsmöglichkeit des Gesellschafters auch aus wichtigem Grund zugunsten der Finanzierungsstetigkeit der Gesellschaft ausgeschlossen war[436]. Das Bewusstsein, dass eine Darlehensausreichung auch zur Finanzierung einer späteren Krise gedacht war, lässt sich damit vorrangig den Umständen des Vertragsschlusses und der Gestaltung des Darlehensvertrages entnehmen; es geht mithin auch um eine konkludente Bestimmung eines Darlehens auch zur Krisenfinanzierung. Damit stellt sich die Frage, ob sich ein solches Bewusstsein der Gesellschafter, nicht auch für - einzelne oder alle - Gestaltungen ermitteln lässt, die die Rechtsprechung in den insoweit einschlägigen Entscheidungen der eigenständigen Haftkapitalkategorie der einlagengleichen Gesellschafterleistungen zugeordnet hatte.

Verschiedene Aspekte der Umstände bei Vertragsschluss oder der Darlehensbedingungen sind in diesem Zusammenhang dahingehend zu würdigen, ob sich ihnen rechtsgrundsätzlich oder jedenfalls im Fall einer besonderen Ausgestaltung der Schluss auf einen Finanzierungswillen auch hinsichtlich einer späteren Krise entnehmen lässt. In Betracht kommen hier verschiedene Aspekte, die Gegenstand eines Vertrages über ein planmäßiges Ausreichen von Gesellschafterfremdmitteln sind. Sämtliche Einzelregelungen sind in den entschiedenen Fällen zur „gesplitteten Einlage" bei Kommandit-Gesellschaften praktisch geworden.

da) Konkludente Vorwegnahme der Krisenfinanzierung

Eine Reihe von Einzelaspekten der verabredeten Gestaltungen scheint geeignet, auf seinen Gehalt als konkludente Vereinbarung der Gesellschaftsfinanzierung auch in der Unternehmenskrise zu dienen, überprüft zu werden. Ausnahmslos handelt es sich um jene Einzelaspekte, die nach der Lesart der Rechtsprechung Eingang in die Gesamtwürdigung der Darlehensbedingungen mit dem Ziel finden, hieraus die insgesamt einlagengleiche und damit als Gesellschaftsvermögen zu behandelnde Funktion abzuleiten.

db) Eigenkapital- / Fremdkapitaldecke

Erkenntnisse könnten sich aus einem Vergleich des zur Verfügung gestellten Eigen- bzw. Fremdkapital mit dem der Gesellschaft auferlegten unternehmerischen Programm ergeben. Hierzu könnte sich die These aufstellen lassen, dass

---

436 Vgl. nur von Gerkan/Hommelhoff, Kapitalersatz, S. 200 f., vgl. auch BGHZ 104, 33.

ein eklatantes Übergewicht der planmäßigen Fremdfinanzierung der Gesellschafter und damit eine Vernachlässigung der dem Geschäftsumfang entsprechenden Eigenmittelausstattung auf die Behandlung in einer späteren existenzbedrohenden Kreditunwürdigkeit vorwirkt.[437]. Ansatzpunkt für einen solchen Befund kann allein die so oft festgestellte weitgehende Ausrichtung der Unternehmensfinanzierung auf die planmäßig ausgereichten Gesellschafterdarlehen sein[438]. Ob sich hieraus allein die Schlussfolgerung ziehen lässt, die Gesellschafter wollten mit einer Finanzierungsstruktur, die das Unternehmen in eine besondere Abhängigkeit von den Darlehen seiner Mitglieder stellt, auch zum Ausdruck bringen, sie wollten die Finanzierung auch aufrecht erhalten, wenn die Gesellschaft in die Krise geraten sollte, ist indes fraglich[439].

Aussagen über das gewollte Schicksal für den Fall der Gesellschaftsinsolvenz oder – zuvor - der existenzbedrohenden Kreditunfähigkeit lassen sich kaum ausmachen. Durch die weit überwiegende Darlehensfinanzierung bringen die Gesellschafter lediglich zum Ausdruck, dass sie ihre Kapitalleistung nur dem Risiko von Leihkapital auszusetzen gedenken. Eher sogar lässt sich aus der ganz überwiegenden Fremdmittelausstattung die gegenteilige Bestimmung der Gesellschafter folgern: Nahe liegt, dass die Gesellschafter den Geschäftsbetrieb mit übermäßigen Risiken behaftet sehen, die sie die eigentlich gebotene Haftkapitalausstattung scheuen lassen. Eine - wenn auch nur konkludente - Bestimmung, dass die Fremdmittel in einer ggf. später eintretenden Krise der Gesellschaft nicht wieder entzogen werden können sollen, ist der vollständigen Ausrichtung der Finanzierung auf Gesellschafterfremdmittel und damit deren offensichtlicher Unverzichtbarkeit für die unternehmerischen Ziele nicht zu entnehmen.

dc) Gesellschaftsrechtliche Pflicht zur Fremdmittelausstattung; Bindung der Gewährungsdauer an die Mitgliedschaft

Schaut man sich die verschiedenen Sachverhaltsgestaltungen an, in denen Gesellschafter der Unternehmung planmäßig und in großem Umfang Darlehen ausreichen, so rückt eine weitere Gestaltungsvariante in den Blick.

---

437 Von Gerkan/Hommelhoff, a. a. O., S. 199 f.; vgl. Wiedemann, Gesellschaftsrecht, S. 554; ders., Festschrift Beusch, S. 893, 909.

438 Vgl. nur BGHZ 104, 33 ff.

439 Entschieden gegen eine solche Auslegung der Finanzplanung, BGHZ 104, 33, 38 ff.; zur erforderlichen Berücksichtigung künftiger Krisen, BGHZ 81, 252, 256; OLG Hamburg, ZIP 1986, 1113, 1118 f.

Auch sie könnte unter dem Aspekt einer schon anfänglichen Bestimmung auch zur späteren Krisenfinanzierung beachtlich sein. Angesprochen sind jene Fälle, in denen sich die Gesellschafter schon im Gesellschaftsvertrag oder später in einem Gesellschafterbeschluss verpflichtet haben, der Gesellschaft im großen Stil Darlehen zu überlassen. Oft verbindet sich damit die Verpflichtung, die Mittel dem Unternehmen so lange zu belassen, wie der einzelne Gesellschafter seine Mitgliedschaft aufrecht erhält[440]. In anderen Fällen sind die Gesellschafter verpflichtet, das Darlehensvolumen immer in einem bestimmten Verhältnis zum formellen Eigenkapital zu gewährleisten.

Näherer Betrachtung bedarf, ob sich diesen besonderen der Darlehensgewährung zugrunde liegenden Umständen der gemeinsame Wille entnehmen lässt, diese Mittel sollten ggf. bei Kriseneintritt der Gesellschaft als Stütze zur Überwindung der Schieflage dienen. Ansatzpunkt für eine solche - allenfalls schlüssige - Bestimmung kann nur sein, dass die Gesellschafter mit einer kollektiven Verpflichtung zur Fremdfinanzierung ihre Darlehen einem besonderen Rechtsregime unterstellen.

Übernehmen Gesellschafter die Pflicht zur Fremdmittelgewährung auf mitgliedschaftlicher Ebene, so verlieren sie hierdurch die alleinige Verfügungsbefugnis über das weitere Schicksal der Kapitalleistung. Beruht die Darlehensgewährung auf Gesellschaftsvertrag oder Beschluss, so reicht die Rechtsmacht des Einzelnen nicht hin, eine vorzeitige Rückführung der Mittel durchzusetzen[441]. Der Geltendmachung etwa eines Kündigungsrechts auch wichtigem Grund wegen der zwischenzeitlichen Verschlechterung der gesellschaftlichen Vermögenssituation und deshalb der gesellschaftlichen Tilgungs- und Verzinsungsaussichten, steht entgegen, dass die Finanzierung auch auf der Mitwirkung anderer Gesellschafter beruht. Bei der De-Finanzierung kann deren Wille nicht missachtet werden. Erforderlich wäre also eine entsprechende Entschließung derer, die an der ursprünglichen Begründung der Gewährungspflicht mitgewirkt hatten. Dieser Befund kann nicht nur für Finanzierungspflichten gelten, die als Satzungsbestimmungen oder förmlicher Gesellschafterbeschluss unmittelbar eine gesellschaftsrechtliche Finanzierungspflicht begründen.

---

440 Zur Bindung der Finanzierung an die Mitgliedschaft, BGHZ 104, 33, 3 ff., m. w. N. der BGH-Rechtsprechung; Fleischer, Finanzplankredite, S. 133, 18; Joost, ZGR 1987, 370, 389; Mundry, Darlehen und stille Einlagen, S. 133; aus der Rechtsprechung: OLG Koblenz., ZIP 1984, 1353; BFH BB 1991, 654 f.

441 Priester, EWiR 1986 zu § 32 a OLG Hamburg, S. 901 f.

Kommt es entscheidend auf einen den individuellen Mittelabzug hindernden kollektiven Finanzierungsentscheid an, so sind auch schuldrechtliche Nebenabreden in die Betrachtung einzuschließen[442]. In einer solchen Abrede verpflichten sich die Gesellschafter außerhalb der gesellschaftsrechtlichen Entschließungsformen untereinander zur Darlehensgewährung. Nach der Maßgabe der vertraglichen Abrede sind die Gesellschafter dann auch zur Aufrechterhaltung der Finanzierung gegenüber den an der Abrede beteiligten Mitgesellschaftern verpflichtet[443].

Gleichwohl: Ob sich einer derart causa societatis begründeten Finanzierungspflicht die Aussage entnehmen lässt, die individuelle Kreditausreichung sei damit auch von vornherein schlüssig zur Krisenfinanzierung vorgesehen, bedarf gesonderter Überprüfung.

Denn zunächst führt die eingeschränkte Rechtsmacht des Einzelnen, sein Darlehen nach Belieben abzuziehen, nur dazu, dass die Kredite der Gesellschaft auch noch bei der etwaigen Eröffnung eines Insolvenzverfahrens über das Vermögen der Gesellschaft zur Verfügung stehen. Und dies, obwohl der einzelne Gesellschafter seine Finanzierung mit Eintritt der Krise vorzugsweise abgezogen hätte[444].

Die zu Recht anerkannte[445] Gleichwertigkeit einer Darlehensgewährung in der aktuellen Gesellschaftskrise mit jenen Finanzierungen, für die die Gesellschafter den Verbleib in schwierigen unternehmerischen Situationen schon im vorhinein getroffen haben, ist so allein nicht herzustellen.

Denn insoweit lässt sich nur feststellen, dass die Darlehensfinanzierung im Fall einer nachträglichen Vermögensverschlechterung nicht frei abziehbar sein soll. Noch nicht entschieden ist aber darüber, welche Qualität diese Kredite in der

---

442 Insb. vertreten von von Gerkan/Hommelhoff, Kapitalersatz, S. 27; Vorauflage Lutter/Hommelhoff, GmbHG, §§ 32 a, b, Rz. 17; Hommelhoff/Kleindiek, Festschrift 100 Jahre GmbHG, S. 439 f.

443 Allgem. zu schuldrechtlichen Nebenabreden zum Gesellschaftsvertrag vgl. Komm. zu § 3 GmbHG.

444 Hierauf beschränkt auch: Mundry, Darlehen und stille Einlagen, S. 121 f. die Wirkung dieser Finanzierungsstruktur.

445 Vgl. hierzu nochmals: Häuselmann/Rünker/Westermann, Finanzierung der GmbH, S. 53; zu verwandten Tatbeständen des Stehenlassens: Lutter DB 1980, 1317, 1321; Timm GmbHR 1980, 286, 291; Wiedemann ZIP 1986, 1293, 1297; von Gerkan GmbHR 1986, 218, 221; vgl. auch OLG Hamburg, ZIP 1984, 584, 586; BGH ZIP 1987, 169, 171.

Insolvenzsituation oder der zwischenzeitlich eingetretenen Existenz bedrohenden Krise erlangen.

Fraglich ist dann, ob derartige Gestaltungen jenen vergleichbar sind, in denen etwa das Recht zur außerordentlichen Kündigung der schuldrechtlichen Beziehung ausgeschlossen wurde. Diese Gleichstellung ergäbe sich dann wohl auch aus der kollektiven Entscheidung zur Darlehensgewährung.

Im Detail ist jedoch zu differenzieren: Begründen Gesellschaftsvertrag, Beschluss oder Nebenabrede nur eine generelle Pflicht, die Gesellschaft auch mit Darlehen zu finanzieren, ohne jedoch eine besondere Bindung im Gesellschaftsvermögen zu bestimmen, so kann hier eine besondere Vorwirkung auf die Krise nicht festgestellt werden. Anders liegen die Dinge, wenn neben der allgemeinen Pflicht, Darlehen etwa in einer bestimmten Höhe auszureichen, ergänzend eine zwingende Mindestlaufzeit oder gar eine Bindung der Ausreichung an den Bestand der Mitgliedschaft hinzukommt.

Denn hier stellen die Gesellschafter ihre Fremdmittel offenkundig auf eine besondere mitgliedschaftliche Grundlage, die die grundsätzlich auch insoweit gegebenen schuldrechtlichen Möglichkeiten verdrängt[446]. Eine derart ausgestaltete kollektiv getragene Kreditfinanzierung, ist jenen schuldrechtlich-individuellen Darlehensbeziehungen gleichzustellen, für die das Recht zur außerordentlichen Kündigung wegen Vermögensverschlechterung abbedungen ist oder jenen kapitalersetzenden Bürgschaftsverpflichtungen, für die ein Widerrufsrecht des Bürgen nach § 775 BGB nicht besteht[447]. In allen diesen Fallgestaltungen müssen die Gesellschafter davon ausgehen, dass ihre formelle und materielle Fremdfinanzierung mit dem Eintritt einer späteren Finanzierungskrise in materielles Eigenkapital umqualifiziert wird. Damit greifen die bekannten Rechtsfolgen des objektiv-rechtlichen Kapitalersatzrechts: Darlehen sind zur Sicherung des satzungsmäßigen Stammkapitals der Gesellschaft zu belassen, im eröffneten Insolvenzverfahren dienen sie als materielles Gesellschaftsvermögen der Befriedigung der Gläubiger. Zurückgefordert werden können sie erst, wenn die übrigen Gläubiger vollständig befriedigt sind. Im Vorfeld der Insolvenz wird die materielle Eigenkapitalfunktion über das Anfechtungsrecht des Insolvenzverwalters gesichert.

---

446 Zum Ausschluss d. Rechts aus § 490 Abs. 1 BGB etwa auch: Michel, Gesellschafterleistungen, S. 66 f. (noch zu § 610 BGB).

447 Vorauflage Lutter/Hommelhoff, GmbHG, §§ 32 a, b, Rz. 35; BGHZ 104, 33, 37; OLG HH DB 1990, 2012, 2012.

dd) Extreme Langfristigkeit der Darlehensgewährung

Soweit die Laufzeit des Gesellschafterdarlehens nicht bereits an den Bestand der Mitgliedschaft geknüpft ist, sticht die regelmäßig vereinbarte langfristige Gewährungsdauer ins Auge[448]. Auf erstes Ansehen könnte eine solch langfristige Ausrichtung der Gesellschaft auf Gesellschafterfremdmittel Anlass zu der Überlegung geben, ob nicht damit die Gesellschafter zugleich eine Bestimmung hinsichtlich der Verwendung der Mittel in einer späteren Krise getroffen haben. Hierfür streitet die Überlegung, dass ein solches Darlehen in der Finanzierungsstruktur der Gesellschaft eine hervorgehobene Rolle spielt. Fremdmittel, die langfristig und zudem in großem Umfang zur Verfügung gestellt werden, übernehmen funktionell die Aufgaben von Eigenkapital jedenfalls partiell. So können sie etwa herangezogen werden, die langfristigen Investitionen der Gesellschaft zu bestreiten, eine Aufgabe, die für den Regelfall der Eigenkapitalausstattung zugewiesen ist[449]. Allein aus dieser Eigenschaft Schlussfolgerungen auch auf eine Bestimmung zur Krisenfinanzierung zu ziehen, hieße jedoch, den Regelungsinhalt eines solchen Darlehensvertrages zu überspannen. Ein solcher Befund ist vom Regelungswillen der betroffenen Gesellschafter nicht mehr gedeckt.

Denn über das Schicksal, dass das Darlehen in der Krise nehmen soll, lassen sich wiederum allein auf der Grundlage der langfristigen Gewährung Aussagen nicht treffen.

Finanzierungsstrukturen, die die Gesellschaft im besonderen Maße in die Abhängigkeit von Gesellschafterfremdfinanzierungen stellen, bedeuten noch nicht, dass der finanzierende Gesellschafter seinerseits die Gläubigerstellung aufgeben will und die Finanzierung entsprechend den Bedürfnissen der Gesellschaft und ihrer Gläubiger auch in einer späteren Krise als materielles Eigenkapital zur Verfügung der Gesellschaft halten müsste. Eine Gleichstellung dieser Finanzierungsmuster mit einer Kreditausreichung in der aktuellen Krise ist daher nicht zu rechtfertigen.

---

448 Vgl. auch hierzu: BGHZ 104, 33, 39, und die dort in Bezug genommenen Sachverhalte; von Gerkan/Hommelhoff, Kapitalersatz, S. 200 f.; Herrmann, 50 Jahre WP-Beruf, S. 187; Scholz/K. Schmidt, GmbHG, §§ 32 a, b, Rz. 38.

449 Wiedemann, Gesellschaftsrecht, S. 570; ders., Festschrift Beusch, S. 893 ff.

de) Zwischenergebnis

Die Gleichwertigkeit von Darlehensgewährungen in der aktuellen existenzbedrohenden Gesellschaftskrise mit solchen, die als zentrale Fremdmittel zur Verfügung gestellt werden, jedoch notwendig bei Eintritt der Krise in der Gesellschaft verbleiben müssen, ist offenkundig. Der Rechtsprechung und der herrschenden Auffassung ist insoweit zu folgen. Soweit mit Blick auf eine zukünftige Krisenfinanzierung versucht wird, auch Finanzplandarlehen aufgrund der ihnen beizumessenden materiellen Eigenkapitalfunktion von vornherein einen Krisenbezug beizulegen, ist dies bedenklich. Denn allein die Vereinbarung von einzelnen Haftkapitalfunktionen im Rahmen einer Darlehensbeziehung gestattet noch keine Rückschlüsse auf die Vorstellung des Gesellschafters zum weiteren Schicksal seiner Fremdmittelfinanzierung etwa in einer späteren Insolvenz[450].

Die als Finanzplandarlehen bekannt gewordenen Darlehensgestaltungen lassen sich hier jedoch nur in wenigen Fallgruppen integrieren. Allein dort, wo auf der Grundlage einer kollektiven Gewährungspflicht die Finanzierung notwendig bei Eintritt der Krise noch in der Unternehmung vorhanden sein soll, kann von einer von vornherein auch auf Krisenfinanzierung angelegten Darlehensfinanzierung gesprochen werden.

V. Materielles Eigenkapital qua objektiven Rechts

Überlegungen, ob auch finanzplanbezogene Gesellschafterleistungen nach objektiv-rechtlichen Vorgaben dem materiellen Eigenkapital zuzurechnen sind und damit die Rechtsfolgen teilen, die für diesen viel diskutierten Bereich der Haftungs- und Finanzverfassung der GmbH gelten, müssen am gegenwärtigen Kenntnisstand ansetzen. Von diesem Ausgangspunkt ist zu erforschen, ob Finanzplandarlehen in ihren denkbaren Erscheinungsformen nach den Normzwecken des objektiven Kapitalersatzrechts hier subsumiert werden können und müssen. In der bislang wohl einzigen monografischen Untersuchung des Finanzplankredits wird dieser Weg verworfen.[451] Ausgehend von der These, dass die Annahme materiellen Eigenkapitals auf das konventionelle Eigenkapitalersatz-

---

450 Hommelhoff a. a. O., Rz. 171, 175 ff.; BGH GmbHR 1997, 499; OLG Karlsruhe ZIP 1994, 1185.

451 Fleischer, Finanzplankredite, S. 36 ff.

recht nicht beschränkt sei, wird der Versuch unternommen, einen die Umqualifizierung von Finanzplankrediten tragenden Rechtssatz außerhalb des Eigenkapitalersatzrechts zu entwickeln. Ausgehend von der Überlegung, dass das Eigenkapitalersatzrecht krisenbezogen das Sanierungsdarlehen sanktioniere, während Finanzplanfinanzierungen die langfristige Finanzausstattung des Verbandes mit Fremdmitteln beschreiben, wird die haftende Funktion des Finanzplankredits auf seine Eigenkapitalfunktion gegründet. Die Tragfähigkeit dieser Überlegungen steht und fällt mit der Reichweite des Begriffs der Finanzierungsfolgenverantwortung, wie er aus den Rechtsprechungs- und Novellen-Regeln bekannt ist. Die Klärung dieses normativen Rechtsbegriffs muss daher nachfolgend breiten Raum einnehmen.

1. Überblick zum Rechtsbereich kapitalersetzender Gesellschafterleistungen

Das Recht der Eigenkapital ersetzenden Gesellschafterleistungen findet sich heute in einem zweistufigen Schutzsystem verfasst[452].

Zum einen erfassen die in Jahrzehnte alter Tradition entwickelten so genannten Rechtsprechungs- oder BGH-Regeln kapitalersetzende Gesellschafterleistungen im Bezugsrahmen des Kapitalerhaltungsrechts der GmbH[453].

Soweit formelles Fremdkapital danach materiell als Haftkapital erkannt ist, also in Kapitalersatz umqualifiziert wurde, ist es wie formelles Eigenkapital zu behandeln. Dies heißt in erster Linie[454]: Soweit das gesellschaftliche Vermögen nicht mehr das Stammkapital als dem gegenüber den Gläubiger im Handelsregister verlautbarten Mindesthaftungsfonds entspricht, werden auch die umqualifizierten Gesellschafterdarlehen herangezogen, um diese Kapitalziffer abzudecken. Bis zu dieser Grenze darf ein Gesellschafterdarlehen nicht zurückgewährt

[452] Ganz h. M., vgl. dazu nur Hommelhoff ZGR 1988, 480 ff.; Lutter/Hommelhoff, GmbHG, §§ 32 a, b, Rz. 10 ff.; Hachenburg/Ulmer, GmbHG, §§ 32 a, b, Rz. 15, 58 ff.; Scholz/K. Schmidt, GmbHG, §§ 32 a, b, Rz. 76; jeweils m. w. N. zentral BGHZ 90, 379 f.; dazu Seidl, ZGR 1988, 412; Kübler, in: Festschrift Stiefel, S. 551; Wank, ZGR 1988, 378 f.; Priester, Festschrift Döllerer, S. 487; Rümker ZGR 1988, S. 494.

[453] Stdg. Rechtsprechung seit BGHZ 31, 258; zur Rechtsentwicklung der letzten Jahre zusammenfassend, Hirte, NJW 1996, S. 2827, 2842.

[454] Ob sich dies aus einer analogen, so: Lutter/Hommelhoff, a. a. O., §§ 32 a, b, Rz. 3 f., oder unmittelbaren Anwendung, so: die Rechtsprechung BGHZ 31, 258; 67, 171, 174 f.; 76, 326, 320 ff.; 81, 252, 255; 81, 311, 317; 90, 370, 376; der Kapitalerhaltungsnorm ergibt, kann für die Rechtsanwendung offen bleiben.

werden. Die Stammkapitalziffer setzt diesem unmittelbaren Gläubigerschutz zugleich Grenzen. Die Anbindung an das Kapitalerhaltungsrecht bedingt, dass jenseits der Stammkapitalziffer eine Verstrickung der Gesellschafterfremdmittel nicht möglich ist: Die Bindung kann nicht weiter reichen als bei formellem Eigenkapital[455]. Konsequent begründet die Umqualifizierung in Kapitalersatz auch die Insolvenzhaftung der formellen Fremdmittel[456]. Entgegen dieser Eigenkapitalverstrickung an die Gesellschafter zurückgeführte Darlehen unterliegen nach den Maßgaben des § 31 Abs. 2 GmbHG fünf Jahre lang einem Rückforderungsrecht.

Die auf der Grundlage des gesetzlichen Kapitalerhaltungsrechts der GmbH entwickelten Rechtsprechungs-Regeln stoßen in der Rechtswissenschaft auf breite Anerkennung und fanden nahezu uneingeschränkt Gefolgschaft[457].

Dennoch fehlte der rein richterrechtlichen Rechtsfortbildung der letzte Rest an Überzeugungskraft. So sah sich der Gesetzgeber in der GmbHG-Novelle 1980 veranlasst, das Recht der kapitalersetzenden Gesellschafterdarlehen auf eine gesetzliche Grundlage zu stellen[458].

Insbesondere in §§ 32 a, 32 b GmbHG, § 135 InsO, daneben in § 6 des AnfG sowie für die GmbHG & Co. KG in § 172 a HGB hat das gesetzliche Kapitalersatzrecht seinen Standort gefunden.

Die Ausrichtung dieser so genannten Novellen-Regeln weicht von den Rechtsprechungs-Regeln grundsätzlich ab. Während der Ansatz der Rechtsprechung den bezweckten Gläubigerschutz mittelbar über den Schutz des Gesellschaftsvermögens zu erreichen sucht[459], gehen die Novellen-Regeln bekanntlich einen anderen Weg: Gläubigern kapitalersetzender Gesellschafterdarlehen ist es verwehrt, ihre Forderungen im Insolvenzverfahren über das Vermögen der

---

455 Erfasst ist jedoch die Abdeckung einer Überschuldung bis hinauf zum Stammkapital.

456 Hierzu: Lutter/Hommelhoff, a. a. O., Rz. 3 f., 15; bedeutsam, wenn Insolvenz mehr als 1 Jahr nach Rückzahlung.

457 Vgl. die Rechtsprechungs-Nachweise bei von Gerkan/Hommelhoff, a. a. O., S. 40 f. sowie die Nachweise über die Diskussion im Anschluss an BGHZ 90, 181; vgl. jüngst zusammenfassend, Habersack, ZHR 162, S. 201; vgl. etwa Hellwege, ZGR 1988, S. 516.

458 Zur Reformdiskussion und Gesetzgebungsgeschichte vgl. Scholz/K. Schmidt, a. a. O., Rz. 11 ff.

459 Lutter/Hommelhoff, a. a. O., Rz. 3 f.; Hommelhoff, in: Roth (Hrsg.) Die Zukunft der GmbH, S. 37.

Gesellschaft anzumelden und so in Befriedigungskonkurrenz zu den sonstigen Gläubigern zu treten.

Befriedigungsleistungen auf kapitalersetzende Gesellschafterdarlehen im Jahr vor der Insolvenzeröffnung können vom Insolvenzverwalter nach § 135 Nr. 2 InsO angefochten und zurückgefordert werden. Findet anstelle des Insolvenzverfahrens das Vergleichsverfahren statt, nehmen die verstrickten Gesellschafterdarlehen trotz ihres materiellen Eigenkapitalcharakters hieran teil, um ihre Privilegierung durch die fehlende Anmeldungsfähigkeit zu vermeiden[460].

Bei der Normierung des Kapitalersatzrechts war der Gesetzgeber mit dem Ziel tätig geworden, den bisherigen Stand der richterrechtlichen Rechtsentwicklung zu erfassen und gesetzlich zu regeln.

Damit wären die richterrechtlichen Regeln durch gesetztes Recht verdrängt und so obsolet geworden. Schon bald nach dem Inkrafttreten der Novelle zeigte sich indes, dass das neue Gesetzesrecht die anstehenden Gläubigerschutzbedürfnisse nur unzureichend zu erfassen vermochte[461]. Das heute bekannte Schutzdefizit ergibt sich daraus, dass die Novellen-Regeln allein am (eröffneten) Insolvenzverfahren ansetzen und dort nur reaktiv wirken. Zwar besteht der Schutz vordergründig besonders weitgehend, da - anders als in den Rechtsprechungs-Regeln - keine Begrenzung auf die Stammkapitalziffer vorgesehen ist. Gleichwohl ergeben sich erhebliche Schutzeinbußen dadurch, dass die Rückführung kapitalersetzender Gesellschafterleistungen vor der Eröffnung des Insolvenzverfahrens durch die kurze Anfechtungsfrist des § 135 Nr. 2 InsO nicht hinreichend aufgefangen werden kann[462].

Etwa durch eine längere Sequestrationsphase oder durch taktierende Verschleppungstaktiken der Gesellschafter und des Geschäftsführers gelingt es leicht, die Jahresfrist zu überschreiten und damit kapitalersetzende Gesellschafterleistungen dem Zugriff des Insolvenzverwalters und der Befriedigung suchenden Gläubiger zu entziehen[463].

---

460 Scholz/K. Schmidt, a. a. O., Rz. 61; Begr. RegE 1977, S. 39 f.

461 Vor allem: BGHZ 90, 381; vgl. dazu die Literaturnachweise bei von Gerkan/Hommelhoff, Kapitalersatz, S. 41 ff.

462 A. Müller, Eigenkapitalersetzende Gesellschafterleistungen, S. 130 ff.

463 Zu Umgehungstaktiken bei fehlender Fortgeltung der BGH-Regeln, A. Müller, a. a. O., S. 132.

Der Gläubigerschutz durch das Konzept der BGH-Regeln greift demgegenüber weit effektiver. Zwar ist das kapitalersetzende Fremdkapital nur hinauf bis zur Höhe des regelmäßig nur minimal vereinbarten Stammkapitals geschützt. Gerade im Insolvenzverfahren reicht diese Maßgabe aber hin, um sie soweit zu verstricken, wie dies im Interesse der Gläubiger geboten ist, zumal auch die bilanzielle Überschuldung abgedeckt wird. Denn es muss in der Insolvenz aus Gläubigersicht nur soviel materielles Gesellschaftsvermögen zusammengetragen werden, wie erforderlich ist, um die Masseschulden abzudecken. Dazu bedarf es dann aber nicht des Aufbaus eines überschließenden Gesellschaftsvermögens; dieses wäre unter dem Aspekt des Gläubigerschutzes bedeutungslos. Restvermögen nach der Befriedigung der Gläubiger steht zur Ausschüttung an die Gesellschafter zur Verfügung.

Eigentlicher Vorzug der Rechtsprechungs-Regeln in ihrer Insolvenzverwendung ist jedoch die Fünfjahresfrist des § 31 Abs. 5 GmbHG. Eigenkapital ersetzende Gesellschafterleistungen können danach vom Anspruchsführer der Gesellschaft[464] fünf Jahre lang zur Leistung an die Gesellschaft zurückgefordert werden. Diese Frist reicht regelmäßig hin, um den Verzug, den eine Sequestration oder Verschleppungsinteressen der Gesellschafter bewirken, zu kompensieren.

Dieses Schutzdefizit des Gesetzesrechts gegenüber dem Richterrecht hat den Bundesgerichtshof veranlasst, die Absicht des Gesetzgebers, das richterlich fortgebildete Recht durch Gesetzesrecht zu ersetzen, ergebnisorientiert zu missachten. Beide Regelungsbereiche finden heute nebeneinander Anwendung. Dies hat indes die Novellen-Regeln weitgehend überflüssig gemacht[465]. Die Turbulenzen, die die vom BGH angenommene Fortgeltung seiner Rechtsprechung zunächst hervorgerufen hatte, sind heute zur Ruhe gekommen[466]. Mit sorgfältig abwägender Unterstützung aus der Literatur konnte sich die am Gebot des auch mit den Novellen-Regeln verfolgten Zieles effektiven Gläubigerschutzes orientierte Rechtsprechung verfestigen. Kapitalersatzrecht ist heute in einem zweigliedrigen oder zweistufigen Schutzsystem verfasst. Dies ist unbestrittene Erkenntnis und Grundlage jeder rechtlichen Betrachtung. Reformen des Gesetzgebers im Bereich des Eigenkapitalersatzrechts haben die von Rechtsprechung und Lehre über Jahrzehnte entwickelten Ergebnisse keineswegs in Frage, sondern haben

[464] Dies sind im Fall der BGH-Regeln Geschäftsführung oder Insolvenzverwalter, im Fall der Novellen-Regeln allein der Insolvenzverwalter.

[465] Dazu: Hommelhoff, ZGR 1988, sowie die Nachweise in Fn. 461.

[466] Eine Diskussion um Parallelgeltung findet heute nicht mehr statt.

diese bestätigt. Die Reformen betrafen allein Details dieses Rechtsbereichs, bestätigen ihn also im Übrigen. Gegenstand einer Reform der §§ 32 a, 32 b GmbHG, § 32 a KO, § 135 InsO war seither allein eine Privilegierung der Gesellschafter, die aufgrund ihrer beschränkten Einflussmöglichkeiten auf die Unternehmensführung und die Finanzierungsstruktur nur eine allenfalls reduzierte Finanzierungsverantwortung für die Gesellschaft tragen. Gesellschafter, die mit weniger als 10 % am Stammkapital beteiligt sind, sind von den Restriktionen des Eigenkapitalersatzrechts freigestellt worden[467].

2. Einheitlicher Umqualifizierungsansatz

Bei den bisherigen Überlegungen zur Parallelgeltung beider Schutzkonzepte konnte ein zentraler Aspekt zunächst ausgeblendet bleiben. Die Rechtsfolgendiskussion, die zur heutigen Zweigliedrigkeit des Kapitalersatzrechts geführt hat, konnte wichtige Fragen der Tatbestandsbildung offen lassen.

Im Zentrum steht dabei, welche Voraussetzungen in beiden Schutzkonzepten für die Ersatzkapitalqualifikation erfüllt sein müssen. Einen konkreten Anhaltspunkt scheinen hier jedenfalls die Novellen-Regeln zu geben: Kapitalersetzend sind danach jene Gesellschafterleistungen, die in einer Situation der Krise gewährt worden sind, in der ein Gesellschafter als ordentlicher Kaufmann seiner Unternehmung also Eigenkapital zur Verfügung gestellt hätte[468]. Hinsichtlich der Rechtsprechungs-Regeln ist man allein auf eine Analyse der bisherigen Entscheidungsgründe und ihrer Diskussion angewiesen.

Der Frage nachzugehen, welches Ersatzkapitalverständnis den beiden Regelungsbereichen zugrunde liegt, ist in zweierlei Hinsicht bedeutsam: Zum einen muss hier Klarheit geschaffen werden, um der anschließenden Frage nachgehen zu können, ob und wenn ja welche finanzplangebundenen Gesellschafterleistungen hier subsumiert werden können. Hierbei könnten die Ergebnisse für beide Schutzsysteme unterschiedlich zu beurteilen sein.

Zum anderen könnte der gewonnene Befund den weiteren Gang der Darstellung entscheidend prägen. Denn lässt sich schon anhand des bisherigen Entwick-

---

467 Vgl. Gesetzentwurf eines Kapitalaufnahmeerleichterungsgesetzes vom 07. Juni 1996, GmbH-Dokumentation, GmbHR 1996, 600; ZIP-Dokumentation, ZIP 1996, 1362 f.; Altmeppen, ZIP 1996, 1455; Claussen, GmbHR 1996, 316 ff.; Grunewald, GmbHR 1997, 7 ff.; Kallmeyer, GmbHR 1996, R 177; Pape/Voigt, DB 1996, 2113.

468 So die Formulierung in § 32 a GmbHG.

lungsstands des Ersatzkapitalrechts ausmachen, dass Rechtsprechungs- wie Novellen-Regeln ein einheitlicher Ersatzkapitalbegriff zugrunde liegt, so kann auch für beide Regelungsbereiche einheitlich gewürdigt werden, unter welchen Voraussetzungen planmäßige Kreditausreichungen dem objektiven Ersatzkapitalrecht zuzurechnen sind.

Günstig wäre dabei, dass sich auf ein System weitgehend geklärter Rechtsfolgen zurückgreifen ließe. Die anschließenden Erwägungen gelten also der Frage, mit welchen - einheitlichen oder differierenden - Erwägungen die allseits akzeptierten Rechtsprechungs- und Novellen-Regeln die Umqualifizierung formellen Fremdkapitals in materielles, nachrangiges Haftkapital bewirken.

3. Regelungsintention des Gesetzgebers

Klare Hinweise für einen Gleichklang der Umqualifizierungsansätze, wie sie BGH- und Novellen-Regeln zugrunde liegen, ergeben sich aus der Regelungsintention des Gesetzgebers. Wenn es Ziel des Gesetzgebers war, die bisher auf richterrechtlicher Grundlage entstandene Institutionenbildung im Ersatzkapitalrecht auf eine gesetzliche Grundlage zu stellen, schließt dies ihre nachträgliche Billigung ein[469].

Dies führt konsequent zu dem Befund: Die Novellen-Regeln waren vom Gesetzgeber dazu bestimmt, die Ergebnisse der bisherigen Institutionenbildung aufzunehmen und auf eine überzeugende Rechtsgrundlage zu stellen. Nach diesem Zwischenergebnis ist es zwangsläufig, dass zu beiden Regelungsbereichen die Umqualifizierungsansätze einander entsprechen müssen[470].

Dann aber hat dies auch Auswirkungen für die rechtsfortbildende Betrachtung, ob Finanzplankredite Gegenstand einer Umqualifizierung auf der Grundlage des zweigliedrigen Ersatzkapitalrechts sein können.

In der Begründung zu § 32 a GmbHG ist ausdrücklich niedergelegt, dass die gesetzliche Regelung nicht nur den bisherigen Stand des Ersatzkapitalrechts rezipieren sollte, sondern trotz nunmehr gesetzlicher Regelung, Rechtsprechung

---

469 Vgl. A. Müller, Eigenkapitalersetzende Gesellschafterdarlehen, S. 131.

470 So heute die h. M.; a. A. etwa: OLG Hamburg, das wegen der gesetzlichen Formulierung eine besondere Ausrichtung der Novellen-Regeln annimmt und so einen weiteren Anwendungsbereich annimmt, für unterschiedlichen Norminhalt auch, vgl. OLG Hamburg, GmbHR 1987, 99.

und Lehre Raum geben sollte, den dynamischen Rechtsbereich der kapitalersetzenden Gesellschafterleistungen fortzuentwickeln[471]. Die Möglichkeit hierzu bietet in formaler Hinsicht die offene Formulierung im Tatbestand. Die Formulierung, die das Finanzierungsverhalten eines ordentlichen Kaufmanns in den Mittelpunkt stellt, bietet Raum, neue Erkenntnisse einzubringen und - vor allem - neuartige Fallgestaltungen der Finanzierungspraxis zu erfassen. Diese offene Funktion als normatives Tatbestandsmerkmal[472] ist breit akzeptiert.

Angesichts der „historischen" Entwicklung des zweigliedrigen Rechts der kapitalersetzenden Gesellschafterleistungen kann aber dann kein Zweifel bestehen, dass neben den Novellen-Regeln auch die fortgeltenden BGH-Regeln an der Erschließung neuer Sachverhaltsgruppen kapitalersetzender Leistungen teilhaben. Zu erwarten ist also eine parallele Fortentwicklung. Ergibt sich, dass eine Fallgestaltung auf der Grundlage der Novellen-Regeln insolvenzbezogen zu subordinieren ist, so findet auch das Kapitalerhaltungsrecht der §§ 30, 31 GmbHG Anwendung. Mit dieser Begründung scheint sich die Fortentwicklung des Kapitalersatzrechts heute hinsichtlich der zu subordinierenden formellen Fremdfinanzierungen in beiden Regelungsstufen gleichförmig zu entwickeln. Dies zeigt aktuell die Diskussion um kapitalersetzende Nutzungsüberlassungen. Eine Differenzierung zwischen Rechtsprechungs- und Novellen-Regeln wird hier nur hinsichtlich der Rechtsfolgen vorgenommen, nicht jedoch bezüglich der Umqualifizierungsansätze.

Einen weiteren Anwendungsbereich für die Novellen-Regeln hat zum Teil die Rechtsprechung angenommen[473]. Sie stützt diese Annahme darauf, dass das Gesetz mit der Bezugnahme auf das Finanzierungsverhalten ordentlicher Kaufleute gegenüber dem Richterrecht eine stärker unternehmensbezogene Sehweise erzwinge. Damit sei eine Erweiterung über die bis dato prägende Ausrichtung des Kapitalersatzrechts auf die Überschuldung und Kreditunfähigkeit hinaus möglich[474]. Zwar sieht das Gericht auch den Anwendungsbereich der neuen

---

471 Begr.RegE 1977 S. 38 f.

472 Das Finanzierungsverhalten ordentlicher Kaufleute stellt ein ausfüllungsbedürftiges Kriterium dar, Hachenburg/Ulmer, a. a. O., Rz. 42 ff.; Scholz/K. Schmidt, a. a. O., Rz. 35 ff.; Lutter/Hommelhoff, a. a. O., Rz. 18 ff.; Baumbach/Hueck, a. a. O., Rz. 41 ff.

473 OLG Hamburg, GmbHR 1987, 99.

474 OLG Hamburg., a. a. O.

Regeln in diesen Fallgruppen[475]. Insoweit erkennt es an, dass beide Regelungskonzepte auf einen einheitlichen Umqualifizierungsansatz beruhen. Der - vermeintlich - weitere Bereich der Novelle wird allein mit der bewusst offeneren Formulierung im Tatbestand des § 32 a GmbHG begründet[476]. Dabei wird jedoch übersehen, dass die für Rechtsfortbildung offene Tatbestandsformulierung keine Sperrwirkung gegenüber einer parallelen Weiterentwicklung der Rechtsprechungsregeln verhängt[477]. Eine Differenzierung zwischen den unterschiedlich weiten Anwendungsbereichen der Rechtsprechungs- und der Novellen-Regeln ist daher nur vordergründig richtig. Jedenfalls stehen die Ausführungen des OLG Hamburg der hier vertretenen Auffassung letztlich nicht entgegen.

Es kann daher festgestellt werden: Fortschreitende Erkenntnis und Fallgruppenbildung im Recht kapitalersetzender Gesellschafterleistungen beziehen sich grundsätzlich sowohl auf die BGH- wie die Novellen-Regeln. Differenzierungen ergeben sich nur bei anderen Tatbestandsmerkmalen und bei den Rechtsfolgen. Dieser Befund ist umso bedeutsamer, als inzwischen wohl allgemein anerkannt ist, dass die vom Gesetzgeber beabsichtigte Ablösung des Richterrechts durch die Novellen-Gesetzgebung in weiten Teilen gescheitert ist. Die Regelungen der Novelle laufen heute weitgehend leer[478]. Die generelle Fortgeltung der BGH-Regeln erfordert aber ihre Teilhabe an der Fortentwicklung des Kapitalersatzrechts.

4. Materieller Umqualifizierungsansatz im zweigliedrigen Kapitalersatzrecht

Da im Vorfeld geklärt werden konnte, dass der Umqualifizierungsansatz der Novellen-Regeln dem des richterrechtlichen Ersatzkapitalersatzrechts entspricht, ist der weiterführenden Frage nachzugehen, welche Erwägungen es in der Sache sind, die es erlauben und erfordern, Gesellschafterdarlehen dem materiellen Eigenkapital der Gesellschaft zuzurechnen.

---

475 So auch: Hachenburg/Ulmer, a. a. O., Rz. 44 f.; Baumbach/Hueck, a. a. O., Rz. 8, § 32 Rz. 43; Lutter/Hommelhoff, a. a. O., § 32 a Rz. 13; Fleck, Festschrift Werner, S. 107, 119.

476 OLG Hamburg, GmbHR 87, 59.

477 Auch die Entscheidung BGHZ 90, 381 enthält keine Hinweise für eine getrennte Fortentwicklung beider Schutzbereiche.

478 BGHZ 90, 381; Hommelhoff, ZGR 1988, S. 478 ff.

a) Grundlagen

Die Umqualifizierung von Gesellschafterdarlehen in haftenden Kapitalersatz berührt die Finanzierungsstruktur in der nominell unterkapitalisierten Gesellschaft. Dies bringen die das Kapitalersatzrecht prägenden Fallgruppen der Insolvenzabwendungs- und Sanierungsdarlehen deutlich zum Ausdruck[479].

Rechtsprechung und Wissenschaft knüpfen hier im Interesse der Gläubigergesamtheit eigenkapitalspezifische Rechtsfolgen an eine Kreditausreichung der Gesellschafter. Und dies gerade an eine Darlehensgewährung zu einem Zeitpunkt, an dem die Gesellschafter ihrer Unternehmung haftendes Vermögen hätten zuführen müssen. Diese Finanzierungsvorgabe hat in der Formulierung des § 32 a GmbHG ihren deutlichen Niederschlag gefunden. Damit wird zugleich deutlich, dass das Ersatzkapitalrecht nicht mit Rechtsregeln einer materiellen Unterkapitalisierung zu erfassen oder fortzuentwickeln ist.

Denn materielle Unterkapitalisierung setzt einen vollständigen Verzicht der Gesellschafter auf die gebotene Finanzierung der Unternehmung voraus[480].

Die Literatur knüpft hier unter sehr engen Voraussetzungen einen Durchgriffshaftungsanspruch an die unterlassene Eigenmittel- oder Fremdmittelzufuhr. Gläubiger können sich dann im Falle ihres Ausfalls aus dem Vermögen der Gesellschafter befriedigen, wenn die nur minimale Mittelausstattung die Qualität eines Missbrauchs der Haftungsbeschränkung aufweist[481]. Die Rechtsprechung folgt Durchgriffserwägungen im Falle der materiellen Unterkapitalisierung bis heute nur zögerlich[482].

b) Konkretisierung des Begriffs der Unterkapitalisierung

Ist es richtig, die Umqualifizierung formeller Gesellschafterdarlehen an der Kreditausreichung an die unterkapitalisierte GmbH auszurichten, so wird die sachgerechte Konkretisierung des Begriffs der Unterkapitalisierung zur zentra-

---

479 BGHZ 76, 330; 81, 318; Lutter/Hommelhoff, ZGR 1979, 39 f.; a. A. Vonnemann, GmbHR 1989, 145, 150 f.

480 Grds. hierzu: Hachenburg/Ulmer, a. a. O., Anh. § 30 Rz. 20 ff.

481 Heute wohl die überzeugendste und akzeptierteste Begründung für den Durchgriff auf das Gesellschaftervermögen, vgl. die Darstellung bei Hachenburg/Ulmer, a. a. O., Anh. § 30, Rz. 35 ff.

482 Akzeptanz vorsichtig angedeutet in: BGHZ, 122, 123.

len Frage[483]. Um die für das Ersatzkapitalrecht relevante Unterkapitalisierung zu bestimmen, lässt sich auf eine Reihe von Ansätzen verweisen.

ba) Unterkapitalisierung in Rechtsprechung und Literatur

In der Literatur werden eine Reihe von Annäherungen an den Begriff der Unterkapitalisierung versucht. Dabei scheinen Definitionsversuche zur Bestimmung der Unterkapitalisierung im Ausgangspunkt noch nicht zwischen einer materiellen Unterkapitalisierung und einer einfachen, zur Behandlung von Gesellschafterdarlehen als materiellem Eigenkapital führenden, unterscheiden zu wollen. Die Unterscheidung setzt erst dort ein, wo es um das Ausmaß einer im Grundsatz einheitlich zu beurteilenden Unterkapitalisierung geht[484].

(1) Allgemeine / branchenspezifische Finanzierungsmaßstäbe

Eine Reihe von Konkretisierungen des Begriffs der Unterkapitalisierung befassen sich mit vermeintlich allgemeingültigen jedenfalls aber branchenspezifisch zu beachtenden Finanzierungsvorgaben[485].

Unabhängig von ihrer individuellen Plausibilität setzen sie stillschweigend voraus, dass derartige Finanzierungsregeln verbindlich gelten. Dies ist indes nicht der Fall[486]. Jedenfalls als positive Finanzierungsvorgaben sind sie nicht in der Lage, den Begriff der Unterkapitalisierung für den Fall ihrer Missachtung zu definieren.

Insbesondere sind sie auch nicht geeignet, den unternehmensspezifischen Finanzierungskonzeptionen Rechnung zu tragen. So kann sich der Kapitalbedarf für vergleichbare Unternehmen abweichend darstellen, abhängig davon, ob etwa Betriebsaufspaltungen und sonstige Gebrauchsüberlassungen die Kapitalbedarfsseite entlasten[487].

---

483 Vgl. die Konkretisierungsversuche, wiedergegeben bei: Hachenburg/Ulmer, a. a. O., Anh. § 30, Rz. 12 ff.

484 Zu den Begriffen materielle und nominelle Unterkapitalisierung: Hachenburg/Ulmer, a. a. O., Anh. § 30, Rz. 21 ff.

485 Bewertend dazu: von Gerkan/Hommelhoff, Kapitalersatzrecht S. 58 f.

486 H.M., für abstrakt-generelle Geltung von Finanzierungsvorgaben.

487 So auch: Hachenburg/Ulmer, a. a. O., Anh. § 30, Rz. 14 f.

Die schließt es indes nicht aus, Überlegungen zu allgemeingültigen oder branchenspezifischen Finanzierungsmaßgaben mit heranzuziehen, um anderweitige Umqualifizierungsansätze zu belegen.

(2) Insolvenz- und ausfallorientierte Konkretisierungsansätze

Schon im Ansatz ohne Aussicht auf Erfolg, eine Konkretisierung der Unterkapitalisierung zu bewirken, sind Kriterien, die sich auf den Eintritt der Insolvenz und die darin ausgebliebene Befriedigung der Gläubiger beziehen[488]. Akzeptabel sind nur solche Überlegungen, die es den Gesellschaftern erlauben, ihre Finanzierungsentscheidungen von vornherein an generell-abstrakten Finanzierungsvorgaben auszurichten. Diesem Gebot einer rechtssicheren Ex-ante-Betrachtung werden jedoch Kriterien nicht gerecht, die erst aus der Insolvenzsituation heraus eine nachträgliche Würdigung der Finanzierungsstruktur vornehmen. Daneben besteht die Gefahr, auf diese Weise eine am Gläubigerausfall in der Insolvenz orientierte Gefährdungs- und Risikohaftung der Gesellschafter in das GmbH-Recht einzuführen[489]. Mit entsprechenden Erwägungen muss auch eine allgemeingültige Finanzierungsvorgabe abgelehnt werden, die sich an einem bestimmten Verhältnis von Eigenkapital und Gläubigerrisiko orientiert[490].

(3) Gesellschaftszweck als Konkretisierungsansatz

Insbesondere der BGH hat gerade in frühen Entscheidungen zum Ersatzkapitalrecht den Gesellschaftszweck herangezogen, um die nominelle Unterkapitalisierung zu bestimmen[491]. Dieser Ansatz mag noch in einer gewissen Rechtsprechungstradition zu der Auffassung des Reichsgerichts stehen. Dieses hatte die Unterkapitalisierung der Gesellschaft an einem Missverhältnis ihrer satzungsmäßigen Aufgaben und deren Eigenkapitalausstattung festgemacht[492]. Beide nah verwandte Ansätze müssen sich ihre mangelnde Praktikabilität vorwerfen lassen. Ein Vergleich von eingelegtem und erwirtschaftetem Gesellschaftsvermögen mit satzungsmäßigem Zweck und Aufgaben der Gesellschaft ist zu abstrakt, als dass es den Gesellschaftern im Einzelfall und vor allem aus der aus

---

488 Hachenburg/Ulmer, GmbHG, Anh. § 30, Rz. 13; vgl. auch: Wiedemann, Haftungsbeschränkung S. 18, 23.

489 Hachenburg/Ulmer, Anh. § 30, Rz. 13.

490 So aber: Wiedemann, a. a. O., S. 18, 23; strikt ablehnend: Hachenburg/Ulmer, Anh. § 30, Rz. 13.

491 BGHZ 31, 258, 268.

492 RGZ 166, 51, 57.

Gründen der Rechtssicherheit einzunehmenden Ex-ante-Sehweise mögliche Richtschnur für die Vermeidung der Unterkapitalisierung sein könnte[493].

(4) Geschäftsumfang und Haftungsfonds

Größere Anerkennung und Gefolgschaft konnte allein jener Ansatz finden, der neben dem zur Verfügung gestellten Eigenkapital Geschäftsumfang, Geschäftsart und Finanzierungsplanung der individuellen Unternehmung mit ins Kalkül zieht[494]. Dass der Geschäftsumfang eine für den Kapitalbedarf der Gesellschaft bestimmende Maßzahl darstellt, leuchtet ohne weiteres ein. Die Umsätze der Unternehmung bestimmen den Aufwand für Einkauf, Lagerhaltung und Vertrieb sowie die Personalkosten maßgeblich mit. Da die Entwicklung des Geschäftsumfanges dynamischen Veränderungen unterliegt, ist es sinnvoll, zwischen dem bei Gründung der Gesellschaft als Nahziel angestrebten und dem bei weiterer Umsatzentwicklung letztlich realisierten Geschäftsumfang zu differenzieren[495].

Das Kriterium des Geschäftsumfanges bedarf jedoch weiterer Ergänzung, um ein abgeschlossenes, im Einzelfall überzeugendes Bild der Unterkapitalisierung zu vermitteln. Erforderlich ist es, den mit dem Geschäftsumfang korrespondierenden Kapitalbedarf branchen- und aufgabenspezifisch zu präzisieren.

In Abhängigkeit von der Geschäftsart können - bei vergleichbarem Geschäftsumfang - die Investitionsbedürfnisse sowie Bindung und Umschlagsgeschwindigkeit erheblich variieren. Dies beeinflusst die Höhe des erforderlichen Eigenkapitals nachhaltig[496]. Richtet man die Ermittlung der Unterkapitalisierung vornehmlich am Geschäftsumfang aus, so bedarf es einer weiteren korrigierenden Stellgröße, um den Kapitalbedarf unternehmensspezifisch zu korrigieren.

Abzustellen ist ergänzend auf die gesellschaftliche Finanzplanung. Diese kann einen als gegeben angenommenen Bedarf an Eigenkapital etwa dadurch reduzieren, dass das kapitalintensive Anlagevermögen von den Gesellschaftern im Wege der Nutzungsüberlassung zur Verfügung gestellt wird. Dies kann selektiv für nur einzelne Vermögensgegenstände praktiziert werden, aber auch

---

493 So auch: Hachenburg/Ulmer, a. a. O., Anh. § 30, Rz. 13.

494 Maßgeblich entwickelt von: Kamprad, Gesellschafterdarlehen, S. 10, Arbeitskreis GmbH-Reform, S. 13.

495 Zur Begrifflichkeit von anfänglicher und nachträglicher Unterkapitalisierung siehe Hachenburg/Ulmer, a. a. O., Anh. § 30, Rz. 14.

496 Hachenburg/Ulmer, Anh. § 30, Rz. 14.

- gleichsam institutionalisiert - durch die Konstruktion der Betriebsaufspaltung. Hier gelingt es der GmbH, das gesamte betriebsnotwendige Anlagevermögen bei der Besitz-KG zu pachten. Damit vermindert sich der Eigenkapitalbedarf um die ersparten Aufwendungen zum Erwerb des Anlagevermögens[497].

(5) Kapitalbedarf und seine Deckung

Mit der Beschreibung von Geschäftsumfang, Geschäftsart und Finanzplanung sind die Voraussetzungen einer nominellen Unterkapitalisierung jedoch noch nicht hinreichend beschrieben. Vom Begriff der Unterkapitalisierung - grundsätzlich durch die Deckung eines mit Eigenkapital zu befriedigenden Finanzierungsbedarf durch Fremdmittel - ist insoweit allein die Kapitalbedarfsseite beschrieben. Ob dieser Bedarf über Eigen- oder Fremdmittel gedeckt werden soll oder ob eine Eigenmittelfinanzierung aus Rechtsgründen geboten ist, bleibt einstweilen unbeantwortet[498]. Die Überlegungen, die diesen zweiten Aspekt der Unterkapitalisierung betreffen, versehen die bislang bekannten Fallgruppen Eigenkapital ersetzender Gesellschafterdarlehen mit besonderer Überzeugungskraft.

Sie führen zwangsläufig zu dem Ergebnis, dass für die Beurteilung der Bedarfsdeckung auf die Kreditfähigkeit der Gesellschaft bei Dritten abzustellen ist[499]. Erst die Kontrollprüfung, ob die Gesellschaft in der Lage ist, ihren nicht nur vorübergehenden Finanzbedarf bei gesellschaftsfremden Dritten zu decken, rechtfertigt Rechtsfolgen einer Unterkapitalisierung[500]. Auf die Finanzierungsfähigkeit der Gesellschaft bei Dritten sollte entscheidend abgestellt werden, da sich hier entscheidend erweist, mit welchen Risiken die Aufnahme oder Fortführung der konkreten, durch Geschäftsumfang, Tätigkeitsfeld und Finanzplanung definierten Unternehmenstätigkeit behaftet ist[501]. Kann die Gesellschaft den angenommenen Finanzbedarf dauerhaft bei Dritten zu marktkonformen Bedingungen decken, ohne dass hierfür Sicherheiten der Gesellschafter verlangt werden, so kann das Gesellschaftsrecht an ein gleichartiges Finanzierungsverhalten der Mitglieder keine belastenden Rechtsfolgen knüpfen. In dieser Situa-

---

497 Zur Betriebsaufspaltung vgl. statt vieler: Drygala, Gläubigerschutz; Priester/Timm (Hrsg.), Abschied von der Betriebsaufspaltung, S. 83.

498 Grundsatz der Finanzierungsfreiheit, Hachenburg/Ulmer, a. a. O., Anh. § 30, Rz. 15.

499 Hachenburg/Ulmer, a. a. O., Anh. § 30, Rz. 16.; BGH, BB 1996, S. 2316.

500 Hachenburg/Ulmer, a. a. O., Anh. § 30, Rz. 16.

501 Hachenburg/Ulmer, a. a. O., Anh. § 30, Rz. 17.

tion besteht für eine Aufstockung des Eigenkapitals aus der Sicht des Gesellschaftsrechts offenbar kein zwingendes Bedürfnis.

bb) Ergebnis

Dieser Befund soll auch dann unabweislich gelten, wenn etwa das Verhältnis von Eigen- zu Fremdkapital deutlich hinter der branchenüblichen Eigenkapitalquote zurückbleibt oder die betriebswirtschaftlich empfohlene Deckung des Anlagevermögens durch unkündbares Haftkapital bei weitem nicht erreicht wird[502]. Der heute weitgehend anerkannte Begriff der Unterkapitalisierung, wie er nahezu uneingeschränkt auch zur Konkretisierung des Finanzierungsverhaltens ordentlicher Kaufleute im Tatbestand der § 32 a GmbHG - mit entsprechender Rückbindung auch an den Tatbestand der Rechtsprechungs-Regeln - lässt sich folgendermaßen zusammenfassen:

Eine Gesellschaft ist dann unterkapitalisiert, wenn das Eigenkapital nicht hinreicht, um den nach Art und Umfang der angestrebten oder tatsächlichen Geschäftstätigkeit unter Berücksichtigung der Finanzierungsmethoden bestehenden, nicht durch Kredite Dritter zu deckenden mittel- oder langfristigen Finanzbedarf zu befriedigen[503].

5. Eingrenzung des Begriffs der Unterkapitalisierung

Da klargestellt worden ist, dass es für die Feststellung kapitalersetzender Finanzierungen nachhaltig darauf ankommt, diejenige Situation der Unternehmensfinanzierung zu beschreiben, in der die Kreditausreichung die Risiken der Unternehmensfinanzierung unerträglich auf die Gläubiger überwälzt, ist dieses Phänomen der Unterkapitalisierung von anderen verwandten Tatbeständen in der Unternehmensfinanzierung - an die gleichfalls Rechtsfolgen anknüpfen können - abzugrenzen. Anzusprechen sind die Unterbilanz[504] und die Überschuldung[505].

---

502 So die hier für eine Ex-ante-Beurteilung abgelehnten Versuche, über Finanzierungsregeln die Unterkapitalisierung zu konkretisieren; dazu: Hachenburg/Ulmer, a. a. O., Anh. § 30, Rz. 13; zu Vorschlägen de lege ferenda, G. Winter, Haftung, S. 121 ff.

503 Vielfältig aufgegriffen, ursprünglich von Ulmer, in: Hachenburg/Ulmer, a. a. O., Anh. § 30, Rz. 16.

504 Von Gerkan/Hommelhoff, Kapitalersatz, S. 38 ff.; Lutter/Hommelhoff, GmbHG § 30, Rz. 2; Hommelhoff, in: Leffson (Hrsg.), Unbest. Rechtsbegriffe S. 137.

505 Zum Begriff der Überschuldung vgl. die Kommentierung zu § 63 GmbHG (mit Wirkung ab 01.01.1999 aufgehoben), siehe nun §§ 11, 17-19 InsO und § 64 GmbHG,

Zum Zwecke der Abgrenzung soll es hier genügen, beide Rechtsbegriffe in ihren Grundzügen darzustellen; offene und umstrittene Rechtsfragen hierzu werden an bereiter Stelle erörtert. Von Unterbilanz ist zu sprechen, wenn das gesellschaftliche Reinvermögen hinter dem als Mindesthaftungsfonds ausgewiesenen Stamm- oder Grundkapital zurückbleibt[506]. Das Reinvermögen der Gesellschaft ist dahingehend zu definieren, dass die bilanziellen Aktiva um die Verbindlichkeiten zu reduzieren sind, um das reale, den Gläubigern zur Befriedigung zur Verfügung stehende haftende Vermögen zu ermitteln.

Bei der Überschuldung lässt sich ein Reinvermögen der Gesellschaft nicht mehr feststellen.

Die Verbindlichkeiten übersteigen die Aktiva; ein Mindesthaftungsfonds lässt sich bilanziell nicht mehr ausweisen[507]. In diesem Zusammenhang soll der Begriff der Zahlungsunfähigkeit nicht unerwähnt bleiben; zwar ist noch nicht abschließend geklärt, welche Rolle die Zahlungsunfähigkeit der Gesellschaft bei der Umqualifizierung ihr gewährter Fremdmittel in nachrangiges Haftkapital überhaupt spielt.

Jedoch wird sie im Recht der kapitalersetzenden Gesellschafterleistungen oft und vielfältig herangezogen[508] und bedarf schon deswegen der Beachtung.

All diese Begriffe unterscheiden sich in mehrfacher Hinsicht von der hier problematisierten Unterkapitalisierung, stehen jedoch gleichwohl nicht zusammenhanglos neben ihr. Unterschiede bestehen vor allem insoweit, als sich Unterbilanz, Überschuldung und Zahlungsfähigkeit vornehmlich an bilanziellen Kennziffern oder auf der Grundlage eines empirischen Befunds ermitteln lassen. Dies wäre für den Begriff der Unterkapitalisierung nur möglich, wenn sich die unter Risikogesichtspunkten gebotene Haftkapitalausstattung anhand bilanzieller Verhältniszahlen feststellen ließe. Ein solches Vorgehen zur Ermittlung der im Rahmen des Ersatzkapitalrechts relevanten Unterkapitalisierung scheint indes ohne

---

zur mehrstufigen Überschuldungsprüfung; zuerst: K. Schmidt, AG 1978, 334, 337 f.; siehe auch: Hommelhoff, Festschrift Döllerer, S. 247 f.

506 So die allg. Meinung, etwa: von Gerkan/Hommelhoff, Kapitalersatz S. 49 f.

507 Scholz/K. Schmidt, GmbHG, § 63, Rz. 13 ff.; Baumbach/Hueck/Schulze-Osterloh, GmbHG, § 63, Rz. 7 ff.; Rowedder, GmbHG, § 63, Rz. 9 ff.

508 Vgl. Regelbsp. § 32 a Abs. 152 RegE GmbHG; BGHZ 31, 258, 269; OLG Hamburg, WM 1987, 1163, 1168; Baumbach/Hueck, GmbHG, §§ 32 a, Rz. 46; Scholz/K. Schmidt, GmbHG, §§ 32 a, b, Rz. 33.

Aussicht auf Erfolg[509]. Auch wenn in der wesentlichen Wertungsfrage, der Suche danach, welche Finanzierungsstruktur Unterkapitalisierung beschreibt, Einigkeit besteht - Unterkapitalisierung ist nach insoweit wohl einhelliger Auffassung die unzureichende Eigenkapitalausstattung der Unternehmung[510] -, so gibt es doch erhebliche Unstimmigkeiten bei der Konkretisierung dieser Vorgabe im Einzelfall.

6. Exkurs: Haftung für Unterkapitalisierung

Es konnte bereits deutlich gemacht werden, dass die Möglichkeit, Gesellschafterdarlehen nach den Grundsätzen der Rechtsprechungs- und Novellen-Regeln umzuqualifizieren, d. h. entsprechend ihrer Funktion als materielles Eigenkapital zu behandeln, von der sachgerechten Konkretisierung des Begriffs der Unterkapitalisierung abhängig ist[511]. Dabei konnte und musste der Blick auf die nominelle Unterkapitalisierung gerichtet bleiben. Denn die Rechtsregeln über kapitalersetzende Gesellschafterdarlehen haben nur die Sachverhalte im Auge, in denen eine unzureichende Kapitalausstattung durch eine nicht dem finanziellen Zweck entsprechende Darlehensgewährung ausgeglichen worden ist[512].

Entsprechend können die Sanktionen auch nur an spezifischen Gefahren gerade der Kreditausreichung anknüpfen[513].

a) Sanktionen für fehlendes Eigenkapital

Gleichwohl fehlt es nicht an Versuchen, auch den Tatbestand der „bloß" unzureichenden Haftkapitalausstattung zugunsten der Gläubigerinteressen fruchtbar zu machen. Die Haftung für eine (materielle) Unterkapitalisierung läuft auf eine persönliche Haftung der Gesellschafter für die Gesellschaftsschulden unmittelbar aus der mangelhaften Haftkapitalausstattung hinaus. Um diese Sanktion zu

---

509 Vgl. bereits Fn. 485, 486.

510 Insoweit praktisch kaum handhabbare Finanzierung, siehe auch: von Gerkan/Hommelhoff, Kapitalersatz, S. 45 ff.

511 Vgl. nur Baumbach/Hueck, GmbHG, § 32 a, Rz. 1; § 5, Rz. 5 f.

512 Baumbach/Hueck, a. a. O., § 32 a, Rz. 1; von Gerkan/Hommelhoff, Kapitalersatz, S. 1 ff., Hachenburg/Ulmer, GmbHG, § 32 a, b, Rz. 6 ff.

513 Haftungsgrund ist nicht Haftung für Unterkapitalisierung, ebenso: Michel, Gesellschafterleistungen, S. 31 ff., 58 f.; Koch, Eigenkapitalleistungen, S. 76 ff.; vgl. auch Lutter/Hommelhoff, ZGR 1979, 33.

begründen, wurden im Laufe der Zeit eine Reihe dogmatischer Ansätze diskutiert[514].

b) Deliktischer Ansatz

Gläubigerschutz lässt sich darüber erreichen, dass Gesellschaftsgläubigern in der Höhe ihres Ausfalls ein Schadensersatzanspruch gegen die Gesellschafter eingeräumt wird. Dies kann indes nicht generell, sondern nur unter besonderen Voraussetzungen der Fall sein. Genannt wird hier die objektiv sittenwidrige Gläubigerschädigung nach § 826 BGB[515]. Erforderlich ist insoweit, dass eine völlig unzureichende Eigenkapitalausstattung die unternehmerischen Risiken einseitig auf die Gläubigergesamtheit abwälzt (qualifizierte Unterkapitalisierung)[516].

In der Praxis macht indes der Nachweis des subjektiven Tatbestandes einer sittenwidrigen Gläubigerschädigung die größeren Probleme[517].

Erforderlich ist zumindest bedingter Schädigungsvorsatz. Will man diesen nicht einfach bereits aus der objektiv völlig unzureichenden Haftkapitalausstattung folgern[518], sind dem in Anspruch genommenen Gesellschafter etliche Möglichkeiten gegeben, dass Finanzierungsverhalten anders als gerade mit dem Interesse, einen Ausfall der Gläubiger als Hasardeur jedenfalls billigend in Kauf genommen zu haben, erklären. Die Bedeutung und Verwendbarkeit von § 826 BGB zur Erfassung der Gefahren einer Unterkapitalisierung wird daher im Schrifttum kaum befürwortet[519]. Im Übrigen hat sich der Ehrgeiz darauf gerichtet, eigenständige Haftungstatbestände zu entwickeln, die in ihrem Anwendungsbereich gerade auf den Sachverhalt einer völlig unangemessenen Haftkapitalausstattung beschränkt sind. Kurz dokumentiert werden sollen die Ansätze der Erklärungshaftung, der Organisationsfehlerhaftung und der subjektiven

---

514 Vgl. die umfassende Darstellung bei Hachenburg/Ulmer, a. a. O., Anh. § 30, Rz. 50 ff.

515 Hachenburg/Ulmer, a. a. O., Anh. § 30, Rz. 41 f.; Ballerstedt, GmbHR 1967, 66, 69; Flume, Bürg. Recht I/2, Jur. Person, § 3 III 1, S. 79 ff.; 83; Baumbach/Hueck, a. a. O., § 5, Rz. 6.

516 Hachenburg/Ulmer, a. a. O., Anh. § 30, Rz. 41, 32; Baumbach/Hueck, a. a. O., § 13, Rz. 5; BGHZ 31, 258, 270 f.; RG JW 1938, 862, 864.

517 Hachenburg/Ulmer, a. a. O., Anh. § 30, Rz. 32, 41 f., 49.

518 So wohl: Hachenburg/Ulmer, a. a. O., Anh. § 30, Rz. 34.

519 Zunehmend aufgeschlossen jedoch die Rechtsprechung vgl. etwa: BGH, NJW-RR 1988, 1181, 1182; Scholz/K. Schmidt, GmbHG, § 13, Rz. 87.

Missbrauchslehre. Etwas breiteren Raum soll dem Ansatz der Normzweckverfehlung eingeräumt werden, der heute jedenfalls in der Literatur die breiteste Akzeptanz aufweist.

c) Erklärungshaftung

Nach dem Ansatz der Erklärungshaftung geht die Ausfallshaftung des Gesellschafters gegenüber unbefriedigt gebliebenen Gläubigern auf seine Erklärung zurück, diese entschädigen zu wollen. Dieser Erklärungstatbestand soll gerade in dem Betreiben der Gesellschaft liegen[520]. Dieser Erklärungstatbestand erscheint als bloße Fiktion. Die Instrumentalisierung einer in der Haftung beschränkten Gesellschaft kann nicht so verstanden werden, dass die Inhaber damit eine persönliche Haftung übernehmen wollen[521]. Der Ansatz der Erklärungshaftung wird daher heute nicht mehr verfolgt.

d) Organisationsfehlerhaftung

Die Organisationsfehlerhaftung gründet sich - soweit es um Fragen der Unternehmensfinanzierung geht - auf einer angenommenen Pflicht der Gesellschafter, das von ihnen betriebene Unternehmen in dem Umfang mit Eigenkapital auszustatten, das ein betriebswirtschaftlich vertretbares Verhältnis von Unternehmenszweck und -risiko entsteht. Dabei wird angenommen, dass ein Prinzip angemessener Risikotragung gilt. Diesem müsse auch derjenige genügen, der durch die Aktivität einer Gesellschaft im Rechtsverkehr den Glauben erweckt, er verhalte sich unternehmens- und risikogerecht. Die Rechtsfolge einer danach feststellbaren (nominellen wie materiellen) Unterkapitalisierung soll eine Differenzhaftung des betreffenden Gesellschafters bis zur Höhe des angemessenen Haftkapitals sein[522].

Diese Grundannahme wurde zu einer echten Organisationsfehlerhaftung fortentwickelt[523].

---

520 So etwa: Erman, KTS 1959, 129 ff, vgl. dazu mit zutreffender Kritik: Hachenburg/Ulmer, a. a. O., Anh. § 30, Rz. 42.

521 So die einhellige Reaktion, vgl. etwa: Hachenburg/Ulmer, a. a. O., Anh. § 30, Rz. 36.

522 Hachenburg/Ulmer, a. a. O., Anh. § 30, Rz. 36 gegen insbes. Reinhardt, Festschrift Lehmann 1956, S. 577, 588 ff.

523 Hachenburg/Ulmer, a. a. O., Anh. § 30, Rz. 40 mit Blick auf Erlinghagen, GmbHR 1962, 169, 171 ff.

Die These lautet etwa, dass Gesellschafter eine umgeschriebene Pflicht zu einer den Bedingungen des Wirtschaftsverkehrs genügenden Gesellschaftsorganisation treffe. Diese könne auch durch die unterlassene Herstellung einer angemessenen Eigenmitteldotierung verletzt werden[524].

Auch die Organisationsfehlerhaftung ist großen Bedenken ausgesetzt, setzt sie doch in der Sache eine Rechtspflicht zu angemessener Eigenmittelausstattung voraus. Eine solche besteht für das Kapitalgesellschaftsrecht aber gerade nicht und sollte auch nicht etwa im Zuge der GmbH-Novelle 1980 eingeführt werden[525].

e) Subjektive Missbrauchslehre

Dieser Ansatz operiert mit der Überlegung, dass ein Haftungsdurchgriff auf das Gesellschaftervermögen dann gerechtfertigt ist, wenn objektiv ein Missbrauch der haftungsbeschränkten Rechtsform der Gesellschaft gegeben ist. Dies sei mit der Unterkapitalisierung der Fall[526].

Hinzukommen müsse indes, zu diesem Widerspruch zum Zweck der Rechtsordnung, dass die Gesellschafter subjektiv die Gefahr der Gläubigerbeeinträchtigung jedenfalls billigend in Kauf genommen haben.

Auf die vorsätzliche Bestimmung der Finanzierungsstruktur wird Wert gelegt. Anderenfalls stünden die Gesellschafter durchgängig in der Gefahr, dass eine nachträglich eintretende Unterkapitalisierung einen Risikoumbruch zu lasten der Gesellschafter eintreten lassen würde, ohne dass die Gesellschafter hierauf Einfluss genommen hätten[527].

Gegen die subjektive Missbrauchslehre streiten die gleichen Erwägungen wie sie gegen das Vorsatzerfordernis bei § 826 BGB anzumerken waren. Auch hier werden sich die betroffenen Gesellschafter in vielfältiger Weise zu verteidigen wissen. Der grundsätzlich darlegungs- und beweispflichtige Gläubiger wird

---

[524] Erlinghagen, a. a. O., S. 174 f.

[525] Zur Kritik Hachenburg/Ulmer, a. a. O.,. Anh. § 30, Rz. 41, Sonnenberger NJW 1965, 2033 ff.; Winkler DB 1969, 1202, 1204; Winter, Haftung der Gesellschafter, S. 98 ff.; zur fehlenden Pflicht zu angem. Haftkapitalausstattung Lutter/Hommelhoff, a. a. O., § 13, Rz. 5; Begr. RegE 1977, S. 38 f.

[526] Kamm, Gesellschafterdarlehen, S. 132 ff.; Stender, GmbHR 1968, 73, 74; H. P. Westermann, Vertragsfreiheit, S. 293 ff., 301.

[527] Siehe oben Fn. 22.

einen Durchgriffshaftungsanspruch daher kaum mit Aussicht auf Erfolg durchsetzen können. Im Übrigen wird wegen des gleichen Schutzrichtung - wenn auch bei unterschiedlichem Rechtsfolgenansatz: § 826 BGB Schadensersatz, hier Haftungsdurchgriff - der eigentliche Gewinn dieses Lösungsansatzes nicht recht deutlich[528].

f) Normzwecklehre

Im Vordergrund der Normzwecklehre stehen weder der objektive noch der (auch) subjektive Missbrauch der Rechtsform der Kapitalgesellschaft. Methodischer Anknüpfungspunkt ist vielmehr die anzuwendende Rechtsnorm, deren Nichtbefolgung den Durchgriff auf das Gesellschaftervermögen zur Folge hat. Im Bezugsrahmen der Unterkapitalisierung wird u. a. angenommen, dass der Normzweck der Vorschriften über die Kapitalaufbringung und -erhaltung eine institutionelle Schranke für die privatautonome Finanzierungsgestaltung der Gesellschafter ist[529]. Angewandt auf die Verhältnisse in der GmbH bedeutet dies:

Die Rechtsform der GmbH vermittelt ihren Gesellschaftern grundsätzlich das Haftungsprivileg des § 13 GmbHG. Für die Verbindlichkeiten der Gesellschaft steht den Gläubigern nur das Gesellschaftsvermögen zur Verfügung. Die Gesellschafter trifft als Gegenstück für diese Haftungsbefreiung im persönlichen Bereich die Pflicht, Gläubigerschutz durch die Bildung des Gesellschaftsvermögens zu betreiben. Dieser wird in der Kapitalgesellschaft zuvörderst durch das Prinzip des Garantiekapitals gewährleistet[530].

Zwar hängt das Privileg der Haftungsbefreiung nicht von einer gerade angemessenen Kapitalausstattung ab. Jedoch besteht sehr wohl eine Bezugnahme in der Weise, dass eine vollständige Vernachlässigung der erforderlichen Kapitalausstattung die Haftungsprivilegierung aufheben kann[531]. Wenn die Eigenmitteldotierung nicht im mindesten ihrer Aufgabe gerecht werden kann, den Gläubigern einen Mindesthaftungsfonds zur Verfügung zu halten, so mangelt es an der

---

[528] So auch Hachenburg/Ulmer, a.a.O., Anh. § 30, Rz. 39.

[529] Vgl. etwa - mit Abweichungen im Detail: Müller-Freienfels, AcP 156 (1957), 522, 525, 531, 535 ff.; Rehbinder, Festschrift R. Fischer, S. 579 ff.; Coing, NJW 1977, 1793; Rittner, S. 579 ff.; Ulmer, Festschrift Duden, S. 661, 678 ff.; Wiedemann, Gesellschaftsrecht, S. 217 ff.

[530] Scholz/K. Schmidt, GmbHG, § 13, Rz. 82 ff.

[531] Lutter/Hommelhoff, GmbHG, § 13, Rz. 3 f., m. w. N.; grundlegend Stimpel, Festschrift Goerdeler, S. 501 ff.

normativen Legitimation der in § 13 GmbHG grundsätzlich voraussetzungslos vorgegebenen Haftungsprivilegien. In diesem Fall wird die Hülle der juristischen Person zur Risikoabwälzung auf die Gesamtheit der ungesicherten Gläubiger missbraucht. Für ihr Überleben ist die Gesellschaft hier auf Zufälle oder eine Sonderkonjunktur angewiesen. Es erscheint somit gerechtfertigt, den Gesellschaftern die persönliche Haftung für die von ihrem Unternehmen verursachten Verbindlichkeiten aufzuerlegen, wenn das Eigenkapital seine Aufgabe als Voraushaftungs- und Verlustdeckungspotential[532] nur völlig unzureichend und symbolisch zu erfüllen vermag[533].

g) Rechtsprechung und materielle Unterkapitalisierung

Die Aufarbeitung der Rechtsgrundlagen einer Auffallhaftung für materielles Unterkapitalisierung hat sich ganz überwiegend allein die Rechtswissenschaft zur Aufgabe gemacht. Die Rechtsprechung verhält sich demgegenüber eher zurückhaltend Dies mag zum einen an dem großen Respekt vor der auf das Gesellschaftsvermögen begrenzten Haftung in der Kapitalgesellschaft liegen. Die Haftungsabschottung des Privatvermögens wird als zentrales Prinzip nur ganz vorsichtig zur Disposition gestellt[534]. Erst in jüngerer Zeit wird der Durchgriffshaftung im Zusammenhang mit zunächst der Institution des qualifiziert faktischen Konzerns, nun des existenzvernichtenden Eingriffs ein breiterer Anwendungsbereich eröffnet. Indes sind hier Fragen der materiellen Unterkapitalisierung nur ganz am Rande berührt[535]. Folglich ist eine Haftung der Gesellschafter aus einem Rechtsinstitut der materiellen Unterkapitalisierung kaum anerkannt.

Soweit ein Anspruch von Gläubigern einmal hierauf gestützt worden ist, lagen dem ganz atypische Sachverhalte zugrunde, bzw. bleibt zweifelhaft, ob der

---

532 In diesem Zusammenhang die wohl bedeutendste Eigenkapitalfunktion, dazu etwa: K. Schmidt, Gesellschaftsrecht, § 14 II 2.

533 Von Gerkan/Hommelhoff, Kapitalersatz, S. 7 ff.; Hachenburg/Ulmer, GmbHG, §§ 32 a, b, Rz. 13; Wiedemann, Gesellschaftsrecht, S. 565.

534 Ablehnend BGHZ 68, 912; zögerlich BGH WM 1977, 845; aufgeschlossen BGHZ 54, 224 und BSG NJW 1984, 2117; im Ansatz auf § 826 BGB aufbauend, Vernachlässigung der subjektiven Komponente.

535 BGHZ 95, 330 - Autokran; BGHZ 107, 15 - Tiefbau; BGHZ 115, 187 - Video; BGHZ 122, 123 - TBB; dazu: Lutter/Hommelhoff, a. a. O., § 13 Anh. Rz. 25 ff., m. w. N.; zum existenzvernichtenden Eingriff vgl. BGHZ 149, 10; BGHZ 150, 61; BGHZ 151, 181; Lutter/Hommelhoff, a. a. O., § 13 Rz. 15 ff.

Tenor auf ein Rechtsinstitut der materiellen Unterkapitalisierung gestützt ist[536]. Erst kürzlich indes deutet der BGH in einer Rückverweisung an das Berufungsgericht an, dass eine Haftung auch auf materielle Unterkapitalisierung gestützt werden könnte[537].

Die weitere Entwicklung bleibt abzuwarten. Einstweilen ist jedoch festzustellen, dass die Rechtsprechung einem Durchgriffsinstrumentarium zur Sicherung des Gläubigerschutzes bei materieller Unterkapitalisierung immerhin im engen Anwendungsbereich des existenzvernichtenden Eingriffs Raum geben kann.

7. Gefährdungspotential der nominellen Unterkapitalisierung

Die breit anerkannte Konkretisierung der für die Umqualifizierung von Gesellschafterdarlehen zentralen Unterkapitalisierung über das Merkmal der Kreditunfähigkeit der GmbH bei Dritten, ist nach diesem Zwischenbefund noch nicht ohne weiteres verständlich. Es bedarf der Beschreibung des Gefährdungspotentials, welches gerade die Gesellschafterfremdfinanzierung in dieser Finanzierungssituation vermittelt (nominelle Unterkapitalisierung).

a) Gegenstand und Normzweck des Ersatzkapitalrechts

Zentrales Anliegen des zweigliedrigen Ersatzkapitalrechts ist der Gläubigerschutz[538]. Rechtsfolgen an die Unterkapitalisierung an sich können jedoch nur dann geknüpft werden, wenn sie in qualifizierter Form vorliegt[539]. Die Gläubigergefährdung besteht dann darin, dass die Gesellschaft hier mit völlig unzureichender Kapitalausstattung betrieben wird und sich somit ständig an der Grenze zum unternehmerischen Scheitern bewegt[540].

Überleben kann das Unternehmen hier letztlich nur, wenn eine günstige Konjunktur und sonstige eher zufällige Faktoren ihr dies erlauben. Nur geringfügige

---

536 Dazu Scholz/K. Schmidt, GmbHG, § 13, Rz. 86 ff.

537 BGHZ 122, 123 - TBB.

538 Scholz/K. Schmidt, GmbHG, §§ 32 a, b, Rz. 4 f.; Hachenburg/Ulmer, GmbHG, §§ 32 a, b, Rz. 6 ff., Lutter/Hommelhoff, GmbHG, § 32 a, Rz. 3; Baumbach/Hueck, GmbHG, § 32 a, Rz. 1.

539 Dazu Hachenburg/Ulmer a. a. O., Anh. § 30, Rz. 50 ff., von Gerkan/Hommelhoff, Kapitalersatz, S. 8, 49 f.

540 BSG NJW 84, 2117; abl. Anm. Kahler GmbHR 1985, 294 wegen der Nähe zu einer Pflicht zu angem. Kapitalausstattung.

Störfaktoren führen häufig zum Marktaustritt. Mit diesem Finanzierungsverhalten verbindet sich die Aberkennung der Haftungsabschottung zwischen Mitglied und Verband. Dieser Missbrauch der in der Kapitalgesellschaft auf das Gesellschaftsvermögen beschränkten Haftung führt in die Rechtsfolge des Durchgriffs in das Gesellschaftervermögen[541]. Sollen dagegen nicht an die qualifizierte materielle Unterkapitalisierung Rechtsfolgen geknüpft werden, sondern an die Darlehensfinanzierung bei einfacher Unterkapitalisierung, so muss sich das besondere Gefährdungspotential gerade aus der Kreditgewährung ergeben; denn die einfache Unterkapitalisierung als solche lässt - auch wenn sie im Interesse des Gläubigerschutzes veranlasst sein mögen – mit Blick auf die Finanzierungsfreiheit keine besonderen Rechtsfolgen zu. Wenn sich durch die Darlehensgewährung in der einfachen Unterkapitalisierung eine Gefährdung der Gläubigerinteressen abzeichnet, so stellt sich diese regelmäßig als eine Folge des knappen Risikoeinsatzes dar. Der Einsatz von Mitteln, die den Haftungsfonds mehren und damit der Voraushaftung und Verlustdeckung unterliegen, wird bewusst niedrig gehalten. Dies auch deshalb, weil die Vorteile einer Fremdfinanzierung aus Gesellschaftersicht oftmals überwiegen[542]. Diese Vorteile zu nutzen, ist grundsätzlich legitim. Die Gesellschafter der GmbH sind nicht verpflichtet, dem Verband über das gesetzliche Mindeststammkapital hinaus, Vermögen zur Verfügung zu stellen[543]. Insbesondere eine positive Finanzierungspflicht, die sich an Geschäftsumfang und Gläubigerrisiko orientiert, lässt sich in die Rechtsprechungs- und Novellen-Regeln nicht einlegen[544]. Diese kann nur an einer konkreten Finanzierungsstruktur im Einzelfall festgemacht werden. Anlass zu einer solchen Prüfung geben die möglichen Gefahren, die regelmäßig mit jeder (Gesellschafter-)Fremdfinanzierung verbunden sind.

---

541 Lutter/Hommelhoff, GmbHG, § 13, Rz. 3 ff.; Hachenburg/Ulmer, a. a. O., Anh. § 30, Rz. 35; Scholz/K. Schmidt, a. a. O., § 13, Rz. 89 ff.; vgl. auch Immenga, Pers. Kapitalgesell., S. 400; Lutter ZGR 1982, 214, 249 f.; Lutter/Hommelhoff ZGR 1979, 31, 58 ff.

542 Vgl. dazu bereits Teil 1, II. 1. c), hier nur der Hinweis auf BGHZ 75, 334; 81, 252, 257; 90, 381, 390; BGH ZIP 1988, 638, 641; Fleck, in: Festschrift Werner, 1984, S. 110 f.; Hommelhoff, in: Untern. Beteiligung an Kap.Ges., S. 12 ff.

543 Im Grds. umstr., statt aller Baumbach/Hueck, GmbHG, § 5, Rz. 5.

544 BGHZ 31, 258, 272; Baumbach/Hueck, GmbHG, § 5, Rz. 5; Lutter/Hommelhoff, § 5, Rz. 5, relativ offen formuliert; Hachenburg/Ulmer, §§ 32 a, b, Rz. 7; Scholz/Winter, GmbHG, § 5, Rz. 18; im Rahmen dieser Arbeit weiterführend, Wiedemann, Gesellschaftsrecht, S. 557 „Obliegenheit“.

b) Erweiterte Abzugsmöglichkeit

In diesem Zusammenhang ist vor allem darauf hinzuweisen, dass ein Gesellschafter unter erleichterten Voraussetzungen seine Darlehensfinanzierung in einer späteren Unternehmenskrise abziehen kann und so der Entwertung in einem etwaigen Insolvenzverfahren entziehen kann[545]. Zwar gelten die rechtlichen Voraussetzungen für eine solche außerplanmäßige De-Finanzierung für Gesellschafter wie Dritte gleichermaßen[546]. Jedoch haben die Gesellschafter regelmäßig eher die Möglichkeit, krisenhafte Tendenzen in der Unternehmung zu erkennen und mit dem Abzug der Mittel hierauf zu reagieren[547].

c) Befriedigungskonkurrenz / Liquidationsverschleppung

Tendenziell gläubigerbelastend kann sich die Gesellschafterfremdfinanzierung aber auch dann darstellen, wenn sich keine insolvenzbezogene De-Finanzierung ausmachen lässt. Das Interesse der Gläubiger an möglichst uneingeschränkter Befriedigung kann auch dadurch beeinträchtigt werden, dass nunmehr Gläubiger und Gesellschafter um einen im Insolvenzverfahren bei weitem nicht hinreichenden Haftungsfonds konkurrieren.

Werden Gesellschafterdarlehen bei Insolvenzreife oder in der Kreditunfähigkeit bei Dritten ausgereicht, ergibt sich die weitere Benachteiligung der Gläubigergesamtheit daraus, dass sich die Vermögenssituation der Gesellschaft während der Laufzeit der Finanzierung weiter verschlechtern kann. Die Befriedigungsaussichten sind dann gegenüber dem Zeitpunkt der Kreditausreichung bzw. der alternativen Nicht-Finanzierung und sofortigen Liquidation oder Insolvenzanmeldung u. U. noch weitergehend vermindert[548].

---

545 Die minimalen Insolvenzquoten lassen diesen Weg für Gesellschaften wie Dritte als bes. dringlich erscheinen. Zu den aktuellen Quoten im GmbH-Insolvenz vgl. oben Fn. 94.

546 Angesprochen ist die Möglichkeit der Kündigung aus wichtigem Grund wg. Vermögensverschlechterung, vgl. dazu Staudinger/Hensel, § 490, Rz. 2 ff.; vgl. auch AGB-Banken § 17; angesprochen auch in BGHZ 90, 381, 389.

547 Vgl. BGHZ 90, 381, 389 Informationsvorsprung des Insiders.

548 BGHZ 90, 381, 388; Lutter/Hommelhoff, ZGR, 79, 31; Herrmann, 50 Jahre WP-Beruf, S. 151 ff.

d) Befriedigungsverminderung durch Gläubigervermehrung

Zuvor wurde die spezifische Gefahrenlage in der nominellen Unterkapitalisierung beschränkt auf die Gläubigersicht beschrieben, die bereits zum Zeitpunkt der Kreditausreichung Forderungen gegen die Gesellschaft hatten. Aber auch Neugläubiger, die Forderungen erst zwischen Kreditausreichung und endgültigem Zusammenbruch der Gesellschaft begründet haben, werden durch die Finanzierungsstruktur nachteilig betroffen. So spricht manches dafür, dass die Fremdfinanzierung der GmbH durch ihre Gesellschafter gegenüber Dritten den Eindruck fortgesetzter Lebensfähigkeit erweckt. Dies könnte Dritte veranlassen, sich mit der bereits unterkapitalisierten und in ihren Überlebensaussichten beeinträchtigten Gesellschaft einzulassen[549]. Dies geschieht in der Erwartung ordnungsgemäßer - d. h. vollständiger und rechtzeitiger - Befriedigung; die mögliche Gläubigergefährdung ergibt sich in der festgestellten Unterkapitalisierung daraus, dass aufgrund nur eingeschränkter Finanzierungsmöglichkeiten bei Dritten die Finanzierung in ihrer Orientierung am Geschäftsumfang, Geschäftsart und Finanzierungsstrategie über eine Stärkung des Haftungsfonds hätte vorgenommen werden müssen.

e) Zusammenfassung: Risikopotential gerade der Gesellschafterfremdfinanzierung bei Unterkapitalisierung

Die so gekennzeichneten Gefahren für die Gläubigergesamtheit beschreiben in erster Linie Sachverhalte, in denen die Verquickung mangelnder Finanzierungsmöglichkeiten mit einem Ausgleich dieses Vertrauensdefizits durch Gesellschafterfremdfinanzierungen Risiken unangemessen auf die Gläubiger verlagert und ihre Befriedigungsaussichten tendenziell schmälert.

Konzeptionelle Lösungen, mit denen sich die Qualifikation formellen Gesellschafterfremdkapitals als Kapitalersatz rechtssicher handhabbar machen ließe, sind damit indes noch nicht erschlossen.

---

549 Lutter/Hommelhoff, ZGR 79, 31, zugleich angesprochen objektionierter Vertrauenstatbestand hins. lebensfähiger Gesellschaft auch in der Zukunft.

8. Konzeptionelle Umqualifizierung: Institutionenbildung im Ersatzkapitalrecht

Mit der Umqualifizierung von Gesellschafterdarlehen, die in der zuvor jedenfalls vorläufig definierten Unterkapitalisierung ausgereicht werden, konnte bereits ein wertvoller Beitrag zur Rechtfertigung und Erläuterung der Rechtsprechungs- und Novellen-Regeln geleistet werden.

Der eigentliche konzeptionelle Umqualifizierungsansatz, der Gesellschafter verpflichtet, ihre Gesellschaft mit Eigenkapital auszustatten, wenn sie als ordentliche Kaufleute gelten wollen, ist gleichwohl noch zu klären[550]. Zwar konnte mit der Vorstellung der Unterkapitalisierung - definiert über die Kreditunwürdigkeit der Gesellschaft bei Dritten oder ihre Insolvenzreife - die heute bedeutendsten Fallgruppen objektiv-rechtlich nachrangigen Haftkapitals dargestellt werden. Gleichwohl ist damit die gläubigerbezogene Gefahrenlage, die sich in der Darlehensgewährung durch die Mitglieder zeigt, noch nicht hinreichend beschrieben. Insbesondere die oben aufgeführten drei typischen Risiken für die Gläubiger beschreiben nur die Bedürfnislage, die es erfordert, mit den Mitteln des Gesellschaftsrechts der Darlehensfinanzierung in bestimmten Finanzierungssituationen gegenzusteuern. Diese Grundannahmen, die etwa die Umqualifizierung von Krisen- und Insolvenzdarlehen tragen, müssen klar herausgearbeitet werden. Die Ermittlung einer ratio legis des Ersatzkapitalrechts, des Normzwecks der Rechtsprechungs- und Novellen-Regeln, ist unverzichtbar zur Bewältigung der hier gestellten Aufgabe. Nur wenn geklärt ist, welche Finanzierungsanforderungen das zweigliedrige Ersatzkapitalrecht an die Gesellschafter stellt, lässt sich ausmessen, unter welchen Voraussetzungen finanzplanbezogene Gesellschafterdarlehen gegen die Verhaltensanforderungen des Gesellschafters als ordentlichem Kaufmann verstoßen können. Ziel der Überlegungen muss es also sein, auf der Grundlage des bisherigen Kenntnisstandes die Entscheidungsparameter festzustellen, die es rechtfertigen, formelles Fremdkapital den Rechtsregeln der GmbH-rechtlichen Kapitalerhaltung und des gesetzlichen Kapitalersatzrechts zu unterstellen. Diesem Ziel dient die Auswertung der in Rechtsprechung und Literatur entwickelten Ansätze.

---

550 So die Formulierung in § 32 a GmbHG. Hier wird von den insoweit gleichen Voraussetzungen einer Haftkapitalqualifikation in den Rechtsprechungs-Regeln ausgegangen.

a) Umqualifizierungsansätze und ihre Bewertung

aa) Rechtsprechung des RG

Ein erstes Problembewusstsein hinsichtlich der durch Gesellschafterfremdfinanzierungen möglicherweise beeinträchtigten Gläubigerbelange stellte sich nach dem Inkrafttreten des GmbHG ein, als deutlich geworden war, dass das in den §§ 26 - 28 GmbHG geregelte Nachschusskapital der Gesellschafterfremdfinanzierung weithin nicht akzeptiert wurde. Auf Seiten der Wissenschaft erarbeitete ab 1938 vor allem die Akademie für Deutsches Recht Ansätze zur Lösung des Interessenkonflikts zwischen dem begrenzt möglichen Risikoeinsatz durch Gesellschafterfremdfinanzierung in der Unterkapitalisierung und den Gläubigerbelangen.

Schon früh wurde deutlich, dass es Gesellschaftern so gelingen kann, Risiken der Unternehmensfinanzierung zu einem großen Teil auf die Gläubiger abzuwälzen[551]. Erste Wegweisung brachten Entscheidungen des Reichsgerichts aus den Jahren 1938 und 1939[552]. In mehreren Entscheidungen setzte sich das Gericht mit dem Sachverhalt auseinander, dass Gesellschafter ihrer nur mit unzureichendem Eigenkapital ausgestalteten Gesellschaft das erforderliche Betriebskapital über Darlehen zur Verfügung gestellt hatten.

Die frühen Versuche, eine materielle Haftkapitalfunktion formellen Fremdkapitals zu erklären, weichen von modernen Ansätzen noch nachhaltig ab. So interpretiert das RG die Fremdfinanzierung anstelle einer gebotenen Kapitalausstattung mit einem Missbrauch der Haftungsbeschränkung in der Kapitalgesellschaft. Als Haftungsgrundlage gegen die finanzierenden Gesellschafter werden die Gläubiger auf § 826 BGB verwiesen[553].

Zwar geht auch das RG im Grundsatz davon aus, dass Gesellschafter ihre Unternehmung wie unbeteiligte Dritte mit Fremdkapital finanzieren können[554].

---

551 Hommelhoff/Kleindiek, Festschrift 100 Jahre GmbHG, S. 424 ff.

552 RG JW 38, 362; JW 39, 355.

553 JW 38, 362; JW 39, 355; später verfolgen diesen Ansatz weiter: Winter, Insolvenz, S. 66 ff.; Benne, Haftungsdurchgriff, S. 179; Winkler, BB 69, S. 1205 ff.; Luckan/Schacht, DB 70, S. 1449; Kamm, Gesellschafterdarlehen, S. 54; Kamprad, Gesellschafterdarlehen, S. 4; auch noch Joecks, BB 86, 1681; Rexrodt, Gesellschafterdarlehen, S. 16.

554 Dies wird jedenfalls inzident deutlich.

Jedoch versagt das Gericht Ansprüche auf Tilgung, wenn die Ausstattung mit Fremdkapital außer Verhältnis zum Geschäftsumfang stand[555].

Die insoweit herangezogene Umqualifizierungsgrundlagen §§ 242, 826 BGB orientieren sich in dieser Ausformung aber nicht an den Gefahren, die sich für die Interessen der Gläubiger gerade aus der Darlehensfinanzierung ergeben. Die zuvor wiedergegebene Gefahrenlage gerade einer Finanzierung mit Gesellschafterdarlehen bleibt außen vor. Eine Argumentation, die dazu führt, dass Gesellschafterdarlehen in verschiedenen Situationen entgegen ihrer formellen Rechtsnatur haftendem Kapital gleichgestellt werden, verläuft beim RG also zweistufig:

Zunächst forciert das Gericht Überlegungen, die eine Ausfallhaftung der Gesellschafter wegen materieller Unterkapitalisierung begründen könnten[556].

Liegen deren Voraussetzungen vor, so versagt das Gericht die typischen Gläubigerrechte aus einer in dieser Situation gewährten Gesellschafterfremdfinanzierung. Erst in diesem Schritt nimmt das RG auf die heute als nominelle Unterkapitalisierung eigenständig gewürdigte Finanzierungsstruktur Bezug.

Die Anknüpfung der Lösung an eine Haftung wegen materieller Unterkapitalisierung erfasst die mit der Gesellschafterfremdfinanzierung verbindenden Gefahren nicht hinreichend. Eine Haftung wegen materieller Unterkapitalisierung setzt ein qualifiziertes Missverhältnis zwischen Haftkapital und Kapitalbedarf voraus. Tragfähig wäre dieser wenig eigenständige Ansatz also nur in den extremen Fällen, in denen die Gesellschafter Fremdmittel in der Situation der materiellen Unterkapitalisierung ausgereicht hatten. Die zu behandelnden Fälle werden so nur unzureichend erfasst, denn die Befriedigungsaussichten der Gläubiger sind schon weit vorher nachhaltig gefährdet und in einer etwaigen Insolvenz geschmälert.

ab) Behandlung in der Literatur

In der Nachfolge der reichsgerichtlichen Rechtsprechung sowie der späteren Institutionenbildung durch den BGH, suchte auch die Rechtswissenschaft

---

[555] Begriffl. wird eine Annäherung an Haftung für Unterkapitalisierung vollzogen.

[556] H.M., hierfür spricht schon die herangezogene Haftungsgrundlage § 826 BGB.

intensiv, fallübergreifend tragfähige Umqualifizierungsansätze zu entwickeln[557]. Hier überzeugte schnell, die Umqualifizierung von Gesellschafterdarlehen als einen Fall der Haftung in der unterkapitalisierten Gesellschaft zu verstehen. Im Vordergrund moderner Überlegungen zur Umqualifizierung steht denn auch die Rechtfertigung der Missachtung der von den Gesellschaftern gewollten Rechtsform der Darlehensgewährung[558].

ac) Gesellschafterdarlehen als eigenständige Haftkapitalkategorie

Bei allen Differenzierungen in den Begründungsansätzen im Einzelnen, weisen die Qualifizierungs- und Umqualifizierungsbemühungen eine erfreuliche Gemeinsamkeit auf. Durchgängig werden in der Unterkapitalisierung ausgereichte Gesellschafterdarlehen als eigenständige Haftkapitalkategorie verstanden. Die Institution des Eigenkapital ersetzenden Gesellschafterdarlehens wird somit nicht aus einer Haftung wegen materieller Unterkapitalisierung entwickelt[559]. Übereinstimmend wird nicht allein die fehlende Eigenkapitalausstattung zum Anknüpfungspunkt gemacht. Ganz wesentlich wird auf die **Zufuhr nicht** haftenden Kapitals abgestellt[560]. Eine andere Sehweise ist nach der GmbH-Novelle auch kaum mehr möglich: § 32 GmbHG sieht die Umqualifizierung offenkundig allein durch die Fremdmittelzufuhr veranlasst und gerechtfertigt[561]. Damit verbietet es sich, die Nachrangigkeit von kapitalersetzenden Gesellschafterdarlehen einfach an der Finanzierungssituation auszurichten, die bestünde, dächte man sich die Darlehen hinweg. Jener Zustand kann als Vergleichsmaßstab nicht herangezogen werden. Denn damit wäre die Umqualifizierung erneut auf ein vermeintliches Gebot angemessener Haftkapitalausstattung reduziert. Für die Beurteilung, welche Umqualifizierungsansätze das heute zweigliedrig ausgeprägte Kapitalersatzrecht tragen, sind Rechtsprechung des BGH und Wissenschaft im Wesentlichen zwei Tatbestände zu verdanken, in

---

557 Von Gerkan/Hommelhoff, Kapitalersatz, S. 23 ff., m. w. N.; Wiedemann, ZIP 1988, 1293, 1297; Bemühungen des Gesetzgebers, RegE GmbHG ÄndG, Vorbem. zu §§ 32 a, b GmbHG BT-Drucks. 8/1347, S. 39.

558 Vgl. nur die zusammenfassenden Darstellungen: Hommelhoff/Kleindiek, Festschrift 100 Jahre GmbHG, S. 421 ff.; Hommelhoff, ZGR 1988, S. 460; Lutter/Hommelhoff, ZGR 1979, 31.

559 Vgl. dazu Michel, Gesellschafterleistungen, S. 30 ff. die eigenständige Haftkapitalkategorie begegnet als nachrangiges Haftkapital, Hommelhoff, ZGR 1988, S. 460 ff.; Hachenburg/Ulmer, GmbHG, §§ 32 a, b, Rz. 6, 7, 16; Rz. 65 ff., gesetzl. Rangrücktritt.

560 Michel, a. a. O., S. 33 f.; ebenso: Farrenkopf, Kapitalersetzende Darlehen, S. 20; A. Müller, Rechtsregeln, S. 35; Lutter/Hommelhoff, ZGR 1979, 31 ff., S. 64

561 Dazu die Materialien zur GmbHG-Novelle, RegE GmbHG, BT-Drucks. 8/1347, S. 39.

denen sich die Gesellschafter auf die formelle Rechtsform ihrer Kreditausreichung nicht berufen können, sondern ihre Subordination hinnehmen müssen. Es sind dies die Kreditgewährung im Stadium der Kreditunfähigkeit bei Dritten und wirtschaftlicher Liquidationsobliegenheit[562] sowie die Finanzierung der insolvenzreifen Gesellschaft[563]. Der Kernbestand an Umqualifizierungstatbeständen hat in seinen Randbereichen eine Reihe von Ausweitungen erfahren. Dies gilt namentlich für Sanierungsdarlehen. Der Darlehensgewährung in der Krise werden jene Kredite gleichgestellt, die der prosperierenden Gesellschaft schon mit Blick auf eine spätere Schieflage gewährt oder nach dem Kriseneintritt „stehen gelassen" werden[564].

Substituiert wird hier allein der Zeitpunkt der Finanzierungsentscheidung. Die eigentliche Qualifizierung als Eigenkapitalersatz unterliegt keinen abweichenden Einschätzungen und Wertungen.

Die in diesem Zusammenhang problematischen Fälle sollen an bereiter Stelle erörtert werden. Es handelt sich um jene Gestaltungen, bei denen die Kreditunfähigkeit der Gesellschaft nicht ohne weiteres von ihrer Liquidationsnotwendigkeit begleitet wird[565].

Diese Sachverhalte lassen sich heute mit dem Ersatzkapitalrecht nach dem Verständnis der Rechtsprechung und Teilen der Literatur nicht erfassen, wird doch regelmäßig die Existenzbedrohung der Gesellschaft (stillschweigend) vorausgesetzt[566]. Der Feststellung der tragenden Gründe für eine Eigenkapitalbehandlung formellen Gesellschafterfremdkapitals fällt daher auch die Ausgabe zu aufzuzeigen, ob der Anwendungsbereich der Rechtsprechungs- und Novellen-Regeln über Darlehensfinanzierungen in oder mit Blick auf die existenzbedro-

---

[562] BGHZ 75, 326, 330; 81, 252, 262 f.; 81, 311, 314 f.; 811, 365, 366 f.; 90, 381, 390; 90, 188, 194; 106, 7, 11.

[563] Z. T. synonym, da in diesem Fall regelmäßig Kreditunfähigkeit annehmend: Hachenburg/Ulmer, a. a. O., §§ 32 a, b, Rz. 47; Baumbach/Hueck, GmbHG, § 32 a, Rz. 44; vgl. auch BGHZ 69, 274, 278; BGHZ 31, 258, 269 f.; siehe bereits Regelbeispiel in § 32 a Abs. 1, S. 2 RegE.

[564] Hier ergeben sich u. U. erste Berührungspunkte zur planmäßigen Fremdfinanzierung, anders dagegen die Rechtsprechung vgl. etwa von Gerkan/Hommelhoff, Kapitalersatz, S. 199 f., zu Stehenlassen und Vorwegnahme der Finanzierungsentscheidung von Gerkan/Hommelhoff, a. a. O., S. 121, zur Gewährung mit Blick auf spätere Krise.

[565] Vgl. etwa von Gerkan/Hommelhoff, Kapitalersatz, S. 73; hinsichtlich einer Sonderbehandlung von Sanierungskrediten.

[566] Existenzbedrohung dort angesprochen, wo Liquidation als Alternative zur Darlehensgewährung angeführt wird.

hende Krise hinausreicht[567]. Die einstweilen hier zugrunde gelegte Definition der Unterkapitalisierung scheint für diese Annahme offen zu sein[568]. Welche Reichweite die Rechtsregeln zum Kapitalersatz haben, lässt sich gleichwohl erst ausmessen, wenn feststeht, welche sachlichen Gründe es rechtfertigen, Gesellschafterdarlehen den Rechtsfolgen von haftendem Kapital anzunähern, mithin das Recht der Kapitalerhaltung auf Fremdmittel zur Anwendung zu bringen bzw. den Forderungscharakter in einer Insolvenz und im Vergleich abzusprechen.

b) Finanzierungsverantwortung der Gesellschafter

Lange Zeit war die Begründung der Ersatzkapitalfunktion einer Gesellschafterfremdfinanzierung in Rechtsprechung und Literatur von einer Fülle von Einzelerwägungen getragen[569]. Erst in jüngerer Zeit scheint jedenfalls die Rechtsprechung des BGH diese fallspezifisch entwickelten Einzelansätze an einer übergreifenden und allgemeingültigen Umqualifizierungsnorm festmachen zu wollen.

Tragender Umqualifizierungsgedanke scheint demnach heute die Verantwortung des Gesellschafters für eine ordnungsgemäße Unternehmensfinanzierung zu sein[570]. Dieser, auch mit der Beachtung von Grundsätzen ordnungsgemäßer Unternehmensfinanzierung übersetzte Ansatz, hat sich entgegenhalten lassen müssen, dass er wohl nicht durchgängig dazu taugt, als deduktionsfähiger Obersatz neutrale Gesellschafterfremdfinanzierungen von solchen mit kapitalersetzendem Charakter zu scheiden. Insbesondere wird warnend darauf hingewiesen, dass der Begriff der Finanzierungsverantwortung nicht dazu missbraucht werden dürfe, das Ersatzkapitalrecht erneut mit einer Rechtspflicht der Gesell-

---

567 Denkbar ist, auf eine Kreditunfähigkeit abzustellen, die nicht notwendig mit eine existenzbedrohende Krise verbunden ist. Geschäftseinschränkung oder Rücklagenbildung als Alternative zur Liquidation; ebenso: Michel, Gesellschafterdarlehen, S. 198, 65 f.; angedeutet bei Ulmer, in: Festschrift Kellermann, S. 451, 496 f.; Ziegler, Kapitalersetzende Nutzungsüberlassungen.

568 Vgl. dazu oben V. 4. b) und zusammenfassend und grundlegend Hachenburg/Ulmer, GmbHG, Anh. § 30, Rz. 20 ff.

569 Vgl. die Zusammenstellung in BGHZ 90, 381, 388, dazu auch von Gerkan/Hommelhoff, Kapitalersatz, S. 24.

570 Erstmals herangezogen in BGHZ 90, 381, 389, danach vielfältig bestätigt, z. B. zuletzt, BGHZ 127, 1; 127, 17; zur Finanzierungsverantwortung im Konzernverbund, Noack, GmbHR 1996, S. 153.

schafter zur angemessenen Haftkapitalausstattung[571] oder Erwägungen zur materiellen Unterkapitalisierung zu begründen[572]. Eine solche Begründungsschiene ist heute überwunden, seit dem zum einen anerkannt ist, dass mit Gesellschafterdarlehen ein eigenständiges Gefährdungspotential verbunden ist und zum anderen die nur bei qualifiziertem Missverhältnis von Eigenkapital und Geschäftsumfang akzeptierte Ausfallhaftung hiermit nur wenig zu tun hat. Sinnvoll erscheint es daher, die von der Rechtsprechung herausgearbeitete und im Schrifttum wohlwollend aufgenommene Finanzierungsverantwortung eher als fallübergreifende Zusammenführung bislang schon fallspezifisch entwickelter Umqualifizierungsparameter zu begreifen[573]. Dann aber kommt es darauf an, doch in jedem Einzelfall aufzuzeigen, welche Sachverhalte vor dem Hintergrund angemessenen Gläubigerschutzes als materielles Haftkapital zu qualifizieren sind.

Vor diesem Hintergrund könnte eine gesellschafterliche Finanzierungsverantwortung als kleinster gemeinsamer Nenner aller bislang entwickelten Umqualifizierungserwägungen wohl zumindest Anhaltspunkte für die ratio legis der Umqualifizierung nach Rechtsprechungs- und Novellen-Regeln geben. Als kleinster gemeinsamer Nenner ist dann derjenige Rechtsgedanke zu isolieren, der die Subordination zentral bestimmt.

Zweifelhaft ist insoweit, ob ein solcher allgemeiner Rechtsgedanke die Umqualifizierung allein zu tragen vermag. Nahe liegt, dass angesichts der der Vielzahl der bekannt gewordenen Sachverhalte die Umqualifizierung auf durchaus unterschiedliche dogmatische Ansätze zu stützen ist.

Die einzelnen dogmatischen Ansätze sind mit dem Ziel in den Blick zu nehmen, einen fallübergreifenden Gedanken zu erkennen. Denn nur auf dessen Grundlage kann es gelingen, die Rechtsprechungs- und Novellen-Regeln neuen Fallgruppen zu eröffnen ohne den Normzweck aus dem Auge zu verlieren und damit bei der Beurteilung neuer Sachverhalte über das Ziel hinauszuschießen.

---

571 Von Gerkan/Hommelhoff, a. a. O., S. 26.

572 Zur Ablehnung einer Qualifizierung der Umqualifizierung als Haftung wg. Unterkapitalisierung, siehe oben V. 4. b).

573 Von Gerkan/Hommelhoff, Kapitalersatz, S. 24, unter Hinweis auf eher private Äußerungen von Bundesrichtern: Was wirtschaftl. Eigenkapital sei, ist auch so zu behandeln. Vgl. auch Diskussionsbericht von Hellwege, ZGR 1988, 516, 519.

c) Risikoabwälzung

Der BGH begründet die Bindung von Gesellschafterdarlehen im Haftungsfonds der Gesellschaft auch damit, dass die Gesellschafter hier mit haftendem Fremdkapital versuchen, die nicht mehr lebensfähige Gesellschaft über Wasser zu halten[574]. In dieser Situation ist aber gerade die Zufuhr frischen Eigenkapitals geboten, da bei einem Scheitern des Sanierungsversuchs diese Gesellschafterdarlehen nicht nur in Konkurrenz zu allen anderen Gläubigern treten würde, sondern auch die Gefahr groß ist, dass während der Bemühungen weiteres Gesellschaftsvermögen verwirtschaftet wurde, ohne dass die Gläubiger durch eine flankierende Haftkapitalausstattung ein Äquivalent erhalten hätten[575]. Auch bei näherer Betrachtung wird nicht recht deutlich, worin der BGH in dieser Entscheidung den eigentlichen Umqualifizierungsansatz sieht. Jedoch scheint anzuklingen - wie in andern Urteilen zuvor[576] -, dass der BGH dann die Fremdfinanzierung durch Gesellschafter sanktionieren will, wenn die Finanzierungsstruktur zu einer weiteren Schmälerung der Aussichten der Gläubiger auf vollständige oder doch weitgehende Befriedigung führt. Danach lässt sich einstweilen formulieren: Gesellschaftern soll es untersagt sein, die mit der Unternehmensfinanzierung zwangsläufig verbundenen Risiken allein auf die Gläubiger abzuwälzen[577].

Dies aber ist der Fall, wenn die Gesellschaft in ihren Überlebensaussichten drastisch reduziert ist. Diese Situation findet der zur Finanzierung bereite Gesellschafter vor, wenn die Gesellschaft mangels anderweitiger Fremdfinanzierungsmöglichkeiten sinnvollerweise liquidiert werden müsste oder aber Überschuldung und/oder Zahlungsunfähigkeit ihren Marktaustritt bereits aus Rechtsgründen erzwingen. Der dogmatische Standort dieser Umqualifizierungsüberlegungen bleibt gleichwohl zunächst dunkel.

Erkennbar wird jedoch, dass diese Anknüpfung an Grundsätze ordnungsgemäßer Unternehmensfinanzierung auch für die Bewältigung der Finanzplanfinanzierungen von größtem Interesse ist. Nimmt man eine in der gesellschafterlichen Finanzierungsverantwortung verortete vorgegebene Risikoverteilung an, so ist diese

---

574 BGHZ 90, 381, 388, ähnlich Lutter/Hommelhoff, ZGR 1979, 31.

575 Vgl. hierzu bereits oben Teil 1, II. 3. die Darlegung der spezifischen Gläubigergefährdung durch Gesellschafterdarlehen.

576 Vgl. die Nachweise bei Lutter/Hommelhoff, GmbHG, §§ 32 a, b, Rz. 3 f.

577 Ausdrücklich hervorgehoben in BGHZ 90, 381, 388; vgl. Lutter/Hommelhoff, GmbHG, §§ 32 a, b, Rz. 3; Hachenburg/Ulmer, GmbHG, §§ 32 a, b, Rz. 8.

kaum auf die Finanzierung der krisengeplagten Gesellschaft zu begrenzen. Maßgaben einer vorgegebenen Risikostruktur sind dann auch und gerade bei der Gründungsfinanzierung sowie der Finanzierung von Erweiterungsinvestitionen zu beachten.[578] Dabei ist zu beachten, dass nur in der Person des Gesellschaftergläubigers Chancen und Risiken einer Finanzierung in besonderer Weise kulminieren. Nur der Gesellschafter ist über seine schuldrechtlich Darlehensbeziehung zur Gesellschaft hinaus an dessen unternehmerischem Gesamterfolg beteiligt. In der Unternehmenskrise genießt der Gesellschafter die Vorzüge der Abziehbarkeit von Fremdkapital, muss hierbei jedoch die begrenzten Renditeaussichten akzeptieren. Eigenkapital dagegen gestattet die Teilnahme an den unternehmerischen Chancen.[579]

Eine solche auf Risikoerwägungen gestützte Umqualifizierung formellen Fremdkapitals wurde bislang über die Fragestellung konkretisiert, ob an der Gesellschaft nicht beteiligte Dritte zur Darlehensfinanzierung - noch - bereit waren.[580] Für die Gründungs- und Erweiterungsfinanzierung wird zu bedenken sein, ob die Verwendung von Fremdmitteln zu eigenkapitaltypischen Verwendungen bei einer entsprechenden Ausgestaltung der Mittel unter Risikogesichtspunkten hinnehmbar ist.[581]

d) Risikoabwälzung und Informationsvorsprung

Um einiges konkreter, weil gesetzesnäher, ist ein anderer Ansatz, der die Besonderheiten der Stellung des Gesellschafters zu seinem Verband hervorhebt. Abstellt wird auf den regelmäßig gegebenen Informationsvorsprung des Gesellschafters gegenüber sonstigen Gläubigern, der ihm durch seine mitgliedschaftliche Stellung vermittelt wird. Aufgrund ihres ungehinderten Zugriffs auf die Gesellschaftsinterna, die ihnen nicht zuletzt das gesetzlich zwingende Informationsrecht aus § 51 a GmbHG verschafft, ist es den Mitgliedern vielfach möglich, ihre als Fremdmittel ausgereichten Finanzierungen zur rechten Zeit aus der Gesellschaft wieder zurückzuziehen. Damit kann es gelingen, die Finanzierungsrisiken im Vergleich zur Darlehensgewährung Dritter vorteilhaft zu begrenzen: Solange sich die Gesellschaft planmäßig entwickelt und die Geschäftslage die Erwartung rechtfertigt, dass die vertragsgemäße Tilgung und Verzinsung

---

578 Ebenso Fleischer, Finanzplankredite, S. 86 f.

579 Vgl. hierzu bereits die Vorarbeiten von A. Müller, Regeln, S. 73 ff.

580 BGHZ 76, 330; OLG Hamburg, ZIP 1986, 1118; BGH WM 1972, 75; BGHZ 81, 262 f.; BGH ZIP 1990, 99 f.; vgl. auch Lutter/Hommelhoff, §§ 32 a, b, Rz. 1, m. w. N.

581 Vgl. auch Fleischer, Finanzplankredite, S. 88.

geleistet wird, werden die Mitglieder ihre Mittel der Unternehmung belassen. Erst, wenn die Gesellschaft in eine Schieflage gerät - zukünftige Tilgung und Verzinsung also ungewiss werden - entwickelt sich das Interesse an einer De-Finanzierung. Diese wird durch Ausübung außerordentlicher Kündigungsrechte wegen Vermögensverschlechterung oder durch Bestimmung der Geschäftsführung zur Vertragsaufhebung auch vielfach möglich sein[582].

Zusätzliche Anreize für ein solches Verhalten ergeben sich durch die immer weiter Raum greifende Sanktionierung formellen Fremdkapitals als materielles Gesellschaftsvermögen, die die Gesellschafter gern zu vermeiden suchen.

Gerade ein Belassen zunächst ohne weiteres neutraler Fremdmittel in der inzwischen krisenhaften Gesellschaft kann zu deren Verstrickung nach den Rechtsprechungs- und Novellen-Regeln führen. In der Konsequenz dieser Umqualifizierung sind die Mittel dann für den betroffenen Gesellschafter zugunsten der Gläubigerbefriedigung verloren.

Auch dieser Ansatz zur Erklärung des Umqualifizierungsbedürfnisses ist nur eingeschränkt tragfähig. Zwar ist die Gefährdungslage abstrakt zutreffend beschrieben. In der Tat besteht ein nicht zu unterschätzendes Risikopotential darin, dass einzelne Darlehensgläubiger besser als andere Gläubiger der Gesellschaft über die Geschäftsentwicklung informiert sind und so in mehrfacher Hinsicht zu deren lasten operieren können. Eine nur wenigen zugänglich gewordene Information über aufgetretene Finanzierungsrisiken verlagert das unternehmerische Risiko in mehrfacher Hinsicht auf die Gläubigergesamtheit[583]. Allein: Dieser Informationsvorsprung lässt sich nicht allein an der Mitgliedschaft, also dem Informationsanspruch aus § 51 a GmbHG festmachen. Denn in vielfältiger Weise sind auch Gesellschaftsfremde in der Lage, sich weitgehende Informationen über die Gesellschaft zu verschaffen. Namentlich Kreditinstitute lassen sich zur Absicherung von Darlehen - insbesondere langfristigen Kreditlinien - umfangreiche Informationsrechte gegen die kreditnehmende Gesellschaft gewähren. Auf dieser Grundlage sind diese Gläubiger auch ohne mitgliedschaftliche Bindung an die Gesellschaft in der Lage, eine besondere Gefährdung ihrer Tilgungs- und Verzinsungsansprüche zu erkennen, sobald sich diese auch nur abzeichnet. Die weitergehende Beeinträchtigung folgt dann daraus, dass die

---

582 Zur außerordentlichen Kündigung wg. Vermögensverschlechterung vgl. Komm. zu § 610 BGB; seit 01.01.2001 § 490 Abs. 1 BGB.

583 Risikoverlagerung bestimmt auch die Entscheidungspraxis des BGH BGHZ 90, 381, 389.

vorab besser informierten Gläubiger ihre Finanzierungen frühzeitig abziehen und so retten können, wobei diese De-Finanzierung die Gesellschaft noch weiter schwächt und die Gefahr des Ausfalls der verbleibenden Gläubiger zusätzlich erhöht[584]. Dann aber ist offensichtlich der Informationsvorsprung aus der Mitgliedschaft nicht das Kriterium, welches in Rechtsprechungs- und Novellen-Regeln die Subordination von Gesellschafterdarlehen bewirken können soll.

Denn lässt sich für Gesellschafter wie Nicht-Gesellschafter ein spezifisches Gläubigergefährdungspotential ausmachen, so können Rechtsfolgen nicht allein an die Gesellschafterfremdfinanzierung geknüpft werden. Der Ansatz, der die Umqualifizierung von Gesellschafterdarlehen mit einer über den Informationsvorsprung vermittelten Risikospekulation erklären will vermag daher nicht vollends zu überzeugen.

e) Spekulationsabwehr

Eine dogmatisch saubere Erklärung bleibt auch die Überlegung schuldig, die die Umqualifizierung von Gesellschafterdarlehen allein mit einer Abwehr von Spekulation der Gesellschafter zu lasten der Gläubiger zu begründen sucht[585]. Denn ihr muss man entgegen halten, dass hiermit allein der Sachverhalt, der eine zu missbilligende Finanzierungspraxis beinhaltet, beschrieben wird. Eine dogmatisch klare und nachvollziehbare Rechtfertigung der Ungleichbehandlung von Gesellschaftern und Nicht-Gesellschaftern ist damit noch nicht hinreichend geleistet. Gerade die typischen Fallgestaltungen, in denen Gesellschafterdarlehen zur Sanierung der Gesellschaft verwandt werden oder zur Abwendung der Insolvenzreife dienen, werden mit dem Umqualifizierungsansatz der Spekulation zu lasten der Gläubiger in Verbindung gebracht[586]. Dabei leuchtet ohne weiteres ein, dass die Fremdfinanzierung der krisengeneigten Gesellschaft zum Nachteil der Gläubiger wirken kann. Andererseits ist mit dem Vorwurf der Spekulation nicht deutlich geworden, welche objektiv-rechtliche Überlegung gerade in den beschriebenen Situationen die Finanzierungsfreiheit so nachhaltig nach den Maßgaben der Rechtsprechungs- und Novellen-Regeln soll einschränken können.

---

584 So auch Herrmann, 50 Jahre WP-Beruf, S. 151 f.; Lutter/Hommelhoff, ZGR 1979, 31.

585 Angesprochen ebenfalls in BGHZ 90, 381, 389; zweifelhaft, ob überhaupt ein eigenständiger Begründungsansatz gegenüber Risikoabwälzung vorliegt.

586 Zur Problematik von Sanierungsdarlehen vgl. Häuselmann/Rümker/Westermann S. 64 ff.; im Übrigen zur Spekulation auf Erfolg der Sanierung BGHZ 105, 175 f.; zum Ganzen kritisch: Hüffer, ZGR 89, 335.

f) Dogmatisch ausgerichtete Lösungsansätze

Dogmatisch fundierte, d. h. an bewährten und grundsätzlich tragfähigen Rechtsinstituten ausgerichtete, Umqualifizierungsversuche finden sich in den Entscheidungen des Bundesgerichtshofs[587].

Dort werden verschiedene Lösungsansätze herangezogen: Zum einen stellt der BGH auf Rechtsscheingrundsätze ab, wenn die Subordination damit erklärt wird, die Darlehenszufuhr erwecke etwa im Stadium der Kreditunfähigkeit der Gesellschaft bei Dritten den Anschein, die Gesellschaft sei ausreichend mit Haftkapital ausgestattet und wirtschaftlich leistungsfähig[588]. Ebenso dogmatisch tragfähig scheint der Ansatz, die Qualifizierung formellen Gesellschafterfremdkapitals als materielles Eigenkapital auf die Unvereinbarkeit der Darlehensgewährung mit § 242 BGB zu stützen. Diskutiert wird die Anwendung von Treu und Glauben in seiner Erscheinungsform des widersprüchlichen Verhaltens. Allein jene Ansätze lohnen, weiterverfolgt zu werden.

Damit ist keineswegs eine Abkehr zu dem von der Rechtsprechung andernorts hervorgehobenen Gebot der Finanzierungsverantwortung vollzogen. Diese Verantwortung des Gesellschafters für eine ordnungsgemäße Unternehmensfinanzierung stellt nach dem hier vertretenen Verständnis selbst indes keine subsumtionsfähigen Vorgaben bereit. In ihr verbirgt sich eine Zusammenfassung je nach Sachverhalt unterschiedlich weit tragender Einzelüberlegungen[589].

Demnach besteht an bereiter Stelle Bedarf, die breit anerkannte gesellschaftliche Finanzierungsverantwortung dahingehend zu untersuchen, ob in ihr - bzw. ihrer gesetzlichen Normierung in § 32 a GmbHG - ein tragender Grundgedanke zu finden ist. Dieser müsste die je nach Einzelfall stärker oder schwächer hervortretenden objektiven Umqualifizierungsversuche inhaltlich und in ihrer Überzeugungskraft bestimmen. Denn es ist nicht ersichtlich, dass die Rechtsprechung die bislang gewonnenen Erkenntnisse hatte aufgeben wollen, wenn sie heute maßgeblich auf die gesellschafterliche Finanzierungsverantwortung abstellt.

---

587 BGHZ 76, 326, 335; 81, 252, 257; Fleck, Festschrift Werner, S. 111; Geßler, ZIP 1981, 231; K. Schmidt ZHR 142/1983, 176 f.; Ullrich, GmbHR 1983, 143 f.

588 Hierzu: Hachenburg/Ulmer, a. a. O., §§ 32 a, b, Rz. 8.

589 Ebenso Lutter/Hommelhoff, a. a. O., §§ 32 a, b, Rz. 3 unter Bezugnahme auf BGHZ 90, 381, 389; kritisch zur eigenständigen Bedeutung einer Finanzierungsverantwortung Hachenburg/Ulmer, a. a. O., §§ 32 a, b, Rz. 8, 43.

Umso mehr kommt es darauf an zu klären, welche Grunderwägungen im Rahmen des Ansatzes der mitgliedschaftlichen Finanzierungsverantwortung tragfähig sind. Dies gilt insbesondere deshalb, weil nicht recht deutlich wird, welch zusätzlichen Erkenntnisgewinn der Gedanke der Finanzierungsverantwortung bringen sollte[590].

Die einzige Stellungnahme des BGH zu seiner neu entwickelten Begründung materiellen Eigenkapitals wirft mehr Fragen auf, als dass sie Antworten gibt, wenn es dem BGH erklärtermaßen allein darum geht, unabhängig von dogmatischem Ansatzpunkt, alle Gesellschafterfinanzierungen, die sich wirtschaftlich als Eigenkapital präsentieren, auch so zu behandeln[591]. Bei dieser vordergründig so konsensfähigen Aussage bleibt im Dunkeln, nach welchen Maßgaben sich bestimmt, was als wirtschaftliches (= materielles) Eigenkapital der Gesellschaft zu behandeln ist.

9. Gesellschaftliche Finanzierungsverantwortung: Subordination als Sanktion missachteter Grundsätze ordnungsgemäßer Unternehmensfinanzierung

Das Verständnis dieses neu geschaffenen und vielfach zur Bestimmung materiellen Eigenkapitals nach den BGH- und Novellen-Regeln herangezogenen Erklärungsansatzes ist heute recht vielfältig[592].

Allein in einigen Grundannahmen wird sich schnell Einigung erzielen lassen.

a) Wahrung GmbH-rechtlicher Finanzverfassung

Unabhängig von dem Befund über die die gesellschafterliche Finanzierungsverantwortung tragenden Erwägungen müssen alle Überlegungen die zwingenden Grundannahmen der GmbH-rechtlichen Finanz- und Haftungsverfassung beachten. Hierzu gehört ganz zentral, dass positive Kapitalausstattungspflichten der Gesellschafter über den minimalen Betrag des Mindeststammkapitals hinaus

---

590 Kritisch auch: Hachenburg/Ulmer, a. a. O., §§ 31 a, b, Rz. 44.

591 Wiedergegeben als persönl. Äusserung eines Bundesrichters bei von Gerkan/Hommelhoff, S. 24.

592 Vgl. dazu etwa Lutter/Hommelhoff, a. a. O., §§ 32 a, b, Rz. 3; Baumbach/Hueck, § 32 a, Rz. 42; Scholz/K. Schmidt, §§ 32 a, b, Rz. 4; positiv: Röhricht StB Jahrbuch 1991/1992, S. 317 ff.; kritisch Hachenburg/Ulmer, a. a. O., §§ 32 a, b, Rz. 44; abweichender Meinung wohl Wiedemann, ZIP 1986, 1293, 1297.

nicht zu rechtfertigen sind[593]. Verschiedene, vor allem aus der Betriebswirtschaftslehre herrührende, Ansätze haben durchaus mit beachtlichen Detailargumenten versucht, eine Rechtspflicht der Gesellschafter zu angemessener Eigenkapitalausstattung zu begründen[594].

Indes: Jegliche Versuche sind schon deshalb zum Scheitern verurteilt, da für die individuelle Gesellschaft nicht rechtssicher festgelegt werden kann, welches Kapital für Branche, Geschäftsumfang und Konjunkturlage erforderlich ist. Insbesondere müsste eine solche Aussage ex ante, also bei Entstehung des Kapitalbedarfs in der Situation der Gesellschaftsgründung oder Geschäftsausweitung getroffen werden können[595].

Da es hier naturgemäß nicht zu einer präzisen Aussage kommen kann, wurden Überlegungen im Vorfeld der GmbH-Novelle, die Umqualifizierung im neuen § 32 a GmbHG auch mit einer bestimmten zu fordernden Eigenmittelzufuhr zu begründen, eindeutig abschlägig beschieden[596].

Damit ist indes noch nicht darüber befunden, ob die Eigenmittelausstattung, zu der sich die Gesellschafter entschieden haben, in jedem Fall zusammenhanglos neben dem tatsächlich für erforderlich gehaltenen Betriebs- und Investitionsmittelfonds steht, den die Gesellschafter dann aber mit Gesellschafterdarlehen gefüllt haben[597].

b) Eigenständiger Kerngehalt der gesellschafterlichen Finanzierungsverantwortung

Vor diesem Hintergrund ist zu prüfen, ob sich dennoch diese von der Rechtsprechung und vielfach auch in der Literatur angenommene Grundnorm des Ersatz-

---

593 Ganz h. M., Hachenburg/Ulmer, a. a. O., §§ 32 a, b, Rz. 37, 7; Scholz/K. Schmidt, a. a. O., §§ 32 a, b, Rz. 4 mit Blick auf die Finanzierungsfreiheit jeweils mit weiteren Nachweisen.

594 Vgl. nur die Nachweise bei Albach, ZStaatsW 118 (1962) 653, 656 f.; Büschgen GmbHR, 1974, 25, 31 ff.

595 Vgl. dazu bereits oben Fn. 485-487; dazu vor allem Hachenburg/Ulmer, a. a. O., Anh. § 30, Rz. 10.

596 Von Gerkan/Hommelhoff, Kapitalersatz, S. 279; Hachenburg/Ulmer, a. a. O., §§ 32 a, b, Rz. 7; Scholz/K. Schmidt, a. a. O., §§ 32 a, b, Rz. 4; hierzu auch: BGHZ 90, 381, 390: kein Vorwurf unterlassener Kapitalerhöhung.

597 Hierzu unten in Anknüpfung an die Risikoverantwortung der darlehensfinanzierenden Gesellschafter.

kapitalrechts mit einem eigenständigen Aussagegehalt versehen lässt. In der Rechtsprechung hat es nach der Einführung der auf missachteter gesellschafterlicher Finanzierungsverantwortung beruhenden Umqualifizierung von Gesellschafterdarlehen kaum mehr Versuche gegeben, Grundsätze und Rechtsfolgen ordnungsgemäßer Unternehmensfinanzierung zu entfalten. Insbesondere fehlt es nach der Abstützung des Ersatzkapitalrechts an zu beachtenden Finanzierungsgrundsätzen an deren verlässlicher Herleitung. BGH und Instanzgerichte beschränken sich darauf, für die Fälle der Kreditausreichung bei Insolvenzreife und Kreditunfähigkeit die Gesellschafterfremdmittel dem zweigliedrigen Ersatzkapitalrecht zu unterstellen. Zur Begründung wird - indes ohne weitere inhaltliche Klärung - auf die genannten Grundsätze Bezug genommen[598].

Gegen einen eigenständigen Begründungsgehalt der Finanzierungsverantwortung wird insbesondere eingewandt, im GmbH-Recht existierten keine besonderen Finanzierungsvorgaben. Wollte man solche heranziehen, so müsste man sie erst einmal erschaffen. Dann aber würden für wünschenswert erklärte Ergebnisse dazu instrumentalisiert, einen übergeordneten Grundsatz zu entwickeln, anstatt sie aus ihm abzuleiten[599]. Würde sich die inhaltliche Ausgestaltung der Finanzierungsverantwortung auf dieses Vorgehen beschränken, so wäre dieser Einwand berechtigt. Gelingt es jedoch, die Schubkraft dieser Begriffsbildung[600] über die Ausprägung anderer flexibler Umqualifizierungsansätze zu kanalisieren, so liefe diese grundsätzliche Kritik vollständig leer.

Dieser Weg scheint gangbar, begreift man die Finanzierungsverantwortung (wohl mit dem BGH) als Zusammenfassung anderweitig ausgeformter Sanktionsansätze und als deren kleinsten gemeinsamen Nenner[601]. Die Isolierung einer das Ersatzkapitalrecht ausreichenden Grundwertung dient in diesem Zusammenhang dem Ziel, die Sanktionsfähigkeit und Bedürftigkeit von Finanzplanfinanzierungen zu untersuchen. Die Erörterung gewichtiger Umqualifizierungsansätze muss vor allem im Bereich von § 242 BGB sowie bei Rechtsscheinüberlegungen ansetzen.

---

598 In der Nachfolge von BGHZ 90, 381 BGHZ 105, 168; 109, 55.

599 A. Müller, Regeln für eigenkapitalersetzende Gesellschafterleistungen, S. 88 f.; mit Hinweis auf weitere kritische Stimmen.

600 Vgl. von Gerkan/Hommelhoff, Kapitalersatz, S. 23 ff.

601 Hierauf deutet die Zusammenführung der verschiedenen Einzelansätze hin, BGHZ 90, 381, 389; so wohl auch: Hachenburg/Ulmer, a. a. O., §§ 32 a, b, Rz. 8, 42 ff.; von Gerkan/Hommelhoff, a. a. O., S. 22 ff.; auch A. Müller behandelt die Finanzierungsverantwortung ebenfalls als Ausprägung von § 242 BGH.

Beide Rechtsinstitute dienten namentlich vor der Begriffsbildung gesellschafterlichen Finanzierungsverantwortung ganz wesentlich der Verortung der Umqualifizierungsgründe für Gesellschafterfremdfinanzierungen.

c) Umqualifizierung wegen treuwidrigen Verhaltens

Die Ausmessung des Begriffs Finanzierungsverhalten des Gesellschafters als ordentlichen Kaufmann, wie die Umqualifizierung erfordernden Sachverhalte in § 32 a GmbHG aber auch entsprechend für die Rechtsprechungs-Regeln normativ beschrieben werden, wird vielfach an den Geboten von Treu und Glauben ausgerichtet. Dies galt ganz besonders für die Zeit vor der gesetzlichen Regelung des Ersatzkapitalrechts[602].

Aber auch, wenn man den Grundsätzen ordnungsgemäßer Unternehmensfinanzierung, die ein Gesellschafter bei der Fremdfinanzierung der Gesellschaft beachten muss, will er vermeiden, dass seine Finanzierung entgegen ihrer formellen Rechtsform als (materielles) Eigenkapital qualifiziert wird, nur einen eingeschränkten Bedeutungsgehalt beimisst, bleibt ein treuwidriges Verhalten als Finanzierungsmaßstab aktuell[603]. § 242 BGB begegnet in Rechtsprechung und Wissenschaft als Erklärungsversuch für die Subordination formellen Gesellschafterfremdkapitals in zwei seiner vielfältigen Ausprägungen:

Zum einen wird der Grundsatz von Treu und Glauben in Gestalt des Vorwurfs widersprüchlichen Verhaltens herangezogen, um Gesellschafterdarlehen ihren Fremdkapitalcharakter abzusprechen und sie statt dessen dem Regime des Haftkapitals zu unterstellen[604].

Zum anderen wird die Gesellschafterfremdfinanzierung in bestimmten Finanzierungssituationen als rechtsmissbräuchliches Verhalten gewertet[605].

In beiden Fällen hat dies zur Konsequenz, dass die betroffenen Gesellschafter sich nach Maßgabe der Rechtsprechungs- und Novellen-Regeln nicht auf den

---

602 Vgl. A. Müller, a. a. O., S. 86; vgl. auch BGHZ 31, 258 ff.

603 Zur inhaltlichen Bestimmung, aber auch zur Kritik der gesellschafterlichen Finanzierungsverantwortung, Hachenburg/Ulmer, a. a. O., §§ 32 a, b, Rz. 43 f.

604 Hachenburg/Ulmer, Anh. § 30, Rz. 73; Schulze-Osterloh, ZGR 1983, 130 f.; 208, Anm. 38.

605 Insb. Scholz-Westermann, GmbHG, §§ 32 a, b, Rz. 10; Hachenburg/Ulmer, GmbHG, Anh. § 30, Rz. 84; Ulmer, ZHR 148, 486; Immenga, ZIP 1983, 1410.

Fremdkapitalcharakter berufen können, soweit die Beträge zur Gläubigerbefriedigung erforderlich sind.

d) Gesellschafterfremdfinanzierung und widersprüchliches Verhalten

Zunächst soll die Tragfähigkeit dieser Ausprägung des Grundsatzes von Treu und Glauben untersucht werden[606]. Allgemein ist ein Verhalten dann widersprüchlich, wenn es mit einem vorangegangenen unvereinbar ist, also zwei Rechtsfolgen eintreten sollen, die sich nicht zur Deckung bringen lassen.

In seinem Ansatz ist das „Verbot widersprüchlichen Verhaltens“ nämlich auf jene Fälle beschränkt, in denen eine Person zwei oder mehr Verhaltensweisen an den Tag legt, die sich wechselseitig verneinen. Nur an ein solches Verhalten lassen sich Rechtsfolgen widersprüchlichen Verhaltens knüpfen[607].

Vor dem Hintergrund dieser Präzisierung ist zu überlegen, ob Gesellschafterdarlehen mit diesem Ansatz im Gesellschaftsvermögen zugunsten der Gläubiger gebunden werden können. Der Gedankengang kann dabei grundsätzlich zwei Wege nehmen.

Zum einen könnte der Gesellschafter ein Darlehen mit der Maßgabe ausgereicht haben, es im Interesse des Gläubigers nicht als Forderung geltend zu machen, solange sein Verbleib in der Gesellschaft erforderlich ist, um die sonstigen Gläubiger zu befriedigen. Derartige Fallgestaltungen lassen sich wohl durchgängig als jedenfalls konkludente Rangrücktrittsabreden begreifen. Der mit dem widersprüchlichen Verhalten des Gesellschafters wie auch mit der Rangrücktrittsabrede angesprochene Vertrauensschutz der Gläubiger soll dort behandelt werden[608].

Für die objektiv-rechtliche Umqualifizierung auf der Grundlage der Rechtsprechungs- und Novellen-Regeln werden aber vor allem andere Überlegungen herangezogen. Das widersprüchliche Verhalten wird darin gesehen, dass, wer als Mitglied der Gesellschaft ihr Mittel zuführt, um sie am Leben zu erhalten, dies

---

606 Allg. dazu Fn. 601-603; Lutter/Hommelhoff, GmbHG, §§ 32 a, b, Rz. 3; Hachenburg/Ulmer, GmbHG, §§ 32 a, b, Rz. 33, 42 ff.

607 Erfreuliche Rückführung auf wesentl. Sinngehalt bei Singer, Widersprüchl. Verhalten, S. 21 ff., 352.

608 Allg. zum materiellen Eigenkapital durch Rangrücktrittsabreden, z. B. Scholz/K. Schmidt, a. a. O., §§ 32 a, b, Rz. 38; Teller, Rangrücktrittsabreden, S. 69 ff.; Häuselmann, Finanzierung der GmbH, S. 186 ff.

Darlehen nicht abziehen darf, bevor die Lebensfähigkeit der Gesellschaft auf Dauer gesichert ist[609].

Der Selbst-Widerspruch wird also gesehen zwischen dem Ziel der Fremdfinanzierung und seiner Erreichung im Zeitpunkt des Mittelabzugs. Ob dieser Ansatz auf breiter Front trägt, ist fraglich. Und dies aus zumindest zwei Gründen:

Bezweifeln kann man bereits, ob mit der Darlehensgewährung an die in ihrer Existenz bedrohte und (deshalb) bei Dritten nicht mehr kreditfähige Gesellschaft oder auch schon insolvenzreife Unternehmung zwingend eine subjektive Zweckbestimmung verbunden sein muss. Diese mit dem Inhalt, die Mittel mit dem Zweck zu belassen, die Gesellschaft zu sanieren. Inhaltlich müsste er gerade auf den Erfolgseintritt und die fortgesetzte Gewährung der Mittel bis zu diesem Zeitpunkt bezogen sein. Dies würde aber wiederum bedeuten, dass die Gesellschafter nach außen den Eindruck erweckt haben müssten, die Fremdmittel wie unkündbares Eigenkapital zu behandeln. Dies dürfte indes regelmäßig nicht der Fall sein: Die Gesellschafter werden vielmehr während der gesamten Laufzeit der Finanzierung deren Fremdkapitalcharakter betonen[610].

Dann aber lässt sich nicht als selbst-widersprüchliches Verhalten qualifizieren, wenn die Gesellschafter im Insolvenzverfahren ihre Finanzierungen fortgesetzt als Darlehen behandeln, etwa als Forderung zur Insolvenztabelle anmelden. Aber selbst dann, wenn man der krisenbezogenen Darlehensgewährung eine solche subjektive Zweckbestimmung beilegen wollte, ist der Ertrag für die fallübergreifende Begründung der Umqualifizierung letztlich gering.

Denn dieser Verwendungszweck der Mittel ist Teil des Darlehensvertrages zwischen Gesellschafter und Verband. Dieser schuldrechtliche Vertrag unterliegt aber grundsätzlich der Disposition der Parteien. Machen die Gesellschafter von einem Kündigungsrecht Gebrauch oder vollziehen sie mit der Rückzahlung der Darlehen konkludent eine einvernehmliche Vertragsaufhebung, so beinhaltet dieses Handeln notwendig auch einen actus contrarius hinsichtlich der Zweckvereinbarung[611]. Läge die Umqualifizierung also in der subjektiven Zweckabrede begründet, so könnte das objektive Ersatzkapitalrecht Gesellschafterdarlehen

---

609 Z. B. Lutter/Hommelhoff, ZGR 1979, 31,33.

610 Gerade in der Rückforderung in kritischer Lage offenbart sich die von den Gesellschaftern angenommene Qualifizierung.

611 Lutter/Hommelhoff, ZGR 1979, 31, 35.

jedenfalls dann nicht erfassen, wenn die Mittel bei Insolvenzeröffnung nicht mehr in der Gesellschaft vorhanden sind.

Die Begründung, Gesellschafterdarlehen auf der Grundlage selbstwidersprüchlichen Verhaltens der Gesellschafter als materielles Eigenkapital zu qualifizieren, ist als einzelfallüberschreitender Erklärungsansatz kaum tauglich. Allenfalls lässt sich so die Voraushaftung bei Insolvenzeröffnung noch in der Gesellschaft befindlicher Darlehen begründen, nicht jedoch die weitere Rechtsfolge, die die Rückforderung auch schon im Vorfeld der Insolvenzeröffnung zurückgewährter Darlehen in die Insolvenzmasse bzw. zur Auffüllung des statutarischen Mindesthaftungsfonds erlaubt. Den gleichen Bedenken unterliegt der Versuch, Finanzplandarlehen - soweit sie außerhalb des Eigenkapitalersatzrechts gesehen werden - über das Institut widersprüchlichen Verhaltens zu binden. Die klare Festlegung der Gesellschafter, ihre Gesellschafterdarlehen ab Krisenbeginn als Risikopuffer bereit zu halten bzw. dann erst zur Verfügung zu stellen, dürfte im Einzelfall nur mühsam und anhand von Einzelindizien möglich sein[612]. Gleichwohl ist der Ansatz richtig, jegliche Umqualifizierung an dem Finanzierungsverhalten der Gesellschafter, insbesondere an den der formellen Fremdfinanzierung beigelegten Finanzierungsfunktionen festzumachen[613].

e) Missbrauchserwägungen, § 242 BGB

Die zunehmende Akzeptanzeinbusse, die der Umqualifizierungsgrund des venire contra factum proprium erleidet, hat eine andere Ausprägung des Grundsatzes von Treu und Glauben in den Vordergrund zu stellen erlaubt.

Will man die Finanzierungsverantwortung als solche nicht als Begründung und Rechtfertigung für die Verstrickung von Gesellschafterdarlehen in der Insolvenz bzw. in das Stammkapital abdeckenden Vermögen akzeptieren, wird jedenfalls z. T. in der Literatur der Vorwurf einer rechtsmissbräuchlichen Finanzierungsgestaltung erhoben[614].

Überlegungen, die einen Missbrauch der Finanzierungsform bzw. der mit der Darlehensfinanzierung beabsichtigten Funktionalisierung als entscheidend, die Umqualifizierung rechtfertigend und prägend herausstellen, können ein hohes Maß an Plausibilität für sich in Anspruch nehmen. Die nachfolgenden Erörte-

---

612 So aber Lutter/Hommelhoff, a. a. O., Rz. 171; a. A. Karsten Schmidt ZIP 1999, 1250.

613 Vgl. hierzu nachstehend Abschnitt 11.

614 So etwa A. Müller, Regeln, S. 87 ff. m. w. N.

rungen können zunächst mit Überzeugungskraft jene Umqualifizierungen rechtfertigen, die das Ersatzkapitalrecht heute entscheidend prägen. Insbesondere Darlehen, die die Gesellschaft von ihren Mitgliedern in ihrer existenzbedrohenden Kreditunfähigkeit oder Insolvenzreife erhalten hat, lassen sich so in ihrem materiellen Eigenkapitalcharakter überzeugend erklären. Die Überlegung, ob eine bestimmte Finanzierungsstruktur rechtsmissbräuchlich ist, liefert die notwendige Konkretisierung einer Risikoabwälzung durch nominelle Unterkapitalisierung. Die missbräuchliche Finanzierungsgestaltung kann einmal auf einem Missbrauch der Rechtsform des Darlehens beruhen, aber auch auf einem Missbrauch der mit der Darlehensfinanzierung wahrgenommenen Finanzierungsfunktionen[615]. Festzuhalten ist zunächst, dass die Umqualifizierung von Gesellschafterdarlehen auf den unterschiedlichen Ausprägungen des in § 242 BGB verankerten Missbrauchsgedanken beruhen könnte.

ea) Voraussetzungen rechtsmissbräuchlicher Gesellschafterfremdfinanzierung; Ausübung von Finanzierungsfreiheit; Missbrauch der Finanzierungsform

Der Vorwurf widersprüchlichen Verhaltens vermag es nicht auf breiter Front, die Umqualifizierung kapitalersetzender Gesellschafterdarlehen zu erklären. Regelmäßig scheitert dieser Beurteilungsmaßstab am fehlenden Vertrauenstatbestand. Die (konkludent) vorgenommene Zweckbestimmung, ein Darlehen solle auch zur Befriedigung der Gläubiger dienen, lässt sich nicht einmal für die Insolvenzlage annehmen. Auch hier wird der Gesellschafter regelmäßig darauf vertraut haben, dass die Krise überwunden werden kann. Im Übrigen wird er auch im Insolvenzverfahren selbst auf der Fremdmittelqualität beharren[616]. Der Vertrauenstatbestand scheitert aber nicht nur an der fehlenden Zweckbestimmung hinsichtlich der Funktion der Darlehen. Regelmäßig dürfte es auch am fehlenden Vertrauen einzelner Gläubiger fehlen. Ihr Vertrauen müsste gerade auf die Aufrechterhaltung der materiellen Haftkapitalqualität einer Finanzierung gerichtet sein. Dazu müssten sie von einer bestimmten Gesellschafterfremdfinanzierung und dem Umständen ihrer Gewährung Kenntnis erlangt haben. Diese Voraussetzung dürfte regelmäßig ausscheiden. Ihr Vertrauen richtet sich allen-

---

615 Angedeutet bei A. Müller, a. a. O., S. 87.

616 Vgl. nur die Entscheidungen BGHZ 31, 269; 76, 338; 90, 370, 381; Hachenburg/Ulmer, a. a. O., §§ 32 a, b, Rz. 65 ff.

falls auf das Fehlen einer Insolvenzlage, da es bislang an einem Insolvenzantrag fehlte[617].

Breite Aufmerksamkeit sollte dagegen der anderen Ausprägung des Grundsatzes von Treu und Glauben zu Teil werden.

§ 242 BGB als wesentlicher dogmatischer Ansatzpunkt für eine objektiv-rechtlich zwingende Überwindung der formellen Rechtsform eines Gesellschafterdarlehens trägt auch eine weitere Konkretisierung. Die Gesellschafter-Gläubiger können sich auch dann nicht auf die formelle Rechtsnatur ihrer Darlehensfinanzierung berufen, wenn die Mittelzuführung als Darlehen einen Missbrauch dieser Finanzierungsform darstellt[618]. Dass die Darlehensfinanzierung eines Gesellschafters in der Insolvenzlage, aber auch bei Kreditunfähigkeit der Gesellschaft in den Augen Dritter rechtsmissbräuchlich sein kann, erschließt sich, wenn man noch einmal auf die Risiken- und Chancenverteilung abstellt.

Diese wurde bereits herangezogen, um die Sonderbehandlung von Gesellschafterdarlehen bereits im Grundsatz zu rechtfertigen, sie vermag aber auch, die Umqualifizierung im Einzelfall zu erklären[619]. Sicher ist, dass gläubigergefährdende Gesellschafterdarlehen gegen Treu und Glauben verstoßen, wenn ihre Gewährung rechtsmissbräuchlich ist. Lässt sich das Ergebnis erzielen, dass die Entscheidung für eine Unternehmensfinanzierung nur zugunsten einer Haftkapitalzuführung hätte ausfallen dürfen, so lautet die Sanktion der Rechtsprechungs- wie der Novellen-Regeln, dass sich die Gesellschafter gegenüber den Gesellschaftsgläubigern[620] nicht auf die gläubigergefährdende Finanzierungsform berufen dürfen[621]. Rechtsgrundlage für die Verstrickung formellen Gesellschafterfremdkapitals im Haftungsfonds der Gesellschaft könnte letztlich der treuwidrige, objektive Missbrauch der Finanzierungsform sein. Ohne weiteres ist jeder Gesellschafter in seiner Entscheidung frei, ob er der Gesellschaft in

---

617 Auch insoweit zweifelhaft, ob die an den Geschäftsführer gerichtete Insolvenzantragspflicht einen Vertrauensschutz zugunsten einer bestimmten Qualität der Gesellschafterfremdfinanzierung rechtfertigt.

618 Vgl. oben die in Fn. 605 Benannten.

619 Vgl. auch A. Müller, a. a. O. S. 87 ff.

620 Anders gegebenenfalls gegenüber dem Mitgesellschafter, hierzu: Lutter/Hommelhoff, a. a. O., §§ 32 a, b, Rz. 64 f.

621 Wesentl. Rechtsfolge: Scholz/K. Schmidt, a. a. O., §§ 32 a, b, Rz. 53 ff., 76 ff.; Hachenburg/Ulmer, a. a. O., §§ 32 a, b, Rz. 65, 67 ff.; BGHZ 31, 258; 67, 171; 75, 334; 81, 311; 81, 365; 90, 370; 104, 33.

einer bestimmten Situation Mittel zur Verfügung stellen will[622], und unumstößlich ist, dass die tatsächlich erfolgte Kapitalzufuhr gegenüber der Nichtfinanzierung zusätzliche, jedenfalls aber andere Gefahren zu begründen vermag. Die Beschränkung der Finanzierungsfreiheit liegt also im Problemkreis der Gesellschafterdarlehen auf der Ebene des Finanzierungs-„Wie“[623]. So kann der Missbrauch der Finanzierungsform auch nicht im Betrieb der Gesellschaft als solcher liegen oder in der Berufung auf die Haftungsbeschränkung.

Darlehen, die ein Gesellschafter in der Insolvenzreife oder der Kreditunwürdigkeit der Gesellschaft bei Dritten ausreicht, verlagern die Risiken der Unternehmensfinanzierung unannehmbar auf die Gläubiger[624].

eb) Bewertung

Die dogmatische Anbindung einer Umqualifizierung von Gesellschafterdarlehen als Missbrauch der Finanzierungsform weist deutliche Vorzüge hinsichtlich der Überzeugungskraft und der praktischen Handhabbarkeit auf. Sie bedient sich eines allgemeingültigen Begriffs und ist als Fallgruppe treuwidrigen Verhaltens anerkannt[625].

Die Finanzierung der Gesellschaft über kapitalersetzende Darlehen ist angesichts der ungleichen Risiken- und Chancenverteilung zu missbilligen. Wer als Gesellschafter aus den Chancen, die eine Sanierung der Gesellschaft mit sich bringt, grundsätzlich unbegrenzten Vorteil ziehen kann[626], muss auch im Auge behalten, dass der Sanierungserfolg keineswegs sicher ist. Dann aber stellt die Finanzierung mit Fremdkapital in dieser Situation die einem Risiko unangemessene Finanzierungsform dar. Denn damit gestatten die fremdfinanzierenden

---

622 Lutter/Hommelhoff, a. a. O., §§ 32 a, b, 36 ff.; von Gerkan/Hommelhoff, Kapitalersatz, S. 13 f., a. a. O., vgl. BGHZ 90, 381, 390; BGH ZIP 1988, 638, 641; 334, 338; BGH ZIP 1994, 1261, 1266.

623 Von Gerkan/Hommelhoff, S. 13; Röhricht, StB. Jahrbuch 1991/92, S. 318; Heinze, Höchstrichterl. Rechtspr., S. 179; BGH GmbHR 1992, 207, 209; kritisch: Hüffer, ZGR 1989, 322, 325.

624 BGHZ 76, 326, 334 f.; 90, 381, 389; vgl. Begr. RgE zu §§ 32 a, b, GmbHG; BT-Drucks. 8/1347, S. 39; Fleck, in: Festschrift Werner, 1984, S. 117; Lutter/Hommelhoff, a. a. O., §§ 32 a, b, Rz. 3; Scholz/K. Schmidt, a. a. O., §§ 32 a, b, Rz. 4; Hachenburg/Ulmer, a. a. O., §§ 32 a, b, Rz. 8, m. w. N.

625 Als treuwidriges Verhalten kommt etwa in Betracht: widersprüchliches Verhalten, Rechtsmissbrauch, Missbrauch in Anspruch genommenen Vertrauens.

626 Dazu. A. Müller, a. a. O., S. 79 ff.

Gesellschafter, dass bei einem endgültigen Scheitern der Gesellschaft letztlich die Gläubiger die Risiken der Unternehmensfortführung getragen haben[627]. Risikoadäquat ist hier allein die Finanzierung über Gesellschaftermittel, die die Gefahren einer Fortsetzung der Unternehmertätigkeit tendenziell kompensiert. Dies kann nur Eigenkapital leisten. Eigenkapital steht den Gläubigern zur Befriedigung zur Verfügung und bietet so von vornherein einen gewissen Ausgleich dafür, dass auch die nachfinanzierte Gesellschaft letztlich scheitern kann; dies mit dem Befund, dass dann gegenüber dem Zeitpunkt der Mittelzuführung[628] ebenso weniger Haftungsfonds zur Verfügung steht.

Damit wird zugleich deutlich, dass nicht nur die formelle Kapitalerhöhung den Finanzierungsanforderungen gerecht wird. Geeignet, den Anforderungen einer angemessenen Chancen- und Risikenverteilung gerecht zu werden sind alle Finanzierungsformen mit materiellem Eigenkapitalcharakter. Hinreichende Kompensation für die Gefahren eines Sanierungsversuchs erhalten die Gläubiger auch über verlorene Zuschüsse, Rangrücktrittsabreden oder formelles Fremdkapital titulierte Finanzierungen, die den Kriterien einer einlagengleichen Finanzierung genügen. Diese Überlegungen mit Bezug auf eine angemessene Chancen- und Risikenverteilung scheinen aus sich heraus tragfähig. Es bedarf insoweit keiner weiterführenden und zugleich einschränkenden Überlegungen, etwa dahingehend, die Verantwortlichkeit und Zurechenbarkeit kapitalersetzender Darlehen davon abhängig zu machen, ob der Gesellschafter anstelle der Darlehensvergabe eine Stammkapitalerhöhung hätte durchsetzen können[629]. Denn die Verantwortung des Gesellschafters liegt nicht in der unterlassenen Einlagenfinanzierung. Auf individuelle Zurechnung kommt es nicht an. Die relevante Gläubigerinteressen beachtende Finanzierungsalternative liegt im Unterlassen der risikoadäquaten Finanzierung. Auch wer als Gesellschafter nicht eine Kapitalerhöhung durchsetzen oder zur Entscheidung stellen kann, hat das Seine zu tun, um eine ordnungswidrige Finanzierung zu verhindern. Die Wahl der Finanzierungsform ist jedem Gesellschafter zuzurechnen. Ihren objektiv-rechtsmissbräuchlichen Charakter gewinnt die Gesellschafterfremdfinanzierung

627 Zum Verbot der Abwälzung unternehmerischer Risiken, BGHZ, 325, 329 ff.; 90, 381, 389; Fleck, in: Festschrift Werner, S. 109 f, 116; K. Schmidt, ZHR 147 (1983) 176; Scholz/K. Schmidt, a. a. O., §§ 32 a, b, Rz. 7; Wiedemann, Gesellschaftsrecht, S. 569 f; weitgehend zur Zuführungspflicht, Lutter/Hommelhoff, ZGR 1979, 31, 52 ff.; Fastrich, NJW 1983, 262.

628 Ulmer, ZIP 1984, 1166, Fleck, Festschrift Werner, S. 110; Lutter/Hommelhoff, ZGR 1979, 33, 38.

629 BGHZ 90, 381, 390; Scholz/K. Schmidt, GmbHG, §§ 32 a, b, Rz. 4.

nur in den Fällen unannehmbarer Risiko- und Chancenzuweisung. Die Grenzen dieses Pflichtenkreises sind indes im Kleingesellschaftsprivileg des § 32 a Abs. 3 Satz 2 GmbHG zu sehen.

f) Risikoabwälzung, Chancenzuteilung und Finanzplanfinanzierung

Die Verknüpfung der bekannten Fallgruppen des objektiv-rechtlichen Ersatzkapitalrechts mit dem auf Treu und Glauben gestützten Rechtsinstitut des missbräuchlichen Verhaltens[630] konnte die Umqualifizierung überzeugend rechtfertigen.

Tragende Erwägung war auch hier, wie in den anderen Umqualifizierungsansätzen, die unangemessene Belastung der (ungesicherten) Gläubiger mit den Gefahren der Gesellschafterfinanzierung. Auf der Grundlage dieses Zwischenbefundes gilt es neu zu überlegen, ob auch die bereits eingeführten Finanzplanfinanzierungen auf diese Weise umqualifiziert werden können. Generell lässt sich schon jetzt ausführen, dass auch Finanzplandarlehen den Rechtsregeln des BGH wie der Novelle 1980 unterfallen, wenn diese Finanzierung die Risiken unternehmerischer Tätigkeit unannehmbar auf die Gläubigergesamtheit verlagert. Dieser Ansatz konnte als tragende Überlegung für sämtliche Umqualifizierungsansätze, wie sie in der gesellschafterlichen Finanzierungsverantwortung zusammengefasst sind, ausgemacht werden[631].

Insbesondere gelingt die Umqualifizierung auch von finanzplangebundenen Gesellschafterdarlehen, wenn die Finanzierungssituation die Ausreichung von Darlehen in dieser Rechtsform als rechtsmissbräuchlich erscheinen lässt.

Wesentlich aber ist nicht so sehr an dieser Stelle die dogmatische Einordnung, sondern die Darlegung der risikoüberwälzenden und chancenvermittelnden Momente. Diese könnten einmal in dem Ausmaß der Darlehensfinanzierung, andererseits in einer besonderen, eigenkapitalnahen Ausgestaltung der finanzplangebunden ausgereichten Fremdmittel zu sehen sein. Beide Aufgreifmomente kennzeichnen die bislang diskutierten Sachverhalte einer Finanzplanfinanzierung wesentlich. Sie scheinen geeignet, die vom Kapitalersatzrecht sanktionierte nominelle Unterkapitalisierung über die mit einer Finanzierungsstruktur verbun-

---

[630] In Betracht kommt hier die Ausprägung als Missbrauch der Finanzierungsform; vgl. A. Müller, Regeln, S. 86 f.

[631] Hachenburg/Ulmer, a. a. O., §§ 32 a, b, Rz. 8.

dene (unangemessene) Beteiligung der Gläubiger an den Risiken der Unternehmensfinanzierung zu konkretisieren.

fa) Objektiver Verkehrsschutz

Vertrauensschutz als Rechtsgrund einer objektiv-rechtlichen Umqualifizierung wusste insoweit nicht zu überzeugen, als er nach dem Verbot widersprüchlichen Verhaltens eine subjektive Zweckbestimmung voraussetzt[632].

Diese ist zum einen nicht ohne weiteres für jede bei Kreditunfähigkeit oder Insolvenzreife ausgereichte Gesellschafterfremdfinanzierung auszumachen. Zum anderen ist sie privat autonom gestaltet, also ohne weiteres aufhebbar[633].

Dies muss notwendig anders sein, wenn die ursprüngliche Zweckvereinbarung aus objektiven Gründen der Disposition der am Darlehensvertrag beteiligten Gesellschaft und ihrer Gesellschafter entzogen ist. Als solch bestimmender Grundsatz wird z. T. ein normativ-typisiertes Vertrauen des Geschäftsverkehrs als Wurzel objektiven Verkehrsschutzes herangezogen. Geschützt werden soll damit die Erwartung der Gläubiger, die Gesellschaft sei auf der Grundlage der zur Verfügung gestellten Gesellschafterdarlehen gegenwärtig und zukünftig im Geschäftsverkehr leistungsfähig[634].

Objekt dieses Vertrauensschutzes seien (zumindest) die Darlehen, die ein Gesellschafter anstatt des an sich gebotenen Haftkapitals als vermeintliches Fremdkapital ausgereicht hat. Hiermit setze er die Gesellschaft in den Stand, weiter am Geschäftsverkehr teilzunehmen, obwohl sie längst wegen Zahlungsunfähigkeit oder Überschuldung den Markt hätte verlassen müssen. Hierdurch trage der finanzierende Gesellschafter nachhaltig dazu bei, dass sich im Geschäftsverkehr das potentielle Vertrauen bildet und erhält, die Gesellschaft werde zukünftig wie auch gegenwärtig in der Lage sein, ihre Verbindlichkeiten zu erfüllen[635].

---

632 Deutlich: Lutter/Hommelhoff, ZGR 1979, 31, 35.

633 Lutter/Hommelhoff, a. a. O., 31, 35.

634 Lutter/Hommelhoff, ZGR 1979, 31, 36 mit weiteren Hinweisen auf die Respr. des BGH zur Gläubigergefährdung durch Kreditvergabe der Gesellschafter.

635 Lutter/Hommelhoff, ZGR 1979, 31, 36 f.

Gegen diese Begründung der BGH-Regeln am Vorabend der GmbH-Novelle sind vielfältig Bedenken vorgetragen worden[636]. Wesentliche Argumente richten sich gegen die Entstehung eines - wie auch immer gearteten - Vertrauens der Gläubiger[637]. Dabei sollte indes weniger darauf abgestellt werden, ob eine bestimmte Erwartungshaltung bei einzelnen Gläubigern hervorgerufen wird (individuell-konkretes Vertrauen) oder, ob die Gesamtfinanzierungsstruktur ein nur potentielles Vertrauen hervorruft[638].

Im letzteren Fall käme es auf die subjektiven Erwartungen eines Dritten, der etwa im Begriff ist, in Geschäftsbeziehung mit der Gesellschaft zu treten, nicht an. Angreifbar scheint vor allem die Frage, ob gegenüber den Gesellschaftern eine solche Rechtswirkung schutzwürdig wäre. Dagegen spricht, dass in der GmbH das potentielle Vertrauen der Gläubiger nur sehr beschränkt geschützt ist. Festmachen lässt es sich zunächst daran, dass die Gesellschaft Anspruch gegen die Gesellschafter auf Bildung eines Haftungsfonds von mindestens € 25.000,00 hat. Aber selbst mit dieser Kapitalausstattung können die Gläubiger weder unmittelbar noch zuverlässig rechnen. Denn die Gesellschafter sind nur verpflichtet, eine bestimmte Stammeinlage zu übernehmen. Dies heißt noch nicht, dass sich die Gesamtsumme der übernommenen Stammeinlagen auch zur freien Verfügung der Gesellschaft befindet. Denn zur Eintragung der GmbH ist nur die Einzahlung eines Viertels des statutarischen Stammkapitals erforderlich[639]. Ansprüche der Gesellschaft auf Zahlung der ausstehenden Einlagen zählen zwar ebenso zum Gesellschaftsvermögen. Gleichwohl kann zweifelhaft sein, ob dieses Vermögen jemals zur Verfügung der Gläubiger stehen wird. Denn dies hängt von der fortgesetzten Zahlungsfähigkeit der Gesellschafter, also der Werthaltigkeit der Stammeinlageforderungen ab[640]. Allein hierauf ist das Vertrauen der Gesellschafter zu begrenzen.

Über das Stammkapital hinaus in der Gesellschaft befindliches Eigenkapital kann nicht Gegenstand eines allgemeinen Vertrauensschutzes sein. Die Gesellschafter sind hier in ihrer Bereitschaft, dieses Vermögen der Gesellschaft zur Verfügung zu stellen frei. Dementsprechend unterliegen sie unter dem Gesichts-

---

636 Bedenken gegen obj. Vertrauen als die Umqualifizierung tragendes Element nach Lutter/Hommelhoff ZGR 1979, 31, bei: Hachenburg/Ulmer, a. a. O., §§ 32 a, b, Rz. 33.

637 Vgl. nur Scholz/K. Schmidt, a. a. O., §§ 32 a, b, Rz. 9, m. w. N.

638 So ausdrücklich Lutter/Hommelhoff, ZGR 1979, 31, 37.

639 Vgl. nur § 7 Abs. 2 GmbHG.

640 Indes haften alle Gesellschafter für die Aufbringung des Stammkapitals solidarisch, § 24 GmbHG.

punkt des potentiellen Vertrauensschutzes keinen Beschränkungen, wenn es um die De-Finanzierung geht[641].

Umso mehr muss dieser Befund für die Zufuhr von Gesellschafterdarlehen und ihre De-Finanzierung gelten. Wenn schon der eigentliche Risikoträger der Gesellschaft, ihr formelles Eigenkapital, bis hinab zur Stammkapitalziffer frei wieder abgezogen werden kann, so muss dies Auswirkungen auf die Beurteilung der Umqualifizierung von in der Krise gewährten Gesellschafterdarlehen haben. Eigenkapital kann unabhängig davon, ob es einmal in oder außerhalb der Gesellschaftskrise gewährt wurde, jederzeit - also auch in der existenzbedrohenden Krise - wieder abgezogen werden. Dies gilt – bis zur Grenze des existenzvernichtenden Eingriffs - selbst dann, wenn die Gesellschaft dadurch – jedenfalls auch hierdurch - in Mitleidenschaft gezogen und in die Insolvenz gedrängt wird[642]. Umso mehr kann ein potentielles Vertrauen der Gläubigergesamtheit nicht zu einer Bindung in Kreditunwürdigkeit oder Insolvenzreife gewährter Gesellschafterdarlehen führen. Hinweise auf den Schutz objektiven Vertrauens andernorts in Zivil-, Handels- und Gesellschaftsrecht helfen nur scheinbar weiter: Die Rechtsfolgen, die das Gesetz an einen Verstoß gegen das Firmenrecht (§ 18 Abs. 2 HGB), die Vortäuschung der Kaufmannseigenschaft oder die Insolvenzverschleppung bei Überschuldung knüpft, vermögen nicht den Wertungswiderspruch zu beheben, der sich zwangsläufig aus einer Bevorzugung der De-Finanzierung von Eigenkapital ergibt. Dieser Befund hindert indes nicht, konkret-individuelles Vertrauen zur Grundlage einer Bindung der Mittel in der Gesellschaft zu machen[643].

Ein solcher Ansatz scheint jedoch nicht für jeden Gläubiger und für den Einzelfall tragfähig. Eine allgemeingültige Grundlage für die Umqualifizierung von Gesellschafterdarlehen, ein gleichsam institutioneller Ansatz lässt sich auf diesem Weg nicht schaffen. Aber selbst das im Einzelfall bestehende individuelle Vertrauen vermag wohl nur die Bindung von Fremdmitteln in der Gesellschaft zu erreichen. Sanktioniert werden kann insoweit etwa der vorzeitige Abzug der Darlehen vor der Insolvenzeröffnung. Damit ist noch nicht darüber

641 Zur De-Finanzierungsfreiheit von Gerkan/Hommelhoff, Kapitalersatz, S. Rz. 13 ff.

642 Lutter/Hommelhoff, GmbHG, §§ 32 a, b, Rz. 171, 49; Baumbach/Hueck, § 32 a, Rz. 2; Scholz/K. Schmidt, §§ 32 a, b, Rz. 7; Hachenburg/Ulmer, §§ 32 a, b, Rz. 7; BGHZ 76, 326, 330; zum existenzvernichtenden Eingriff BGHZ 149, 10; 150, 61; 151, 181.

643 Insoweit ist konkreter Vertrauensschutz aber kein generell-abstrakter Ansatz, um eigenkapitalersetzende Gesellschafterleistungen zu erfassen und zu erklären.

befunden, ob das Darlehen in der Insolvenz Voraushaftungsfunktion annimmt, also nicht als Forderung zur Tabelle angemeldet werden könnte.

fb) Normzweck einer gesellschaftsrechtlichen Finanzierungsverantwortung

Die in der Rechtsprechung, aber auch in weiten Teilen der Rechtswissenschaft zur Rechtfertigung einer Subordination von Gesellschafterdarlehen herangezogene Verantwortung der Gesellschafter für eine ordnungsgemäße Gesellschaftsfinanzierung konnte schon im Vorfeld „entzaubert" werden[644].

Auch wenn der Bedeutungsgehalt dieses Ansatzes, der erstmalig einen übergreifenden Versuch darstellt, die objektiv-rechtliche Behandlung materiellen Eigenkapitals in den Griff zu bekommen, noch nicht vollständig ausgemessen ist[645]: Unwahrscheinlich, angesichts einer fehlenden positiven an Angemessenheit orientierten Kapitalisierungspflicht geradewegs ausgeschlossen, ist das Ergebnis, dass mit dieser Aussage bereits ein subsumtionsfähiger Obersatz zur Erfassung aller Eigenkapital ersetzender Gesellschafterdarlehen zur Verfügung steht. Zutreffend ist vielmehr, die angenommenen Grundsätze ordnungsgemäßer Unternehmensfinanzierung als Zusammenfassung der Gemeinsamkeiten sämtlicher bislang im Einzelfall herangezogener und dort mehr oder weniger überzeugender Einzelversuche einer Umqualifizierung zu begreifen[646].

Dies sind im Wesentlichen die beiden auf § 242 BGB wie auf einen objektiven Vertrauensschutz gestützten Erklärungsversuche[647]. Die größte Überzeugungskraft wird hier - jedenfalls für die „klassischen" Ersatzkapitalsituationen der Fremdfinanzierung in der Insolvenzlage und der Kreditunfähigkeit bei Dritten - der Sanktionierung eines Missbrauchs der Finanzierungsform zugebilligt. Worin dieser gemeinsame Grundgedanke einer Umqualifizierung formellen Gesellschafterfremdkapitals in haftendes Eigenkapital zu sehen ist, erschließt sich aus den anerkannten Normzwecken des Rechts der kapitalersetzenden Gesellschafterleistungen[648] sowie den Erwägungen, die bislang schon mit großer Überzeugungskraft im Einzelfall Gesellschafterfremdfinanzierungen als materielles Gesellschaftsvermögen gewertet haben.

---

644 Vgl. dazu oben V. 9.

645 Von Gerkan/Hommelhoff, Kapitalersatz, S. 23 ff.

646 Vgl. von Gerkan/Hommelhoff, a. a. O., S. 23 ff.

647 BGHZ 90, 381, 389; A. Müller, Regeln, S. 86 ff.

648 Scholz/K. Schmidt, a. a. O., §§ 32 a, b, R5 4 f.; Hachenburg/Ulmer, a. a. O., §§ 32 a, b, Rz. 6 ff.

fc) Risikotragung als Umqualifizierungsmaßstab

Allen Ansätzen, die sich mit der Umqualifizierung von Gesellschafterdarlehen befassen, ist gemein, dass sie eine bestimmte Risikoverteilung zwischen den an der Unternehmensfinanzierung beteiligten Gesellschaftern und den Gläubigern wahren wollen. Auch die Gesellschaftsgläubiger sind in einer bestimmten Weise in die Gesellschaftsfinanzierung eingebunden. Dies leuchtet unmittelbar ein, wenn Dritte der Gesellschaft selbst als Darlehensgeber gegenübertreten. Das Ergebnis der Liquiditätsbeschaffung wird aber in jeder Gläubiger-Schuldnerbeziehung erzielt, wenn die Gesellschaft berechtigten und fälligen Forderungen eines Gläubigers nicht nachkommt und sich so Liquidität erhält.

Die Darlehensfinanzierung durch Gesellschafter kann jedenfalls dann die grundsätzlich von allen Beteiligten zu übernehmenden Risiken einer Unternehmensfinanzierung unangemessen und einseitig auf die Gläubigerseite verlagern, wenn die Darlehen zur Sanierung oder Insolvenzabwendung gedacht sind. In welcher Weise hier eine Risikoabwälzung zu beobachten ist, wurde bereits an anderer Stelle erläutert[649]. Dogmatisch einfangen lässt sich die Interessenlage, Gläubigern und Gesellschaftern einen ihrer Position jeweils angemessenen Teil der unternehmerischen Risiken zuzuweisen, durch eine Reihe möglicher Einzelansätze.

Den fallübergreifend wohl breitesten und überzeugendsten Ansatz bot für die bislang im Mittelpunkt stehenden Fallgruppen der Ansatz, bestimmte Gesellschafterdarlehen als rechtsmissbräuchliche Wahl der Finanzierungsform zu begreifen[650]. Andere Überlegungen scheinen daneben im Einzelfall jedoch auch zu greifen, um auch bei Gesellschafterfremdfinanzierungen dem Gebot angemessener Chancen- und Risikenverteilung Nachdruck zu verleihen. Die Finanzierungsverantwortung, wie sie in § 32 a GmbHG mit Rückwirkung auch auf die Ausgestaltung der Rechtsprechungs-Regeln ausgelegt ist, kann insoweit durchaus noch einmal als Zusammenführung von Einzelüberlegungen in einem erstmals konzeptionellen Ansatz bestätigt werden.

Das neuartig Konzeptionelle erschöpft sich indes in der Normierung der schon bislang in verschiedenen Ausprägungen bemühten Vorgabe, dass die fremdfinanzierenden Gesellschafter einen ihrer Stellung angemessenen Anteil am Gesamtrisiko zu tragen haben. Dennoch bedarf es der näheren Betrachtung, wie

---

649 Vgl. oben V. 8. c).

650 So auch A. Müller, a. a. O., S. 86 ff.

gerade das Risikogefüge in der Unternehmensfinanzierung durch situationsabhängige Gesellschafterfremdfinanzierung betroffen werden kann.

Dazu eignet sich insbesondere die Kreditunfähigkeit der Gesellschaft als Hauptanwendungsfall der kapitalersetzenden Gesellschafterfremdfinanzierung.

fd) Kreditunfähigkeit der Gesellschaft bei Dritten

Die Darlehensgewährung der Gesellschafter in einem Zeitpunkt, in dem die Gesellschaft mangels Finanzierungsbereitschaft Dritter unter rein wirtschaftlichen Gesichtspunkten hätte liquidiert werden müssen, gilt als Paradefall des kapitalersetzenden Darlehens[651].

Die Umqualifizierung in dieser Situation beruht auf einer Risikoerhöhung, vermittelt dadurch, dass in der beschriebenen Krise für die Gläubiger die Gefahr auszufallen deutlich ansteigt. Dies nicht zuletzt deshalb, weil in der Unternehmenskrise die insolvenzbedingte Zwangsliquidation mit ihren Folgen für die Gläubigerbefriedigung bereits in greifbare Nähe gerückt ist[652].

Der eigentliche Finanzierungsvorwurf besteht dann darin, dass die Gesellschafter in dieser finanzierungssensiblen Situation die Gesellschaft zwar durchaus gestützt und finanziert haben, indes nur halbherzig mit rückzahlbarem Fremdkapital. Eine Rechtspflicht, anderweitig - nämlich mit Haftkapital - zu finanzieren, kann jedoch nicht ohne weiteres daran festgemacht werden, dass eine Eigenkapitalfinanzierung die Interessen der Gläubiger zu schützen in der Lage wäre. Denn eine Pflicht zu angemessener Eigenkapitalausstattung oder auch nur zur Nachschussfinanzierung verbrauchten Eigenkapitals lässt sich mit der ganz herrschenden Meinung nicht begründen[653].

Die zentrale Überlegung besteht denn auch nach einhelliger Auffassung darin, spezifischen Gefahren gerade der gewählten Darlehensfinanzierungen entgegen-

---

651 BGHZ 76, 326, 330; 81, 252, 255; 81, 311, 317 f.; 81, 356, 367; 105, 168, 185; OLG Hamburg, ZIP 1981, 581, 585; OLG Stuttgart. WM 1984, 335; grundlegend Ulmer, Festschrift Duden, S. 574; Lutter/Hommelhoff, ZGR 1979, 31, 39 f.; Scholz/K. Schmidt, a. a. O., §§ 32 a, b, Rz. 35 ff, Hachenburg/Ulmer, a. a. O., §§ 32 a, b, Rz. 45 ff.; zur Umqualifizierung durch „Stehenlassen“, von Gerkan, GmbHR 1996, S. 400.

652 Hachenburg/Ulmer, a. a. O., §§ 32 a, b, Rz. 44; Scholz/K. Schmidt, a. a. O., §§ 32 a, b, Rz. 4; Baumbach/Hueck, GmbHG, §§ 32 a, Rz. 43; Müller, GmbHR 1982, 36.

653 Vgl. oben III. 1.; Hachenburg/Ulmer, a. a. O., §§ 32 a, b, Rz. 7 f.; Scholz/K. Schmidt, a. a. O., §§ 32 a, b, Rz. 4.

zuwirken. Aber auch hier bedarf es der sofortigen Relativierung: Es geht nicht um den Schutz der Gläubiger vor den Gefahren einer Darlehensfinanzierung, sondern darum, dass das Gesellschafterdarlehen der Aufrechterhaltung eines für die (ungesicherten) Gläubiger hoch risikoträchtigen Geschäftsbetriebes dient. Angesprochen ist die Risikoverschiebung, die mit der Fortsetzung des Geschäftsbetriebs verbunden ist, soweit die Fortführung auf Fremdkapital der Gesellschafter beruht. Die Entpflichtung der Gesellschafter hinsichtlich der Risikoresistenz der Unternehmung zeigt sich in der schon benannten dreifachen Belastung der Gläubiger[654].

Damit ist der Prüfungsweg insoweit vorgezeichnet, als zumindest eine tragende Erwägung für die Notwendigkeit einer Umqualifizierung den Vorwurf mangelnder Beteiligung der Gesellschafter am durch den Geschäftsbetrieb eröffneten Risiko anzuerkennen. Die gesellschafterliche Finanzierungsverantwortung[655] formuliert dann das mit den Rechtsfolgen der Rechtsprechungs- und Novellen-Regeln sanktionierte Gebot, die den Gesellschaftern gewährte Finanzierungsfreiheit hinsichtlich „Ob" und „Wie" einer Unternehmensfinanzierung als verantwortete Freiheit wahrzunehmen.

Diese Vorgabe kann aber nicht nur durch die Unternehmensfinanzierung in der Unternehmenskrise oder in der Insolvenzlage gefährdet sein[656]. Wertungsgleich ist unstreitig zumindest eine in die prosperierende Gesellschaft gegebene Darlehensfinanzierung, die jedoch zugleich zum Verbleib in der späteren Unternehmenskrise bestimmt ist[657].

Zu berücksichtigen könnte jedoch gleichfalls der Befund sein, dass sich aus einer nur sehr dünnen Kapitaldecke - im Vergleich zu Geschäftszweck und -umfang - eine erhöhte Gefahr unternehmerischen Scheiterns ergibt. Realisiert

---

654 Lutter/Hommelhoff, ZGR 1979, 31, 38; Ulmer Festschrift Duden, S. 673; Herrmann, 50. J. WP-Beruf.; Hommelhoff WM 1984, 1108; Hommelhoff, Regeln, S. 73 ff.; A. Müller, Regeln, S. 73 ff.; BGHZ 31, 268; 67, 182; BGH WM 1984, 627.

655 BGHZ 90, 381, 389; dazu Baumbach/Hueck, GmbHG, § 32 a, Rz. 42; Lutter/Hommelhoff, a. a. O., §§ 32 a, b, Rz. 3; Scholz/K. Schmidt, a. a. O., §§ 32 a, b, Rz. 35; eher kritisch: Hachenburg/Ulmer, GmbH, §§ 32 a, b, Rz. 8, 44.

656 So die heute breit akzeptierten Fallgruppen.

657 Zur Krisenfinanzierung bestimmt: etwa bei Ausschluss des Rechts zur außerordentlichen Kündigung, vgl. etwa Häuselmann/Rümker/Westermann, Finanzierung der GmbH, S. 53; zur Finanzierungsabrede.

sich diese Gefahr in der Gesellschaftsinsolvenz, so treten erfahrungsgemäß dessen verfahrensbedingte Unzulänglichkeiten hervor[658].

Dies mit dem Ergebnis, dass die Masse oft genug kaum ausreicht, um die erwarteten Verfahrenskosten zu decken, geschweige denn, die Gläubiger angemessen zu befriedigen. Diese These verlangt für eine angemessene Risikoverteilung zwischen Gesellschaftern und Gläubigern eine Berücksichtigung eines risikoadäquaten Eigenkapitalanteils der Gesellschafter. Dieser ist gerade in der Betriebsfunktion, wie sie auch von Fremdkapital übernommen wird, noch nicht zu sehen. Sie ermöglicht es dem Gesellschafter gerade, mit den Gläubigern in Konkurrenz zu treten, wenn sich das Risiko der Unternehmensfinanzierung verwirklicht. Erforderlich ist aus Gläubigersicht ein Finanzierungsbeitrag, der das Haftungspotential der Gesellschaft stärkt. Ansatz für den Gläubigerschutz ist daher auch im Bereich der Gesellschafterfremdfinanzierung eine Konsolidierung der gläubigerschützenden Voraushaftungsfunktion einer Eigenmitteldotierung. Kommen Gesellschafter einem solchen - näher zu konkretisierenden - materiellen Finanzierungsgebot nicht nach, ist die nicht risikoangepasste Gesellschafterfremdfinanzierung qua Richter- oder Gesetzesrecht den von der Risiko- und Chancenzuweisung an Gläubiger und Gesellschafter geforderten Finanzierungsgrundsätzen anzupassen.

(1) Einwände aus dem fehlenden Gebot angemessener Eigenkapitalausstattung

Nach diesem Zwischenergebnis, der Aussage, dass die bisherigen Fallgruppen des Kapitalersatzrechts ihre Plausibilität auch dadurch erlangen, dass Finanzierungsgrundsätze zur Wahrung einer angemessenen Risikoverteilung die Unternehmensfinanzierung durch Eigenmittel der Gesellschafter verlangen, muss sich dieser Befund gegen mögliche Einwände verteidigen.

Sie sind dort zu erwarten, wo sich das gerade formulierte den Rechtsprechungs- und Novellen-Regeln zugrunde liegende Gebot einer risikoangepassten Unternehmensfinanzierung dem nicht zu belegenden gesellschaftsrechtlichen Grundsatz einer Pflicht zu angemessener Eigenkapitalausstattung nähert[659].

---

658 Zur Unzulänglichkeit des Insolvenzgrundes siehe bereits Teil 1, III. 2. c).

659 Kritisch etwa: Hachenburg/Ulmer, a. a. O., §§ 32 a, b, Rz. 7 f.; Scholz/K. Schmidt, a. a. O., §§ 32 a, b, Rz. 4; A. Müller, Regeln, S. 86.

Dem ist indes entgegenzuhalten: Die an Risikoüberlegungen ansetzenden Finanzierungsgrundsätze reagieren nur auf eine vollzogene Fremdfinanzierung. Der Umqualifizierung zugänglich sind also nur Mittel, zu deren Gewährung sich die Gesellschafter bereits verstanden hatten. Zu unfreiwilligen Vermögensopfern - sei es auch nur zu einer Kapitalüberlassung auf Zeit - werden Gesellschafter nicht verpflichtet. Ansatzpunkt einer Umqualifizierung kann immer nur die Finanzierung sein, die in der Gesellschaft bereits wirkt. Die materielle Eigenkapitalfunktion, wie sie sich jedenfalls in Gesellschafterdarlehen, die in der Kreditunfähigkeit und Insolvenzlage ausgereicht werden, dokumentiert, ist in ihrer Reichweite also klar begrenzt. Keinesfalls kann also über dieses an Risikoaspekten orientierte Verständnis einer objektiv-rechtlichen Umqualifizierung eine positive Finanzierungspflicht der Gesellschaft, sei sie auf Eigen- oder Fremdmittel bezogen, begründet werden[660]. Auf der Grundlage dieses Befundes, der Erkenntnis, dass die im Finanzierungsverhalten eines Gesellschafters als ordentlichem Kaufmann[661] angelegten Grundsätze ordnungsgemäßer Unternehmensfinanzierung - unabhängig vom dogmatischen Anknüpfungspunkt im Einzelfall[662] - der Durchsetzung eines Gebots angemessener Risikotragung und -verteilung dienen, ist zu überprüfen, ob auch andere Fallgestaltungen der Gesellschafterfremdfinanzierung nach diesen Maßgaben materiellen Eigenkapitalcharakter tragen.

(2) Feststellung der Kreditunwürdigkeit

Die Feststellung der gesellschaftlichen Situation, in der die Gesellschaft von Dritten keinen Kredit zu marktüblichen Bedingungen mehr erhalten könnte, ist von grundlegender und zentraler Bedeutung für die Umqualifizierung einer formellen Gesellschafterfremdfinanzierung. Die Kreditunwürdigkeit ist in Rechtsprechung und Literatur das bedeutende Kriterium, um die gesellschafterliche Finanzierungsverantwortung, den übergreifenden Umqualifizierungsansatz zur Konkretisierung des Finanzierungsverhaltens ordentlicher Kaufleute[663], fallspezifisch handhabbar zu machen. Obwohl das Merkmal in der Praxis

---

660 Insoweit keine Beschränkung der Finanzierungsfreiheit von Gerkan/Hommelhoff, Kapitalersatz, S. 5 ff.

661 So der normative Rechtsbegriff im Anwendungsbereich der Novellen-Regeln, zur Qualität als normativer Rechtsbegriff vgl. Lutter/Hommelhoff, GmbHG, §§ 32 a, b, Rz. 18.

662 Zu den Einzelansätzen vgl. BGHZ 90, 381.

663 Zentraler Aspekt zur Konkretisierung der Unterkapitalisierung Hachenburg/Ulmer, a. a. O., Anh. § 30, Rz. 12 ff.

vielfältig herangezogen wird, bleibt gleichwohl oft genug offen, wie die Kreditunwürdigkeit im Zeitpunkt der Darlehensausreichung oder der Entscheidung über seine Belassung festzustellen ist[664]. Indes: Ernsthafte Probleme scheint insbesondere die Gerichtspraxis nicht mit der Feststellung der Kreditunwürdigkeit für einen mitunter weit zurückliegenden Zeitpunkt zu haben. Demnach bleiben Zweifel an der Verlässlichkeit dieses Merkmals in seiner praktischen Handhabung. Diese betreffen nicht seine abstrakte dogmatische Eignung, den mit der Ersatzkapitalfinanzierung verbundenen Risikoumbruch zu lasten der Gesellschafter sachgerecht zu beschreiben. Bedenken richten sich allein gegen die Möglichkeit seiner tatsächlichen rechtssicheren Feststellung.

(a) Feststellung aufgrund abgelehnter Kreditbegehren

Einfach ist die Feststellung der Kreditunwürdigkeit der Gesellschaft bei Dritten in den Fällen, in denen der Darlehensausreichung durch den oder die Gesellschafter die erfolglose Akquisition von Drittmitteln zu marktüblichen Bedingungen vorausging. Regelmäßig wird so offenkundig, was das Merkmal in seinem Bedeutungskern verlangt: Dritte halten die Gesellschaft nach ihren Unternehmenszielen, ihrem Geschäftsumfang, den Qualitäten ihres Managements - kurz: nach ihren gesamten Zukunftsaussichten - nicht (mehr) für geeignet, ihren Erwartungen an eine hinreichend sicherte Tilgung und Verzinsung ausgereichter Kreditmittel zu genügen. Die verweigerte Finanzierung dokumentiert unmittelbar und eindrucksvoll den Risikoumbruch zu lasten der Gesellschaftsgläubiger.

Dies gilt jedoch zumeist nur für einen der Zeitpunkte, zu denen die Kreditunwürdigkeit der Gesellschaft vorliegen muss, um die Rechtsfolgen des Ersatzkapitalrechts zu tragen; Aussagen Dritter - zumeist institutioneller Kreditgeber - liegen regelmäßig nur für den Zeitpunkt der ursprünglichen Finanzierungsentscheidung vor. Positive Kredit**würdig**keit ist aber ihrerseits auch Voraussetzung, um den Nachweis der „Entpflichtung" ehedem sicher oder behauptet kapitalersetzender Gesellschaftermittel zu führen[665]. An der Verfügbarkeit von Äußerungen Dritter wird es insoweit regelmäßig fehlen. Diese Einschätzungen dritter Kreditgeber lassen sich auch nicht einfach nachholen, etwa als aktuelle Kredit-

---

[664] Kritisch zu der Praktikabilität dieses Merkmals Häuselmann u. a., Finanzierung der GmbH, S. 67 ff., 76 ff.; K. Schmidt, in: K. Schmidt/Uhlenbruck, Die GmbH in der Krise, S. 46; ders., Gesellschaftsrecht, § 37 IV 2 c.

[665] Von Gerkan/Hommelhoff, Kapitalersatz, S. 86 ff.; Scholz/K. Schmidt, §§ 32 a, b, Rz. 45; Lutter/Hommelhoff, a. a. O., §§ 32 a, b, Rz. 21; Baumbach/Hueck, § 32 a, Rz. 51; eingehend: Häuselmann/Rünker/Westermann, a. a. O., S. 75 f.

anforderung, denn auch hier geht es regelmäßig um konkrete oft lang zurückliegende Zeitpunkte, nämlich die, zu denen Gesellschafter ihre Darlehen nach Fristablauf oder Kündigung abgezogen haben und heute unter dem Verdacht stehen, der Gesellschaft dabei materielles Eigenkapital entzogen zu haben.

Weitere Situationen, in denen es darauf ankommt, ob Gesellschafterfremdmittel noch kapitalersetzender Natur sind, sind ebenfalls von den unzureichenden Beweismöglichkeiten, wie sie sich etwas in konkreten Kreditofferten oder -absagen anbieten würden, betroffen; denn auch insoweit gilt: Zu jedem Zeitpunkt zwischen Darlehensausreichung und -abzug kann bewiesen werden, dass eine ggf. einmal eingetretene Verstrickung formellen Fremdkapitals durch die inzwischen hergestellte Kreditvergabebereitschaft Dritter wieder entfallen ist[666].

(b) Indizienbezogener Nachweis der Kreditunwürdigkeit

Soweit der konkrete Nachweis der Kreditunwürdigkeit über die Entscheidungen Dritter nicht gelingt, folgert die Rechsprechung das zeitpunktbezogene Vorliegen der gesellschaftlichen Kreditunwürdigkeit aus sonstigen verschiedenen Anhaltspunkten in den wirtschaftlichen Verhältnissen des Unternehmens. Wichtigstes Indiz in diesem Zusammenhang ist die der Kreditausreichung zeitlich rasch nachfolgende Insolvenzeröffnung über das Vermögen der Gesellschaft; aus dieser zeitlichen Nähe von Finanzierungsentscheidung und Insolvenz folgert die Rechtsprechung, dass bereits bei Darlehensausreichung die Mittel zur Deckung eines durch anderweitige Kreditaufnahme bei Dritten nicht (mehr) zu deckenden Kapitalbedarfs dienten[667].

Während diese Argumentationsweise jedenfalls für sich in Anspruch nehmen kann, dass der Beweis des ersten Anscheins, bestenfalls eine Vermutung, für eine unternehmerische Schieflage im Finanzierungszeitpunkt streitet, ist der Überzeugungswert anderer Indizien weitaus geringer; diese werden allein oder neben den soeben benannten Kriterien herangezogen, die Kreditunwürdigkeit in den Augen Dritter zu belegen[668]. Auch hier weist die Rechtsprechung ein recht

---

666 Vgl. dazu etwa Hachenburg/Ulmer, a. a. O., §§ 32 a, b, Rz. 57, 64 a; BGHZ 90, 370, 381; BGH WM 1990, 182, 184.

667 Hachenburg/Ulmer, a. a. O., §§ 32 a, b, Rz. 4 f., 49 f., 54 f.; von Gerkan/Hommelhoff, a. a. O., S. 78 ff.; Hommelhoff/Goette/Kleindiek, Eigenkapitalersatz, S. 31 f.; insb. OLG Köln, ZIP 1989, 523.

668 Statt aller: Hachenburg/Ulmer, a. a. O., §§ 32 a, b, Rz. 46, 54; von Gerkan/Hommelhoff, a. a. O., S. 77 ff.; Baumbach/Hueck, a. a. O., § 32 a, Rz. 44; BGHZ 75, 334, 337; OLG Hamburg, BB 1986, 1817; OLG Hamburg, WM 1990, 1292.

beherztes Vorgehen auf, dem es indes an letzter Überzeugungskraft mangelt. Vielleicht beruht die hohe Akzeptanz der davon betroffenen Entscheidungen weniger auf der besonders exakt eingegrenzten Situation der Kreditunwürdigkeit, sondern vielmehr auf der durchaus plausibel beschriebenen Unternehmenssituation, die im Interesse „seriöser“ Unternehmensfinanzierung mit einiger Plausibilität eine Eigenkapitalfinanzierung verlangt hätte.

Breiten Raum in der Diskussion um die Feststellung der Kredit(un)würdigkeit für die verschiedenen relevanten Umqualifizierungs- bzw. Entsperrungssituationen nimmt die Möglichkeit ein, die Kreditunwürdigkeit aus dem Jahresabschluss abzuleiten[669]. Soll der Jahresabschluss - Bilanz, GuV, Anhang[670] - einer Kapitalgesellschaft als Erkenntnisgrundlage für die Ermittlung der Kreditunwürdigkeit im Rahmen des Ersatzkapitalrechts herangezogen werden, erfordert dies zunächst einen Rückblick auf den Normzweck der BGH- und Novellen-Regeln. Denn eines dürfte von Anbeginn klar sein: Der Jahresabschluss enthält zwar rechtlich begründete, letztlich aber in den Grenzen des Bilanzrechts betriebswirtschaftlich motivierte Informationen. Diese können kaum als unmittelbare Subsumtionsgrundlage für das Merkmal der Kreditunwürdigkeit oder sonstige denkbare Konkretisierungen der gesellschafterlichen Finanzierungsverantwortung herangezogen werden.

Allerdings kommen sie durchaus in Betracht, als Grundlage am Normzweck des zweistufigen Ersatzkapitalrechts orientierter, wertender Schlussfolgerung herangezogen zu werden. Eine quasi-mechanische Ableitung des Rechtsbegriffs der Kreditunwürdigkeit aus dem Jahresabschluss kann zur Ausfüllung des normativen Rechtsbegriffs des Finanzierungsverhaltens ordentlicher Kaufleute nicht hinreichen.

(3) Jahresabschluss als Informationsquelle für Überschuldung

Kreditunwürdigkeit der Gesellschaft bei Dritten liegt jedenfalls dann vor, wenn die Gesellschaft überschuldet ist[671]. Ergibt eine Gegenüberstellung des Aktivvermögens und der Verbindlichkeiten zu Liquidationswerten, dass das Gesell-

---

[669] Eingehend Häuselmann /Rünker/Westermann, a. a. O., S. 76 ff.; kritisch: Hachenburg/Ulmer, a. a. O., §§ 32 a, b, Rz. 49; vgl. auch BGH, GmbHR 1996, S. 198; BGH GmbHR 1996, S. 199, mit Besprechung von Pape, ZIP 1996, S. 1409.

[670] Zur Definition des Jahresabschlusses vgl. § 264 Abs. 1 HGB.

[671] Hachenburg/Ulmer, a. a. O., §§ 32 a, b, Rz. 47; Scholz/K. Schmidt, a. a. O., §§ 32 a, b, Rz. 33; Baumbach/Hueck, a. a. O., §§ 32 a, b, Rz. 44; BGHZ 69, 274, 278; 75, 334, 338.

schaftsvermögen nicht mehr genügt, die Schulden zu decken, wird die Gesellschaft kaum mehr kreditwürdig sein[672]. Zwar ist der Jahresabschluss insoweit als Erkenntnisquelle nicht recht geeignet, denn die Bilanzansätze im Jahresabschluss sind grundsätzlich andere als in der Überschuldungsbilanz[673]. Der Jahresabschluss hat sich für den Regelfall am Going-concern-Prinzip zu orientieren. Indes darf auch im Jahresabschluss nur dann von der Fortsetzung der Unternehmenstätigkeit ausgegangen werden, wenn dem nicht rechtliche oder tatsächliche Gegebenheiten entgegenstehen. Anderenfalls ist auch bereits der Jahresabschluss nach Liquidationswerten aufzustellen[674]. Auf die Beachtung dieser Grundsätze wirkt die Arbeit auch des Abschlussprüfers hin. Stellt dieser fest, dass Zahlungsunfähigkeit oder Überschuldung den Bilanzansatz zu Liquidationswerten erfordert hätten, hat er seinen Bestätigungsvermerk einzuschränken oder zu versagen[675].

(4) Kreditunwürdigkeit bei Unterbilanz

Als Unterbilanz wird ein Zurückbleiben der Aktiva hinter der Summe von Passiva und Stammkapital bezeichnet[676]. Zur Ermittlung der Unterbilanz ist auf die Bewertungsansätze im Jahresabschluss abzustellen[677]. Ob jedoch das Zurückbleiben des gesellschaftlichen Reinvermögens geeignet ist, den Schluss auf die Kreditunfähigkeit zu begründen, ist unsicher. So kann etwa auch bei Unterbilanz noch genügend sicherungsfähiges Vermögen vorhanden sein, um Fremdmittel in erforderlichem Umfang zu akquirieren[678]. Diese Auffassung scheint sich durchgesetzt zu haben; ergibt der Jahresabschluss, dass die Gesellschaft Teile ihres die Stammkapitalziffer repräsentierenden Vermögens bereits verwirtschaftet hat, so steht damit die Kreditunfähigkeit also keineswegs fest.

---

672 Häuselmann, u. a., Finanzierung der GmbH, S. 77.

673 Häuselmann, u. a., a. a. O., S. 77; IDW, in: WPg 1989, 27.

674 Häuselmann, u. a., a. a. O., S. 77.

675 IDW, a. a. O., S. 27.

676 Zur Unterbilanz allg. vgl. von Gerkan/Hommelhoff, a. a. O., S. 38 f.; Scholz/Westermann, a. a. O., § 30, Rz. 13; Hachenburg/Goerdeler-Müller, a. a. O., § 30, Rz. 29 f.; Baumbach/Hueck, a. a. O., § 30, Rz. 7.

677 H.M., statt aller Hachenburg/Goerdeler-Müller, a. a. O., § 30, Rz. 30.

678 Von Gerkan/Hommelhoff, a. a. O., S. 71 ff.; Hachenburg/Ulmer, a. a. O., §§ 32 a, b, Rz. 58; Scholz/K. Schmidt, a. a. O., §§ 32 a, b, Rz. 45; unklar, Häuselmann, u. a., Finanzierung, S. 77.

(5) Informationsquelle Lagebericht / Prüfungsbericht

Der Lagebericht einer Kapitalgesellschaft beschäftigt sich regelmäßig auch mit der Vermögens-, Finanz- und Ertragslage der Gesellschaft[679].

Notwendig werden damit auch Angaben zu den Bereichen Finanzierung und Investition. Zur Abschätzung der Kreditunfähigkeit der Gesellschaft werden diese Angaben gleichwohl überwiegend untauglich sein; zum einen beschränkt sich der Lagebericht regelmäßig auf die Darstellung einer Entwicklung verschiedener Parameter im Berichtszeitraum bis zum Bilanzstichtag. Die Kreditfähigkeit muss aber zeitpunktbezogen zur Beurteilung einer konkreten Darlehensausreichung herangezogen werden können.

Zum anderen kann schon der Charakter der niedergelegten Informationen keinen hinreichenden Aufschluss über die Kreditfähigkeit der Gesellschaft geben, auch wenn ein konkreter Befund stichtagsbezogen möglich sein sollte. Denn Aussagen über die Vermögens-, Finanz- und Ertragslage lassen zwar Schlüsse auf das Liquiditäts- und Investitionspotential zu, geben aber selbst in ihrer Gesamtwürdigung kaum Aufschluss über das dazu zur Verfügung stehende Fremdfinanzierungspotential; dies jedenfalls nicht mit der Präzision, die erforderlich ist, um das Finanzierungsverhalten ordentlicher Kaufleute über das Merkmal der Kreditunwürdigkeit zu konkretisieren.

Kreditwürdigkeitsüberlegungen werden häufig von institutionellen Kreditgebern angestellt, um ihre Vergabeentscheidung treffen zu können. Hierzu werden sie sich vielfach auf den Prüfungsbericht eines Wirtschaftsprüfers beziehen, der sich immer auch mit der Vermögen-, Finanz- und Ertragslage des Unternehmens auseinander zu setzen hat. Schon die Berufsgrundsätze verlangen Angaben zu den wirtschaftlichen Grundlagen; diese sind etwa Kennzahlen zur Bilanzstruktur, Finanzierungs- und Erfolgskennzahlen, Kapitalflussrechnungen und Cashflow-Analysen.

Die Folgerungen, die so aus einer Bilanzanalyse auf der Grundlage dieser Zahlen möglich werden, könnten jedenfalls deutliche Anhaltspunkte für das Fremdfinanzierungspotential der Gesellschaft schaffen. Auch hier stellt sich jedoch die Frage, ob die geprüften Befunde rechtssicher den Schluss auf eine zeitpunktbezogene gegebene Kreditunfähigkeit zulassen.

---

679 Häuselmann, u. a., Finanzieurng, S. 77 f.; Ellrott, § 289, Rz. 21; Osnabrück, BB 1990, 813 ff.

(6) Kreditunwürdigkeit qua Bilanzanalyse in der Rechtsprechung

Die Bilanzanalyse wird in der Rechtsprechung nur ganz vereinzelt zur zentralen Grundlage gemacht, die Kreditunwürdigkeit der Gesellschaft zu ermitteln[680]. Eher eine Ausnahme stellt die Entscheidung des BGH vom 19.9.1988 dar[681]. In ihr werden erstmals bilanzrechtliche und betriebswirtschaftliche Wertungen herangezogen um die gesellschafterliche Finanzierungsverantwortung im Merkmal der Kreditwürdigkeit zu konkretisieren[682].

(a) Ergebnisse des BGH

Nach Ansicht des Gerichts ist das Unternehmen dann nicht mehr in der Lage, bei der Gesellschaft nicht verbundenen Dritten Fremdmittel zu akquirieren, wenn die Abschreibungen seine Investitionsmöglichkeiten übersteigen[683], letztlich also dann, wenn sich in der Gesellschaft ein Substanzverzehr in der Verwirtschaftung nicht mehr regenerierbaren Vermögens abzeichnet. In den Mittelpunkt seiner Überlegungen rückt der BGH damit das Liquiditätspotential der Unternehmung. Dieser muss nicht nur ausreichen, um Re-Investitionen zu finanzieren, sondern auch genügen, um die Verbindlichkeiten der Gesellschaft auf Dauer planmäßig tilgen zu können. Dies mündet in das Ergebnis: Eine Gesellschaft ist jedenfalls dann kreditunfähig, wenn sie noch nicht einmal die Zinsen auf ihre Verbindlichkeiten entrichten kann[684]. Diese Kriterien des BGH sollen durch die Jahresabschlussanalyse verfügbar gemacht werden können. Anzuwenden sind dabei verschiedene betriebswirtschaftliche Hilfskriterien.

Da der BGH zentral auf den betriebswirtschaftlichen Liquiditätsbedarf und nicht auf die juristische Kategorie der Illiquidität abstellt, bieten sich für ihn tatsächlich die zur Jahresabschlussanalyse zahlenden Instrumentarien der Cash-flow-Analysen und der Kapitalflussrechnung an, um das Liquiditätspotential zu ermitteln[685].

---

680 Hierzu vor allem BGHZ 105, 168; kritisch: K. Schmidt, NJW 1988, 3149; Lutter, ZIP 1989, 481.

681 BGHZ 105, 168.

682 BGHZ, a. a. O., S. 105, 168; dazu Lutter, ZIP 1989, 481; K. Schmidt, NJW 1988, 3149.

683 BGHZ 105, 168.

684 Relevante Meßgröße ist damit letztlich der cash-flow der Gesellschaft, Häuselmann, u. a., Finanzierung, S. 79, Fn. 17.

685 Häuselmann, u. a., a. a. O., S. 79, Fn. 17.

Aufgrund der Aussagen zum Cash-flow, zur Liquidität, zur Mittelherkunft und ihrer Verwendung sollen sich durch die verschiedenen Kennzahlensysteme der Finanzwirtschaft durchaus präzise und plausible Ex-ante-Aussagen zur Kreditwürdigkeit einer Gesellschaft machen lassen.

(b) Bewertung

Die in der Entscheidung vom 19. August 1988 entwickelten und auch in der Literatur vereinzelt hinsichtlich der betriebswirtschaftlichen Parameter fortentwickelten Kriterien haben sich bis heute nicht durchsetzen können[686]. Dabei lässt sich nicht etwa ausmachen, dass die Verfahrensweise als solche fehlerbehaftet und so widerlegt worden sei. Auch der BGH selbst hat - soweit erkennbar - in später folgenden Entscheidungen auf diese vorrangig bilanzrechtlich und betriebswirtschaftlich ausgerichtete Argumentation nicht mehr entscheidend abgestellt[687]. Zwar steht das Merkmal der Kreditunwürdigkeit noch immer im Vordergrund, um das Finanzierungsverhalten ordentlicher Kaufleute zu konkretisieren. Insgesamt hat die Entscheidung - jedenfalls mit diesem Teil - auch nur geringe Beachtung gefunden. Die Hauptbedenken richten sich gleichwohl gegen das Verfahren, den normativen Rechtsbegriff der gesellschafterlichen Finanzierungsverantwortung[688] in seiner Ausprägung durch die Fallgruppe der bei Kreditunwürdigkeit ausgereichten Fremdmittel mit Hilfe betriebswirtschaftlicher bilanzieller Hilfserwägungen wertend zu konkretisieren. Zweifel sind insbesondere dahingehend berechtigt, dass die betriebswirtschaftlich begründeten Bilanzansätze bilanzrechtlich erhebliche Spielräume belassen[689]. Hierdurch bleiben die vom BGH bzw. in der Literatur herangezogenen Stellgrößen wenig konturenscharf[690]. Zulässige ausgeübte Ansatz- oder Bewertungswahlrechte sind daher geeignet, das Ergebnis, die Qualifizierung einer Gesellschafterfremdfinanzierung als nachrangiges Haftkapital, innerhalb eines breiten Spielraums zu beeinflussen.

---

686 Siehe Braun, WPg 1990, 553 ff., 593 ff. mit eingehender Analyse der BGH-Entscheidung.

687 Vgl. etwa BGH DB 1990, 320; BB 1990, 164; NJW 1995, 45 f.

688 Zum normativen Rechtsbegriff BGHZ 81, 252, 257; Hachenburg/Ulmer, a. a. O., §§ 32 a, b, Rz. 8; Baumbach/Hueck, a. a. O., § 32 a, Rz. 42.

689 Gegen schematische Anwendung betriebswirtschaftlicher Regeln auch Baumbach/Hueck, a. a. O., § 32 a, Rz. 42.

690 Optimistischer: Braun, WPg 1990, 553 ff., 593 ff.

Das Verdikt der Kreditunwürdigkeit kann also auf der Grundlage der Bilanzanalyse nur innerhalb einer gewissen Bandbreite ausgesprochen werden; rechtssichere Konkretisierung des normativen Rechtsbegriffs ist dann aber nur möglich, wenn bei allen denkbaren Ausübungsformen von Wahlrechten das Urteil nur heißen kann: Kreditunwürdigkeit. Insgesamt scheint die Bilanzanalyse jedenfalls kein Allheilmittel zur Lösung der im Rahmen des Ersatzkapitalrechts anstehenden Konkretisierungsprobleme zu sein. Umso mehr gilt es, der vom Anspruchsführer darzulegenden Ersatzkapitalqualifikation durch die Konkretisierung der gemeinhin herangezogenen Kreditunwürdigkeit weitere Kriterien zur Seite zu stellen.

Die weitere Untersuchung muss sich der Frage zuwenden, ob die geplante Substituierung einer formellen Kapitalausstattung durch Gesellschafterdarlehen Elemente einer unangemessenen Risikoverlagerung auf die Gläubiger trägt und so einer Subordination nach den Rechtsprechungs- und Novellen-Regeln zugänglich ist.

g) Ergebnis zur Finanzierungsverantwortung

Aus dem bisherigen Fallmaterial zu Eigenkapital ersetzenden Gesellschafterleistungen konnte als Befund entwickelt werden: Tragende und übergreifende Erwägung, formelles Gesellschafterfremdkapital in haftenden Kapitalersatz umzuqualifizieren, ist die Verantwortung des Gesellschafters für eine ordnungsgemäße, dem Risiko des Unternehmens im Wesentlichen entsprechende, Haftkapitalausstattung[691].

Diesen Grundsatz hat der Gesetzgeber in den Novellen-Regeln mit dem Finanzierungsverhalten des „Gesellschafters als ordentlichem Kaufmann" übersetzt. Es verpflichtet in besonderen Finanzierungssituationen mit Rücksicht auf die gegenwärtige und zukünftige Sicherung der Befriedigungsaussichten aktueller und potentieller Gläubiger die einmal getroffene Entscheidung, unternehmerisches Tätigwerden - sei es die Gründung oder die Expansion der Gesellschaft - zu finanzieren, in bestimmter Weise zu vollziehen. Zwar gilt: Die mit dem Betrieb eines Unternehmens auch für Gläubiger eröffnete Möglichkeit gewinnbringend tätig zu werden, birgt immer auch die Gefahr des Ausfalls der Gläubigerforderung bei Scheitern des Geschäftspartners mit sich. Dieses Risiko

---

691 Angedeutet schon bei Wiedemann, Gesellschaftsrecht, S. 570: ordentl. Kapitalstruktur, vgl. auch BGHZ 31, 258, 268 f.

müssen Gläubiger in der Marktwirtschaft grundsätzlich tragen[692]. Die Gesellschafter sind nicht verpflichtet, es von vornherein durch ein in jedem Fall ausreichendes Voraushaftungs- und Verlustdeckungspotential zu eliminieren[693]. Dieser Grundsatz bedarf indes der korrigierend-präzisierenden Einschränkung.

Anerkannt ist, dass die Gesellschafter durch ihr Finanzierungsverhalten und die Art und Weise, die Geschäfte zu führen, nicht zu lasten der Gläubiger spekulieren dürfen[694]. Dies aber ist jedenfalls der Fall, wenn sie den Geschäftsbetrieb noch in einem Stadium aufrecht erhalten, in dem Dritte ihr mangels hinreichend sicherer Tilgungs- und Verzinsungserwartungen keine Mittel mehr zur Verfügung stellen wollen und die Gesellschaft deshalb vernünftigerweise liquidiert werden müsste, bevor die Befriedigungsaussichten der Gläubiger und die der Gesellschafter auf einen Liquidationserlös weiter schwinden[695]. Von den Gesellschaftern, die sich in dieser für die Gläubigerbefriedigung mit erhöhtem Risiko behafteten Finanzierungssituation zur Fortsetzung oder gar Ausweitung ihres Engagements entschließen, wird zu Recht erwartet, dass sie die Finanzierung mit Kapital unternehmen, welches für die Gläubiger eine angemessene Kompensation für die ihnen zugemuteten Risiken bietet. Erforderlich ist materielles Haftkapital, denn nur dies erfüllt diese Funktionen. Dieses Gebot einer angemessenen Risikotragung, nicht indes einer angemessenen Kapitalausstattung, liegt den Kapitalersatzregeln des zweistufigen Schutzsystems als allgemeiner Normzweck zugrunde[696]. Damit ist jedoch noch kein subsumtionsfähiger Obersatz entwickelt, anhand dessen sich jede Gesellschafterfremdfinanzierung rechtssicher als materielles Fremd- oder Eigenkapital qualifizieren ließe[697].

---

692 Hingewiesen sei auf die Verwerfungen, die sich für die ehemaligen volkseigenen Wirtschaftseinheiten der DDR-Volkswirtschaft mit ihrer Umwandlung in eigenverantwortlich handelnde Kapitalgesellschaften eingestellt haben.

693 Etwa durch von vornherein angemessenes Eigenkapital oder durch gewillkürtes Eigenkapital. Vgl. nur Hachenburg/Ulmer, a. a. O., §§ 32 a, b, Rz. 7; Anh. § 30; Scholz/K. Schmidt, a. a. O., §§ 32 a, b, Rz. 3.

694 So in BGHZ 90, 381, 389; von Gerkan/Hommelhoff, Kapitalersatz, S. 24; Lutter/Hommelhoff, ZGR 1979, 31.

695 Umqualifizierung setzt gerade an der Existenzgrundlage an. Vgl. dazu: A. Müller, Regeln, S. 67 f.; BGHZ 76, 330; auch bereits BGHZ 31, 269; 81, 256 ff.; 81, 314 f.; 81, 366 f.; BB 83, 2206; Hommelhoff WM 1984, 1107; Hommelhoff, Zukunft der GmbH, S. 35 f.

696 Bislang in Rechtsprechung und Literatur jedoch allenfalls angedeutet, im Verbot der Abwälzung der Finanzierungsrisiken. Scholz/K. Schmidt, a. a. O., §§ 32 a, b, Rz. 4; vor allem Begr.RegE 1977, S. 39; Fleck, in: Festschrift Werner, S. 117.

697 Zum Begriff des materiellen Eigenkapitals siehe bereits Teil 1, III.

Auch mit ihrem deutlich herausgearbeiteten Normzweck bleibt die Verantwortung des Gesellschafters für eine ordnungsgemäße Unternehmensfinanzierung vornehmlich eine Zusammenfassung bisher gefundener und im jeweiligen Einzelfall auch überzeugender Einzelansätze.

Damit kann verhindert werden, dass im Kapitalersatzrecht beliebige Wertungen Platz greifen[698]. Öffnet man den Anwendungsbereich des Kapitalersatzrechts auch für schon außerhalb der Krise ausgereichte Fremdmittel, ist der Weg geebnet, Finanzplankredite über die Finanzierungsverantwortung der Gesellschafter zu erfassen.[699] Die Unternehmenskrise als zentrales Kriterium und Tatbestandsmerkmal für das Eigenkapitalersatzrecht verliert damit an Bedeutung. Eine planmäßige Fremdfinanzierung der Gesellschaft mit für den Unternehmenszweck unverzichtbaren Mitteln könnte den materiellen Eigenkapitalcharakter hinreichend darlegen. Das Bedürfnis, materielles Eigenkapital auch außerhalb der Unternehmenskrise zu gewinnen, wird zunehmend akzeptiert.[700] Diskrepanzen deuten sich lediglich hinsichtlich der Belastbarkeit des zweistufigen Eigenkapitalersatzrechts an.

Zur Beurteilung, ob eine formelle Gesellschafterfremdfinanzierung materiell dem den Gläubigern haftenden Kapital zuzuschlagen ist, bleiben die Einzelansätze nach wie vor von Bedeutung, soweit sie in der Lage sind, dem vorstehend erkannten Normzweck des objektiv-rechtlichen Kapitalersatzrechts im Einzelfall Geltung zu verschaffen. Auf dieser Grundlage gilt es auszumessen, ob auch solche Darlehensgestaltungen, die nicht in der durch Insolvenzreife oder - zeitlich und sachlich vorgelagert - der mit einer Liquidationsobliegenheit verbundenen Kreditunwürdigkeit gekennzeichneten Krise ausgereicht oder aufrecht erhalten werden, dem materiellen Eigenkapital zugerechnet werden können. Diese an der Risikostruktur orientierten Überlegungen zur gesellschafterlichen Finanzierungsverantwortung machen zugleich deutlich, dass es für die Tatbestandsbildung nicht auf die gesellschaftsvertragliche oder gesellschaftsrechtliche Verpflichtung zur Darlehensgewährung ankommen kann. Die Anknüpfung hieran wäre vordergründig und trägt den materiellen Aspekten der Umqualifizierung nicht hinreichend Rechnung. Sie lädt zur Umgehung ein. Mit einer Flucht in die allein schuldrechtlich bestimmte Darlehensgewährung könnten die Gesellschafter empfindliche Rechtsfolgen vermeiden, ohne dass unter Risikogesichtspunkten zwischen einer gesellschaftsrechtlich bestimmten und einer lediglich

---

698 Dazu bereits von Gerkan/Hommelhoff, Kapitalersatz, S. 22 f.

699 Vgl. auch OLG Hamburg, ZIP 1986, 1113.

700 Vgl. nur Fleischer, Finanzplankredite, S. 48 f.

schuldrechtlich veranlassten Darlehensgewährung eine Differenzierung möglich wäre. Dieser Sehweise hat sich inzwischen auch der Bundesgerichtshof angeschlossen.[701]

10. Prüfprogramm bei Ausmessung der Finanzierungsverantwortung

a) Ausgangslage

Für die Überprüfung der Frage, ob die so gefassten Grundsätze ordnungsgemäßer Unternehmensfinanzierung auch die Umqualifizierung weiterer Sachverhalte neben der Krisen- und Insolvenzfinanzierung tragen, ist zunächst festzustellen und einzugrenzen, welche Fallgestaltungen betroffen sein könnten.

Versteht man den Begriff der Finanzplanfinanzierung wirtschaftlich weit, so fallen hierunter bereits jene Finanzierungen, die mit Blick auf eine zukünftige Krise gewährt worden sind[702]. Das planerische Element besteht dann indes allein darin, dass sich Gläubiger, aber auch Geschäftsführung und Mitgesellschafter darauf verlassen und auch darauf einstellen können, dass die Mittel auch in der Krise der Gesellschaft zur Verfügung gehalten werden, vorbehaltlich zwischenzeitlicher Änderungen dieser Abrede[703].

Finanzplandarlehen begegnen aber weiter in den Sachverhalten, in denen Gesellschafter die Finanzierung der Unternehmung planmäßig auf eine Kombination von Eigen- und Gesellschafterfremdmitteln ausrichten. Dies kann auf einer mitgliedschaftlich begründeten Gewährungspflicht beruhen, muss es aber keineswegs[704].

Geprägt sind diese Sachverhalte vor allem durch ein auffälliges Missverhältnis von formellem Eigen- und Fremdkapital, sowie einer der typischen Eigenkapi-

---

[701] Vgl. BGHZ 121, 31, 41 f. (Lagergrundstück II); hierzu auch von Gerkan/Hommelhoff, Kapitalersatz, S. 199 f.; eingehend auch Fleischer, Finanzplankredite, S. 129 ff.

[702] Bes. instruktiv BGH NJW 1987, 1080, 1081; NJW 1985, 2719; a. A. von Gerkan, GmbHR 1990, 384.

[703] So bei Ausschluss der Kündigungsmöglichkeit; vgl. etwa BGHZ 104, 33.

[704] So wohl überwiegend die Literatur Hachenburg/Ulmer, a. a. O., §§ 32 a, b, Rz. 48, 61; Scholz/K. Schmidt, a. a. O., §§ 32 a, b, Rz. 38; a. A. dagegen BGHZ 104, 33; unentschieden BGHZ 121, 41 f: jedenfalls keine gesellschaftsvertragliche Verpflichtung erforderlich.

talfunktionen sehr nahe kommenden eigenwilligen Darlehensgestaltung[705]. Anderen, vielleicht in der GmbH den häufigsten Sachverhalten, fehlt diese Besonderheit. Hier sind die Fälle dadurch geprägt, dass neben einem nur geringen Stammkapital, ggf. sonstigen Nach- oder Zuschüssen, die Gesellschafter ihre Unternehmung breitflächig und langfristig mit Fremdkapital ausstatten, und dies in dem Bewusstsein, dass diese Finanzierungsstruktur unerlässlich ist, um die unternehmerisch geplanten Ziele zu erreichen. Fehlten diese Mittel, so könnte das Unternehmen nicht in der vorgesehenen Form betrieben werden. Einer der wohl extremsten Fälle dieser Art planmäßiger Fremdfinanzierung hat mit der Deutsche Fernseh-GmbH eine gewisse literarische Berühmtheit erlangt[706]. Auf diese Dreiteilung von Finanzplandarlehen soll sich die Untersuchung am Maßstab der Rechtsprechungs- und Novellen-Regeln beziehen[707]. Jede der so idealtypisch gebildeten Fallgruppen ist daraufhin zu untersuchen, ob sie aufgrund der in ihr verkörperten Finanzplanung als materielles Eigenkapital der Unternehmung zu qualifizieren ist. Dies erfordert eine eingehende Betrachtung ihrer Spezifikation hinsichtlich der Unternehmens- und Finanzplanung, also möglicherweise weit über die Verhältnisse zum Gewährungszeitpunkt hinaus. Zuvor jedoch sollen auch diese Finanzplanfinanzierungen noch einmal auf die Möglichkeit der Umqualifizierung schon im Zeitpunkt ihrer Ausreichung untersucht werden; dieses Ergebnis könnte über ein erweitertes Verständnis der Umqualifizierung in der Kreditunwürdigkeit der Gesellschaft bei Dritten erzielt werden.

b) Fallausweitungen im Finanzplanbereich

Es wird deutlich, dass auf dieser Basis auch Gesellschafterleistungen, die nicht mit Blick auf eine Krisenlage der Gesellschaft ausgereicht wurden, nach den Rechtsprechungs- und Novellen-Regeln zugunsten der Gläubiger gebunden werden könnten.

---

705 Vgl. etwa den Sachverhalt in BGHZ 104, 33; im Einzelnen siehe Teil 1, III. 2.

706 Nachweise bei Lutter/Hommelhoff, a. a. O., §§ 32 a, b, Rz. 178; vgl. auch Hommelhoff/Kleindiek, Festschrift 100 Jahre GmbHG, S. 438 ff.

707 Auch anderenorts in der Literatur werden diese drei Fallgruppen unter dem Oberbegriff der Finanzplanfinanzierung behandelt, vgl. etwa Scholz/K. Schmidt, GmbHG, §§ 32 a, b, Rz. 38.

ba) Grundsatzüberlegungen

Bezieht man auch nicht krisenbezogene Gesellschafterleistungen in den Normbereich des Ersatzkapitalrechts mit ein, so kann sich ihre Umqualifizierung grundsätzlich auf zwei Wegen ergeben:

- Schon die Art und Umstände der Finanzierung im Moment der Kreditausreichung erfüllen für sich den Tatbestand der Ersatzkapitalfinanzierung.
- Die Art und Umstände der Kreditfinanzierung sind einem Rangrücktritt, einer von vornherein auch auf Krisenfinanzierung ausgerichteten Gesellschafterfremdfinanzierung gleichwertig und nehmen mit einem späteren Kriseneintritt ohne weiteres Zutun der Gesellschafter Ersatzkapitalcharakter an.

Dann scheint ein Grobabriss im Folgenden, der den weiteren Gang der Darstellung vorbereiten soll, hilfreich.

Welchen Weg eine Umqualifizierung nehmen muss, ist maßgeblich von der Überlegung bestimmt, dass als Eigenkapital ersetzend markierte Gesellschafterdarlehen die Fremdfinanzierung in der Unterkapitalisierung betreffen. Voraussetzung ist damit in jedem Fall die Feststellung des Verdachts einer Fremdfinanzierung in einer Finanzierungssituation, in der aus Gläubigerschutzgesichtspunkten eine Haftkapitalausstattung geboten gewesen wäre[708].

Denn eine solide Unternehmensfinanzierung ist nach den oben gewonnenen Erkenntnissen dann gegeben, wenn die Finanzierungsstruktur eine angemessene Risikobeteiligung auch der Gesellschafter gewährleistet. Hier ist erneut auf die verschiedenen Definitions- und Konkretisierungsversuche zurückzukommen, die - in und außerhalb der Ersatzkapitalregeln - versucht worden sind[709].

Der Ansatz von **Ulmer** ist hierbei durch Bezugnahme auf das von Dritten zu erwartende Finanzierungsverhalten besonders rechtssicher handhabbar und praktikabel[710]. Indes scheint es nicht ausgeschlossen, auf das ein Missverhältnis zwischen Geschäftszweck und -umfang einerseits und Verhältnis von Eigen-

---

[708] Gebotene Haftkapitalausstattung BGHZ 81, 311, 314; 81, 252, 257; Scholz/K. Schmidt, a. a. O., §§ 32 a, b, Rz. 5.

[709] Vgl. oben V. 4.

[710] Hachenburg/Ulmer, a. a. O., Anh. § 30, Rz. 16.

und Fremdmitteln andererseits konkretisierende Merkmal der Kreditunwürdigkeit bei Dritten zur Konkretisierung der Unterkapitalisierung zu verzichten[711].

Dies setzt jedoch voraus, dass die Bewertungsunsicherheiten, die sich bei einem solchen Verzicht einstellen, durch anderweitige Parameter rechtssicher ersetzen lassen. Zu prüfen ist also, nach welchen Maßgaben bei Finanzplanfinanzierungen der die Behandlung als materielles Eigenkapital rechtfertigende Risikoumbruch zu lasten der Gläubiger anderweitig gegeben sein kann.

Geht man von einem Begriff der Unterkapitalisierung aus, der sich etwa am Verhältnis von Geschäftsumfang und Eigenkapital orientiert, so begegnet bei isolierter Betrachtung dieses Tatbestandsmerkmalbedenken hinsichtlich seiner verlässlichen Feststellung im Einzelfall[712]. Die grundsätzliche Relevanz dieses Parameters vermag indes zu überzeugen.

Dass eine die Gläubiger unangemessen benachteiligende Chancen- und Risikenverteilung auch dann vorliegen kann, wenn die Gesellschaft auf einer wesentlich zu knappen Kapitalgrundlage operiert, ist grundsätzlich konsensfähig. Obwohl es an allgemeingültigen Erkenntnissen fehlt, die es jedenfalls in der Ex-ante-Sicht erlauben würden, die Risikoabwälzung zeitlich und sachlich zu erfassen, ist der Versuch, die Unterkapitalisierung auch insoweit zu konkretisieren, nicht von vornherein ohne Aussicht auf Erfolg.

Einen ersten Anhalt könnten feststehende Kapitalisierungsvorgaben für die Ausstattung der GmbH mit Eigenmitteln geben.

bb) Eigenkapital ersetzende Fremdfinanzierung qua finanzplangebundener Risikoabwälzung

Finanzplankredite sind somit, wie manch andere Kredite aus Gesellschafterhand auch, nach den Rechtsprechungs- und Novellen-Regeln zu begutachten. Die Ausdehnung der Finanzierungsverantwortung auf die Kreditunwürdigkeit außerhalb der Unternehmenskrise erlaubt es, die den bislang bekannt gewordenen Fallgestaltungen zugrunde liegenden Finanzierungssituationen weitgehend zu erfassen.

---

711 So verschiedene nicht akzeptierte Konkretisierungsversuche etwa bei Hachenburg/Ulmer, a. a. O., Anh. § 30, Rz. 13 ff.

712 Ebenso Hachenburg/Ulmer, a. a. O., Anh. § 30, Rz. 14; von Gerkan/Hommelhoff, Kapitalersatz, S. 27.

Das Phänomen der Finanzplankredite, wie es oben auf der Tatbestandsseite vorläufig beschrieben werden konnte, kann daher nach dem bisherigen Stand der Arbeit unter zwei Aspekten aufgegriffen werden:

- Zum einen kann die geplante Fremdfinanzierung in ihren extremen Ausgestaltungen über die zuvor entwickelte Rechtsfigur der einlagengleichen Gesellschafterdarlehen erfasst werden. Dies führt zu einer ganz weitgehenden Gleichbehandlung mit der Zufuhr formellen Haftkapitals.

- Die Geschäftsaufnahme oder -erweiterung auf der Grundlage einer sehr knappen Eigenkapitaldecke wird in vielen Fällen dazu führen, dass Dritte die Gesellschaft bei diesem Geschäftsumfang und Risikopotential nicht mit Fremdkapital finanzieren wollen, weil der Eintritt der Krise insoweit erst durch die Finanzierungsstruktur begünstigt wird. Die dann festzustellende Kreditunfähigkeit auch ohne Krise trägt die Umqualifizierung voll[713]. Es steht indes zu erwarten, dass in der Praxis nicht alle Konfliktsituationen, die sich mit der planmäßigen Fremdkapitalausstattung verbinden, mit den vorausstehenden beiden Ansätzen befriedigend zu erfassen sind. Diese Unzulänglichkeit der bisherigen Tatbestände und ihrer Reichweite bedarf der Erklärung.

bc) Einlagengleiche Gesellschafterfremdfinanzierung

Hinsichtlich der **einlagengleichen** Gesellschafterfinanzierung, wie sie in der Praxis bislang vor allem in Form der gesplitteten Pflichteinlage aufgetreten ist, ist zweierlei zu bemerken:

Zum einen können als Darlehen ausgereichte Gesellschafterfinanzierungen nach dem hier vertretenen Verständnis nur unter ganz engen Voraussetzungen dem Gesellschaftsvermögen zugerechnet werden. Diese Bedingungen finden sich bei eingehender Betrachtung der häufig behandelten (Publikums-)GmbH & Co. KG nur in den seltensten Fällen erfüllt. Umso eingeschränkter ist die Bedeutung dieser besonders engen Fallgruppe für das GmbH-Recht. Die Struktur der Haftungsverfassung in der Kapitalgesellschaft übt bei weitem nicht denselben

---

713 Dazu: von Gerkan/Hommelhoff, Kapitalersatz, S. 51 f.; eindeutig ausweitend: Scholz/K. Schmidt, §§ 32 a, b, Rz. 38, Hachenburg/Ulmer, a. a. O., Rz. 48, 61; nur, wenn krisenbezogen: OLG Hamburg, ZIP 1986, 1113, 1118, beschränkt auf §§ 30, 31 GmbHG; Fleck, Festschrift Döllerer, S. 113; Priester, OLG Hamburg, EWiR § 32 a GmbHG 2/86; von Gerkan, EWiR § 30 GmbHG 2/86, S. 1209, BGH ZIP 1987, 168, 170 f.

Anreiz auf diese Finanzierungsformen aus wie in der Personengesellschaft[714]. So ist bislang kein Fall bekannt geworden, der in der GmbH den „gesplitteten Einlagen“, die nur im Falle eines Abfindungs- oder Liquidationsguthabens zurückgezahlt werden können, vergleichbar wäre.

bd) Objektiv-rechtliche Umqualifizierung

Weniger solch rechtsgrundsätzlichen als eher tatsächlich-praktischen Unzulänglichkeiten sieht sich die objektiv-rechtliche Umqualifizierung auf der Grundlage der Kreditunfähigkeit ausgesetzt. Hier obliegt es dem Anspruchsführer zu beweisen, dass im Zeitpunkt der Darlehensausreichung - etwa bei Unternehmensgründung oder -erweiterung - die Mittel von dritter Seite zu marktgängigen Bedingungen nicht zu erhalten waren. Zwar entspricht es der wohl überwiegenden Meinung, dass dieser Beweis in der Regel zu führen sein wird; gleichwohl bleibt die Beweisführung mit Unsicherheiten behaftet. Zudem ist sie zeitaufwendig und ggf. auch teuer[715]. Es ist daher ein vor allem praktisches Bedürfnis, Finanzplandarlehen auch unter weiteren Gesichtspunkten zu betrachten und als dem Haftungsfonds der Gesellschaft zugehörig bewerten zu können.

Das weitere Vorgehen soll dabei zwei Aspekten gelten: Beide sind in der Literatur bereits angedacht worden, jedoch fehlt es bislang noch an tragfähigen Begründungen. Jegliche Überlegungen müssen naturgemäß an dem Schutzzweck und damit dem allgemeinen Umqualifizierungsansatz des Ersatzkapitalrechts ausgerichtet sein[716]. Dieser wurde - hier nur zusammenfassend wiedergegeben - in der Sicherung einer angemessenen Verteilung unternehmerischer Risiken zwischen Gesellschaftern und Gläubigergesamtheit erkannt, entsprechend ihren Chancen, am Erfolg der Gesellschaft teilzunehmen[717]. Notwendig breiten Raum nimmt die Darstellung der Ansätze hinsichtlich ihrer Praktikabili-

---

714 Vgl. dazu etwa: von Gerkan/Hommelhoff, a. a. O., S. 50 ff.; für grds. Übertragbarkeit, Teller, Rangrücktrittsvereinbarungen, S. 62 unter Hinweis auf K. Schmidt, Festschrift Goerdeler, S. 487, 496.

715 Es gibt keine einheitliche Auffassung über die Praktikabilität des Merkmals der Kreditunfähigkeit. Von einigermaßen rechtssicher handhabbar über volle Praktikabilität bis weitgehend unzulässig reicht das Meinungsspektrum.

716 Vgl. insb.: Hachenburg/Ulmer, a. a. O., §§ 32 a, b, Rz. 6 ff.; Scholz/K. Schmidt, a. a. O., §§ 32 a, b, Rz. 4, 6 ff.

717 BGHZ 90, 381, 389; Begr.RegE 1977, S. 39; Fleck, Festschrift Döllerer, S. 117; von Gerkan/Hommelhoff, Kapitalersatz; Lutter/Hommelhoff, a. a. O., §§ 32 a, b, Rz. 3 f.; Hachenburg/Ulmer, a. a. O., §§ 32 a, b, Rz. 8; Scholz/K. Schmidt, a. a. O., §§ 32 a, b, Rz. 4; A. Müller, Regeln, S. 85 ff.

tät zur Bewältigung der schutz- und normzweckkonformen Konkretisierung des normativen Tatbestandsmerkmals der Ersatzkapitalqualität einer Fremdfinanzierung ein. Dieser vom Gesetz in § 32 a GmbHG mit dem „Finanzierungsverhalten ordentlicher Kaufleute" übersetzte Anspruch an das Finanzierungsgebaren der Gesellschafter sollte - sollen die weiteren Fallgruppen effektiv der Gewährleistung einer den gesetzlichen Vorstellung entsprechenden Risikoverteilung dienen - insbesondere den Anspruchsführern in der Praxis in dem unüberschaubar zu werden drohenden Rechtsgebiet der kapitalersetzenden Gesellschafterleistungen Entscheidungs- und Arbeitshilfe bieten.

c) Zeitpunktbezogene Betrachtung

Bevor die beiden noch zu erörternden Umqualifizierungsansätze eingehend erörtert werden, soll eine kurze Charakterisierung vorgeschaltet werden; dies soll die Nachvollziehbarkeit der Argumentation im Detail erleichtern.

ca) Schon anfänglich kapitalersetzende Finanzierungsstruktur

In einem ersten Schritt soll versucht werden, aus der Finanzplanung der Gesellschafter Anhaltspunkte zu entwickeln, mit deren Hilfe sich nachweisen lässt, unter welchen Voraussetzungen die gesamte Finanzierungsstruktur die Chancen und Risiken unternehmerischer Tätigkeit auf die Gläubiger verlagert. Dabei wird zum einen auf ausdrückliche Unternehmensplanungen abzustellen sein. Wo diese - wie so oft - nicht angestellt wurden oder doch nicht nachvollziehbar dokumentiert sind, rücken die von den Gesellschaftern getroffenen Darlehensvereinbarungen in den Mittelpunkt[718]. Deren Ausgestaltung und Ausrichtung auf die Kapitalbedürfnisse der Gesellschaft können sich wiederum Indizien für das Risikogefüge in der Kapitalstruktur entnehmen lassen.

cb) Vorwirkungen der Finanzplanung

Einen etwas anderen Weg verfolgt der zweite Ansatz, der hier verfolgt werden soll. Lässt sich aufgrund einer offen zu Tage liegenden Finanzplanung oder einer Gesamtwürdigung des Vertragsganzen nicht sicher vorführen, dass eine Gesellschafterfremdfinanzierung eine einseitige Verlagerung von Finanzierungsrisiken auf die Gläubiger bringt, so können der Gestaltung vielleicht doch Vorwirkungen auf eine spätere Qualifizierung entnommen werden.

---

[718] Instruktiv: Unger, Unterkapitalisierung, S. 63 ff., hins. der weitergehenden Planungsanforderungen in Belgien.

Eine mit den Grundsätzen ordnungsgemäßer Unternehmensfinanzierung unvereinbare Finanzierungsstruktur könnte sich auch daran festmachen lassen, dass eine Finanzplanung den potentiell kapitalersetzenden Charakter schon lange vor dem Zeitpunkt offenbart, zu dem eine Neuzufuhr formellen Fremdkapitals seine Umqualifizierung in haftenden Kapitalersatz nach sich zöge[719].

Hier wäre zu überlegen, ob namentlich die langfristig unkündbare oder gar - auch unter Fortgeltung der Fremdkapitaleigenschaft - ausdrücklich an die Mitgliedschaft gebundene Darlehensfinanzierung vom Ersatzkapitalrecht der Rechtsprechungs- und Novellen-Regeln auch dann erfasst werden kann, wenn die Kreditfähigkeit nachweislich erst während der Laufzeit entfällt.

Nach herkömmlicher Betrachtung kommt es hier zunächst zu Subsumtionsschwierigkeiten: Ein umqualifizierendes Gewähren käme von vornherein nicht in Betracht. Denn im für die Umqualifizierung grundsätzlich relevanten Zeitpunkt der Mittelausreichung kann von einer die Gläubiger benachteiligenden Finanzierungsstruktur noch keine Rede sein. Denn solange Dritte bereit wären, die Gesellschaft mit Darlehen auszustatten, kann den Gesellschaftern gerade kein Verstoß gegen Grundsätze einer ordnungsgemäßen Unternehmensfinanzierung angelastet werden. Ein Operieren mit einem dem Gewähren vermeintlich gleichwertigen „Stehenlassen" indes erscheint bisweilen arg künstlich. Zudem ist dieses Vorgehen über § 32 a Abs. 3 GmbHG solange mit nicht unbeträchtlichen Unsicherheiten behaftet, wie nicht klar ist, welche Anforderungen insbesondere die Rechtsprechung an das Vorliegen einer Finanzierungsabrede auf den Zeitpunkt der Kreditunwürdigkeit stellt. Darüber hinaus setzt jedes umqualifizierende Stehenlassen begriffsnotwendig voraus, dass der betroffene Gesellschafter die rechtliche Möglichkeit hatte, die Fremdmittel bei Eintritt der Kreditunwürdigkeit abzuziehen. Anderenfalls lässt sich eine zu missbilligende Finanzierungsentscheidung nicht ausmachen. Daran fehlt es aber gerade dann, wenn die Möglichkeit zur außerordentlichen Kündigung ausgeschlossen oder - konkret bezogen auf einen Teilbereich der Finanzplandarlehen - eine besondere Finanzierungssicherheit dadurch erreicht werden soll, dass die Gesellschafter Darlehen auf gesellschaftsrechtlicher Grundlage „causa societatis" unter konkludentem Ausschluss von § 490 BGB zusagen oder ausreichen.

---

719 Scholz/K. Schmidt, a. a. O., §§ 32 a, b, Rz. 38; i.E. wohl ebenso Hachenburg/Ulmer, a. a. O., §§ 32 a, b, Rz. 48, 61; Kleindiek/Hommelhoff, Festschrift 100 Jahre GmbHG, S. 441 f.; von Gerkan/Hommelhoff, Kapitalersatz, S. 199 ff.

Angesprochen sind etwa die Fallgestaltungen, bei denen die Gesellschaft Kreditwürdigkeit gerade erst dadurch erlangt, erweitert bzw. behält, dass die Gesellschafter mit einer einlagengleichen oder doch eigenkapitalnah ausgestalteten Fremdfinanzierung einen eigenen Finanzierungsbeitrag leisten und so die Voraussetzungen dafür schaffen, dass institutionelle Kreditgeber die Unternehmensgründung oder -erweiterung mit ihrem Risikopotential mitfinanzieren[720].

Nehmen die finanzierenden Gesellschafter eine Gesellschaftskrise dabei nicht konkret in den Blick, unterscheiden sie also nicht darüber, welches Schicksal die Finanzierung in dem den Risikoumbruch indizierenden Zeitpunkt der einsetzenden Kreditunwürdigkeit nehmen soll, so bliebe der Weg zur Umqualifizierung in haftenden Kapitalersatz versperrt[721].

Eine Ausweitung der Reichweite der Rechtsprechungs- und Novellen-Regeln kommt nur dann in Betracht, wenn man einer ordnungsgemäßen Finanzplanung bereits Vorwirkungen auf die Kreditunwürdigkeit entnehmen will.

Soll ein solches Vorgehen zum Erfolg führen können, ließe sich also auch dann eine Bindung von Gesellschafterfremdmitteln im nachrangigen Haftkapital begründen, wenn nicht von vornherein deutlich wird, dass die Gesellschafter die zu unverdächtigem Zeitpunkt ausgereichten Mittel mit Eintritt der Krise in einer bestimmten Weise behandelt wissen wollten, so muss aus der Finanzplanung der Gesellschafter deutlich werden, dass die Gesellschafter selbst davon ausgehen, dass sie mit der Finanzplanfinanzierung ein unternehmerisches Risiko finanzieren, welches bei angemessener Risikobeteiligung der Gesellschafter den Einsatz von haftendem Eigenkapital erfordert hätte.

d) Normierte Vorgaben für eine risikoangemessene Eigenkapitalausstattung

Herausgearbeitet wurde: Den Verhaltensanforderungen, die hinsichtlich der Gesellschaftsfinanzierung an einen Gesellschafter gestellt werden, den Grundsätzen ordnungsgemäßer Unternehmensfinanzierung, der Verantwortung für eine ordnungsgemäße Unternehmensfinanzierung widerspricht eine Finanzierungsstruktur, die die Vorteile unternehmerischer Tätigkeit bei Haftungsbe-

---

720 Dazu: Michel, Gesellschafterleistungen, S. 132 ff.

721 So der bisherige Stand zur Erfassung von „Finanzplanfinanzierung"; von Gerkan/Hommelhoff, Kapitalersatz, S. 199 ff.

schränkung einseitig den Gesellschaftern belässt, die Risiken jedoch weitgehend den Gläubigern überwälzt[722].

Zunächst unabhängig vom dogmatischen Ansatzpunkt - objektiver Missbrauch der Finanzierungsform oder Missachtung gesellschaftsrechtlicher Grundwertungen - sollen Finanzierungsmissstände sanktioniert werden, die durch einen Mangel an Haftkapital die Interessen der Gläubiger ungerechtfertigt belasten. Geht es nun darum, zu konkretisieren, nach welchen Maßgaben formelles Fremdkapital zur Durchsetzung gesetzlicher Vorstellungen über die unternehmerische Risikoverteilung in nachrangiges Haftkapital umzuqualifizieren ist, so rücken die Regelungen in den Vordergrund, in denen der Gesetzgeber ausdrücklich Sonderrecht gegenüber § 5 Abs. 1 GmbHG geschaffen hat; angesprochen sind die Regeln im KWG, BspKG, HypBankG und UBGG.

Sämtliche dieser Normen verpflichten den Unternehmer, auch in der Rechtsform des GmbHG ein gegenüber dem GmbH-gesetzlichen Mindeststammkapital von € 25.000,00 erhöhtes Haftkapital bereitzustellen.

Während es heute wohl der einhelligen Auffassung in Rechtsprechung und Literatur entspricht, dass § 51 GmbHG die Gesellschafter nicht verpflichtet, die Gesellschaft bereits anfänglich oder später anlässlich der Ausweitung ihrer Aktivitäten mit einem über dem Mindeststammkapital liegenden, insbesondere einem angemessenen, Eigenkapital auszustatten, sehen diese Normkomplexe höhere Mindestkapitalsätze vor. Einzelheiten dürfen hier vernachlässigt werden; jedoch sind die spezialgesetzlichen Regelungen insgesamt dynamisch und an einer Steigerung des unternehmerischen Risikos ausgerichtet. So etwa die Regelungen im KWG: Danach ist das Eigenkapital der vom KWG erfassten Unternehmen an der Bilanzsumme zu bemessen. Damit rezipiert das Gesetz Gedankengut, das bereits in den betriebswirtschaftlichen Finanzierungsregeln begegnet ist[723].

Verweise auf die spezialgesetzlichen Regelungen im KWG und anderen Gesetzen werden üblicherweise unter dem Aspekt behandelt, ob sich hieraus mit Allgemeingültigkeit für alle Gesellschaften mbH Kapitalausstattungsvorgaben entwickeln lassen[724]. Indes: Die heute wohl einhellige Auffassung argumentiert

---

722 Eingehend behandelt bei: A. Müller, Regeln, S. 85 ff.

723 Dazu vgl.: Hachenburg/Ulmer, a. a. O., Anh. § 30, Rz. 6; von Gerkan/Hommelhoff, a. a. O., S. 58 f. m. w. N. zu betriebswirtschaftlichen Finanzierungsvergaben.

724 So etwa statt vieler: Hachenburg/Ulmer, a. a. O., Anh. § 30, Rz. 10.

in der genau entgegengesetzten Richtung. Gerade aus der singulär-spezialgesetzlichen Regelung vorsorgend gläubigerschützender Eigenkapitalvorschriften wird übereinstimmend der Umkehrschluss gezogen, dass außerhalb des Anwendungsbereichs dieser Vorschriften ihre entsprechende Anwendung unzulässig sei; dort bleibe es bei dem allein reaktiv ausgerichteten Schutzsystem des „allgemeinen“ GmbHG[725]. Die benannten Sondernormen werden insoweit eher zur Bestätigung einer GmbH-rechtlichen Funktion des Stammkapitals als bloße Markierung einer Seriösitätsgrenze bei Begründung der beschränkten Haftung herangezogen[726].

Dem ist uneingeschränkt zuzustimmen: Die Mindestkapitalanforderungen, wie sie in verschärfter Form in den benannten Gesetzen zu finden sind, regeln den Gläubigerschutz für Branchen, an deren reibungslosem Funktionieren ein übergeordnetes politisches und volkswirtschaftliches Interesse besteht[727]. Aus der Gesamtheit der Kapitalgesellschaften ist damit ein besonders definiertes Segment herausgegriffen worden und einer Sonderregelung zugeführt worden.

Hieraus Rückschlüsse auf eine Pflicht zu angemessener Haftkapitaldotierung der GmbHG auch außerhalb dieses Anwendungsbereiches zu ziehen, wäre verfehlt. Und dies in zweierlei Hinsicht: Zum einen erheben die Regelungen für sich nicht den Anspruch, branchenspezifisch gerade die Eigenkapitalausstattung vorzugeben, die für ein Unternehmen im Anwendungsbereich der Norm angemessen wäre. Vielmehr ist insoweit nur eine an bilanziellen Kennziffern orientierte und damit notwendig pauschalierend regelnde Kapitalisierungsvorgabe Gesetz geworden. Zwar wird so dem Gläubigerschutz schon in weit größerem Rahmen Raum gegeben; jedoch nicht in Vollzug eines - induktiv entwickelten - Maßstabs für eine angemessene Haftkapitaldotation.

Zum anderen ist das singuläre Interesse des Gesetzgebers gerade an einer sonst nicht zu gewinnenden schärferen Haftkapitalregelung für einen abgegrenzten branchendefinierten Ausschnitt aus der Landschaft des Gesellschaftsrechts zu offensichtlich.

---

725 Ulmer, a. a. O., Anh. § 30, Rz. 10.

726 Seriösitätsgrenze, Baumbach/Hueck, GmbHG, § 5, Rz. 5; Lutter/Hommelhoff, GmbHG, § 5, Rz. 5; Scholz/Winter, GmbHG, § 5, Rz. 18 f.

727 So etwa zum KAGG § 2 und § 33 KWG, Scholz/Winter, a. a. O., § 5, Rz. 20.

e) Allgemeine Ausstrahlung positiv geregelter Kapitalisierungsvorgaben

Auf der Grundlage des Befundes, dass sich keine Anhaltspunkte für eine dem GmbHG immanente Aussage über die gebotene Haftkapitaldotierung entnehmen lassen, ist indes noch nicht ohne weiteres darüber entschieden, ob die für einen Ausschnitt normierten Mindestkapitalvorschriften nicht jedenfalls dort weiterhelfen können, wo Gesellschafter ihrer Unternehmung formelles Fremdkapital ausgereicht haben, sich jedoch in ihrer Finanzplanung andeutet, dass sie die Erreichung ihrer unternehmerischen Ziele nur als gesichert ansehen, wenn die Mittel ganz weitgehend wie haftendes Kapital behandelt werden. Ob mit dieser Einschätzung, wie sie sich dann in der eigenkapitalnahen Ausgestaltung der Darlehensbedingungen dokumentiert, eine rechtlich zu missbilligende Risikobelastung der Gläubiger verbunden ist, könnte sich unter Heranziehung jener Wertungen ergeben, die der Gesetzgeber selektiv in einzelnen Regelungen schon für die präventiv gläubigerschützende Mindestkapitalausstattungspflicht normiert hat.

Schon oben wurde angedeutet, dass die Subordination in Fällen der Finanzplanfinanzierungen aus einer Gesamtwürdigung der Kreditbedingungen zu entwickeln sein wird[728]. Dabei kommt es auch auf das mit Fremdmitteln bestrittene Finanzierungsvolumen, daneben auch auf die Eigenkapitalquote an. Gegen den Gedanken, normierte spezialgesetzliche Kapitalisierungsvorschriften jedenfalls insoweit allgemein für die GmbH fruchtbar zu machen, als es darum geht, eine Rechtfertigung für die Subordination formellen Fremdkapitals zu gewinnen, streiten zwar ähnliche Überlegungen, wie sie zuvor gegen eine teilreduzierte Anwendung betriebswirtschaftlicher Finanzierungsregeln im Ersatzkapitalrecht entwickelt worden sind.

Die normierten Sonderregeln zu einer erhöhten Eigenkapitalanforderung in einzelnen Branchen erlauben kaum den Gegenschluss, dass eine Fremdfinanzierung unter Missachtung dieser Vorgaben die Risiken unternehmerischer Tätigkeit unzulässig auf die Gläubiger überwälzt; zwar ist evident, dass eine Stamm- oder doch jedenfalls Eigenkapitalausstattung, die hinter den dort aufgestellten positiven Finanzierungspflichten zurückbleibt, tendenziell die Risikotragung zu lasten der Gläubiger verschiebt[729]. Gleichwohl kommt eine allgemeingültige Schluss-

---

[728] Vgl. dazu Teil 2, III. 2., zentral: BGHZ 104, 33; von Gerkan/Hommelhoff, Kapitalersatz, S. 199, 206 f.

[729] Zur Diskussion hierzu: Scholz/Winter, a. a. O., § 5, Rz. 19 dort Fn. 40; Lutter/Hommelhoff, ZGR 79, 31, 58 f.; Lutter, ZGR 1982, 244, 249; vgl. auch Lutter/Hommelhoff,

folgerung, wonach davon zum Nachteil des Gläubigerschutzes abweichende Finanzierungsstrukturen als kapitalersetzend im Sinne des zweistufigen Ersatzkapitalrechts einzuordnen sind, nicht in Betracht. Und dies aus zumindest zwei eigenständigen Gründen: Zum einen handelt es sich um branchenspezifisch entworfene Finanzierungsregeln, die nicht ohne weiteres auf das möglicherweise ganz eigenständig gelagerte Risikogefüge anderer Wirtschaftsbereiche anwendbar sind; und selbst innerhalb der jeweiligen Normbereiche ist sehr zweifelhaft, ob die Pflicht zur präventiven Risikovorsorge durch positive Kapitalisierungspflichten im Umkehrschluss dazu verwandelt werden kann, gerade die Finanzierungsstruktur zu ermitteln, die zumindest eine gebotene Haftkapitalausstattung festschreibt. Dem steht entgegen, dass die insoweit zudem auf die positive Kapitalaufbringung beschränkten Regelungen Gläubigerschutz nur pauschaliert, nicht jedoch auf der Grundlage allgemein anerkannter, weil den Gläubigerschutzgedanken rechtlichen und betriebswirtschaftlich verbindlich stützender Finanzierungsregeln üben[730]. Entsprechend fehlt für die notwendige Prämisse einer solchen Ableitung bereits Konsens in der Grundlage: Eine Finanzierungsstruktur, die den in den zitierten Kapitalisierungsnormen festgeschriebenen Vorgaben nicht entspricht, kann nicht ohne weiteres in ihrem Darlehensanteil als Eigenkapital qualifiziert werden.

Auch insoweit fallen sondergesetzliche Kapitalaufbringungsregeln außerhalb ihres vorgesehenen Anwendungsbereichs aus, um den die Umqualifizierung rechtfertigenden Risikoumbruch zu lasten der Gläubiger zu erklären und präzise zu beschreiben. Die mit der Missachtung ungeschriebener Grundsätze ordnungsgemäßer Unternehmensfinanzierung verbundene Risikoabwälzung auf die Gläubigergesamtheit bedarf auch weiterhin der Erklärung.

f) Ansatzpunkt für Grundsatz ordnungsgemäßer Unternehmensfinanzierung; Eigenkapitalfunktionen als Risikoindikator

Betriebswirtschaftliche Finanzierungsregeln über eine gebotene Haftkapitalausstattung vermochten ebenso wenig feste Grundsätze für ein Finanzierungsverhalten ordentlicher Kaufleute zu formen oder auch nur deren Kristallisations-

---

GmbHG, § 5, Rz. 5; weitergehend: Schutzfunktion des Eigenkapitals; allgemein: Scholz/Winter, a. a. O., § 5, Rz. 29, Fn. 40.

730 Vgl. dazu bereits Teil 3, V. 8. b) und Fn. 574-584. Auch die spezialgesetzlichen Vorgaben können sich nicht auf betriebswirtschaftlich fundierte Rechnungen berufen.

punkt zu bilden[731] wie eine entsprechende Anwendung spezialgesetzlich ausgestalteter Kapitalaufbringungsregelungen[732].

Dies gilt einmal für den Versuch, die insoweit vorgefundenen Ergebnisse - betriebswirtschaftliche Finanzierungsregeln, sondergesetzliche Stammkapitalanforderungen - in ihrer funktionsadäquaten Anwendung für die Subordination formellen Fremdkapitals fruchtbar zu machen, aber auch für die Möglichkeit, Grundaussagen unter Verzicht auf das Element positiver Kapitalbildung und damit der Risikovorsorge für das Ersatzkapitalrecht heranzuziehen. Beide Wege scheitern aus zum Teil übereinstimmenden Gründen. Mit diesen Ansätzen darf eine andere Möglichkeit, die Subordination von Gesellschafterleistungen zu rechtfertigen, nicht verwechselt werden:

Gerade der hier verfolgte Aspekt, die Kapitalersatzfunktion in ihrer Risikoüberwälzung möglicherweise aus der einlagengleichen geplanten Fremdfinanzierung zu entwickeln, könnte dadurch gerechtfertigt sein, dass die Gesellschafter in ihrer Darlehensgestaltung eine Vielzahl eigenkapitalkonstitutiver Elemente zitieren und die Finanzierungsstruktur in ihrer Gesamtheit für unerlässlich halten, um ihre unternehmerischen Ziele zu erreichen[733].

fa) Grundaussage

Für die Begründung von Grundsätzen ordnungsgemäßer Unternehmensfinanzierung verbleiben nach allem nur noch Argumentationsmuster, die an die unternehmensindividuellenRisikostruktur anknüpfend normativ vorgehen.

Der gesellschafterlichen Finanzierungsverantwortung laufen dann Finanzierungen zuwider, die noch dem konkreten gesellschafts-spezifischen Risikopotential die Gefahren unternehmerischen Scheitern übermäßig den Gläubigern auferlegen[734]. Auch nach diesem - hier letztlich favorisierten - Ausgangspunkt einer Betrachtung zur Rechtfertigung der Subordination von zunächst nur zur zeitwei-

---

731 Dazu oben III. 1. und Fn. 403-408.

732 Dazu oben Fn. 727.

733 Vgl. nur die Sachverhaltsgestaltung in BGHZ 104, 33; erläuternd von Gerkan/Hommelhoff, Kapitalersatz, S. 203 f.; Scholz/K. Schmidt, a. a. O., §§ 32 a, b, Rz. 38; Hachenburg/Ulmer, a. a. O., §§ 32 a, b, Rz. 48, 61.

734 Die Umqualifizierung im Fall der Überwälzung d. unternehmerischen Risikos ist wohl konsensfähig, dazu: BGHZ 90, 381, 389; Hachenburg/Ulmer, a. a. O., §§ 32 a, b, Rz. 8; Scholz/K. Schmidt, a. a. O., §§ 32 a, b, Rz. 4; Fleck, Festschrift Döllerer, S. 117; zentral: Begr.RegE 1977, S. 39.

sen Nutzung an die Gesellschaft überlassenen Gesellschafterleistungen kommt es auf die Abschätzung an, welchen Risiken die Gläubiger ausgesetzt zu werden drohen und ob diese mit Wertungen des GmbHG zum Missbrauch der Finanzierungsform vereinbar sind. Der Rückgriff auf Versuche allgemeingültiger abstrakter Finanzierungsvorgaben muss nach allem erfolglos bleiben.

fb) Individuell-konkreter Risikomaßstab

Die zuvor erörterten objektiv-rechtlichen Finanzierungsvorgaben könnten in ihrer tendenziell gläubigerschützenden Wirkung durchaus überzeugen; die Pflicht der Gesellschafter, ein am Geschäftsumfang oder anderen das Risiko beschreibenden Determinanten ausgerichtetes Haftkapital zu unterhalten, stärkt das Verlustdeckungspotential der Gesellschaft[735].

Allgemeingültige Finanzierungsvorgaben konnten indes bislang nicht entwickelt werden. Verschiedene Einwände, nicht zuletzt der des ausstehenden Nachweises der individuell-konkreten Richtigkeit starrer, auf Angemessenheit abzielender Kapitalisierungsvorgaben, stehen nicht notwendig entgegen, die angebotenen Lösungen wenn schon nicht zur Rechtfertigung einer präventiv wirkenden Risikovorsorge, so doch zur Begründung der Subordination - freiwillig, d. h. ohne objektiv-rechtliche Pflicht - ausgereichter Gesellschafterfremdfinanzierungen heranzuziehen[736].

Die Aussicht, finanzplangestützte Gesellschafterfremdfinanzierungen als Fallgruppen mit dem Normzweck der Rechtsprechungs- und Novellen-Regeln zu erfassen, besteht dann allein darin, aus der unternehmens-individuellen Finanz- und Investitionsplanung Rückschlüsse auf das zugrunde liegende Risikogefüge und den Belastungsgrad der Gläubiger zu ziehen.

Denn darin konnten die als Kern der Subordination von Gesellschafterdarlehen bereits erkannten Grundsätze ordnungsgemäßer Unternehmensfinanzierung angesiedelt werden und mit ihrem Regelungsgehalt - Wahrung einer rechtlich noch gebilligten Risikobelastung der Gläubiger - zumindest allgemein umschreiben werden. Konkretisierungen waren bislang in den Fallgruppen der bei

---

735 Zu diesem zentralen Begriff des funktionalen Eigenkapitals vgl. bereits Teil 1, I. 2.

736 Hierauf ist der Anwendungsbereich des Eigenkapitalersatzes begrenzt.

Überschuldung und Kreditunwürdigkeit ausgereichten Gesellschafterleistungen gelungen[737].

Nunmehr rücken die individuellen Planungen hinsichtlich des Finanzierungsgrundes der Investition in den Blickpunkt.

Betrachtet man die Finanzierungs- und Risikostruktur einer Unternehmung individuell-konkret, so entbindet dies gleichwohl nicht, vorgegebene Beurteilungsmaßstäbe auf jeden Einzelfall anzuwenden.

Denn auch die Untersuchung des Risikogefüges jeder einzelnen Gesellschaft bedarf verlässlicher Kriterien, anhand derer die Finanzierungsverantwortung der Gesellschafter sich bewähren oder scheitern kann. Gerade ein solches Kriterium oder ein ganzes Bündel solcher Kriterien konnte aber bislang nicht hinreichend verdichtet werden, um als Grundlage der Umqualifizierung Anwendung zu finden.

Um einen Ausweg aus dieser Zwangslage zu finden, die einerseits dadurch gekennzeichnet ist, dass die Umstände der Kreditausreichung und seiner Ausgestaltung außerordentlich nahe legen, dass die Gesellschafter die dringend gebotene Haftkapitalisierung zugunsten einer entsprechend eigenkapitalnah ausgestalteten Fremdfinanzierung umgehen wollen und so nahezu das gesamte Finanzierungsrisiko den Gläubigern aufbürden, andererseits aber überindividuelle Kriterien mit Anspruch auf Allgemeingültigkeit fehlen können, muss die Konkretisierung des Risikoumbruchs von einem anderen Blickwinkel aus angedacht werden. Ausgangspunkt sind dabei die Überlegungen, die der konkreten gesellschafterlichen Finanzplanung zugrunde liegen: Die Bewertung der Finanzierungsstruktur durch die Gesellschafter selbst.

Zwar gibt es keine allgemeingültigen Kriterien, die, auf eine konkrete Finanzierungsstruktur angewandt, die Risikoangemessenheit einer Finanzierung verifizieren könnten. Jedoch gibt das Finanzierungsverhalten der Finanzierenden selbst verlässlichen Aufschluss über die von ihnen angenommene Risikoträchtigkeit der gemeinsam betriebenen Unternehmung und ihrer Finanzierung.

fc) Finanzplanung und Risikostruktur

Der hier unternommene Versuch, die konkrete Finanzierungsstruktur auf das ihr zugrunde liegende Risikogefüge hin zu untersuchen, bedarf zunächst der Vor-

---

737 Dazu eingehend oben V. 9. fc).

klärung seiner Prämissen; d. h., einzelne Elemente der phänotypisch bekannt gewordenen Vertragsgestaltungen sind daraufhin zu untersuchen, ob sie für sich - später ist zu untersuchen, ob Gestaltungselemente und Bausteine der Finanzplanung im Zusammenspiel mit weiteren Merkmalen Wirkungen entfalten - Hinweise darauf enthalten, dass die Gesellschafter selbst eine Finanzplanung verfolgen, die - insoweit allein aus ihrer eigenen, nach außen verlautbarten Einschätzung gefolgert - wohl nur mit Eigenkapital oder eben mit in seinen Funktionen dem Haftkapital nachempfundenen Gesellschafterfremdkapital aussichtsreich das Unternehmensziel erreichen lässt[738].

fd) Betriebswirtschaftliche Überlegungen zur Konkretisierung unangemessener Risikoabwälzung

(1) Grundlagen

Eine Analyse der Fallgruppen bislang als Eigenkapital ersetzend erkannter Gesellschafterdarlehen hatte als Befund ergeben: Die Verantwortung des Gesellschafters für eine ordnungsgemäße Unternehmensfinanzierung verbietet Finanzierungsstrukturen, die für die Gläubiger das Risiko über jenes Maß erhöhen, das wirtschaftssystembedingt zu tragen ist[739].

Dabei kann nicht ausgeschlossen werden, dass an der Bestimmung des Risikopotentials einer Finanzierungsstruktur auch das kurz als Eigenkapitaldecke bezeichnete Verhältnis von Eigenkapital zu Fremdkapital eine Rolle spielt[740]. Hierbei mag eine Rolle spielen, dass nach ursprünglichen Vorgaben der Gesellschaftsfinanzierung bestimmte Funktionen in der Gesellschaft für eine Finanzierung durch Eigenkapital vorgesehen waren[741]. Zwar lassen sich bei hiervon abweichender Handhabung der Gesellschafter keine unmittelbaren Rechtsfolgen in Form einer Subordination in nachrangiges Haftkapital herleiten. Die Forde-

---

738 Hierauf stellte jedenfalls die Rechtsprechung auch zur Umqualifizierung von Finanzplankrediten ab, BGHZ 104, 33; Vorauflage Lutter/Hommelhoff, a. a. O., §§ 32 a, b, Rz. 13 ff.; von Gerkan/Hommelhoff, Kapitalersatz, S. 203; K. Müller, GmbHR 1982, S. 36; Schulze-Osterloh, ZGR 1983, S. 135 f.

739 Das allg. Gläubigerrisiko ist von jedem Gläubiger der Gesellschaft zu tragen.

740 Der Gläubigerschutz durch die voraushaftende und verlustdeckende Funktion von Eigenkapital ist als solcher unstreitig, dazu: Wiedemann, Gesellschaftsrecht, S. 554.

741 Wiedemann, a. a. O., S. 554; dies spiegelt sich auch in vom GmbHG vorgesehenen, wenn auch verdrängten Finanzierungsinstrumenten. Einforderung von Einlagen und Nachschusskapital. Hommelhoff/Kleindiek, Festschrift 100 Jahre GmbHG, S. 424 ff.; von Gerkan/Hommelhoff, Kapitalersatz, S. 4 f.

rung, bestimmte Funktionen in der Unternehmung mit Haftkapital abzudecken, findet ihre Grundlage jedoch in Überlegungen, die im Zusammenhang mit festen Bilanzregeln aufgestellt werden[742]. Diese bedürfen näherer Betrachtung.

Aus bestimmten Verhältniszahlen der Bilanz auf eine Kapitalersatzqualität der als Fremdmittel ausgestalteten Finanzierung schließen zu können oder doch wenigstens Indizien dafür auffinden zu können, ist mit Blick auf die Feststellung einer insgesamt risikoadäquaten Finanzierungsstruktur von Interesse. Positive Ergebnisse hier versprechen eine gute praktische Handhabbarkeit des Phänomens der Finanzplankredite.

(2) Entsprechung in der Problemsicht

Will man aus den Erkenntnissen der in der Betriebswirtschaft entwickelten Finanzierungsregeln zumindest Hinweise auf die Beachtung oder Missachtung von gesellschaftsrechtlichen Grundsätzen ordnungsgemäßer Unternehmensfinanzierung entnehmen, so gilt es zunächst herauszuarbeiten, ob der betriebswirtschaftliche und der rechtliche Ansatz zur Ermittlung der erforderlichen Eigenkapitalausstattung jedenfalls insoweit deckungsgleich sind, als die etwa in der Betriebswirtschaft erzielten Ergebnisse auch für den rechtlichen, an der Risikoabwälzung orientierten Ansatz, nutzbar sind.

Ein wesentlicher Anlass für die Betriebswirtschaft, überhaupt Finanzierungsregeln für die Unternehmung zu entwickeln, war, dem betriebswirtschaftlichen Ziel der optimalen Kapitalrentabilität zu dienen[743]. Eine besonders effiziente Kapitalisierung geht jedoch oftmals einher mit einer dünnen Kapitaldecke, da sich so die Kapitalverzinsung optimieren lässt. Dies begründet u. U. besondere Risikolagen, die mit einer gesellschaftsrechtlichen Finanzierungsverantwortung der Gesellschafter schon nach ihrer Zielrichtung kaum vereinbar sind.[744].

Damit ist jedoch noch nicht abschließend darüber befunden, ob die Ergebnisse betriebswirtschaftlicher Überlegungen für die Konkretisierung gesellschaftsrechtlicher Risiko- und damit Finanzierungsvorgaben schlechthin unbrauchbar sind. Immerhin enthalten die bekannt gewordenen Finanzierungsregeln auch

---

742 Hinzuweisen ist etwa auf die „goldene Bilanzregel", nach der das Anlagevermögen durch Eigenkapital gedeckt sein sollte, hierzu etwa: Swoboda, Investition, S. 748.

743 Zur optimalen Kapitalrentabilität: Claußen, Festschrift Forster, S. 133.

744 Angesprochen ist der „Leverage-Effekt", dazu: Spreemann, Finanzierung, S. 112; Wöhe, Betriebswirtschaftslehre, S. 753 f.

Raum für weitergehende Ansätze, die, eher an dem Gesichtspunkt der Risikovorsorge orientiert, den Interessen der Gläubigerbefriedigung dienen könnten[745].

(3) Horizontale und vertikale Finanzierungsregeln

In der betriebswirtschaftlichen Literatur wurden Regeln unterschiedlichen Inhalts entwickelt, die Gebote zur Eigenkapitalausstattung aufstellen. Gemeinsam haben diese nur an betriebswirtschaftlichen Fakten orientierten Überlegungen ihre zumeist feste Ausrichtung an Bilanzkennzahlen. Hieran entzündet sich zugleich nachhaltig die Kritik, soweit Finanzierungsregeln auch dazu genutzt werden, über die Normierung einer angemessenen Haftkapitalausstattung Umqualifizierungsansätze für die Subordination von Gesellschafterleistungen zu entwickeln[746].

Eine grobe Unterscheidung der aufgestellten betriebswirtschaftlichen Regeln lässt sich in „vertikale" Finanzierungsregeln und „horizontale" Regeln vornehmen. Diese einfache Differenzierung soll hier hinreichen, um die betriebswirtschaftlichen Ansätze in ihren Umrissen und ihrer praktischen Verwendbarkeit zu kennzeichnen[747].

Typisches Beispiel für die Gruppe der vertikalen Finanzierungsregeln ist die „goldene" Finanzierungsregel, die ihrerseits in verschiedenen Varianten auftritt. Ihr wesentlicher Inhalt ist, dass eine Übereinstimmung von Kapitalüberlassung- und Kapitalbindungsdauer eingehalten werden muss. Ihre Eigenschaft als vertikale Regel erklärt sich daraus, dass sie die Vermögenslage oder ein Verhältnis vom Eigen- zu Fremdkapital unberücksichtigt lässt. Im Mittelpunkt dieser Überlegung steht die Wahrung der Fristenkongruenz zwischen zu tilgenden Verbindlichkeiten und - dazu eingegangenen - Kreditverbindlichkeiten[748].

Einen grundsätzlich abweichenden Ansatz wählt die Gruppe der „goldenen" Bilanzregeln; in ihr wird im Wesentlichen die Vorgabe postuliert, dass das Anlagevermögen durch Eigenkapital oder jedenfalls durch langfristig überlassenes Fremdkapital wertmäßig abgedeckt sein sollte. Konsequenzen für die Unter-

[745] Mittelbar, nur gegeben, wenn Finanzierungsvorgaben über die des § 5 GmbHG hinausgeht.

[746] Ablehnend zu Recht die h. M., vgl. etwa: Hachenburg/Ulmer, a. a. O., §§ 32 a, b, Rz. 7; von Gerkan/ Hommelhoff, Kapitalersatz, S. 29, zur Konkretisierung der Finanzierungsverantwortung K. Schmidt, Gesellschaftsrecht, § 37 IV 2.

[747] Vgl. etwa die Nachweise bei K. Schmidt, a. a. O., § 31 III 3, 4.

[748] Vgl. dazu die betriebswirtschaftliche Literatur zur Unternehmensfinanzierung.

nehmensfinanzierung setzen nach diesem Ansatz also an einem Abgleich zwischen beiden Seiten der Bilanz an.

In der gleichen Weise argumentiert die „goldene Bilanzregel im weiteren Sinn". Hier soll es darauf ankommen, dass auch das auf Dauer gebundene Umlaufvermögen langfristig finanziert sein sollte[749].

Angesichts ihrer Uneinheitlichkeit erscheint es zweifelhaft, ob betriebswirtschaftliche Vorgaben rechtlich auch nur annähernd verbindliche Regeln für die Feststellung einer gläubigergefährdenden Unterkapitalisierung liefern können.

Zusätzliche Unsicherheit stellt sich daraus ein, dass die Betriebswirtschaft vorrangig Überlegungen vom Blickwinkel optimierten Kapitaleinsatzes aus anstellt. Optimierung bedeutet insoweit allein die Verwirklichung des Zieles optimierter Kapitalrentabilität.

Ungeachtet der mangelnden Akzeptanz, die die Finanzierungsregeln schon in der Betriebswirtschaft finden, wird daraus auch deutlich, dass die betriebswirtschaftlichen Ansätze zur Bestimmung der gebotenen Finanzausstattung keine Steuerung der Risiken erlauben, die die gesellschaftsrechtliche Finanzierungsverantwortung zugunsten der Gläubiger begrenzen will.

Die hier als zentrale Aussage des Ersatzkapitalrechts erkannte Unterkapitalisierung konkretisiert durch die in unterschiedlichen Fallgruppen ausdifferenzierte gesellschafterliche Finanzierungsverantwortung und übersetzt durch ein gesellschafterliches Gebot zu angemessener Risikotragung, findet sich in diesen betriebswirtschaftlichen Überlegungen wieder.

(4) Grundsätzliche Bedenken

Der Ansatz aller betriebswirtschaftlichen Finanzierungsregeln ist es, aus Parametern der Gesellschaft selbst - etwa aus Bilanzkennziffern - den Eigenmittelbedarf der Gesellschaft im vorhinein zu bestimmen.

Damit besteht eine grundlegende Unvereinbarkeit mit den Vorstellungen des Gesellschaftsrechts; dort ist es gesicherte Erkenntnis, dass von den Gesellschaftern grundsätzlich keine angemessene oder auch nur sonst bestimmte Eigenkapitalausstattung verlangt werden kann. Über ein Stammkapital von € 25.000,00

---

[749] Zur „goldenen Bilanzregel", vgl. Fn. 742.

hinaus müssen sich die Gesellschafter zu keinen höheren Leistungen verpflichten[750].

Von betriebswirtschaftlichen Finanzierungsregeln den Anspruch entlehnen zu wollen, positive Finanzierungspflichten normieren zu wollen, scheint daher im Ergebnis von vornherein verfehlt[751].

(5) Mögliche Anregungen durch betriebswirtschaftliche Regeln

Anregungen zur Ermittlung einer Finanzierungsstruktur, die die unternehmerischen Risiken einseitig auf die Gläubigergesamtheit abwälzt, könnten den betriebswirtschaftlichen Finanzierungsregeln allenfalls insoweit entnommen werden, als sie eine nachträgliche Qualifikation bereits gewährter Darlehen ermöglichen[752].

Erforderlich ist damit eine Schnittstelle zwischen dem Finanzierungsverhalten ordentlicher Kaufleute mit seiner gesellschaftsrechtlich allein begründbaren Umqualifizierung bereits ausgereichter Mittel und etwa heranzuziehenden betriebswirtschaftlichen Aussagen.

Dabei muss jedoch einem Eindruck sogleich vorgebeugt werden: Auch auf diesem Weg lassen sich keine Finanzierungsvorgaben in der Weise entwickeln, dass eine unter dem Gesichtspunkt des Gläubigerschutzes rechtlich gebotene Finanzierungsstruktur vorgegeben werden könnte. Eine solche Erwartung auszusprechen hieße, in einer Art Subtraktionsverfahren ein rechtlich nicht begründbares Gebot angemessener Eigenkapitalfinanzierung in die Grundsätze[753] ordnungsgemäßer Unternehmensfinanzierung transportieren zu wollen; zwar lässt sich mit den kleinen Wertungen des Gesellschaftsrechts nicht vereinbaren, ex ante zwingende Kapitalisierungsregeln zur Vermeidung einer Unterkapi-

---

750 Umstr., vgl. nur die Kommentierungen zu § 5 GmbHG, statt aller: Baumbach/Hueck, GmbHG, § 5, Rz. 5.

751 So die h. M.: BGHZ 31, 258, 272; Hachenburg/Ulmer, §§ 32 a, b, Rz. 7; Scholz/Winter, GmbHG, § 5, Rz. 18; allein Wiedemann, Gesellschaftsrecht, S. 567 „Obliegenheit"; und Roth, GmbHG, Einf. zeigen sich offener.

752 Betroffen als nur inhaltl. Bestimmung des Finanzierungs-Wie, insoweit also keine Fallgruppe angemessener Eigenkapitalausstattung angesprochen, Finanzierungs-Ob. Zu diesen Begriffen: von Gerkan/Hommelhoff, Kapitalersatz, S. 12 f.; BGHZ 75, 334; 90, 381, 390; 81, 252, 257; Fleck, Festschrift Werner, S. 110 f.; Hommelhoff, Unternehmerische Beteiligung, S. 12 ff.

753 Zu diesem normativen Rechtsbegriff vgl. den Tatbestand in § 32 a GmbHG.

talisierung aufzustellen. Jedoch könnten die in der Betriebswirtschaft vorgenommenen Wertungen insoweit beibehalten werden, als sie bereits ausgereichtes Fremdkapital - seiner wahren Natur entsprechend und festen Finanzierungsgrundsätzen folgend - nach „goldener“ Bilanz- oder Finanzierungsregel in das eigentlich gebotene Haftkapital umzuwidmen vermögen.

Ein solches Verfahren bedeutet: Umqualifizierungstragend wäre ein vorausbestimmbares Gebot zu einer bestimmten Eigenkapitalausstattung, indes ohne eine nicht begründbare Pflicht zu angemessener Eigenkapitalausstattung.

(6) Tauglichkeit der Umqualifizierungskriterien

Von der grundsätzlichen Frage der Eignung dieses Ansatzes zu trennen ist die Überlegung, ob die einzelnen Kriterien, die in ihm verwandt werden, geeignet sind aufzudecken, dass die Gesellschafter eine Finanzstruktur planen, die die unternehmerischen Risiken unangemessen auf die Gläubiger überwälzt. Dabei muss sich erweisen, ob das Profil der auch in der Betriebswirtschaftslehre herausgearbeiteten Bestimmungsgrößen mit den Vorgaben aus der die Risikoabwälzung in den Mittelpunkt rückenden gesellschafterlichen Finanzierungsverantwortung gewinnbringend zu vereinbaren ist bzw. ganz oder teilweise zu Deckung zu bringen ist.

Konfliktstellen sind dort zu erwarten, wo die allgemeine Kritik an betriebswirtschaftlichen Finanzierungsregeln zu Recht ansetzt:

Wenn es, wie hier vertreten, für die Subordinierung von Gesellschafterfremdmitteln entscheidend darauf ankommt, dass die Mittel der Finanzierung einer Unterkapitalisierung dienen und deshalb der Finanzierung einer Geschäftstätigkeit mit für die Gläubiger unangemessener Risikobelastung dienen, so ist Reserve angezeigt hinsichtlich der Parameter, die die betriebswirtschaftlichen Finanzierungsregeln entscheidend prägen: Im Vordergrund stehen hier gesellschaftsinterne, also endogene Faktoren[754]. Für von außen auf die Gesellschaft einströmende exogene Faktoren bleibt von vornherein kein Raum. Und dies aus zweierlei Gründen: Die Betriebswirtschaftslehre kann nur die Größen in die Betrachtungen zur Entwicklung ihrer Finanzierungsregeln aufnehmen, die sich zu jedem beliebigen Zeitpunkt rechtssicher feststellen lassen. Dies ist der Preis für den Grundansatz der Finanzierungsregeln, die gebotene Eigenkapitalausstattung aus festen Verhältniszahlen deduzieren zu wollen. Auf der Strecke

---

[754] Zum Faktor Geschäftsumfang vgl. etwa. Wiedemann, Gesellschaftsrecht, S. 565 f.

bleiben daher eine Reihe anderer Faktoren, die die Risikoträchtigkeit unternehmerischen Handelns wesentlich bestimmen. Angesprochen sind hier eher allgemeine Bestimmungsgrößen wie die betroffene Branche, die allgemeine oder wiederum branchenspezifische Konjunkturlage.

Ausgeblendet werden aber auch die unternehmensspezifischen Einflussgrößen, die sich nicht (überhaupt nicht oder doch nicht vollständig) in der Gegenüberstellung von Aktiva und Passiva bzw. von Aktiva und langfristigen Verbindlichkeiten abbilden lassen. So vermögen betriebswirtschaftlich begründete Finanzierungsregeln auch solche Faktoren wie das Dividendenverhalten der Gesellschafter oder die unternehmerische Kompetenz der Geschäftsführung nicht zu berücksichtigen[755].

(7) Befund

Insgesamt lässt sich festhalten: Betriebswirtschaftliche Finanzierungsregeln sind aus mannigfaltigen Gründen nicht geeignet, das dem Finanzierungsverhalten ordentlicher Kaufleute zugrunde liegende Verbot unangemessener Risikoabwälzung zu konkretisieren.

Ob die von den Gesellschaftern der Unternehmensfinanzierungsstruktur zugrunde gelegte Finanzplanung eine unzulässige Risikoerhöhung für die Unternehmensgläubiger mit sich bringt, lässt sich mit Hilfe von betriebswirtschaftlichen Finanzierungsregeln nicht nachhalten. Die in ihnen verwandten Stellgrößen sind aus unterschiedlichen Gründen nicht geeignet, als Maßstab zu dienen. Dies ist insbesondere damit zu begründen, dass die - als solche zwar durchaus selbst risikobeschreibenden - Größen wesentliche andere relevanten Merkmale außer acht lassen.

Aber selbst als Anhaltspunkte/Indizien vermögen die bekannten Finanzierungsregeln nicht zu überzeugen. Angesichts ihrer Widersprüchlichkeit, zumindest aber Uneinheitlichkeit, lassen sich ihnen rechtssicher keine begründbaren Vorgaben entnehmen, die - als Gegenstand der Finanzplanung - den Schluss auf eine kapitalersetzende Finanzierungsgestaltung zulassen. Eine Gedankenführung etwa, nach der eine Vermutung zugunsten einer risikoüberwälzenden Finanzierungsstruktur eingreift, wenn die Gesellschafter sich mit ihrer Planung in Widerspruch zu betriebswirtschaftlichen Finanzierungsregeln setzen, lässt sich nicht plausibel darstellen.

---

[755] Die Finanzierungsentscheidung trifft in der GmbH oft auch die Geschäftsführung.

g) Konkretisierung der Risikoabwälzung: Bezugnahme der Finanzplanung auf feststehende Aufgaben einer Eigenkapitalfinanzierung

ga) Grundaussagen

Unstreitig ist inzwischen, dass die Gesellschafter der GmbH ihre Gesellschaft nicht mit einem bestimmten, über den gesetzlich vorgesehenen Mindestanforderungen liegenden Eigenkapital ausstatten müssen. Insbesondere kann nicht positiv verlangt werden, dass die Mitglieder durch Außenfinanzierung oder die Thesaurierung erwirtschafteter Gewinne einen den aktuellen unternehmerischen Risiken angemessenen Haftungsfonds bilden[756].

Eine solche Finanzierungsanforderung kann auch nicht auf eine Analogie zu spezialgesetzlichen Kapitalaufbringungsvorschriften gestützt werden. Auch Konstruktionen, die eine rechtssichere, in positive Finanzierungspflichten umsetzbare Erfassung (betriebswirtschaftlicher) Finanzierungsregeln versuchen, musste letztlich scheitern[757]. Im Ergebnis bleibt es dabei: Für die GmbH, für die Kapitalgesellschaft im allgemeinen, kann eine Rechtspflicht zu positiver angemessener Kapitalausstattung nicht begründet werden. Damit sind insbesondere die hier zu behandelnden regelmäßig breitflächigen Kreditvergaben anlässlich der Unternehmensgründung oder -erweiterung nicht als materielles Eigenkapital zu begreifen, jedenfalls nicht mit den zuvor diskutierten Begründungen.

Gleichwohl könnte die Aufgabenerfüllung, wie sie typischerweise für Eigenkapital vorgesehen ist, für die - erneut: ohne Rechtspflicht - ausgereichten Fremdmittel mittelbar doch Bestandteil des hier befürworteten Umqualifizierungsansatzes werden. Die Subordination von Gesellschafterdarlehen kann allein mit der Überlegung gerechtfertigt werden, dass die Gesellschafter trotz des nicht zu begründenden Gebots einer angemessenen Kapitalausstattung unter besonderen Voraussetzungen verpflichtet bleiben, das unternehmerische Risiko mitzutragen[758].

Die Konkretisierung einer Finanzierungsstruktur der Gesellschaft, in der dies nicht mehr gewährleistet ist, gelingt einmal über die bei Insolvenzantragspflicht oder in der Kreditunfähigkeit bei Dritten ausgereichten Darlehen, aber auch dann, wenn die Finanzplanung der Gesellschafter deutlich werden lässt, dass die

---

756 Vgl. dazu bereits oben III. 1. mit Fn. 403-408.

757 Dazu soeben V. 10. f) fd) (7).

758 Zur Chancen- und Risikenverteilung in der Gesellschaft; A. Müller, Regeln, S. 85 ff.

Gesellschafter selbst davon ausgehen, ihre unternehmerischen Ziele nur mit einer entsprechenden Haftkapitalausstattung erreichen zu können[759]. Dies kann unter Umständen, die an anderer Stelle näher zu erörtern sind, aus einer Gesamtwürdigung der Darlehensbedingungen sowie der bei Kreditausreichung vorliegenden Finanzierungsumstände gefolgert werden. In dieser Gesamtwürdigung könnte es überragend großen Anteil haben, vielleicht sogar allein bestimmend sein, wenn es gelänge, einen Rechtssatz zu entwickeln, nach dem bestimmte Finanzierungsfunktionen von der Rechtsordnung allein der Eigenkapitalfinanzierung zugewiesen sind.

Vereinzelt finden sich in der betriebswirtschaftlichen wie juristischen Literatur Hinweise, die eine solche Annahme stützen könnten. Sollte eine solche Annahme richtig sein, müsste sie nicht notwendig im Widerspruch zu dem abgelehnten Gebot angemessener Eigenkapitalausstattung stehen; ihr Geltungsbereich ließe sich dahingehend präzisieren, dass nur die finanzielle Deckung tatsächlich getätigter Investitionen betroffen wäre.

Will man dann die ratio legis einer Subordination von planmäßig kapitalvertretenden Gesellschafterdarlehen auf die von den Mitgliedern herangezogenen Annahmen stützen, so könnte sich ihr Charakter als nachrangiges Haftkapital u. a. daraus ergeben, dass die Finanzplanung gerade diese Grundsätze zitiert. Hieraus ließe sich dann folgern, dass die auf dieser Grundlage ausgereichte Finanzierung dann insgesamt kapitalersetzend ist. Indes: Die Hinweise, die sich hier und dort finden, lassen sich bislang nicht zu einem Rechtssatz verdichten, nach dem Eigenkapital in der Gesellschaft funktionsspezifisch einzusetzen wäre.

Dies gilt ganz sicher dort, wo betriebswirtschaftliche Finanzierungsregeln vorschreiben, dass nicht nur bestimmte vorgegebene Relationen zwischen Eigenkapital und Fremdkapital einzuhalten wären, sondern auch besondere Bilanzpositionen notwendig mit Eigenkapital zu finanzieren seien. So soll gerade das Anlagevermögen, welches zum Teil sehr langfristig dem Unternehmen zu dienen bestimmt ist, mit nicht rückzahlbarem, unkündbarem Eigenkapital finanziert werden; diese Finanzierungsregeln haben auch unter dem Aspekt des Gläubigerschutzes manches für sich. Jedoch lässt sich ihre generell-abstrakte Geltung aus dem Gesellschaftsrecht nicht entwickeln.

---

759 So die Tatbestandsvoraussetzung nach der Rechtsprechung des BGH, vgl. etwa BGHZ 104, 33; 121, 31, 41 f.; dazu: von Gerkan/Hommelhoff, Kapitalersatz, S. 203 ff.; Hommelhoff/Kleindiek, Festschrift 100 Jahre GmbHG, S. 440; Hachenburg/Ulmer, a. a. O., §§ 32 a, b, Rz. 48.

Doch auch die gesellschaftsrechtliche Literatur nimmt bisweilen scheinbar eindeutige Aufgabenzuweisungen an das Eigenkapital vor. So soll gerade eine wesentliche Aufgabe des haftenden Kapitals seine investitionstechnische sein. Das Eigenkapital steht dem Unternehmen regelmäßig auf unbegrenzte Zeit zur Verfügung und ist damit bei allen, vor allem den langfristigen, Investitionen einsetzbar. Dies macht die Gesellschaft in hohem Maße bei ihren Investitionsentscheidungen unabhängig von Prüfungs- und Einflussnahme-Interessen Dritter[760]; unter Gläubigerschutzgesichtspunkten steht aber im Vordergrund: Eigenkapital belastet die Gesellschaft während der Nutzungsdauer der Investition nicht mit Rückzahlungspflichten und erlaubt es, in größerem Umfang, Gesellschaftsvermögen als Kreditsicherheit gegenüber Dritten zur Verfügung zu stellen[761]. Die Kreditfähigkeit der Gesellschaft lässt sich damit insgesamt erhöhen.

Je größer der Anteil des Anlagevermögens absolut ist und auch der des langfristig im Unternehmen befindlichen selbstfinanzierten Umlaufvermögens, umso mehr Sicherheiten kann das Unternehmen potentiellen Darlehensgebern anbieten. Die durch die Gepflogenheiten der Praxis bestätigte Erwartung ist es, dass vor allem - aber nicht nur - an der Gesellschaft nicht beteiligte Dritte auf dinglichen Sicherheiten bestehen werden. Diese als solche bedenkenswerten Aussagen begründen jedoch noch kein gesellschaftsrechtlich verbindliches Finanzierungsmuster. Die angeführten Überlegungen im gesellschaftsrechtlichen Umfeld zitieren insoweit allein die auch in betriebswirtschaftlichen Vorstellungen relevanten Finanzierungszusammenhänge. Fehlt es aber an einer gesellschaftsrechtlich verbindlichen Finanzierungsvorgabe, so können daraus nur Folgerungen gezogen werden, wenn die Gesellschafter in ihrer Finanzplanung auf diese Wertungen Bezug nehmen und diese in ihre Finanzierungsplanung aufnehmen.

Unzulässig wäre die Überlegung, Gesellschafterdarlehen allein deshalb zu subordinieren, weil die Gesellschafter trotz der erkannten, aus ihrer Finanzplanung ersichtlichen Notwendigkeit, Eigenkapital zu investieren, die Darlehensausreichung mit mannigfaltigen Elementen der Haftkapitalausstattung vorgezogen haben.

Die Einschätzung der Gesellschafter scheint jedoch tauglich, innerhalb einer Gesamtwürdigung der eigenkapitalnahen Darlehensbedingungen eine nachhal-

---

[760] Zur Instrumentalisierung der Kreditbeziehung als Infoinstrument siehe bereits Teil 1, II. 1. b) ba).

[761] Auch hierzu vgl. Teil 1, I. 2.

tige Rolle zu spielen. Auch wenn verbindliche verlässliche Vorgaben zur Konstruktion einer bestimmten Finanzierungsstruktur, sei sie betriebswirtschaftlich oder gesellschaftsrechtlich motiviert, fehlen, könnte die Bezugnahme der Gesellschafter auf solche Modellrechnungen durchaus von Bedeutung sein.

Zu Recht abgelehnt werden solche Vorgaben nicht etwa, weil die Parameter, die ihre Aussagen bestimmen, wertlos wären; Eigenkapitaldecke, Verschuldungsgrad bilden für sich sinnvolle und nützliche Bestimmungsgrößen für das Maß an Gläubigerschutz, welches hier durch das Verlustdeckungspotential des Eigenkapitals bzw. das im Verschuldungsgrad verdeutlichte Konkurrenzverhältnis unter den Gläubigern anschaulich gemacht wird.

Ablehnung erfahren hat vielmehr allein der Versuch, aus verschiedenen Bestimmungsgrößen situations-, rechtsform- und branchenübergreifend Konjunktur unabhängige Finanzierungsregeln allgemeingültig zu entwickeln.

Dies hindert nicht, im konkreten Einzelfall die abstrakt-generelle Richtigkeit der Überlegungen heranzuziehen, um die mit einer gegebenen Finanzplanung verbundene Risikoüberwälzung aufzudecken. Dies ist voraussichtlich dann möglich, wenn sich aus der Gesamtfinanzplanung erkennen lässt, dass nach der subjektiven Einschätzung der finanzierenden Gesellschafter die unternehmerische Zielerreichung nur mit einer Eigenkapitalfinanzierung bzw. mit Fremdkapital, welches die Funktionen und Kriterien von Eigenkapital weitgehend adaptiert, möglich sein wird.

gb) Befund

Es gibt keine gesellschaftsrechtlichen Vorgaben, die jenseits des gesetzlichen Mindeststammkapitals zur Eigenfinanzierung verpflichten könnten. Eine solche Pflicht ergibt sich insbesondere nicht aus dem Versuch, betriebswirtschaftliche Finanzierungs- oder Bilanzregeln zu gesellschaftsrechtlichen Kapitalisierungsvorgaben zu verdichten; wo sich die Bemühungen auf die bloße Inbezugnahme dieser Regeln beschränken, liegen die Gründe ihres Scheitern auf der Hand. Aber auch der Ansatz, bestimmte Finanzierungsfunktionen notwendig mit haftendem Kapital ausfüllen zu wollen, scheitert. Diese Überlegungen, letztlich ebenso abgeleitet aus betriebswirtschaftlichen Vorstellungen, vermag der Finanzierung gläubigerschützende Aspekte zu vermitteln; es gelingt jedoch keine Normenbildung, die es rechtfertigen könnte, die fortgesetzte Gesellschafterfremdfinanzierung als den Grundsätzen ordnungsgemäßer Gesellschaftsfinanzierung widersprechend, zu subordinieren. Auch insoweit muss es bei der uneingeschränkten Finanzierungsfreiheit der Gesellschafter bleiben.

11. Finanzplanung und Umqualifizierung

Aus einer Analyse insbesondere der bisherigen dem Ersatzkapitalrecht zugerechneten Finanzierungstatbestände[762] konnte entwickelt werden, dass der Kern der Rechtsprechungs- und Novellen-Regeln in der Umqualifizierung formellen Gesellschafterfremdkapitals in haftenden Kapitalersatz besteht, wenn die Gestaltung unter Beibehaltung der formellen Fremdkapitaleigenschaften zu einer Risikospekulation auf dem Rücken der Gläubiger führen würde[763].

Normzweck des Ersatzkapitalrechts ist es damit zumindest auch, die Abwälzungen unternehmerischen Risikos auf die Gläubiger zu verhindern, die sich mit einer Unterkapitalisierung der Gesellschaft verbinden[764].

Als Unterkapitalisierung ist eine Kapitalstruktur der GmbH anzusehen, in der das Eigenkapital außer Verhältnis zu Geschäftsumfang und unternehmerischen Risiko steht[765]. Dieser allgemeine Rechtssatz allein hilft in der praktischen Entscheidungsfindung ebenso wenig weiter, wie seine Umsetzung in der Sprache des Gesetzgebers[766]: In welchen Fällen Gesellschafter als „ordentliche Kaufleute" ihrer Gesellschaft Eigenkapital anstelle der Fremdkapitalfinanzierung hätten gewähren sollen, ist gleichfalls zunächst dunkel; ebenso der Begriff der „Krise". In jedem Fall bedarf es einer normativen Konkretisierung, in welchen Situationen ausgereichtes Gesellschaftsdarlehenskapital Gefahren für die Gläubiger, und das heißt in erster Linie für deren Befriedigungsaussichten, mit sich bringt[767].

---

[762] Vgl. nur Häuselmann, u. a., Finanzierung, S. 66 ff.; Hachenburg/Ulmer, a. a. O., §§ 32 a, b, Rz. 23 ff., von Gerkan/Hommelhoff, Kapitalersatz, S. 57 ff.; Baumbach/Hueck, GmbHG, § 32 a, Rz. 41 ff.; Scholz/K. Schmidt, a. a. O., §§ 32 a, b, Rz. 35 ff.; OLG Hamburg, GmbHR 1991, 109, 110; OLG Köln, ZIP 1989, 523; BGH BB 1985, 424; BGHZ 76, 326, 330; 81, 252, 255, 264; 81, 311, 318; 90, 370, 380; 105, 168, 184 f.

[763] Dazu oben V. 9.

[764] Hachenburg/Ulmer, a. a. O., §§ 32 a, b, Rz. 2 ff.; zur Unterkapitalisierung; ders. a. a. O., Anh. § 30, Rz. 4 ff.

[765] Hachenburg/Ulmer, a. a. O., Anh. § 30, Rz. 16.

[766] Vgl. dazu Herrmann, 50. J. WP-Beruf; Lutter/Hommelhoff, ZGR 1979, 31.

[767] Vgl. dazu Herrmann 50 Jahre WP-Beruf, Lutter/Hommelhoff, ZGR 1979, 31.

Dabei ist jedoch sogleich zu bedenken: Forderungen sind im marktwirtschaftlichen Bezugsrahmen notwendig risikobehaftet. Es ist die Kehrseite der Privatautonomie als der Möglichkeit, jederzeit mit jedermann in geschäftliche Beziehung treten zu können, dass erwartete Zahlungen des Geschäftspartners bei dessen Zahlungsunfähigkeit und/oder Überschuldung ausbleiben. Gegen unternehmerischen Misserfolg ist auch die gesündeste und solideste Unternehmensfinanzierung nicht gefeit. Damit wird zugleich deutlich, dass es dem Ersatzkapitalrecht nicht darum gehen kann, jedwedes Risiko für die Gläubiger aufzugreifen und durch die zwangsweise Umqualifizierung und Subordination zu bewältigen[768]. Der Umqualifizierung zugänglich können daher nur Finanzierungssachverhalte sein, die für die Gläubiger eine besondere Gefahrenlage mit sich bringen. Diese wurde oben bereits aufgedeckt: Sie liegt in Situationen begründet, in denen die Chancen- und Risikenverteilung zwischen Gläubigern und Gesellschaftern es unangemessen erscheinen lässt, das Risiko unternehmerischen Scheitern allein den ungesicherten Gläubigern zuzuweisen.

Mit großer Überzeugungskraft haben Rechtsprechung und Lehre eine solche Risikoabwälzung für die Kreditausreichung der Gesellschafter in der Überschuldung der Gesellschaft sowie in ihrer Kreditunwürdigkeit bei Dritten begründet. Die Rechtsordnung kann es nicht akzeptieren, die formelle Rechtsnatur der Finanzierung in diesen Situationen hinzunehmen.

Die Finanzierungsverantwortung jedes Gesellschafters erfordert es, die Gesellschaftermittel so lange haftendem Kapital gleichzustellen, wie sie dieses ersetzen. Im Rahmen dieser gesellschaftlichen Finanzierungsverantwortung spielt das Treu und Glauben orientierte Gebot, als Gesellschafter die Risiken unternehmerischer Tätigkeit in angemessenem Umfang mitzutragen, neben verschiedenen anderen Ansätzen, die Befriedigungsinteressen der Gläubiger zu wahren, die maßgebende Rolle. Kernaussage war insoweit, dass in bestimmten neuralgischen Unternehmenssituationen die Gesellschafter sich nicht darauf beschränken können sollen, die Betriebs- und Investitionsmittel allein oder weitgehend mit Krediten zu bestreiten; dies indes bislang mit der Einschränkung, dass die tatsächlich ausgeführte Unternehmensfinanzierung sich in der Sache als finanzielle Existenzsicherung der krisenbehafteten Gesellschaft darzustellen hatte. Denn mit überzeugender Begründung ist die Unternehmensfinanzierung für die Gläubiger nicht akzeptabel, wenn ihnen ganz überwiegend die Risiken des

---

[768] Aufgefangen werden soll nur die situative Abwälzung von unternehmerischen Risiken. Scholz/K. Schmidt, a. a. O., §§ 32 a, b, Rz. 4; Fleck, Festschrift Döllerer, S. 117; dazu Begr.RegE 1977, S. 39.

Geschäftsbetriebs auferlegt, den Gesellschaftern aber allein Gewinn- und Vermögenszuwachschancen in nicht begrenzter Höhe erwachsen. Denn die Risikotragung der Gesellschafter ist aus den bekannten Erwägungen begrenzt. Ihnen wird es regelmäßig möglich sein, das Darlehenskapital noch rechtzeitig vor Insolvenzeröffnung wieder abzuziehen, sobald sich die Schieflage der Gesellschaft weiter konkretisiert und ihre Sanierung aussichtslos scheint[769].

Dadurch aber ist ihre Risiko kalkulierbar; denn in einem Insolvenzverfahren könnten auch Gesellschafter - gäbe es das Institut des Kapitalersatzes nicht - ihre Forderungen uneingeschränkt in Konkurrenz zu den übrigen Gläubigern zur Tabelle anmelden.

Die strikte Anbindung der Umqualifizierung an die Existenzbedrohung der Gesellschaft und damit an ihr zeitnahes Ausscheiden vom Markt konnte an entscheidender Stelle aufgebrochen werden: Umqualifizierungsbegründend wirkt nicht nur die Kreditunwürdigkeit, die mit der wirtschaftlichen Liquidationsnotwendigkeit durch die Gesellschafter verbunden ist, sondern auch die Ausreichungen, die bei Lebensfähigkeit der Gesellschaft ihre Kreditunfähigkeit bei Dritten decken[770]. Zwar wird gerade mit Gesellschafterdarlehen, die die Gesellschaft in der existenzbedrohenden Krise erhält, die unangemessene Überwälzung unternehmerischer Risiken besonders deutlich.

Gleichwohl aber zeigt sich schon bei nicht existenziell bedrohlicher Kreditunfähigkeit, dass der unternehmerische Erfolg mit überdurchschnittlichen, jedenfalls gegenüber der allseits hinzunehmenden Normallage erhöhten Risiken für die Gläubiger behaftet ist. Denn unabhängige Dritte, die mit einem Kreditmanagement in der Gesellschaft keine unternehmerisch-spekulativen Interessen verfolgen, sehen schon in diesem Moment der Finanzierungsentscheidung ihre Befriedigungsaussichten nicht mehr in hinreichendem Ausmaß gewährleistet.

Die Weigerung, der Gesellschaft Kredite zu gewähren, beruht darauf, dass sie nicht erwarten, diese mit großer Sicherheit getilgt und verzinst zu erhalten.

---

769 Insoweit spielt der Informationsvorsprung der Gesellschaft ebenfalls eine Rolle, vgl. hierzu V. 9.

770 Nach der Rechtsprechung und Teilen der Literatur kommt es auf die Darlehensfinanzierung bei Liquidationsreife an. Vgl. von Gerkan/Hommelhoff, Kapitalersatz, S. 199 f.; Lutter/Hommelhoff, ZGR 1979, 31, 39 f.; siehe auch OLG Hamburg ZIP 1987, 977, 983.

Ist man bereit, der hier vertretenen Auffassung zu folgen, wonach die Umqualifizierung von Gesellschafterdarlehen ihren Rechtsgrund in der Spekulation zu Lasten der Gläubiger in einer Situation erhöhten Befriedigungsrisikos bei zumindest gewahrten Gesellschafterchancen findet, so tun sich gerade im Bereich der Finanzplanfinanzierungen neue Möglichkeiten der Erklärung auf.

Verschiedene Fallvarianten aus dem Spektrum der Finanzplankredite könnten insoweit betroffen sein. Mit der ihnen eigenen Finanzierungsstruktur könnte sich eine frühzeitige Verlagerung der unternehmerischen Risikotragung auf die Gläubiger offenbaren.

Eine Betrachtung der Finanzplanfinanzierungen lohnt insoweit unter zwei Aspekten: Beide haben schon bislang dieses Finanzierungsphänomen entscheidend geprägt.

Zum einen geht es um die planmäßig vorgegebene Ersetzung von Haftkapital als Summenphänomen. Für Finanzplankredite scheint typisch zu sein, dass sie Eigenkapital der Gesellschaft jeweils in größerem Umfang ersetzen. Die planmäßige - jedoch noch nicht zwingend kapitalersetzende - Ersetzung von formellem Haftkapital durch formelles Darlehenskapital führt dann regelmäßig zu einer verschwindend geringen Eigenkapitaldecke[771]. Ist aber die Funktion von Kapitalersatz über den Begriff der Darlehensfinanzierung in der Unterkapitalisierung definiert, so könnte angesichts ihrer weitgehend konsensfähigen Definition die Risikoabwälzung bereits an der geringen Eigenkapitalziffer ansetzen.

Zum anderen finden Finanzplandarlehen über signifikante Besonderheiten in der Finanzierungsgestaltung ihre typische Gestalt. Gestaltungsdetails, die regelmäßig klar zum Ausdruck bringen, dass die Darlehen dazu bestimmt sind, planmäßig eine Eigenkapitalausstattung zu vermeiden, könnten ihrerseits Ansatzpunkt für eine die Risiken unangemessen verlagernde Finanzierungsstruktur sein.

Diese Überlegungen zum Risikoumbruch begegnen unter anderen Vorzeichen auch dort, wo Finanzplanfinanzierungen nicht als Gegenstand des Eigenkapitalersatzrechts, sondern als gewillkürte einlagengleiche Finanzierungen angesprochen werden. Erwägungen des Risikoumbruchs erscheinen dort insbesondere auf der Rechtsfolgenseite, etwa wenn die Frage zu behandeln ist, in welchen Situationen Gesellschafter die einlagengleiche Ausrichtung ihrer Finanzierung

---

771 Generelles Problem der Unterkapitalisierung, zum Tatsächlichen vgl.: Hachenburg/ Ulmer, a. a. O., §§ 32 a, b, Rz. 12; zur umfangorientierten Betrachtung siehe auch: BGHZ 104, 33; Häuselmann, u. a., Finanzierung, S. 72 f.

sanktionslos aufheben dürfen. Eine Abrede, die zugesagten oder tatsächlich gewährten Mittel sollten mir Insolvenzeintritt frei werden, wird zu Recht keine rechtliche Bedeutung beigemessen[772]. Weiterhin wird zu Recht angenommen, dass der Kriseneintritt der richtige (und späteste) Zeitpunkt ist, zu dem Gesellschafter ihre Finanzierung privatautonom nicht mehr der Gesellschaft entziehen bzw. nicht mehr von einer Finanzierungszusage abrücken können[773]. Finanzplandarlehen, unterscheiden sich - soweit man sie außerhalb des Eigenkapitalersatzrechts sieht - in ihren Rechtsregeln von denen für Eigenkapitalersatz. Gleichwohl bleibt der Gedanke des Risikoumbruchs spürbar. Teilweise wird sogar ihre Bezeichnung als Risikodarlehen vorgeschlagen[774]. Soweit etwa ein solches Finanzplandarlehen ohne jeden Krisenbezug gewährt wurde, soll das Rückzahlungsverbot automatisch mit Krisenbeginn in Kraft gesetzt sein. Eine Rückzahlung wäre damit ausgeschlossen, gleichfalls die Aufhebung einer Einzahlungsverpflichtung. Begründet wird diese Automatik damit, dass ein Gesellschafter, der seine Entscheidung zur materiellen Eigenkapitalfinanzierung bereits mit dem Zweckkonsens, der seiner Finanzierung zugrunde liegt, getroffen habe, bei Kriseneintritt keine Entscheidungsfreiheit mehr besitze[775]. Für Darlehen im Anwendungsbereich der Rechtsprechungs- und Novellen-Regeln gilt dagegen: Im Zeitpunkt des Kriseneintritts kann der Gesellschafter noch wählen, ob er wie jeder beliebige Dritte die Rückzahlung seines Darlehens betreiben will. Dieses Wahlrecht steht ihm frei, auch um den Preis, dass die Gesellschaft hierdurch tiefer in die Krise gerät[776]. Festzuhalten bleibt einstweilen, dass jegliche Klärung im Bereich der Finanzplan- oder Risikofinanzierungen sich mit einer angemessenen Allokation von Risiken zwischen Darlehen gebenden Gesellschaftern und Gläubigern der Gesellschaft bewegen muss. So überrascht es nicht, dass die gewählten Fragestellungen unabhängig davon übereinstimmen, ob Finanzplandarlehen dem Eigenkapitalersatzrecht unterfallen können oder zwingend eigenen Regeln folgen.

---

772 Lutter/Hommelhoff, a. a. O., Rz. 171; a. A. K. Schmidt ZIP 1999, 1250.

773 Lutter/Hommelhoff a. a. O., Rz. 171; BGHZ 142, 116; Habersack ZHR 161, 478, Scholz/K. Schmidt, a. a. O., Rz. 93; a. A. Altmeppen, Festschrift Sigle 2000, 216; Heinze GmbHR 2000, 1077; Kleindieck WuB II C. § 32 a GmbHG 4.01

774 Lutter/Hommelhoff a. a. O., Rz. 169, 172.

775 Lutter/Hommelhoff a. a. O., Rz. 172; i.d.S. wohl auch BGHZ 142, 116.

776 Lutter/Hommelhoff a. a. O., Rz. 172; z.G.a. Altmeppen, Festschrift Sigle, 216; Henze GmbHR 2000, 1077; Kleindieck, a. a. O.; Scholz/K. Schmidt, a. a. O., Rz. 97; Fleischer, DStR 1999, 1778.

a) Risikoabwälzung durch Haftkapitalmangel

Besonderer Ertrag für das Ersatzkapitalrecht und damit für den Gläubigerschutz könnte sich einstellen, wenn es gelänge, die Risikoabwälzung auch an dem Umfang festzumachen, in dem Gesellschafterfremdkapital haftendes Gesellschaftervermögen verdrängt.

Die im rechtstechnischen Sinn Eigenkapital ersetzende Funktion einer solchen Kreditausreichung wäre dann die Konsequenz. Die Ausstattung der Gesellschaft mit ihrem Geschäftsumfang und ihren Zielen nach unangemessenem Eigenkapital müsste sich als unvereinbar mit dem Finanzierungsverhalten ordentlicher Kaufleute erweisen[777].

Geht es hier darum, die Gläubiger benachteiligende Finanzierungskonzepte allein an der Ausstattung mit Eigenkapital auszumessen, so läuft eine solche Überlegung leicht Gefahr, in Konflikt zu geraten mit Rechtsinstituten, deren fehlende Eignung zur Rechtfertigung des materiellen Eigenkapitalcharakters formellen Fremdkapitals bereits außer Frage steht.

aa) Angemessene Haftkapitalausstattung

Unumstößlicher Grundsatz in der GmbH-Finanzierung ist, dass die Gesellschafter nicht positiv dazu verpflichtet werden können, ihren Verband mit einem höheren als dem gesetzlichen Mindest-Eigenkapital, der Stammkapitalziffer von € 25.000,00, auszustatten[778].

Diese äußerst knappe Kapitalisierungspflicht gilt für jede Gesellschaft, unabhängig von Umsatz, Branche, Gewinnerwartung, Konjunktur usw. Ein Vorgehen, Gläubigerschutz auf dem Wege zu erreichen, die Gesellschafter zum Aufbau eines angemessenen Haftkapitalpolsters zur Voraushaftung und Verlustdeckung, wäre von Anfang an zum Scheitern verurteilt. Die Überlegung, die mit dem Gebot der Finanzierungsverantwortung sanktionierte Risikoabwälzung auch an dem Umfang der Darlehensfinanzierung festzumachen, muss diesen Weg aber nicht zwangsläufig gehen. Denn Ansatzpunkt ist hier gerade nicht eine abstrakt oder konkret vorgegebene Kapitalausstattungspflicht. Ausgegangen werden kann vielmehr nur von den bereits freiwillig (bzw. aufgrund freiwillig

---

[777] So die Terminologie im normativen Rechtsbegriff des § 32 a GmbHG, nach der hier vertretenen Auffassung inhaltsgleich mit dem Ansatz der BGH-Regeln. Zum normativen Rechtsbegriff Hachenburg/Ulmer, a. a. O., §§ 32 a, b, Rz. 43.

[778] Dazu bereits eingehend oben III.

verabredeter kollektiver Abrede) ausgereichten Gesellschaftermitteln. Diese könnten jedenfalls grundsätzlich Anknüpfungspunkt für die spezifischen Gefahren der Gesellschafterfremdfinanzierung sein, wie sie dem Ersatzkapitalrecht zugrunde liegen. Angesprochen sind hier etwa die im Einzelnen durchaus berechtigten Momente der Gefahr und Risikoverlagerung in der Unternehmensfinanzierung vom Gesellschafter auf die Gläubiger.

Nach dem hier vertretenen Verständnis sind dies Einzelausprägungen des an angemessener Risikotragung orientierten Grundsatzes ordnungsgemäßer Unternehmensfinanzierung. Der Eindruck eines auf Dauer leistungsfähigen Unternehmens könnte sich etwa auch daraus ergeben[779], dass die breitflächige Darlehensfinanzierung bei Gläubigern und den beteiligten Verkehrskreisen dazu geeignet scheint, über das aufgebaute Umsatzvolumen Vertrauen in die Prosperität der Gesellschaft zu erzeugen. Jedoch bedarf es, will man eine solche Überlegung weiterverfolgen, noch weiterer ergänzender Aspekte.

Ein Ansatz, auf diesem Wege Anhaltspunkte für eine darlehensbetragsorientierte Umqualifizierung zu finden, muss insbesondere der Frage nachgehen, wie eine weitgehende, Eigenkapital oftmals nahezu verdrängende Finanzierungsstruktur die Gefahren für die Gläubiger objektiv - also unabhängig von individuellen Einschätzungen und Erwartungen des Einzelnen - erhöht und von der Rechtsordnung nicht mehr hinnehmbar auf die Gläubiger abwälzt. Begriffe wie Eigenkapitalquote, Eigenkapitalmangel, unzureichende Haftkapitalausstattung werden hier insoweit eine Rolle spielen, als sie darauf hindeuten, dass die Gesellschafter unzureichend Vorsorge getroffen haben, geschäftlichen Misserfolg mit der zunehmenden Verwirtschaftung von Gesellschaftsvermögen aufzufangen. Bei unzureichender Eigenmittelausstattung können bereits kleinste Verluste an Gesellschaftsvermögen die gesellschaftliche Überschuldung bedingen[780]. Angesichts der unzulänglichen Gläubigerschutzwirkung dieses Insolvenzeröffningstatbestandes sind Einbrüche bei den - ungesicherten - Gläubigern unvermeidlich. Die aktuellen Insolvenzquoten sprechen hier für sich.

---

779 Zu diesem Aspekt institutionellen Vertrauensschutzes vor allem BGHZ und Lutter/Hommelhoff, ZGR 1979, 33; Hommelhoff/Kleindiek, Festschrift 100 Jahre GmbHG, S. 442 mit weiteren Nachweisen in Fn. 89 mit kritischer Auswirkung.

780 Zum Insolvenzgrund der Überschuldung und seiner Praktikabilität siehe Teil 1, III. 2. b) ad) Zur Behandlung von nachrangigem Haftkapital in Überschuldungsstatus: von Gerkan/Hommelhoff, Kapitalersatz, S. 170 f.; Hommelhoff, Festschrift Döllerer, S. 254 ff.; Scholz/K. Schmidt, a. a. O., § 63, Rz. 25; Hachenburg/Ulmer, a. a. O., § 63, Rz. 42.

ab) Finanzierungsgestaltung

Ein weiterer - gegenüber der reinen Bezugnahme auf das Gesellschafterfremdfinanzierungsvolumen und sein Verhältnis zum Haftkapital wohl ertragreicherer - Aspekt, einer Finanzierung die Umqualifizierung in haftenden Kapitalersatz zuzuweisen, verbirgt sich in so manchen finanzplantypischen Finanzierungsgestaltungen.

Zwar konnte bereits dargelegt werden, dass mit der Vereinbarung etwa eines eigenkapitaltypischen Gestaltungsdetails nicht ohne weiteres die Eigenkapitalqualität der Fremdmittelgewährung verbunden ist[781]. Gleichwohl könnten sich aus einzelnen Gestaltungsdetails, ihrer Summe oder auch ihrem Zusammenspiel mit weiteren Parametern - etwa der Eigenkapitalquote - Hinweise auf die mit dieser Form der Kreditausreichung verfolgten Ziele ergeben. Über diesen Zwischenbefund ließe sich möglicherweise eine Finanzierungs- und Risikostruktur aufdecken, die die Risiken der unternehmerischen Tätigkeit in überdurchschnittlichem Maße den Gläubigern zuweist[782]. Ein verstärktes Abstellen auf die Gestaltung der Darlehensbeziehung und den Stellenwert der Gesellschafterfremdmittel in der Finanzierungsgesamtkonzeption entfernt den nicht von der Kreditunfähigkeit bei Dritten oder der Überschuldungssituation abhängigen Umqualifizierungsansatz von Affinitäten zu einem Gebot zu angemessener Haftkapitalausstattung. Diese Überlegungen können in dem Maß an Überzeugungskraft gewinnen, wie es gelingt, sie von Bezugnahmen auf ein nicht vorhandenes Gebot zu angemessener Eigenkapitalisierung zu lösen und als eigenständige Konkretisierung der Finanzierungsverantwortung zu begreifen. Zu sanktionieren sind dann solche Finanzierungsstrukturen, die im Zusammenhang stehen mit Risikoverlagerungen, die den Gläubigern ausweislich besonderer Darlehensgestaltungen ein höheres als das von Gläubigern in jedem Fall zu tragende, allgemeine Risiko hinsichtlich der Befriedigung ihrer Forderungen zuweisen.

Gilt es nun zu überprüfen, ob neben den beschriebenen und breit akzeptierten Konkretisierungen der Missachtung gesellschafterlicher Finanzierungsverantwortung in Fällen der Kreditunwürdigkeit und Überschuldung weitere Konstellationen einer übermäßigen Gesellschafterfremdfinanzierung der objektivrechtlich zwingenden Umqualifizierung in materielles Eigenkapital zugänglich

---

781 Vgl. dazu Teil 1, 2. II. die Anmerkungen zu einlagengleichen Finanzierungen.

782 Hierzu: Wiedemann, Gesellschaftsrecht, S. 554, 570 und danach, ders., Festschrift Beusch, S. 893, 909, sowie Fleischer, Finanzplankredite, S. 139 f.

sind, werden beide Überlegungen hinsichtlich der geplanten Finanzierungsstruktur eine Rolle spielen. Sowohl eine Orientierung an dem Verhältnis von Eigen- zu Fremdmitteln wie auch die Ausgestaltung der Darlehensbeziehung in ihrer Umsetzung der gesellschafterlichen Finanzplanung können im Grundsatz Anhaltspunkte für einen Risikoumbruch in der Unternehmensfinanzierung zu lasten der Gesellschaftsgläubiger geben. Leitlinie dieser Untersuchung muss sein, ob es also Erscheinungsformen der planmäßigen Fremdfinanzierung der Gesellschaft durch ihre Mitglieder gibt, die gegen den Gesellschaftern vorgegebene Grundsätze ordnungsgemäßer Unternehmensfinanzierung verstoßen.

b) Summenorientierte Überlegungen

Die Umqualifizierung von formellen Gesellschafterdarlehen ist nach den Grundsätzen, die objektiv-rechtlich nach den Rechtsprechungs- und Novellen-Regeln eine Qualifizierung als materielles Eigenkapital erzwingen, allein dort geboten, wo dies dem Ausgleich gerade der spezifischen Gefahren einer Fremdfinanzierung dient. Es handelt sich also um die Korrektur unerwünschter Finanzierungsverhältnisse in der unterkapitalisierten GmbH[783]. Nicht zu verwechseln ist hiermit indes eine Haftung der Gesellschafter (und/oder Geschäftsführer) für Ausfälle der Gläubiger in der (materiell) unterkapitalisierten Gesellschaft[784].

Gleichwohl kommen für eine Erörterung der Umqualifizierung finanzplangebundener Gesellschafterdarlehen vor allem jene Sachverhalte in Betracht, in denen die Gesellschafter in großem Stil die unternehmerische Tätigkeit mit Fremdmittelzuführungen bestreiten. In diesen Fällen bilden Gesellschafterdarlehen zwar nicht notwendig die Existenzgrundlage der Gesellschaft, jedoch sind sie als Betriebsmittel- und Investitionsmittelfonds die wesentliche Funktionsgrundlage der Unternehmung in ihrer konkreten Form[785]. Dies nicht zuletzt deshalb, weil es oftmals erst die großflächig bereitgestellten Gesellschafterfremdmittel sind, die der GmbH die Anschaffung von Anlagevermögen erlauben, welches dann seinerseits die Grundlage der Akquisition einer Darlehensfinanzierung unabhängiger Dritter ist[786]. Weniger bedeutsam werden dagegen Finanzierungsstrukturen sein, die zwar unter anderen Aspekten Elemente

---

783 Generell zur Unterkapitalisierung Lutter/Hommelhoff, GmbHG, § 13 Rz. 7 ff.

784 Vgl. hierzu statt vieler Hachenburg/Ulmer, a. a. O., Anh. § 30, Rz. 50 ff.

785 Zu einer solchen funktionsorientierten Betrachtung der Finanzierungen vgl. schon Wiedemann, Gesellschaftsrecht S. 554.

786 Deutlich angesprochen in: BGHZ 104, 33.

möglicher Risikoabwälzung tragen, bei denen die Gesellschafterfremdfinanzierung im Gesamtfinanzierungsvolumen indes nicht ins Gewicht fällt.

Fremdfinanzierungen der Verbandsmitglieder, die bei offensichtlich unzureichender Kapitalausstattung die Gesellschaft instand setzen, ihren Geschäftsbetrieb gerade in dem vorgestellten und geplanten Umfang zu betreiben, stehen jedenfalls dem ersten Eindruck nach in dem Verdacht einer unseriösen Gesellschaftsfinanzierung, die die Risiken unternehmerischen Scheiterns weitgehend auf die Gläubiger verlagert. Denn hier ruht die Aufgabe der Unternehmensfinanzierung nahezu allein auf dem nur geliehenen Kapital der Gesellschaft. Auch ohne weitere Überlegungen liegt hier die Überlegung nah, dass die Gesellschaft in einer solchen Konstellation besonders krisenanfällig und damit dem Marktaustritt mit seinen gravierenden Folgen für die Gläubigerbefriedigung ständig besonders nah ist[787].

Gleichwohl: Allenfalls abgesehen von offensichtlichen Extremsituationen lässt sich auf der Grundlage dieses Zwischenbefundes eine Risikoabwälzung und -spekulation der Gesellschafter nicht rechtssicher ausmessen[788]. Es bedarf hierfür abstrakt überzeugender und im individuellen Einzelfall rechtssicher anwendbarer Finanzierungsparameter.

Fraglich ist indes, ob sich solche am Finanzierungsumfang des Darlehensanteils und damit an der Eigenkapitaldecke orientierten Ansätze zur Konkretisierung einer an den Grundsätzen ordnungsgemäßer Unternehmensfinanzierung überhaupt entwickeln lassen.

Mit Aussicht auf Erfolg könnte hier auf jene betriebswirtschaftlich begründeten, aber auch rechtlich aufgegriffenen Erwägungen zurückgegriffen werden, mit denen in der Unternehmung bestimmte Strukturen und Maßgaben für die Finanzierung vorgegeben werden.

---

787 Zum unzureichenden Gläubigerschutz durch den Insolvenzgrund der Überschuldung siehe Teil 1, III. 2. c) Zur Behandlung von eigenkapitalersetzenden Gesellschafterdarlehen im Überschuldungsstatus vgl. von Gerkan/Hommelhoff, Kapitalersatz, S. 170 f., m. w. N. vgl. oben Fn. 780.

788 So, wenn auch in anderem Zusammenhang: BGHZ 90, 381; von Gerkan/Hommelhoff, a. a. O., S. 7 ff.; Scholz/K. Schmidt, a. a. O., §§ 32 a, b, Rz. 6 ff.

c) Finanzierungsregeln

Insbesondere im betriebswirtschaftlichen Schrifttum begegnen eine Reihe von Finanzierungsvorgaben, die den Gesellschaftern bzw. der Geschäftsführung angeraten werden.

ca) Grundsätzliche Eignung

Will man betriebswirtschaftliche Ansätze heranziehen, um eine Verdichtung von Gesellschafterfremdfinanzierungen hin zu ihrer kapitalersetzenden Qualifikation erreichen, sind zunächst eine Reihe von Widerständen zu überwinden. Diese fließen daraus, dass nach ganz herrschender Auffassung Vorgaben, die Gesellschaft mit einem ihrem Geschäftsumfang und dem u. a. dadurch repräsentierten Risiko entsprechenden Vermögen auszustatten sind, abzulehnen sind. Dieser Ansicht ist ohne weiteres beizupflichten. Dies gilt jedenfalls insoweit, als sicherlich keine Pflicht existiert, die Gesellschaft in einem an Gläubigerschutz- und Risikoaspekten orientierten Umfang zu kapitalisieren[789].

Es verbleibt hier in jedem Fall bei den unbedeutenden Mindestkapitalvorschriften des § 5 GmbHG[790]. Insbesondere sollte eine Pflicht der Gesellschafter, ihrem Verband darüber hinaus Mittel zuzuführen, nicht durch die Regelungen der GmbH-Reform eingeführt werden[791]. Beschränkt man die Betrachtung jedoch auf die Mittel, die die Gesellschafter freiwillig bzw. allenfalls aufgrund einer selbst auferlegten Verpflichtung ausgereicht haben, so ist der dem gesamten Ersatzkapitalrecht vertraute Ansatz, eine Subordination nur wegen gerade solcher aus dieser Finanzierungsstruktur sich ergebenden Risiken zuzulassen, gewahrt[792].

Dieser Gedankengang knüpft grundsätzlich an Gefahren der praktizierten Gesellschafterfremdfinanzierung an, nicht jedoch an das Unterlassen einer - gebotenen - Eigenkapitalausstattung.

Sollen Überlegungen zu einer bestimmten Finanzierungsstruktur fruchtbar gemacht werden können für eine darlehensgeprägte Finanzierungsplanung, die

---

789 Hierzu bereits oben III. 1.

790 Zum Begriff der Finanzierungsfreiheit insoweit: von Gerkan/Hommelhoff, a. a. O., S. 5 ff.

791 Vgl. dazu Hachenburg/Ulmer, a. a. O., Rz. 6 f., m. w. N.

792 Mit dieser Ausrichtung wohl auch Wiedemann, Gesellschaftsrecht, S. 570; ders., in Festschrift Beusch, S. 893, 909.

die Risiken unangemessen den Gläubigern auferlegt, so bedarf dies einer klaren und trennscharfen Abgrenzung zu Bestrebungen, die Ersatzkapitalfunktion allein mit einem Gebot angemessener Eigenkapitalfinanzierung zu begründen. Parallelerwägungen insoweit können jedoch nicht geleugnet werden.

Festzuhalten ist an dieser Stelle zunächst, dass ein Abgleich mit Erwägungen, die eine Pflicht zu angemessener Kapitalausstattung begründen sollen, es nicht von vornherein aussichtslos erscheinen lässt, derart abgestützte Risikoerwägungen für eine Umqualifizierung und Subordination bereits ausgereichter Gesellschafterdarlehen heranzuziehen. Dies schließt es ein, sowohl den Umfang der Darlehensfinanzierung, den Geschäftsumfang der Gesellschaft sowie die Bedeutung einer bestimmten Eigenkapitaldecke heranzuziehen.

Ein solches Vorgehen liegt vielmehr in der Konsequenz, die Eigenkapitalfunktion einer Gesellschafterfinanzierung über die Ausreichung in ihrer Unterkapitalisierung zu definieren[793].

Betrachtet man die Finanzierungsfreiheit des GmbH-Gesellschafters als pflichtengebundene und verantwortete Freiheit scheint es keineswegs ausgeschlossen, bei der Präzisierung dieser Verantwortung auch auf die benannten Kriterien zurückzugreifen.

cb) Eignungsprüfung betriebswirtschaftlicher Finanzierungsvorgaben

Aussagen zur Finanzierungs- und Risikostruktur, die eine Unternehmung aufweisen sollte, finden sich in der Betriebswirtschaftslehre in vielfältiger Form. Das Gedankengebäude, das dort entwickelt wird, lässt sich grob in zum einen theoretische Vorgaben hinsichtlich der finanzwirtschaftlichen Planung, zum anderen in Überlegungen zu ihrer Umsetzung durch Eigenkapital und Fremdkapital gliedern. Beide Bereiche sollen hier kurz umrissen werden, um dann auf ihren Ertrag bei der Konkretisierung der einen Verstoß gegen die gesellschafterliche Finanzierungsverantwortung begründende Unterkapitalisierung eingehen zu können. Die Probleme der Gestaltung von Finanzierungsbeziehungen zwischen Gesellschafter und Verband stellen sich damit als interdisziplinäre Problematik dar.[794]

---

793 Zu diesem Ansatz grundlegend: Hachenburg/Ulmer, a. a. O., §§ 32 a, b, Rz. 23, 42 ff.; Anh. § 30, Rz. 13 ff. Angesprochen ist der sogenannte „Leverage-Effekt“, dazu etwa Teil 1, II. 2. f).

794 Vgl. hierzu auch Fleischer, Finanzplankredite, S. 100 ff.

Die Überlegungen gehen von der These aus, dass sich aufgrund der Finanzplanung und der konkret angetroffenen Finanzierungsstruktur die Situation des Risikoumbruchs einer formellen Fremdfinanzierung und der Übertritt in die Funktion materiellen Eigenkapitals beschreiben lassen.

(1) Finanzplanung als betriebswirtschaftliches Leitungsinstrument

Den Gegenstand betriebswirtschaftlicher Finanzplanung bilden die für den Planungszeitraum zu erwartenden Geldbewegungen sowie der am Ende einer Planungsperiode zu erwartende Geldbestand. Auf der einen Seite stehen die Einnahmen, denen die Ausgaben gegenübergestellt werden; ihr Saldo spiegelt die Veränderungen im Geldbestand. Die Finanzplanung des Unternehmens muss im Gesamtzusammenhang mit anderen Größen unternehmerischer Planung gesehen werden; so etwa mit den Veränderungen aller Einflussfaktoren der Einnahmenseite. So werden die Mittelzuflüsse ganz entscheidend vom Erfolg des operativen Geschäfts (ordentliche Einnahmenplanung durch Absatzplanung) oder der außerordentlichen Einnahmenplanung bestimmt; hierunter fallen etwa die Einnahmen aus aufgenommenen Krediten, Rückflüsse aus gewährten Krediten oder Mittelzuflüsse aus Zins- und Mieteinnahmen.

Der Einnahmenplanung steht die Ausgabenplanung gegenüber. Grundlage der Planung der ordentlichen Ausgaben ist die Kostenplanung, die ihrerseits nach den Entstehungsgründen betrieblicher Kosten weiter sinnvoll zu untergliedern ist.

Nicht zu unterschätzen ist in seiner Bedeutung der außerordentliche Ausgabenplan. Hierunter fallen Mittelabflüsse, die nicht unmittelbar im Zusammenhang mit dem operativen Geschäft stehen, sondern dieses als ertragsabhängige Steuerzahlungen, Ausschüttungsplanungen, Darlehensausschüttungen begleiten. Die Finanzplanung gibt damit der Unternehmensleitung unverzichtbare Entscheidungshilfen an die Hand.[795]

(2) Liquiditätsplanung als Ziel der Finanzplanung

Hat die Unternehmensleitung sämtliche Einzelpläne erstellt, schließt sich ihre Zusammenfassung in dem eigentlichen Finanzplan an.

---

[795] Vgl. nur Süchtung, Unternehmensfinanzierung, S. 9 ff.

Dabei werden die Ergebnisse der jeweiligen Einzelpläne übernommen. Aus der Gegenüberstellung der kumulierten ordentlichen und außerordentlichen Einnahmen- bzw. Ausgabenüberschüsse wird die Veränderung der liquiden Mittel innerhalb des Planungszeitraums deutlich. Für den Endzeitpunkt der Periode wie auch für jeden beliebigen Zwischenzeitpunkt lässt sich so die voraussichtliche Höhe des Geldbestandes ermitteln[796].

(3) Betriebswirtschaftliche Anforderungen an Finanzplan und Liquiditätsmessung

Nach betriebswirtschaftlichem Verständnis ist die Finanzplanung planerische Tätigkeit im finanzwirtschaftlichen Bereich. Ihr Ziel ist es, über eine Ermittlung des Kapitalbedarfs Möglichkeiten der Kapitaldeckung zu planen. Dieses Ziel wird über eine Reihe von Einzelzielen verfolgt.

(a) Ziel: Bestandsschutz des Unternehmens

Mit Hilfe der Finanzplanung soll der Bestand des Unternehmens gesichert werden. Die Finanzplanung dient diesem Ziel, indem sie geeignete finanzwirtschaftliche Maßnahmen aufzeigt, die eine Gefährdung der Liquidität ausschließen. Hierzu gehört auch, dass die finanzielle Deckung der geplanten Investitionen sichergestellt werden kann. In diesem Zusammenhang soll noch einmal an die betriebswirtschaftlichen Finanzierungsregeln erinnert werden; Normen, deren Befolgen gewährleisten soll, dass das Unternehmen nicht in Gefahr gerät, lassen sich jedoch - so der heutige Kenntnisstand - nicht unternehmenspezifisch übertragen. Die betriebswirtschaftliche Praxis misst ihm wohl nur den Charakter grober Faustregeln zu[797].

(b) Ziel: Effektivitätssteigerung

Mit Hilfe der Finanzplanung versucht die Unternehmung, eine größtmögliche Wirtschaftlichkeit in ihrem finanzwirtschaftlichen Bereich zu erzielen[798].

---

[796] Zur Liquiditätsplanung vgl. etwa: Spremann, Investitionen, S. 202 ff.

[797] Die Finanzierungsregeln behandelt gedrängt etwa: Hahn, Finanzwirtschaft, 1, Kap. C. III, 4. Kap. C. II; Perridon/Steiner, Finanzwirtschaft, S. 335 ff., Süchtung, Unternehmensfinanzierung, S. 486 ff.

[798] Drukarczyk, Finanzierung, Kap. 2.1, S. 134; Perridon/Steiner, Finanzwirtschaft, A. II 2 a, S. 10.

Ergibt sich bei der Aufstellung des Gesamtfinanzplans des Unternehmens eine Überdeckung, beanspruchen die unternehmerischen Ziele also weniger liquide Mittel als zur Verfügung stehen, so sind die vorhandenen Mittel rentabilitätsmaximal anzulegen; entsprechendes gilt bei einer finanziellen Unterdeckung: Um die unternehmerischen Ziele zu erreichen, sind diejenigen Finanzierungsalternativen zu ergreifen, die der Unternehmung die geringsten Kosten verursachen.

(c) Ziel: Unternehmerische Selbständigkeit

Mit Hilfe der Finanzplanung kann die Unternehmung anstreben, das Fremdkapital nach Art und Höhe so festlegen, dass Einflüsse Dritter so gering wie möglich gehalten werden; auf diese Weise kann die Entscheidungsfreiheit von Geschäftsführung und Gesellschaftern möglichst weitgehend erhalten werden.[799]

(4) Grundsätze der betriebswirtschaftlichen Finanzplanung

Um die Finanzplanung mit ihren Einzelzielen sinnvoll durchführen zu können, hält die Betriebswirtschaftslehre die Beachtung verschiedener Planungsgrundsätze für unverzichtbar[800]:

(a) Vollständigkeit

Die Planung muss **alle** Zahlungsströme im Unternehmen, die innerhalb der Planungsperiode liegen, berücksichtigen. Nur so eröffnet sich die Möglichkeit, die Entwicklung der Liquidität verlässlich abzuschätzen.

(b) Zeitpunktgenauigkeit

Der Zeitpunkt des Eintritts der einzelnen Zahlungsströme ist so genau wie möglich anzusetzen. Anderenfalls lassen sie kaum Aussagen über die Liquiditätsentwicklung machen.

(c) Betragsgenauigkeit

Im Interesse der Sicherung der Liquidität sollen in der Finanzplanung möglichst realistische Beträge angesetzt werden. Eine zu optimistische Erwartung führt

---

799 Perridon/Steiner, Finanzwirtschaft, A. II 2 d, S. 14.

800 Vgl. etwa die nachfolgenden wesentlichen von Olfert, Finanzierung, Abschn. B, S. 63 ff., übernommenen Parameter.

ebenso wie eine Unterbewertung von Zahlungseingängen zu unzuverlässigen Plandaten. Gleiches gilt für den Ansatz von Mittelabflüssen.

(d) Bruttoausweis

Ebenso der Verlässlichkeit des Finanzplanes als Entscheidungsgrundlage dient das „Verbot" der Saldierung von Zahlungsströmen. Würde man die Liquidität in der Weise ermitteln wollen, dass sie allein als Differenzbetrag zwischen Mittelzu- und -abflüssen erscheint, so würde dadurch die Transparenz der Finanzplanung eingeschränkt und der Plan als Planungs- und Führungsinstrument entwertet.

(5) Kapitalbedarf und Kapitaldeckung

Der Finanzierungsbedarf errechnet sich ganz maßgeblich aus den für die Erreichung der unternehmerischen Ziele für erforderlich gehaltenen Investitionen, Ersatzinvestitionen, Personalkosten usw. Die verschiedenen finanzmathematischen Methoden, die hier angewandt werden, um den zur Realisierung erforderlichen Bedarf an finanziellen Mitteln zu bestimmen, sollen hier nicht dargestellt werden. Von besonderem Interesse ist indes, welche Instrumentarien und Kriterien die Betriebswirtschaftslehre zur Optimierung der Kapitaldeckung heranzieht. Die optimale Deckung des (festgestellten) Kapitalbedarfs ist für das Unternehmen von großer Bedeutung.

Ist sie nicht gewährleistet, kann die Wirtschaftlichkeit des Unternehmens beeinträchtigt sein. Mitunter wird gar der Bestand des Unternehmens gefährdet. Die Kapitaldeckungsseite wird von der Gestaltung der Kapitalstruktur des Unternehmens entscheidend geprägt. Überlegungen zur Struktur der Mittelbeschaffung behandeln einmal die mit ihr verbundenen Risiken. Zum anderen geht es um ihre Optimierung. Nicht zuletzt auch in der Betriebswirtschaftslehre wird das Eigenkapital über seine Eigenschaft, zur Risikotragung herangezogen zu werden, definiert. Der Risikograd ist auch in der Betriebswirtschaftslehre maßgebend für einen materiellen Kapitalbegriff.[801]

---

801 Swoboda, in: Die Abgrenzung von Eigenkapital und Fremdkapital, S. 42 ff.; Drukarczyk, Finanzierung, S. 261 f.; Spreemann, Investition, S. 90 ff.

(a) Risiken der Kapitalstruktur

Auch die Betriebswirtschaftslehre nimmt in ihre Überlegungen auf, dass Mittelzuflüsse der Eigenkapitalgeber und der Fremdkapitalgeber unterschiedlichen Risiken ausgesetzt sind[802].

(b) Risiko der Eigenkapitalgeber

Das Risiko der Eigenkapitalgeber liegt, bedingt durch entstehende Gewinne oder Verluste, in der Veränderung des eingesetzten Kapitals; sie tragen das Gewinn- und Kapitalrisiko.

(c) Risiko der Fremdkapitalgeber

Ihr Risiko besteht in der Möglichkeit, dass das kreditnehmende Unternehmen seinen Rückzahlungspflichten hinsichtlich Kapital und Verzinsung nicht nachkommen kann oder will. Die Fremdkapitalgeber tragen also das Kapital- und das Zinsrisiko. Bei der Entscheidung über eine Fremdfinanzierung der Unternehmung werden sich potentielle Kreditgeber auf die Eigenkapitalausstattung als Element der Kapitalstruktur, aber auch auf die im Existenzrisiko und Finanzierungsrisiko repräsentierte Beziehung zwischen Verlustmöglichkeiten und deren Deckung durch Eigenkapital stützen. In der Folge kann das Risikoverhalten der Fremdkapitalgeber seinen Ausdruck sowohl in der Höhe des Nutzungsentgelts wie natürlich auch in einer vollständigen Verweigerung oder dem Verlangen nach besonderen Sicherheiten finden.

(d) Risiko des Unternehmens

Das Risiko des Unternehmens tritt in Form des Liquiditätsrisikos und Abzugsrisikos auf. Das Liquiditätsrisiko ergibt sich aus einer möglichen planwidrigen Veränderung der Zahlungsströme. Das Abzugsrisiko liegt darin, dass Kredite unvorhergesehen abgezogen oder nicht verlängert werden.

cc) Befund: Geplante Differenzierung in Eigen- und Fremdfinanzierung

Auch in der betriebswirtschaftlichen Sehweise wird also unter Risikogesichtspunkten differenziert, ob die Deckung des angesetzten Kapitalbedarfs mit Eigen- oder mit Fremdkapital erfolgen sollte. Die Entscheidungsparameter dabei sind vielfältig; nur zum Teil handelt es sich indes um Kriterien, die sich an den Belangen der Gläubiger, mithin an einer bestimmten Risikostruktur orientieren.

---

802 Vgl. nur Swoboda, Investition, Abschn. III B; Drukarczyk, Finanzierung, S. 385 ff.

Es überwiegen Merkmale, die eine unternehmensbezogene Beurteilung der optimalen Kapitalstruktur beabsichtigen. Ziel dieser Überlegungen ist es dann, unter Berücksichtigung der Vor- und Nachteile der jeweiligen Finanzierungsart ein optimales Verhältnis zwischen Eigen- und Fremdkapital herzustellen.

d) Rentabilität und Risiko

Die Überlegungen gehen dahin, einen Ausgleich zwischen Rentabilitätsgesichtspunkten und Risikoüberlegungen zu finden. Dabei muss berücksichtigt werden, dass mit zunehmender Verschuldung das so genannte Kapitalstrukturrisiko steigt und die Bereitschaft der Fremdkapitalgeber zur Kreditgewährung sinkt. Ein solches Risiko werden Kreditgeber regelmäßig scheuen. Zwar ist das geliehene Kapital nicht dazu geeignet, den Unternehmensmisserfolg unmittelbar zu tragen; gleichwohl wird nach der Aufzehrung des haftenden Kapitals auch das Fremdkapital in Mitleidenschaft gezogen und ist in der Insolvenz häufig weitgehend entwertet. Nur mit dieser Einschränkung wird auch in der Betriebswirtschaftslehre die These von der fehlenden Verlustbeteiligung des Fremdkapitals verstanden. Die Risikoeinschätzung der Fremdkapitalgeber führt daher bei zunehmendem Fremdkapitalanteil entweder zur risikoorientierten oder - stellt man auf den Anstieg der Fremdkapitalkosten ab - zur rentabilitätsorientierten Verschuldungsgrenze[803].

e) Betriebswirtschaftlicher Beitrag zur Bestimmung einer Risikostruktur

Der Versuch, Erkenntnisse hinsichtlich der Konkretisierung der Unterkapitalisierung daraus zu gewinnen, dass die finanzierenden Gesellschafter bei der Planung der Finanzausstattung ihrer Unternehmung Überlegungen aus der Finanzplantheorie der Betriebswirtschaftslehre rezipieren, führt zu ernüchternden Ergebnissen:

Die betriebswirtschaftliche Theorie stellt zwar durchaus Vorgaben bereit, wie die Finanzplanung der Gesellschaft (die Betriebswirtschaftslehre stellt aus ihrer Sicht immer auf die Unternehmung ab; es genügt also jede Organisationseinheit in der sinnvoll zwischen Eigen- und Fremdkapital der Unternehmung differenziert werden kann) aussehen sollte. In vielen Fragen besteht auch in der betriebswirtschaftlichen Wissenschaftstheorie Einigkeit über die Inhalte betriebs-

---

803 Swoboda, Investition, III. A.

wirtschaftlicher Finanzplanung[804]. Und dennoch ist das Gedankengut kaum geeignet, Grundsätze ordnungsgemäßer Unternehmensführung, die hier als normzweckgerechte Konkretisierung eines dogmatisch anderweitig verankerten Umqualifizierungsansatzes verstanden werden, fallgruppenspezifisch herauszuarbeiten.

Die Begründung liegt insbesondere in den vielschichtigen Interessen, die in der Betriebswirtschaftslehre mit der Erstellung eines Finanzplanes verbunden werden, die aber von den Normzwecken des Ersatzkapitalrechts z. T. deutlich abweichen.

Dabei geht es der Betriebswirtschaftslehre nur ganz nachgeordnet darum, eine Finanzierungsstruktur zu verwirklichen, die den Gläubigern eine akzeptable Aussicht auf Befriedigung sichert. Im Vordergrund stehen vielmehr Erwägungen, die eine Optimierung der Finanzierungsstruktur darin sehen, dass die Rentabilität des Eigenkapitals erhalten und weiter gesteigert wird. Gläubigerschützend wirken indes Bestrebungen, mit Hilfe der betrags- und taggenauen Finanzplanung jederzeit liquide zu sein. Aber auch in dieser Hinsicht ist der Gläubigerschutz in der Finanzplanung nur unzureichend verwirklicht; geplante, jederzeit gesicherte Liquidität scheint zwar den Gläubigerschutz vollends abzudecken. Indes aber stecken Gefahren für Gläubiger insbesondere in dem Risikopotential der krisengeneigten Gesellschaft. Dies wird deutlich darin, dass Überschuldung und Kreditunwürdigkeit bei Dritten die wesentlichen Konkretisierungen der gesellschafterlichen Finanzierungsverantwortung geworden sind. Die Sicherung der Liquidität - sollte sie auch zuverlässig planbar sein - bleibt dahinter zurück. Denn auch die noch liquide Gesellschaft kann bereits kreditunwürdig und/oder überschuldet sein. Auch in diesen Fällen ist bereits die unter Gesichtspunkten der Finanzierungsverantwortung bedeutende Risikoüberwälzung zu lasten der Gläubiger eingetreten. Entsprechend zweifelhaft ist es bis heute geblieben, die Umqualifizierung formellen Gesellschafterfremdkapitals von der Liquiditätsentwicklung der Gesellschaft abhängig zu machen[805]. Vorgaben und Anreize, die nach betriebswirtschaftlichen Vorstellungen die Finanzplanung der Unternehmung prägen sollten, erscheinen nach allem ungeeignet,

---

804 Vgl. nur: Wöhe/Bilstein, Unternehmensfinanzierung, Abschnitt 4, S. 399 ff.; Spriemann, Investition, S. 174 ff.; Vormbaum, Finanzierung, Abschnitt 2 c, S. 85 ff.; Drukarczyk, Finanzierung, Kap. 2.3, S. 94 ff.

805 Hierzu statt vieler: von Gerkan/Hommelhoff, a. a. O., S. 31 ff.; Hachenburg/Ulmer, a. a. O., §§ 32 a, b, Rz. 47; Häuselmann, u. a., Finanzierung, S. 868 ff., m. w. N. zur Rechtsprechung; Roth, GmbHG, § 30, Anm. 7 ff.; Rowedder, GmbHG, § 30, Rz. 12 ff.; Schneider, ZGR 1984, 495, 533; ders. in Festschrift Döllerer 1988, S. 543 f., 549 f.

als Grundlage der gesellschafterlichen Finanzplanung verstanden, die Subordination von Gesellschafterdarlehen auch nur vermutungsweise zuzulassen. Der Begriff der Finanzplanung ist mit seinem betriebswirtschaftlichen Inhalt offensichtlich ein anderer, als er zur Rückstufung von Gesellschafterforderungen hinter die Ansprüche der sonstigen Gläubiger erforderlich wäre; es fehlt die generelle Ausrichtung auf die Belange der Gläubiger. Will man den Gedanken, dass sich bereits aus der Finanz- und Unternehmensplanung der Gesellschafter eine Konkretisierung des Grades an Unterkapitalisierung und der Risikostruktur der Unternehmung offenbart, weiterverfolgen, so ist zwangsläufig nach Parametern zu suchen, die außerhalb betriebswirtschaftlicher Finanzplangestaltung liegen.

Das heißt indes nicht notwendig, dass von allen betriebswirtschaftlichen Wertungen hinsichtlich der Voraussetzungen einer notwendigen Haftkapitalausstattung Abstand zu nehmen ist.

Schaut man sich die im betriebswirtschaftlichen Schrifttum entwickelten Vorgaben für eine empfohlene Eigenkapitalausstattung und ihr Verhältnis zur Fremdmittelsumme genau an, so bleibt der Ertrag für eine Konkretisierung der Missachtung von Grundsätzen ordnungsgemäßer Unternehmensfinanzierung gering.

Zwar spielen Elemente der Risikovorsorge auch insoweit eine beachtliche Rolle. Gleichwohl stellt die Betriebswirtschaftslehre - wie erwartet - keine rechtssicher handhabbaren Vorstellungen bereit. Dies jedenfalls nicht in einem Sinn, dass sich präzise anhand abstrakter Vorgaben ermitteln ließe, bei welcher Finanzierungsstruktur die Gefahr des unternehmerischen Scheiterns und damit im Regelfall auch schwere Beeinträchtigungen der Tilgungs- und Verzinsungsfähigkeiten zu erwarten sind, so dass Gläubiger ein weit erhöhtes Risiko zu laufen und letztlich weitgehend auszufallen drohen. Allenfalls Anhaltspunkte finden sich dahingehend, dass mit der Ausdünnung der Kapitaldecke zunehmend die Spekulation auf unternehmerischen Erfolg zu lasten der Gläubiger stattfindet.

f) Gestaltungsorientierte Umqualifizierung

fa) Grundaussagen

Aufgabe dieses Kapitals ist es, die Finanzierungsformen der Finanzplandarlehen anhand möglicher Gestaltungsmuster daraufhin zu überprüfen, ob sich hier für einzelne Erscheinungsformen eine Konkretisierung der nominellen Unterkapitalisierung auch außerhalb des klassischen Ersatzkapitalrechts zeigt[806].

Die Risikoabwälzung durch die Ausreichung breitflächiger Fremdmittelbeträge konnte nicht in einem hinreichenden Ausmaß verdichtet werden, um den Anforderungen an eine verlässliche Beurteilung des Risikogefüges zu genügen. Auffällig ist indes, dass im Bereich der Finanzplandarlehen ganz überwiegend breitflächige Fremdkapitalausreichungen gepaart sind mit besonders augenfällig gestalteten Finanzierungsbedingungen.

Diese machen schon bei recht vorläufiger Würdigung den Eindruck einer „Eigenkapital ersetzenden" Darlehensfinanzierung. Dies jedoch zunächst nicht im technischen Sinn einer Subordination auf der Grundlage der BGH- und Novellen-Regeln. Vielmehr machen diese formellen Fremdfinanzierungen schon allein aufgrund ihres äußeren Erscheinungsbildes den Eindruck einer Kapitalausstattung der Gesellschaft.

Diese Beobachtung beruht auf der in vielerlei Hinsicht eigenkapitalnahen Ausgestaltung von Gesellschafterfremdfinanzierungen.

Beispielhaft seien etwa die besonders lange Laufzeit, ggf. die Bindung an die Mitgliedschaft, eine einlagentypische Entgeltregelung und die Bestimmung zur investiven Verwendung genannt[807]. Selbstredend folgt aus der Adaption einzelner eigenkapitaltypischer Gestaltungs- oder Verwendungsmerkmale nicht zwangsläufig die Subordination einer Gesellschafterdarlehensausreichung. Sollen aus einer bestimmten Finanzplanung und ihrer Gestaltung Folgerungen mit Blick auf eine materielle Eigenkapitalqualifikation gezogen werden, so kann dies nur aufgrund normativer Überlegungen gelingen. Diese müssen als Bindeglied die Lücke zwischen der phänotypisch eigenkapitalnahen Gesellschafterfremdfinanzierung und der Umqualifizierungsvoraussetzung einer risikoüberwälzenden und damit die Situation der Unterkapitalisierung konkretisierenden materiellen Haftkapitalausstattung schließen.

fb) Risikoumbruch durch eigenkapitalorientierte Darlehensgestaltung

Grundsätze ordnungsgemäßer Unternehmensfinanzierung geben den Gesellschaftern das Finanzierungsverhalten vor, welches mit ihrer Finanzierungsver-

---

806 Unterkapitalisierung wird als Umqualifizierungsgrund angesehen, u. a. von Hachenburg/Ulmer, a. a. O. Rz. 43 ff.; Wiedemann, Gesellschaftsrecht, S. 554.

807 Dazu BGHZ 104, 33; von Gerkan/Hommelhoff, a. a. O., S. 49 ff., 201 ff.

antwortung im Einklang steht. In unterschiedlichen Fallgruppen ausgeprägt charakterisiert es eine Unternehmensfinanzierung diesseits oder jenseits der Grenze, die zu einer gesellschaftsrechtlich missbilligten Risikoabwälzung auf die Gläubiger führt.

Breit anerkannt ist die Fallgruppe der Sanierungsdarlehen, der eine Kreditfinanzierung der Gesellschafter bei Insolvenzreife der Gesellschaft zugrunde liegt; ebenso unumstritten ist die - in der Gerichtspraxis wohl häufigste - Fallgruppe der Kreditfinanzierung der Gesellschaft in ihrer Kreditunwürdigkeit bei unbeteiligten Dritten.

Versuche, die heute zunehmend akzeptierte Ausprägung kapitalersetzender Finanzierungen ohne konkreten Krisenbezug aus der Finanzplanung heraus zu begreifen, bleiben bis dorthin erfolglos; sie ist nicht möglich auf der Grundlage betriebswirtschaftlicher Finanzierungsregeln. Diese sind aus den verschiedensten Gründen nicht geeignet, rechtssicher einen Risikoumbruch zu lasten der übrigen Gläubiger auszumachen. Gleiches gilt, versucht man die Grundsätze der betriebswirtschaftlichen Finanzplanung zur Grenzziehung zwischen akzeptabler und schon gläubigerschädigender Fremdfinanzierung heranzuziehen. Damit sind die Möglichkeiten, die Finanzplanung der Gesellschafter für die Subordination ihrer Fremdfinanzierungsleistungen zu zitieren indes keineswegs ausgeschöpft. Möglichkeiten der Subordination könnten etwa dort liegen, wo Gesellschafter schon vor dem Eintritt einer Unternehmenskrise - synonym: Kreditunfähigkeit und/oder Insolvenzreife - über die Befolgung ihrer Finanzierungsverantwortung entscheiden. Angesprochen sind die Fallgestaltungen, in denen die Gesellschafter die Finanzplanung in der Weise „einlagengleich" vornehmen, dass sie die Mittel gesellschaftsorientiert breit mit den Attributen einer - formal vermiedenen - Haftkapitalisierung ausstatten. Haben die Gesellschafter in einer solchen Weise ihre Finanzierungsverantwortung missachtet, käme es auf den Eintritt der Kreditunwürdigkeit, genauer: Auf die exakte zeitliche Bestimmung ihres Beginns - nicht mehr entscheidend an. Damit ist jedoch noch nicht darüber befunden, unter welchen Voraussetzungen eine solche an finanzgeplanten Vorstellungen der Finanziers orientierte Subordination geboten ist.

fc) Voraussetzungen planungsorientierter Umqualifizierung

Dazu ist vorab ins Blickfeld zu rücken, dass unter dem Schlagwort Finanzplankredite zumindest zwei verschiedene Sachverhaltsgruppen grob voneinander getrennt werden können.

Zum einen handelt es sich um die Gruppe der Darlehen, die zwar vor der Unternehmenskrise ausgereicht wurden, deren Vertragsbedingungen jedoch deutlich machen, dass die Mittel auch dazu bestimmt sind, in einer ggf. später eintretenden Krise der Gesellschaft zu ihrer Stützung weiterhin zu verbleiben. Diese Finanzierungsstruktur als potentiell kapitalersetzend zu qualifizieren, bereitet schon nach der herkömmlichen Fallgruppenbildung im Ersatzkapitalrecht kaum nennenswerte Schwierigkeiten; akzeptiert man, dass mit der Unternehmenskrise ausgereichte Gesellschafterdarlehen eine von der Rechtsordnung nicht mehr tolerierte Risikobelastung der sonstigen Gläubiger zeitigen, so ist es unausweichlich, insoweit auch diese Erscheinungsform der Finanzplandarlehen zu subordinieren. Denn die Fallgestaltungen entsprechen einander vollständig. Insbesondere die Finanzierungsentscheidung, der Gesellschaft Fremdkapital zu gewähren, das in Anbetracht der Unternehmenssituation mit der Gefahr belegt ist, vollständig zugunsten der Gläubigerbefriedigung verloren zu sein, liegt in beiden Sachverhalten vor. Im Fall des Finanzplankredits ist der Zeitpunkt, in dem sich die zunächst bloß angelegte Ersatzkapitalfunktion realisiert, nicht der aktuelle Finanzierungszeitpunkt. Er ist aufgeschoben auf den späteren Termin, zu dem die Krise sich in Kreditunwürdigkeit und/oder Überschuldung verwirklicht. Will man diese Fallgruppe auch unter dem Begriff des Finanzplandarlehens erfassen, so ist die Lösung vorgezeichnet: Der Weg geht über § 32 a Abs. 3 GmbHG; die gesamte Gestaltung ist einer Darlehensgewährung in der aktuellen Unternehmenskrise gleichwertig.

Neuland und umstrittenes Gelände wird erst dort erreicht, wo die Subordination zwar auch aus der vertraglichen Gestaltung gefolgert werden soll, das Kriterium der Krisenbezogenheit der Finanzierung jedoch für entbehrlich erachtet wird. Hier gehen die Auffassungen in der Literatur auseinander, die Rechtsprechung geht eigene Wege außerhalb des traditionellen Kapitalersatzrechts.

Will man nun auch diese krisenfrei ausgereichten Darlehen auf den Weg über die von den Gesellschaftern vorgenommene vertragliche Ausgestaltung als Finanzplandarlehen dem zweistufigen Ersatzkapitalrecht unterstellen, so bedarf es gerade der besonderen Klärung, wie sich bereits aus bestimmten Gestaltungen - die auf einen späteren Kriseneintritt nicht erkennbar abstellen - der Risikoumbruch zu lasten der Gesellschaftsgläubiger ergeben soll. Hilfreich ist auch insoweit, den Kern der Ersatzkapitalregeln noch einmal in Erinnerung zu rufen. Letztlich geht es immer wieder darum, Gesellschaftermittel entweder den Rechtsfolgen von Eigenkapital oder von Fremdkapital zuzuweisen. Die Qualifizierung formellen Fremdkapitals als Haftkapital ist dann vorzunehmen, wenn es als solches fungiert. Es handelt sich demnach zumindest auch um betriebswirtschaftlich gestützte Rechtsregeln. Geltungsgrund ist mit K. Schmidt[808] - schlagwortartig - die Natur der Sache oder die wirtschaftliche Funktion. Nun kann weder die Natur der Sache noch eine betriebswirtschaftliche Regel die Rechtsfrage klären, ob eine von den Gesellschaftern als Fremdkapital ausgereichte Mittelzufuhr aus Rechtsgründen dem nachrangigen Haftkapital zuzuschlagen ist. Selbst der heute unstreitig als kapitalersetzend empfundene Charakter von Darlehen, die in der Kreditunwürdigkeit oder Überschuldung gewährt werden, ist so allein nicht zu erklären. Es bedarf rechtlicher Kategorien, etwa der hier favorisierten Prüfung, ob eine unangemessene Risikoabwälzung der Gesellschafter auf die Gläubiger vorliegt, um echtes Fremdkapital von materiellem Eigenkapital zu scheiden. Bei dieser Trennung der Entwicklung der Voraussetzungen einer Risikokapitalqualifikation können dann betriebswirtschaftliche Vorstellungen durchaus eine Rolle spielen. Sie könnten im Sinne einer Bestätigung anderweitig entwickelter Lösungen dazu beitragen festzustellen, ob eine im Rahmen der Ersatzkapitalregeln relevante nominelle Unterkapitalisierung vorliegt, formelles Fremdkapital also tatsächlich das erforderliche Risikokapital ersetzt.

fd) Wertungsgrundlagen planungsorientierter Umqualifizierung

Gerade auch in diesem Lichte müssen die Wertungsgrundlage gesehen werden, wenn sie auf die zweite Gruppe der finanzgeplanten Gesellschafterdarlehen angewandt werden sollen. Einschränkungen der Finanzierungsfreiheit sind auch hier nur zu rechtfertigen, soweit der Gläubigerschutz, d. h. die gesellschafterliche Finanzierungsverantwortung diese erzwingt. Finanzierungsfreiheit ist gewährleistet, solange sie sich in den Grenzen hält, die die Rechtsordnung ihr anderweitig zieht. Als von vornherein kapitalersetzend geplant und damit als nachrangiges Haftkapital sind die Fremdmittel anzusehen, die einer gesellschaftsrechtlich überzeugenden Risikozuweisung widersprechen.

Dies bedeutet, dass funktionelles Risikokapital nicht allein um der gewährten Rechtsform willen als besicherungsfähige und in der Insolvenz als anzumeldende Forderung des Gesellschafters gegen seine Gesellschaft gewertet werden kann. Die formelle Rechtsform wird von der Rechtsordnung nur dann auch materiell akzeptiert, wenn die Kreditfinanzierung ihrer Funktion nach nicht gerade notwendiges Haftkapital ersetzt. Vor diesem Hintergrund ist nun näher

---

[808] K. Schmidt, Gesellschaftsrecht, S. 1152; vgl. auch Wiedemann, Gesellschaftsrecht, S. 554 ff.

zu untersuchen, welche Elemente der „Finanzplanung" Aufschluss über eine von den Gesellschaftern angenommene oder tatsächlich gegebene Risikoanweisung geben.

Dabei muss die Risikozuweisung, die sich tendenziell mit dem zunehmenden Verschuldungsgrad sicher zu Ungunsten der Gläubigergesamtheit verschiebt, mit Inhalt gefüllt werden.

Nach allen, insbesondere auf der Grundlage der Erkenntnis, dass die Umqualifizierung von Gesellschafterleistungen nicht notwendig krisenbezogen zu verstehen ist, konnte etwa festgestellt werden, dass die Kreditausreichung der Gesellschafter nicht notwendig in oder mit Blick auf eine Unternehmenskrise vorgenommen werden muss, kann die betriebswirtschaftliche und rechtliche Lösung auch objektiv-rechtlich mit einiger Aussicht auf Erfolg in der vertraglichen Gestaltung der Darlehensbedingungen gefunden werden.

fe) Eigenkapitalnahe Darlehensgestaltung

Neben der Konkretisierung der für die Umqualifizierung formellen Fremdkapitals in materielles Eigenkapital relevanten nominellen Unterkapitalisierung über die Fallgruppen der Sanierungs- und Insolvenzabwendungsdarlehen, kommt es in Betracht, eine bedeutsame Verschlechterung der Risikostruktur der Finanzierung auch an der Gestaltung der Darlehensbeziehungen festzumachen.

Dazu ist jedoch im Vorfeld zu entwickeln, wie sich anhand von Darlehensgestaltungen bzw. auch den Rahmenbedingungen ihrer Ausreichung festmachen lassen soll, dass hier eine unangemessene Risikoverlagerung stattgefunden hat bzw. sich abzeichnet. Dabei soll zunächst davon ausgegangen werden, dass mit den Sachverhalten, die hier zur Begutachtung stehen, nicht bereits der Tatbestand einer Kreditunwürdigkeits- oder Insolvenzabwendungsdarlehens gegeben ist. Dies wird in einer Vielzahl der Fälle indes der Fall sein. Insbesondere dann, wenn man auch die Kreditunfähigkeit, wenn sie nicht mit einer Liquidationspflicht verbunden ist, als Umqualifizierungstatbestand der Rechtsprechungs- und Novellen-Regeln anerkennt[809]. Denn die Kreditfähigkeit wird hier gegenüber Dritten gerade erst durch das Kreditengagement der Mitglieder und die damit verbundene Möglichkeit, Anlagevermögen zu erwerben, erreicht.

---

[809] Dazu bereits oben V. 11.

(1) Relevante Sachverhalte

Die Sachverhalte, die hier zu begutachten sind, werden bereits an anderer Stelle vorgestellt[810]. Es handelt sich um jene Fälle, die grob dahingehend beschrieben werden können, dass sie eine unter verschiedenen Aspekten eigenkapitaltypische Ausgestaltung aufweisen, ohne indes als einlagengleiche Finanzierungen bereits rechtsgeschäftlich dem haftenden Kapital zugewiesen werden zu können[811]. Dieser Befund hatte sich dort ergeben, wo in der Regel eine Fülle eigenkapitaltypischer Bedingungen der Darlehensabrede festgestellt werden konnten, diese indes noch nicht anhand einer Würdigung der objektiv-rechtlichen Ersatzkapitalregeln dem materiellen Eigenkapital zugewiesen wurden. Ein solches Ergebnis könnte sich jedoch gerade auch bei Verwendung objektiv-rechtlicher Maßstäbe ergeben, wenn sich konkretisieren lassen sollte, dass mit der konkret gewählten Finanzierungsstruktur - d. h., dem Verhältnis von Eigen- zu Fremdkapital, der Darlehenslaufzeit, dem Geschäftsumfang als zumindest auch risikobestimmenden Größen, der Regelung des Nutzungsentgelts und anderer Faktoren - eine mit der Stellung der Gesellschafter unvereinbare Verschiebung von Finanzierungsrisiken auf die Gläubiger nachweisbar wäre. Anlass zu diesen Überlegungen haben jene Fallgestaltungen gegeben, die als „gesplittete Einlagen" bei der Kommanditgesellschaft formelle Fremdfinanzierungen - regelmäßig als Gegenstand einer einheitlichen Beitragspflicht gemeinsam mit der Hafteinlage - gestalterisch in die Nähe von Einlagenkapital rückten[812].

(2) Ansatz für Risikoüberwälzung

Wie sich aus einer solchen eigenkapitalnahen Gestaltung eine unzulässige Belastung der Gläubigerinteressen soll ergeben können, bedarf schon im Ansatz weiterer Aufbereitung: Erst wenn dieser Standort des Risikoumbruchs gesichert ist, lohnt die weitere Betrachtung, unter welchen Voraussetzungen im Detail eine Subordination von Gesellschafterfremdmitteln auch dann geboten ist, wenn sich für den Zeitpunkt ihrer Zusage und Gewährung die Kreditunfähigkeit der Gesellschaft bei Dritten oder ihre Insolvenzreife nicht feststellen lässt, also sich das Bedürfnis nach einer eigenständigen Ersatzkapitalfallgruppe einstellt. Ein gewichtiger Aspekt für die Annahme, eine besondere eigenkapitalnahe Gestaltung könnte das für eine Umqualifizierung relevante Stadium der nominellen

---

810 Im Zusammenhang mit „gesplitteten Einlagen", siehe Teil 2, II.; insb. von Gerkan/Hommelhoff, a. a. O., S. 201 ff.

811 Zu dieser Fallgruppe bereits Teil 2, III. 1., 2.

812 Zusammenfassend dazu: von Gerkan/Hommelhoff, a. a. O., S. 206 ff., 224 ff.

Unterkapitalisierung inhaltlich beschreiben, könnte darin liegen, dass die formelle Fremdfinanzierung in breiter Form an die Stelle von Haftkapital tritt. Dass dies der Fall ist, liegt auf der Hand, wenn in großem Umfang Gesellschafterfremdmittel dazu herangezogen werden, die Investitions- und Betriebsmittelinteressen der Gesellschaft zu tragen[813]. Jedoch: Ohne eine normativ zwingende Überlegung, die gerade an dieser Stelle das Bedürfnis nach Gläubigerschutz besonders plausibel macht, könnte die weitgehende Ausrichtung der Finanzplanung an (Gesellschafter-)Fremdmitteln die Rechtsfolge ihrer Umqualifizierung nicht tragen.

Denn die Gesellschafter sind im Grundsatz darin frei, den ermittelten Finanzbedarf ihrer Gesellschaft nach ihrer Wahl über eine Eigen- oder Fremdmittelzufuhr zu decken[814].

Bemerkenswert ist in diesem Zusammenhang eine Ausgestaltung der Finanzierungsbeziehungen, die in zweierlei Hinsicht auffällig ist.

- die Darlehensfinanzierung ist im Verhältnis zwischen Gesellschafter und Gesellschaft derart ausgestaltet, dass sie innerhalb der Finanzplanung der Gesellschaft Eigenkapitalfunktionen wahrnimmt,
- formelles Fremdkapital kann durch verschiedene Gestaltungsmöglichkeiten vor einem jederzeitigen Abzug bewahrt und so eigenkapitalgleich gestaltet werden.

(3) Eigenkapitaltypische Funktionen

In einer Reihe von Gestaltungsmöglichkeiten manifestiert sich das Interesse der Geschäftsführung wie der Gesellschafter, in der Unternehmung dem Fremdkapital die Verwendungsmöglichkeiten von haftendem Kapital zu eröffnen.

Diese Bestrebung wird etwa dadurch flankiert, dass die Entgeltregelung für die zeitweise Überlassung von Fremdkapital nicht festverzinslich vereinbart ist. Häufig treten hier Vereinbarungen auf, in denen das Entgelt analog der gesetzlichen Regelung für die Gewinnausschüttung verabredet ist. Dies bedeutet, dass ein Entgelt für die Darlehensüberlassung in Anbindung an die Gewinnentwick-

---

813 Zur funktionalen Betrachtung der Gesellschafterfinanzierung Wiedemann, Gesellschaftsrecht, S. 565 ff.; ders., Festschrift Beusch, S. 896 ff.

814 Zur Finanzierungsfreiheit, vgl. Teil 1, II. 2. b).

lung gezahlt wird[815]. Damit verknüpft sich die Überlegung, dass die Nutzung des Kapitals die Gesellschaft nicht fortwährend belastet, sondern nur dann, wenn die Ertragssituation dies der Gesellschaft erlaubt. Damit korrespondiert regelmäßig eine Kreditausreichung in beträchtlicher Größenordnung, die den Gesamtbetrag des Eigenkapitalengagements um ein Vielfaches übertrifft[816]. Diese Kapitalstruktur erlaubt es der Finanzplanung gerade, der Fremdfinanzierung jene Aufgaben zuzuweisen, die jedenfalls nach den grundsätzlichen Vorstellungen des GmbHG haftendem Kapital vorbehalten sein sollten. So kann etwa davon ausgegangen werden, dass die Erfüllung investiver Aufgaben, also die Anschaffung und Aufrechterhaltung des Anlagevermögens von der Rechtsordnung in erster Linie dem Eigenkapital zugewiesen ist[817].

Hier klingen durchaus Bezugnahmen auf betriebswirtschaftliche Finanzierungsregeln an; dies ist nicht weiter bedenklich, erkennt man, dass diese durchaus mit plausiblen Parametern zur Bestimmung der gebotenen Eigenkapitalausstattung operieren, nur im Einzelfall in der Ex-ante-Betrachtung die präzise, rechtssichere Antwort schuldig bleiben[818]. Will man indes letztlich Konsequenzen aus dieser Aufgabenerfüllung durch formelles Fremdkapital ziehen, so reicht es nicht hin, allein auf die Finanzierungsregeln und das insoweit sicher bereits eigenkapitaltypische Gepräge der Fremdfinanzierung abzustellen. Denn dieses Merkmal verliert in dem Maße an Überzeugungskraft, wie es den Gesellschaftern möglich ist, diese Form der Finanzierungsgestaltung wieder zwanglos aufzuheben.

(4) Finanzierungssicherheit

Dem aber stehen in mannigfaltiger Form Abreden entgegen, die die Darlehensgeber dazu anhalten und zwingen, ihre Mittel auch mit einer Dauerhaftigkeit zur Verfügung der Gesellschaft zu halten, die der Unkündbarkeit von Eigenkapital nahe kommt. Angesprochen sind hier Regelungen, die den Darlehensabzug etwa nicht in das individuelle Belieben des einzelnen Darlehensgläubiger stellen, sondern von einer kollektiven Entscheidung der Mitgliedergesamtheit abhängig machen. Dies ist etwa dann der Fall, wenn die breitflächige Kreditausreichung dem Einzelnen durch gesellschaftsvertragliche Beitragspflicht oder einen

---

815 So die Fallgestaltungen in vielen Fällen der „gesplitteten Einlage", vgl. nur BGHZ 104, 33.

816 Vgl. die Fallgestaltungen in BGHZ 104, 33 und weiteren Nachweisen dort.

817 Von solchen Vorgaben scheint Wiedemann, a. a. O., auszugehen.

818 Zu den Ansätzen in der Betriebswirtschaftslehre oben V. 10. f) fd).

Gesellschafterbeschluss auferlegt ist[819]. Gleiches mag gelten für kollektive Abreden außerhalb dieser mitgliedschaftlichen Entschließungsformen; auch eine rein schuldrechtliche Abrede unter den Gesellschaftern, die dem oder den Einzelnen die Pflicht zur Kreditausreichung auferlegt, die Fremdmittel mit der Dauerhaftigkeit von unkündbarem Eigenkapital zur Verfügung zu halten, sollte hinreichen[820]. Tendenziell in dieser finanzierungssichernden Weise wirken auch - insbesondere langfristige - Gesellschafterdarlehen, für die die Gesellschafter etwa auf ihr Kündigungsrecht aus wichtigen Gründen verzichtet haben[821]. Im Bereich der „gesplitteten Einlagen" begegnet darüber hinaus eine Gestaltung, in der die Verfügbarkeit der Darlehensmittel in eigenkapitalnaher Ausgestaltung besonders deutlich wird: Sind Kreditgewährungspflichten an die Mitgliedschaft gebunden, so hat jeder Gesellschafter neben seiner Stammeinlage- und ggf. Nachschusspflicht einen festen oder variablen, aber zumeist nach unten begrenzten Darlehensanteil aufrechtzuerhalten. Und zwar sobald und solange, wie er als Gesellschafter der GmbH angehört[822].

(5) Doppelrolle als Umqualifizierungsansatz: Gesamtwürdigung

Unter a) und b) konnten zwei Aspekte näher beschrieben werden, mit denen eine Annäherung an eine Konkretisierung der umqualifizierungsrelevanten nominellen Unterkapitalisierung möglich scheint.

Mit der in Rechtsprechung und Literatur wohl überwiegenden Meinung kommt einer solchen Darlehensfinanzierung das Bild einer Ausstattung mit nachrangigem Haftkapital dann zu, wenn eine Gesamtwürdigung der Darlehensbedingungen und der Gesamtumstände der Kreditausreichung die Überzeugung vermitteln kann, dass die Mittel in der Sache und nach dem Willen der Gesellschafter zur Kapitalausstattung bestimmt sind[823]. Nachvollziehbar konnte dabei davon ausgegangen werden, dass eine entsprechend eigenkapitalnah ausgestaltete Darlehensfinanzierung jedenfalls nach der Auffassung der finanzierenden Gesellschafter für notwendig erachtetes Eigenkapital funktionell substituiert.

---

819 Hachenburg/Ulmer, a. a. O., §§ 32 a, b, Rz. 48, 61; Hommelhoff/Kleindiek, Festschrift 100 Jahre GmbHG, S. 440.

820 Ebenso: von Gerkan/Hommelhoff, a. a. O., S. 203 f., Rz. 9.17 ff.; Hommelhoff/Kleindiek, a. a. O., S. 440; inzwischen ebenso: BGHZ 121, 51, 41 f.

821 Angesprochen in BGHZ 104, 33.

822 Vgl. Teil 2, III. 5. b).

823 Fallgruppe der „gesplitteten Einlagen", vom BGH mit zweifelhafter Begründung außerhalb des Eigenkapitalersatzrechts gestellt, vgl. die Nachweise BGHZ 142, 116; 104, 33.

Denn ob die Gesellschafterfinanzierung zur Wahrung ihrer gesellschafts- oder allgemein zivilrechtlichen Risikovorgaben (jedenfalls teilweise) der Eigenkapitalausstattung anstelle der gewählten eigenkapitalnahen Fremdfinanzierung bedurft hätte, mag sich auch aus der verabredeten Finanzierungsstruktur und den Darlehensbedingungen ergeben. Eine wichtige Rolle spielt dabei, wie die Mittel gegenüber der Gesellschaft ausgestaltet sind. Richten die Gesellschafter die Fremdfinanzierung an den Plänen und Zielen der Gesellschaft aus, lässt in der Tat eine Gesamtwürdigung der Darlehensfinanzierung erkennen, ob die Mittel von vornherein dazu bestimmt sind, für erforderlich gehaltenes Eigenkapital zu ersetzen. In dieser Gesamtwürdigung haben bislang jene Positionen eine Rolle gespielt, die dazu angetan sind, die - weiterhin formell als Fremdkapital zu qualifizierende - Mittelzufuhr nach den mit ihr abgedeckten Risiken als materielles Eigenkapital zu bewerten.

Insoweit bleibt jedoch ein Teilaspekt einer an der Gestaltung der Gesellschafter orientierten Ermittlung nomineller Unterkapitalisierung unzureichend gewürdigt, der indes einen maßgeblichen Einfluss auf den materiellen Eigenkapitalcharakter haben muss. Für die Annahme, dass eine bestimmte, die Gestaltungsmuster und die Funktionen von Eigenkapital aufgreifende Fremdfinanzierung Abbild einer unangemessenen Risikoabwälzung ist, spricht insbesondere, wenn die Gesamtgestaltung nicht an den Eigeninteressen der Gesellschafter als Darlehensgeber orientiert ist. In den Mittelpunkt rückt dann vielmehr, dass die Gesellschafter eine eigenkapitalähnliche, für sie als Gläubiger eher nachteilige, jedenfalls nicht einseitig an maximaler Tilgungssicherheit und Renditeinteressen orientierte Finanzierungsstruktur akzeptieren. Dies kann nur in der Erwartung geschehen, dass langfristig der Ertrag des - insoweit nicht lukrativen, finanziellen Engagement - über eine Rendite und Wertsteigerung aus dem Geschäftsanteil erwartet wird.

Diesbezüglich lässt sich jedenfalls ergänzend darauf verweisen, dass einer Finanzierung, innerhalb der Doppelrolle, die einem Gesellschafter als Gläubiger oder Mitglied möglich ist, eine Finanzierungsstruktur zugrunde liegen muss, die eine Annäherung an eine Haftkapitalfinanzierung erfordert hat, um die gesellschafterlichen Ziele zu erreichen. Denn hier gilt die Annahme: Gestalten die Gesellschafter ihre Fremdmittel in einer Weise aus, die ihnen kurzfristig ihre Renditeinteressen nicht optimal befriedigt, formulieren sie die Finanzierung vielmehr in offenkundiger Nähe zu Eigenkapital, so deutet dieses Verhalten darauf hin, dass die Mittel in der Gesellschaft in dieser Form erforderlich sind, insbesondere um Eigenkapitalfunktionen wahrzunehmen. An solcher Finanzierungswahl wird deutlich, dass die Gesellschafter ihre Finanzierungsverantwortung schon weit vor einer existenzbedrohenden Gesellschaftskrise zugunsten eines Austausches gebotener Eigenkapitalfinanzierung gegen eine Fremdmittelausstattung ausgeübt hatten. Dies legt jedenfalls eine Rechtsfolge besonders nah: Die Gesellschafter müssen sich an der von ihnen selbst für erforderlich gehaltenen Mittelgestaltung festhalten lassen, sobald es auf die materielle Unterscheidung zwischen Eigen- und Fremdkapital entscheidend ankommt. Dies ist spätestens in der Insolvenzreife der Gesellschaft, zuvor wohl auch schon bei deren Kreditunwürdigkeit der Fall[824]. Spätestens dann müssen sich die Gesellschafter an ihrer Entscheidung zugunsten einer materiellen Haftkapitalausreichung festhalten lassen[825].

g) Abschließender Befund zum Tatbestand

Der Ansatz, auch jene Gesellschafterdarlehen dem zweistufigen Ersatzkapitalrecht der Rechtsprechungs- und Novellen-Regeln zu unterstellen, die nicht in der existenzbedrohenden Gesellschaftskrise ausgereicht worden waren bzw. für die dieser Befund für den Zeitpunkt ihrer Gewährung nicht zuverlässig feststellbar war[826], scheint durchaus Erfolg versprechend. Erfasst werden können Gesellschafterleistungen, wenn sie planmäßig darauf abzielen eine eigentlich gebotene Haftkapitalausstattung zu vermeiden und zu verdrängen. Sieht man die Reichweite des klassischen Eigenkapitalersatzrechts auf Sanierungsdarlehen und hierauf von vornherein angelegte Fremdfinanzierungen beschränkt, bleibt nur der Ausweg, krisenunabhängige Ansätze zur Umqualifizierung formellen Fremdkapitals außerhalb der Rechtsprechungs- und Novellen-Regeln zu suchen[827].

Ergänzend muss indes hinzukommen, dass mit einer konkreten Kreditausreichung gerade eine gesellschaftsrechtliche Vorgaben oder allgemein zivilrechtlichen Verhaltensregelungen widersprechende Risikoabwälzung der Unternehmensfinanzierung zu Lasten der Gläubiger stattfindet.

---

824 Bereits mehrfach angesprochen, vgl. etwa oben V. 9. f) fd).

825 Scholz/K. Schmidt, a. a. O., §§ 32 a, b, Rz. 35, 38.

826 Insoweit ablehnend OLG Hamburg, ZIP 1987, 1113, 1118; BGH ZIP 1987, 169, 170 f.; Fleck, Festschrift Döllerer, S. 113; aufgeschlossen Hachenburg/Ulmer, a. a. O., §§ 32 a, b, Rz. 59, 61; Schlegelberger/K. Schmidt, HGB, § 172 a, Rz. 25; K. Schmidt, in Festschrift Goerdeler, S. 487, 463 ff.

827 So der Lösungsansatz bei Fleischer, Finanzplankredite, S. 48 ff.

Die mit einer konkreten Finanzierungsstruktur geübte Risikospekulation zum Nachteil der Gläubigergesamtheit wird hier als zentrales, übergreifendes Umqualifizierungskriterium bestätigt[828]. Danach ist eine Gesellschafterfremdfinanzierung jedenfalls auch dann dem Ersatzkapitalrecht zuzuordnen, wenn sie - insoweit planmäßig - dazu bestimmt ist, der Gesellschaft auch in einer späteren Krise als Finanzierungsgrundlage zu dienen[829].

Der Erkenntnisgewinn bei diesen Sachverhalten ist indes gering, da es noch recht nahe liegend und wohl schnell konsensfähig ist, die Ausübung der Finanzierungsverantwortung hier der Kreditausreichung in Kreditunfähigkeit und Insolvenzreife der Gesellschaft gleichzustellen[830]. Denn einer Kreditgewährung zu diesen Zeitpunkten steht es gleich, wenn die Gesellschafter eine zunächst neutrale Fremdfinanzierung der Gesellschaft mit der Maßgabe ausreichen, sie solle der Unternehmung auch dann weiterhin zur Verfügung stehen, wenn eine entsprechende Neukreditierung ohne weiteres in nachrangiges Haftkapital umqualifiziert werden würde.

Dagegen ist die Situation des Risikoumbruchs schwieriger und komplexer zu begründen, soweit es um Eigenkapital verdrängende Gestaltungsvarianten in einer Erscheinungsform geht, die gewollte Vorwirkungen auf eine spätere Finanzierungskrise nicht hinreichend erkennen lässt.

Auswirkungen hinsichtlich einer Subordination als Ersatzkapital kommen hier allein der eigenkapitalnahen Ausgestaltung der Darlehensbeziehung zu. Ergibt hier eine Gesamtwürdigung, dass die Gesellschafter offenbar die Unternehmensziele nur mit einer Finanzierung erreichen zu können glauben, die für die Unternehmensinteressen die Vorzüge von unkündbarem, sicherungsfähigem Eigenkapital mit der an der Begrenzung des Eigenrisikos der Gesellschafter orientierten Fremdfinanzierung verknüpft, so zeigt dies, dass die Gesellschafter - mit dieser Einschätzung der Finanzierungsrahmenbedingungen - schon anfänglich mit ihrer planmäßigen Kreditausreichung eine Unterkapitalisierung finanziert hatten.

---

828 Ausdrücklich genannt auch bei BGHZ 90, 381, 387 f.; wenngleich noch nicht als eigenständiger, zentraler Ansatz für Überlegungen wie etwa dem hier befindlichen Missbrauch der Finanzierungsform.

829 Zu diesen Fallgestaltungen allg. von Gerkan/Hommelhoff, a. a. O., S. 200; ebenso offen hierfür: Ziegler, Gebrauchsüberlassungsverhältnisse, S. 86.

830 Vgl. auch zum „Stehenlassen" Scholz/K. Schmidt, a. a. O., §§ 32 a, b, Rz. 25 ff.; Hachenburg/Ulmer, a. a. O., §§ 32 a, b, Rz. 82 ff.

Damit aber haben die Gesellschafter von vornherein eine Finanzierungsstruktur gewählt, die die Ausfallrisiken der Gesellschaftsgläubiger erhöht; und dies in dem Bewusstsein, dass Eigenkapital erforderlich gewesen wäre, die Gesellschaft zwar nicht existenziell zu retten, sie jedoch in dem geplanten Umfang erfolgreich wirtschaften zu lassen und die Gläubiger über den breiter angesiedelten Haftungsfonds allein mit den akzeptablen Gläubigerrisiken belastet zu sehen. Unter welchen Voraussetzungen eine Gesamtwürdigung der Darlehensbedingungen und der Umstände der Kreditausreichung dieses Ergebnis rechtfertigt, konnte zuvor bereits angedeutet werden. Der Befund lässt sich nur im Einzelfall festmachen und auch dort nicht mit mathematischer Genauigkeit. Eine den Anforderungen der Rechtssicherheit genügende Fallbildung muss sich erst noch entwickeln; sie setzt voraus, dass diese Spielart des Kapitalersatzes in ihren Grundsätzen akzeptiert wird. Dies deutet sich an[831].

Generell scheint eine die Subordination der Fremdfinanzierung gebietende Verdrängung einer unter Risikogesichtspunkten gebotenen, erforderlichen Eigenkapitalausstattung unter den zuvor erörterten zwei Prämissen möglich. Zum einen muss die Darlehensgewährung in einem nennenswerten Umfang im Vergleich zum Eigenkapital stattgefunden haben. Der Ansatz läuft hier hinaus auf eine am Geschäftsumfang und damit auch am unternehmerischen Risiko orientierte Betrachtung. Das Auseinanderfallen von Bedarf an Risikokapital und Risiko reicht jedoch allein nicht hin, um das Ersatzkapitalrecht zur Anwendung zu bringen[832].

Hinzutreten muss weiter, dass die Gesellschafter entsprechend dieser Risikolage eine finanzierungssichere eigenkapitalnahe Gestaltung der Fremdmittel gewährt haben. Aus beiden Komponenten muss sich der Eindruck ergeben, dass die so finanzgeplanten Gesellschafterleistungen von den Mitgliedern letztlich zur „Kapitalausstattung" unter Vermeidung der letzten Konsequenzen, ihrer Haftkapitalfunktion, eingesetzt werden sollten.

Derart Eigenkapital verdrängend konzeptionierte Gesellschafterdarlehen weisen materielle Haftkapitalfunktion auf. Sie unterstehen als das Finanzierungsrisiko

---

831 Vgl. etwa die ausdrückliche Einbindung in das Kapitalersatzrecht bei Scholz/ K. Schmidt, a. a. O., §§ 32 a, b, Rz. 38; aufgeschlossen auch Hachenburg/Ulmer, a. a. O., §§ 32 a, b, Rz. 48, 61.

832 Hachenburg/Ulmer, a. a. O., §§ 32 a, b, Rz. 54; Wiedemann, Gesellschaftsrecht, S. 570.

abwälzende Gesellschafterleistungen nach diesem Zwischenbefund dem zweistufigen Schutzrecht[833].

h) Abgleich mit Status Quo des Ersatzkapitalrechts

Ob die überkommene, breit akzeptierte Fallgruppe der unterkapitalisierungskonkretisierenden Kreditunfähigkeit unabhängig und zusammenhanglos neben diesem Befund steht, bedarf weiterer Erörterung.

Dies ist nicht der Fall, sollte die Kreditunfähigkeit der Gesellschaft bei Dritten geeignet sein, das von der konkreten Finanzplanung ausgehende Bild einer rechtlichen und u. U. betriebswirtschaftlichen Regeln widersprechenden Risikoverteilung zu revidieren. Eine solche Wirkung kommt mit der Überlegung in Betracht, die Risikobelastung der Gläubiger könne die Grenze des vor dem Hintergrund der Finanzierungsfreiheit Hinnehmbaren nicht überschreiten, solange Dritte bereit sind, die Gesellschaft ebenfalls zu kreditieren.

12. Erkenntnisgewinn gegenüber bisherigen Fallgruppen des Ersatzkapitalrechts

Mit den Finanzplandarlehen in der zuvor festgestellten besonderen Ausprägung steht eine neue Fallgruppe zur Verfügung, um eine die Unterkapitalisierung im Rahmen des Ersatzkapitalrechts konkretisierende Risikospekulation zum Nachteil der Gläubiger rechtssicher beschreiben zu können[834]. Um die Risikoabwälzung zu konkretisieren, musste zum einen auf die Ausgestaltung der Darlehensbedingungen Bezug genommen werden. Hier konnte darauf verwiesen werden, dass die Kumulation verschiedenster eigenkapitaltypischer Parameter nachhaltig darauf hinweist, dass die Gesellschafter ihre Fremdfinanzierung in ihrer eigenkapitalnahen Ausgestaltung für erforderlich halten, um das Unternehmen in dem geplanten Ausmaß verwirklichen zu können[835]. Hinzutreten musste weiterhin, dass der Eindruck einer auf die eigenkapitalnahe Fremdfinanzierung ausgerichteten Finanzierungsstruktur von einer auffällig dünnen Eigenkapitaldecke flankiert wird. Dies war erforderlich, um das Risikopotential für

---

[833] Ebenso wohl die zuvor Genannten, differenzierend: Lutter/Hommelhoff, GmbHG, §§ 32 a, b, Rz. 13 ff.

[834] Zur Risikoabwälzung als maßgebliches Einzelkriterium innerhalb des Missbrauchs der Finanzierungsform; vgl. nur Hommelhoff, ZGR 1988, S. 474.

[835] Von grds. abweichender Ausgangsposition ebenso erkannt von BGHZ 104, 33.

die Gläubigerbefriedigung, welches in einem am Unternehmensgegenstand und Geschäftsumfang nicht ausgerichteten Haftkapitalfonds ruht, für die Umqualifizierungsüberlegungen fruchtbar zu machen. Denn jedenfalls dann, wenn die Eigenkapitalausstattung offensichtlich reichhaltig und solide ist, dürfte es relativ schwer fallen, allein aus der den Darlehensbedingungen beigelegten eigenkapitalnahen Finanzierungssicherheit die für eine Umqualifizierung bedeutsame Risikoabwälzung herzuleiten. Der Gedanke der Umqualifizierung bei unangemessener Risikoabwälzung ist damit auch von der Vorgabe geprägt, dass unzureichendes Haftkapital die Gefahr des unternehmerischen Scheiterns erhöht und das Risiko der Gläubiger, ihre volle Befriedigung zu erhalten, steigert[836].

a) Verhältnis zu bekannten Fallgruppen der Sanierungs- und Krisendarlehen

Um beurteilen zu können, welcher Ertrag für einen Fortschritt des Ersatzkapitalrechts hier zu erwarten ist, ist zu prüfen, welches zusätzliche Potential an Gläubigerschutz[837] durch diese Fallgruppe zu erschließen ist.

Die Grundaussage des Kapitalersatzrechts setzt an einer Einschränkung der Freiheit des Finanzierungs-„Wie" unter Risikogesichtspunkten an[838].

Unabhängig von in den einzelnen Fällen mehr oder weniger stark hervortretenden Einzelansätzen einer Umqualifizierung ist Kristallisationspunkt für den von der Rechtsordnung missbilligten Risikoumbruch die Unternehmenskrise. Denn in dieser Situation verfügt die Gesellschaft offenkundig nicht mehr über Mittel in ausreichender Menge, um das Gläubigerrisiko in den rechtlich akzeptierten Grenzen zu halten. Von zentraler Bedeutung ist daher die gläubigerschützende Wirkung von Eigenkapital[839]. Der vom Ersatzkapitalrecht sanktionierte Risikoumbruch ist zum einen dann gegeben, wenn die Gesellschafter Kredite an die überschuldete und damit insolvenzreife Gesellschaft ausreichen. Denn hier ist absehbar, dass die Gesellschaft hohes Risiko läuft, in naher Zukunft dazu

---

836 Zur Offenheit des Ersatzkapitalrechts auch für solche durch den Gedanken einer unangemessenen Haftkapitalausstattung beeinflusste Überlegungen, vgl. etwa Wiedemann, Gesellschaftsrecht, S. 565 ff.; ders., Festschrift Beusch, S. 896 ff.

837 Dies ist zugleich wesentlichster Aspekt des Kapitalersatzrechts.

838 Von Gerkan/Hommelhoff, a. a. O., S. 12 f.; Heinze, Rechtsprechung GmbH, S. 179; Röhricht, StB Jahrbuch 1991/92, S. 318; Boujong, GmbHR, 1992, 207, 209; Hüffer, ZGR 1989, 322, 325.

839 Zur eigenkapitalbestimmenden Voraushaftungs- und Verlustdeckungsfunktion vgl. bereits Teil 2, I. 4.

gezwungen zu sein, vom Markt zu gehen. Mit dieser Gefahr verbinden sich all' jene Risiken, die für eine Umqualifizierung prägend sind[840]. Die Unternehmensfinanzierung mit Gesellschafterfremdkapital zu diesem Zeitpunkt ist schon deshalb unseriös, da bei einem völligen Verlust des Stammkapitals überhaupt kein Haftpotential zur Verfügung steht, um die Gläubigerbefriedigung zu sichern.

Überzeugend haben Rechtsprechung und Wissenschaft den Beginn der inakzeptablen Risikospekulation zu lasten der Gläubiger vorverlagert. Unabhängig vom Vorliegen eines Insolvenzgrundes, ist bereits dann ein Risikoumbruch zu lasten der Gesellschaftsgläubiger zu beobachten, wenn die Gesellschaft nicht mehr in der Lage ist, die für ihre Fortführung notwendigen Mittel bei gesellschaftsfremden Dritten aufzubringen.

Dies gilt einmal für die existenzbedrohende Kreditunwürdigkeit[841], aber nach weit verbreitetem - auch hier vertretenem - Verständnis auch dann, wenn die gewünschten Mittel zur Gründung oder Ausweitung des Geschäftsbetriebs dienen. Die Gläubigergefährdung beruht dann nicht auf einer aktuellen Krisenlage; vielmehr wird sanktioniert, dass die Gesellschaftermittel gerade zum Aufbau eines Geschäftsbetriebes dienen, der die Befriedigungsinteressen unverhältnismäßig belastet[842].

Einen ersten Bezugspunkt zur Fallgruppe der Finanzplandarlehen weist eine weitere Ausdehnung des Anwendungsbereichs der kreditunwürdigkeitsabhängigen Ersatzkapitaldarlehen auf.

Neben Gesellschafterdarlehen, die in einer Kredit(un)würdigkeitskrise „stehen gelassen" worden sind[843], erfasst die Umqualifizierung des objektiv-rechtlichen Ersatzkapitalrechts bekanntlich auch jene - ursprünglich neutralen Gesellschafterfremdmittel - die von vornherein (auch) auf eine Finanzierung der später ggf. krisengeplagten Gesellschaft ausgerichtet waren. Jedoch konnte schon gezeigt werden, dass die Ausdehnung des Schutzbereichs insoweit nur eine scheinbare ist. Denn auch hier bleibt es dabei, dass die Umqualifizierung vom Eintritt der

---

840 Herrmann, 50 Jahre WP-Beruf, S. 153 f.; Lutter/Hommelhoff, ZGR 1979, 33.

841 So die ganz h. M., vgl. oben V. 9. f) fd).

842 Dies ist die notwendige Folge der Risikoabwälzung durch eine risikoanfällige Finanzierungsstruktur.

843 Zur Fallgruppe des „Stehenlassens" vgl. Lutter/Hommelhoff, GmbHG, §§ 32 a, b, Rz. 3 ff., m. w. N.

existenzbedrohenden Unternehmenskrise abhängig gemacht wird[844]. Bemerkenswert ist allein ein Wechsel in der Anknüpfung der Finanzierungshandlung vom Zeitpunkt der Darlehensausreichung auf einen zukünftigen unbestimmten Punkt. Dazu ist erforderlich, dass aus dem Finanzierungsgeschehen deutlich wird, dass der betroffene Gesellschafter jedenfalls im Zeitpunkt der Kreditausreichung darauf gefasst war, der Gesellschaft die Mittel auch in schwierigen Zeiten zu belassen. Dies ist regelmäßig der Fall, wenn der Darlehensvertrag von einem Ausschluss des Rechts seiner außerordentlichen Kündbarkeit begleitet wird. Geschieht eine solche Abrede mit dem Bewusstsein, der Gesellschaft planungssicher und mit der Verlässlichkeit von Eigenkapital, Betriebs- und Investitionsmittel zur Verfügung zu halten, so lässt sich bereits diese Gestaltung als Unterfall eines Finanzplandarlehens begreifen[845].

Vor diesem Hintergrund ist der Tatbestand des Finanzplankredits nach der vorstehenden Lesart zu würdigen. Das reine Anknüpfen an die Darlehensabrede führt hier zu keinen unmittelbaren Ergebnissen; denn es liegen weder die Voraussetzungen eines Rangrücktritts vor, noch genügen die Fallgestaltungen im Regelfall den Anforderungen an eine einlagengleiche Finanzierung, noch lässt sich feststellen, dass die Gesellschafter eine spätere Krise im Blick hatten[846].

Den Abreden des Darlehensvertrages oder ihn begleitender gesellschafts- oder schuldrechtlicher Nebenabsprachen konnte vielmehr auf andere Weise beigelegt werden, dass eine solche Finanzplanfinanzierung nicht im Einklang mit den normativen Wertungen des Ersatzkapitalrechts steht. Aus den eigenkapitalnah gestalteten Darlehensabreden, gepaart mit einer hohen Fremdkapitalquote konnte für den Tatbestand festgestellt werden, dass eine Stundungs- oder Neugewährungsabrede nicht erforderlich ist, um eine Subordination der Mittel nach dem objektiv-rechtlichen Ersatzkapitalrecht zu erzwingen[847].

---

844 Dazu oben V. 9. f) fd).

845 Jedenfalls bei rein ökonomischer Betrachtung, so etwa Darstellung bei von Gerkan/ Hommelhoff, a. a. O., S. 199 ff.

846 Hierauf stellt der BGH für den Kapitalersatzcharakter ganz maßgeblich ab, BGHZ 104, 33.

847 Zu den Rechtsfolgen vgl. Lutter/Hommelhoff, a. a. O., §§ 32 a, b, Rz. 91 ff., 102 ff.; von Gerkan/Hommelhoff, a. a. O., S. 203 ff.; Scholz/K. Schmidt, a. a. O., Rz. 38; Hachenburg/Ulmer, a. a. O., Rz. 48, 61.

b) Substituierung der Gewährungshandlung

Fraglich ist, ob der Tatbestand der Umqualifizierung damit schon beendet ist. Dies wäre der Fall, wenn es keiner weiteren Schritte mehr bedürfte, um die Rechtsfolgen des zweistufigen Schutzsystems auch hier zur Anwendung zu bringen. Ein solcher Befund liegt noch den vorstehenden Ausführungen nah. Denn die Risikostruktur, die die Benachteiligung der Gläubiger mit sich bringt, entsteht sofort und unmittelbar mit dem Risikoumbruch in der planmäßig finanzierten Unternehmensgründung oder -ausweitung.

Alternativ indes könnte man annehmen, dass die beschriebene Ausrichtung der Fremdfinanzierung auf die Interessen der Gesellschaft die krisenbezogene Gewährung gerade ersetzt.

Wollte man insoweit weiterhin auf die Krise als maßgebliches Umqualifizierungskriterium belassen[848] vertrauen, so wäre die Umqualifizierung erst dann vollständig gelungen, wenn diese - quasi als letztes Tatbestandsmerkmal - hinzutritt.

c) Korrektiv durch Krise

In der Tat gilt: Die Schaffung materiellen Eigenkapitals überwindet die gegenüber anderen Tatbestandsvarianten fehlende Gewährung mit Blick auf eine künftige Krise. Und dennoch: Kapitalersatzrecht bleibt Gläubigerschutzrecht und muss sich an den Maßstäben messen lassen, die die Rechtsordnung hier für den Gläubigerschutz in der GmbH gesetzt hat. Dazu zählt, dass die Gesellschafter grundsätzlich nicht zu einer über das Mindeststammkapital hinausgehenden Kapitalausstattung verpflichtet werden können[849]. Eine auf Kapitalausstattung ausgerichtete Fremdfinanzierung bedarf, soll sie objektiv-rechtlich subordiniert werden können, der im Interesse der Gläubiger zwingenden Bindung.

Diese muss notwendig eintreten, wenn die materielle Kapitalausstattung auch tatsächlich benötigt wird, um fehlendes Eigenkapital zu ersetzen.

Dies aber ist erst der Fall, wenn die Gesellschafter ein Unternehmen betreiben, dass ohne diese Mittel - inzwischen - liquidiert werden müssten. Erforderlich wäre insoweit also, dass die Gesellschaft überschuldet, zumindest aber kreditunfähig ist.

---

848 BGHZ 104, 33 ff.

849 Dazu oben III.

d) Eigentlicher Ertrag der Fallgruppe

Nach diesem Befund besteht der eigentliche Ertrag dieser neu entwickelten Fallgruppe darin, dass bei einer zum unverzichtbaren Gegenstand der gesellschafterlichen Finanzplanung zählenden Gesellschafterfremdfinanzierung der spätere Kriseneintritt für ihre Umqualifizierung genügt.

Dann aber stellt sich die Frage nach dem Rang und der Bedeutung dieser Erkenntnis.

Denn der Anwendungsbereich der herkömmlichen Gestaltungen ist breit und deckt eine Vielzahl der als gläubigergefährdend beachteten Finanzierungsgewohnheiten ab.

Das Bedürfnis nach einer eigenständigen Fallgruppe der Finanzplankredite könnte entsprechend gering sein. Dem lässt sich entgegenhalten, dass es nach der Auffassung der Rechtsprechung durchaus Gestaltungsformen gibt, die die Ausrichtung auf die Eigenkapitalinteressen der Gesellschaft vollziehen, ohne indes als einlagengleiche oder kapitalersetzende Darlehen qualifiziert werden zu können[850].

Ebenso scheidet ein umqualifizierendes Belassen dann aus, wenn es dem finanzierenden Gesellschafter an der freien Abzugsalternative fehlt, er die ursprünglich neutrale Fremdfinanzierung der Gesellschaft also nicht beliebig entziehen kann, sobald ihr droht, nach dem Eintreten der Krise als Kapitalersatz verstrickt zu werden[851].

Andererseits reicht es nach der Rechtsprechung des BGH für die Annahme einer von vornherein auch auf Krisenfinanzierung angelegten Gesellschafterfremdfinanzierung nicht aus, dass die Gesellschafter verpflichtet sind, die Mittel während ihrer Mitgliedschaft der Gesellschaft zu belassen oder diese in sonstiger Weise auf eine dauerhafte nicht einseitig aufhebbare Unternehmensfinanzierung angelegt sind.

---

850 Vgl. dazu die versch. Gestaltungen zur „gesplitteten Einlage" angesprochen in BGHZ 104, 33.

851 Freie Abzugsalternative erforderlich; BGHZ 75, 334, 338; 90, 381, 388 f.; ZIP 1992, 612, 620; BGHZ 121, 31, 36 f.; dazu: EWiR 1993, 155 mit Anm. Fleck.

Denn in jedem Fall bleibe es erforderlich, dass die Gesellschafter das Schicksal ihrer Finanzierung für den Fall einer späteren Krise konkret im Blick haben[852].

da) Entkoppelung vom Marktaustrittsbezug

Nach allem liegt der Gewinn einer Fallgruppe der Finanzplandarlehen insbesondere darin, die sich aus einer Finanzierungsstruktur ergebende Gläubigergefährdung vom Krisenbezug vor allem in subjektiver Hinsicht zu entkoppeln.

In den Vordergrund rückt damit letztlich die Überlegung, bereits bei absehbarer künftiger Risikoabwälzung die Umgehung einer sich abzeichnenden Kapitalausstattung als Risikovorsorge in die Pflicht zu nehmen: Eine Finanzierung, die außerhalb einer Krise ausgereicht wird, bei der die Gesellschafter eine mangelnde Kapitalausstattung aber in der Weise sanktionieren, dass ihrer Planung zu entnehmen ist, dass sie die Mittel für unverzichtbar halten. In der Gesellschaft unverzichtbare Mittel sind jedoch als Eigenkapital bereitzustellen. Unverzichtbar sind solche Mittel aber schon dann, wenn außenstehende Dritte nicht (mehr) bereit sind, der Gesellschaft Darlehen zu marktüblichen Bedingungen zur Verfügung zu stellen, da sie die Aussichten auf Tilgung und Verzinsung skeptisch beurteilen. Dies aber setzt gerade nicht voraus, dass die Gesellschaft schon unmittelbar vom Marktaustritt bedroht ist. Eine Kreditunfähigkeit, die es verhindert, die Unternehmensgründung oder -erweiterung auf dem Vertrauen dritter Geldgeber zu vollziehen, weist nachvollziehbar auf eine Risikostruktur hin, die auf den unternehmerischen Erfolg spekuliert, seine Gefahren aber den Gläubigern anlastet[853].

db) Verknüpfung von Risikostruktur und Kreditunfähigkeit

Überlegungen, ob die eigenkapitalgleiche Ausgestaltung von planmäßigen Gesellschafterfremdfinanzierungen schon im Zeitpunkt der Gewährung oder erst mit Eintritt einer späteren Kreditunfähigkeit die Umqualifizierung begründet, beruhen auf Bedenken, die sich aus der bisherigen Krisenbezogenheit des Ersatzkapitalrechts ergeben[854]. Eine sachgerechte Verknüpfung der hier erörter-

---

852 So BGHZ 104, 33 ff.

853 So auch A. Müller, Ersatzkapitalregeln, S. 68 ff.

854 Von Gerkan/Hommelhoff, Kapitalersatz, S. 193 ff.; BGHZ 81, 252, 256; OLG HH ZIP 1986, 1113, 1118 f.; BGH ZIP 1987, 169, 171; und EWiR 1986, 1209 (Anm. von Gerkan); BGHZ 104, 33; ZIP 1988, 638, 640; Lutter/Hommelhoff, ZGR 1979, 31,

ten Fallgruppe der Finanzplanfinanzierungen mit dem Umqualifizierungskriterium der Kreditunwürdigkeit ergibt sich erst unter Zugrundelegung der nachfolgenden Grundannahmen.

e) Normativer Gleichklang von Gestaltungsmissbrauch und Kreditunfähigkeit

Die Fallgruppe der Finanzplandarlehen nach dem vorstehend entwickelten Verständnis wie auch die breit akzeptierte Fallgruppe der in der Kreditunfähigkeit bei Dritten ausgereichten Darlehen beruhen auf einem einheitlichen Umqualifizierungsansatz.

Grundsätze ordnungsgemäßer Unternehmensfinanzierung verbieten es dem Gesellschafter, seine Gesellschaft dann mit nicht haftendem Fremdkapital auszustatten, wenn die Risiken, die sich mit einer bestimmten Kapitalstruktur, einem bestimmten Unternehmensgegenstand oder Geschäftsumfang verbinden, die Gefahr unternehmerischen Scheiterns und damit des weitgehenden Ausfalls ungesicherter Gläubiger nachweislich in einer Weise erhöhen, die mit der Stellung des Kreditgebers als Gesellschafter unvereinbar ist[855]. Dieser Befund gilt für die beiden Erscheinungsformen des Ersatzkapitals, ebenso für bei Insolvenzreife gewährte Sanierungsdarlehen. Damit stellen sich beide Fallgestaltungen nach außen als sachlich gleich ausgerichtete Aufgreifkriterien des Eigenkapitalersatzes dar. Eine Umqualifizierung von Fremdkapital, seine Bindung als nachrangiges Haftkapital im Gesellschaftsvermögen gelingt daher, soweit auch nur die Voraussetzungen einer Fallgruppe vorliegen.

Praktisch mag es indes häufig so sein, dass die breitflächige Finanzierung eigenkapitaltypisch ausgestalteter Gesellschafterleistungen einhergeht mit der Kreditunfähigkeit der Gesellschaft insoweit[856].

ea) Umqualifizierung schon bei Kreditunfähigkeit ohne Liquidationsdruck

Schon wiederholt konnte darauf abgestellt werden, dass die erforderliche Risikoabwälzung schon dann zum Tragen kommen kann, wenn die Kreditaus-

---

39 f.; OLG Hamburg, ZIP 1987, 977, 983; zum Ganzen: Hommelhoff/Kleindiek, Festschrift 100 Jahre GmbHG, S. 440.

855 Zum Missbrauch der Finanzierungsform mit Blick auf die Position des Gesellschafters, vgl. insb. A. Müller, Ersatzkapitalregeln, S. 72 f.

856 Angedeutet bei Hachenburg/Ulmer, a. a. O., §§ 32 a, b, Rz. 48, 61; Ulmer, Festschrift Kellermann, S. 497; vgl. auch: Scholz/K. Schmidt, a. a. O., §§ 32 a, b, Rz. 38.

reichung der Gesellschafter der Finanzierung der Geschäftsaufnahme oder seiner Ausweitung diente. Die hier von den Gesellschaftern regelmäßig ohne Besicherung gewährten Mittel wären aus dritter Hand nicht zu erhalten gewesen, die Gesellschaft also insoweit kreditunfähig war, ohne dass sie deshalb zugleich hätte liquidiert werden müssen[857]. Das fehlende Vertrauen Dritter in fehlende Tilgungs- und Verzinsungsfähigkeit der Gesellschaft weist den Risikoumbruch bereits in dieser Lage aus[858]. Die Koinzidenz von kapitalersetzender Finanzplanung und Darlehensgewährung bei Kreditunfähigkeit ist bei diesem Verständnis besonders nahe liegend: Akzeptiert man schon diese Ausdehnung der Finanzierungsverantwortung in das Vorfeld der existenzbedrohenden Krise, dürften Kreditunfähigkeit und kapitalersetzende Finanzplanung umso häufiger gemeinsam vorliegen.

eb) Korrekturdruck aus Doppelrolle als Gesellschafter und Gesellschaftsgläubiger

Ein Abgleich zwischen den beiden hier gegenübergestellten Ausprägungen des Prinzips der Risikoverantwortung wird erleichtert durch eine erneute Bezugnahme auf die Doppelrolle, in der sich allein der GmbH-Gesellschafter befinden kann, wenn er der Gesellschaft als Darlehensgeber gegenübertritt[859].

Dieser Ansatz wurde bislang vor allem dazu herangezogen, um die Umqualifizierung im allgemeinen zu rechtfertigen[860]. Aus der Möglichkeit, sich sowohl als Gesellschafter wie auch als Mitglied zu verhalten, ergeben sich gesellschaftsrechtliche institutionelle Gelegenheiten, die Mittel gerade noch rechtzeitig vor dem endgültigen Scheitern der Gesellschaft abzuziehen und so die Risiken der Unternehmensfinanzierung auf die Gläubiger abzuwälzen[861]. Diese Überlegung drängt zu Recht in den Vordergrund, dass eine Umqualifizierung nur dann möglich sein kann, wenn die Darlehensausreichung gerade aus den Interessen des am langfristigen (Überlebens-) Erfolg der Gesellschaft interessierten Gesellschafters und nicht des nur auf sichere Tilgungs- und Verzinsungsaussichten achtenden Gläubigers erfolgt. Die Doppelrolle des Gesellschafters als Mitglied

---

857 So wie hier A. Müller, a. a. O., S. 27 ff.; ablehnend BGHZ 104, 33.

858 Koch, Kapitalleistungen, a. a. O., S. 29 ff., 76 ff.

859 Zu den Facetten dieser Doppelrolle vgl. Teil 3, V. 7. e) und Hachenburg/Ulmer, a. a. O., §§ 32 a, b, Rz. 8; BGHZ 31, 158, 272; 75, 334, 336 f.

860 Vgl. insb. BGH, a. a. O.

861 Zu diesem Aspekt der Doppelrolle vgl. Flume, AT des Bürg. Rechts, Jur. Person, S. 84 f.

und Gläubiger lässt aber umgekehrt auch Einschränkungen zunächst erzielter Umqualifizierungen zu, bzw. erzwingt sie sogar. Zieht man nämlich die Doppelrolle als Korrekturüberlegung heran, so ergeben sich notwendig Einschränkungen hinsichtlich der Eigenständigkeit und Tragfähigkeit einer Fallgruppe Eigenkapital ersetzender Finanzplandarlehen. Vor allem ist der abschließende Charakter einer Umqualifizierung in Frage gestellt. Zwar ist nichts von der Aussage zurückzunehmen, dass die eigenkapitalgleiche Ausgestaltung einer großflächigen Fremdfinanzierung als Konkretisierung der risikorelevanten Unterkapitalisierung geeignet ist[862]. Jedoch kann dem finanzierenden Gesellschafter nicht eine Missachtung der ihm aufgegebenen Finanzierungsverantwortung vorgehalten werden, soweit die Finanzierung im Rahmen dessen angesiedelt ist, was auch seine Gläubigerrolle trägt. Deren Grenzen werden aber ganz maßgeblich von dem Finanzierungsverhalten derjenigen bestimmt, die als gesellschaftsfremde Dritte der Gesellschaft ausschließlich als Gläubiger gegenübertreten können. Die Kontrollüberlegung auf der Grundlage der Doppelrolle des Gesellschaftergläubigers muss daher dahingehend vorgenommen werden, ob Dritte ebenso wie die Gesellschafter die erhöhte Risikobelastung der Finanzplanfinanzierung übernommen hätten. Soweit sich aber nachweisen lässt, dass auch Dritte in eine derartige Gläubigerrolle geschlüpft waren, können an ein derartiges Verhalten eines Gesellschafters keine endgültigen Konsequenzen geknüpft werden.

ec) Erwartete Auswirkungen der Ergebniskorrektur

Auf der Grundlage dieser einschränkenden und korrigierenden Ausgestaltung der konkreten, auf die Finanzplanfinanzierung bezogenen Kreditunfähigkeit, ist der Abgleich zwischen den beiden Fallgruppen leichter möglich. Danach zeichnet sich ab, dass die angenommene Risikoabwälzung auf der Grundlage der Finanzplanung und -gestaltung noch nicht das letzte Wort zur Umqualifizierung sein kann. Vielmehr deutet sich eine Überlagerung der Wirkungen einer Risikoabwälzung über Eigenkapital ersetzende Finanzplankredite durch die zentrale Rolle der Kreditunfähigkeit bei Dritten an. Gleichwohl werden die Wirkungen des oben mühsam entwickelten Tatbestandes nicht restlos aufgehoben. Dies gilt insbesondere deshalb, da die Gesellschafter ganz überwiegend einer einseitig an den Gesellschaftsinteressen ausgerichteten Gesellschaftsfinanzierung nur dort zustimmen werden, wo eine vergleichbare Mittelzufuhr bei Dritten nicht zu

---

[862] Dazu zusammenfassend unter Teil 3, V. 7.; vgl. auch BGHZ 104, 33; 121; von Gerkan/Hommelhoff, Kapitalersatz, S. 203 ff.; Hachenburg/Ulmer, a. a. O., Rz. 48, 61; Scholz/K. Schmidt, a. a. O., §§ 32 a, b, Rz. 38.

bekommen ist[863]. Angesichts dieser typischen Verquickung beider Fallgruppen sowie der grundsätzlich gleichen Schutzrichtung der angemessenen Wahrung der Gläubigerinteressen, scheint es angebracht, oben beschriebenen Tatbestand kapitalersetzender Finanzplandarlehen als Vermutungstatbestand für eine die Grundsätze ordnungsgemäßer Unternehmensfinanzierung verletzende Finanzierung zu begreifen. Die Rechtsfolge der mit der Risikoabwälzung umgehend verbundenen Umqualifizierung ist dann letztlich davon abhängig, dass keine Kreditfähigkeit bei Dritten gegeben ist.

Diese Annahme erfordert in der Rechtswirklichkeit ein feines Zusammenspiel zwischen Vermutung kapitalersetzender Finanzplanung und ihrer Widerlegung durch den Nachweis einer entsprechenden Kreditfähigkeit. Da es in diesem Punkt vor allem um die Rechtsfolgen der Umqualifizierung geht, soll die Problematik dort im Zusammenhang erörtert werden. Jedoch steht das Ergebnis einstweilen unter dem Vorbehalt, dass nicht der Nachweis geführt werden kann, dass Dritte bereit waren oder jetzt sind, die Gesellschafterfremdfinanzierung abzulösen.

ed) Inhalt der entlastenden Kreditwürdigkeit

Kommt es nunmehr darauf an, durch den Nachweis, dass die Gesellschaft bei Dritten (noch oder wieder) kreditwürdig ist, darzulegen, dass entgegen der Vermutung eine risikoverlagernde Finanzierungsstruktur nicht besteht, so ist zunächst zu ermitteln, worauf sich diese Kreditfähigkeit zu erstrecken hat.

Dabei kommen in der Ausgangslage verschiedene Ansätze in Betracht. Geht es allein darum, die aktuelle Krisenlage einer Gesellschaft zu beschreiben, ist jede Form von Kreditunwürdigkeit geeignet, diesen Zustand zu kennzeichnen. Insbesondere kommt es nicht darauf an, dass die Kreditunwürdigkeit für eine bestimmte Kredithöhe festgestellt würde. Denn einer krisengeschüttelten Gesellschaft wird niemand einen Kredit nennenswerten Umfangs gewähren. Jedermann muss in diesem Fall ständig damit rechnen, dass die Gesellschaft die Phase der Instabilität nicht - auch nicht mit Hilfe des Sanierungsdarlehens - überwinden kann. Dies mit der Folge, dass das Darlehen in einem dann unausweichlichen Insolvenzverfahren nicht mehr voll zurückgezahlt werden kann und der Gläubiger auf eine dürftige Insolvenzquote beschränkt ist.

---

[863] Zur weitgehenden Tatbestandsparallelität mit den Fallgruppen der Kreditunfähigkeit vgl. etwa Ulmer, Festschrift Kellermann, S. 497 f.

Ausgenommen sein mögen hiervon Darlehen mit nur ganz kurzer Laufzeit und/oder minimaler Kreditvaluta[864]. Denn hier mögen auch unbefangene Drittkreditgeber trotz der unternehmerischen Schieflage zur Finanzierung bereit sein, weil sie mit einem gewissen Recht auf die Rückzahlung noch vor dem Zugriff des Insolvenzverwalters vertrauen.

Im Regelfall kann die Krisenlage, die angibt, ob der Betrieb der Gesellschaft eine unzulässige Risikoabwälzung auf die Gläubiger mit sich bringt, aber allein damit beschrieben werden, dass geprüft wird, ob Dritte (noch) bereit wären, der Gesellschaft zu marktüblichen Bedingungen Fremdkapital auszureichen. Gerade marktübliche Bedingungen sind deshalb als Vergleichsmaßstab unerlässlich, weil auch Dritte jedenfalls bei extrem einseitigen Darlehensbedingungen Bereitschaft zeigen können, die Gesellschaft mit Darlehenskapital auszustatten. Unter diesen Voraussetzungen wahrt die Fremdfinanzierung aber nicht mehr eine angemessene Risikoverteilung zwischen Gläubiger und Gesellschaft, wie sie sich auf einem an Risiko und Kosten orientierten Kreditmarkt bildet. Würde ein risikobewusster Kreditgeber der Gesellschaft ein Darlehen nicht mehr zu angemessenem Zinssatz gewähren, stellt die Kreditvergabebereitschaft zu weit überhöhtem Zinssatz kein taugliches Korrektiv dar, mit dem der Nachweis einer angemessenen Risiko- und Kapitalstruktur geführt werden könnte.

Weiter ist zu verlangen, dass das Urteil über die Kreditunwürdigkeit von einem Dritten ausgesprochen wird. Der Begriff des Dritten schließt es aus, dass die (hypothetische) Kreditvergabeentscheidung von anderen als den an Rückzahlung und angemessener Verzinsung orientierten Interessen eines zumeist institutionellen Kreditgebers bestimmt wird. Infolgedessen scheidet auch ein Nichtgesellschafter, der sich jedoch bereits im Zeitpunkt der Kreditausreichung ernsthaft mit der Absicht trägt, der Gesellschaft beizutreten, mit seinem Verhalten als Vergleichsmaßstab aus[865]. Hier ist eine mitgliedschaftliche Finanzierungsverantwortung bereits im Werden begriffen, die sich später mit dem formellen Beitritt konkretisiert. Als unabhängiger Gutachter für die wirtschaftliche Lage der Gesellschaft und damit für die Frage, ob eine Gesellschafterfremdfinanzierung eine unzulässige Risikoabwälzung auf die Gesamtheit der ungesicherten

---

864 Vielfach vertreten, so etwa Haarmeyer, 1 IV, Rz 101, Jaeger-Henckel, KO, § 32 a, Rz. 37 f.; Häuselmann, u. a., Finanzierung, S. 69; Hachenburg/Ulmer, a. a. O., §§ 32 a, b, Rz. 55; Scholz/K. Schmidt, a. a. O., §§ 32 a, b, Rz. 35; eindeutig d. Rechtsprechung BGHZ 75, 334, 337; 90, 381, 393 f.; BGH WM 1989, 1169, 1169, OLG Hamm; WM 1987, 17; anders OLG Düsseldorf. WM 1989, 1168.

865 Zum Dritten, der sich als Gesellschafter erst beteiligen will, Scholz/K. Schmidt, a. a. O., §§ 32 a, b, Rz. 31 ff.

Gläubiger mit sich bringt, ist die Kreditvergabebereitschaft eines solchen „Dritten" daher nicht ergiebig. Für den Regelfall, dass ein bestimmtes individuelles Gesellschafterdarlehen daraufhin geprüft werden soll, ob es aufgrund der Kreditunwürdigkeit der Gesellschaft bei Dritten Eigenkapital ersetzenden Charakter gewonnen hat, mag es hinreichen, den Krisenzustand anhand dieses generellen Maßstabs zu ermitteln.

Soll nun aber die positive Feststellung der Kreditwürdigkeit zu einem bestimmten Zeitpunkt dem Zweck dienen, den aufgrund der knappen Kapitalausstattung bei zugleich kapitalnaher Ausgestaltung der Fremdmittel entstandenen Eindruck einer die Gläubiger gefährdenden Unterkapitalisierung zu widerlegen, so taucht die Frage auf, ob hier nicht anders geartete Anforderungen an die Struktur der Kreditwürdigkeit zu stellen sind:

f) Struktur der Vermutungswiderlegungsprüfung - Kriterien

Der Eindruck, dass mit der planmäßigen Gesellschafterfremdfinanzierung eine Unterkapitalisierung mit ihren Gefahren verdeckt und dadurch ihrerseits Gefahren für die Gläubiger aus der Darlehensfinanzierung drohen, macht sich nicht notwendig an der Krisenlage fest.

Zwar wurde der Krisenbegriff in Übereinstimmung mit der Rechtsprechung und der wohl herrschenden Meinung in der Literatur als die Kreditunwürdigkeit der Gesellschaft bei unabhängigen Dritten qualifiziert. Hieran soll auch festgehalten werden, gewährleistet dieses Merkmal doch eine zuverlässige Grenzziehung zwischen der als solches zulässigen - mitunter wirtschaftlich gar sinnvollen oder gebotenen - Gesellschafterfremdfinanzierung und der Darlehensausreichung in einer Situation, in der „die Gesellschafter als ordentliche Kaufleute" der Gesellschaft anstelle der Fremdmittel Eigenkapital gewährt hätten.

Bei der planmäßigen Ersetzung von Eigenmitteln durch langfristige, ggf. an die Mitgliedschaft gebundene oder sonst an den Funktionen von Eigenkapital orientierten Gesellschafterdarlehen kommt es indes nicht in erster Linie darauf an, dass die Gesellschaft in einer Krise war, die ohne weiteres in eine Gesellschaftsinsolvenz zu münden droht. Im Mittelpunkt der Finanzierungsverantwortung muss vielmehr die Frage stehen, ob auch unabhängige Nichtgesellschafter Darlehen mit einer derart das Eigenkapital substituierenden Qualität, wie sie den Finanzplankredit prägt, ausgereicht hätten.

Die Antwort auf diese Frage ist entscheidend von der Vorüberlegung geprägt, welche Kriterien für einen „Drittvergleich“ der Finanzplanfinanzierung auch mit Blick auf die Darlehensbedingungen zu prüfen sind.

An dieser Stelle sind die Kriterien zu entwickeln, nach denen sich bemisst, ob ein vom Gesellschafter als planmäßige Fremdfinanzierung ausgereichtes Darlehen auch von einem Dritten gewährt worden wäre. Mit diesem Ergebnis müsste die Vermutung einer Eigenkapital ersetzenden Fremdfinanzierung als widerlegt anzusehen sein.

fa) Der Vermutungstatbestand

Die Vermutung, dass eine bei offensichtlich unzureichendem Eigenkapital ausgereichte planmäßige Gesellschafterfremdfinanzierung Eigenkapital ersetzende und damit haftende Funktion besitzt, beruht auf einem komplexen Tatbestand.

Neben phänotypisch hervortretenden Merkmalen wie der langen Laufzeit und der Übernahme bestimmter eigenkapitaltypischer Finanzierungsfunktionen - wie etwa der betriebswirtschaftlich empfohlenen, aber auch rechtlich aufgegriffenen Finanzierung des Anlagevermögens und sonstiger langfristiger Investitionen mit Eigenkapital - oder der am erwirtschafteten Gewinn orientierten Entgeltberechnung kommt es entscheidend auf die interne Abrede der Gesellschafter an. Lässt sich der Darlehensabrede und den ihr zugrunde liegenden tatsächlichen und rechtlichen Umständen entnehmen, dass die koordinierte breitflächige Gesellschafterfremdfinanzierung von den Gesellschaftern für unverzichtbar gehalten wird, um die gesellschaftlichen Ziele zu erreichen, und zeigt sich dabei insbesondere, dass die Gesellschafter ihrer Gesellschaft die Fremdmittel auf Dauer oder befristet mit der Finanzierungssicherheit von Eigenkapital gewähren, dies zeigt sich vor allem in der koordinierten planmäßigen Gewährung, wie sie aus der Satzung, dem Gesellschafterbeschluss oder einer sonstigen Abrede der Gesellschafter über die Fremdfinanzierung des Unternehmens ersichtlich wird, so rechtfertigt dies, die Mittel als Finanzierung einer Unterkapitalisierung zu betrachten.

fb) Drittbezogene Ersatzkapitalkriterien

Den vorstehend noch einmal referierten Kriterien lässt sich in ihrer Gesamtwürdigung entnehmen, dass die Fremdfinanzierung Eigenkapital ersetzend ist, nämlich einen von der Gesellschaft als Eigenkapital verlangten Finanzierungsbedarf abdeckt.

Da Gesellschafter nicht ohne erkennbaren Grund ihrer Gesellschaft Darlehen zu Bedingungen ausreichen, die ihren Eigeninteressen hinsichtlich Sicherheit der Rückzahlung und angemessener Verzinsung kaum gerecht werden[866], folgt aus dieser die Finanzierungsinteressen der Gesellschaft einseitig begünstigenden Gestaltung die Schlussfolgerung: Die Gesellschafter gewähren die Fremdfinanzierung zur Realisierung von Vorhaben, deren Umfang und Risiko nicht dem prognostizierten Bedarf an voraushaftendem Gläubigerschutzkapital entspricht, mithin eine nominelle Unterkapitalisierung darstellt. Gilt es nun, den Eindruck einer kapitalersetzenden Gesellschafterfremdfinanzierung zu widerlegen, stellt sich die Frage, ob für die als Vergleichsmaßstab heranzuziehende Kreditvergabebereitschaft Dritter besondere Anforderungen an die hypothetischen Darlehensbedingungen zu stellen sind. Hintergrund dieser Überlegung ist, dass die Situation der Darlehensgewährung nicht notwendig von einer Krise geprägt sein muss, die als Alternative zur Finanzierung die Liquidation der Gesellschaft als wirtschaftlich allein sinnvoll erscheinen lässt[867]. Dort geht es ausschließlich darum darzulegen, dass die Gesellschaft auch noch bei Dritten den Vertrauensvorschuss genießt, der an der Gesellschaft nicht Beteiligte zu einer Fremdfinanzierung zu Marktbedingungen veranlassen könnte.

Beruht die Vermutung einer Haftkapitalfunktion indes auf dem auf die Interessen der Gesellschaft ausgerichteten und im Übrigen eigenkapitalgleich ausgestalteten Darlehenskapital, scheint es notwendig zu sein, bei der Suche nach Entlastungsmöglichkeiten Rücksicht auf die Entscheidungsparameter gerade dieses Risikoumbruchs zu nehmen.

Vermutungswiderlegend könnten hier nur von Dritten stammende Darlehen sein, die gerade das aus der finanzplangebundenen Fremdfinanzierung (Kriterien der Gesamtwürdigung) ersichtliche Risikogefüge aufgreifen und widerlegen.

Indes: Es wäre praxisfremd, nach Drittdarlehen Ausschau zu halten, die an die Übernahme der Mitgliedschaft gebunden sind oder die die Verzinsung in Form von Gewinnanteilen beinhalten. Zwar gibt es Darlehen auch und gerade Dritter, bei denen kein Festzins vereinbart ist, sondern der Kreditgeber am Unternehmenserfolg partizipiert (partiarische Darlehen). Diese sind jedoch als Vergleichsmaßstab nicht tauglich. Denn sie enthalten spekulative Elemente, die

866 Bislang genutzt als Indizien für Ersatzkapitalcharakter (bes. günstige Vergabebedingungen), so etwa: Lutter/Hommelhoff, a. a. O., §§ 32 a, b, Rz. 176; Scholz/K. Schmidt, a. a. O., §§ 32 a, b, Rz. 37; Hachenburg/Ulmer, a. a. O., §§ 32 a, b, Rz. 54.

867 So die wohl überwiegende Meinung, vgl. oben IV. 1., Fn. 412.

keinen Aufschluss darüber geben, ob der Darlehensgewährung eine besondere Risikostruktur zugrunde liegt. Partiarische Darlehen nehmen am geschäftlichen Erfolg des Darlehensnehmers teil. Sie erfordern daher - mehr als Darlehen mit festem Zinssatz - ein besonderes Vertrauen des Darlehensgebers in den unternehmerischen Erfolg des Vertragspartners. Bleibt dieser aus, hat der Darlehensgeber allein einen Anspruch auf Tilgung der Valuta; dieser ist zudem mit dem gewöhnlichen Gläubigerrisiko behaftet.

Insgesamt ist daher die Anbindung des Darlehensentgelts an die Gewinnentwicklung kein erforderlicher Vergleichsmaßstab, will man den vermuteten Risikoumbruch bei einem Finanzplankredit mit der Kreditvergabebereitschaft unbeteiligter Dritter widerlegen. Die Ablehnung richtet sich dabei nicht gegen den Maßstab als solchen: Lässt sich nachweisen, dass Dritte zur Hingabe eines partiarischen Darlehens bereit gewesen wären oder heute sind, ist damit ebenfalls dargelegt, dass der Finanzplanfinanzierung keine unzulässige Risikoabwälzung aktuell zugrunde liegt. Erforderlich kann es aber nicht sein, die von einer Finanzplanfinanzierung ausgehenden Wirkungen gerade durch eine Entsprechung und Parallele hinsichtlich der Ausgestaltung einer Entgeltregelung entkräften zu wollen.

Jedoch muss die zur Vermutungswiderlegung heranzuziehende Bereitschaft Dritter, der Gesellschaft Darlehen zu gewähren, sehr wohl bestimmte Voraussetzungen erfüllen.

Zu ihrer Feststellung ist Bedacht zu nehmen auf die sonstigen Elemente der Gesamtwürdigung, die insgesamt die Vermutung einer das Kapital substituierenden Wirkung herbeiführen kann[868]. Im Zentrum stehen hier die hohe Gesamtsumme des Darlehenskapitals und seine regelmäßig langfristige Belassung. Dies sind neben den flankierenden Maßnahmen, die gerade die Finanzierungssicherheit für die Gesellschaft gewährleisten - also die Abreden über den Finanzplancharakter auf Satzungsebene, in Gesellschafterbeschlüssen oder sonstigen Abreden mit dem Inhalt, dass die von allen getragene Verpflichtung, der Gesellschaft auf Dauer Fremdmittel zu gewähren und nach Maßgabe der Grundsatzabrede zu belassen - die für die Vermutung der Risikoabwälzung und die Konkretisierung

---

868 Vgl. BGHZ 104, 33; 121; in der Literatur etwa Hachenburg/Ulmer, a. a. O., Rz. 48, 61; Scholz/K. Schmidt, a. a. O., Rz. 38; Lutter/Hommelhoff, a. a. O., Rz. 176 f.; Mundry, Darlehen und stille Einlagen, Koch, a. a. O., S. 30 ff.; Michel, a. a. O., S. 206 f.; vgl. auch Dauner-Lieb, in: von Gerkan/Hommelhoff, Handbuch des Kapitalersatzrechts, S. 346.

der auch nach der Einschätzung der Gesellschafter gegebenen Unterkapitalisierung entscheidenden Kriterien.

Für sie ließe sich auch im Finanzierungsverhalten Dritter eine sinnvolle Entsprechung finden. Wären Nichtgesellschafter bereit, in einem dem Finanzplan entsprechenden Umfang und bei einer im Wesentlichen gleichen Gewährungsdauer die Ziele der Gesellschaft mit Fremdmitteln zu finanzieren, so lässt sich kaum mehr behaupten, dass die kapitalvertretende Finanzplanfinanzierung die Risiken einer Unterkapitalisierung auf die Gläubiger abwälzt.

Festzustellen ist damit, dass die aus der Finanzplanfinanzierung als Vermutung gefolgerte Kapitalersatzfunktion durch eine nach Umfang und Finanzierungsdauer gleichwertige Kreditvergabebereitschaft Dritter widerlegt werden kann. Zwar bleibt es auch insoweit bei dem Befund, dass die Darlehensfinanzierung den Bestand der den Gläubigern haftenden Mittel nicht mehrt und schon deshalb im Interesse der Gläubigerbefriedigung bedenklich ist. Gleichwohl können hieraus für eine Umqualifizierung von Gesellschafterdarlehen keine besonderen Konsequenzen gezogen werden. Denn die Modalitäten der Vergabebereitschaft Dritter bestimmen die Anforderungen, die an das Finanzierungsverhalten der Gesellschafter gestellt werden können.

fc) Zusätzliche innere Begrenzung der Vermutungsrechtsfolge

Nach den vorstehenden Überlegungen führt der Tatbestand des Finanzplandarlehens zur Vermutung seiner Eigenkapital ersetzenden Qualifizierung[869]. Diese Vermutungsrechtsfolge ist indes widerleglich: Zeigt sich, dass auch Dritte bereit sind, der Gesellschaft Darlehen mit im Wesentlichen übereinstimmendem Zuschnitt auszureichen, so lassen sich nicht mehr ohne weiteres Rechtsfolgen des Ersatzkapitalrechts an die breitflächige Darlehensgewährung mit ihrer eigenkapitalnahen Ausgestaltung knüpfen[870].

Ungeachtet dieser an den Rechtswirkungen der dem Gesellschafter möglichen Doppelrolle als Gläubiger und Mitglied ausgerichteten Begrenzung des Vermutungstatbestandes, scheint eine Einschränkung der Vermutungsrechweite auch in anderer Hinsicht geboten.

---

[869] So das Ergebnis oben V. 11. g).

[870] Insoweit allg. Meinung, vgl. die Anm. zur Entsperrung von Darlehen, Häuselmann, u. a., a. a. O., S. 75 f.; Baumbach/Hueck, § 32 a, Rz. 51; Scholz/K. Schmidt, §§ 32 a, b, Rz. 49 ff.; BGH 81, 365, 367; 90, 370, 381.

Sie setzt an einem ggf. mitunter sehr begrenzten Fremdfinanzierungsvolumen, der frühzeitigen Kündbarkeit von Finanzplandarlehen oder ihrer von vornherein nur befristeten Gewährung an. Für derartige Fallgestaltungen wird dann fraglich, ob der Vermutungstatbestand überhaupt uneingeschränkt zur Entstehung gelangt.

Bei sehr niedrigem Finanzierungsvolumen ist schon im Ansatz zweifelhaft, ob eine eigenkapitalgleiche Ausgestaltung hier Hinweise auf die Konkretisierung einer risikoabwälzenden Unterkapitalisierung liefert[871]. Hinsichtlich der Ausreichung befristeter oder doch ohne weiteres kündbarer Finanzplandarlehen, ist an eine zeitliche Begrenzung der Vermutungsrechtsfolge zu denken. Denn der Finanzplanungshorizont ist hier von vornherein begrenzt.

Eine Einschränkung der Umqualifizierung einer formellen Fremdfinanzierung im Erscheinungsbild des Finanzplandarlehens hinderte insoweit die Erwartung einer Risikoabwälzung schon in ihrer Entstehung. Der Widerlegung durch die Kreditvergabebereitschaft Dritter bedarf es insoweit dann nicht. Einschränkungen der Reichweite einer Vermutungsrechtsfolge setzten damit zeitlich und sachlich früher an.

g) Auswirkungen des Finanzierungsvolumens auf den Vermutungstatbestand

In den vorstehenden Abschnitten konnte in Anlehnung an die von der „gesplitteten Einlage“ in der Personengesellschaft bekannten Finanzierungsstrukturen und ausgehend von der mit der planmäßigen, eigenkapitalgleichen Gesellschafterfremdfinanzierung verfolgten Interessenlage davon ausgegangen werden, dass die Fremdmittel in größerem Umfang gewährt werden, um die Betriebsmittel- und Investitionsgrundlage der Gesellschaft zu bilden.

Das Finanzierungsvolumen der Fremdmittelgewährung, und damit die Fremd- bzw. Eigenkapitaldecke, bestimmt dabei ganz maßgeblich die Vermutung einer nicht mehr akzeptablen Risikostruktur, die die einstweilige Behandlung als Kapitalersatz erforderte. Die Vermutung knüpft dabei an ein Missverhältnis zwischen Kapitalbedarf und zur Verfügung stehendem echtem Eigenkapital an, dem die Gesellschafter durch die Finanzplanfinanzierung entgegenwirken (Unterkapitalisierung).

---

871 Allg. zu niedrigen Darlehensbeträgen: Hachenburg/Ulmer, a. a. O., §§ 32 a, b, Rz. 54, Scholz/K. Schmidt, a. a. O., §§ 32 a, b, Rz. 37.

Als Vermutungstatbestand ist ganz wesentlich die Einbeziehung in die Finanzplanung angesprochen worden. Sie deutet darauf hin, dass sich hinter der Darlehensgewährung ein Finanzbedarf verbirgt, dessen Deckung zugunsten der Gesellschaft unbedingt zu gewährleisten ist. Auf dieser Grundlage könnte die Vermutungswirkung begrenzt sein: Nicht jedes Darlehen, das aufgrund ausdrücklicher Planung oder ausweislich seiner Gestaltung zum Gegenstand der Finanzplanung gemacht wurde, muss in Wahrheit eine gläubigergefährdende Unterkapitalisierung abdecken. So kann etwa dann, wenn - wie wohl zumeist - kein besonderer Finanzplan vorliegt und die Bindung allein aus der äußeren Gestaltung gefolgert werden kann, die Fallgestaltung auftreten, dass auf diese Weise ein nur geringes Darlehenskapital eines einzelnen oder mehrerer Darlehensgläubiger gebunden erscheint. Und dies, obwohl offen zu Tage liegt, dass es auf dieses Fremdkapital schon wegen seiner Geringfügigkeit im Vergleich zum Geschäftsumfang und den gesteckten Zielen nicht entscheidend ankommen kann, insoweit eine Unverzichtbarkeit für die Erreichung unternehmerischer Ziele nicht vorliegt.

Soll daher die Vermutung greifen, dass aus der Unverzichtbarkeit für die Finanzplanung auf eine die Gläubiger gefährdende Gesamtfinanzierung geschlossen werden soll, so bedarf es eines deutlichen Missverhältnisses zwischen Finanzierungsmöglichkeiten und Finanzierungsbedarf; ansonsten lassen sich aus der feststellbaren besonderen Einbindung eines Gesellschafterdarlehens keine Schlussfolgerungen auf seinen Eigenkapital ersetzenden Charakter ziehen.

h) Finanzierungsvolumen und Kriseneintritt

Zu prüfen bleibt indes, ob sich der gleichwohl an dem finanziellen Schicksal der Gesellschaft orientierte Mittelzufluss dahingehend würdigen lässt, dass ein solches Darlehen jedenfalls dann, wenn die Gesellschaft zu einem späteren Zeitpunkt kreditunwürdig wird, als Eigenkapital ersetzend zu qualifizieren sind, ohne dass die weiteren Voraussetzungen eines umqualifizierenden Stehenlassens geprüft werden müssten[872].

Dieser Gedankengang ist mit Vorsicht zu betrachten. Es könnten sich Wertungswidersprüche ergeben: Einerseits soll sich aus der Einbindung in einen Finanzplan bereits die Vermutung ergeben, dass die betroffenen Fremdmittel schon von Anfang an kapitalersetzend gewesen sind, da sich hinter der getroffenen Gestaltung in Wahrheit Fälle einer anfänglichen Unterkapitalisierung

872 Dazu oben V. 12. a).

verbergen; andererseits werden jedenfalls für die erkennbar befristete Finanzplanbindung die Rechtswirkungen sich mit Fristablauf erschöpfen. Damit sind sie für die Zeit nach dem Fristende wohl folgenlos.

Bedenklich könnte dann aber sein, Gesellschafterdarlehen, die vor allem wegen des fehlenden Finanzierungsvolumens nicht in die Reichweite des Vermutungstatbestandes gelangen, Rechtsfolgen gerade dahingehend zuzusprechen, die sich an der geäußerten Unverzichtbarkeit für die Finanzplanung orientieren. Die Frage ist mithin, ob sich einer Darlehensfinanzierung, der man die Voraussetzungen einer Unterkapitalisierung nicht abnimmt und der man daher keine von Anfang an kapitalersetzende Funktion beilegen kann, nun doch als Aussage der Gesellschafter oder besser als Ergebnis einer objektiven Würdigung der gewählten und getroffenen Finanzierungsentscheidung entnimmt, dass die Finanzierung darauf gerichtet ist, in einer späteren Krise fehlendes Eigenkapital zu ersetzen.

Ausgeschlossen ist dies sicher für die befristete Darlehensgewährung nach dem Ende der Befristung, nicht aber für den Fall, dass die Kreditunwürdigkeit während der Dauer der Kreditbindung eintritt. Gleiches müsste gelten bei Kreditunwürdigkeit, die auf ein an die Mitgliedschaft - also unbefristet gewährtes - gebundenes Darlehen trifft, das aber zunächst nicht unter den Vermutungstatbestand fällt, da es an einem verdächtigen Finanzierungsvolumen fehlt.

In beiden Fällen ist indes zu überlegen, ob zur Begründung des Vermutungstatbestands für das einzelne - als solches allein nicht relevante Darlehen - nicht alle anderen mit gleicher oder ähnlicher Maßgabe planmäßig gewährter Gesellschafterdarlehen in die Betrachtung mit einbezogen werden sollten, so dass sich aus der Summe des planmäßig ausgereichten Darlehen eine Vermutungswirkung für das einzelne Finanzplandarlehen ableiten lässt; denn es ist planmäßig daran beteiligt, eine ohne die gewählte Finanzierungsgestaltung gegebene Unterkapitalisierung auszugleichen. Diese Gestaltung könnte vor allem dort bedeutsam werden, wo eine Vielzahl von Kleingesellschaftern die Gesellschaftsfinanzierung über die Summe ihrer Minimaleinlagen und Fremdfinanzierungen tragen. Dieser Sachverhalt ist aus der Publikumsgesellschaft hinlänglich bekannt.

i) Wirkung auf verschiedene Tatbestandsvarianten

Den Wirkungen, die sich ergeben, sobald man feststellt, dass eine Gesellschafterfremdfinanzierung nach der Finanzplanung der Gesellschafter unverzichtbar ist für die unternehmerischen Ziele, sind nicht nur im Bereich der befristeten Finanzplanfinanzierung Grenzen gesetzt.

Das Argument, dass sich der Befristung durch die Gesellschafter entnehmen lässt, nämlich dass sie bei planmäßiger Entwicklung der Gesellschaft mit dem Fristablauf die Darlehen nicht länger zur unerlässlichen Kapitalgrundlage der Gesellschaft zählen und deshalb zur Rückzahlung freigeben, verfängt auch für andere Gestaltungen der Finanzplanung. Gegenstand der Finanzplanung können nicht nur unkündbar an die Mitgliedschaft gebundene oder befristete Darlehen für die Dauer der Befristung sein. Vielfach anzutreffen ist die Gestaltung, dass die Gesellschafter Fremdmittel zwar nicht befristet, gleichwohl aber für eine Mindestlaufzeit unkündbar gewähren. Diese Laufzeit ist so bemessen, dass die Gesellschaft die Mittel für eine besonders risikoträchtige und mit Unsicherheiten behaftete Zeit ihrer Entwicklung finanzierungssicher zur Verfügung hat und sich hierauf verlassen kann wie auf die Präsenz unkündbaren Eigenkapitals. Anlass der Gewährung ist - wie zumeist für die Konzeptionierung einer Finanzplanung - die Gesellschaftsgründung oder eine grundlegende Neuorientierung mit erhöhtem Finanzmittelbedarf, wie sie sich etwa in einer nachhaltigen Geschäftsausweitung verwirklicht.

Die Mindestlaufzeit ist infolge dessen so ausgelegt, dass die Anlauf- und Umstellungsrisiken jedenfalls nach der Finanzierungs- und Unternehmensplanung der Gesellschafter voraussichtlich überwunden sind, bevor die festgebundene Laufzeit endet und in nach den gesetzlichen Vorgaben oder ergänzenden vertraglichen Gestaltungen bemessene Fristen die Fremdmittel kündbar und abziehbar sind.

In den bisher zur GmbH & Co. KG bekannt gewordenen Entscheidungssachverhalten betrug die Mindestlaufzeit oft zehn Jahre. Auch wenn die Interna der Finanzplanung durch die Entscheidungen nicht aufgedeckt werden, so liegt doch die Annahme nahe, dass mit diesem Zeitraum die Gesellschafter die Gefahren der Unternehmensgründung oder -umstrukturierung abdecken wollten. Innerhalb dieses Zeitraums sollte das Unternehmen seine Stellung am Markt gefunden haben und - so es die Erwartungen erfüllt - nicht länger mit Anlaufverlusten bedroht sein.

Für den Zeitraum, den das Darlehen unkündbar zur Verfügung der Gesellschaft steht, lässt sich bei einer entsprechenden Finanzplan- und Vertragsgestaltung davon ausgehen, dass es der Finanzierung einer risikoträchtigen Unternehmenstätigkeit dient, deren Risiko nach den Grundsätzen einer ordnungsgemäßen

Unternehmensfinanzierung nicht auf die Gesamtheit der Gläubiger abgewälzt werden darf. Auch hier gelten also die Rechtsfolgen des Ersatzkapitalrechts[873]: Kraft Vermutung werden die Finanzplandarlehen dem haftenden Quasi-Eigenkapital zugerechnet. Nur solange das satzungsmäßige Kapital anderweitig voll gedeckt ist, dürfen Ersatzkapitalleistungen an die Gesellschafter zurückgezahlt werden. Anderenfalls stehen einer Rückgewähr an die Gesellschafter die auf der Grundlage der Kapitalerhaltungsregeln der §§ 30, 31 GmbHG entwickelten Rechtsprechungs-Regeln über kapitalersetzende Gesellschafterdarlehen entgegen. Gesetzliche Sanktionen stellen die § 32 a GmbHG, § 135 InsO, § 6 AnfG zur Verfügung: In der Insolvenz stehen die als Eigenkapital ersetzend qualifizierten Gesellschafterdarlehen bereit, um als Haftungsmasse die Gläubiger zu befriedigen. Denn den Gesellschaftern ist es verwehrt, ihre Forderungen in der Gesellschaftsinsolvenz als Verbindlichkeiten der Gesellschaft zu behandeln und zur Insolvenztabelle anzumelden. Rückzahlungen kapitalersetzender Gesellschafterdarlehen im Jahr vor der Insolvenzeröffnung unterliegen der Anfechtung durch den Insolvenzverwalter nach § 135 Nr. 2 InsO.

Fraglich ist aber die rechtliche Behandlung für die Zeit nach dem Ende der vereinbarten festen Laufzeit. Zu diesem Zeitpunkt verfügt die Gesellschaft u. U. weiterhin über die Mittel, jedoch sind sie nun nicht mehr durch die Finanzplanung der Gesellschafter aktuell oder potentiell dem Ersatzkapitalrecht quo Vermutung unterstellt. Denn nur solange, wie eine feste Darlehenslaufzeit das Fremdkapital unkündbar zur Verfügung der Gesellschaft halten soll, kann dieser Finanzplanung die Vermutung zugrunde gelegt werden, dass sie in Wahrheit eine Geschäftstätigkeit finanziert, in der die Darlehensgewährung eine Risikoverlagerung auf die Gläubiger bedeutet, mithin also unvereinbar ist mit den Grundsätzen einer ordnungsgemäßen Unternehmensfinanzierung. Hieran ändert es nichts, dass die Ausgestaltung des Darlehensvertrages nach seinen sonstigen Bedingungen - etwa der Höhe der Darlehensvaluta, dem Zinssatz usw. - unverändert geblieben ist. Entscheidend ist insoweit allein, dass das Ende der festen Laufzeit erkennbar macht, dass die Gesellschafter die zugesagte oder ausgereichte Darlehensvaluta fortan nicht mehr für dringend erforderlich halten, um die gesellschaftlichen Ziele zu erreichen, jedenfalls nicht nach außen verlautbart.

Ob sich allein aus der Darlehensfinanzierung mit ihren fortbestehenden Darlehensbedingungen folgern lässt, dass die Gesellschafter auch nach dem Ende der festen Finanzierungsfrist eine gläubigergefährdende Unterkapitalisierung finan-

---

873 Zu den allseits anerkannten Rechtsfolgen der BGH- und Novellen-Regeln, statt vieler Lutter/Hommelhoff, a. a. O., §§ 32 a, b, Rz. 91 ff., 102 ff.

zieren, die die Rechtsfolgen des Kapitalersatzrechts zeitigt, bleibt zweifelhaft. Fortwirkende Vermutungen ließen sich etwa dann aufstellen, wenn die Darlehensbedingungen derart ungewöhnlich und für die Gesellschaft günstig sind, dass wiederum der Gedanke nahe liegt, dass die Gesellschafter der Gesellschaft aus der Gesellschafterstellung heraus „causa societatis“ deshalb Sonderkonditionen gewähren, weil die Gesellschaft der Fremdfinanzierung gerade zu besonders günstigen Konditionen bedarf. Innerer Grund mag hier sein, dass die Gesellschaft entgegen der ursprünglichen Planung weiterhin auf die Mittel angewiesen ist und sie die Gesellschafter deshalb der Gesellschaft belassen.

Als Zwischenergebnis für die Sachverhalte, in denen sich eine konkrete Finanzplanung nur für einen bestimmten Zeitraum der Geschäftstätigkeit dergestalt annehmen lässt, dass die Gesellschafter für die Dauer, für die sie ihre Darlehen einer festen Laufzeit ohne ordentliche Kündbarkeit der Gesellschaft zur Verfügung stellen, diese mit die Gesellschaft einseitig begünstigenden Darlehensbedingungen versehen die Finanzierung nur zeitlich begrenzt für unverzichtbar halten, die gesellschaftlichen Ziele zu erreichen; entsprechend unterliegt auch die oben entwickelte Vermutungswirkung für die Eigenkapital ersetzende Funktion einer Gesellschafterfremdfinanzierung diesen nach außen zeitlichen, auf der Grundlage der internen Finanzplanung vor allem aber sachlichen Grenzen.

Nur für diesen Zeitraum macht die nach außen deutlich werdende Finanzplanung und die flankierende Ausgestaltung der Kreditfinanzierung der Vermutung der Eigenkapital ersetzenden Finanzierung plausibel. Nach dem Ende dieser festen Finanzplanlaufzeit des Darlehens verflüchtigen sich grundsätzlich sämtliche Tatsachengrundlagen einer solchen Vermutung.

Hiervon kann es jedoch eine Ausnahme geben, die zu einer Fortwirkung der Vermutung führt: Lassen die Gesellschafter auch nach dem Ende der festen Laufzeit ihr Darlehen zu nicht marktgängigen, ihre Eigeninteressen völlig vernachlässigenden Konditionen in der Gesellschaft, so liegt es nahe anzunehmen, dass die Finanzierung - weiterhin - eine Finanzierung darstellt, deren Behandlung als normales Fremdkapital zu einer einseitigen Risikoabwälzung auf die Gesamtheit der Gläubiger führen würde. Folgerichtig könnte nach den Grundsätzen einer ordnungsgemäßen Unternehmensfinanzierung auch dieses Gesellschafterfremdkapital als haftendes Quasi-Eigenkapital zu den bekannten Rechtsfolgen vermutungsweise zu behandeln sein.

Als innere Rechtfertigung, Gesellschafterdarlehen nach den Grundsätzen ordnungsgemäßer Unternehmensfinanzierung - oder wie es § 32 a GmbHG ausdrückt: mit den an ordentliche Kaufleute gestellten Finanzierungsanforderungen - als haftendes Eigenkapital zu bewerten, wurde oben erkannt, dass es den Gesellschaftern verwehrt ist, eine Unternehmensfinanzierung zu betreiben, die die Geschäftsrisiken weitgehend auf die Gesamtheit des außenstehenden Gläubigers verlagert[874]. Dies ist in den Fallgruppen, die schon bislang als Anwendungsfälle Eigenkapital ersetzender Gesellschafterdarlehen in der Rechtsprechung und Literatur entwickelt und dort jeweils breite Anerkennung gefunden haben, der Fall. Darlehen, die in der Überschuldung der Gesellschaft von einem Gesellschafter gewährt werden, dürfen im nachfolgenden Insolvenzverfahren - dessen Vermeidung sie gerade dienten - nicht als Verbindlichkeiten der Gesellschaft handelt werden. Denn die Gesellschaft in dieser Situation nur mit der Hilfe von Fremdkapital fortzuführen, bedeutet im Unternehmen in höchst risikoträchtiger Situation (Insolvenzreife) in einer Weise zu finanzieren, die die Risiken, die sich damit verbinden, ob es gelingt die Überschuldungssituation zu überwinden, einseitig auf die Gläubiger abwälzt.

Denn misslingt der Sanierungsversuch, sind es die Neu- und Altgläubiger, die mit den Gesellschaftern im Insolvenzverfahren zur Befriedigung ihrer Forderungen um eine inzwischen womöglich durch den unerfreulichen Geschäftsverlauf weiter reduzierte Insolvenzmasse konkurrieren.

Gleiches gilt für Darlehen der Gesellschafter, die zu einem Zeitpunkt Eingang in die Unternehmensfinanzierung finden, zu dem ein an der Gesellschaft nicht beteiligter Dritter, der der Gesellschaft auch nicht beizutreten gedenkt, die Finanzierung nicht mehr zu marktüblichen Bedingungen ausgereicht hätte. Auch hier wäre von dem betreffenden Gesellschafter eine Finanzierungsform erwartet worden, die den Anforderungen an das Verhalten eines ordentlichen Kaufmanns - und damit den Grundsätzen ordnungsgemäßer Unternehmensfinanzierung - genügt.

Zeigt ein Vergleich mit dem allein an Eigeninteressen orientierten Verhalten Dritter, dass jene es dem gegenwärtigen und künftigen Geschäftsverlauf des Unternehmens nicht zutrauen, die für Tilgung und Verzinsung erforderlichen Mittel zu erwirtschaften, so stellt es gleichfalls eine unzulässige Gefahrübertragung dar, wenn Gesellschafter dennoch die Fremdfinanzierung wagen. Gelingt es mit Hilfe dieser Finanzierung, die Gesellschaft zu sanieren, so dass auch Dritte wieder bereit wären, ein Kreditengagement einzugehen, bleibt ein solches

---

874 Dazu bereits oben V. 9. f); vgl. nur Begr. RegE 1977, S. 39; Fleck, Festschrift Döllerer, S. 117; Scholz/K. Schmidt, a. a. O., §§ 32 a, b, Rz. 4.

Finanzierungsverhalten für den Gesellschafter letztlich folgenlos; in der Zwischenzeit aber gelten die Rechtsfolgen der Rechtsprechungs- und Novellen-Regeln.

Denn die Gesellschafterfremdfinanzierung in der Kreditunwürdigkeit bringt zum Ausdruck, dass sich die Gesellschaft in einer Phase befindet, in der bereits die Spekulation zu lasten der Gläubiger beginnt. Sehen sich neutrale Dritte bei vernünftiger wirtschaftlicher Betrachtung nicht mehr dazu in der Lage, der Gesellschaft Fremdmittel zur Verfügung zu stellen, befindet sich die Gesellschaft bereits in einer Geschäfts- und Finanzierungssituation, in der die Gesellschafter im Interesse der Fremdgläubiger eine Stützung der Gesellschaft nur (noch) mit Eigenkapital zulässig betreiben können. Anderenfalls würde eine Gesellschaft mit einer Risikostruktur betrieben, die sich insbesondere im Insolvenzverfahren bei gescheiterter Sanierung auf dem Rücken der Gläubiger auswirkt.

j) Berechtigung eigener Fallgruppe der Finanzplankredite

ja) Grundaussagen

Betrachtet man nunmehr die Fallgestaltungen und Sachverhalte, die bislang Gegenstand der Entscheidungen zu nicht krisengebundenen, einlagengleichen Darlehen geworden sind, so deutet sich an, dass diese Fälle bereits auf der Grundlage des geltenden Ersatzkapitalrechts in der GmbH einer weitgehend befriedigenden Lösung zugeführt werden können. Erweist es sich nämlich als richtig, dass auch Gesellschafterfremdfinanzierungen, die in einer Situation der Kreditunwürdigkeit der Gesellschaft, die nicht mit einer Krise und der Liquidationsnotwendigkeit einhergeht, den Kapitalersatzregeln der Rechtsprechung und der GmbH-Novelle unterfallen[875], so könnte es sein, dass die oben zunächst in hermeneutischer Betrachtung isoliert betrachtete Umqualifizierung auf der Grundlage einer kapitalersetzenden Finanzplanung vollständig oder doch in einem Großteil der denkbaren Fälle deckungsgleich ist mit den in der Kreditunwürdigkeit ausgereichten Darlehen.

Gelangt man dann dazu, aufgrund der kapitalersetzenden Finanzplanung ein konkretes Gesellschafterdarlehen als vermutlich kapitalersetzend anzusehen, weil ihm eine Finanzierungsstruktur zugrunde liegt, mit dem das Risiko wirt-

---

875 Dazu bereits Ulmer, Festschrift Kellermann, S. 496; Ziegler, Nutzungsüberlassungen, S. 78 ff.

schaftlichen Erfolgs oder Misserfolgs einseitig auf die Gläubiger abgewälzt wird, so ist nun zu prüfen, ob in diesen Fällen nicht notwendig auch eine Kreditunwürdigkeit gegeben war. Die Entscheidungen zur gesplitteten Einlage bei (Publikums-)GmbH & Co. KG, die den Anlass gegeben hatten, entsprechende Fallgestaltungen auch für die GmbH zu untersuchen, geben keinen weiteren Aufschluss: Ob die Gesellschaften, deren gesellschaftsvertraglich gebundene Fremdfinanzierung die allein tragende Begründung ist, um planmäßig gestaltete Gesellschafterfremdfinanzierungen dem in der Insolvenz haftenden Kapital zuzuordnen, bleibt zumeist unerörtert. Nur selten findet sich der Hinweis, dass eine Umqualifizierung der Fremdmittel nach den Grundsätzen des Kapitalersatzrechts nicht in Betracht komme, da es den gesellschaftsrechtlich geschuldeten Darlehen an der Ersatzkapitalqualität fehle[876].

Fast ausschließlich aber begründen die Gerichte die haftende Funktion dieser Mittel über ihren einlagengleichen Charakter. Ausschlaggebend sind danach allein die gesellschaftsvertragliche Pflicht, die Gesellschaft mit Fremdmitteln zu finanzieren, sowie die materielle Eigenkapitalfunktion dieser Finanzierung. Es leuchtet ein, dass die Gerichte vor dem Hintergrund dieser (hier weitgehend nicht geteilten) Argumentation keinen Anlass sehen, vorrangig oder doch zumindest ergänzend den Blick darauf zu richten, ob die Mittel nicht schon nach den Rechtsprechungs- und Novellen-Regeln kapitalersetzend sind. Dies deshalb nicht, weil in der Situation der Unternehmensgründung oder -erweiterung zugesagte oder ausgereichte Darlehen möglicherweise von einem außenstehenden Dritten, den auch Beitrittsabsichten nicht mit der Gesellschaft verbinden, die Fremdfinanzierung zu marktüblichen Bedingungen nicht oder gar nicht ausgereicht hätte.

Denn diese Prüfung erfordert umfangreiche Tatsachenerforschung. Soll für den Zeitpunkt der Darlehenszuführung (auf dieses kommt es entscheidend an) in der Insolvenzsituation ex post festgestellt werden, ob Dritte bereit gewesen wären, anstelle der Gesellschafter die Finanzierung zu marktüblichen Bedingungen zu tragen, so ergeben sich für den hier grundsätzlich beweispflichtigen Insolvenzverwalter oft erhebliche Probleme[877]. Die Kreditunwürdigkeit oder gar Überschuldung für einen weit zurückliegenden Zeitpunkt zu ermitteln, ist zeit- und kostenintensiv. Erforderlich sind regelmäßig Bankauskünfte oder Sachverstän-

---

[876] BGHZ 104, 33; BGHZ 121, 31, 41 f. verzichtet jedenfalls auf die gesellschaftsvertragliche Finanzierungsverpflichtung.

[877] Dazu bereits oben V. 9. f) fd) (2), Fn. 651-658.; vgl. hier nur Häuselmann, u. a., Finanzierung, S. 67.

digengutachten, wobei zumindest letztere nur entgeltlich erstattet werden. In jedem Fall aber wird es erforderlich, tief in die Finanzierungsgestaltung der Gesellschaft einzudringen, will der Insolvenzverwalter auf dem Weg über die Kreditunwürdigkeit die Ersatzkapitalqualität einer Gesellschafterfremdfinanzierung nachweisen. Die Beweisführung wird vom Insolvenzverwalter im gesamten Bereich des Ersatzkapitalrechts verlangt. Breite Überzeugung ist indes, dass trotz der Beweisprobleme in der Regel befriedigende Ergebnisse erzielt werden können[878].

Dennoch bleibt die Beweisführung mit Unsicherheiten behaftet. Dass die Rechtsprechung in den zur Entscheidung gelangten Fällen zu einlagengleichen Finanzierungen die Rechtsfolgen vorzugsweise aus den vorliegenden Gestaltungen der Gesellschaftsverträge entwickelt, hat damit die Vereinfachung des Verfahrens für sich. Entscheidend für den Verzicht auf die Prüfung einer Umqualifizierung der Fremdmittel nach den Grundsätzen des Ersatzkapitalrechts dürfte indes sein, dass die Rechtsprechung Fremdmittel, die ohne erkennbaren Krisenbezug in der Start- oder Erweiterungsphase der Gesellschaft gewährt wurden, von vornherein aus dem Anwendungsbereich dieses Rechtsbereichs ausnimmt[879]. Die Sachverhalte legen jedoch nahe, die Umqualifizierung auf der Grundlage des Ersatzkapitalrechts auch anhand des Hilfskriteriums der Kreditunwürdigkeit zu prüfen. In den GmbH & Co. KG, die die Entscheidungspraxis zu den nicht krisenbezogenen Gesellschafterdarlehen entscheidend geprägt haben, wird die von den Gesellschaftern gesellschaftsvertraglich zugesagte Darlehensfinanzierung unter solchen Umständen gewährt, die darauf hindeuten, dass Dritte diese Finanzierung zu marktüblichen Bedingungen nicht übernommen hätten.

In diesen Fällen ging es regelmäßig um die Finanzierung kapitalintensiver Anlageobjekte. Gerade in der Startphase, in der die Mittel zur Liquiditätssicherung und zur Schaffung werthaltiger Sicherheiten benötigt werden, bleibt äußerst zweifelhaft, ob Dritte zur Finanzierung bereit gewesen wären; der Gesellschaft fehlt es hier an Vermögen, das zur Besicherung von rückzahlbaren Außenfinanzierungen geeignet wäre. Das eigentliche „Kapital" dieser Gesell-

---

878 Rechtsprechung BGHZ 105, 168, 185; 76, 326, 330; 81, 252, 255; 81, 311, 317 f.; 81, 365, 367; Ulmer, Festschrift Duden, S. 674; Lutter/Hommelhoff, ZGR 1979, 39 f.; Scholz/K. Schmidt, a. a. O., §§ 32 a, b, Rz. 35; a. A. jedoch: Geßler, BB 1980, 1391; ders. ZIP 1981, 232; K. Müller, GmbHR 1982, 39 f.; Claussen, ZHR 147 (1983), 218 stellen zentral hierauf ab.

879 BGHZ 104, 33; BGHZ 93, 159, 161 f.; 70, 61, 64; 69, 160, 170; von Gerkan/ Hommelhoff, a. a. O., S. 199 f.

schaften bildeten die von den Gesellschaftern herrührenden Einlagen und Fremdmittel. Diese sollten gerade erst dem Erwerb, bzw. soweit es sich um Bauprojekte handelt, auch der Erstellung werthaltigen Anlagevermögens dienen. Die Gesellschaft war dann insoweit kreditunwürdig. Die Unternehmensziele konnten nur dann mit Aussicht auf Erfolg realisiert werden, wenn die Gesellschafter im Vertrauen auf die Zukunftsaussichten Eigen- oder Fremdmittel, in jedem Fall aber materielles Risikokapital zur Verfügung stellten.

Dieser Befund ist im Grundsatz auch auf die Fallgestaltungen übertragbar, die für die hier näher zu untersuchende GmbH-Finanzierung in Betracht kommen. Dies überzeugt unmittelbar in den Fällen, in denen es entsprechende Sachverhalte auch in der GmbH gibt. Auch dort kann den Gesellschaftern in der Satzung als Nebenpflicht aufgegeben sein, ihre Gesellschaft bei Gründung oder nachhaltigem Kapitalbedarf im Zuge einer Geschäftsausweitung ganz wesentlich mit Fremdmitteln auszustatten. Aber auch ohne diesen gesellschaftsrechtlichen Bezug kann die anfängliche Fremdfinanzierung auf eine letztlich gegebene Kreditunfähigkeit in den Augen Dritter hindeuten.

Diese kommt insbesondere dann in Betracht, wenn in größerem Ausmaß Fremdmittel anlässlich der Geschäftsaufnahme oder -erweiterung von den Gesellschaftern aufgebracht werden. So ließe sich das oben diskutierte Fallbeispiel, in dem ein oder mehrere Gesellschafter eine allgemein als erforderlich erkannte Kapitalerhöhung aus Gründen der mangelnden finanziellen Leistungsfähigkeit einzelner zur Wahrung der Beteiligungsparitäten dann doch ersatzweise durch besonders gebundene Fremdmittel substituieren, nicht nur unter dem Aspekt der finanzplangebundenen Fremdfinanzierung dem Kapitalersatzrecht unterstellen; die hohe Kreditsumme, die zur Verwendung in neu geschaffenen Unternehmensbereichen mit vielleicht unsicherem Erfolg investiert werden soll, wird nicht in jedem Fall von den Banken zu erhalten sein. In diesem Fall kann sich hinter der erkennbar gewordenen Finanzplanung zugleich die Unmöglichkeit verbergen, die zur Erreichung der neuen, ausgeweiteten Gesellschaftsziele erforderlichen Mittel auf dem Kreditmarkt zu erhalten.

Deutlich wird diese mögliche Parallelität von kapitalersetzender Finanzplanung und Darlehensfinanzierung aber vor allem dort, wo bereits anlässlich der Geschäftsaufnahme große Volumina an Fremdkapital von den Gesellschaftern analog der Beteiligungsverhältnisse aufgebracht werden[880]. Werden diese Finanzie-

---

880 Typisch für an die Mitgliedschaft gebundene Fremdfinanzierungen; vgl. nur BGHZ 104, 33.

rungsleistungen auch formal wie Eigenkapital ausgestaltet, so kann die Gesellschaft nach einer Gesamtwürdigung der Darlehensbedingungen mit diesem formellen Fremdkapital die gesteckten Ziele ebenso verlässlich erreichen wie mit (dem ersetzten) Eigenkapital. Denn, ob befristet oder unbefristet: Laufzeit, Kündbarkeit und die sonstige eigenkapitalnahe Ausgestaltung bringen jedenfalls für den Augenblick des Vertragsschlusses, ggf. auch der Mittelzufuhr zum Ausdruck, dass die Gesellschafter eine entsprechend rechtssichere Finanzierung für notwendig halten und dafür auch Eigeninteressen hintanstellen. Dies etwa dann, wenn auf eine feste Verzinsung zugunsten einer gewinnabhängigen Vergütung verzichtet wird.

Diese massive Fremdkapitalisierung wäre gerade in der Startphase von Dritten kaum zu erhalten gewesen. Insoweit deutet also die aus der Finanzplanung erkennbar werdende gläubigergefährdende Finanzierungsstruktur zugleich auf eine in diesem Zeitpunkt vorliegende Kreditunwürdigkeit hin.

jb) Feststellungsalternativität hinsichtlich Fallgruppen

Die Ausführungen zu den finanzplangebundenen Gesellschafterdarlehen und die darauf folgende Reflexion auf die Fallgruppe der in der Kreditunwürdigkeit ausgereichten Fremdmittel haben gezeigt: Die das Kapitalersatzrecht prägende Finanzierungsverantwortung der Gesellschafter - maßgeblich von dem Gedanken geprägt, dass besondere, über das allgemeine Geschäftsrisiko hinausgehende unternehmerische Risiken nicht einseitig auf die Gläubiger abgewälzt werden dürfen - erfasst Gesellschafterdarlehen unter verschiedenen Aspekten.

Die Missachtung von Grundsätzen einer ordnungsgemäßen Gesellschaftsfinanzierung offenbart sich in verschiedenen Fallgruppen, die als Konkretisierung dieser Finanzierungsverantwortung in jedem Einzelfall festzustellen sind. Hauptfallgruppen bilden bisher und wohl auch in Zukunft die Gesellschafterfremdfinanzierung in der Überschuldung der Gesellschaft sowie in ihrer Kreditunwürdigkeit. Versteht man die Grundsätze ordnungsgemäßer Unternehmensfinanzierung richtig, werden auch die Finanzierungsgestaltungen erfasst, die ausweislich der internen Finanzplanung der Gesellschafter und ihrem Niederschlag in der Vertragsgestaltung vermutungsweise auf eine Unternehmenstätigkeit hindeuten, die eine einseitige Risikoabwälzung auf die Gläubiger mit sich bringt. Die sich hieraus ergebenden Rechtsfolgen - allen voran die Haftung dieser Finanzierungsleistungen in der Insolvenz und ihre Einbindung in das durch die nominale Stammkapitalziffer gegen Ausschüttungen geschützte

Vermögen - treten ein, sobald sich auch nur aufgrund einer der typischen Konkretisierungen eine Missachtung der im Gesetz und den Rechtsprechungsregeln angelegten Finanzierungsverantwortung feststellen lässt.

jc) Befund: Erleichterungen in der Beweisführung

Das Verständnis der Kapitalersatzfunktion formellen Gesellschafterfremdkapitals als Missbrauch der Finanzierungsfreiheit zu lasten der Gläubiger erleichtert den Entscheidungsträgern in der Gesellschaft die Aufgabe, die Verhaltensanforderungen, die sich mit der Ersatzkapitalfunktion einer Finanzierung erheben, zu beachten.

Angesprochen sind hier sowohl der Insolvenzverwalter und der Geschäftsführer wie auch die finanzierungstragenden Gesellschafter selbst.

Der Insolvenzverwalter muss rechtssicher und kostenschonend beurteilen können, ob eine Finanzierung der Gesellschafter dem Ersatzkapitalrecht unterfällt. Denn im Grundsatz trägt er im Insolvenzverfahren die Darlegungs- und Beweislast für die Ersatzkapitalfunktion[881]. Will er etwa mit Erfolg der Anmeldung einer Darlehensforderung zur Insolvenztabelle widersprechen, § 32 a GmbHG, oder nach Maßgabe des § 135 InsO der Insolvenzmasse zu Unrecht an die Gesellschafter ausgekehrte Darlehen wieder zuführen, so hat er den vollen Nachweis zur Überzeugung des Gerichts zu führen, dass das Darlehen im betreffenden Zeitpunkt kapitalersetzende Funktionen in der Finanzierungs- und Geschäftsstruktur erfüllt hat. Auf die dabei auftretenden Nachweisprobleme wurde bereits hingewiesen[882].

Lässt sich nun für einen bestimmten Zeitpunkt die Kapitalersatzfunktion einer Gesellschafterfremdfinanzierung auch mit anderen Hilfskriterien nachweisen, d. h. im Fall der Finanzplanfinanzierung über den Nachweis einer bestimmten Anforderungen genügenden Finanzplanung die Vermutungswirkung für eine kapitalersetzende Unternehmensfinanzierung begründen, so kann sich der Insolvenzverwalter alternativ auf mehrere Umqualifizierungssachverhalte stützen. Jedes für sich könnte in der Lage sein, die im Insolvenzverfahren begehrte Rechtsfolge, die Gesellschafterfremdfinanzierung dem haftenden Quasi-Eigen-

---

[881] H.M., Scholz/K. Schmidt, a. a. O., §§ 32 a, b, Rz. 52; Lutter/Hommelhoff, a. a. O., §§ 32 a, b, Rz. 98 f.; von Gerkan, GmbHR 1990, 388; BGH WM 1989, 61.

[882] Dazu oben V. 10. g) gb).

kapital der Gesellschaft zuzuordnen und nach den BGH- oder Novellen-Regeln zu behandeln, zu erreichen.

Die hier entwickelte Lösung erlaubt also alternative Möglichkeiten, formelles Fremdkapital als Eigenkapital ersetzend zur Masse zu ziehen.

Die für die Position des Insolvenzverwalters unter dem Aspekt der Nachweisbarkeit im Insolvenzverfahren gewürdigte Feststellungsalternativität zwischen kreditunwürdigkeitsbezogenem und finanzplangebundenem Gesellschafterfremdkapital ist ebenfalls für den Geschäftsführer der GmbH von Interesse.

Der Geschäftsführung obliegt es, das Gesellschaftsvermögen gegenüber Ausschüttungen an die Gesellschafter zu bewahren, soweit es der Kapitalbindung in der GmbH unterliegt. Gebunden ist die Vermögensziffer, die erforderlich ist, um dies durch die öffentliche Bekanntmachung gegenüber den Gläubigern mit Publizität versehene satzungsmäßige Stammkapital als Mindesthaftungsfonds und Garantiekapital zu erhalten. Der Geschäftsführer darf gemäß § 30 Abs. 1 GmbHG dieses zur Erhaltung des Stammkapitals erforderliche Vermögen nicht an die Gesellschafter auszahlen. Fremdkapital dagegen - auch soweit es von den Gesellschaftern stammt - darf grundsätzlich getilgt und verzinst werden, auch wenn die Gesellschaft bereits eine Unterbilanz aufweist[883].

Bei der Erfüllung dieser Pflichten stößt der Geschäftsführer auf dieselben Schwierigkeiten, Eigenkapital ersetzende Finanzierungen festzustellen, wie der Insolvenzverwalter. Er ist gleichermaßen darauf verpflichtet zu prüfen, ob er durch § 30 Abs. 1 GmbHG gehindert ist, Auszahlungsverlangen der Gesellschafter zu entsprechen. Hierzu hat er festzustellen, ob Gesellschafterdarlehen nicht in Wahrheit haftendes Eigenkapital ersetzen und somit gleichfalls zu dem das Stammkapital deckenden Vermögen zu rechnen sind. Oftmals sind die Probleme in der Argumentation zwischen Geschäftsführer und Gesellschafter in der Weise verteilt, dass der Geschäftsführer sich Auszahlungswünschen der Mitglieder widersetzen will, es den Argumenten gegen eine Auszahlung jedoch an Überzeugungskraft fehlt. Der Geschäftsführer kann seine Argumentation regelmäßig allein auf den Nachweis stützen, die betreffenden Gesellschafterdarlehen seien zu einem Zeitpunkt gewährt worden, zu dem ein unabhängiger Dritter, der nur auf das wirtschaftliche Eigeninteresse bedacht ist, der Gesellschaft kein Kreditkapital zu marktüblichen Bedingungen mehr zur Verfügung

---

[883] Ein Verstoß ist für Geschäftsführer mit pers. Schadensersatzpflicht bedroht, § 43 Abs. 2 GmbHG.

stellen würde. Lässt sich die Ersatzkapitalfunktion aber alternativ auch mit einer oft von den Gesellschaftern kapitalersetzenden Finanzplanung belegen, ist die Position des Geschäftsführer u. U. gestärkt: Gegenüber den Gesellschaftern kann er sich ergänzend darauf berufen, dass eine Fremdfinanzierung eine einseitige Risikoverlagerung auf die Gläubiger darstellt.

Aber auch jenseits möglicher Konflikt- und Spannungslagen zwischen Geschäftsführung und Mitgliedern kann die Konkretisierung einer mit Grundsätzen ordnungsgemäßer Unternehmensfinanzierung nicht zu vereinbarenden Fremdmittelzuführung für die Gesellschafter von Interesse sein. Die Vorstellung, dass Gesellschafter mit einer Fremdfinanzierung durchgängig ihr Finanzierungsrisiko auf die Gesamtheit der Gläubiger überwälzen wollen, trifft nur einen Aspekt möglicher Motive für die weitgehende Fremdfinanzierung der Gesellschaft - und die entsprechend geringe Eigenkapitalausstattung. Hinzuweisen ist hier erneut darauf, dass es gute Gründe geben kann, die Gesellschaftsfinanzierung zu weiten Teilen mit Fremdmitteln - auch Gesellschafterfremdmitteln - zu bestreiten. Diese Gründe sind bekannt und bedürfen hier keiner erneuten Erörterung[884]. Umso mehr gibt es auch auf **Gesellschafterseite** ein Bedürfnis, rechtssicher einschätzen zu können, nach welchen Kriterien eine den Grundsätzen ordnungsgemäßer Finanzierung entsprechende Darlehensgewährung für die anstehenden Finanzierungsentscheidungen zu konkretisieren ist. Denn die Gefahr, mit einer Finanzierung in den Anwendungsbereich der Grundsätze kapitalersetzender Gesellschafterleistungen zu geraten, muss für die Gesellschafter, die die Finanzplanung der Gesellschaft maßgeblich tragen, kalkulierbar bleiben[885]. Hierzu ist es erforderlich, die Kapitalersatzfunktion möglichst umfassend zu erkennen und ggf. auch vermeiden zu können. Dazu ist es gerade hilfreich, ein Konkretisierungskriterium zur Verfügung zu haben, das sich - anders als die Kreditunwürdigkeit - gerade an der Finanzplanung der Gesellschafter orientiert. Auch die Gesellschafter können damit individuellen Nutzen daraus ziehen, wenn sich die kapitalersetzende Funktion einer Gesellschafterfremdfinanzierung nicht nur anhand einer Überschuldungssituation oder der Kreditunwürdigkeit konkretisieren lässt, sondern gleichfalls mit einer kapitalersetzenden Finanzplanung jedenfalls (widerleglich) vermutet wird. Die zusätzliche Klarheit, die sich hieraus ergibt, kann dazu genutzt werden, Fremdkapitalfinanzierungen, die mit der Umqualifizierung in haftendes Quasi-Eigenkapital bedroht sind, zu vermeiden.

---

884 Dazu eingehend siehe Teil 1, II. 1. b), c).

885 Zum Teil wird das Kapitalersatzrecht als ausufernd bewertet, Claussen, GmbHR 1996, S. 316 ff.

Gesellschafter könnten es dann eher mit der gebotenen Eigenkapitalfinanzierung versuchen, oder zumindest die gläubigergefährdende Kreditfinanzierung zugunsten einer weniger kapitalintensiven Geschäftstätigkeit oder gar der völligen Geschäftseinstellung durch Liquidation gänzlich zu unterlassen.

k) Abschließender Befund

ka) Tatbestand

Zusammenfassend lässt sich feststellen: Die Umqualifizierung formellen Gesellschafterfremdkapitals in Ersatzkapital beurteilt sich - soweit es sich um eine objektiv-rechtliche Betrachtungsweise handelt - nach den Rechtsprechungs- und Novellen-Regeln. Ergänzende objektiv-rechtliche Ansätze außerhalb dieser Regeln sind nicht ersichtlich, aber auch nicht erforderlich[886]. Denn auch die als Finanzplanfinanzierung angesprochene Fremdfinanzierung lässt sich in ihren bislang relevant gewordenen Erscheinungsformen mit den Instrumenten des Ersatzkapitalrechts befriedigend erfassen. Den Ersatzkapitalregeln liegt ein einheitlicher Grundgedanke, wenn auch keine einheitliche, in jedem Einzelfall unmodifiziert anzuwendende Umqualifizierungsgrundlage zugrunde[887]. Soweit in den Novellen-Regeln das „Verhalten des Gesellschafters als ordentlicher Kaufmann" als alleiniger Umqualifizierungsansatz - auch mit Rückwirkung auf die wesentlich älteren Rechtsprechungs-Regeln - normiert ist, ist auch dieser Rechtsgrund als ein Sammelbegriff für dogmatisch u. U. uneinheitlich gelagerte Einzelansätze aufzufassen. Übereinstimmend ist jeweils, dass einer Finanzierung, die Finanzierungsrisiken und unternehmerisches Wagnis einseitig auf außenstehende Gläubiger überträgt, in den Situationen, wo es auf die Unterscheidung zwischen Eigen- und Fremdkapital ankommt, die Berufung auf die Rechtsfolgen formellen Fremdkapitals versagt sind.

Damit erweist sich die haftende Funktion der Finanzplanfinanzierung als eigenständige Fallgruppe zur Konkretisierung der von der Rechtsprechung entwickelten Grundsätze einer ordnungsgemäßen Unternehmensführung.

Sie ist regelmäßig deckungsgleich mit der breit akzeptierten Fallgruppe der Darlehensgewährung bei Kreditunwürdigkeit; indes kann sich ausnahmsweise die Umqualifizierung auch allein aus einer Finanzplanung ergeben, die die

---

886 Angedeutet bei von Gerkan/Hommelhoff, a. a. O., S. 199 f.

887 Vgl. Darstellung der Umqualifizierungsansätze in BGHZ 90, 381, 389; dazu auch von Gerkan/Hommelhoff, a. a. O., S. 22 f.

Fremdfinanzierung für unverzichtbar hält, die gesellschaftlichen Zielvorgaben zu erreichen. Gleichwohl kann die Ersatzkapitalfunktion hier nur (widerleglich) vermutet werden. Denn Umqualifizierungsansatz ist nicht die objektiv festgestellte Unverzichtbarkeit, sondern die von den Gesellschaftern subjektiv getroffene Zweckbestimmung. Diese hat zwar die Vermutung der Richtigkeit für sich; denn auch Gesellschafter werden ihre Finanzierung nicht – ohne aus der Finanzplanung ersichtlich werdende zwingende Notwendigkeit - enger als nötig an das Schicksal ihrer Gesellschaft binden. Dennoch aber muss den Gesellschaftern die Möglichkeit verbleiben nachzuweisen, dass die nach außen verlautbarte Finanzierungsstruktur sich tatsächlich nicht auf eine kapitalersetzende Finanzierung bezieht. Kraft Vermutung Eigenkapital ersetzender Finanzierungsstruktur treten die Rechtsfolgen haftenden Quasi-Eigenkapitals nach den BGH- und Novellen-Regeln ein.

kb) Rechtsfolgenabschätzung

Eigenkapital ersetzenden Charakter gewinnen Gesellschafterdarlehen aufgrund einer Vermutung ihrer eigenkapitalvertretenden Ausgestaltung und Finanzplanung, sofern dieser Eindruck nicht durch eine entsprechende Vergabebereitschaft Dritter widerlegt werden kann. Welche Behandlung aus diesem Befund hinsichtlich der Rechtsfolgen einer kapitalersetzenden Darlehensfinanzierung folgt, bedarf gesonderter Betrachtung. Zumindest in den Einzelfragen gehen die Auffassung hierzu weit auseinander[888]. Die Ergebnisse erlauben zugleich eine Bestätigung und Präzisierung in der Tatbestandsbildung.

So ist etwa fraglich, ob die von vornherein auf die gesellschaftlichen Ziele ausgerichteten Gesellschafterdarlehen damit schon per se dem nachrangigen Haftkapital zuzuordnen sind[889]. Alternativ lässt sich einfordern, die abschließende Umqualifizierung vom späteren Eintritt einer existenzbedrohenden Krise abhängig zu machen[890].

Die Konsequenzen der insoweit divergierenden Auffassungen liegen klar zu Tage und beeinflussen die Rechtsfolgen unmittelbar.

---

888 Vgl. die Rechtsfolgenbewertung bei Lutter/Hommelhoff, a. a. O., §§ 32 a, b, Rz. 91 ff., 102 ff.; Hommelhoff/ Kleindiek, Festschrift 100 Jahre GmbHG; Scholz/K. Schmidt, a. a. O., §§ 32 a, b, Rz. 38; a. a. O., §§ 32 a, b, Rz. 48, 61; Priester EWiR 1986, (Anm.) zu OLG Hamburg; weitgehend offen die Rechtsprechung BGHZ 104, 33; 121.

889 So wohl eher: Scholz/K. Schmidt, a. a. O., §§ 32 a, b, Rz. 38.

890 So bei: Hachenburg/Ulmer, a. a. O., §§ 32 a, b, Rz. 61.

kc) Rechtsfolgenkanon

Will man sich den Rechtsfolgen der Finanzplanfinanzierung im Detail zuwenden, so scheint es sinnvoll, zunächst von einem Grobüberblick der in Betracht kommenden Konsequenzen einer Umqualifizierung auszugehen. Im Mittelpunkt steht - klar tatbestandsbezogen - nach welchen Kriterien Gesellschafterdarlehen, die jedenfalls nicht nachweislich in der Kreditunfähigkeit der Gesellschaft ausgereicht wurden, endgültig von den Rechtsfolgen der Rechtsprechungs- und Novellen-Regeln erfasst werden. Zu unterscheiden sind hier - bei zunächst recht überschlägiger Betrachtung - zwei Einschätzungen:

– Zum einen lässt sich darauf abstellen, dass die eigenkapitalgleiche Ausgestaltung der Darlehen aufgrund der damit voraussichtlich verbundenen Risikoabwälzung spätestens im Insolvenzverfahren schon anfänglich den Tatbestand einer kapitalersetzenden Finanzierung erfüllt.

– Andererseits kann der Eintritt der Rechtsfolgen des zweistufigen Schutzsystems des objektiv-rechtlichen Ersatzkapitalrechts auch vom späteren Eintritt einer Unternehmenskrise abhängig gemacht werden. Der eigenkapitalgleichen Ausgestaltung von Gesellschafterfremdmitteln kommt dann im Wesentlichen die Funktion einer Vorwirkung der Finanzierungszwecke auf die spätere Krise zu. Die Annäherung an „auch auf Krisenfinanzierung angelegte" Darlehen[891] ist offenkundig. Entbehrlich ist dann allein eine konkret auf den Moment des Kriseneintritts ausgerichtete Finanzierungshandlung, wie sie im Übrigen mit einer Darlehensgewährung in der Kreditunwürdigkeit mit oder ohne Liquidationsobliegenheit oder doch dem zunächst erkennbar werdenden Willen, die Fremdmittel der Gesellschaft auch in der späteren Krise zu belassen, regelmäßig verbunden ist[892].

Von Gerkan/Hommelhoff[893] werfen gerade diese Frage nach der Dispositionsfreiheit der Gesellschafter über ihre Finanzplankredite für den Zeitraum zwischen Kriseneintritt und Gesellschaftsinsolvenz, aber auch vor dem Beginn der Krise, auf. Stehen die Kredite dann noch zur Disposition der Beteiligten oder müssen sich die Gesellschafter bis zur Liquidation der Gesellschaft an dem

---

891 Verzicht auf Vorauss. des „Stehenlassens": Hachenburg/Ulmer, a. a. O., §§ 32 a, b, Rz. 61; Widmung als Eigenkapital, Scholz/K. Schmidt, a. a. O., §§ 32 a, b, Rz. 38.

892 Breit anerkannt als Fallgruppe des Eigenkapitalersatzrechts, dazu oben IV. 2.

893 Von Gerkan/Hommelhoff, Kapitalersatz, S. 207 ff.; klärend nun Lutter/Hommelhoff, a. a. O., §§ 32 a, b Rz. 171; Hommelhoff/Kleindiek, Festschrift 100 Jahre GmbHG, S. 441 f.

Umstand festhalten lassen, dass die Kredite bei ihrer Begebung materielle Eigenkapitalfunktion hatten?

Daran schließt sich die Folgefrage an: Zu welchen Konsequenzen führt es, wenn ein Finanzplankredit durchaus im Einvernehmen der Beteiligten vorzeitig, wenn auch außerhalb einer Finanzierungskrise der Gesellschaft zurückgezahlt wird? Die Frage konkretisiert sich für die GmbH: Gilt dann auch außerhalb der Krise § 31 GmbHG? Können die zurückgeführten Darlehen über die Anfechtungsnorm des § 135 InsO der Insolvenzmasse wieder zugeführt werden?

Für **Hommelhoff** unterliegt es im Ergebnis keinem Zweifel, dass den Gesellschaftern Möglichkeiten offen stehen müssen, sich von der Bindung wieder zu lösen, die sie mit der Gewährung von Finanzplankrediten gegenüber der Gesellschaft auch den Gläubigern eingegangen sind. Wenn auch nicht ausdrücklich ausformuliert, so liegt auch diesen Fragen nach den einzelnen Rechtsfolgen die Ausgangsfrage zugrunde, ab wann die nicht krisenbezogenen Gesellschafterleistungen nach den Grundsätzen ordnungsgemäßer Unternehmensfinanzierung abschließend objektiv-rechtlich umqualifiziert sind, so dass die Ausschüttungssperre des § 30 GmbHG, die insolvenzrechtlichen Wirkungen funktionellen Eigenkapitals wie auch die Vorgaben der Novellen-Regeln eingreifen.

Die Bedeutung der Frage, in welchem sachlichen Rahmen die Gesellschafter frei über ihre Mittelausreichungen verfügen können, also noch nicht von den Rechtsfolgen des objektiven Ersatzkapitalrechts eingeengt werden, wird auch von **Ulmer** und **K. Schmidt** behandelt[894].

Ulmer führt dazu aus, dass die Gesellschafter selbst gesellschaftsvertraglich gebundene Darlehen bis zum Eintritt der Krise nach Aufhebung der Abrede zurückführen können, nachdem so eine Umqualifizierung aufgrund zwingenden Rechts gelungen ist. Solange eine solche Änderung nicht vollzogen ist, müssen die Gesellschafter sich auch den Gläubigern gegenüber an der intern vereinbarten Finanzplanung festhalten lassen. Dementsprechend unterliegen sie dem Sonderrecht für Gesellschafterdarlehen[895]. An der einvernehmlich festgelegten Funktion müssen sich die Gesellschafter auch dann festhalten lassen, wenn im Zeitpunkt der Mittelzuführung die Gesellschaft noch kreditwürdig war. Einen Abzug der Mittel nach Eintritt der Krise stehen die Regeln über Eigenkapital

---

894 Vgl. oben Fn. 888.

895 So die oben genannten Nachweise in der Literatur. Anders die Rechtsprechung, vgl. etwa BGHZ 104, 33; 121, und die weiteren Rechtsprechungs-Nachweise dort.

ersetzende Gesellschafterleistungen in derartigen Fällen auch dann entgegen, wenn die Voraussetzungen einer zwischenzeitlichen Umqualifizierung durch Stehenlassen nach Eintritt der Krise nicht gegeben sind[896]. Aus diesen Formulierungen wird nicht vollends deutlich, woran **Ulmer** die Rechtsfolgen der Umqualifizierung festmachen will; einerseits drückt sich aus, dass bereits die vollständige Einbindung und Ausrichtung der finanzgeplanten Fremdfinanzierung auf die Interessen der Gesellschaft die entscheidende Grundlage für die Subordination des Gesellschafterfremdkapitals bilden soll[897]. Andererseits soll erst der (nachträgliche) Eintritt einer Finanzierungskrise zur objektiv-rechtlichen, zwingenden Bindung der Mittel im - gläubigerschützenden - Gesellschaftsvermögen führen. Anders als etwa das OLG Hamburg[898] ist für **Ulmer** der Krisenbeginn letzte Umqualifizierungsvoraussetzung. Die Rechtsprechung verlangt dagegen den Eintritt der Insolvenz nicht als sachliche Umqualifizierungsvoraussetzung, sondern als objektive Voraussetzung zur Anwendung des Ersatzkapitalrechts. Es leuchtet ohne weiteres ein, dass das Ersatzkapitalrecht, jedenfalls soweit es um die Novellen-Regeln geht, nicht ohne die Tatbestandsvoraussetzung der Insolvenzeröffnung auskommen kann. Wie aber hätte das OLG Hamburg entschieden, wenn allein eine Anwendung der BGH-Regeln die haftende Funktion von Gesellschafterdarlehen zugunsten der Gläubiger ermöglicht hätte? Festzuhalten ist zunächst, dass auch für **Ulmer** der Kriseneintritt die wesentliche sachliche Voraussetzung ist, die Umqualifizierung in Eigenkapitalersatz zuzulassen. Allein die Verständigung der Gesellschafter darüber, die Mittel der Gesellschaft als Teil des Finanzplanes, materiell also zur Kapitalausstattung, zu belassen, reicht allein nicht hin, die Subordination von Gesellschafterfremdmitteln zu legitimieren. Die für den Finanzplankredit typische einvernehmlich festgelegte Eigenkapitalfunktion hat auch nach **Ulmer** nur Vorwirkungen; sie konkretisiert die gläubigergefährdende Unterkapitalisierung erst in dem Zeitpunkt, in dem die Gesellschafterfremdfinanzierung strukturell ein unangemessenes Risiko für die Gläubigergesamtheit zu bilden beginnt: Damit ist die Unter-

---

896 Allg. zum Stehenlassen: BGHZ 75, 334, 336 ff.; 81, 311, 317 f.; 81, 365, 367; OLG Hamburg, ZIP 1984, 584, 585; DB 1986, 1328, 1329; BGH BB 1985, 424; BB 1985, 1813; BGHZ 104, 33, 39; Hachenburg/Ulmer, a. a. O., §§ 32 a, b, Rz. 25 ff.; Scholz/K. Schmidt, a. a. O., §§ 32 a, b, Rz. 42 f. zur einlagengleichen Finanzierung; Lutter/Hommelhoff, a. a. O., §§ 32 a, b, Rz. 169, 13 ff.; Bedenken nur noch bei: Thöne, DB 1980, 2179; K. Müller, GmbHR 1982, 39 f.

897 Hervorgehoben wird die interne Abrede, Hachenburg/Ulmer, a. a. O., §§ 32 a, b, Rz. 48, 61.

898 OLG Hamburg, WM 1986, 1110, 1114.

nehmenskrise, in der die Gesellschaft die Mittel von Dritter Seite nicht mehr zu marktüblichen Bedingungen erhalten könnten, beschrieben.

In ähnlicher Weise verläuft die Bestimmung des eigentlichen neutralen Umqualifizierungszeitpunktes und der Beginn der objektiv-rechtlich zwingenden Subordination auch bei **K. Schmidt**[899].

Nach **K. Schmidt** kommt es für die Subordination im Rahmen der Novellen- - und wohl auch - der BGH-Regeln für Gesellschafterdarlehen, die nicht in oder mit Blick auf eine Unternehmenskrise ausgereicht wurden, darauf an, dass sich eine bereits Eigenkapital ersetzende Widmung feststellen lässt; dafür verlangt **K. Schmidt**, dass formelles Fremdkapital bereits nach seiner Zweckbestimmung Eigenkapital ersetzend angelegt ist. Um diese Definition zu einem subsumtionsfähigen Tatbestand weiterzuentwickeln, muss feststellbar sein, dass die formellen Fremdmittel Teil des Eigenkapitals der Gesellschaft geworden sind, das als Grundstock der Haftungsmasse den außenstehenden Gläubigern ungehindert durch eine Konkurrenz der Gesellschafter zur Verfügung stehen muss[900]. Dies sei der Fall, wenn die Gesellschafter die Darlehen wie Einlagen behandelten. Unabhängig davon, ob man dieser Begründung der Subordination im Einzelnen zu folgen vermag: Auch **K. Schmidt** bringt mit dem Begriff der „Widmung" eindeutig zum Ausdruck, dass die eigenkapitalgleiche Funktion der Mittel zunächst nur angelegt ist. Diese Einschätzung kommt darin zum Ausdruck, dass für die Umqualifizierung gefordert wird, dass in der Darlehensvereinbarung dem Darlehensgeber eine Rückforderung der Mittel in der Krise ausdrücklich oder durch schlüssige Vereinbarung untersagt sein muss. Dies bringt aber zugleich die Rechtsfolge mit sich, dass die Gesellschafter ihre Darlehen bis zum Eintritt einer Krise zurückfordern können.

Damit sind für **K. Schmidt** auch die Bedingungen abschließend festgelegt, unter denen die durch Vereinbarung der Gesellschafter begründete materielle Eigenkapitalfunktion ihrerseits durch Vereinbarung wieder aufhebbar ist. Grundsätzlich ist § 32 a GmbHG ein rein objektiver Tatbestand und der Abbedingung durch Parteivereinbarung nicht zugänglich. Wenn aber ein Finanzplankredit vorliegt, kann die von den Gesellschaftern getroffene Widmung zum Eigenkapitalersatz wieder aufgehoben werden. Diese Möglichkeit schränkt **K. Schmidt** jedoch ein; eine Aufhebung sei nur solange zulässig, wie das Auszahlungsverbot des § 30 GmbHG noch nicht eingreift. Dies gelte selbst dann, wenn die Gesell-

---

[899] Scholz/K. Schmidt, a. a. O., §§ 32 a, b, Rz. 38.

[900] Scholz/K. Schmidt, a. a. O., BGHZ 104, 33.

schaft in diesem Zeitpunkt kreditunwürdig ist. Lässt der Gesellschafter den Kredit dann allerdings stehen, wird er unweigerlich umqualifiziert.

Nach dieser von **K. Schmidt** vertretenen Auffassung beruht die Umqualifizierung bereits auf der eigenkapitalgleichen Ausrichtung der Fremdmittel auf die Bedürfnisse der Gesellschaft. Die Widmung zur Kapitalausstattung trägt die Umqualifizierung bereits selbst. Die von **K. Schmidt** zugelassene Aufhebbarkeit bis zum Eintritt einer Unterbilanz bringt nur zum Ausdruck, dass diese Situation der erste Anwendungsfall für die Subordination der Fremdmittel ist, mit deren Wirkung die Dispositionsfreiheit der Gesellschafter endet.

kd) Fazit und eigene Stellungnahme

Schaut man sich die - zugegeben nur begrenzt und erst in jüngster Zeit geführte - Diskussion um die Umqualifizierung finanzplangebundener Gesellschafterfremdmittel an, so überwiegt die Einschätzung, dass die Widmung von Fremdkapital zur Kapitalausstattung jedenfalls insoweit noch nicht die endgültige und abschließende Subordination bewirken soll, als bis zum Eintritt der durch die Kreditunwürdigkeit gekennzeichneten Krise von dem oder den Gesellschaftern einvernehmlich wieder aufgehoben werden kann. Dies entspricht den Rechtsfolgen des gewillkürten Rangrücktritts.

Damit kommt, bei allen Differenzen in der Begründung der Umqualifizierung im Detail, deutlich zum Ausdruck, dass die Bestimmung der Fremdmittel zur Kapitalausstattung der Gesellschaft allein die allerseits geforderte Finanzierungshandlung mit Blick auf die Unternehmenskrise ersetzt[901]. Gesellschafterdarlehen haften den Gläubigern als objektiv-rechtlicher Eigenkapitalersatz zum einen, wenn sie in der aktuellen Unternehmenskrise oder mit Blick auf eine solche „stehen gelassen" werden[902].

Zum anderen ist die Funktion subordinierten Kapitals auch dann gegeben, wenn die Gesellschafter mit ihrer Fremdfinanzierung nach Umfang und inhaltlicher Ausgestaltung eine entsprechende Kapitalausstattung nachvollziehen. Für die abschließende Umqualifizierung - abschließend verstanden im Sinne einer objektiv-rechtlich vorgegebenen und daher zwingenden Reservierung im Haftungsfonds der Gesellschaft zugunsten der Gläubiger - bedarf es jedoch zugleich

---

901 Z. T. schon vom Begriff der Finanzplanfinanzierung umfasst, dazu oben V. 9. e) eb), Fn. 173 f.

902 Zu diesen breit anerkannten Voraussetzungen des Eigenkapitalersatzes vgl. oben IV. 2.

des Vorliegens einer **Kreditunwürdigkeit** bei Dritten. Diese darf angesichts der spezifischen Ausgestaltung der Mittel aus der Widmung zur Kapitalausstattung gefolgert werden.

ke) Abgleich mit sonstigen Auffassungen

Diese Auffassung verträgt sich mit den Einschätzungen von **Hommelhoff** und **Ulmer**, die beide - jeweils indes mit eigenständiger Legitimation der Subordination formellen Fremdkapitals - die abschließende Umqualifizierung von Finanzplandarlehen vom Kriseneintritt abhängig machen[903]

Abzugrenzen scheint hier die Einschätzung **K. Schmidts** zu sein, der allein die Widmung zur Kapitalausstattung in den Tatbestand des Finanzplankredits einstellt. Aber auch hier scheinen Zweifel möglich, ob **K. Schmidt** tatsächlich die endgültige Bindung finanzplangebundener Gesellschafterfremdfinanzierung schon mit der Abrede unter den Gesellschaftern eintreten lassen will. Zwar soll bei Finanzplankrediten die Bestimmung zur Kapitalausstattung auch rückgängig gemacht werden können; allerdings nur, sofern das Auszahlungsverbot des § 30 GmbHG noch nicht eingreift. Diese oben bereits als erster Anwendungsfall des Ersatzkapitalrechts gekennzeichnete Situation kann indes nicht durchgängig als identisch mit der in dieser Arbeit wie auch von **Hommelhoff** und **Ulmer** vorausgesetzten Krise als letztem Kriterium der Umqualifizierung betrachtet werden[904].

Der Begriff der Krise ist eindeutig von der Kreditunwürdigkeit der Gesellschaft bei Dritten geprägt. Dritte bringen auf diese Weise zum Ausdruck, dass sie die Finanzierung der unternehmerischen Aktivitäten der Gesellschaft mit unerträglichen Risiken belastet sehen. Diese Einschätzung Dritter muss nicht notwendig - wenn auch häufig - in der Unterbilanz der Gesellschaft vorliegen. So bleibt es vorstellbar, dass die Gesellschaft auch in der Unterbilanz genug eigenes unbelastetes Vermögen aufweist, um gegenüber Dritten kreditfähig zu sein.

---

903 Vgl. oben Fn. 888, 893.

904 Zum Erfordernis der Trennung von Unterbilanz und Kreditunfähigkeit vgl. auch Scholz/K. Schmidt, a. a. O., §§ 32 a, b, Rz. 37; Hachenburg/Ulmer, a. a. O., Rz. 60; Baumbach/Hueck, GmbHG, §§ 32 a, Rz. 46; M. Geßler, ZIP 1981, 232; Herrmann, 50 Jahre WP-Beruf, S. 166.

Die insoweit abweichende Auffassung **K. Schmidts** ist mit der eigenständigen, nämlich letztlich rechtsgeschäftlich begründeten Erklärung der haftenden Funktion von Finanzplankapital verständlich zu machen[905].

Danach gehören Finanzplandarlehen nur begrenzt der objektiv-rechtlichen Umqualifizierung an; vielmehr sind sie in dogmatischer Nähe zur rechtsgeschäftlichen Umqualifizierung durch Rangrücktrittsvereinbarungen angesiedelt. Rangrücktrittsdarlehen aber sind allein aufgrund der ausgetauschten Willenserklärungen durch den zielgerichteten Willen der Beteiligten subordiniert[906]. Gleichwohl stellt sich auch hier die Frage, in welchen Grenzen es die Parteien in der Hand haben, die den Nachrang begründende Abrede wieder aufzuheben; dies mit der Folge, dass die Gesellschafterfremdmittel - vorbehaltlich der Voraussetzungen eines erneut umqualifizierenden Stehenlassens - neutrales Fremdkapital darstellen.

Zwischen beiden Grundauffassungen verbleibt damit eine gewisse Divergenz.

Sie beruht darauf, dass trotz Betonung rechtsgeschäftlicher Elemente die Umqualifizierung von Finanzplandarlehen in nachrangiges Haftkapital nach der hier vertretenen Auffassung im Kern objektiv-rechtlich zu begreifen ist[907]. Davon weicht die Auffassung **K. Schmidts** und - außerhalb des zweistufigen Ersatzkapitalrechts angesiedelt - auch des Bundesgerichtshofs[908] ab; beide sehen die Subordination vom Willen der Beteiligten getragen. Dann bedarf es - abgesehen von der Insolvenzsituation - nur noch des Eintritts einer Unterbilanz, um den Tatbestand einer kapitalersetzenden Gesellschafterfinanzierung zu erfüllen denn die Umqualifizierung ist wie beim Rangrücktritt rechtsgeschäftlich begründet.

Diese Auffassung kann daher u. U. in einem weitergehenden Umfang formelles Fremdkapital subordinieren. Denn der Eintritt einer Unterbilanz muss nicht notwendig mit Kreditunwürdigkeit einher gehen. Die Wirkung wird sich jedoch in einer vorbeugend kapitalerhaltenden erschöpfen. Denn der Eintritt der Kreditunwürdigkeit bewirkt sofort eine Subordination durch „Belassen“ der Finanzierung. Der eigentliche Gewinn der von **K. Schmidt** vorgetragenen Auffassung besteht in der - insoweit tatsächlich krisenunabhängigen - Einbeziehung formel-

---

905 Ausdrückl. schlüssige vereinbarte Abzugssperre: Scholz/K. Schmidt, a. a. O., §§ 32 a, b, Rz. 38.

906 Zur Bildung von nachrangigem Haftkapital durch Rankgrücktrittsabreden vgl. bereits Teil 2, III. 3. f), vgl. hier nur Teller, Rangrücktrittsabreden, S. 2 ff.

907 Scholz/K. Schmidt, a. a. O., Rz. 38.

908 BGHZ 104, 33; 121, 31.

ler Fremdmittel in den den Gläubigern versprochenen Mindesthaftungsfonds. Dies hat präventive Wirkungen: Die für den Kapitalerhalt verantwortlichen Entscheidungsträger der Gesellschaft werden in der Unterbilanz das Stammkapital respektieren und Auszahlungen an die Gesellschafter und Darlehensgläubiger unterlassen, soweit sie das Garantiekapital berühren. Geschäftsführer werden die Auszahlung - Rechtstreue unterstellt - unterlassen, Gesellschafter werden sie nicht begehren[909]. Die hier vertretene Auffassung, nach der die objektiv-rechtliche Subordination auf einer Missachtung objektiver Grundsätze einer ordnungsgemäßen Unternehmensfinanzierung beruht, kann wesentliche Teile dieser Rechtsfolgen nicht übernehmen. Dies beruht auf der Kern-Divergenz: Als Quasi-Rangrücktrittsabrede beruht die Subordination nach der Auffassung **K. Schmidts** auf der gewillkürt-eigenkapitalnahen Ausgestaltung der Fremdmittel. Erforderlich ist jedoch gerade eine zielgerichtet auf die Subordination gerichteter Wille der Gesellschafter, um den Rangrücktritt zu begründen[910]. Dieser bedarf ausdrücklicher Feststellung; im Tatbestand der Finanzplandarlehen wird er regelmäßig nicht vorliegen.

kf) Gesamtwürdigung der Rechtsfolgen

Nach der hier begründeten Auffassung, nach der die Umqualifizierung von Gesellschafterdarlehen auf der objektiven Missachtung von Grundsätzen einer ordnungsgemäßen Unternehmensfinanzierung beruht, die ihrerseits als Konkretisierungen eines gesellschaftsrechtlichen und an Treu und Glauben orientierten Gebots zu angemessener Risikotragung in Fragen der Finanzierung zu begreifen ist, sind für eine abschließende Umqualifizierung finanzplangebundener zwei Grundannahmen erforderlich:

Die Vermutung Eigenkapital ersetzender Finanzierung wird veranlasst durch die konkrete Funktion, die die Mittel in der Gesellschaft einnahmen. Ergibt sich aus ihrem Umfang, ihrer Ausgestaltung auch der Abrede unter den Gesellschaftern, dass die Mittel zur Kapitalausstattung bestimmt sind, ist davon auszugehen, dass sie das Risiko unternehmerischen Handelns unangemessen auf die Gesamtheit der Gläubiger abwälzen. Die Vermutung, die sich auf die Gesamtwürdigung all der Kriterien gründet, die mit einer allein an den Eigeninteressen des Gesellschafters orientierten Kreditausreichung in ihrer Summe kaum vereinbar sind, muss indes widerleglich ausgestaltet sein. Risikoabwälzungen, die angesichts

---

909 Zu den insoweit angesprochenen Sanktionen vgl. §§ 43, 31 GmbHG.

910 Dieser kann ausdrücklich oder schlüssig zum Ausdruck gebracht werden, vgl. nur die verschiedenen Formulierungsbeispiele bei Teller, Rangrücktrittsvereinbarungen, S. 4 f.

der Unternehmensziele und der Begrenztheit des den Gläubigern zur Verfügung stehenden Haftungsfonds nahe liegend die Risiken der unternehmerischen Tätigkeit auf Kosten der Gläubiger zugunsten der Gesellschaftergläubiger verteilen, überschreiten indes nicht notwendig die Grenze zur Verletzung der Grundsätze ordnungsgemäßer Unternehmensfinanzierung[911]. Den Gesellschaftern kann jedenfalls dann kein Verstoß gegen die Verhaltensanforderungen ordentlicher Gesellschafter gemacht werden, wenn Dritte ebenfalls bereit waren oder sind, der Gesellschaft die entsprechende Finanzierung zu stellen[912].

Wo immer sich für eine finanzplangestützte Gesellschafterfremdfinanzierung ausmachen lässt, dass die Gesellschaft insoweit bei Dritten kreditwürdig war, können an die Finanzausstattung Rechtsfolgen der BGH- oder Novellen-Regeln nicht geknüpft werden. Die vollständige Ausrichtung der Gesellschafterfremdfinanzierung auf die Bedürfnisse der Gesellschaft und ihrer gesetzten Ziele eröffnet weitere Umqualifizierungsmöglichkeiten, die sich noch in einer Nuance unterscheiden von dem Vorangestellten. Stellt man fest, dass eine Gesellschafterfremdfinanzierung zur Kapitalausstattung bestimmt ist, zeigt also eine Gesamtwürdigung der Finanzplanung wie auch der Darlehensgestaltung selbst, dass die Gesellschafter die Funktionen von Eigenkapital über eine spezielle Gestaltung formellen Fremdkapitals zu erreichen suchen, so hat dies Auswirkungen auf die Voraussetzungen einer Subordination.

Die auch und gerade in diesen Fällen kennzeichnende Widmung der Mittel für die Gesellschaftsziele erlaubt es, Vorwirkungen auf den Eintritt einer späteren Krise zu begründen.

Während es hier zur Begründung der Kapitalersatzfunktion ansonsten der Voraussetzungen eines umqualifizierenden „Stehenlassens" bedürfte, genügt nunmehr zur Umqualifizierung allein der Eintritt der Kreditunwürdigkeit.

Die Ersatzkapitalqualifikation von Gesellschafterdarlehen erfährt damit eine Erweiterung um eine weitere Fallgruppe; bei Hinzutreten einer Situation der Kreditunwürdigkeit - nicht notwendig mit der wirtschaftlichen Notwendigkeit zur Liquidation verbunden - ergibt sich automatisch die potentielle Ersatzkapi-

---

911 Zu den grundsätzen ordnungsgemäßer Unternehmensfinanzierung vgl. oben V. 10. a).

912 Zur neutralisierenden Wirkung der Finanzierungsbereitschaft Dritter, vgl. hier nur Baumbach/Hueck, GmbHG, §§ 32 a, Rz. 43; zu Innenhaftung der Gesellschafter, Bange, DB 1997, S. 1755; Scholz/K. Schmidt, a. a. O., Rz. 98; Schmidt-Wendt/Ziche, BB 1991, S. 2235.

talqualität. Zur Geltendmachung von Rechtsfolgen bedarf es dann lediglich des Eintritts einer Unterbilanz bzw. der Eröffnung des Insolvenzverfahrens.

Der eigentliche Innovationsanteil des hier vertretenen Verständnisses der Subordination von Finanzplanleistungen ist dann darin zu sehen, dass eine Bindung im Gesellschaftsvermögen zugunsten der Gläubigerbefriedigung auch dann eintritt, wenn sich nicht ausmachen lässt, dass die Gesellschafter schon bei der Darlehensgewährung an eine mögliche Krisenverwendung der Mittel gedacht haben[913]. Denn auf diese Voraussetzung kommt es nach herkömmlicher Auffassung entscheidend an, weil für ein umqualifizierendes „Belassen" es oftmals an dem Merkmal der Fälligkeit oder doch der freien Kündbarkeit im Zeitpunkt der Entscheidung fehlen wird. Diese freie Entscheidung muss den finanzierenden Gesellschaftern aber verbleiben, will man an die Entscheidung in dem einen oder anderen Sinne Rechtsfolgen knüpfen. Nur wenn die Gesellschafter von vornherein deutlich machen, dass die Finanzierung in der Unternehmenskrise bei der Gesellschaft verbleiben soll, ist die freie Entscheidung über die Unternehmensfinanzierung im Zeitpunkt der Krise verzichtbar. Vor diesem Hintergrund sind die Rechtsfolgen im Detail zu entwerfen.

l) Rechtsfolgendetails finanzplangebundenen Ersatzkapitals

Begreift man die Ersatzkapitalfunktion von Gesellschafterdarlehen, wie sie in den Grundsätzen einer ordnungsgemäßen Gesellschaftsfinanzierung der Rechtsprechungs- und Novellen-Regeln zum Ausdruck kommt, als Reaktion auf Finanzierungspraktiken, die die Risiken einer unternehmerischen Tätigkeit einseitig auf die Gesamtheit der außenstehenden Gläubiger verlagert, so treffen die Rechtsfolgen des zweistufigen Ersatzkapitalkonzepts auch Gesellschafterfinanzierungen, die nicht den klassischen Fallgruppen zugeordnet werden können. Nicht nur Kreditausreichungen bei Überschuldung und Kreditunwürdigkeit begründen dann den Ersatzkapitalcharakter; dieser prägt die Finanzierung auch dann, wenn sie unverzichtbar ist, um die unternehmerischen Ziele, die sich die Gesellschafter mit ihrer Gesellschaft gesetzt haben, zu erreichen. Diese Verknüpfung von Finanzierung und Finanzplanung lässt sich zumeist vorrangig an den Einschätzungen der Gesellschafter selbst ablesen[914]. Da sich damit noch

---

913 So die bisherige Entscheidungspraxis, vgl. nur BGHZ 104, 33, m. w. N.

914 Dazu bereits oben V. 11.

nicht zwingend die objektive Unverzichtbarkeit belegen lässt, kann die Ersatzkapitalqualität insoweit nur vermutet werden[915].

la) Grundsätzliche Kernrechtsfolgen

Dennoch treffen die derart umqualifizierten Gesellschafterdarlehen sämtliche Rechtsfolgen des Ersatzkapitalrechts: Finanzplangebundene Gesellschafterdarlehen dürfen an die Darlehensgläubiger nicht zurückgezahlt werden, soweit sie zur Deckung des satzungsmäßigen Stammkapitals erforderlich sind. Entgegen dieser Bindung zurückgezahlte Fremdmittel können Geschäftsführer bzw. Insolvenzverwalter als Anspruchsführer der Gesellschaft nach § 31 GmbHG wieder zurückführen.

Im Insolvenzverfahren wird es den Gesellschaftern versagt, sich auf den formellen Forderungscharakter aus der Darlehensbeziehung zu berufen. § 32 a GmbHG schließt es aus, die Forderungen zur Insolvenztabelle anzumelden. Das Gesetz unterwirft sie für die Dauer des Verfahrens einem gesetzlichen Rangrücktritt und hält das Darlehenskapital so zur Befriedigung der Insolvenzgläubiger zur Verfügung.

Befriedigungshandlungen auf Eigenkapital ersetzende Darlehen im Jahr vor der Insolvenzeröffnung kann der Insolvenzverwalter nach § 135 InsO gegenüber dem Gesellschafter anfechten. § 143 InsO erlaubt ihm, den Vermögensabfluss auf der Grundlage der Befriedigungshandlung dem Gemeinschuldner und damit der Gläubigerbefriedigung wieder zuzuführen.

Außerhalb des Insolvenzverfahrens trifft § 3 b AnfG Sonderregeln für den Einzelvollstreckungsgläubiger, der droht, mit seiner Forderung auszufallen. Auch hier wird das umqualifizierte Gesellschafterfremdkapital dem haftenden Kapital zugeschlagen und steht damit als Haftungsfonds den Gläubigern zur Verfügung. Eben diesen Rechtsfolgen werden auch Fremdmittel unterworfen, die nicht als kapitalersetzende Darlehensfinanzierung oder Finanzierung der Gesellschafter im engeren Sinne gewertet werden könne, einer Finanzierung mit Eigenkapital ersetzenden Gesellschafterdarlehen jedoch bei wertender Betrachtung wirtschaftlich gleichstehen.

---

915 Auch dazu bereits oben V. 12 f).

lb) Finanzplanspezifische Rechtsfolgen

Jenseits dieser - primären - Rechtsfolgen treten für Eigenkapital ersetzende Gesellschafterdarlehen, die ihre Ersatzkapitalqualität über eine von den Gesellschaftern für unverzichtbar gehaltene Stellung in der Finanzplanung definieren, weitere rechtsfolgenbezogene Fragestellungen auf.

Offen sind im sich entwickelnden Recht der kapitalersetzenden Finanzplankredite insbesondere Lösungen, die sich mit der Frage befassen, wie eine einmal erworbene Kapitalersatzfunktion finanzplangebundener Gesellschafterdarlehen wieder aufgehoben werden kann.

Dieser Fragenkreis gehört gleichermaßen zur Rechtsfolgenseite einer kapitalersetzenden Finanzierung. Denn Folge einer Umqualifizierung ist es auch, bestimmte Regeln zur Anwendung zu bringen, nach denen sich die Neutralisierung des Kapitalersatzes zurück in materielles Fremdkapital beurteilt.

lc) Bisherige Anforderungen an Re-Umqualifizierung

Soweit Ersatzkapital bislang als Fremdfinanzierung in der Überschuldungssituation und - sachlich umfassender - bei Kreditunwürdigkeit der Gesellschaft bei Dritten definiert und konkretisiert wurde, ist bereits rechtssicher und praxisgerecht herausgearbeitet worden, unter welchen Voraussetzungen eine Umqualifizierung in haftendes Quasi-Eigenkapital nachträglich wieder entfallen muss.

Das tragende Element jeder gesetzlichen Umqualifizierung, die Überwälzung unternehmerischer Finanzierungsrisiken auf die Gesamtheit all derer, die im Vertrauen auf die Leistungsfähigkeit der Gesellschaft ihr gegenüber in Vorleistung getreten sind, entfällt für diese Fallgruppen dann, wenn die allgemeine Kreditwürdigkeit der Gesellschaft bei neutralen Dritten wiederhergestellt ist[916]. Halten Nichtgesellschafter, die auch keine über die Gläubiger- und Renditeinteressen hinausgehenden Erwartungen mit der Gesellschaft verbinden - etwa weil sie beabsichtigen, ihr in naher Zukunft beizutreten[917] - die Darlehensfinanzierung für hinreichend sicher, so bleibt kein Raum, die gleiche Finanzierung nur deswegen andauern als kapitalersetzend zu behandeln, weil sie aus Gesellschafterhand stammt. Anderenfalls würde eine Umqualifizierung allein auf der

---

916 Damit zeigt sich erneut, dass die Umqualifizierung an der Doppelrolle des Gesellschafters ansetzt.

917 Zu dieser Erweiterung des Gesellschafterkreises BGH WM 1987, 1488; Häuselmann, u. a., Finanzierung, S. 58 f., S. 59 ff.

Doppelrolle des Gesellschafters als Verbandsmitglied und Darlehensgläubigers beruhen. Diese stellt indes keinen allein tragenden Aspekt der Umqualifizierung dar, ist es doch grundsätzlich zulässig und ohne das Hinzutreten weiterer Umstände unbedenklich, dass Gesellschafter ihre Gesellschaft nicht nur mit Eigenkapital, sondern auch mit Fremdmitteln finanzieren[918].

Hinreichende, aber auch erforderliche, Voraussetzung einer Re-Umqualifizierung ist insoweit also allein, ob Dritte bereit sind, eine zu einem früheren Zeitpunkt als kapitalersetzend erkannte Gesellschafterfinanzierung mit eigenen Fremdmitteln zu marktüblichen Bedingungen abzulösen[919].

Die Ersatzkapitalqualifikation entfällt mithin, wenn die Voraussetzungen der Umqualifizierung nachträglich wegfallen; dies entspricht dem hier vertretenen Verständnis des Rechtsgrundes der Umqualifizierung als Verbot einer Finanzstruktur, die Finanzierungsrisiken einseitig auf die Gläubiger abwälzt.

Die Risikoeinschätzung durch Dritte hat nach einhelliger Auffassung sowohl für die Umqualifizierung wie auch für die Entsperrung konkretisierenden Charakter. Finanzierungsinteressierten Nichtgesellschaftern wird damit eine „Gutachterrolle" über die Risikoträchtigkeit und Ersatzkapitalqualität einer Gesellschafterfinanzierung beigemessen.

Die vorangegangenen Ausführungen haben erneut deutlich gemacht, dass der haftungsrechtliche Ersatzkapitalbegriff dynamisch ist, soweit er aufgrund objektiv-rechtlichen - richterrechtlichen wie gesetzesrechtlichen - Rechtsregeln beruht[920].

Dies muss auch für die finanzplangebundene Ersatzkapitalfinanzierung gelten, liegt ihr doch in gleicher Weise wie der Darlehensfinanzierung in der Kreditwürdigkeit oder Überschuldung der Umqualifizierungsansatz zugrunde, dass die mit ihrer Finanzierung verbundene Risikoverteilung sich einseitig auf dem Rücken der Gläubiger auszuwirken droht[921]. Während dieser Rechtsgrund hinsichtlich der Überschuldung und Kreditwürdigkeit seine Konkretisierung in den zunächst hypothetisch gedachten - aber auch nachweisbarem - Verhalten potentieller dritter Kreditgeber findet, kommt es für den Aspekt der Finanzplan-

---

918 Dazu Teil 1, II. 2. b).

919 So die allg. Voraussetzungen der Umqualifizierung.

920 Die Begründung liegt in der Dynamik des Finanzierungsrisikos im Zeitverlauf.

921 Hachenburg/Ulmer, §§ 32 a, b, Rz. 8; Scholz/K. Schmidt, Rz. 4.

bindung darauf an, ob sich aus der Finanzplanung und -struktur der Gesellschaft bzw. der auf sie hindeutenden Ausgestaltung des Darlehens oder der ihm zugrunde liegenden gesellschaftsrechtlichen oder sonstigen Vereinbarungen der Gesellschafter die Vermutung ableiten lässt, dass die gewählte Finanzierung über Fremdmittel insgesamt der Aufrechterhaltung einer Unternehmensstruktur dient, deren Risikopotential adäquat nur mit dem den Gläubigern als Haftungsfonds zur Verfügung stehenden Eigenkapital aufgefangen werden kann. Eben dies bringen die Gesellschafter selbst dadurch zum Ausdruck, dass sie Fremdmittel mit einer Ausgestaltung versehen, die die Mittel nach einer Gesamtwürdigung wirtschaftlich echtem Eigenkapital gleichstellen. Hieran macht sich der Eindruck fest, dass die Gesellschafterdarlehen materiell Eigenkapital ersetzen, da die Gesellschafter einer entsprechenden Fremdmittelfinanzierung nicht die Sicherung des unternehmerischen Erfolgs zutrauen.

In der Kapital- und Risikostruktur, wie sie sich in der Vermutungsfolge zeigt, findet das dynamische Element der finanzplanbezogenen Darlehensfinanzierung seinen Wirkraum. Gegenstand der Aufhebung einer solcherart begründeten Kapitalersatzfunktion ist die Frage, ob sich für einen bestimmten Zeitpunkt, in dem es auf die Entscheidung ankommt, ob formelles Fremdkapital haftungsrechtlich dem Eigenkapital zuzurechnen ist - etwa die für die oben beschriebenen Rechtsfolgen relevanten Zeitpunkte - der Stand dynamischer Veränderungen beschreiben lässt. Die Ersatzkapitalqualifikation entfällt demnach dann, wenn die gewählten Finanzierungsformen nicht mehr die Vermutung tragen, sie seien eine unzulässige Risikoabwälzung und für die Erreichung der gesellschafterlichen Ziele mithin unverzichtbar. Erforderlich ist der Nachweis, dass mit der Unternehmensfinanzierung durch Darlehen der Gesellschafter eine über das allgemeine Gläubigerrisiko hinausgehende Gläubigergefährdung nicht verbunden ist[922].

ld) Re-Umqualifizierung und ihre Voraussetzungen

In ihrem Ausgangspunkt sind die Voraussetzungen für eine Aufhebung der Ersatzkapitalqualität und eine - folgenlose - De-Finanzierung durch Abzug der Fremdmittel folgerichtig und akzeptabel, stellen sie doch nichts anderes dar, als das Gegenstück für die hier herausgearbeiteten Voraussetzungen einer finanzplangebundenen Ersatzkapitalfinanzierung.

---

922 Zum allg. Gläubigerrisiko in der Marktwirtschaft bereits oben V. 7. e).

Offene Fragen ergeben sich jedoch, sobald man nach den genauen Voraussetzungen forscht, die es ermöglichen, den fehlenden Kapitalersatzcharakter einer Gesellschafterfremdfinanzierung zu widerlegen. Für die Frage, ob eine Gesellschafterfremdfinanzierung auch dann dem Ersatzkapitalrecht der Rechtsprechungs- und Novellen-Regeln unterfällt, wenn für den Zeitpunkt ihrer Gewährung eine Überschuldung oder zumindest Kreditunwürdigkeit nicht sicher festzustellen ist, wurde auf eine ganze Reihe möglicher Kriterien abgestellt. Kennzeichnend war für jedes einzelne, dass es auf eine eigenkapitalgleiche Funktion der Fremdmittel - dies ist noch nicht notwendig gleichbedeutend mit Eigenkapital ersetzend - hinweist[923]. Eine Gesamtwürdigung aller Indizien konnte indes aufzeigen, dass die oder der Gesellschafter mit einer bestimmten Ausgestaltung der Fremdmittel in einer bestimmten Unternehmenssituation die Risiken unternehmerischer Tätigkeit einseitig auf die Gläubiger abwälzt. Dies ist etwa dann der Fall, wenn erkennbar wird, dass die Gesellschafter die Darlehen für unverzichtbar hielten, die gesellschaftlichen Ziele zu erreichen[924].

Bei dieser Argumentation, die sich ganz wesentlich auf das natürliche Eigeninteresse jedes Gesellschafters stützt, welches fremdnützige Darlehensbedingungen nur zulassen wird, wenn die besondere Situation der Gesellschaft dies erfordert bzw. besonders attraktive Darlehensbedingungen Anreize für die Mittelvergabe vermitteln, konnten die entscheidenden Schlüsse auf den kapitalersetzenden Charakter aus der Finanzplanung der Gesellschafter - soweit diese offen zu Tage liegt - bzw. aus den auf sie hinweisenden sonstigen Umständen gezogen werden (Vertragsbedingungen, Verwendungszweck).

Gerechtfertigt schien gleichwohl, lediglich Vermutungsfolgen an die Verwirklichung dieser Tatbestände zu knüpfen. Denn nur eine materiell-rechtliche Prüfung der Gesellschaftsfinanzierung und ihrer Risikostruktur könnte hier zu einem Vollbeweis einer kapitalersetzenden Finanzierung führen. Dies stellte allerdings den Anspruchsführer in und außerhalb des Insolvenzverfahrens vor Darlegungs- und Beweisprobleme, die dann hinsichtlich des Nachweises der Überschuldung und Kreditunwürdigkeit zumindest ebenbürtig sind[925].

Vorzuziehen ist es daher, die Ersatzkapitalfunktion an der Einschätzung der Gesellschafter festzumachen, jedoch den Nachweis zu gestatten, dass der

---

923 Dazu BGHZ 104, 33; 121, 31. von Gerkan/Hommelhoff, Kapitalersatz, S. 199 f.

924 So insb.: BGHZ 104, 33; aber auch schon: Wiedemann, Gesellschaftsrecht, S. 554 ff.

925 Zu den Nachweisproblemen insoweit vgl. bereits oben V. 9. f) fd).

„auffälligen" Finanzierung eine Gläubigergefährdung wider den Erwartungen nicht innewohnt[926].

Wollen die Gesellschafter nun - etwa, um ihre Darlehen zur Insolvenztabelle anzumelden oder Rückforderungen des Insolvenzverwalters/Geschäftsführers nach §§ 31 GmbHG oder §§ 135, 143 InsO entgegentreten - nachweisen, dass der äußere Eindruck der Fremdfinanzierung trügt und ihr weder eine risikoerhöhende Finanzstruktur zugrunde liegt, noch sie zu ihr führt, so gilt es, die Vermutung einer letztlich Eigenkapital ersetzenden Gesellschafterfinanzierung zu widerlegen. Während sich für den Beweis der finanzplangebundenen Ersatzkapitalqualität auf die indizienbezogene Einschätzung der Gesellschafter vertrauen ließ, so scheint hier gerade der Nachweis erforderlich, dass die aus der Finanzplanung oder den sie begleitenden Umständen gezogenen Folgerungen von Anfang an fehlerhaft waren oder doch inzwischen nicht mehr ein der tatsächlichen Finanzierungs- und Risikostruktur entsprechendes Bild wiedergeben. Hierin zeigt sich erneut ein gravierender Unterschied des Finanzplankredits zu einer mit einer Rangrücktrittsabrede flankierten Finanzierung. Unabhängig von einer inzwischen geänderten Risikostruktur der Gesellschaft bedarf es zur Beseitigung der Rechtsfolgen einer Rangrücktrittsabrede ihrer jedenfalls konkludenten Aufhebung, mithin eines actus contrarius[927].

(1) Beurteilungszeit und -bezugspunkte

An Zeitpunkten, zu denen es darauf ankommt, ob dieser Gegenbeweis gelingt, herrscht kein Mangel. Relevant sind all jene Situationen, in denen Gesellschafter damit konfrontiert werden können, dass ihre als Fremdkapital ausgereichten Mittel nach den Grundsätzen der Rechtsprechungs- und Novellen-Regeln als Kapitalersatz angesprochen werden können.

So kann der Geschäftsführer jederzeit die Tilgung oder Verzinsung von Gesellschafterdarlehen unter Berufung darauf verweigern, diese seien kapitalersetzend und zugleich erforderlich, der Gesellschaft ein Vermögen in der Höhe ihres statutarischen Stammkapitals zu erhalten[928]. Mit eben dieser Begründung kann der Geschäftsführer auch geltend machen, eine Zahlung auf die Darlehensschuld sei aufgrund ihres kapitalersetzenden Charakters zur Deckung des Stammkapi-

---

926 Ähnlich: Wiedemann, Gesellschaftsrecht, S. 568 ff.; ders., Festschrift Beusch, S. 901 ff.

927 Scholz/K. Schmidt, a. a. O., §§ 32 a, b, Rz. 10 f.

928 So der wesentliche Inhalt der BGH-Regeln, vgl. Baumbach/Hueck, a. a. O., §§ 32 a, b, Rz. 72 ff.

tals an die Gesellschaft zurückzuleisten[929]. Da die Rechtsfolgen Eigenkapital ersetzender Gesellschafterleistungen aufgrund der BGH-Regeln selbst nach der GmbH-Novelle und der Einführung der insolvenzrechtlichen Rechtsnormen § 32 a GmbHG, § 135 InsO im Insolvenzverfahren über das Vermögen einer GmbH uneingeschränkt Anwendung finden[930], kann sich auch der Insolvenzverwalter auf die Rechtsfolgen dieses Ersatzkapitaltatbestandes berufen.

Auf das Insolvenzverfahren beschränkt sind die Tatbestände, die durch die GmbH-Novelle in das GmbHG und die InsO eingefügt wurden. Nach § 32 a GmbHG, § 39 Abs. 1 Nr. 5 InsO ist es dem Gesellschafter und Gläubiger eines kapitalersetzenden Darlehens verwehrt, dieses als Forderung in der Gesellschaftsinsolvenz zur Insolvenztabelle anzumelden. Wurden kapitalersetzende Forderungen im Jahr vor der Eröffnung des Insolvenzverfahrens befriedigt, so kann der Insolvenzverwalter diese Tilgungshandlungen nach § 135 InsO anfechten und die Mittel nach § 143 InsO der Masse zuführen[931]. Die letzte - praktisch jedoch nicht besonders relevant gewordene - Fallgruppe betrifft die Individualvollstreckung. Nach § 3 b AnfG kann ein Vollstreckungsgläubiger, der droht, mit einer Forderung auszufallen, zu seiner Befriedigung auch auf kapitalersetzende Fremdmittel der Gesellschafter zurückgreifen.

In all diesen Situationen sind die Konfliktlagen, die dann auch den Prozessstoff bestimmen, klar erkennbar: Gesellschafter-Gläubiger bestreiten den kapitalersetzenden Charakter ihrer Finanzierungen und berufen sich auf die formelle Fremdkapitaleigenschaft; insoweit sind Besonderheiten nicht erkennbar. Auch Ersatzkapital, das diese Qualifikation über die Überschuldung und Kreditunwürdigkeit gewinnt, ist dieser Auseinandersetzung regelmäßig ausgesetzt.

Gleichwohl ergeben sich für die hier diskutierten finanzplangebundenen Gesellschafterdarlehen Besonderheiten. Diese sind jedoch nicht in der Konfliktlage selbst zu suchen, sondern gelten hier für das Verfahren ihrer Beseitigung. Die Anknüpfung der Vermutung einer kapitalersetzenden Finanzierung an der Finanzplanung (bzw. häufiger an den unterschiedlichen Ausgestaltungskriterien, die auf eine bestimmte Finanzplanung hindeuten), führt dazu, dass sich Geschäftsführer und Insolvenzverwalter in den angesprochenen Situationen allein auf die Darlegungen der Voraussetzungen einer kapitalersetzenden Finanzpla-

---

929 § 31 GmbHG analog.

930 Heute nach BGHZ 90, 381 wohl unstreitig.

931 Dazu Kilger-K. Schmidt, KO, § 32 a, Anm. 5; Münchener Kommentar, InsO, § 143, Rz. 25.

nung beschränken können[932]. Schon dadurch erfüllt der Geschäftsführer die Voraussetzungen einer schlüssigen Klage auf Rückzahlung von Darlehen auf der Grundlage von § 31 GmbHG, kann er sich Tilgungsbegehren eines Gesellschafters mit dieser Begründung erwehren.

In gleicher Weise kann dies der Insolvenzverwalter. Zum einen kann er sich auf die BGH-Regeln auch in der Insolvenz berufen; zum anderen kann er sich im Anfechtungsprozess nach §§ 135, 143 InsO auf die Ersatzkapitalqualifikation nach der Finanzplanung stützen. Auch der Insolvenzverwalter befindet sich in einer Verteidigungsposition: Will der Gesellschafter in der Gesellschaftsinsolvenz gegen den Willen des Verwalters die Berücksichtigung einer (kapitalersetzenden) Forderung erzwingen, so bedarf es einer Feststellungsklage. Hier kann der Verwalter den kapitalersetzenden Charakter mit Hilfe der Finanzplanung nachweisen.

(2) Grundsätzliche Beweislastfragen

Mit den unterschiedlichen Situationen, in denen es auf die Ersatzkapitalqualität ankommt, verbinden sich damit in erster Linie Fragen der Beweislast und Beweisführung. Hierauf ist an gesonderter Stelle näher einzugehen. Einstweilen soll von der Grundregel ausgegangen werden. Danach hat der Gesellschafter jedenfalls dann den Entlastungsbeweis zu führen, wenn der Prozessgegner - hier kommen allein der Geschäftsführer und der Insolvenzverwalter in Betracht - zu einem vorangegangenen Zeitpunkt den kapitalersetzenden Charakter einer Fremdfinanzierung bereits hatte feststellen können. Der Gläubiger einer kapitalersetzenden Fremdfinanzierung hat damit regelmäßig den Nachweis zu führen, dass eine diagnostizierte kapitalersetzende Finanzierung ihren Charakter bis zum relevanten Beweiszeitpunkt wieder verloren hat[933]. Damit ergibt sich für die finanzplangebundene Fremdfinanzierung als typisches Erscheinungsbild der Prozessführung, aber auch der Argumentation im Vorfeld einer streitigen Auseinandersetzung folgender Befund: Die Vermutung der Eigenkapital ersetzenden Finanzierung ergibt sich in diesem Fall aus der Finanzplanung. Danach wird vermerkt, dass die ausgereichten Mittel für die Gesellschaft unverzichtbar gewesen sind. Diese Vermutung greift erstmals Platz, wenn die Verpflichtung zur

---

932 Zu den Darlegungsvoraussetzungen insoweit siehe oben V. 11.

933 Zum dynam. Charakter des nachrangigen Haftkapitals vgl. nur Lutter/Hommelhoff, GmbHG, §§ 32 a, b, Rz. 02 ff.; BGH ZIP 1990, 100; OLG München, GmbHR 1991, 531; Martens, EWiR 1989, 370.

Darlehensgewährung auf dieser finanzplanerischen Grundlage begründet ist und dauert fort, bis ihr Gegenteil erwiesen ist.

(3) Enthaftungs-Alternativen

Um diesen Nachweis zu führen, dass eine ausweislich der Finanzplanung unverzichtbare und deshalb vermutlich kapitalersetzende Fremdfinanzierung in Wahrheit doch nicht zu einer unzulässigen Risikoabwälzung und Spekulation auf dem Rücken der Gläubiger führt, bieten sich für den betroffenen Gesellschafter-Gläubiger grundsätzlich zwei Wege des Vorgehens an: Steht der Gesellschafter in den oben bezeichneten Situationen unter Nachweiszwang des materiellen Fremdkapitalcharakters einer Gesellschafterfremdfinanzierung, so kann er der Vermutung bereits bezogen auf ihren zeitlichen und sachlichen Entstehungspunkt entgegentreten. Die Vermutung einer kapitalersetzenden Finanzierung setzt bereits dann ein, wenn die Gesellschafter auf der Grundlage einer entsprechenden Finanzplanung die Verpflichtung eingehen, ihrer Gesellschaft das unverzichtbare Betriebskapital nicht als haftendes Eigenkapital, sondern über Fremdmittel zur Verfügung zu stellen. Dies führt zu einer Umqualifizierung bereits der nur zugesagten Darlehen und ggf. ihrer Einforderung in der Insolvenz[934]. Selbst wenn man dieser (erweiterten) Ersatzkapitalqualität schon der noch ausstehenden Fremdmittel nicht beizutreten vermag, zeigt die Vermutung jedenfalls dann Wirkung, wenn das Darlehen valutiert ist. Bereits auf diese Zusage- oder Gewährungslage kann sich die Widerlegung der finanzplangebundenen Ersatzkapitalvermutung beziehen. Gegenstand der Beweisführung ist dann der Nachweis, dass sich - entgegen der Vermutung - hinter der Darlehensfinanzierung bereits von Anfang an keine gläubigergefährdende Unternehmens- und Finanzierungsstruktur verborgen hat.

(4) Beweisführung ex post auf den Zeitpunkt der Ausreichung

Geht man davon aus, dass die Ersatzkapitalqualität finanzplangebundener Finanzierungen regelmäßig erst in Insolvenzfällen erkannt wird, alle bisher bekannt gewordenen Fälle betreffen das eröffnete Insolvenzverfahren[935], so obliegt dem betroffenen Gesellschafter-Gläubiger eine schwer zu erbringende Beweisführung aus der Ex-post-Betrachtung. Aus der Situation des Insolvenz-

---

[934] Zur Einzahlungspflicht in der Insolvenz für Finanzplandarlehen BGHZ 104, 33; 38 f., 43 Lutter/Hommelhoff, a. a. O., §§ 32 a, b, Rz. 169 ff.; Hommelhoff/Kleindiek, Festschrift 100 Jahre GmbHG, S. 442; Hachenburg/Ulmer, GmbHG, §§ 32 a, b, Rz. 48.

[935] Vgl. nur die Nachweise in BGHZ 104, 33.

verfahrens ist nunmehr darzulegen, dass die Finanzierung mit Gesellschafterdarlehen bereits zum Zeitpunkt der Gewährung den Grundsätzen ordnungsgemäßer Unternehmensfinanzierung entsprach, also gerade doch nicht mit einer unzulässigen Abwälzung von Finanzierungsrisiken verbunden war[936].

Schwierigkeiten ergeben sich dabei zusätzlich daraus, dass zwischen der Finanzplanung und ihrer Realisierung durch die Zufuhr der Mittel einerseits und dem Zeitpunkt der Beweisführung mitunter viele Jahre liegen. Entsprechend aufwendig, zugleich mit Unsicherheiten behaftet, ist es, im nachhinein verlässliche Aussagen über die damalige Finanz- und Risikostruktur zu machen. Aus der Warte des potentiellen Insolvenzgläubigers wird es dem Gesellschafter-Gläubiger daher nur mühsam gelingen, die geforderte Widerlegung der Vermutung einer kapitalersetzenden Finanzplanung zu leisten.

13. Vermutungsvermeidung

a) Grundaussage

Die Vermutungswirkung zugunsten einer kapitalersetzenden Finanzierung, wie sie sich aus der Finanzplanung der Gesellschafter ergibt, kann von den finanzplanenden Mitgliedern auch schon anfänglich widerlegt werden, d. h. in der Entstehung verhindert werden. Legen die Gesellschafter schon finanzplanbegleitend dar, auf welchen Annahmen und Risikoeinschätzungen die Unternehmensfinanzierung beruht und tragen diese das Ergebnis einer mit den Grundsätzen ordnungsgemäßer Unternehmensfinanzierung vereinbarten Kapitalstruktur, kann die Vermutungswirkung der Finanzierungsgestaltung von Anfang entfallen, d. h., gar nicht erst zur Entstehung gelangen. Treffen die vermutlich kapitalersetzende Finanzplanung und die sie korrigierenden Erläuterungen im Idealfall zeitlich zusammen, kommt die Vermutung einer kapitalersetzenden Finanzierung gar nicht erst zustande.

Gelingt dieser Entlastungsbeweis, kommt eine Anwendung der Ersatzkapitalregeln auf diese Fremdmittel nicht mehr ohne weiteres in Betracht. Zu denken ist indes weiterhin daran, dass sich aus einer Gestaltung der Darlehen, die sich einseitig und eindeutig an der Finanzierungssicherheit für die Gesellschaft

---

936 Hier gewertet als wesentl. Ansatz einer Umqualifizierung, vgl. auch Hachenburg/Ulmer, GmbHG, §§ 32 a, b Rz. 8; Scholz/K. Schmidt, GmbHG, §§ 32 a, b, Rz. 4.

orientiert, Konsequenzen für eine spätere Kapitalersatzfunktion - etwa wenn die Gesellschaft später in eine Kreditunwürdigkeit gerät - ergeben.

b) Praktische Durchführung

Für eine Beweisführung, die die Vermutungswirkung von vornherein in ihrer Entstehung behindert, bedarf es einer Erläuterung, die hinsichtlich ihres Aussagegehalts auf Richtigkeit der Bewertung des Unternehmenskonzepts überprüfbar ist. Denn auch mit der Erläuterung des Unternehmenskonzepts zeitnah zur Finanzplanung bleibt die Notwendigkeit bestehen, die vermutungskompensierende Wirkung noch u. U. Jahre später - vgl. dazu die oben angesprochenen typischen Konfliktsituationen[937] - nachzuweisen.

Angeraten ist den Gesellschaftern deshalb, die Bewertung der Unternehmenskonzepte hinreichend dicht und vor allem nachvollziehbar zu dokumentieren. Nur so kann es in einem späteren Prozess gelingen, schon bezogen auf den ursprünglichen Gewährungszeitpunkt die Gefahr einer Ersatzkapitalqualifizierung auszuschließen.

Indes: Bis auf weiteres werden Gesellschafter nicht dazu übergehen, schon für die Gründungs- oder Erweiterungsphase ihrer Gesellschaft „justitiable" Unternehmenskonzepte in den Fällen der finanzplangebundenen Fremdfinanzierungen aufzustellen. In späteren Rechtsstreiten wird es mithin schwer fallen, mit Hilfe von seinerzeit auf- und zusammengestellten Entlastungsmaterialien der anfänglichen Ersatzkapitalqualifikation entgegenzutreten. Das Bewusstsein bei Gesellschafter, Geschäftsführern und ihren Beratern ist für die Fallgruppe der Finanzplandarlehen noch nicht hinreichend geschärft, als dass sie mit der Einbeziehung der Mittel in die Finanzplanung ihre möglicherweise kapitalersetzende Qualität verbinden.

ba) Nachweis dynamischer Veränderungen

Der Nachweis, dass die finanzplanbezogene Fremdfinanzierung entgegen der Vermutung, die sich aus der Gestaltung der Gesellschafter ergibt, nicht kapitalersetzend ist, ist aus der Rückschau der Insolvenzsituation oft nur schwer zu erbringen. Zudem muss der Entlastungsbeweis auf den Zeitpunkt der Finanzplanung und Mittelausreichung nicht notwendig in einer vollen Entsperrung der

---

[937] Zu den Entsperrungsvoraussetzungen statt vieler, Lutter/Hommelhoff, a. a. O., §§ 32 a, b, Rz. 102 ff.

Finanzplandarlehen führen; aus der Gestaltung der Darlehen kann - auch wenn ihnen eine aktuell kapitalersetzende Qualität fehlt - die Bereitschaft abgeleitet werden, die Mittel jedenfalls dann als Eigenkapitalersatz zu behandeln, sollten zu einem späteren Zeitpunkt weitere Voraussetzungen einer Ersatzkapitalqualität hinzutreten, etwa die Krise.

Das Bedürfnis, weitere Entlastungsmöglichkeiten aufzuzeigen, ist damit offenkundig. Dabei liegt es nah, das Augenmerk auf die „dynamische Komponente“ der Ersatzkapitalqualität zu richten[938]. Es ist also nach Möglichkeiten zu suchen, die Vermutungswirkung der vermeintlich kapitalersetzenden Finanzplanung über (inzwischen) eingetretene Änderungen in der Finanz- und Risikostruktur zu widerlegen. Die Funktion von Kapitalersatz als Verbindlichkeit der Gesellschaft gegenüber ihren Gesellschaftern ist nicht statisch. Ist eine Verbindlichkeit der Gesellschaft nach den Kriterien der Rechtsprechungs- und Novellen-Regeln auf einen bestimmten Zeitpunkt oder für einen Zeitraum als nachrangiges Haftkapital qualifiziert worden, so muss diese Bindung zugunsten der Gläubiger bzw. der Gesellschaft nicht auf Dauer gegeben sein. Das Vorliegen der Voraussetzungen, unter denen Gesellschafterdarlehen umqualifiziert werden können, ist ganz maßgeblich vom Erfolg der unternehmerischen Geschäftstätigkeit abhängig. Die nach den Grundsätzen ordnungsgemäßer Unternehmensfinanzierung nicht mehr vertretbare Risikoabwälzung und Spekulation zu lasten der Gläubiger, wie sie sich etwa in der Darlehensfinanzierung noch in der Überschuldung oder Kreditunwürdigkeit zeigt, kann durch eine nachhaltige Besserung der gesellschaftlichen Finanzierungsstruktur jederzeit wieder entfallen[939]. Entfällt auf diesem Wege oder auch durch eine verbesserte Eigenkapitalausstattung durch die Gesellschafter der Überschuldungstatbestand[940], und sind Dritte nunmehr bereit, die Gesellschaft mit Fremdmitteln zu finanzieren, so tritt automatisch eine Entsperrung ein. Die ehemals als gläubigergefährdend und daher kapitalersetzend erkannten Mittel mutieren zu tilgungsfähigen wie -pflichtigen Darlehen.

bb) Anwendung auf Finanzplankredite

Finanzplandarlehen gewinnen ihre Ersatzkapitalqualität aus einer Würdigung der Finanzplanung, wie sie die Gesellschafter aufgestellt haben. Erweist sich

---

938 Dazu für die bekannten Fallgruppen: Häuselmann, u. a., Finanzierung, S. 75 f.; Baumbach/Hueck, GmbHG, § 32 a, Rz. 51; Scholz/K. Schmidt, a. a. O., §§ 32 a, b, Rz. 49 ff.; BGHZ 81, 365, 367; 90, 376, 381.

939 Zu prüfen ist insoweit eine Umkehrung der Umqualifizierungsvoraussetzungen.

940 In Betracht kommen etwa verlorene Zuschüsse.

eine Darlehensfinanzierung danach als unverzichtbar zur Unterhaltung der aktuelle Betriebe, darf vermutet werden, dass sie dies nach der Finanz- und Risikostruktur der Gesellschaft auch tatsächlich ist; der konkrete Nachweis - ihn hätte der Insolvenzverwalter, Geschäftsführer und ggf. der Gläubiger in der Einzelvollstreckung zu verbringen - entfällt insoweit[941].

Den dynamischen Aspekt des Ersatzkapitals kann sich nun auch der Gesellschafter zunutze machen, der vor der Notwendigkeit steht, der wirkenden Vermutung einer kapitalersetzenden Finanzierung entgegenzutreten[942]. Diese Notwendigkeit ergibt sich in den oben vorgestellten Situationen, vornehmlich also in der Insolvenz. Lässt sich für gerade diesen Zeitpunkt feststellen, dass die Finanzierungssituation sich in einer Weise zum Positiven verändert hat, die die Annahme einer unangemessenen Risikoabwälzung zu lasten der Gläubiger nicht (länger) rechtfertigt, so sind die Rechtsfolgen aus der Vermutung entfallen. Die Frage, die sich für den Gesellschafter und Gläubiger eines kapitalersetzenden Darlehens nach der auch hier für richtig gehaltenen Beweislastverteilung stellt, ist folglich die, ob eine kapitalersetzende Finanzierung zu dem Zeitpunkt, zu dem Insolvenzverwalter, Geschäftsführer oder Vollstreckungsgläubiger sich auf diese Eigenschaft berufen, ihre Funktion nicht längst wieder verloren hatte.

Gerade für die Fallgruppe der kapitalersetzenden Finanzplanfinanzierung ergibt sich damit folgende Überlegung: Der Nachweis, dass zu einem bestimmten Zeitpunkt die vermutete Haftkapitalqualität nicht mehr gegeben ist, ist sicher dann erbracht, wenn sich für den jetzt relevanten Zeitpunkt keine einseitige Abwälzung von Finanzierungsrisiken mehr feststellen lässt. Festzuhalten ist damit zunächst: Dem Gläubiger eines kapitalersetzenden Darlehens, das diese Qualifikation vermutungsweise über die Unverzichtbarkeit in der Finanzplanung gewonnen hat, stehen zumindest zwei grundsätzlich voneinander zu scheidende Möglichkeiten offen, diesem Tatbestand entgegenzutreten und die Rechtsfolge der Umqualifizierung zu vermeiden. Die Vermutung der Haftkapitalfunktion bereits für den Zeitpunkt der Finanzplanung und Kreditausreichung zu widerlegen, hat vor allem dann Aussicht auf Erfolg, wenn bereits anlässlich der Finanzplanung bei Geschäftsaufnahme oder -weiterung prüfungsfähige Gründungsbe-

---

941 Zum Vermutungstatbestand im Einzelnen vgl. oben V. 12. e) ec).

942 Daneben ist auch der Geschäftsführer oder Insolvenzverwalter entpflichtet.

richte[943] erstellt worden sind. Nachträgliche Feststellungen auf den Zeitpunkt der Kreditgewährung sind ansonsten mit übermäßigen Schwierigkeiten behaftet.

Dem betroffenen Gesellschafter-Gläubiger steht andererseits die Möglichkeit offen, im Zeitpunkt seiner Inanspruchnahme darzutun, dass die Finanzierungsstruktur zwischenzeitlich jedenfalls vom Verdacht einer gläubigergefährdenden Risikoüberwälzung und -spekulation befreit ist. Diese Beweisführung für einen dem Datum der Inanspruchnahme zeitnahen Zeitpunkt hat in höherem Maße Aussicht auf Erfolg. Denn die insoweit vorzutragenden und ggf. zu beweisenden Tatsachen beziehen sich auf die Gegenwart und sind deshalb präzise nachzuvollziehen.

c) Eintreten der Entsperrung und ihr Nachweis

ca) Präzisierung der Fragestellung

In den vorangegangenen Abschnitten konnte vorbereitend geklärt werden, unter welchen grundsätzlichen Voraussetzungen die Vermutung der Eigenkapital ersetzenden Finanzplanung widerlegt oder gar an ihrer Entstehung gehindert werden kann. Erforderlich ist in jedem Fall, dass im Zeitpunkt, in dem der Gesellschafter aus der vermeintlich kapitalersetzenden Fremdfinanzierung in Anspruch genommen werden soll, nachgewiesen werden kann, dass mit der gewählten Finanzierung schon anfänglich keine Nachteile für die Gläubiger verbunden waren oder diese doch jedenfalls inzwischen weggefallen sind.

Hieran schließt sich als Folgefrage an, welche sachlichen Anforderungen an den Beweis, dass eine als kapitalersetzend apostrophierte Gesellschafterfremdfinanzierung in Wahrheit doch den Grundsätzen ordnungsgemäßer Unternehmensfinanzierung entspricht, zu stellen sind. Und weiterhin: Welcher Nachweisstrategien kann sich ein Gesellschafter zu diesem Zweck bedienen?

Hinweise auf die Sachfragen, die der Gesellschafter beantworten muss, um eine Widerlegung der Ersatzkapitalvermutung herbeizuführen, folgen bereits aus dem Gegenstand der Ersatzkapitalqualifikation selbst. Aus der Finanzplanung - sofern sie offen gelegt oder anderweitig erkennbar geworden ist - oder aus der besonderen Gestaltung der Fremdfinanzierung folgt, dass die Gesellschaft nach der Einschätzung ihrer Gesellschafter auf die Mittel nicht verzichten kann, will sie ihre gesellschaftlichen Ziele erreichen. Diese Einschätzung der Gesellschaf-

---

943 Zum vergleichbaren Fall in Belgien, Unger, Unterkapitalisierung, S. 44 ff., insb. S. 76 ff.

ter war hinreichender Anlass, der Finanzierung deswegen eine kapitalersetzende Qualität zuzuschreiben. Diese Umqualifizierung beruht indes auf einer Vermutung, dass die Finanzierung tatsächlich zu einer Spekulation und Risikoabwälzung zu lasten der Gläubiger führt. Die sachlichen Feststellungen zu der Risikostruktur der Gesellschaft und ihrer Finanzierung sind gleichwohl zu diesem Zeitpunkt noch nicht positiv getroffen. Die aufgrund der Gesamtwürdigung der Darlehensfinanzierung möglichen Schlussfolgerungen erlauben nicht mehr als eine Vermutung; gleichwohl erfordert auch diese Gesamtwürdigung und jeder ihrer Einzelaspekte die Rückbindung. Bezugspunkte müssen wiederum die Parameter sein, die bestimmen, ob eine Fremdfinanzierung - immer im Vergleich zu einer Nichtfinanzierung oder Eigenkapitalfinanzierung - zu einer besonderen Risikoverlagerung führt. Hier werden als Bestimmungsgrößen all jene Kriterien erkannt, die Einfluss auf die Wahrscheinlichkeit oder Unwahrscheinlichkeit des unternehmerischen Erfolgs nehmen. Bereits angesprochen wurden die allgemeinen Erfolgsaussichten der Unternehmung. Diese wurden determiniert über die in Angriff genommenen Projekte, die allgemeine Finanzausstattung mit Eigenkapital, die ein Verlustdeckungspotential gerade für die Anlaufverluste darstellt und auch über die konjunkturelle Gesamtlage, mithin über das gesamte wirtschaftliche Umfeld[944], in dem sich die einzelne Gesellschaft mit ihrer Finanzstruktur bewegt.

Die darauf gegründete Vermutung, z. B. darauf gestützt, dass die Entgeltzahlung für die Kapitalüberlassung gewinnbezogen und nicht als Festzins orientiert ist[945], kann dann nur durch entsprechende sachkundige, belegte und nachprüfbare Einschätzungen der Unternehmenslage widerlegt werden. Eine Analyse des Unternehmens und seiner Finanzierung muss das Ergebnis rechtfertigen, dass die Darlehensfinanzierung nicht in einer Situation gewährt wurde, in der die Darlehensfinanzierung eine einseitige und unangemessene Risikoabwälzung zu lasten der Gläubiger mit sich bringt.

cb) Beweisanforderungen

Das Ergebnis, dass die Ersatzkapitalqualität dadurch wirksam vermieden werden kann, indem sich über das Unternehmen die Aussage treffen lässt, die Finanzierung weise keine besonders nachteilige Risikostruktur auf, zieht Folgefragen nach sich: Auch wenn soeben geklärt werden konnte, worauf sich die Vermu-

---

944 Hierzu bereits oben V. 9. g).

945 So etwa die Fallgestaltung in BFH BB 1991, 654.

tungswiderlegung in ihren Einzelkriterien zu stützen hat, bleibt zunächst offen, wann der verlangte Beweis erbracht ist.

Ist eine Beweisführung erforderlich, die eine volle Überzeugung davon erbringt, dass die Gesellschaft die gesetzten Ziele auch ohne die „eigenkapitalgleich" ausgestalteten Darlehen wird erreichen können oder genügt ein dahinter zurückbleibender Nachweis?

Für letzteres spricht, dass der Beweis sich darauf richtet, Rechtsfolgen, die schon aufgrund einer Vermutung eintreten sollen, aus der Welt zu schaffen. Dann kommt es aber nicht darauf an, positiven Beweis für eine bestimmte Tatsache zu erbringen. Dieser Anspruch würde über das gesetzte Ziel hinausschießen. Hinreichend, aber auch erforderlich ist es vielmehr, die Voraussetzungen der Vermutung in tatsächlicher Hinsicht zu entkräften. Denn bereits dann lässt sich der Finanzierung und ihrer Gestaltung keine Aussage mehr hinsichtlich der Risikobelastung der Gläubiger durch die Geschäftsrisiken entnehmen. Der Entlastungsbeweis ist also schon dann erbracht, wenn es den Gesellschaftern gelingt, plausibel zu machen, dass ihre Finanzierungen nicht (länger) erforderlich sind, die gesellschaftlichen Ziele zu erreichen.

cc) Beweisinhalte

Für den Nachweis hierzu bietet es sich an, auf sachverständige Stellungnahmen derer zurückzugreifen, die die Lage der Gesellschaft ohnehin zu begutachten haben. Insbesondere Aufgabe von Wirtschaftsprüfern ist es, anlässlich der Prüfung des Jahresabschlusses der Gesellschaft die wirtschaftliche Situation eingehend zu analysieren[946]. Dies gilt insbesondere dort, wo auch Anhang und Lagebericht Bestandteil des Jahresabschlusses sind. Denn diese Informationsträger gehen inhaltlich über die Frage, ob die Bilanz und die Gewinn- und Verlustrechnung den Grundsätzen ordnungsgemäßer Bilanzierung entsprechen, hinaus. Dort muss der Prüfer bereits weitergehende Aussagen über die wirtschaftliche Situation des Unternehmens treffen, die erforderlich sind, damit der Jahresabschluss insgesamt die Verhältnisses zutreffend beschreibt. Gleiches gilt für den Anhang, soweit er Bestandteil des Jahresabschlusses ist. Die Feststellungen hierzu sagen indes nicht unmittelbar etwas dazu aus, ob die Fremdmittel der Gesellschafter inzwischen nicht mehr länger erforderlich sind, um die Gesellschaftsziele zu erreichen.

---

[946] Zur Folgerung der Kreditunfähigkeit aus dem Jahresabschluss: Häuselmann, u. a., Finanzierung, S. 76 ff.

Gleichwohl zeigen diese Kompetenzzuweisungen an Wirtschaftsprüfer, dass der Gesetzgeber nicht nur die Kompetenz anerkennt, dass Wirtschaftsprüfer im Jahresabschluss den ordnungsgemäßen Ansatz eines Wirtschaftsguts und seine Bewertung feststellen. Ihr Zugang zu allen wesentlichen Interna der zu prüfenden Gesellschaft versetzt sie gleichfalls in die Lage, Aussagen über die allgemeine Lage des Unternehmens zu treffen. Diese müssen die Entwicklung des Unternehmens im zurückliegenden Geschäftsjahr aufgreifen und ihre Auswirkungen auf die wirtschaftliche Situation zum Bilanzstichtag aufzeigen. Zu berücksichtigen sind dabei zum einen externe - etwa konjunkturelle - Auswirkungen. Zum anderen sind aber auch Risiken der Finanzierungsstruktur - etwa eine Tendenz zu bedrohlicher Verschuldung - darzustellen.

Auf der Grundlage dieser Möglichkeiten scheint es möglich, Wirtschaftsprüfern auch die Aufgabe zu übertragen, für eine finanzplangebundene und nach den oben entwickelten Voraussetzungen vermutlich risikoüberwälzende Finanzierung den betroffenen Gesellschafter in der Beweisführung zu unterstützen. Der Wirtschaftsprüfer kann dabei im Idealfall auf Gründungsberichte und Planungsunterlagen zurückgreifen und diese daraufhin auswerten, ob durch die Darlehensfinanzierung schon in der damaligen Situation eine unzulässige Abwälzung unternehmerischer Finanzierungsrisiken auf die Gläubiger stattgefunden hat[947].

Auch in den weit häufigeren Fällen, in denen es an diesen „historischen" Unterlagen fehlt, kann der Wirtschaftsprüfer für einen aktuellen Zeitpunkt durchaus Aussagen darüber treffen, ob eine Finanzierung trotz ihrer eigenkapitalgleichen Ausgestaltung die Gläubiger nicht unangemessen benachteiligt. Dies gilt insbesondere dann, wenn es für die Beweisführung ausreicht, dass der darlegungs- und beweispflichtige Gesellschafter die Vermutungswirkung nur zu erschüttern hat, um das Beweisziel materiell, aber auch prozessual zu erreichen.

Zusammenfassend lässt sich feststellen: Die Vermutung, dass sich an einer Gesellschafterfremdfinanzierung ein kapitalersetzender Hintergrund festmachen lässt, ist widerleglich. Für den Zeitpunkt der Darlehensausreichung, aber auch für jeden späteren Zeitpunkt, kann nachgewiesen werden, dass sich der aus der Finanzplanung bzw. aus der sie flankierenden Ausgestaltung der Mittel in der Finanzierungswirklichkeit keine kapitalersetzenden Rechtsfolgen (mehr) begründen lassen.

---

947 Aber auch in diesem „Idealfall" erlauben allein die Grundsätze ordnungsgemäßer Buchführung und Bilanzierung breite Bewertungsspielräume.

Die Beweisführung ist angesichts der nur vermuteten Eigenkapitalersatzfunktion bereits dann geglückt, wenn es gelingt, die Grundlagen des Vermutungstatbestandes zu erschüttern. Dies kann etwa mit der Hilfe von Sachverständigen insbesondere aus der Berufsgruppe der Wirtschaftsprüfer verwirklicht werden.

(1) Entsperrung durch Vermutungsentkräftung; Kreditwürdigkeit als Gegenindikation

Ausschlaggebend für die Umqualifizierung formeller Gesellschafterfremdmittel in haftenden Kapitalersatz ist das Interesse, zugunsten der Gläubiger eine unzulässige Überwälzung der unternehmerischen Finanzierungsrisiken zu vermeiden[948]. Eine Finanzierung, die damit spekuliert, dass bei einem Gelingen einer risikoerhöhten Unternehmensfinanzierung der unternehmerische Gewinn allein den Gesellschaftern zufließt, ihr Scheitern jedoch zumindest insofern auf dem Rücken der Gläubiger austrägt, als die Weiterführung einer krisengeprägten Gesellschaft zu einem weitergehenden Verlust von Haftungsmasse führen und die Gläubiger um dieses Haftungspotential dann auch noch mit den Gesellschafterforderungen konkurrieren müssen, ist unzulässig[949]. Damit trügen die Gläubiger zu einem großen Teil das alleinige Finanzierungsrisiko. Dies wird insbesondere deutlich, wenn man berücksichtigt, dass es den Gesellschaftern regelmäßig leichter fällt, ihre Fremdmittel noch kurz vor dem endgültigen Zusammenbruch der Gesellschaft abzuziehen, um so ihre Verstrickung in der Insolvenz zu vermeiden[950]. Ein solches Finanzierungsverhalten entspricht daher nicht den Anforderungen, die das GmbH-Gesetz über die Rechtsprechungs- und Novellen-Regeln an die Grundsätze ordnungsgemäßer Gesellschaftsfinanzierung stellt[951].

Ein derartiger Widerspruch zu den Anforderungen an das Finanzierungsverhalten ordentlicher Kaufleute ist schon bislang in Fallgruppen konkretisiert worden. Die Abwälzung der Finanzierungsrisiken - der eigentliche Ansatz zur Umquali-

948 Dieser Gesichtspunkt wurde bereits mehrfach erwähnt, vgl. oben Fn. 218 ff.

949 Regelmäßig verbunden mit Liquidationsobliegenheit, vgl. nur Baumbach/Hueck, GmbHG, § 32 a, Rz. 41 ff.

950 Zum institutionalisierten Informationssprung, aber auch zur Kritik an diesem Merkmal: OLG Düsseldorf. WM 83, 886; A. Müller, Ersatzkapitalregeln, S. 74 f.; Scholz/Westermann, Einl. GmbHG, Rz. 26 ff.; Ulmer, ZIP 1984, 1171; Kornblum, GmbHR 1983, 31, 64.

951 Parallel ist abzustellen auf Missbrauchserwägungen, dazu zusammenfassend A. Müller, Ersatzkapitalregeln, S. 87 ff.

fizierung formellen Gesellschafterfremdkapitals auf der Grundlage der Rechtsprechungs- und Novellen-Regeln - ist bislang vor allem über die Fallgruppe der Kreditunwürdigkeit konkretisiert worden. In Literatur und jüngerer Rechtsprechung scheint sogar der Eindruck vorzuherrschen, dass das Verhalten ordentlicher Kaufleute allein durch diese Konkretisierung zu erfassen ist[952].

(2) Darlegung ordnungsgemäßen Finanzierungsverhaltens

Oben wurde indes ausgeführt, dass das Verständnis des normativen Rechtsbegriffs des „ordentlichen Kaufmanns", nach dem eine zu lasten der Gläubiger wirkende Finanzierungsspekulation vermieden werden soll, auch andere Konkretisierungen zulässt[953]. So gilt jedenfalls auch dann die Vermutung einer Risikoabwälzung zu lasten der Gläubiger, wenn die Finanzplanung der Gesellschafter erkennen lässt, dass die Mittel von den Mitgliedern für erforderlich gehalten werden, die gesteckten Ziele zu erreichen.

Die Risikoabwälzung kommt in diesen Fällen dadurch zum Tragen, dass die Mittel zum einen in der Phase der Unternehmensgründung oder -erweiterung dringend benötigt werden, um das Geschäft mit den gewünschten Investitionen und dem geplanten Geschäftsumfang zu realisieren, andererseits aber die Gesellschafter kein „angemessenes" Eigenkapital als Verlustpuffer zur Verfügung stellen. Die Darlehen werden aber ihrer Funktion entsprechend wie Eigenkapital ausgestaltet und konkretisieren so den die Umqualifizierung begründenden Risikoumbruch. Diese Fremdfinanzierung wird den Anforderungen an eine angemessene Risikoverteilung nicht mehr gerecht. Deshalb sind die Fremdmittel dort, wo es auf die Unterscheidung zwischen der gebotenen Eigenkapitalfinanzierung und der gewählten Fremdfinanzierung ankommt, so zu behandeln, wie die gesellschafterliche Finanzierungsverantwortung die Finanzstruktur verlangt hätte: als den Gläubigern haftendes Verlustdeckungspotential.

Den Rechtsfolgenrahmen für derart umqualifizierte Finanzplandarlehen setzen demnach auch die Rechtsprechungs- und Novellen-Regeln. Geht es auch hier um die Frage, ob die Gesellschafterfinanzierung Risiken auf die Gläubiger abwälzt, so bleibt doch ein gewichtiger Unterschied zu der Fallgruppe der Kreditunwürdigkeit, wie sie bisher von der Rechtsprechung als reines Krisenbewältigungsinstrument verstanden worden ist. Erforderlich war immer, dass die betroffene Gesellschaft im Fall der Nichtfinanzierung im Sinne einer wirtschaft-

---

952 Vgl. dazu oben V. 9. f) fd).

953 Dazu bereits oben IV. 2.

liche Notwendigkeit von der Liquidation bedroht war. Dieser Ansatz ist nach dem hier geübten Verständnis überwunden. Auf die Liquidationsnotwendigkeit kommt es als Inbegriff der Krise nicht entscheidend an[954]. Der Begriff der Finanzierungsverantwortung geht also insofern weiter, als der von der Rechtsprechung vertretene Begriff des Ersatzkapitals als vermeintliches Krisenbewältigungsinstrument.

Vor dem Hintergrund dieses schon mehrfach betonten Konkretisierungsgrundes einer Risikoabwälzung auf die Gesamtheit der Gläubiger, stellt sich angesichts dieser Übereinstimmung die Frage, ob sich die aus der Finanzplanung vermutete Ersatzkapitalfunktion nicht nur mit Hilfe von Gutachten über die tatsächliche Risikostruktur[955], sondern auch durch Aussagen über die Kreditwürdigkeit widerlegen lässt.

Dahinter steht die Überlegung, dass eine Gesellschaft, die von Dritten zu marktgängigen Bedingungen Kredit erhalten könnte, nicht von einer Finanzierungsstruktur geprägt sein kann, die den wirtschaftlichen Erfolg und das Risiko seiner Verwirklichung vorwerfbar auf dem Rücken der Gläubiger austrägt. Ist die Gesellschaft in der Lage, das erforderliche Kapital als Fremdfinanzierung bei Dritten zu bekommen, lässt sich die Aussage, dass die Gesellschafter mit ihrer Fremdfinanzierung Sonderinteressen außerhalb der Gläubigerstellung - nämlich die Gesellschaftsziele auch mit spekulativen Finanzierungen zu erreichen - verfolgen, nicht aufrechterhalten[956].

Die Vermutung der kapitalersetzenden Finanzplanfinanzierung lässt sich damit gleichfalls durch den Nachweis der allgemeinen Kreditwürdigkeit entkräften[957].

cd) Resümee

Die Entsperrung finanzplangebundener Gesellschafterdarlehen wurde oben unter Abschnitt 12. f) für verschiedene Zeitpunkte untersucht.

Als Ergebnis konnte dazu festgestellt werden: Gelingt es, für den Zeitpunkt der Finanzplanung oder jeden anderen späteren Zeitpunkt bis zur Insolvenzeröff-

---

954 Dazu bereits oben V. 12. d), e); ebenso Michel, Gesellschafterleistungen, S. 66.

955 Auf diesen Weg weist etwa hin: BGHZ 105, 168; dazu: K. Schmidt, NJW 1988, 3149; Lutter, ZIP 1989, 481.

956 Zur Doppelrolle als Kontrollüberlegung vgl. bereits BGHZ 90, 381, 389 mit Auflistung der Einzelansätze; A. Müller, Ersatzkapitalregeln, S. 73 ff.

957 Zum Tatbestand vermutet kapitalersetzender Finanzplanfinanzierung vgl. V. 10. g).

nung oder Rückzahlung - für die der Geschäftsführer oder Insolvenzverwalter eine Bindung nach § 30 GmbHG annehmen - nachzuweisen, dass mit der Finanzierung eine Abwälzung unternehmerischer Risiken nicht verbunden war, so kann dieser Form der Finanzierung kein kapitalersetzender Charakter zugeschrieben werden. Die Vermutung einer kapitalersetzenden Finanzierungsstruktur ist dann widerlegt oder gelangt gar nicht erst zur Entstehung[958].

Schon in diesem Zusammenhang wurde darauf hingewiesen, dass die besondere Risikostruktur, die sich hinter der Finanzplanung verbirgt, wohl häufig in den Sachverhalten deckungsgleich ist mit der Fallgruppe der Kreditunwürdigkeit bei Dritten. In den Fällen, in denen sich aus der Finanzplanung ergibt, dass die Gesellschafter die Fremdmittel für unverzichtbar halten, würde die Gesellschaft die Finanzierung zu marktüblichen Bedingungen auch nicht mehr bei Dritten erhalten. Dies gilt jedenfalls dann, wenn man auch Darlehen, die nicht zur Krisenabwehr zur Verhinderung der Liquidation gewährt worden sind, dem Ersatzkapital unterstellt[959]. Für die ganz überwiegende Zahl der vorstellbaren Fälle ergibt sich daher: Soweit der Gesellschafter nachweisen kann, dass die Gesellschaft zu den relevanten Zeitpunkten auch von unabhängigen Dritten, die der Gesellschaft auch nicht beabsichtigen, beizutreten[960], Kredit zu marktgängigen Bedingungen hätte erhalten können, so kann von einer Risikoabwälzung auf die Gläubiger nicht gesprochen werden.

d) Zeitpunktbezug der Vermutungswiderlegung

Aufgegriffen werden sollen hier noch einmal die Zeitpunkte, zu denen die Gegenindikation der Kreditwürdigkeit wirken kann. Lässt sich bereits für den Zeitpunkt der Kreditzusage (und -ausreichung) feststellen[961], dass die Fremdmittel zu marktüblichen Bedingungen auch bei Dritten zu erhalten gewesen wären, so lassen sich aus sonstigen Umständen der Darlehensfinanzierung keine Wertungen hinsichtlich einer Kapitalersatzfunktion gewinnen. Deutet die Ausgestaltung der Darlehen mittelbar oder gemeinsam mit einer offen gelegten

---

958 Hierzu schon Ziegler, Nutzungsüberlassung, S. 84 ff.; Ulmer, Festschrift Kellermann, S. 495 f.

959 Zur Risikoabwälzung insoweit auch Wiedemann, Gesellschaftsrecht, S. 569 f.

960 Auf diesen Näheaspekt stellt ab: BGHZ 81, 311, 317 f.; ebenso: Hachenburg/Ulmer, GmbHG, §§ 32 a, b, Rz. 39; Scholz/K. Schmidt, GmbHG, §§ 32 a, b, Rz. 33; Lutter/Hommelhoff, GmbHG, §§ 32 a, b, Rz. 19 ff.

961 Für den Zeitpunkt der Kreditzusage als maßgeblichen Zeitpunkt Hommelhoff/Kleindiek, Festschrift 100 Jahre GmbHG, S. 441.

Finanzplanung daraufhin, dass die Gesellschafter die Fremdmittel für unverzichtbar halten, um die geplante Unternehmenstätigkeit erfolgreich durchzuführen, so kann daraus dann keine Ersatzkapitalqualität gefolgert werden. Soweit unabhängige Dritte bereit sind, das im Aufbau begriffene Gründungs- oder Erweiterungsvorhaben der Gesellschafter zu finanzieren, indem sie eigenes Geld dem Gläubigerrisiko aussetzen, kann ein Finanzierungs- und Risikozustand angenommen werden, der die Belange der Gläubiger noch angemessen berücksichtigt. Stärker als mit dem allgemeinen Gläubigerrisiko sind ihre Ansprüche nicht belastet. Diese Darlehensfinanzierung durch Gesellschaftsmitglieder dient dann nicht dazu, einen Geschäftsbetrieb aufrechtzuerhalten, der zu liquidieren wäre.

Die Gefahr, dass bei einer Fortsetzung des Geschäftsbetriebs (weiteres) haftendes Gesellschaftsvermögen zum Schaden der Gläubiger verwirtschaftet wird, ist in diesem Fall jedenfalls nicht erhöht gegeben. Soweit durch Verluste haftendes Kapital verzehrt wird, mindert dies natürlich fortwährend die der Gläubigerbefriedigung gewidmete Haftungsmasse. Solange aber Drittgläubiger mit ihren allein auf Tilgungs- und Verzinsungssicherheit gerichteten Interessen weiterhin auf die uneingeschränkte Durchsetzung ihrer Interessen vertrauen, können fremdfinanzierende Gesellschafter nicht in eine Sonderrolle gedrängt werden.

Die alternative Drittfinanzierung stellt somit den Gesellschaftern ein „Alibi" zur Verfügung, dass einer Einschränkung der Finanzierungsfreiheit bei finanzplangebundener Darlehensfinanzierung die Grundlage entzieht.

Diese Wirkung entfaltet die Möglichkeit alternativer Drittfinanzierung nicht nur im Zeitpunkt der ursprünglichen Kreditgewährung. Gleichermaßen lässt sie den Nachweis einer ordnungsgemäßen Unternehmensfinanzierung entgegen den Vermutungen aus Gestaltung und Finanzplanung für jeden anderen Zeitpunkt zu.

Kapitalersetzende Darlehen unterliegen im dynamischen Prozess der Unternehmensentwicklung Veränderungen hinsichtlich ihrer Qualifikation als haftendes Quasi-Eigenkapital. Dies ist gesicherte Erkenntnis[962]: Hat sich die gesellschaftliche Finanzierungsstruktur insoweit konsolidiert, dass man die Darlehensfinanzierung nicht länger als eine Risikoverlagerung auf die Gläubiger behandeln

---

962 Zur Aufhebung der Eigenkapitalfunktion: Häuselmann, u. a., Finanzierung der GmbH, S. 75 f.; BGHZ 81, 365, 367; 90, 370, 381; Scholz/K. Schmidt, a. a. O., §§ 32 a, b, Rz. 53 ff., m. w. N.

muss[963], so hebt sich die Ersatzkapitalqualifikation automatisch auf. Werden gesellschafterliche Fremdmittel zurückgewährt, entsteht folgerichtig nicht nur Streit darüber, ob die Mittel seinerzeit kapitalersetzend ausgereicht worden waren. Mit dem gleichen Engagement wird - vornehmlich zwischen Insolvenzverwalter und Gesellschafter - darum gefochten, ob eine Haftung der Gesellschafterfinanzierung als wirtschaftliches Eigenkapital nicht deshalb ausscheidet, weil eine etwaige Kapitalersatzfunktion inzwischen wieder entfallen war. Für die breit akzeptierte Umqualifizierung von Gesellschafterfremdkapital, das in der Kreditunwürdigkeit ausgereicht wurde, leuchtet der Neutralisierungsansatz unmittelbar ein: Erlaubt es die Situation der Gesellschaft, Fremdmittel am Kreditmarkt aufzunehmen, muss eine die Gläubiger benachteiligende Finanzierungsstruktur - soweit sie denn bestanden hat - aufgehoben sein.

Da die Umqualifizierung auf der Grundlage der allgemeinen Kreditunwürdigkeit wie auch die, die sich aus der Finanzplanung ergibt, im Kern die Folgen einer spekulativen Unternehmensfinanzierung zu vermeiden sucht, ist auch die nachgewiesene oder vermutete Ersatzkapitalfunktion jederzeit aufgehoben, sofern die entsprechenden Mittel auf dem Kreditmarkt zu bekommen wären[964].

Unabhängig von Finanzplanung und Darlehensgestaltung können diese Fremdmittel ohne eine Bindung durch § 30 GmbHG, ohne eine Anfechtungsdrohung nach § 135 InsO, § 135 InsO getilgt werden. In der Insolvenz stehen diese Darlehen nicht als Haftungsfonds zur Verfügung, so dass die Gesellschafter sie als Forderungen anmelden können; es handelt sich um formelles und zugleich materielles Fremdkapital. Einer Sonderbehandlung einer Gesellschafterfremdfinanzierung fehlt die Grundlage. Damit treten sämtliche Rechtsfolgen des gesetzlichen wie richterrechtlichen Kapitalersatzrechts außer Kraft. Entscheiden für die Rechtsfolgen der §§ 30, 31, 32 a, b GmbHG, § 135 InsO ist also der Fortbestand der Ersatzkapitalqualität in den jeweils relevanten Zeitpunkten; lässt sich also für einen dieser Zeitpunkte feststellen, dass Dritte bereit gewesen wären, die finanzplangebundene Finanzierung mit eigenen Fremdmitteln abzulösen, ist die tatsächlich einmal gegebene, jedenfalls aber vermutete, Risikoabwälzung nicht mehr aktuell.

---

963 Zu diesem zentralen Umqualifizierungsansatz vgl. bereits oben V. 12. l) ld) (3), (4).

964 Zu diesem zentralen Kriterium vgl. nur Lutter/Hommelhoff, GmbHG, §§ 32 a, b, Rz. 19 ff. m. w. N.

Die Ausführungen oben zur Widerlegung der vermuteten Ersatzkapitalfunktion über WP-Gutachten gelten hier entsprechend. Sie sind zu denselben Zeitpunkten von Bedeutung und führen zu den gleichen Entsperrungsergebnissen.

e) Entsperrungshindernisse

Im Rahmen der Entsperrungsprüfungen taucht dabei regelmäßig die Frage auf, ob in bestimmten Fallkonstellationen die Entlastungsmöglichkeit ausgeschlossen ist. So vertritt der BGH in ständiger Rechtsprechung die Auffassung, der Nachweis eines zwischenzeitlichen Verlusts der Ersatzkapitalqualität sei unter den Bedingungen der §§ 32 a, b GmbHG, § 135 InsO ausgeschlossen[965].

Dies bedeutet nach der Diktion der Rechtsprechung: Gesellschafterdarlehen, die im Jahr vor der Insolvenzeröffnung zurückgewährt werden, unterliegen immer der Insolvenzanfechtung, soweit sie vor Beginn dieser Jahresfrist (noch) kapitalersetzend waren. Danach ist der Nachweis ausgeschlossen, dass noch innerhalb des Jahres vor der Eröffnung des Insolvenzverfahrens das kapitalersetzende Darlehen zurück zu einem ungebundenen, rein schuldrechtlich zu behandelnden Darlehen „mutiert" ist[966]. Aus der Anfechtungsmöglichkeit von Befriedigungshandlungen binnen zwei Jahren, §§ 135, 146 Abs. 1 InsO, schließt der BGH die unwiderlegbare Vermutung, dass kapitalersetzende Finanzierungen diese Funktion nicht im Jahr vor der Insolvenzeröffnung verloren haben und - dies ist zu ergänzen - die Eröffnung des Insolvenzverfahrens auf der Rückführung der Mittel beruht[967].

Dieser Ausschluss des Entlastungsbeweises ist auf vielfältige Kritik gestoßen: Vor allem akzeptiert die Literatur nicht die pauschale Negierung jeder Entlastungsmöglichkeit in dem betroffenen Zeitraum[968]. Hier wird überwiegend die Auffassung vertreten, dass auch die binnen Jahresfrist eröffnete Insolvenz die

---

965 BGHZ 90, 370, 381 unter Hinweis auf Begr. RegE BR-Drucks. 407/775.41. So auch Lutter/Hommelhoff, GmbHG, §§ 32 a, b, Rz. 19 ff. Zum Ganzen: Scholz/K. Schmidt, a. a. O., §§ 32 a, b, Rz. 54.

966 BGH, a. a. O.; zum fehlenden Begründungscharakter der Begr.RegE Scholz/K. Schmidt, a. a. O., Rz. 50.

967 Zur rechtsgeschäftlichen Entsperrungswirkung gerade bei Finanzplandarlehen, Scholz/K. Schmidt, a. a. O., Rz. 50.

968 So etwa: Scholz/K. Schmidt, a. a. O., Rz. 54.

Nachweismöglichkeit einer zwischenzeitlichen Entsperrung nicht generell auszuschließen vermag[969].

Rechtsprechung und opponierende Literatur liegen jedoch in der Sache nicht weit auseinander; die Literaturmeinungen laufen im Ergebnis darauf hinaus, von einer Vermutung der fortbestehenden Ersatzkapitalfunktion auch binnen der Zweijahresfrist der § 135, 146 Abs. 1 InsO auszugehen, diese indes widerleglich auszugestalten[970]. Angesichts der Insolvenznähe dürfte dieser Beweis nur äußerst schwer zu führen sein. Der so skizzierten Literaturmeinung ist zu folgen. Einerseits wird sie der Erfahrung der Praxis, dass Darlehen kurz vor der Insolvenzeröffnung regelmäßig einen Tatbestand des Eigenkapitalersatzes erfüllen, gerecht. Andererseits erlaubt sie den Gesellschaftergläubigern zumindest den Nachweis, dass ihre Darlehen den kapitalersetzenden Charakter abgestreift hatten und der Insolvenz unabhängig von dieser Finanzierungsstruktur eröffnet werden musste. Ihre Chancen, diesen Nachweis auch erfolgreich zu führen, sind freilich gering.

Angewandt auf finanzplangebundene Gesellschafterfremdmittel zeigt sich dann folgendes Bild: Die vermutete oder tatsächlich gegebene Ersatzkapitalfunktion wird auch dann, wenn Befriedigungshandlungen im Jahr vor der Insolvenzeröffnung vorgenommen werden, lediglich vermutet; diese Vermutung ist widerleglich. Sie kann insbesondere durch den Nachweis, dass die Mittel auch in dieser Situation nicht mehr unverzichtbar waren oder von anderen Dritten abgelöst worden wären, widerlegt werden. Dieser Befund ist nicht überraschend: Er ist allein die konsequente Fortführung der Überlegungen zum einheitlichen Umqualifizierungsbegriff für Kreditunwürdigkeitsdarlehen und Finanzplandarlehen.

Folgt man den hier vorgetragenen Überlegungen, wonach sich die Ersatzkapitalfunktion jedenfalls widerleglich daraus ergibt, dass die Gesellschafter eine Verschiebung unternehmerischer Risiken auf die Gläubiger dadurch vornehmen, indem sie Mittel, deren Notwendigkeit, diese als Eigenkapital zuzuführen, die Gesellschafter selbst einsehen, so führt an der Konsequenz der Jahresfrist kein Weg vorbei. Auch innerhalb dieses Zeitraums vor der Zwangsliquidation der Gesellschaft muss die Mittelausreichung offen sein für eine Qualifizierung in jede denkbare Richtung. Wie es daher möglich und wohl auch überwiegend wahrscheinlich ist, dass die subordinierte Finanzierung diesen Charakter bis zur

---

969 So etwa: Scholz/K. Schmidt, Rz. 54.

970 Zu Fragen der Beweislast vgl. Hachenburg/Ulmer, a. a. O., §§ 32 a, b, Rz. 64; Scholz/K. Schmidt, a. a. O., §§ 32 a, b, Rz. 52, jeweils m. w. N.

Eröffnung des Insolvenzverfahrens nicht verloren hat, so ist es jedenfalls vorstellbar, dass ein Gesellschafterdarlehen seine als neutrale Gesellschaftsverbindlichkeit binnen der Jahresfrist (zurück-)erlangt hätte.

f) Widerlegung der Nachrangigkeitsvermutung über objektive Finanzierungsvorgaben

Die Risikoabwälzung, die sich vermutungsweise aus der kapitalverdrängenden Finanzplanung ergibt, ist also als widerleglich zu betrachten[971].

Zur Widerlegung sind jedenfalls auch gutachterliche Stellungnahmen etwa von Wirtschaftsprüfern geeignet. Diese müssten aufzeigen können, dass die auf der breitflächigen Kreditausreichung beruhende Finanzierungsstruktur keine besondere Zuweisung der Finanzierungs- und Unternehmensrisiken an die Gläubiger bedeutet[972]. Worin eine solche Zuweisung begründet sein kann, ist schon an bereiter Stelle erörtert worden; hier soll indes noch einmal insoweit darauf Bezug genommen werden, als es erforderlich ist, den Ansatzpunkt für eine gutachterliche Vermutungswiderlegung zu präzisieren.

Ansatz für die hier befürwortete einstweilige Umqualifizierung auf der Grundlage der Finanzplanung ist die von den die Finanzierung tragenden Gesellschaftern angenommene Unverzichtbarkeit der Mittel. Unverzichtbarkeit kann hier nicht in dem Sinne verstanden werden, dass die Mittel die Existenzgrundlage der Gesellschaft bilden. Unverzichtbarkeit bezieht sich also nicht auf die Notwendigkeit, die Fremdmittel der Gesellschaft zu deren Erhalt zur Verfügung zu stellen und zu belassen[973]. Unverzichtbar müssen die Mittel gerade dafür sein, die unternehmerischen Ziele, die sich Gesellschafter und Geschäftsführung gesetzt haben, zu erreichen. Im Zentrum der Finanzplanung steht also das unternehmerische Vorhaben[974]. Dessen Verwirklichung gelingt nach der Finanzplanung der Gesellschafter nur dann, wenn die Fremdmittel der Unternehmung eigenkapitalgleich zur Verfügung stehen. Diese Voraussetzung ist erfüllt, wenn sich als Ergebnis einer Gesamtwürdigung der Darlehensbedingungen und der

---

971 Dazu schon oben V. 12. f).

972 Angedeutet auch bei Hommelhoff/Kleindiek, Festschrift 100 Jahre GmbHG, S. 442; zur gutachterlichen Beurteilung der Kreditunfähigkeit; vgl. auch Häuselmann, u. a., Finanzierung, S. 76 ff.

973 So das eingeschränkte Verständnis zum Ersatzkapitalrecht, etwa: BGHZ 104, 33; 121; vgl. auch die Nachweise bei von Gerkan/Hommelhoff, Kapitalersatz, S. 207 f.

974 So die Aussage in BGHZ 104, 33; von Gerkan/Hommelhoff, a. a. O., S. 203 f.

Gesamtumstände ihrer Gewährung ergibt, dass die Fremdmittel eigenkapitaltypische Funktionen wahrnehmen. Exemplarisch ist etwa die Funktion, dass die Mittel gerade zur Schaffung von Kreditfähigkeit herangezogen werden, indem sie zum Erwerb von Anlagevermögen dienen. Dieses seinerseits ist dann taugliche Sicherheit, um Dritte zur geschäftsmäßigen Kreditvergabe an die Unternehmung veranlassen zu können.

Der eigentliche Ansatz, in den hier begegnenden Fallgestaltungen eine Missachtung der gesellschafterlichen Finanzierungsverantwortung zu erblicken, liegen dann in folgendem: Offenbar gehen die Gesellschafter bei ganz weitgehend eigenkapitalnaher Ausgestaltung und Verwendung selbst davon aus, dass die Mittel als Eigenkapital erforderlich waren. Die insgesamt nach den Darlehensbedingungen fremdnützige Darlehensausreichung weist darauf hin, dass die Mittel als Haftkapital hätten erbracht werden sollen, um den Anforderungen der Unternehmung gerecht zu werden. Bleibt es dagegen bei der formellen Fremdkapitalqualität, so kommt es im Einzelfall in Betracht, die Darlehensfinanzierung als zur Abdeckung einer Unterkapitalisierung gewährt zu betrachten[975].

Dies gilt jedenfalls dort, wo die planmäßige Fremdfinanzierung in einem auffälligen Missverhältnis zum Geschäftsumfang und damit zum Kapitalbedarf steht. Die Gesellschafterfremdfinanzierung deckt dann bereits eine Unterkapitalisierung ab. Die eigentliche Risikoabwälzung ist indes darin zu sehen, dass die von den Gesellschaftern akzeptierte mangelhafte Vorhaltung eines hinreichenden Voraushaftungs- und Verlustdeckungspotentials die Gefahr des unternehmerischen Scheiterns mit seinen ruinösen Folgen für die Befriedigungsaussichten der Gläubiger tendenziell zeitlich und sachlich vorverlagert und das Ausmaß ihrer Einbussen vertieft.

Die Elemente, die zu diesem Befund geführt haben, müssen notwendig wieder aufgegriffen werden, wenn es darum geht, der Rechtsfolge der Umqualifizierung auf der Grundlage der Finanzierungsstruktur im Wege der Vermutungswiderlegung entgegenzutreten.

---

975 Zu diesen Kriterien Hachenburg/Ulmer, GmbHG, Anh. § 30, Rz. 4 ff., 12 ff.

14. Vermutungswiderlegung

Nähert man sich den Einzelheiten einer objektiv-rechtlichen Entkräftung vermuteter Risikoabwälzung durch gutachterlichen Nachweis, so sind zwei Fragestellungen von besonderem Interesse:

Zum einen ist der Frage nachzugehen, welche Prüfkriterien etwa ein Wirtschaftsprüfer heranzuziehen hat, will er die Risikostruktur der Unternehmensfinanzierung auf den Prüfstand stellen[976]. Zum anderen ist herauszuarbeiten, welche sachlichen Anforderungen an das Vorliegen der einzelnen Parameter und damit an die Widerlegung der mit der Umqualifizierung sanktionierten Risikostruktur zu stellen sind.

a) Prüfungsdichte, Prüfungsumfang und Prüfungsintensität

Zu berücksichtigen ist dabei, dass die Umqualifizierung, die sich als Ergebnis einer Gesamtwürdigung der Finanzierungs- und Risikogegebenheiten darstellt, nur als Vermutung ausgestaltet ist. Dem liegt zugrunde, dass die Umqualifizierung zwar auf jeweils überzeugenden Einzelaspekten beruht und auch das Ergebnis der Gesamtwürdigung zu einer grundsätzlich zwingenden Umqualifizierung führt[977]. Gleichwohl ist gerade die Plausibilität dieser Gesamtwürdigung durch Veränderungen im Finanzierungsumfeld und der gesellschaftsinternen Parameter relativierbar. Gerade im Zeitverlauf können etwa konjunkturelle Schwankungen oder eine Revision der gesellschaftlichen Unternehmens- und Finanzplanung das Risikogefüge grundlegend umgestalten[978]. So kann sich dann die Gesamtfremdkapitaldecke als hinreichend erweisen; die anfänglich als Indizienträger so bedeutsame atypisch fremdnützige, eigenkapitalähnliche Ausgestaltung der Darlehensbedingungen würde u. U. leer laufen. Zu berücksichtigen ist weiterhin, dass die finanzplangestützte Darlehensausreichung, soweit sie sich zur Begründung des Risikoumbruchs auch auf das Fremdfinanzierungsvolumen und die Gesamt-Eigenkapitaldecke stützt, Elemente eines Gebots angemessener Eigenkapitalausstattung mit umfasst[979]. Schon bei der Entwick-

---

976 Angedeutet, aber noch indifferent bei Hommelhoff/Kleindiek, Festschrift GmbH, S. 442.

977 Zur Begründung der Risikoabwälzung durch Gesamtwürdigung BGHZ 104, 33, 71, m. w. N., von Gerkan/Hommelhoff, Kapitalersatz, S. 203 ff.

978 Zur Problematik insoweit, das Gebot einer angemessenen Eigenkapitalfinanzierung zu formulieren, siehe Teil 3, III.

979 Dazu ebenso schon oben IV. 2. d) db); V. 4. b) ba) (4).

lung dieser Aussage für die Tatbestandsbildung galt es jeden Eindruck zu vermeiden, dass Gesellschafter grundsätzlich verpflichtet seien, ihre Gesellschaft über das für das Mindeststammkapital hinausgehende Maß mit Eigenkapital auszustatten. Die soeben zitierten Elemente einer solchen Pflicht kommen u. a. in den objektiv-rechtlichen Kapitalersatzregeln zum Tragen und finden dort ihren eigenständigen dogmatischen Standort. In der Sache geht es dort nicht um die Ausbildung eines bestimmten Haftungsfonds. Erreicht werden soll, dass die Gesellschafter über ihre Finanzierungsleistungen die Risiken der unternehmerischen Betätigung in einer ihren Chancen entsprechenden Weise mittragen. Konsequent konnte das - ggf. unangemessen hohe - Fremdfinanzierungsvolumen auch nur ein Anknüpfungspunkt unter mehreren sein. Die eigentliche Bedeutung konnte dieser Aspekt der Gläubigerbeeinträchtigung nur im Zweiklang mit einer eigenkapitaltypischen Ausgestaltung der Mittel erreichen[980].

Die Höhe der insoweit relevanten Fremdfinanzierung bzw. der unter Risikoaspekten eigentlich gebotenen Eigenkapitalfinanzierung ist damit ebenfalls nur eine Stellgröße innerhalb der vorgestellten Gesamtwürdigung.

Für den Tatbestand einer risikoüberwälzenden Finanzplanfinanzierung ließ sich - insoweit ähnlich der Ermittlung der Kreditunfähigkeit bei Dritten - das Ergebnis der Umqualifizierung aufgrund einer Gesamtwürdigung der Darlehensbedingungen nicht mit mathematischer Genauigkeit erzielen.

Der gleiche Ermessensrahmen muss dann aber auch mit umgekehrten Vorzeichen gelten, soll es gelingen, die Vermutung einer kapitalersetzenden Finanzplanung zu widerlegen. Festzuhalten ist damit zunächst, dass „die" richtige und nach den Grundsätzen ordnungsgemäßer Unternehmensfinanzierung nicht zu beanstandende Finanzierung sich weder ex ante noch ex post vollständig und konturenscharf ermitteln lässt. Der Wirtschaftsprüfer etwa, der - im Interesse des belasteten Gesellschafters - für einen bestimmten Zeitpunkt die Übereinstimmung der Finanzierungsstruktur mit der gesellschafterlichen Finanzierungsverantwortung zu belegen hat, ist dann aber auf eine Plausibilitätskontrolle beschränkt. Diese kann sich inhaltlich nur darauf beziehen, ob nach finanz- und betriebswirtschaftlichen Gesichtspunkten die Kapitalstruktur unter Risikogesichtspunkten die Finanzierung mit materiellem Fremdkapital noch vertretbar ist. Anderenfalls ist der unternehmerische Erfolg übermäßig unsicher; das unternehmerische Scheitern mit den bekannten Gefahren für die Befriedigungs-

---

980 Belegt ist damit eine völlige Ausrichtung auf die Interessen der Gesellschaft BGHZ 104, 33, m. w. N.

aussichten der Gläubiger ist unangemessen hoch. Der Blick muss sich nunmehr darauf richten, anhand welcher Prüfkriterien der sachliche Nachweis einer im Wesentlichen mit Grundsätzen ordnungsgemäßer Unternehmensfinanzierung erbracht werden kann.

b) Prüfkriterien

Um die Parameter festzustellen, anhand derer im nachhinein überprüft werden kann, ob sich finanzplangebunden ausgereichte Gesellschafterdarlehen inzwischen mit den Grundsätzen ordnungsgemäßer Unternehmensfinanzierung vereinbaren lassen, ist naturgemäß auf jene Kriterien zurückzugreifen, die auch im Tatbestand dazu beigetragen haben, die Umqualifizierung zu stützen. Unbeachtlich sind insoweit die Abreden, die die Gesellschafter ergänzend zu der finanzplanerischen Grundlegung treffen. Gemeint sind die Bestimmungen hinsichtlich der Entgeltung der Nutzungsmöglichkeit, der Laufzeit oder Kündbarkeit. Gerade diesen Abreden kam zwar hinsichtlich der Tatbestandsbildung neutrale Bedeutung zu; gerade deshalb aber kann auf sie nicht abgestellt werden. Denn nunmehr berufen sich die finanzierenden Gesellschafter gerade darauf, dass sich Veränderungen im Finanzierungs- und Planungsgefüge der Gesellschaft ergeben haben, die der ursprünglichen Planung und Darlehensgestaltung die Aussagekraft nehmen.

Darüber hinaus werden diese vertraglichen Bindungen in einer Vielzahl der Fälle durch konkludente oder ausdrückliche Absprachen zwischen Gesellschafter und Gesellschaft, ggf. auch auf mitgliedschaftlicher Ebene unter den Gesellschaftern aufgehoben sein[981].

Bei der Beurteilung einer gegenüber der Ursprungslage gewandelten Finanz- und Risikostruktur können demnach alle Aspekte, die die Risikostruktur einer Unternehmensfinanzierung bestimmen, herangezogen werden. Denn es geht hier darum, orientiert an dem gesamten, potentiell vorrangig die Gläubiger treffenden, Risikopotential festzustellen, ob eine konkrete Finanzierung die Gesellschaft in eine erhöhte Gefahr des unternehmerischen Scheiterns bringt. Grundsätzlich sind dann alle Erwägungen in eine Gesamtwürdigung einzustellen, mit denen sich bestimmen lässt, welches Maß an Gläubigergefährdung eine bestimmte Finanzierungsstruktur mit sich bringt.

---

981 Die formellen Anforderungen der Aufhebung hängen von den Bindungsvoraussetzungen aus Gesellschaftsvertrag, Beschluss, Schriftform ab.

Zulässig erscheint es daher, zwischenzeitliche Änderungen im Konjunkturverlauf ebenso in ihren Auswirkungen auf die Finanzierungsrisiken zu würdigen wie das Verhältnis von Eigen- zu Fremdkapital. Letzteres kann sich zum Beurteilungszeitraum gegenüber der Ausgangslage verändert haben. Die Gründe sind vielfältig. So kann zum einen die Verschuldung durch Tilgung zurückgeführt worden sein. Andererseits kann erfolgreiche Geschäftstätigkeit bei zurückhaltender Ausschüttungspolitik zu nachhaltiger Rücklagenbildung geführt haben. Auf der Grundlage dieser oder ähnlicher Parameter müsste Finanzierungsfachleuten die Stellungnahme möglich sein, ob die Finanzierungsstruktur im Sinne einer Plausibilitätskontrolle jedenfalls nicht mehr offensichtlich gegen Grundsätze einer ordnungsgemäßen Unternehmensfinanzierung verstößt[982].

ba) Krisenvorwirkung der Finanzplanung

Der Normzweck des objektiv-rechtlichen Kapitalersatzrechts der BGH- und Novellen-Regeln konnte darin identifiziert werden, dass Grundsätze einer ordnungsgemäßen Unternehmensfinanzierung es den Gesellschaftern verbieten, über eine Fremdfinanzierung der GmbH unternehmerische Risiken übermäßig auf die Gesamtheit der Gläubiger abzuwälzen[983]. Eine solche mit der gesellschafterlichen Finanzierungsverantwortung unvereinbare Unternehmensfinanzierung ist nicht nur dann gegeben, wenn Gesellschafter den Verband durch Darlehensgewährung in der Insolvenzreife oder Kreditunwürdigkeit bei Dritten unmittelbar den Fortbestand ermöglichen[984]. Auch die eigenkapitalgleiche Ausrichtung formeller Fremdfinanzierungen an den Finanzierungsinteressen der Gesellschaft kann die Vermutung kapitalersetzender Finanzierung nahe legen[985]. Eine normzweckadäquate Berücksichtigung der möglichen Doppelrolle, aus der heraus allein Gesellschafter in der Lage sind, dem Verband sowohl als dessen Mitglied oder als dessen Gläubiger gegenüberzutreten, macht jedoch deutlich, dass erst dann abschließend über den Kapitalersatzcharakter einer Fremdfinan-

---

982 Tendenziell ebenso Hommelhoff/Kleindiek, a. a. O., S. 442.

983 Zur gesell. Finanzierungsverantwortung Lutter/Hommelhoff, GmbHG, §§ 32 a, b, Rz. 3 f.

984 Zu den dadurch veranlassten Gläubigergefahren A. Müller, Finanzierungsregeln, S. 73 ff.; Lutter/Hommelhoff, ZGR 1979, 33; Herrmann, 50 Jahre WP-Beruf, S. 163 ff.

985 So ähnlich: Wüst, JZ 1985, 817, 821: Beweis prima facie.

zierung befunden ist, wenn ihr Verhältnis zur Kreditvergabebereitschaft Dritter geklärt ist[986].

Lässt sich nachweisen, dass im Zeitpunkt der Kreditausreichung oder auch in einem beliebigen späteren Zeitpunkt Dritte bereit gewesen wären, die Fremdfinanzierung zu im Wesentlichen gleichen Bedingungen zu übernehmen, so lässt sich der Vorwurf einer Missachtung von Grundsätzen ordnungsgemäßer Unternehmensfinanzierung kaum aufrecht erhalten. Denn die Finanzierungsanforderungen an Gesellschafter müssen trotz aller Berechtigung des Gläubigerschutzes zunächst dort ihre Grenze finden, wo an der Entwicklung der Gesellschaft nicht beteiligte und über ihre Gläubigerinteressen hinaus nicht interessierte Dritte ebenfalls zur Kreditierung bereit sind. Höhere Anforderungen können an das Finanzierungsverhalten der Mitglieder nicht gestellt werden, sollen sie den Fremdkapitalcharakter erhalten[987].

bb) Vorwirkungen des Vermutungstatbestandes?

Ein Gedanke könnte sich indes lohnen, weiterverfolgt zu werden: Auch wenn der oben beschriebene Finanzierungstatbestand mit seiner Tatbestandsvermutung mit Hilfe des festgestellten Finanzierungsverhaltens Dritter widerlegt werden konnte, erscheint es zunächst möglich, der (äußerlich) eigenkapitalnahen Finanzierung Vorwirkungen auf den Eintritt einer späteren Finanzierungskrise zu entnehmen. Bei genauer Betrachtung scheint ein solcher Gedanke indes durch die bisherigen Erörterungen verbraucht.

Die vollständige Ausrichtung der Gesellschafterfremdfinanzierung könnte trotz allem dahingehend wirken, dass es in einem späteren Zeitpunkt der Kreditunfähigkeit keiner neuen Finanzierungsentscheidung bedürfte[988], wenn die Gesellschaft zu einem beliebigen späteren Zeitpunkt in eine Situation der Kreditunfähigkeit - nicht notwendig mit Liquidationsnotwendigkeit - gerät. Bei diesem weiterreichenden Ansatz bleiben indes zwei Gedanken außer Acht:

---

986 Allg. zur Kreditunfähigkeit auch ohne Liquidationsnotwendigkeit statt vieler: von Gerkan/Hommelhoff, Kapitalersatz, S. 200, 207 f.; Michel, Gesellschafterleistungen, S. 65 ff.

987 Zum Drittvergleich als Kontrollüberlegung, Flume, AT d. Bürgerlichen Rechts, Bd. 1/II, § 3 III 2.

988 Zur Finanzierungsentscheidung als Nachrangvoraussetzung Hachenburg/Ulmer, §§ 32 a, b, Rz. 88 ff.; Scholz/K. Schmidt, §§ 32 a, b, Rz. 43 f.

(1) Erfordernis der Ausrichtung und Widmung

Es wurde bereits ausgeleuchtet, unter welchen Voraussetzungen der Finanzplanung zu entnehmen ist, dass die Gesellschafter ihre Finanzierung auch in einer späteren Unternehmenskrise den Gesellschaftsinteressen vorgehalten wissen wollen und sie so der Gläubigerbefriedigung verpflichten wollen[989]. Eine an der Finanzplanung der Gesellschaft orientierte Darlehensgestaltung, mit der die Gesellschafter bekunden, dass die Mittel vollständig den Interessen der Gesellschaft dienen sollen und für die Zielerreichung erforderlich sind, erfüllen diese Anforderungen als solche nicht. Dazu ist weiter zu verlangen, dass die Mittel ausdrücklich oder schlüssig zum Verbleib in der Unternehmenskrise bestimmt sind[990].

(2) Kriseneintritt als letztes Tatbestandsmerkmal

Der Eintritt der Unternehmenskrise und letztlich die Gesellschaftsinsolvenz sind bereits materielle Tatbestandsmerkmale der Kapitalersatzfallgruppe der kapitalersetzenden Finanzplandarlehen. Zwar konnte hier der Tatbestand einstweilen dadurch beschrieben werden, dass die Gesellschafter mit ihrer Finanzplanung eine unverzichtbare Fremdfinanzierung verabreden und diese Mittel dann auch entsprechend mit einer Reihe von Attributen des Eigenkapitals versehen ausgestalten.

Für die abschließende Umqualifizierung bedarf es letztlich aber doch der Feststellung der Kreditunwürdigkeit zur Verifizierung der - bislang nur vermuteten - unzulässigen Risikoverlagerung. Es bliebe somit kein Raum, die Eigenkapital vermeidende Finanzplanung gesondert zu instrumentalisieren. Eine Chance, Gesellschafterdarlehen auch dann in die Nähe potentiellen Eigenkapitalersatzes zu rücken, wenn sie weder die eigenkapitaltypische Zugehörigkeit zum Voraushaftungs- und Verlustdeckungspotential der Gesellschaft aufweisen, noch in hinreichendem Umfang und mit erforderlicher Intensität mit den Funktionen und den Attributen von Eigenkapital ausgestattet sind, könnte sich wieder ergeben, wenn man finanzgeplante Finanzierungen unter einem anderen Blickwinkel betrachtet.

Ist der Weg verstellt, etwa über die weitgehend eigenkapitalnahe Ausgestaltung eines Gesellschafterdarlehens die Finanzierung im Rahmen des Vermutungstat-

---

989 Rechtsprechung bezeichnet sie als „einlagengleich“, vgl. die Nachweise in Teil 2, II. 6.

990 So die Formulierung bei Scholz/K. Schmidt, GmbHG, §§ 32 a, b, Rz. 38.

bestandes als kapitalersetzend zu qualifizieren, so ist es nicht ausgeschlossen, aufgrund bestimmter Parameter der planmäßigen Ersetzung von Eigenkapital jedenfalls zukünftig eine Qualifizierung als nachrangiges Haftkapital vorzunehmen.

Eine solche Überlegung ist nur dann ertragreich, wenn die Umqualifizierung zu einem späteren, noch näher zu bestimmenden Zeitpunkt, keiner weiteren Aktivitäten bzw. Finanzierungsentscheidungen mehr bedarf: In Betracht kommt allein, eine bestimmte Finanzierungssituation, die aktuell oder nachträglich vorliegt, zum letzten Auslöser einer Umqualifizierung zu machen. In dieser Situation müssten - so der Normzweck der Rechtsprechungs- wie der Novellen-Regeln - die Finanzierungsrisiken unverhältnismäßig auf die Gläubiger übergegangen sein.

Die insoweit erforderliche Entscheidung, der Gesellschaft Darlehen mit dieser möglichen Konsequenz zu gewähren, muss dann bereits Gegenstand des ursprünglichen Darlehensvertrags bzw. der ihm zugrunde liegenden Finanzplanung sein.

c) Tatbestand für Finanzplandarlehen, die nicht den Vermutungstatbestand erfüllen

Auch in anderen Fallgestaltungen begegnet eine Finanzierungsstruktur, in der einzelne oder alle Gesellschafter planmäßig dazu beitragen, die für notwendig erachteten Betriebs- und Investitionsmittel anstelle einer für notwendig erachteten Eigenmittelausstattung mit formellen Fremdmitteln zu bestreiten. Angesprochen sind jene Sachverhalte, in denen die der Gesellschaft vorgegebenen unternehmerischen Ziele die dauerhafte finanzierungssichere Ausstattung mit Investivkapital verlangen.

Diese Funktion - nach der ursprünglichen Konzeption des GmbHG dem Eigenkapital vorzugsweise eingeräumt[991] - wird in diesen Kapitalstrukturen in mehrfacher Hinsicht auffällig von Fremdkapital übernommen, ohne jedoch die im Gläubigerinteresse bedeutsamen Konsequenzen zu vollziehen: Der Haftkapitalcharakter wird bewusst vermieden[992]. Die Finanzierungsstruktur ist dabei

---

991 Vgl. die auch bwl. Anmerkungen bei Wiedemann, Gesellschaftsrecht, S. 570, auch Wiedemann, Festschrift Beusch, S. 894 ff.

992 Erforderlich ist dazu ein Rangrücktritt vgl. dazu statt vieler: Scholz/K. Schmidt, a. a. O., §§ 32 a, b, Rz. 35; auch Peters WM 1988, 641 ff., 685 ff.; Teller, Rangrücktrittsabreden, S. 91 ff.

geprägt durch einen hohen Anteil Fremdkapital, regelmäßig mit der Verpflichtung der Gesellschafter zu langfristiger Belassung. Auch in diesen Fällen drohen die Risiken unternehmerischer Tätigkeit vorwiegend auf die Gläubiger abgewälzt zu werden.

Die Gläubigergefährdung beginnt jedenfalls dann, wenn die Befriedigungsaussichten der Gläubiger nachhaltig beeinträchtigt sind. Dies ist zumindest dann der Fall, wenn bei Überschuldung der Gesellschaft das vorhandene Gesellschaftsvermögen keinesfalls mehr hinreicht, um vollständige Befriedigung zu sichern. Die Unzulänglichkeiten des Insolvenzgrundes der Überschuldung unter dem Aspekt des Gläubigerschutzes[993] haben dazu geführt, dass jedenfalls die Darlehensgewährung in der Kreditunwürdigkeit mit Liquidationsobliegenheit noch heute ganz h. M. und der Rechtsprechung nach dem zweistufigen Ersatzkapitalrecht zu subordinieren sind. Nach dem hier vertretenen Verständnis gilt dies ebenso für die Kreditunfähigkeit, die nicht von der wirtschaftlichen Notwendigkeit begleitet ist, die Gesellschaft zu liquidieren[994]. Darlehen, die in dieser Situation von Mitgliedern ausgereicht werden, sind nach den individuellen Kriterien des jeweiligen Schutzbereichs gebunden.

Im hier zu erörternden Zusammenhang ist von besonderem Interesse, welche Anforderungen an die Finanzierungsgestaltung zu stellen sind, damit eine Umqualifizierung stattfindet, falls eine solche Kreditunfähigkeit zunächst nicht gegeben war, jedoch zu einem späteren Zeitpunkt eintritt. Die Loslösung von den BGH-Anforderungen, wonach eine zunächst neutrale Darlehensfinanzierung nur dann ohne erneute Finanzierungsentscheidung zu einem späteren Zeitpunkt sogleich umqualifiziert wird, eröffnet hier neue Möglichkeiten. Diese sind an anderer Stelle bereits angesprochen worden: Die weitgehende Ausrichtung der Unternehmensfinanzierung auf Gesellschafterfremdfinanzierungen, die Übernahme investiver Funktionen durch planmäßige Ausreichung von Fremdkapital und damit die Verdrängung von haftendem Vermögen offenbart eine „unordentliche“ und risikoträchtige Finanzierungsstruktur. Daran lassen sich zwar aktuell nicht ohne weiteres Rechtsfolgen knüpfen. Denn eine Gläubigergefährdung durch Unterkapitalisierung ist zu diesem Zeitpunkt noch nicht hinreichend konkretisiert.

---

993 Zur Problematik des Insolvenzgrundes der Überschuldung siehe auch Teil 1, III. 2. b) bd).

994 Dazu oben V. 9. f) fd); ebenso Michel, Gesellschafterleistungen, S. 61 ff.

Gleichwohl entfaltet die planmäßige Ersetzung von Haftkapital Vorwirkungen auf den späteren Fall einer Unterkapitalisierung. Tritt diese hinreichend deutlich in Form der Kreditunwürdigkeit der Gesellschaft ein, so müssen sich die Gesellschafter an der von ihnen selbst veranlassten kapitalverdrängenden Finanzierungsstruktur festhalten lassen. Auch insoweit kann die planmäßige Fremdfinanzierung, wo sie nachweislich und ersichtlich eine gebotene Eigenkapitalausstattung ersetzt, bereits auf die spätere Umqualifizierung in haftenden Eigenkapitalersatz angelegt sein.

d) Sonderrechtsfolgen

Sonderrechtsfolgen bei der Fallgruppe der nur finanzgeplanten Darlehen, also ohne dass die Finanzierung über die erwartete Unverzichtbarkeit hinaus besonders eigenkapitalnah ausgestaltet wäre, bedürfen noch der Erörterung. Für diejenigen Finanzplandarlehen, die neben ihrer Unverzichtbarkeit in der Finanzplanung noch mannigfaltige Parameter einer Haftkapitalfinanzierung aufweisen, konnte die Vermutung formuliert werden, dass diese Mittel schon von Anfang an eine Finanzierungsstruktur ermöglichen, die die unternehmerischen Risiken übermäßig auf die Gläubiger der Gesellschaft abwälzt; allein der Nachweis einer hinsichtlich dieser Form der Unternehmensfinanzierung auch bei Dritten bestehenden Kreditfähigkeit konnte diesen Eindruck widerlegen. Für eine weitere Fallgruppe, die dadurch gekennzeichnet ist, dass die Gesellschafter planmäßig eine völlig unzureichende Eigenmittelausstattung mit Fremdmitteln zu überdecken suchen, ohne dass sich zugleich und aktuell bereits eine unangemessene Risikoabwälzung aus der Gestaltung vermuten ließe, müssen andere Regeln gelten[995]. Hier wurde bislang die Auffassung vertreten, die Ausrichtung der Finanzierung auf die Erreichung der unternehmerischen Ziele, verhindere ihre De-Finanzierung sobald die Gesellschaft in die Krise geraten sei[996].

Die Verbindung des Krisenbegriffs mit der wirtschaftlichen oder rechtlichen Liquidationsnotwendigkeit wird aufgrund der vorstehenden Überlegungen mit Blick auf jegliche Kreditunwürdigkeit zu überdenken sein.

---

995 Vergleichbar mit Fallgestaltung zu auf Krisenfinanzierung angelegten Fremdfinanzierung; dazu: Lutter/Hommelhoff, GmbHG, §§ 32 a, b, Rz. 45 ff., 33.

996 Zu den Rechtsfolgen Hachenburg/Ulmer, §§ 32 a, b, Rz. 48, 61; Scholz/K. Schmidt, §§ 32 a, b, Rz. 38; Lutter/Hommelhoff, §§ 32 a, b, Rz. 91 ff., 102 ff.; von Gerkan/Hommelhoff, Kapitalersatz, S. 205 f.

Denn auch hier zeigt sich bereits mit dieser weniger auffälligen und gefährlichen Form der Kreditunfähigkeit eine hinreichende Konkretisierung der Unterkapitalisierung. Konsequent genügt auch diese Beeinträchtigung der positiven Gesellschaftsentwicklung, um die Mittel im Rahmen der Rechtsprechungs- und Novellen-Regeln in der Gesellschaft zu binden[997].

da) Details zum Tatbestand

Auf der Grundlage dieses Befundes könnten die Rechtsfolgen einer solcherart von den Gesellschaftern als unverzichtbar geplanten Kapitalstruktur moderat weiterentwickelt werden; ein solcher Vorschlag soll hier aufgegriffen werden. Er zielt darauf, die De-Investitionsfreiheit nicht nur dann zu beschneiden, wenn die Gesellschaft in der Krise ist, sondern bereits dann, wenn gerade der Abzug der Mittel die Finanzierungsgrundlage der Gesellschaft derart schwächen würde, dass eine Krise erst die Folge wäre. Zur Diskussion gestellt wurde diese Konsequenz wohl für ein Krisenverständnis, dass zumindest eine Kreditunwürdigkeit mit Liquidationsobliegenheit zum Inhalt hatte[998]. Sollte indes bereits eine Kreditunwürdigkeit ohne zeitnahe Existenzbedrohung die Unterkapitalisierung hinreichend beschreiben, müsste dies auch im Rahmen der hier diskutierten Rechtsfolgenausweitung zu berücksichtigen sein. Das heißt: Ein Mittelabzug ist auch und soweit unzulässig, wie die Gesellschaft durch diese De-Investition kreditunfähig würde. Dies auch, wenn diese Kreditunwürdigkeit die Gesellschaft noch nicht in ihrer Existenz bedroht. Denn die fehlende Bereitschaft Dritter, die Gesellschaft mit rückzahlbaren Mitteln zu finanzieren, macht die insgesamt unzureichenden Zukunftserwartungen deutlich; dieses rechtfertigt es, Mittel ab diesem Zeitpunkt im geschützten Vermögen der Gesellschaft zu binden. Einen vergleichbaren Ansatz verfolgt das Verbot des existenzvernichtenden Eingriffs.

Gesondert zu behandeln ist gleichwohl, ob Gesellschafter mit ihren für die Zielerreichung unerlässlichen Fremdmitteln verpflichtet sind, für eine solche Krise Vorsorge zu treffen. Überlegungen hierzu müssen dort ansetzen, wo die Umqualifizierung unverzichtbaren Gesellschafterfremdkapitals mit der Rechtsfolge des unzulässigen Abzugs zu Beginn der Kreditunfähigkeit ihre Begründung findet. Dort ist zu überlegen, ob der Umqualifizierungsansatz so weit trägt, dass auch die Herbeiführung einer Finanzierungskrise durch Ausübung der gesellschafterlichen Finanzierungsabzugsfreiheit noch von der Finanzierungs-

---

997 Ebenso wohl – entgegen - BGH Scholz/K. Schmidt, §§ 32 a, b, Rz. 48, 61; Hachenburg/Ulmer, §§ 32 a, b, Rz. 38.

998 So der BGH, deutlich, in: BGHZ 104, 33; 121.

verantwortung des Mitglieds nach hiesigem Verständnis gedeckt wird. Um festzustellen, ob die Gesellschafter hinsichtlich einer Finanzplanfremdfinanzierung auch dann am Abzug ihrer Mittel gehindert sind, wenn die so verstandene Krise erst auf den Abzug dieser Mittel zurückzuführen ist, ist erforderlich, die Grundlagen einer Umqualifizierung nach dem hier vertretenen Verständnis noch einmal deutlich zu machen.

Finanzierungsverantwortung der Gesellschafter soll die Gesamtheit der Gläubiger davor bewahren, die wesentlichen Risiken der Unternehmenstätigkeit allein tragen zu müssen[999]. Daher werden von der Verantwortung der Gesellschafter für eine ordnungsgemäße Unternehmensfinanzierung all jene Gestaltungen und Finanzierungssituationen erfasst, die die Risikotragung hinsichtlich des unternehmerischen Scheiterns und damit auch der Tilgungs- und Verzinsungsaussichten der Gläubiger auf Gesellschaftsfremde verlagern[1000].

Eine solche potentielle Risikoverlagerung konnte festgestellt werden für den Fall, dass die umfangreiche Fremdfinanzierung für die unternehmerischen Ziele unerlässlich war. Die Umqualifizierung spätestens mit dem Eintritt der Unternehmenskrise konnte mit dem planmäßigen Verdrängen von Eigenkapital sowie der Übernahme von Eigenkapitalfunktionen durch Fremdkapital begründet werden. Letztlich beruht damit die objektiv-rechtliche Umqualifizierung auf einer nicht ordnungsgemäßen Finanzierungsstruktur[1001].

Diese nicht risikoadäquate Unternehmensfinanzierung hat zuvörderst Konsequenzen für die Finanzierungsfreiheit in der Unternehmenskrise. Darlehen, die sich als unverzichtbar darstellen, um die unternehmerischen Ziele der Gesellschaft zu erreichen, lassen den Risikoumbruch, der eine angemessene Risiko- und Chancenverteilung zwischen Gesellschaftern und Gläubigern nicht mehr als gewährleistet erscheinen lässt, eintreten, wenn tatsächlich kein Dritter diese Finanzierung (mehr) ablösen will.

Wenn aber dieses Stadium der Kreditunfähigkeit maßgeblich ist, neutrale von subordinierten Gesellschafterfremdmitteln zu scheiden, so scheint es unausweichlich, diesen Befund auch schon an der Schwelle zur Finanzierungskrise anzunehmen. In dieser Situation lässt sich zwar zunächst keine Risikoabwälzung

---

999 Bereits mehrfach erwähnt, vgl. oben V. 8.

1000 Vgl. etwa Lutter/Hommelhoff, GmbHG, §§ 32 a, b, Rz. 3.

1001 Vgl. Wiedemann, Festschrift Beusch, S. 899 f.; so schon ders. Gesellschaftsrecht, S. 577.

zu lasten der Gläubiger annehmen. Ohne den Mittelabzug kann die Gesellschaft nach der Einschätzung Dritter etwa noch kreditfähig sein. Die Situation, in der das Risiko gegenwärtiger und künftiger Gläubiger nicht mehr mit dem Eigenengagement der Mitglieder in Einklang zu bringen ist, liegt jedoch in der Hand der Gesellschafter. Liegt die fehlende Vertrauenswürdigkeit bei Dritten gerade im Verlust der das konkrete Unternehmen in seinem Umfang und mit seinem spezifischen Risiko planmäßig mittragenden Gesellschafterdarlehen, so müssen die Mitglieder als Darlehensgläubiger auch insoweit Verantwortung übernehmen, indem sie sich an der Eigenkapitalfunktion ihrer Mittel festhalten lassen[1002].

Die Finanzierungsverantwortung erfordert es hier gleichfalls, ein Risikogleichgewicht zwischen den Interessen der Gesellschafter und der Gläubiger aufrechtzuerhalten. Dies gelingt aber nur, wenn die Gesellschafter ihre unternehmerischen Ziele in einer Weise verfolgen, die die Risikoerwartung Dritter in Form deren Kreditwürdigkeitsurteil anerkennt. Anderenfalls, wenn die Gesellschafter ihre Mittel entgegen der geplanten Verwendung abziehen, führt dies zur Destabilisierung der Gesellschaft.

Dabei ist zu bemerken: Gesellschafter sind keineswegs dazu verpflichtet, grundsätzlich Fremdmittel in der Gesellschaft zu belassen, wenn ihr Abzug die Gesellschaft soweit destabilisieren würde, dass Dritte die Kreditfähigkeit hinsichtlich ihrer bereits ausgereichten aber auch weiterer Mittel in Zweifel ziehen[1003]. Denn im Grundsatz besteht auch hier Finanzierungsfreiheit. Der signifikante Unterschied der hier behandelten Fallgestaltungen beruht allein darauf, dass die Gesellschafter sich in besonderer Weise dazu verhalten haben, welche Funktionen das Fremdkapital in der Unternehmung übernehmen soll. Darlehenskapital, welches nach der Unternehmens- und Finanzplanung der Gesellschafter ziel- und zweckgerichtet alternativ für erforderlich gehaltenes Eigenkapital ersetzt, kann jedenfalls dann nicht sanktionslos abgezogen werden, wenn diese Maßnahme die Gesellschaft in einer Weise destabilisiert, die die Befriedigungsaussichten als gefährdet erscheinen lässt.

Dieses Bedürfnis nach Gläubigerschutz stützt sich erneut maßgeblich an dem mit einem bestimmten Geschäftsumfang verbundenen Risiko für die Gläubiger

---

1002 BGHZ; so wohl auch Lutter/Hommelhoff, GmbHG, §§ 32 a, b, Rz. 3; Wiedemann, ZIP 1986, 1297: Folgeverantwortung; Röhricht, StBJB 1991/92, S. 319.

1003 Zum Maßstab der Kreditunfähigkeit der Gesellschaft bei Dritten vgl. oben V. 9. f) fd). Beachte hierzu nur Lutter/Hommelhoff, GmbHG, §§ 32 a, b, Rz. 18 ff.

ab. Die hier diskutierte Kreditunfähigkeit muss daher nicht notwendig mit einer Liquidationsnotwendigkeit einhergehen, um eine Benachteiligung der Gläubiger zu begründen. Der Tatbestand einer Finanzplanfinanzierung, die im Begriff ist, Finanzierungsrisiken auf die Gläubiger zu verlagern, ist damit einstweilen umschrieben. Die wesentliche Einbindung in das System der kapitalersetzenden Gesellschafterleistungen gelingt jedoch nur über die risikoadäquate Anpassung der Rechtsfolgen derart sanktionierter Fremdfinanzierungen.

db) Rechtsfolgenabschätzung

(1) Grundsatz

Aus dem Tatbestand, wie er vorstehend entwickelt wurde, lassen sich die Rechtsfolgen die insoweit gelten müssen, bereits erahnen.

Allgemein lässt sich als Leitlinie für die Bestimmung der Rechtsfolgen einer finanzgeplanten Eigenmittelersetzung ausführen: Rechtsfolgen einer zwangsweisen Erweiterung des haftenden Kapitals dürfen, müssen aber auch nur soweit reichen, wie der Umqualifizierungsgrund dies zulässt. Dabei bewegen sich die Rechtsfolgen kapitalersetzender Finanzierungen zwangsläufig immer auf dem schmalen Grad zwischen Gläubigerschutz durch Subordination und Finanzierungs- wie De-Finanzierungsfreiheit der Gesellschafter[1004].

(2) Unmittelbare Rechtswirkung der Subordination

Das Regime des Kapitalersatzrechts beginnt für die hier diskutierte Fallgruppe finanzgeplanter Gesellschafterfremdmittel mit dem Eintritt der Kreditunwürdigkeit bei Dritten. Ab diesem Zeitpunkt sind die Mittel qualifiziert gebunden. Die Neuerung besteht - in aller Kürze - auf der Tatbestandsseite darin, dass die Ausrichtung der Fremdfinanzierung auf die unternehmerischen Ziele, also die Unverzichtbarkeit in der Finanzplanung, die gewöhnlich zu prüfenden Voraussetzungen eines umqualifizierenden Stehenlassens[1005] ersetzt. Mit dieser Fallgruppe kapitalersetzender Darlehen haben Finanzplandarlehen dieser Lesart indes gemein, dass sie anhand allein objektiver Kriterien besondere Finanzierungsrisiken einer ursprünglich einmal neutralen Fremdfinanzierung durch

---

1004 Hachenburg/Ulmer, a. a. O., §§ 32 a, b, Rz. 7 f.; Scholz/K. Schmidt, a. a. O., §§ 32 a, b, Rz. 4; Lutter/Hommelhoff, GmbHG, §§ 32 a, b, Rz. 1 ff.; von Gerkan/Hommelhoff, Kapitalersatz, S. 5 f, 205 f.; jeweils mit weiteren Nachweisen.

1005 So ganz deutlich: Scholz/K. Schmidt, a. a. O., Rz. 38.

Veränderungen im unternehmerischen Umfeld in nachrangiges Haftkapital mutieren lässt.

Während als Voraussetzung für ein solches umqualifizierendes Stehenlassen neben dem zwischenzeitlichen Eintritt einer Finanzierungskrise vielerorts weiter eine in ihrem Inhalt und ihrem Rechtscharakter umstrittene Finanzierungs- oder Belassungsabrede verlangt wird[1006], genügt hier allein die Verschlechterung des Risikoumfeldes.

Ein gewissermaßen die Finanzierungsabrede vertretendes subjektives Element findet sich in der Finanzplanung. Dort haben jedenfalls die kreditgebenden Mitglieder darüber befunden, dass die Finanzplanmittel eigenkapitaltypische Verwendungen finden sollen. An dieser Bestimmung müssen sich die Mitglieder festhalten lassen[1007].

In welchem Umfang und mit welchen Grenzen dies geschieht, ist Gegenstand der Rechtsfolgendiskussion.

dc) Rechtsfolgenüberblick

Als Befund konnte festgestellt werden, dass diese Art Finanzplanfinanzierungen jedenfalls mit dem Eintritt der durch die Kreditunwürdigkeit bei Dritten gekennzeichneten Finanzierungskrise nicht mehr mit dem Finanzierungsverhalten eines Gesellschafters als ordentlichem Kaufmann vereinbar sind[1008]. Dieser an der den Gläubigern zumutbaren Risikotragung orientierte Umqualifizierungsansatz liegt den Rechtsprechungs- und Novellen-Regeln im zweistufigen Kapitalersatzrecht einheitlich zugrunde[1009] Damit liegen die solcher Art gebundenen Fremdmittel im Anwendungsbereich der Rechtsprechungs- wie der Novellen-Regeln.

1006 So wie hier: Scholz/K. Schmidt, a. a. O., §§ 32 a, b, Rz. 43 ff.; eingehend zu Voraussetzung des „Stehenlassens" Ulmer, ZIP 1984, 1167 insbesondere zu subjektiven Erfordernissen ist die Rechtsprechung inzwischen festgelegt, BGHZ 127, 344; vgl. dagegen noch BGHZ 105, 186; 109, 60.

1007 Vgl. die Befunde in BGHZ 104, 33 ff.; 121, 31 ff.

1008 Dazu oben IV. 2. c).

1009 Wie hier die wohl h. M., vgl. dazu bereits oben IV. 1.; anders jedoch OLG Hamburg, ZIP 1987, 977, 983; Novellen-Regeln, vorrangig unternehmensorientiert.

(1) Rechtsprechungsregeln

Nach den von der Rechtsprechung entwickelten Rechtsregeln zur Einbindung von nachrangigem Haftkapital in das zur Kapitalerhaltung nach § 30 GmbHG erforderliche Vermögen, dürfen die suborientierten Forderungen der Gesellschafter dann nicht mehr befriedigt werden, wenn durch den Mittelabfluss eine Unterbilanz der Gesellschaft entsteht oder eine bestehende Unterbilanz weiter vertieft wird[1010]. Zu diesem materiellen Gesellschaftsvermögen zählen Finanzplanfinanzierungen ab Kreditunwürdigkeit der Gesellschaft.

Die Details der Rechtsfolgengestaltung decken sich notwendig mit denen der bereits behandelten Fallgruppe der Finanzplandarlehen. Zwar kam dort hinzu, dass die eigenkapitalnahe Ausgestaltung schon aus sich heraus die Vermutung einer risikoüberwälzenden Finanzierungsstruktur mit sich brachte. Die von den betroffenen Mitgliedern positiv zu belegende Kreditfähigkeit war allein zu ihrer Widerlegung erforderlich[1011].

Im Übrigen indes besteht jedoch Übereinstimmung.

Darlehen sind nur solange qualifiziert gebunden, wie das gefährdete oder verletzte Stammkapital nicht auf andere Weise aufgefüllt worden ist.

Ebenso entfallen jegliche Bindungen einer materiellen Eigenkapitalausstattung dann, wenn die Kreditunfähigkeit der Gesellschaft anderweitig wieder hergestellt ist. Um eine Subordinierung aber von vornherein zu verhindern, ist die Kreditunfähigkeit nur ein Baustein. Viel grundsätzlicher kann jede Subordination vermieden werden, wenn eine Revision der Finanzplanung vorgenommen wird, in dessen Folge die Gesellschafterdarlehen nicht länger als unverzichtbare Betriebs- und Investitionsmittelgrundlage der Gesellschaft fungieren[1012]. Wichtiges Indiz hierfür ist etwa, dass die Gesellschaft über mehrere Perioden Rückstellungen hat bilden können. Auf dieser Grundlage kann die Finanzierungsstruktur dann bereits ganz anders aussehen, so dass sich eine Ausrichtung der Gesellschafterdarlehen auf die Interessen der Gesellschaft schon nicht mehr begründen lässt[1013]. Gleiches gilt für den Fall, dass die Gesellschaft die unternehmerischen Ziele und damit ihren Betriebs- und Investitionsmittelbedarf

---

[1010] Einhellige Meinung, vgl. nur Lutter/Hommelhoff, GmbHG, §§ 32 a, b, Rz. 11.

[1011] Vgl. dazu die Argumentation oben V. 14.; vgl. auch von Gerkan, ZGR 1997, 173, 194 f.

[1012] Vgl. zur Investitionsmittelgrundlage Küting/Kessler, DStR 1992, S. 1029 ff.

[1013] So auch Hommelhoff/Kleindiek, Festschrift 100 Jahre GmbHG, S. 442.

gegenüber der Ausgangslage nachhaltig eingeschränkt hat[1014]. Ob sich ein Nachweis, dass die Mittel nun nicht mehr zur Erreichung der gesetzten Ziele erforderlich sind, auch anhand objektiver betriebswirtschaftlicher Daten vorführen lässt[1015], kann hier offen bleiben. Denn in dieser Fallgruppe der Finanzplanfinanzierungen gewinnen formelle Fremdmittelausreichungen ihre materielle Eigenkapitalfunktion vornehmlich über die in der Finanzplanung begründeten subjektiven Einschätzung[1016]. Die insoweit vorgeschlagene Widerlegung einer anfänglich Eigenkapital vertretenen Finanzplanung kann also insoweit nicht greifen. Sie bleibt den Fallgestaltungen vorbehalten, in denen die eigenkapitalnahe Ausgestaltung die bereits aktuell - vermutlich - risikoüberwälzende Finanzierungsstruktur widerspiegelt.

Damit sind die wesentlichen Rechtsfolgen für den so skizzierten Tatbestand einer Finanzplanfinanzierung umrissen. Gleichwohl sind noch Ergänzungen dort geboten, wo die Tatbestände in der Finanzplanung Besonderheiten aufweisen. Besonderheiten stellen sich etwa dort ein, wo die Darlehensausreichung von vornherein oder nachträglich nur befristet vorgesehen war. Auch die Ausübung gesetzlich oder vertraglich vorgesehener Kündigungsmöglichkeiten muss Einfluss auf die Annahme haben, die Gesellschafterfremdfinanzierung sei unerlässlich und daher der Gesellschaft auch zur Finanzierung in der Krise gewidmet[1017].

(a) Befristung in der Finanzplanung

Wenn wesentlicher Anknüpfungspunkt für eine Umqualifizierung formellen Gesellschafterfremdkapitals die Einbindung dieser Mittel in die Finanzplanung der Gesellschaft ist, mit der Folge, dass diese Leistungen mit Eintritt der Finanzierungskrise dem durch §§ 30, 31 GmbHG gebundenen Vermögen angehören, so kann es nicht ohne Auswirkungen auf das Ergebnis bleiben, wenn die Finanzplanung mit nur befristeter Perspektive ausgearbeitet worden ist[1018]. Die Ausführungen zur Befristung der Vermutungswirkung gelten hier entsprechend. Die Vorwirkungen der Finanzplanung auf die spätere Unternehmenskrise kann danach nur soweit reichen, wie nach den Vorstellungen der Gesellschafter der

---

[1014] Hommelhoff/Kleindiek, a. a. O., S. 442.

[1015] Ein solches Vorgehen regen wohl auch Hommelhoff/Kleindiek, a. a. O., S. 442 an.

[1016] Raiser, Kapitalgesellschaftsrecht, S. 442.

[1017] A. A. Lutter/Hommelhoff, GmbHG, §§ 32 a, b, Rz. 171 zu der Abrede, Mittel sollen bei Insolvenzeintritt frei werden.

[1018] Berücksichtigt allein Vorauflage Lutter/Hommelhoff, a. a. O., §§ 32 a, b, Rz. 13 ff., heute wohl aufgegeben, vgl. Rz. 171.

Gestaltung der Finanzierungsstruktur Hinweise auf die Verzichtbarkeit der Mittel erlaubt. Diese Grenzziehung ist bei geplant befristeter Darlehensvergabe dort zu ziehen, wo die Belassungspflicht endet und die Valuta zur Rückzahlung fällig werden.

Nach diesem Zeitpunkt müssen Gesellschafterdarlehen uneingeschränkt als neutrale Finanzierungen begriffen werden. Die Umqualifizierung in haftenden Kapitalersatz ist dann nur über die Instrumentarien eines subordinierenden Belassens möglich[1019]. Die Umqualifizierung insoweit erfordert zumindest die objektive Erkennbarkeit der inzwischen eingetretenen Finanzierungskrise, die rechtliche Möglichkeit, die Darlehensmittel fällig zu stellen, sowie die Entscheidung, die Finanzierung in der Gesellschaft zu belassen. Zusammenfassend lässt sich daher festhalten, dass die Vorwirkung der Finanzplanung bei befristeten Darlehen auf den Zeitraum der vorgesehenen (Mindest-) Laufzeit begrenzt ist.

(b) Finanzplanung bei kündbar ausgestalteten Darlehen

Eine vergleichbare Problematik begegnet bei den Darlehen, die zwar durchaus zunächst fester und verlässlicher Bestandteil des Kapitalstrukturkonzepts waren, dann jedoch - etwa nach fester, mit einem Kündigungsverbot belegener Laufzeit - allein an dem allgemein gesetzlichen Vertragsrecht zu messen sind[1020]. Hier gilt entsprechend den Ausführungen zu eigenkapitalnah ausgestalteten Gesellschafterfremdmitteln:

Vorwirkungen aus der Finanzplanung auf das Schicksal der Finanzierung in der Finanzierungskrise können nur so lange wirksam sein, wie die Gesellschafter verpflichtet sind, ihre Mittel planmäßig koordiniert zur Verfügung der Gesellschaft zu halten. Die Gesellschaftermittel können nur unter diesen Voraussetzungen die Betriebs- und Investitionsmittelgrundlage darstellen. Zwar können die Gesellschaft und ihre Geschäftsführung auch unter diesen Voraussetzungen auf den Verbleib der Mittel in der Unternehmung vertrauen. Indes lassen sich aus der Kapitalstruktur und der ihr zugrunde liegenden Finanzplanung keine Vorwirkungen auf die Krise mehr entnehmen. Sobald also zunächst auf die Interessen der Gesellschaft ausgerichtete Gesellschafterdarlehen der freien Disposition des individuellen Schuldners anheim gestellt sind, sind die Umqualifizierungsmöglichkeiten auf die allgemeinen Voraussetzungen einer Subordina-

---

1019 Hierzu statt aller: Lutter/Hommelhoff, a. a. O., §§ 32 a, b, Rz. 19 ff.

1020 Lutter/Hommelhoff, a. a. O., §§ 32 a, b, Rz. 13 ff.; Hommelhoff/Kleindiek, Festschrift 100 Jahre GmbHG, S. 442.

tion durch Belassen der Mittel in der Situation der Kreditunfähigkeit zurückgeworfen[1021]. Zusammenfassend lässt sich hierzu ausführen: Auch kündbare Darlehen sind nicht geeignet, eine Finanzplanung auszuweisen, die von vornherein nach der Kapitalstruktur darauf angelegt ist, Eigenkapitalfunktionen zu übernehmen und es rechtfertigt, Gesellschafter in der Kreditunfähigkeit die Gesellschafter an dieser Ausrichtung festzuhalten.

(2) Novellen-Regeln

Die Rechtsfolgen kapitalersetzender Gesellschafterleistungen gewinnen im Anwendungsbereich der Rechtsprechungs-Regeln insbesondere durch ihre Anbindung an die Normen der Kapitalerhaltung Kontur. Für die Rechtsfolgen einer Subordination im Geltungsbereich der Novellen-Regeln gelten andere Besonderheiten. Zwar greifen nach dem hier vertretenen Verständnis einer Umqualifizierung in haftendes materielles Eigenkapital im Anwendungsbereich der Novellen-Regeln identische Wertungen ein. Gleichwohl begründet die insolvenzrechtliche Ausrichtung der Novellen-Regeln Abweichungen in den Rechtsfolgen. Die vollständige Umqualifizierung eines Finanzplandarlehens in materielles Haftkapital kommt erst dann zum Tragen, wenn die Gesellschaft ihre Kreditfähigkeit bei Dritten eingebüßt hat. Derart umqualifizierte Mittel sind indes nach den Novellen-Regeln - anders als nach den BGH-Regeln - unter keinen Umständen gegen eine Rückzahlung an die Darlehensgeber gesperrt. Hier gelten keinerlei Besonderheiten: Auszahlungsbegehren der Gesellschafter kann sich der Geschäftsführer - ihre Durchsetzbarkeit vorausgesetzt - nicht widersetzen. Dies auch dann nicht, wenn die Gesellschaft dieser Mittel dringend bedarf, um nicht in eine Schieflage zu geraten.

Die indes unmittelbar, nicht nur mittelbar, wirkenden Rechtsfolgen kommen erst dann zum Tragen, wenn über das Vermögen der Gesellschaft das Insolvenzverfahren nicht nur beantragt, sondern auch eröffnet worden ist[1022].

Entsprechendes gilt für die Berücksichtigung derart umqualifizierter Fremdmittel im Vergleichsverfahren[1023]. Im Zusammenhang mit der hier erörterten Fallgruppe der Finanzplanfinanzierungen könnten im Rahmen der Novellen-Regeln insbesondere Fragen der Geltung von „Anfechtungsfristen“ Bedeutung erlangen. Die Anfechtung von Befriedigungshandlungen der Geschäftsführung durch den

---

1021 Dazu bereits oben IV. 2.

1022 Hachenburg/Ulmer, GmbHG, §§ 32 a, b, Rz. 65 ff., m. w. N.

1023 Hachenburg/Ulmer, a. a. O., §§ 32 a, b, Rz. 65.

Insolvenzverwalter ist unverzichtbares Tatbestandsmerkmal der Novellen-Regelungen. Erst die Anfechtung im Insolvenzverfahren stellt die Rechtsfolge her: Materielles Eigenkapital der Gesellschaft, welches im Jahr vor der Eröffnung an die Gesellschafter zurückgeführt worden war, ist der Insolvenzmasse zu erstatten. Abstimmungsprobleme könnten sich jedoch ergeben zwischen dem Datum der Rückzahlung und der Aktivierung der Umqualifizierung durch den (bevorstehenden) Kriseneintritt. Diese Problematik ist insbesondere von Bedeutung für die hier für möglich gehaltene Fallgestaltung bzw. Rechtsfolge, dass Finanzplandarlehen auch dann nicht mehr (endgültig) als Forderungen dem Gesellschaftsvermögen zugehörig sind, wenn erst ihr Abzug die Gesellschaft in die Kreditunfähigkeit stürzt[1024]. Fraglich könnte hier sein, wann die Jahresfrist zu laufen beginnt.

Denkbar ist insoweit die Unternehmensentwicklung in der Weise, dass die Gesellschaft bereits bei Rückzahlung oder doch mit der Rückzahlung finanzplangebundenen Gesellschafterfremdmittel in die Finanzierungskrise fällt. Dieser Sachverhalt ist im Ergebnis rechtssicher zu beurteilen: Tritt die Risikoverlagerung für die Gläubiger mit der Mittelrückzahlung ein bzw. lag die Finanzierungskrise schon vorher vor, so muss die Anfechtungsfrist sofort mit der Auszahlung zu laufen beginnen.

Dies mag anders zu beurteilen sein, wenn eine solche Finanzierungskrise im Zusammenhang mit der Befriedigungshandlung nicht zu beobachten ist, jedoch später eintritt und innerhalb eines Jahres nach der Auszahlung das Insolvenzverfahren eröffnet werden muss. Im Ergebnis ist eine Einbindung dieser Sachverhalte in den Anwendungsbereich der Novellen-Regeln abzulehnen. Denn die Gesellschaftermittel verlassen in einem Zeitpunkt die Gesellschaft, zu dem in den Augen Dritter eine Finanzierungskrise und damit eine Überwälzung unternehmerischer Risiken noch nicht vorlag. Zweifelhaft ist aber, ob eine gewissermaßen nachfolgende Kreditunfähigkeit Gesellschafterdarlehen auch nach ihrer Rückzahlung noch infizieren kann. Ansatzpunkt könnte hier nur die Überlegung sein, dass über ihre Unverzichtbarkeit in der Finanzplanung derartige Finanzplanausstattungen in jedem Fall bei nachfolgender Krise im Jahr vor der Insolvenzeröffnung an die Masse zu erstatten sein müssten. Diese Auffassung ist jedoch im Ergebnis abzulehnen. Sie unterschlägt, dass die Gesellschafter mit ihrer De-Finanzierungsentscheidung und deren Vollzug in einem Zeitpunkt das

---

1024 Vgl. auch Lutter/Hommelhoff, GmbHG, §§ 32 a, b, Rz. 19 ff.; von Gerkan/Hommelhoff, Kapitalersatz, S. 205 f.; offen gelassen bei BGHZ 104, 33.

Betriebskapital der Unternehmung schmälern, indem dieses bei Dritten noch keine negativen Einschätzungen ausgelöst hätte.

Der unmittelbare Zusammenhang zwischen Mittelabzug und Finanzierungskrise ist insoweit nicht gegeben; ein Verstoß gegen die Folgeverantwortung einer Darlehensfinanzierung ist nicht belegbar.

Er lässt sich auch kaum noch herstellen, wenn die Mittel erst einmal (als Fremdmittel, wenn auch mit Einbindung in die Finanzplanung) abgeflossen sind. Ein Rechtssatz - etwa analog der vom BGH zur Re-Umstrukturierung ehedem kapitalersetzender Mittel in der Jahresfrist vertretenen Auffassung - des Inhalt, dass alle unverzichtbar geplanten Mittel auch umqualifiziert werden, wenn nach ihrem Abfluss binnen eines Jahres das Insolvenzverfahren eröffnet wird, gibt es nicht. Im Ergebnis bleibt es dabei: An den Abfluss nach der Finanzplanung als unverzichtbar gedachter Mittel können nur dann die Rechtsfolgen der Novellen-Regeln geknüpft werden, wenn mit dem Abzug eine Finanzierungskrise in unmittelbarem zeitlichem und sachlichem Zusammenhang steht.

e) **Beweisfragen**

Für die praktische Anwendung dieses Ergebnisses ist die Frage nach den Beweisführungspflichten zum Nachweis des materiellen Eigenkapitalcharakters, des Kapitalersatzcharakters von elementarer Bedeutung. Da sich die Subordination von formellem Gesellschafterfremdkapital nur anhand normativer Wertungen vornehmen lässt, ist der Nachweis eines letztlich kapitalersetzenden Tatbestands notwendig mit Unsicherheiten behaftet[1025]. Diese gehen notwendig zu lasten dessen, der mit der Beweisführung belastet ist[1026].

ea) Grundsatz

Für das Kapitalersatzrecht der BGH- wie der Novellen-Regeln gelten in Beweisfragen grundsätzlich die allgemeinen Regeln[1027]. Danach hat jeder Verfahrensbe-

---

[1025] Schon hins. Kreditunfähigkeit nicht unproblematisch, vgl. nur Häuselmann, u. a., Finanzierung, S. 67 ff.

[1026] Insoweit allg. Grds. d. Verfahrensrecht, dazu allgemein Thomas/Putzo, ZPO, Vorb. § 284, Rz. 17 ff.

[1027] Scholz/K. Schmidt, a. a. O., §§ 32 a, b, Rz. 52; Hachenburg/Ulmer, a. a. O., §§ 32 a, b, Rz. 64, m. w. N.

teiligte die für ihn günstigen Tatsachen, auf die er sich beruft, auch zu beweisen[1028]. Für das Kapitalersatzrecht bedeutet dies: Der Insolvenzverwalter, der im eröffneten Insolvenzverfahren der Anmeldung von Gesellschafterfremdfinanzierungen zur Insolvenztabelle widersprechen oder im Jahr vor der Verfahrenseröffnung ausgeführte Befriedigungshandlungen anfechten will, muss den Kapitalersatzcharakter für den jeweils relevanten Zeitpunkt nachweisen. Gleiches gilt etwa auch für den Geschäftsführer, der ein Tilgungs- oder Rückzahlungsbegehren mit Hinweis auf den (ggf. inzwischen eingetretenen) Haftkapitalcharakter im Rahmen der BGH-Regeln ablehnen will[1029].

eb) Anwendung auf Finanzplankredite

Diese allgemeinen Grundsätze finden auf die hier behandelte Fallgruppe aus dem Spektrum der Finanzplandarlehen im Ergebnis uneingeschränkt Anwendung. Für Vermutungsregelungen, die letztlich zu einer Umkehrung der Beweisart für die Widerlegung der Vermutung führen, ist hier kein Raum. Derartige Überlegungen waren angebracht, wo die Vermutung an einem Finanzierungssachverhalt anknüpfen konnte, der die Erwartung rechtfertigte, dass mit der konkreten Finanzierungsstruktur bereits eine unangemessene Risikoverlagerung auf die Gläubiger verbunden war[1030].

Derart weit reichende Konsequenzen erscheinen nicht zulässig, wenn sich die Einbeziehung der Fremdmittel in die gesellschafterliche Finanzplanung darin erschöpft, dass der Verbleib der Mittel in der Gesellschaft für den geplanten Zeitraum unverzichtbar ist, um die gesteckten Ziele zu erreichen[1031]. Für dahinter zurückbleibende Finanzplanfinanzierungen können indes allein die allgemeinen Regeln Anwendung finden. Dies führt zu folgenden Konsequenzen:

Der Insolvenzverwalter oder der Geschäftsführer, der sich auf die Subordination der Gesellschafterleistung nach den Grundsätzen der Finanzplanausstattung beruft, muss zweierlei darlegen und ggf. beweisen:

Zum einen bedarf es des Beweises der Behauptung, dass die Mittel nach der Planung der Gesellschafter unverzichtbar waren. Zwar beruht dieses Ergebnis seinerseits bereits auf Wertungen. Jedoch stützen sich diese wiederum auf Tat-

---

1028 Im Detail a. A.: Rowedder, GmbHG, § 32 a, Rz. 209.

1029 Zur Haftungsverantwortung des Geschäftsführers vgl. § 31 Abs. 6 GmbHG.

1030 Vgl. hierzu bereits oben V. 10. g) gb).

1031 Entsprechend die Tatbestandsbildung in BGHZ 104, 33 ff.

sachen wie der vereinbarten Laufzeit, die unternehmerischen Ziele und die geplante Kapitalstruktur.

Die insoweit relevanten Tatsachen müssen vorgetragen werden vom Insolvenzverwalter bzw. vom Geschäftsführer. Es ist das erste Tatbestandsmerkmal der hier diskutierten Fallgruppe, dass die Ausrichtung der Finanzierung auf die unternehmerischen Interessen der Gesellschaft unter Übernahme von Eigenkapitalfunktionen erfüllt.

Nach dem hier vertretenen Verständnis ist eine solche Finanzplanfinanzierung zunächst nur auf eine Ersatzkapitalqualifikation angelegt. Einer vollständigen Umqualifizierung ist sie erst dann zugänglich, wenn die Unternehmung in eine Finanzierungskrise geraten ist. Dies setzt voraus, dass Dritte nicht mehr bereit gewesen sind, die Gesellschaft mit Fremdkapital zu finanzieren.

Der Anspruchsführer, der also verhindern will, dass Darlehenskapital unter Verstoß gegen die Kapitalerhaltungsvorschriften an die Gesellschafter zurückgezahlt wird, eben solches Kapital zur Insolvenztabelle angemeldet wird oder der zuvor geleistete Zahlungen nach § 135 InsO anfechten will, muss also kumulativ nachweisen, dass die Gesellschaft in den Augen Dritter kreditunfähig war oder ist[1032]. Eine Beweisführung der darlehensgebundenen Gesellschafter kommt nur entsprechend den allgemeinen Regeln in Betracht. Danach haben die Gläubiger einer kapitalersetzenden Gesellschafterfremdfinanzierung die Voraussetzungen nachzuweisen, die die einmal festgestellte Ersatzkapitalqualität wieder haben entfallen lassen[1033]. Die Gläubiger einer kapitalersetzenden Finanzplanfinanzierung haben danach zu beweisen, dass entweder die Bedeutung der Finanzierung für die Finanzplanung entfallen war oder aber Dritte inzwischen (wieder) bereit sind, die Gesellschaft mit ihren spezifischen Finanzierungsbedingungen wie etwa Geschäftsumfang und Eigenkapital mit eigenen Fremdmitteln dauerhaft zu finanzieren[1034]. Dieser Befund gilt für die BGH- wie für die Novellen-Regeln gleichermaßen. Demzufolge gewinnt die umstrittene Frage auch hier Bedeutung, ob Rückzahlungen einmal als kapitalersetzend qualifizierter Darlehen, die im Jahr vor der Insolvenzeröffnung getätigt wurden,

---

[1032] Dies ist nicht notwendig mit ihrer Liquidationsnotwendigkeit gleichzusetzen.

[1033] Vgl. soeben V. 14. e) ea).

[1034] So BGHZ 31, 258, 268 f.; 67, 171, 177 f.; 75, 334, 337; 90, 381, 388; Scholz/K. Schmidt, Rz. 39; Schlegelberger/K. Schmidt, § 177 a, Rz. 27; K. Schmidt, ZHR 1983, 165, 188; Lutter/Hommelhoff, GmbHG, §§ 32 a, b, Rz. 176.

damit als nachrangiges Haftkapital unwiderleglich sind[1035]. Die kategorische Haltung der Rechtsprechung scheint vor allem dadurch getragen, dass die Kapitalersatzqualifikation auf die Situation der existenziellen Bedrohung der Gesellschaft bezogen und beschränkt sind. Erkennt man aber an, dass der eigentlich dem objektiv-rechtlichen Kapitalersatzrecht zugrunde liegende Umqualifizierungsansatz der unzulässigen Risikoabwälzung in der Kreditunfähigkeit nicht nur bei Existenzbedrohung, sondern auch schon davor trägt, dann muss auch innerhalb der Jahresfrist des § 135 InsO Raum sein, die Voraussetzungen der Widerlegung einer solchen Risikoverlagerung zuzulassen.

15. Schutz der Gläubiger über nicht kapitalersatzspezifische Rechtsinstitute

Eine gründliche Auseinandersetzung mit planmäßiger, an den Zielen der Gesellschaft ausgerichteter Gesellschafterfremdfinanzierung hat sowohl für den Bereich der einlagengleichen wie auch der kapitalersetzenden Finanzplanfinanzierungen ein breit ausdifferenziertes Bild an Tatbestandsvoraussetzungen und Rechtsfolgen ergeben. Indes scheint es nicht ausgeschlossen, eben diese Finanzierungssachverhalte auch unter weiteren, im Kern außergesellschaftsrechtlichen Gesichtspunkten zu würdigen. Neue Finanzplangestaltungen sollen an dieser Stelle nicht entwickelt werden. nahe liegend ist vielmehr die Erwartung, dass die bereits vorgestellten Möglichkeiten der Finanzplanfinanzierung nicht nur eindimensional als einlagengleiche oder kapitalersetzende Finanzierungen, sondern auch unter weiteren allgemeinen zivilrechtlichen Aspekten im Interesse der Gläubiger zu würdigen sind.

In Betracht kommen ganz unterschiedliche Ansätze, die im Folgenden jedenfalls kursorisch vorgeführt werden sollen.

a) Vertrauensschutz auf finanzplangemäße Fremdfinanzierung

Eine Rechtspflicht der Gesellschafter, Fremdfinanzierungen der Gesellschaft zu belassen, wenn diese nach der Finanzplanung auf Dauer oder doch auf Zeit für unverzichtbar gehalten wurden, um die gesellschafterlichen Ziele zu erreichen, könnte sich unter dem Gesichtspunkt des Vertrauensschutzes ergeben. Von zentraler Bedeutung ist der etwaige Schutz des Gläubigervertrauens in die Erwartung, die Gesellschafter werden ihre für die Verfolgung und Realisierung

---

[1035] Dazu bereits oben V. 12. l).

der unternehmerischen Vorgaben konzipierten Darlehensgewährungen der Gesellschaft als Betriebsgrundlage erwartungsgemäß belassen[1036]. Sollte sich ein solcher Vertrauensschutz auf den Fortbestand einer bestimmten Finanzierungsstruktur entwickeln lassen, so hätte dieser eine von vornherein vorgegebene Wirkrichtung. Die Gesellschafter wären verpflichtet, die verabredete und vollzogene Kapitalstruktur beizubehalten, soweit diese tatsächlich als notwendige Betriebsgrundlage unverzichtbar ist.

Damit ist jedoch nicht etwa darüber befunden, ob sich mit diesen Vorgaben ein Haftkapitalcharakter der finanzplangebundenen Mittel verbindet.

aa) Konkreter oder abstrakter Vertrauensschutz?

Versucht man derartige Rechtsfolgen im Interesse der Gläubiger zu entwickeln, erfolgt die entscheidende Weichenstellung in der zutreffenden Tatbestandsbildung. Worauf könnte sich das Vertrauen der Gläubiger stützen und in welchem Umfang ist es schutzwürdig?

Ein konkretes Vertrauen eines Gläubigers auf eine bestimmte Finanzierungsstruktur und ihren Fortbestand dürfte weitgehend ausscheiden. Sie ist den Fällen vorbehalten, in denen die aktuellen und potentiellen Gläubiger der Gesellschaft eine bestimmte Finanzierungsstruktur in ihre Entscheidung, mit der Gesellschaft in Geschäftsbeziehung zu treten, aufgenommen haben. Damit kommt ein solcher konkreter Vertrauensschutz von vornherein allein für eine vertraglich begründete Gläubigerstellung in Betracht. Gesetzliche, insbesondere deliktische Schuldverhältnisse scheiden als Anwendungsfälle konkreten Vertrauensschutzes aus.

Derart konkret begründetes Vertrauen scheint allenfalls dort möglich, wo die Gesellschafter ihre Finanzplanung und Finanzierungsstruktur öffentlich gemacht haben[1037].

Jedenfalls in diesen Fällen könnte ein Vertrauenstatbestand daran anknüpfen, dass den Gläubigern eine Kenntnis der Finanzierungsumstände möglich und auch entscheidungsbeeinflussend war.

[1036] Hommelhoff/Kleindiek, Festschrift 100 Jahre GmbHG, S. 442; Lutter/Hommelhoff, ZGR 1979, 31.

[1037] Ebenso: Schön, ZGR 1990, S. 220 ff. für gesplittete Einlagen.

Als Vertrauenstatbestand kommt in Betracht, dass Gläubiger in der Erwartung einer kontinuierlichen Finanzierungsstruktur etwa Lieferverpflichtungen eingehen, deren Begleichung unsicher werden könnte, wenn die Gesellschafter erwartungswidrig die erforderlichen Mittel abziehen. Der Anwendungsbereich solcher publizierter Finanzpläne dürfte für die GmbH gegenüber der Publikums-KG[1038] ungleich geringer sein.

Selbst in der publizitätspflichtigen GmbH dringen Einzelheiten der Finanzierungsgestaltung nicht nach außen. Die Angaben etwa des Anteils der langfristigen Darlehensverbindlichkeiten, insbesondere gegenüber Gesellschaftern, sind noch keine hinreichende Grundlage für einen allgemeinen zivilrechtlichen Vertrauensschutz. Von vornherein aussichtsreicher erscheint es, eine Bindung von den Gesellschaftern als unverzichtbar behandelter Darlehen über eine Rechtsfigur des abstrakten Vertrauensschutzes zu erzielen. Versuche dieser Art wurden bereits frühzeitig unternommen, um die Umqualifizierung von Gesellschafterdarlehen unter dem Regime der Rechtsprechungs-Regeln, aber auch bereits in Erwartung der GmbH-Novelle zu erklären[1039]. Der Vertrauenstatbestand wird danach auf einer Grundlage gebildet, die das individuelle Vertrauen jedes einzelnen Gläubigers in bestimmte Finanzierungssachverhalte nicht länger erfordert. Schutzwürdig soll sein das Vertrauen des allgemeinen Geschäftsverkehrs, der - im Rahmen des Ersatzkapitalrechts - darauf vertrauen soll, dass eine GmbH die Leistungsfähigkeit aufweist, um erfolgreich wirtschaften und ihre Gläubiger befriedigen zu können.

Im Rahmen des Kapitalersatzrechts bezieht sich dieser Ansatz konkret auf die Leistungsfähigkeit einer GmbH, die ihr Unternehmen auf der Grundlage von Kapitalersatz betreibt[1040].

Sollte diese Annahme insoweit übertragbar sein, so müsste der Geschäftsverkehr gleichfalls darauf vertrauen, dass eine mit unverzichtbarem Gesellschafterfremdkapital planmäßig ausgestattete Gesellschaft über die Finanzierung leistungsfähig gehalten wird.

Im Interesse des Geschäftsverkehrs biete es sich vordringlich an, den Gesellschafter an der durch seine Kapitalzufuhr geschaffenen Lage, an dem Eindruck eines prosperierenden oder doch ohne große Schwierigkeiten arbeitenden Unter-

---

1038 Hierzu: Schön, a. a. O., S. 234 ff.

1039 Lutter/Hommelhoff, ZGR 1979, 31, 37 f.

1040 Lutter/Hommelhoff, a. a. O., S. 38.

nehmens festzuhalten[1041]. Dies führt zu der Rechtsfolge, dem Gesellschafter den Abzug der Darlehensmittel solange zu versagen, wie die Gesellschaft auf die Mittel angewiesen ist, um nicht in die Krise zu stürzen oder in ihr zu verbleiben[1042].

Fraglich ist indes, ob jedenfalls die planmäßige Fremdfinanzierung mit unverzichtbarem Gesellschafterkapital zu einer objektiven Enttäuschung veranlassten Vertrauens führt, wenn die Mittel planmäßig bzw. in Abänderung des ursprünglichen Plans abgezogen werden. Diese Hypothese muss sich den gleichen, letztlich durchgreifenden Bedenken stellen, die auch gegen diesen Ansatz im Rahmen des Ersatzkapitalrechts vorgebracht werden. Im Kern beruhen diese darauf, dass es ein schutzwürdiges Vertrauen des Rechtsverkehrs in eine bestimmte Leistungsfähigkeit der Gesellschaft nicht gebe. Daran überzeugt, dass die GmbH nicht mit einem bestimmten ihre Leistungsfähigkeit sichernden Eigen- oder Fremdkapital auszustatten ist. Die Gesellschafter sind insoweit ganz weitgehend frei[1043].

ab) Befund

Ein Vertrauensschutz kann allein an den zwingenden gesetzlichen Kapitalaufbringungs- und -erhaltungsvorschriften ansetzen. Danach könnten die Gläubiger auf die Finanzierung mit dem satzungsmäßig versprochenen und im Handelsregister verlautbarten Stammkapital vertrauen. Aber auch dieses Vertrauen ist eng begrenzt: Zum einen sind die Gesellschafter nicht verpflichtet, Stammeinlageverpflichtungen in einem Umfang einzugehen, die die Leistungsfähigkeit der Unternehmung gemessen an Geschäftsumfang und Schuldenlast aufrechterhalten.

Zum anderen ist das Kapitalaufbringungs- und -erhaltungsrecht in der GmbH nicht so ausgelegt, dass die Gläubiger auf einen effektiven Vermögensstand der Gesellschaft in der zugesagten Höhe vertrauen dürfen.

Denn für die Ansprüche der Gesellschaft gegen jeden Gesellschafter auf Leistung der Stammeinlage kommt es zunächst darauf an, ob der Gesellschafter zur

---

[1041] So Lutter/Hommelhoff, a. a. O., S. 38.

[1042] Lutter/Hommelhoff, a. a. O., S. 38; in Bezug auf Finanzplankredite Lutter/Hommelhoff, GmbHG, §§ 32 a, b, Rz. 19 ff.; Hommelhoff/Kleindiek, Festschrift 100 Jahre GmbHG, S. 4.

[1043] Zur Finanzierungsfreiheit, vgl. Teil 1, II. 2. a).

Zahlung wirtschaftlich in der Lage ist; hier mag indes noch die Schuldnerhaftung der anderen Gesellschafter helfen[1044].

Nicht gefeit ist die Vermögenslage der Gesellschaft dagegen, dass Gesellschaftsvermögen verwirtschaftet wird. Insoweit können die Gläubiger nicht einmal darauf vertrauen, dass mit Eintritt der Überschuldung der Insolvenzantrag gestellt wird, auch wenn der Geschäftsführer hierzu verpflichtet ist. Im Übrigen schlagen hier die Bewertungsunzulänglichkeiten im Insolvenzgrund der Überschuldung zu lasten der Gläubiger durch[1045]. Wie wenig die Gläubiger unter Vertrauensschutzgesichtspunkten dagegen geschützt sind, dass die Leistungsfähigkeit der Gesellschaft durch einen hinreichenden Eigenmittelbestand gewahrt ist, zeigen die weitgehenden Möglichkeiten der De-Finanzierung ungebundenen Eigenkapitals.

Eigenmittel, die sich etwa in den Gewinnrücklagen befinden, können ohne Berücksichtigung der Gläubigerinteressen ausgeschüttet werden, solange sie nicht der Erhaltung des Stammkapitals bzw. des Nachschusskapitals dienen. Wenn aber insoweit Vertrauensschutzgesichtspunkte bei der De-Finanzierung von Eigenkapital keine Rolle spielen, können für den Abzug von betriebsnotwendig gedachter Darlehen keine strengeren Maßstäbe gelten. Ihre Grenze findet diese Überlegung allein im Verbot des existenzvernichtenden Eingriffs. Eine Bindung von Gesellschafterdarlehen allein unter dem Gesichtspunkt der objektiven Enttäuschung veranlassten Vertrauens hat daher wohl keine Aussicht auf Erfolg.

b) Deliktischer Gläubigerschutz

Jenseits einer Umqualifizierung formellen Gesellschafterfremdkapitals in haftenden Kapitalersatz kommt in Betracht, den Abzug finanzplangebundener Finanzierungen auch über das Deliktrecht zugunsten der Gläubiger zu erfassen. Zwar scheint es überwunden, die Umqualifizierung von Gesellschafterdarlehen mit einem derartigen Ansatz zu erklären[1046]. Dies schließt es aber nicht aus, außerhalb der Rechtsprechungs- und Novellen-Regeln auf Schadensersatznormen im Einzelfall zurückzugreifen.

1044 Vgl. § 31 Abs. 3 GmbHG.

1045 Hierzu: Roth, ZGR 1993, S. 170 ff.

1046 So die Ausgangsüberlegung hinsichtlich materieller Unterkapitalisierung vgl. etwa: Hachenburg/Ulmer, GmbHG, Anh. § 30, Rz. 30 ff.

Deliktisch relevant könnte ein Verhalten der Gesellschafter sein, das finanzplangebundene Darlehen der Gesellschaft entzieht, und diese in der Folge in die Krise, letztlich in Insolvenz gerät, und Gläubiger zwangsläufig mit ihren Forderungen ausfallen. Da ein solches De-Finanzierungsverhalten nur das allgemeine Vermögen, nicht aber absolute Rechte der Gesellschafter treffen könnte, käme als relevante Anspruchsnorm allein § 826 BGB in Betracht. Dies offenbart von vornherein den eher schmalen Anwendungsbereich der Norm in diesem Zusammenhang. Denn erforderlich ist eine vorsätzliche sittenwidrige Schädigung des Gläubigervermögens. Diese wird sich nur in seltenen Fällen ausmachen lassen. Denn die Anforderungen sind eher hoch[1047]. Zwar könnte eine konsequente Anwendung der Norm auch auf das Schädigen von Gläubigern lediglich in Kauf nehmendes Verhalten den Anwendungsbereich erweitern. Größere Hürde ist das Merkmal der Sittenwidrigkeit. Dass die De-Finanzierung der GmbH im Eigeninteresse der Gesellschafter mit negativen Auswirkungen auf die Gläubigerbefriedigung zugleich gegen das Anstandsgefühl aller billig und gerecht Denkenden verstößt, ist abzulehnen. § 826 BGB kommt wohl nur dort in Betracht, wo der Gesellschafter die Unternehmung mit dem Abzug der nach wie vor erforderlichen Mittel grundlos um ihre wesentliche Betriebsgrundlage bringt und die Restfinanzierung der Gesellschaft den Gläubigern keine realistische Aussicht auf Befriedigung erhält.

c) Bindung über das Verbot selbstwidersprüchlichen Verhaltens

Mit dem Verbot widersprüchlichen Verhaltens begegnet ein Rechtsinstitut, das heute wie auch in der Vergangenheit häufig herangezogen wurde, um die objektiv-rechtliche Umqualifizierung von Gesellschafterdarlehen in nachrangiges Haftkapital zu belegen[1048]. Ob dies ein hinreichendes Kriterium ist, formelles Gesellschafterfremdkapital zu subordinieren, ist oft bezweifelt worden[1049].

Auch wenn man sich dieser Kritik hinsichtlich des Ersatzkapitalrechts anschließt; weitergehend kommt es in Betracht, dem Abzug von unverzichtbaren Gesellschafterdarlehen entgegenwirken zu können. Im Zusammenhang mit der Bindung von Finanzplandarlehen im Betriebs- und Investitionsmittelfonds der

---

1047 Hierzu: Hachenburg/Ulmer, §§ 32 a, b, Rz. 17; unter Hinweis auf BGH NJW 1979, 2104, 2105; DB 1988, 1848; OLG Karlsruhe, BB 1978, 1332, 1333; BSG NJW 1984, 2117, 2119.

1048 Ein Ansatz wird häufig in § 242 BGB gesucht, z. B. Hachenburg/Ulmer, GmbHG, §§ 32 a, b, Rz. 33.

1049 So bereits: Lutter/Hommelhoff, ZGR 1979, 31.

Gesellschaft wird das „venire contra factum proprium" des öfteren herangezogen[1050]. Ob dieser Ansatz in nennenswertem Umfang tragfähig ist, erschließt sich erst, wenn die Voraussetzungen und Rechtsfolgen dieses Rechtsinstituts in ihren Grundzügen dargelegt sind. Das Verbot widersprüchlichen Verhaltens ist eine Konkretisierung des Verhaltensgebots aus § 242 BGB. Treuwidrig handelt danach derjenige, welcher durch sein Verhalten die berechtigte Erwartung Dritter geweckt hat, er werde zu seinem Verhalten und dessen Folgen stehen[1051]. Diese Erwartung ist indes nur dann schutzwürdig, wenn der andere Teil sein Vertrauen in den Sachverhalt auch dokumentiert hat, also seinerseits Dispositionen getroffen hat, die den Fortbestand der ursprünglichen Verhältnisse zur Grundlage haben[1052]. Nach diesen Maßgaben ist nun das Finanzierungsverhalten und De-Finanzierungsgebaren von Gesellschaftern zu beurteilen, die sich an der Finanzplanfinanzierung der Gesellschaft beteiligt haben, dieses Engagement jedoch nun wieder zurückführen wollen. Als ggf. schutzwürdiges Gegenüber kommen sowohl die übrigen Gesellschafter, die Gesellschaft selbst wie auch ihre Gläubiger in Betracht.

Für alle Beteiligten ist jedoch gleichermaßen zu überlegen, welche Finanzierungssachverhalte überhaupt in der Lage sein könnten, eine Selbstbindung des darlehensgebenden Gesellschafters zu veranlassen.

Anknüpfungspunkt kann allein die durch die Finanzplanung und ihre - auch nach außen verlautbarte - Umsetzung in den Kreditbedingungen angelegte Ausrichtung des geplanten Investitionsmittel- und Betriebsmittelbedarfs auf die Gesellschafterfremdfinanzierung sein.

Diese vom Finanzierungsvolumen der Gesellschafterdarlehen wie auch von den vorgegebenen unternehmerischen Zielen geprägte Kapitalstruktur ist dann im Rahmen des „venire contra factum proprium" relevant, wenn die anderen Beteiligten die Erwartung hegen durften, diese Mittel blieben entsprechend der ursprünglichen Konzeption in der Gesellschaft[1053].

[1050] Wiedemann, Festschrift Beusch, S. 909 ff.; K. Schmidt, Gesellschaftsrecht, § 18 III 4 b; Scholz/K. Schmidt, §§ 32 a, b, Rz. 38, 41, 51; jedoch ohne unmittelbare Bezugnahme auf den Aspekt widersprüchlichen Verhaltens.

[1051] Allg. zu dieser Konkretisierung mit Blick auf Gesellschafterdarlehen auch Wiedemann, Festschrift Beusch, S. 905 ff.

[1052] Allg. hierzu in diese Richtung auch: Schön, ZGR 1990, S. 234 ff., hinsichtlich publizierter stiller Einlagen.

[1053] So deutlich: Wiedemann, Festschrift Beusch, S. 910.

Ausgeschlossen ist dieser Befund zunächst für zwei Hauptfallgestaltungen. Darlehen, die frei kündbar gestaltet sind oder die von vornherein nur befristet ausgereicht wurden, können bei abredegemäßer Behandlung im Zusammenhang mit ihrer Rückführung nicht den Vorwurf widersprüchlichen Verhaltens nach sich ziehen. Im Mittelpunkt des Interesses stehen die Fallgestaltungen, in denen unbefristete, ggf. an die Mitgliedschaft gebundene Finanzplanmittel unter Aufhebung der ursprünglichen Vereinbarung - insoweit vorzeitig - an die Gesellschaftergläubiger zurückgewährt werden. Gleiches gilt für die Aufhebung von Befristungsabreden oder Mindestlaufzeiten, letztlich also um Eingriffe in die Finanzierungsstruktur, ohne dass sich an den unternehmerischen Zielvorgaben wesentliches geändert hätte. Fraglich ist jedoch, ob eine De-Finanzierung unter diesen Umständen in einem im Sinne des § 242 BGB relevanten Maß im Widerspruch zu dem Finanzierungsvorverhalten des Gesellschafters steht. Anzuerkennen ist dies allenfalls für jene weit reichenden Fallgestaltungen, in denen die Gesellschafter ihre Darlehen inhaltlich wie Risikokapital ausgestellt haben, ohne indes damit zugleich den Übertritt in eine einlagengleiche Finanzierung getan zu haben[1054]. Damit taugt das Verbot widersprüchlichen Verhaltens auch außerhalb des Kapitalersatzrechts nur bedingt, um Finanzplanfinanzierungen - wenn auch als Fremdkapital - in der Gesellschaft zu binden.

16. Ausblick

Die Gesamtbetrachtung des Kapitalersatzrechts führt zu einem klaren Befund: Schon die „klassischen" Fallgruppen Eigenkapital ersetzender Gesellschafterdarlehen, noch mehr aber ihre Erweiterung um das Phänomen der Finanzplandarlehen, macht deutlich, dass die Finanzierungsfreiheit der Gesellschafter mit einer weiteren Belastung der korrespondierenden Finanzierungsverantwortung belegt ist. Uneingeschränkt gilt die Finanzierungsfreiheit nur hinsichtlich des Finanzierungs-„Ob". Bis auf das Mindest-Stammkapital können die Gesellschafter hier frei über ihre Entscheidung zugunsten oder gegen ein finanzielles Engagement in der Gesellschaft verfügen[1055]. Anders dagegen beim Finanzierungs-„Wie". Mannigfaltige Einschränkungen der Finanzierungsfreiheit folgen hier dem Gebot des Gläubigerschutzes und heben die Wahl einer Darlehensfinanzierung weitgehend auf. Dabei spielen Gesichtspunkte der den Gläubigern zumutbaren Risikotragung eine maßgebliche Rolle. Finanzierungsfreiheit stellt

---

[1054] So auch: Wiedemann, a. a. O., S. 910.

[1055] Dazu – mit Blick auf die Rechtsprechungs-Regeln - vgl. bereits oben V. 1.

sich danach als verantwortete Freiheit dar; Gesellschafter müssen danach im Ergebnis doch auf die Befriedigungsbelange der Gläubiger Rücksicht nehmen und die Behandlung ihrer Darlehen als Eigenkapital hinnehmen[1056]. Einen wesentlichen Anteil an diesen Überlegungen hat die gebotene Risikoverteilung zwischen Gläubigern und finanzierenden Gesellschaftern. Dieser Ansatz kann fortgedacht werden und de lege ferenda zu einem Gebot angemessener Risikoverteilung entwickelt werden. Damit entstünde ein Konzept variablen Haftkapitals. Voraussetzung wäre indes, dass man sich auf eine bestimmte, nämlich „angemessene" Relation zwischen Gesamtrisiko der Gläubiger einerseits und demjenigen der Gesellschafter andererseits einigen könnte.

Ein Weg wäre es, die vermögenswerten Leistungen der Gesellschafter in dem Maße dem Risikokapital zuzuschlagen, wie eine angemessene Risikoverteilung dies geboten erscheinen lässt[1057]. Diese konzeptionelle Darstellung ist letztlich nicht mehr als eine konsequente Fortsetzung des Weges, den die GmbH-Novelle 1980 schon beschritten hat. Ebenso zeigt sich, dass zwischen dem Gedanken eines variablen Haftkapitals und den anerkannten Haftungsprinzipien kein unvereinbarer Gegensatz besteht, sobald diese in den Regeln zur Unterkapitalisierung die Finanzierung auf ein starres Haftkapital überwunden haben.

Auf dieser Grundlage könnten die Regel zur Umqualifizierung bei nomineller Unterkapitalisierung weiter entwickelt werden[1058]. Die gesetzesfortbildende Wirkung ist in ihren Ausgestaltungen auf die betroffenen Gesellschafter letztlich auch nur wenig tief greifend. Denn das ersehnte Wirtschaften mit einem minimalen Haftkapital funktioniert auch in der Praxis kaum. Setzen die Gesellschafter ihr Haftkapital niedrig an, so kommen sie doch ohne die Übernahme einer weiteren persönlichen Haftung gegenüber dritten Kreditgebern nicht aus[1059].

[1056] Zusammenfassender Überblick bei Raiser, Kapitalgesellschaften, S. 458 ff.

[1057] Tendenziell ebenso: Hommelhoff/Kleindiek, Festschrift 100 Jahre GmbHG, S. 441 f.

[1058] Vgl. etwa bereits: Wiedemann, Gesellschaftsrecht, S. 568 f.

[1059] Banken verlangen regelmäßig Sicherheiten der Gesellschafter.

Teil 4 Finanzplandarlehen und Nutzungsüberlassung

I. Ausgangslage

Die allgemeinen Voraussetzungen, unter denen eine Gebrauchsüberlassung gesellschaftereigener Güter bei der Gesellschaft Eigenkapital ersetzenden Charakter hat, sind von der Rechtsprechung und der ihr im Wesentlichen nachfolgenden h. M. weitgehend, aber nicht vollständig geklärt[1060].

Entsprechend hat sich insbesondere in der Spruchpraxis des BGH entwickelt, bestimmte Nutzungsüberlassungen in wesentlichen Rechtsfolgen der alternativ gedachten Überführung der Gegenstände oder Sachgesamtheiten in das Vermögen der Gesellschaft gleichzustellen[1061].

Die heute noch offenen Fragen im Bereich der kapitalersetzenden Nutzungsüberlassung beziehen sich sowohl auf die Tatbestands- wie auch auf die Rechtsfolgenseite. Geht es im Tatbestand vor allem darum, den kapitalersetzenden Charakter richtig zu beschreiben, so ist es Aufgabe der Rechtsfolgen, die daraus zu ziehenden Konsequenzen in Abstimmung mit den Grundsätzen ordnungsgemäßer Unternehmensfinanzierung zu entwickeln.

1. Tatbestand der Eigenkapital ersetzenden Nutzungsüberlassung

a) Überblick und relevante Umqualifizierungszeitpunkte

Schaut man sich im Rahmen des Kapitalersatzrechts den Tatbestand einer kapitalersetzenden Nutzungsüberlassung an, so geht es auch um die Zeitpunkte,

---

1060 Zum Meinungsstand heute: Hachenburg/Ulmer, GmbHG, §§ 32 a, b, Rz. 103 ff.; Scholz/K. Schmidt, GmbHG, §§ 32 a, b, Rz. 106 ff. sehr kritisch; Lutter/Hommelhoff, §§ 32 a, b Rz. 138 ff.; von Gerkan/Hommelhoff, Kapitalersatz, S. 204 ff.; im Nachgang der Lagergrundstückeentscheidungen vgl. insb. Oppenländer, DStR, 1993, 1523, 1525; Priester DB 1993, 1173, 1175 f.; Ebenroth/Wilken, BB 1993, 305, 309; K. Schmidt, ZIP 1993, 161; Häuselmann DZWiR 1993, 163; Heublein, ZIP 1998, 2253; zur Rechtslage nach der InsO, Kallmeyer, GmbHR 1999, S. 9.

1061 Vgl. nur Lagergrundstück I, BGHZ 109, 55; II, BGHZ 121, 31; III, BGHZ ZIP 1994, 1261; IV, BGHZ ZIP 1994; V, BGH ZIP 1997, 1375 = GmbHR 1997, 793 = Ewir 1997, S. 753 (von Gerkan).

in denen dieser verwirklicht sein kann; die relevanten Zeitpunkte sind dabei die, die auch bei der kapitalersetzenden Kapitalüberlassung im Mittelpunkt stehen. So stellt der BGH nicht nur auf den (erstmaligen) Abschluss des Überlassungsvertrages ab, sondern auch auf den Zeitpunkt der Entscheidung über seine Fortsetzung[1062]. Hinsichtlich letzterer soll es genügen, dass der Gesellschafter von einem Kündigungsrecht nicht Gebrauch macht, obwohl er hätte erkennen können, dass die Gebrauchsüberlassung für die Gesellschaft inzwischen zur unverzichtbaren Kapitalgrundlage geworden war[1063]. Entweder bei der Begründung oder bei der Fortsetzung des Gebrauchsüberlassungsverhältnisses müssen also die Voraussetzungen für den Eigenkapitalersatz vorliegen.

b) Materielle Anforderungen

Welches die Voraussetzungen einer kapitalersetzenden Qualifikation einer Nutzungsüberlassung sind, ist - wie gesagt - noch nicht vollends geklärt. Gleichwohl gibt es eine hierzu h.M., die sich an die obergerichtliche Entscheidungspraxis anlehnt[1064]. Danach müssen zu den relevanten Zeitpunkten die Voraussetzungen der Insolvenzreife oder doch der Kreditunwürdigkeit vorgelegen haben, wobei die Fälle des „Belassens“ einer ursprünglich „neutralen“ Gebrauchsüberlassung im Stadium nachträglich eingetretener Kreditunwürdigkeit in der Praxis wohl überwiegen; möglich erscheint auch, dass sich die Praxis diesem zweiten, dem Beurteilungszeitpunkt näheren Datum verstärkt zuwendet, da insoweit zeitnähere und somit verlässlichere Bewertungen möglich sind[1065].

Genauere Betrachtung verdient die bislang wohl bedeutendste Tatbestandsalternative, die Gebrauchsüberlassung oder -belassung in der Kreditunfähigkeit der Gesellschaft bei Dritten. Sie wird vom BGH dahin definiert, dass die Gesellschaft ohne die Unterstützung ihrer Gesellschafter nicht (mehr) in der Lage gewesen wäre, sich auf dem Kreditmarkt die erforderlichen Mittel zu beschaffen, um das benötigte Wirtschaftsgut ohne Vernachlässigung ihrer sonstigen

---

[1062] Vgl. etwa BGHZ 121, 31, 39, 41; BGH ZIP 1994, 1251, 1263; BGHZ 109, 55, 60; OLG Karlsruhe, ZIP 1994, 1183.

[1063] BGHZ 109, 55, 60.

[1064] Vgl. etwa die Nachweise bei: Hachenburg/Ulmer, a. a. O., Rz. 105 ff.; Lutter/Hommelhoff, a. a. O., Rz. 138 ff.; gegen etwa Scholz/K. Schmidt, a. a. O., Rz. 106 ff.; von Gerkan, ZHR 1994, S. 668.

[1065] Vgl. dazu BGH ZIP 1994, 1261, 1263; BGHZ 109, 55, 60.

Zahlungsverpflichtungen selbst zu erwerben[1066]. Zusätzlich jedoch stellt der BGH auf eine nutzungsüberlassungsspezifische Umqualifizierungsvoraussetzung ab: Eine Erfassung von Gebrauchsüberlassungen durch das Ersatzkapitalrecht komme nur dann in Betracht, wenn sich auch eine Überlassungsunwürdigkeit feststellen lasse[1067]. Diese liegt vor, wenn außer den Gesellschaftern kein außenstehender Dritter bereit gewesen wäre, der Gesellschaft den Gebrauch an dem benötigten Wirtschaftsgut zu überlassen. Gerade dieses Merkmal ist vielfältiger Kritik ausgesetzt: Zum Teil wird ganz grundsätzlich eingewandt, dass dieses Kriterium besonders deutlich vor Augen führe, wie die Einführung einer Fallgruppe der kapitalersetzenden Nutzungsüberlassung in § 32 a Abs. 3 GmbHG den Normzweck dieser Vorschrift überstrapaziere[1068]. Aber auch unter den Befürwortern der BGH-Rechtsprechung ist dieses zusätzliche Kriterium auf Kritik gestoßen.

Offenkundig ist jedoch dieses: Das von der Rechtsprechung geforderte Merkmal passt (unmodifiziert) nur dort, wo die Überlassung marktgängiger Standardwirtschaftsgüter auf ihre kapitalersetzende Funktion zu untersuchen ist. Geht es hingegen um die Überlassung unaustauschbarer Wirtschaftsgüter wie Betriebsgrundstücke, gewerblichen Schutzrechten oder ganzer Sachgesamtheiten, etwa in den Fällen der Betriebsaufspaltung, kann auf das als Kontrollüberlegung herangezogene Verhalten Dritter nicht verlässlich abgestellt werden[1069].

2. Rechtsfolgen kapitalersetzender Nutzungsüberlassung

Über die Rechtsfolgen, die mit der Qualifizierung einer Gebrauchsüberlassung als kapitalersetzend eintreten, herrscht weit weniger Klarheit als in der Tatbestandsbildung. Unklarheiten bestehen nach wie vor insbesondere deshalb, da der BGH bislang nur über ein einziges Rechtsfolgenproblem zu entscheiden hatte.

Dabei handelt es sich um die Frage, wie Nutzungsentgelte der Gesellschaft zu behandeln sind, die die Gesellschafter vor der Insolvenzeröffnung aus dem zur

1066 BGHZ 121, 33, 38; BGHZ 109, 55, 62 f.; kritisch: Büscher/Klusemann, ZIP 1991, 13; Lutter/Hommelhoff, a. a. O., Rz. 142; Hachenburg/Ulmer, Rz. 108.

1067 Hachenburg/Ulmer, a. a. O., Rz. 108; Lutter/Hommelhoff, Rz. 142; Scholz/K. Schmidt, a. a. O., Rz. 110 ff.; so insb. BGHZ 121, 31, 38.

1068 Scholz/K. Schmidt, a. a. O., Rz. 110 ff.

1069 Zur Problemsicht: Hachenburg/Ulmer, a. a. O., Rz. 109 ff.; Lutter/Hommelhoff, a. a. O., Rz. 142; BGHZ 121, 31, 39; zu Strategien der Risikovermeidung, Jebens/Wagner, DB 1998, 2253.

Erhaltung des Stammkapitals erforderlichen Vermögen oder - unabhängig von dieser sachlichen Begrenzung des § 31 GmbHG - binnen Jahresfrist vor Insolvenzeröffnung erhalten haben. Für dererlei Zahlungen auf vermeintlich schuldrechtliche Gebrauchsüberlassungen, materiell indes aus dem Gesellschaftsvermögen gilt in der Rechtsprechung: Wurde eine Nutzungsüberlassung als kapitalersetzend qualifiziert, so verstoßen Geschäftsführer und Gesellschafter gegen die Grundsätze der Kapitalerhaltung, wenn sie an den Gesellschafter den Mietzins aus Mitteln zahlen, die zur wertmäßigen Aufrechterhaltung der Stammkapitalziffer erforderlich waren[1070]. Darüber hinausgehende Rechtsfolgen, die vor allem das rechtliche Schicksal der überlassenen Sachsubstanz in der Gesellschaftsinsolvenz betreffen, sind dagegen bislang nur in der Literatur thematisiert. So wird verlangt, dem Insolvenzverwalter ein Verwertungsrecht an der Sache zu gewähren, entsprechend also dem Gesellschafter-Eigentümer sein Aussonderungsrecht zu versagen[1071]. Wirtschaftlich in die gleiche Richtung denkt der Vorschlag, den aussondernden Gesellschafter zum Ersatz des Substanzwertes durch Zahlung an die Gesellschaft zu verpflichten[1072], indes mit der Möglichkeit der Befreiung durch Übertragung der Sachsubstanz. Andererseits soll der Gesellschafter gegenüber dem Insolvenzverwalter zur weiteren Nutzungsüberlassung verpflichtet bleiben[1073], wobei diesem die Verwertung des Nutzungsrechts zustehen soll. In Anlehnung daran fordern andere Zahlungen des Gesellschafter in der Höhe des Nutzungswertes des überlassenen Gegenstandes oder des kapitalisierten Wertes der vereinbarten Nutzungszeit in die Insolvenzmasse[1074].

Zu den von der Rechtsprechung geklärten, im Übrigen aber weiter umstrittenen Rechtsfolgen soll hier nicht im Einzelnen Stellung bezogen werden; andererseits

---

1070 Inzwischen h. M., und Rechtsprechung BGHZ 109, 66, 121, 35; OLG Hamburg, GmbHR 1992, 756; Lutter/Hommelhoff, a. a. O., Rz. 145; von Gerkan/Hommelhoff, Kapitalersatz, S. 189 ff.; Hachenburg/Ulmer, a. a. O., Rz. 112 ff.

1071 So jetzt BGH ZIP 1994, 1264, 1442 f.; gegen Wiedemann, ZIP 1986, 1307; Drygala BB 1992, 81; Schulze-Osterloh, ZGR 1983, 123, 142.

1072 So etwa die bislang noch überwiegende Auffassung, dagegen BGH ZIP 1994, 1445; Lutter/Hommelhoff, GmbHG, §§ 32 a, b, Rz. 98; Bäcker, ZIP 1989, 631; Vonnemann, DB 1990, 263; Wiedemann, ZIP 1986, 1306; wohl ebenso Brandes, ZGR, 1989, 248 f.; für abnutzbare Wirtschaftsprüfer ebenso von Gerkan, GmbHR 1986, 223; Ziegler, Gebrauchsüberlassung, S. 101 f.

1073 Hachenburg/Ulmer, a. a. O., Rz. 113 f.; Brandes, ZGR 1989, 249; Haarmeyer, 5 III Rz. 352 ff.

1074 So etwa: von Gerkan/Hommelhoff, Kapitalersatz, S. 189; dagegen klar: BGH ZIP 1994, 1261, 1266; kritisch: von Gerkan ZHR 1994, S. 668 f.

kann mit Blick darauf, dass für die Gestaltungen planmäßiger Gebrauchsüberlassung diese Rechtsfolgen zu bedenken sein werden, auf eine Rechtsfolgenabschätzung nicht verzichtet werden. Dabei ist im Bereich der Nutzungsüberlassung auf einen gravierenden Unterschied zur kapitalersetzenden Darlehensfinanzierung Rücksicht zu nehmen; anders als die Darlehensvaluta geht die zur Nutzung überlassenen Sache, das Recht oder die Sachgesamtheit nicht in das Eigentum der Gesellschaft über. Rechtsfolgen, die diesen Unterschied leichtfertig negieren, indem sie dem Insolvenzverwalter ein Verwertungsrecht an Sache oder Recht oder einen Anspruch auf deren Substanzwert, aber auch zur uneingeschränkten Verwertung des Nutzungsrechts einräumen, können daher nicht überzeugen[1075]. In keinem dieser Fälle handelt es sich um den Wert der eingebrachten Eigenkapital ersetzenden Leistung. Dieser besteht in der ihr in § 32 a Abs. 1, Satz 1 GmbHG gewährten Nutzungsmöglichkeit. Dies aber ist die Gebrauchsüberlassung auf Zeit, die für die Vergangenheit bereits gewährt, für die Zukunft an den vertraglichen Vereinbarungen ausgerichtet ist.

Das aber bedeutet: Für den zurückliegenden Zeitraum der kapitalersetzenden Qualifizierung kann der Gesellschafter kein Nutzungsentgelt verlangen, vor allem deshalb den Anspruch auf ausstehendes Nutzungsentgelt in der Insolvenz nicht gelten machen. Insoweit zu Unrecht erhaltene Zahlungen sind der Insolvenzmasse zu erstatten[1076].

Fraglich sind jedoch die zukunftsorientierten Rechtsfolgen. Hier ist der Gesellschafter gehalten, den Nutzungsgegenstand für die vereinbarte Vertragsdauer, dies wird oftmals heißen: bis zur nächsten ordentlichen Kündigungsmöglichkeit zur Verfügung zu stellen und die Verwertung **dieses** Nutzungsrechts durch den Insolvenzverwalter zu dulden. Zuweilen wird diese Lösung als unpraktisch angegriffen[1077]. Hier ist zu entgegnen, dass § 32 a GmbHG den Gesellschafter nur an dem bereits erbrachten Finanzierungsentscheid festhalten und ihm darüber hinaus keine weiteren Mittel- oder Sachzuführungen abfordern kann. Mit anderen Stimmen in der Literatur ist anzuerkennen, dass der betroffene Gesellschafter dieses Verwertungsrecht durch Zahlung in die Insolvenzmasse

---

[1075] Heute wohl geklärt durch: BGH ZIP 1994, 1768, 1442 f.; vgl. auch: Lutter/Hommelhoff, a. a. O., Rz. 146.

[1076] Anspruchsgrundlage §§ 135, 143 InsO; dazu auch: OLG Hamburg, GmbHR 1992, 756; Lutter/Hommelhoff, a. a. O., Rz. 146.

[1077] Namentlich Drygala, Gläubigerschutz, S. 67 ff.; BGH ZIP 1994, 1266, 1445; Bäcker, ZIP 1989, 691, Vonnemann, DB 1990, 263; Ziegler, Nutzungsüberlassungen, S. 102.

sollte ablösen können[1078]. Diese Lösung ist gleichfalls in der Lage, auf willkürlich und sachlich nicht gebotene ebenso wie auf nicht ernst gemeinte zeitliche Beschränkungen des Nutzungsrechts zu reagieren. Solchen Scheinvereinbarungen ist die Anerkennung zu versagen. Das anderenorts befürwortete Zugriffsrecht auf die Sachsubstanz ist - die dingliche Zuordnung missachtend - allenfalls dort in Erwägung zu ziehen, wo es dem von den Vertragsparteien wirtschaftlich Gewollten entspricht. Dies ist etwa dort anzunehmen, wo eine dauerhaft unkündbare Überlassung verbrauchbarer Wirtschaftsgüter vereinbart ist oder dort, wo beim Finanzierungsleasing eine verdeckte Finanzierung vorliegt[1079]. An diesen Eckpunkten der Rechtsfolgen Eigenkapital ersetzender Nutzungsüberlassung sind auch die möglichen Tatbestände finanzgeplanter Nutzungsüberlassung auszurichten.

II. Finanzplannutzungen und Eigenkapitalersatz

In den vorangegangenen Abschnitten konnten Finanzplandarlehen als gesonderte, komplexe und facettenreiche Fallgruppe Eigenkapital ersetzender Gesellschafterleistungen erkannt werden.

Neben Darlehen, die bei Insolvenzreife oder Kreditunwürdigkeit an die Gesellschaft ausgereicht oder durch einen neuen Finanzierungsentscheid des Gesellschafters ihr belassen werden, stellen Finanzplanfinanzierungen eine weitere Tatbestandsalternative Eigenkapital ersetzender Darlehensfinanzierungen dar[1080].

Vom Tatbestand der Rechtsprechungs- und Novellen-Regeln erfasst, gelten für sie eine Fülle von Rechtsfolgen. Diese betreffen die sachliche und zeitliche Reichweite ihrer Umqualifizierung, aber auch die verschiedenen Zeitpunkte im Werden der Gesellschaft, zu denen es auf eine Qualifizierung einer Mittelzufuhr als Fremd- oder materielles Eigenkapital ankommt. Im Mittelpunkt steht naturgemäß die Insolvenzsituation.

[1078] Ziegler, a. a. O., S. 101; von Gerkan; GmbHR 1986, S. 223; Timm, JuS 1992, 740.

[1079] Scholz/K. Schmidt, a. a. O., Rz. 108, 117; Drygala, a. a. O., S. 69 ff., 74; Ulmer, Festschrift Kellermann, S. 499 f.

[1080] Angesprochen bei: Hachenburg/Ulmer, a. a. O., Rz. 48, 61; Lutter/Hommelhoff, a. a. O., Rz. 169 ff.; von Gerkan/ Hommelhoff, S. 209 f.; Scholz/K. Schmidt, a. a. O., Rz. 38; Hommelhoff/Kleindiek Festschrift 100 Jahre GmbHG, S. 438 ff.; Wilken, WiB 1996, S. 561; Drygala, GmbHR 1996, S. 481; Altmeppen, ZIP 1996, S. 909; BGHZ 121, 31, 41 f.; OLG Karlsruhe, ZIP 1994, 1183; OLG Karlsruhe, ZIP 1996, S. 918.

Vom Begriff Finanzplanfinanzierungen gewöhnlich umfasst, indes nicht den Finanzierungen zugehörig, die ihre Haftkapitalqualität erst aufgrund einer objektiv-rechtlichen Umqualifizierung gewinnen, sind die Gesellschafterleistungen, die bereits nach den vertraglichen Vereinbarungen der beteiligten Parteien dem Gesellschaftsvermögen zuzurechnen sind[1081]. Als entscheidend konnte hier die alleinige Rückzahlung und Einbeziehung in das gesellschafterliche Abfindungs- und Liquidationsguthaben festgemacht werden.

Insoweit waren finanzplanorientierte Fremdmittel entweder - in der letzteren Erscheinungsform - außerhalb des objektiv-rechtlichen Ersatzkapitals als Haftkapital anzusehen oder - bei gestalterischer Ausrichtung auf die Bedürfnisse der Gesellschaft - als Kapitalersatz nach den Rechtsprechungs- und Novellen-Regeln zu begreifen[1082].

In dieser letzten Form war der Grundtatbestand des § 32 a Abs. 1 Satz 1 GmbHG angesprochen. Die zur Erfassung von gestalterischen Umgehungen eingeführte Sanktionierung der Darlehensfinanzierung wirtschaftlich entsprechender Mittelzuführungen in § 32 a Abs. 3 GmbHG brauchte insoweit kaum bemüht werden. Dies schon deshalb nicht, weil es bislang allein um die Gesellschafterfinanzierung mit Darlehen ging. Selbst aber, wenn man das umqualifizierende Belassen ehemals neutraler Kreditmittel nur als der Darlehensgewährung gleichwertig anerkennen will, so werden Finanzplandarlehen über § 32 a Abs. 3 GmbHG kaum einmal zu erfassen sein. Denn für Finanzplankredite ist es gerade typisch, dass sich ihr auf Kapitalersatz angelegter Charakter mit oder schon vor ihrer Ausreichung an die Gesellschaft aus der Gestaltung der Kreditbedingungen ergibt[1083].

Eine auf ein Belassen gerichtete - wie auch immer geartete - Finanzierungsentscheidung i. S. d. § 32 a Abs. 3 GmbHG kommt daher aufgrund der Tatbestandsstruktur des Finanzplankredits nicht in Betracht; eine theoretisch mögliche, jedoch wenig praktische Ausnahme mag dann allenfalls darin bestehen, dass für eine bereits ausgereichte Gesellschafterfremdfinanzierung nachträglich

---

[1081] Vgl. hier Darlehen, gesplittete Einlagen, BGHZ 104, 33, m. w. N. zur Rechtsprechung insb. zur GmbH & Co.KG.

[1082] Vgl. dazu Teil 3, IV. 1., 2.

[1083] Vgl. nur den typischen Sachverhalt in BGHZ 104, 33; und von Gerkan/Hommelhoff, Kapitalersatz, S. 201 ff.; BGHZ 69, 160, 170; 70, 61, 64; 93, 159, 161 f.; BGH ZIP 1982, 835, 836; 1985, 347 f.

Bedingungen vereinbart werden, die diese zu einer Finanzplanfinanzierung machen.

Die Suche nach Finanzplannutzungen indes muss sich von vornherein an der Tatbestandsvariante des § 32 a Abs. 3 GmbHG orientieren. Dabei soll im Folgenden so vorgegangen werden, zunächst ausgehend von den in Betracht kommenden Nutzungsgestaltungen zu überlegen, ob sich hinter ihnen eine materielle Haftkapitalfunktion verbirgt[1084]. Die Betrachtung muss sich hier erneut auf zwei Ebenen beziehen: Entsprechend den Ausführungen zur finanzplanorientierten Darlehensausreichung könnte auch die finanzplangebundene Gebrauchsüberlassung in eine einlagengleiche und eine - nach den Ersatzkapital-Regeln - kapitalersetzende unterfallen.

Zunächst ist dabei generell der Blick auf die Vertragsgestaltungen zu richten, die als Finanzplannutzungen überhaupt in Betracht kommen. In Betracht zu ziehen sind dann zunächst alle Gebrauchsüberlassungsverhältnisse, die nach der Terminplanung der durchaus noch gesunden und kreditwürdigen Gesellschaft auf Dauer der Zweckverfolgung der Gesellschaft zu dienen bestimmt sind.

Voraussetzung ist also, dass es sich um die Vereinbarung eines Nutzungsverhältnisses im Rahmen einer planmäßigen Fremdfinanzierung handelt[1085]. Dies sind bei zunächst kursorischer Betrachtung all jene Fälle, in denen die Gesellschaft in Vollzug eines bestimmten - u. U. breit gebilligten - Finanzierungskonzepts planmäßig teilweise mit eigenem Anlagevermögen, teilweise mit bloß zum Gebrauch überlassenen langfristig nutzbaren Vermögensgegenständen operiert.

Dieser Sachverhalt findet sich etwa in den verschiedenen Erscheinungsformen der Betriebsaufspaltung, aber auch dort, wo nur einzelne oder mehrere Güter zur Nutzung überlassen werden. Insbesondere jene Gestaltungen, in denen eine Nutzungsüberlassung als Beitrag geschuldet oder sonst als Nebenabrede zur Finanzierungsgrundlage einer Gesellschaft gemacht wird, die ansonsten voraussehbar mit unzureichendem Haftkapital ausgestattet ist, kommen als Finanzplannut-

---

1084 Zum Inhalt dieses Begriffs siehe Teil 1, III.

1085 Tendenziell ähnlich bereits: Wiedemann Gesellschaftsrecht, S. 577; siehe auch: Scholz/K. Schmidt, GmbHG, §§ 32 a, b, Rz. 114; Hachenburg/Ulmer, GmbHG, §§ 32 a, b, Rz. 111; Ulmer, Festschrift Kellermann, S. 496 f.; Ziegler, Gebrauchsüberlassungen, S. 66 f., 87 f.; Lutter/Hommelhoff, GmbHG, §§ 32 a, b, Rz. 169; von Gerkan/Hommelhoff, a. a. O., S. 201, Rz. 9.21 f.; Oppenländer, DStR 1993, 1526; ebenso: K. Schmidt, in: K. Schmidt/Uhlenbruck, Die GmbH in der Krise, Sanierung und Insolvenz, S. 46.

zungen in Betracht[1086]. Vor dem Hintergrund dieser allgemeinen Beschreibung ist nun eine eingehendere, fallgruppenspezifische Auseinandersetzung mit dem Tatbestand der Finanzplannutzung erforderlich.

Begonnen werden soll mit der Suche danach, ob auch im Bereich der Gebrauchsüberlassung durch Gesellschafter Gestaltungen zu betrachten sind, die - entsprechend der einlagengleichen Darlehensfinanzierung - schon nach der Gestaltungsabrede zwischen Gesellschafter und Gesellschaft dem Gesellschaftsvermögen zuzurechnen sind.

1. Einlagengleiche Finanzplannutzungen

Als einlagengleiche Gesellschafterdarlehen konnten jene Finanzierungsleistungen ausgemacht werden, die nur ihrer äußeren Form nach als Fremdfinanzierungen angesprochen werden konnten; also jene Finanzierungen, bei denen Vereinbarung und Bezeichnung durch die Gesellschafter in einem unauflöslichen Widerspruch stehen[1087]. Dies ist der Fall, wenn die Abreden des Darlehensvertrags oder der ihn flankierenden und überlagernden (satzungsrechtlichen Finanzplanung) die entscheidenden Charakteristika von Eigenkapital aufweisen: die Rückzahlbarkeit der Mittel allein als Gegenstand eines Liquidationsguthabens. Damit verbunden war die generelle Qualifizierung als auch in der Insolvenz haftendes Gesellschaftsvermögen. Denn die Rechtsfolgen einer derart weitgehenden Einlagenbestimmung erscheinen unteilbar. Die Gesellschafter müssen sich an der gewählten Einlagenqualität festhalten lassen.

Will man eine derartige - betont sei: außerhalb der Rechtsprechungs- und Novellen-Regeln - Zugehörigkeit zum Gesellschaftsvermögen auch für nur zur Nutzung überlassene Vermögensgegenstände ausmachen, so gilt es, einen vergleichbaren Übertritt in den Haftungsfonds der Gesellschaft festzustellen.

Es liegt auf der Hand, dass sich hier besondere Hindernisse daraus ergeben könnten, dass zum Gebrauch überlassene Güter nicht - auch nicht wenigstens belastet mit der Verpflichtung zur Rückübertragung - in das Eigentum der Gesellschaft übergehen, sondern dinglich im Alleineigentum des Gesellschafters verbleiben. Insoweit erscheint es von vornherein zweifelhaft, ob eine Haftkapi-

---

1086 Zur beitragsweisen Überlassung von Nutzungsmöglichkeiten: K. Schmidt, Gesellschaftsrecht, § 14 IV 2.

1087 Siehe Teil 2, III. 2.

talqualifikation entsprechend der einlagengleichen Darlehensfinanzierung vorstellbar ist. Denn ein darlehensgleicher Übertritt in das Gesellschaftsvermögen mit der Maßgabe dort bis zur Beendigung der Gesellschaft durch Liquidation zu verbleiben, ist nicht denkbar. Er ist aber auch verzichtbar, wenn ein solcher Rechtsträgerwechsel nicht erforderlich ist, um die Vermögensgegenstände zum haftenden Vermögen der Gesellschaft werden zu lassen. Ein solcher Übertritt in den Haftungsfonds auch ohne einen Wechsel der formellen Rechtsinhaberstellung kommt für eine besondere Gestaltung der Nutzungsüberlassung durch Gesellschafter durchaus in Frage.

Eine einer einlagengleichen Gesellschafterdarlehensgewährung gleichstehende Nutzungsüberlassung - die also, ohne dass die Grundsätze Eigenkapital ersetzender Gesellschafterleistungen bemüht werden müssten, rechtlich und wirtschaftlich zum Gesellschaftsvermögen gehört - lässt sich dann diskutieren, wenn die Gebrauchsüberlassung unter einer Vielzahl von Gesichtspunkten zum Vermögen der Gesellschaft geworden ist.

Vorab muss jedoch deutlich gemacht werden: Dieser Ansatz soll nicht auf die Überlegung gestützt werden, diejenigen Gesellschaftermittel, die aufgrund einer Gesamtwürdigung der Überlassungsbedingungen und der sonstigen Umstände ihrer Gewährung wirtschaftlich die Grundlage unternehmerischer Tätigkeit bilden und so ansonsten benötigtes Eigenkapital ersetzen, haftendem Gesellschaftsvermögen gleichzustellen. Dieser Gedankengang ist dem Versuch vorbehalten, planmäßige Darlehensausreichungen und vielleicht auch Nutzungsüberlassungen an dem objektiv-rechtlichen Maßstab des Finanzierungsverhaltens eines ordentlichen Kaufmanns auszurichten, also als kapitalersetzende Leistungen nach den Rechtsprechungs- und Novellen-Regeln zu erfassen.

Hiervon hebt sich das Prüfprogramm, das hier aufzustellen ist, deutlich ab.

Gesucht wird nach einer Gestaltung der Gebrauchsüberlassung, bei der schon nach dem von dem von den Gesellschaftern mit dem Verband Vereinbarten eine Nutzungsüberlassung dem haftenden Vermögen zugehörig ist, die Qualifikation also letztlich auf einer Rechtsgeschäftsauslegung beruht. Dies auch dann, wenn die Parteien - oder doch zumindest der finanzierende Gesellschafter - die wesentliche Rechtsfolge der gewählten Finanzierung, ihre Haftkapitalfunktion etwa in der Insolvenz, aber auch ihre Bindung zur Deckung des als Stammkapital ausgewiesenen Vermögens, leugnen.

An Kriterien, die in Betracht kommen, um ein solches Ergebnis zu erreichen, sind nur einige wenige zu nennen. In einer Negativabgrenzung müssen von vornherein jene Gestaltungen ausscheiden, die die Haftkapitalqualifizierung wesentlich vom Volumen der „Fremdfinanzierung" abhängig machen. Dies kann nur im Rahmen einer Gesamtwürdigung von Bedeutung sein; für die richtige Qualifizierung eines Rechtsgeschäfts indessen ist es unerheblich, auf welches Finanzierungsvolumen, welchen Substanz- oder Nutzungswert es sich bezieht.

Anders könnten die Dinge jedoch dann liegen, wenn die Nutzungsüberlassung derart gestaltet ist, dass die formell nur zur Nutzung überlassenen Vermögensgegenstände wirtschaftlich vollends in das Vermögen der mietenden, pachtenden oder sonst aufnehmenden Gesellschaft gelangen.

Werden der Gesellschaft verbrauchbare Güter zur Nutzung überlassen und dies auf einen Zeitraum, der ihre vollständige Entwertung sicher erwarten lässt, so lohnt der Gedanke, ob hier nicht die Sachsubstanz und ihr Wert der nutzenden Gesellschaft zugewendet werden sollten - und dies endgültig und von Anfang an. Dies könnte man insbesondere dann erwägen, wenn eine solche Vertragsgestaltung Bestandteil der langfristigen gesellschaftlichen Finanzplanung ist und nicht nur vom den Gebrauch überlassenden, sondern auch von der Gesamtheit der Gesellschafter mitgetragen und gebilligt wird.

Eine solche Einbeziehung in die Finanzplanung unter Billigung der für die Unternehmensführung (jedenfalls auch) zuständigen Gesellschafter ist jedenfalls dann gegeben, wenn die Pflicht zur Nutzungsüberlassung im Gesellschaftsvertrag als Beitrag oder als Nebenabrede oder mitgliedschaftlich als Gesellschafterbeschluss verabredet worden ist[1088].

Aber auch eine dahinter zurückbleibende Meinungsbildung der Gesellschafter kann den Billigungsaspekt einer anerkannten Finanzplanung enthalten.

Und dennoch: Die beabsichtigte vollständige Überführung des Substanz- und Nutzungswertes auf die Gesellschaft vermag noch nicht das Ergebnis zu erreichen, das für die einlagengleiche Darlehensausreichung der Gesellschafter erzielt werden konnte. Wie deutlich auch immer die Entscheidung der Gesellschafter ausfällt, dem Verband die Vorteile der Nutzung endgültig und dauerhaft

---

1088 Vgl. hierzu nur: von Gerkan/Hommelhoff, Kapitalersatz, S. 18 ff. Von dieser Voraussetzung ist nach Vorarbeiten der Literatur die Rechtsprechung inzwischen abgerückt, vgl. BGHZ 121, 31.

bis zum vollständigen Verbrauch zuzuwenden, die hier allein heranzuziehenden Instrumentarien der Rechtsgeschäftsauslegung lassen es nicht zu, die im Rahmen schuldrechtlicher Überlassung ausgereichten Gegenstände des Anlagevermögens unter das Regime des gesellschaftsrechtlichen Vermögensschutzes zu stellen[1089].

Im Fall der einlagengleichen Darlehensfinanzierung konnte die Einordnung einer Finanzierung als haftungsrechtliche Einlage nur deshalb gelingen, weil die Gesellschafter vereinbart hatten, dass die - ohnehin in das Eigentum der Gesellschaft übergegangene - Darlehensvaluta nur unter den Bedingungen einer Rückgewähr von Eigenkapital nach der Beendigung der werbenden Gesellschaftstätigkeit an die Gesellschafter zurückfließen sollte. Diese Abrede fand sich in der Vereinbarung, die Darlehensvaluta allein als Rechnungsposten eines Abfindungs- oder Liquidationsguthabens zurückzureichen[1090].

Eine solche Vereinbarung ist bei bloßer Überlassung von Vermögensgegenständen zur ewigen Nutzung kaum denkbar. Denn wie lang und intensiv die Zuweisung zu Nutzung und Verbrauch auch immer gestaltet sein mag: Die dingliche Alleinzuständigkeit verbleibt allein beim Gesellschafter und die mit allen nur aus dem Eigentum fließenden Rechten und Pflichten. So steht etwa das Recht, die Sache oder Sachgesamtheit als Sicherheit zur Verfügung zu stellen, weiterhin allein dem Gesellschafter-Eigentümer zu[1091]. Will man allein aus den von den Parteien eines Nutzungsverhältnisses getroffenen Abreden die Zugehörigkeit zum haftenden Gesellschaftsvermögen gewinnen, so kann auf eine Übereignung bzw. Abtretung nicht verzichtet werden; indes ist es problematisch, insoweit noch von Nutzungsverhältnissen zu sprechen. Eine Gestaltung des Nutzungsverhältnisses, die in ihren Wirkungen denen einer einlagengleichen Darlehensfinanzierung gleichkommen soll, müsste etwa dahin gehen, dass die Vermögensgegenstände der Gesellschaft übereignet werden, jedoch - zu welchem Wertansatz? - in der Liquidation oder bei Ausscheiden des ursprünglichen Eigentümer-Gesellschafters unter Anrechnung auf dessen Anspruch auf Liquidations- oder Abfindungsguthaben zurückübertragen werden müssen. Nur auf

---

1089 Darin liegt ein wesentlicher Unterschied zur Darlehensgewährung BGH ZIP 1994, 1264 gegen Wiedemann ZIP 1986, 1296, 1300, kritisch auch von Gerkan ZHR 1994, S. 668 f.

1090 Vgl. dazu Teil 2, V. 9. a), b).

1091 Vorbehaltlich ihrer eigenkapitalersetzenden Funktion; hier konkurriert das Eigentumsrecht mit der beschränkten Weiternutzungsmöglichkeit des Insolvenzverwalters; BGH ZIP 1994, 1266, 1445; Lutter/Hommelhoff, GmbHG, §§ 32 a, b, Rz. 147, m. w. N.

diese Weise ließe sich die Einbeziehung von Anlagevermögen in die Voraushaftungsfunktion von Gesellschaftsvermögen erzielen, jedoch unter völligem Verzicht auf den bloß schuldrechtlichen Charakter einer Nutzungsüberlassung. Dies zeigt, dass es letztlich keine Gestaltungsmöglichkeiten gibt, im Rahmen der Gebrauchsüberlassung von Vermögensgegenständen im Wege der Rechtsgeschäftsauslegung eine der einlagengleichen Darlehensgewährung gleichwertige Einbindung von Nutzungsverhältnissen in das voraushaftende Gesellschaftsvermögen zu erzielen.

2. Eigenkapital ersetzende Nutzungsüberlassung

Die soeben vorgestellte Figur der einlagengleichen Nutzungsüberlassung hat in Rechtsprechung und Literatur bislang nur vereinzelt Bedeutung erlangen können; dies verwundert nicht weiter, denn es könnte herausgearbeitet werden, dass für Gestaltungen von Nutzungsverhältnissen, bei denen sich die Zugehörigkeit zum Gesellschaftsvermögen schon aus einer verständigen Würdigung des von den Beteiligten Vereinbarten ergibt, angesichts der sachenrechtlichen Zuordnung der Nutzungsobjekte kein Raum ist.

Anders scheint die Situation im Anwendungsbereich des § 32 a Abs. 3 GmbHG zu sein, ebenso bei entsprechend erweitertem Verständnis der analogen Anwendung der Kapitalerhaltungsregeln der §§ 30, 31 GmbHG[1092].

Die Einbeziehung von Nutzungsüberlassungen in den Anwendungsbereich des zweistufigen Ersatzkapitalrechts ist auch in den wegweisenden Entscheidungen des BGH heute nahezu unumstritten; dies gilt jedenfalls für die grundsätzliche Frage, ob auch bei Gebrauchsüberlassungen der Gesellschafter an ihren Verband, die Grundsätze ordnungsgemäßer Unternehmensfinanzierung es erlauben, die von den Parteien gewählte Rechtsform zugunsten der Gläubiger ganz oder teilweise zu missachten. Angesprochen sind hier insbesondere die Rechtsfolgen, die sich aus der Qualifizierung als formell schuldrechtliche Gebrauchsüberlassung ergeben: die Behandlung der als Nutzungsentgelte geleisteten Zahlungen der Gesellschaft als Vermögensabfluss und der Sach- bzw. Nutzungssubstanz insbesondere in der Gesellschaftsinsolvenz.

[1092] Grundsätzlich hierzu: Lutter/Hommelhoff, GmbHG, §§ 32 a, b, Rz. 138 ff., m. w. N.; Hachenburg/Ulmer, GmbHG, §§ 32 a, b, Rz. 106; kritisch Scholz/K. Schmidt, GmbHG, §§ 32 a, b, Rz. 113; jeweils m. w. N.; von Gerkan/Hommelhoff, Kapitalersatz, S. 188 ff.

Gerade über die letztere Frage wird aber bis heute leidenschaftlich gestritten. Eine Befriedung ist wohl jetzt von höchstrichterlichen Entscheidungen zu erwarten[1093].

Inzwischen regelmäßig in der Literatur erwähnt, indes noch wenig ausgearbeitet, ist die neben der substituierten Einlagenfinanzierung bei Insolvenzreife oder Kredit- und Überlassungsunwürdigkeit dritte Tatbestandsalternative einer kapitalersetzenden Gebrauchsüberlassung, die Fallgruppe der Finanzplannutzungen[1094].

Tatbestand und Rechtsfolgen sind insoweit wenig erforscht, die Rechtsprechung hat sich erst jüngst zu einer ersten Stellungnahme verstanden Und dies auch dort, wo der Sachverhalt eine Auseinandersetzung mit Nutzungsverhältnissen zwischen Gesellschaft und Gesellschaftern, die offenkundig Gegenstand einer einheitlichen und langfristigen Finanzplanung sind, geradezu herausgefordert hätte[1095].

Aus dieser Verweigerung hat sich die Rechtsprechung auch zu einem Zeitpunkt, zu dem der Begriff der Finanzplanfinanzierung schon weithin bekannt war, dem wohl häufig einfacheren und überzeugenderen Lösungsweg entzogen. An dieser Entwicklung bis zum heutigen Tage hat wohl auch die Unklarheit ihren Anteil, die nach wie vor mit dem Tatbestand der kapitalersetzenden Nutzungsüberlassung bei Finanzplannutzungen einhergeht.

a) Tatbestand kapitalersetzender Finanzplannutzungen und Normzweck

Den Rechtsfolgen des Kapitalersatzrechts kommt für planmäßig der Gesellschaft zur Nutzung zugewiesene Gegenstände des Anlagevermögens allein dann Bedeutung zu, wenn eine bestimmte Finanzierungsstruktur - hier in einem weiten Sinne verstanden, also Nutzungsüberlassungen mit umfassend - mit dem Finanzierungsverhalten des Gesellschafters als ordentlichem Kaufmann nicht zu vereinbaren ist. Dann muss über das gläubigerschützende Korrektiv der BGH-

---

1093 BGH ZIP 1994, 1264, 1445; zu den noch offenen Fragen vgl. Bäcker, GmbHR 1994, 766; von Gerkan, ZHR 1994, S. 668 f.

1094 Vgl. oben Fn. 1080.

1095 Die Ausführungen in BGHZ 121, 31, 37; OLG Karlsruhe, ZIP 1994, 1183, 1185, werden dem Charakter der Finanzplankredite nicht vollständig gerecht.

und Novellen-Regeln im Interesse des Gläubigerschutzes gegengesteuert werden[1096].

Ausgehend vom Grundtatbestand des § 32 a Abs. 1 Satz 1 GmbHG wurde für die Fremdfinanzierung der GmbH mit Gesellschafterdarlehen festgestellt, dass der Rechtsgrund der Umqualifizierung im Kern darin besteht, unangemessene Risikoabwälzungen aus der Unternehmensfinanzierung auf die Gesamtheit der Gläubiger rückgängig zu machen. Dieser Eingriff in die Finanzierungsfreiheit ist geboten, wenn die Gesellschafter unter Risikogesichtspunkten mit ihrer haftkapitalvermeidenden Finanzierungsentscheidung die Rechtsform der Fremdfinanzierung missbrauchen[1097]. Die Risikoabwälzung von den finanzierungsbereiten Gesellschaftern auf die Gläubigergemeinschaft ist vor dem Hintergrund der gesellschaftsrechtlich gebotenen Risikostruktur dann nicht mehr akzeptabel.

Wann dies der Fall ist, haben Rechtsprechung und Lehre für verschiedene Fallgruppen herausgearbeitet. Dies gilt insbesondere für die Substituierung einer Stärkung der Haftungsbasis bei Insolvenzreife oder Kreditunwürdigkeit der Gesellschaft. Dabei machen eine Reihe von Einzelindizien deutlich, wie sich die Gläubigergefährdung im Einzelfall ausprägen kann[1098]. Zugleich können sich in dem Verstoß gegen Grundsätze einer ordnungsgemäßen Unternehmensfinanzierung eine Vielzahl allgemeiner Finanzierungsgrundsätze, die der Gesellschafter zu beachten hat, unterschiedlich stark ausprägen[1099].

Diese Grundsätze sind ebenso heranzuziehen, wenn es gilt, der Darlehensgewährung wirtschaftlich gleichwertige Vorgänge über § 32 a Abs. 3 GmbHG bzw. über ein entsprechendes normzweckorientiertes Verständnis der BGH-Regeln als kapitalersetzend zu erfassen.

Bei teleologisch richtigem Verständnis des einheitlichen, wenn auch in einem zweistufigen Schutzsystem angelegten Normzwecks der Ersatzkapitalregeln,

---

1096 Insoweit wohl konsensfähig; vgl. BGHZ 121, 31, 38; 109, 55, 62, m. w. N.; 81, 252, 255; gleichwohl beschränkt auf die Kreditunfähigkeit und zugleich gegebene Liquidationsobliegenheit; vgl. insbesondere OLG Karlsruhe, GmbHR 1996, S. 524; dazu Altmeppen, NJW 1996, S. 909; ablehnend: Drygala, GmbHR 1996, S. 481 ff.

1097 Hier kann nur eine verkürzte Darstellung geleistet werden, vgl. BGHZ 109, 55, 57 f.; eingehend dazu Teil 3, V. 9. e) ea).

1098 Grundlegend Lutter/Hommelhoff, ZGR 1979, 33; Herrmann, 50 Jahre WP-Beruf.

1099 BGHZ 90, 380, 388 f.; Bezug auf GmbHR 1982, 209; kritisch: Hüffer, ZHR 1989, 335; Röhricht, S. 318; Maier/Reimer, Festschrift Rowedder, S. 270; Scholz/K. Schmidt, a. a. O., Rz. 5; Wiedemann, Festschrift Beusch, S. 909 f.

können auch Gebrauchsüberlassungen der Gesellschafter umqualifiziert werden. Denn der Zweck des Ersatzkapitalrechts geht dahin, die Gesellschafter aufgrund ihrer Finanzierungsverantwortung zur Entscheidung darüber zu zwingen, ob sie die Gesellschaft - nach bisheriger Betrachtung - unter Verzicht auf weitere wirtschaftliche Unterstützung liquidieren oder aber in Kauf nehmen wollen, ihr die zur risikoadäquaten (Fort-) Führung der Gesellschaft benötigten Mittel als Eigenkapital zur Verfügung zu stellen. Entscheiden sich die Gesellschafter, die Verschleppung der aktuellen Krise oder die Aufrechterhaltung eines bestimmten Geschäftsumfanges anstelle der gebotenen Eigenmittelausstattung mit anderen Vermögenswerten zu bestreiten, so führt auch dies zur Umqualifizierung des schuldrechtlichen Nutzungsverhältnisses in Eigenkapitalersatz. Entgegen dem Haupteinwand gegen die Einbeziehung von Gebrauchsüberlassungen in das Ersatzkapitalrecht kommt es nicht entscheidend darauf an, ob die Substituierung haftenden Vermögens gerade durch liquide Mittel erfolgt, ob sie sich in der Gesellschaftsbilanz als Passivposten niederschlägt[1100]. Ebenso wenig kommt es - für die Umqualifizierung nach den Rechtsprechungs- und Novellen-Regeln - darauf an, ob der die Nutzungsmöglichkeit gewährende Gesellschafter an seinen Sachen in der Insolvenz der Gesellschaft weiterhin ein Aussonderungsrecht hat[1101].

Ist das Ersatzkapitalrecht auf diese Weise geöffnet, scheint die Erwartung berechtigt, dass nicht nur Nutzungsüberlassungen, die der Gesellschaft in einer Situation die Existenz sichern, in der die Liquidation das wirtschaftliche Gebot der Stunde ist, umzuqualifizieren sind.

Zunächst dürften auch jene Gebrauchsüberlassungsverhältnisse betroffen sein, bei deren Nichtzustandekommen die Gesellschaft zwar nicht liquidiert, wohl aber - mangels anderweitiger Möglichkeiten, die Gebrauchsüberlassung durch Dritte zu erlangen - mit reduziertem Geschäfts- und Risikoumfang im Geschäftsverkehr aufgetreten wäre. Wie aber Finanzplandarlehen ihren berechtigten Platz und eigenständigen Anwendungsbereich im Ersatzkapitalrecht einnehmen, so ist diese Frage auch für Finanzplannutzungen zu beantworten.

[1100] Dies ist das wesentl. Bedenken von K. Schmidt, Scholz/K. Schmidt, Rz. 113; ders. ZIP 1994, 69 ff.; ders., Gesellschaftsrecht, § 37 IV 3.

[1101] Als Detailfrage den Rechtsfolgen zugewiesen BGHZ 109, 55, 58 f., 65; 121, 31, 34 f.

b) Tatbestandsvoraussetzungen

Da vorbereitend noch einmal der gläubigerschützender Normzweck des Ersatzkapitalrechts verdeutlicht worden ist, geht es nun darum, diejenigen Tatbestände in Nutzungsverhältnissen zu entwickeln, bei denen sich schon aus der Finanzplanung ergibt, dass die Gesellschafter das Risiko unternehmerischer Tätigkeit nicht den ihnen gebotenen Chancen unternehmerischer Tätigkeit entsprechend übernehmen. Sie könnten auch für Finanzplannutzungen in besonders zu begründenden Fallgestaltungen möglich sein. Ausgehend vom Tatbestand des Finanzplandarlehens sollte auch bei Nutzungsverhältnissen zwischen Gesellschafter und Verband eine Umqualifizierung daran ansetzen, dass die Gebrauchsüberlassung nach der gesamten Finanzplanung - oder im Zusammenhang mit der Überlassung von Anlagevermögen besser Investitionsplanung - nach der Einschätzung der Gesellschafter erforderlich ist, um die Unternehmensziele zu erreichen[1102].

ba) Doppelter Ansatzpunkt

Häufig wird vor allem für Finanzplandarlehen die gesellschaftsintern vereinbarte Finanzierungspflicht als entscheidendes Umqualifizierungskriterium genannt. Diese Abrede - legt man den Schwerpunkt auf die interne Finanzinvestitionsabrede - wird deutlich in der häufig auf Satzungsebene, durch Gesellschafterbeschluss oder sonstige Nebenabreden zum Gesellschaftsvertrag begründeten Gesellschafterpflicht, die Gesellschaft nicht nur über die kollektive Aufbringung des Stammkapitals, sondern auch mit sonstigen vermögenswerten Vorteilen zu unterstützen. Anerkannt ist heute jedoch gleichfalls, dass die so begründete Finanzierungs- und Investitionspflicht[1103] nicht allein die Umqualifizierung einer Fremdfinanzierung zu begründen vermag; gleiches muss auch für Nutzungsverhältnisse zwischen Gesellschafter und Verband gelten. Denn die Verpflichtung der Gesellschafter zur weitergehenden wirtschaftlichen Unterstützung ihrer Gesellschaft, und sei es sogar beitragsweise, erlaubt es zunächst nicht, von der gewählten schuldrechtlichen Gestaltung abzurücken. Nutzungsentgelte und/oder Nutzungssubstanz können deshalb nicht ohne weiteren Begründungsaufwand etwa der Kapitalbindung unterstellt oder - in der Insolvenzsituation - zur Insolvenzmasse gezogen werden.

1102 Vgl. hins. Darlehen BGHZ 104, 33, 38 ff.; von Gerkan/Hommelhoff, a. a. O., S. 196 f.; Wiedemann, Festschrift Beusch, 897, 907.

1103 Auf die Verpflichtung in Gesellschaftsvertrag oder Gesellschafterbeschluss verzichtet die Rechtsprechung erstmals in BGHZ 121, 31, 41 f.

Insoweit wird das Merkmal der kollektiven Gewährungspflicht für die Umqualifizierung finanzgeplanter Nutzungsverhältnisse deutlich relativiert.

Nur in Teilen hat sich dieses Verständnis bislang durchsetzen können. Rechtsprechung und h. L. haben zwar anerkannt, dass die gesellschaftsvertraglich bedungene Zweckförderungspflicht allein nicht hinreicht, um die auf solcher Grundlage versprochenen und ausgereichten Finanz- und Investitionsleistungen dem Regime des haftenden Gesellschaftsvermögens zu unterstellen[1104]. Gleichwohl ist der Schritt, auf dieses Merkmal zu verzichten, noch nicht vollzogen. Vielmehr wird von Rechtsprechung und h. L. übereinstimmend ganz maßgeblich auf ein zweites kumulatives Kriterium abgestellt: Für die Darlehensfinanzierung heißt es wiederholt, die Gesellschafterfremdfinanzierung müsse nach einer Gesamtwürdigung ihrer Bedingungen und der Gewährungsumstände auch nach dem Willen der Gesellschafter unverzichtbar sein, um die gesellschaftlichen Ziele zu erreichen[1105]. Die Einzelumstände, die insoweit durchgängig herangezogen werden, sind hinlänglich referiert und bekannt[1106].

Nach dem hier vertretenen Verständnis der finanzplangebundenen Fremdkapitalfinanzierung kommt es jedoch in aller erster Linie darauf an, aus der Finanzplanung und den von den Beteiligten vereinbarten Bedingungen auf eine sanktionsfähige Finanzierungsrisikostruktur schon im Zeitpunkt der Kreditausreichung zu schließen. Dies könnte die Form der gesellschaftsinternen Finanzierungsabrede nur zu einem Indiz unter vielen werden lassen. Gleiches gilt, wenn man - wie wohl die überwiegende Auffassung in der Literatur - der Finanzplanung der Gesellschafter nur Vorwirkungen auf die Bindung der Mittel oder Sachausreichungen im Fall einer späteren Krise zubilligt[1107].

Nach allem käme es dann auch für die Subordination von Nutzungsüberlassungen, die Gegenstand der gesellschafterlichen Finanzplanung geworden sind, allein darauf an, dass sich aus der Gestaltung der Nutzungsverhältnisse die Einschätzung der für die Entwicklung der Gesellschaft gerade in ihrer eigenkapitalähnlichen, einer Sacheinlage der Sachsubstanz oder des obligatorischen

---

1104 BGHZ 104, 33; 121, 31; in Anknüpfung vornehmlich an K. Schmidt, Gesellschaftsrecht,§ 18 III 3; ders. Scholz/K. Schmidt, a. a. O., Rz. 38; ebenso schon von Gerkan/Hommelhoff, Kapitalersatz, S. 201 ff.

1105 Vgl. nur BGHZ 104, 33, 39 f.; von Gerkan/Hommelhoff, a. a. O., S. 202 f., m. w. N.

1106 Vgl. dazu Teil 2, III. 2.

1107 So wohl: Vorauflage Lutter/Hommelhoff, a. a. O., Rz. 14 f.; Hachenburg/Ulmer, a. a. O., Rz. 48, 61; Scholz/K. Schmidt, a. a. O., Rz. 38.

Nutzungsrechts an dem Vermögensgegenstand gleichen Ausgestaltung, zwingend erforderlich erschließt.

Nutzungsverhältnisse in einer Beziehung des Gesellschafters zu seinem Verband erfüllen also ebenso wie Darlehen nur dann neben Vermögenszufuhr bei Insolvenzreife oder Kredit- und Überlassungsunwürdigkeit den Tatbestand der Eigenkapital ersetzenden Gesellschaftsfinanzierung, wenn sich - insoweit mit Rechtsprechung und h. L. - aus der vom Willen der Gesellschafter getragenen Gesamtwürdigung ihrer Finanzplanung die eigenkapitalvertretene Funktion deutlich ergibt[1108].

bb) Bedeutung gemeinsamer Finanzplanung

Kommt es für die Tatbestandsverwirklichung des § 32 a Abs. 3 GmbHG - ebenso einzulesen in §§ 30, 31 GmbHG - entscheidend darauf an, dass sich aus der Finanzplanung, deutlich manifestiert in den Finanzierungs- und Überlassungsbedingungen, die Notwendigkeit der Eigenmittelausstattung ergibt, so stellt sich die oben bereits angerissene Folgefrage in ganzer Schärfe[1109].

Ist es tatsächlich erforderlich, dass sich alle Gesellschafter an einen Tisch setzen und nach eingehender Debatte ausdrücklich darüber befunden haben, ob eine bestimmte Finanzierung oder Nutzungsüberlassung im Interesse der gemeinsamen Zielverfolgung als Eigenmittelzufuhr hätte erbracht werden müssen?

Wäre dies so, wären die Anforderungen derart hoch, wäre eine Vielzahl der als Finanzplannutzungen möglichen Sachverhalte von vornherein dem Ersatzkapitalrecht entzogen - und dies, obwohl das Bedürfnis ihrer Subordination unter Gläubigerschutzgesichtspunkten kaum zu verneinen ist.

Nutzungsüberlassungen etwa, die der vielleicht maßgebende Gesellschafter in Abstimmung nur mit der Geschäftsführung, nicht aber mit seinen Mitgesellschaftern ausgereicht hat, genügten nicht den Anforderungen einer in Satzung, Gesellschafterbeschluss oder kollektiver Nebenabrede verfassten Finanzplanung und Finanzierungsentscheidung. Die übrigen Gesellschafter sind an der Finanzplanung dann nicht beteiligt und müssen es wohl auch nicht, zählt doch die Kompetenz zum Abschluss schuldrechtlicher Finanzierungs- und Gebrauchsüberlassungsverträge zu den Geschäftsführungsbefugnissen. Ob dies indes auch

---

[1108] Vgl. soeben Fn. 1082.

[1109] Vgl. Teil 3, V. 11. g).

gilt, wenn sich diese vermeintlich schuldrechtlichen Mittelzuführungen auf kapitalersetzende Leistungen beziehen, ist fraglich. Es zeigt sich jedoch, dass man die kapitalersetzende Qualifizierung nicht von einer kollektiven Planungsentscheidung abhängig machen darf. Diese Auffassung scheint weniger eng gegenüber der, wonach die von einem - dem gewährenden - Gesellschafter geplante Finanzierung von den anderen Mitgliedern als auch die ihre gebilligt worden sein muss[1110]. Im Ergebnis dürften die Resultate nach beiden Auffassungen jedoch kaum einmal auseinander fallen. Denn die sachlichen Anforderungen an ein billigendes Verhalten der Mitgesellschafter könnten nur sehr niedrig angesetzt werden. So müssen sie jedenfalls nicht die Form der Finanzierungszusage teilen. Denn dann läge ja bereits ein anfängliches ursprüngliches Mittragen der Finanzierungsstruktur und -planungsentscheidungen vor.

Genügen muss also auch nach dieser Auffassung jedes tatsächliche oder rechtsgeschäftliche Verhalten der Mitgesellschafter; in der Praxis wird ein stillschweigendes Dulden der finanzplangebundenen Finanzierungs- und Risikostruktur überwiegen.

Dogmatisch überzeugender ist gleichwohl, danach zu differenzieren, ob nicht bereits nach der sachverständig vom finanzierenden Gesellschafter durchgeführten oder doch von ihm in Bezug genommenen Finanz(-investitions)planung eine die Umqualifizierung tragende Abwälzung des Finanzierungsrisikos auf die Gläubiger eingetreten ist.

Wann von einem solchen Risikoumbruch auszugehen ist, auch wenn (scheinbar) von einer Insolvenzreife oder Kredit- und Überlassungsunwürdigkeit noch nicht die Rede sein kann[1111], soll im Folgenden erörtert werden. Zwangsläufig ist hier auf die Ergebnisse zur entsprechenden Frage bei finanzplangebundener Darlehensfinanzierung zurückgreifen.

bc) Risikoabwälzung durch Finanzplannutzung

Die Grundsätze ordnungsgemäßer Unternehmensfinanzierung, die für jeden GmbH-Gesellschafter gelten, sind verletzt, wenn die Gesellschafter ihre Unternehmung dem finanzierten Risiko unangemessen nicht mit einem gestärkten Haftpotential ausstatten; sie gehen dann den vermeintlich weniger risikoträchti-

---

[1110] So ist etwa Hachenburg/Ulmer, a. a. O., §§ 32 a, b, Rz. 117, 61, 48 zu verstehen.

[1111] So auch von Scholz/K. Schmidt, a. a. O., Rz. 38; im Vorfeld der Kreditunfähigkeit und Insolvenzreife angesiedelt.

gen Weg, der Gesellschaft ihr unternehmerisches Engagement über eine Fremdfinanzierung oder aber die Gebrauchsüberlassung von Anlagevermögen zu ermöglichen[1112].

Die für die Umqualifizierung schuldrechtlicher Beziehungen zugunsten einer Stärkung des Haftungspotentials relevante Situation ist die Unterkapitalisierung der Gesellschaft, zumeist beschrieben als der Finanzierungsbefund, der es nicht erlaubt, bei Dritten die für die Unternehmenstätigkeit erforderlichen Fremdmittel aufzunehmen. Besonders deutlich wird dies bei Insolvenzreife der Gesellschaft, in der kein Außenstehender mehr zur Darlehensfinanzierung oder Gebrauchsüberlassung bereit wäre. Umqualifizierung soll hier dazu dienen, einer Risikoabwälzung auf die Gläubiger entgegenzutreten. Eine im Interesse des Gläubigerschutzes unzureichende Kapitalausstattung kommt aber auch jenseits der Fallgruppen von Kreditunwürdigkeit und Insolvenzreife in Betracht. Anlässlich der kapitalersetzenden Wirkung von Finanzplandarlehen konnte gezeigt werden, dass gerade die Einschätzung der Gesellschafter von der Finanzierungsstruktur ihrer Gesellschaft den eigenkapitalvertretenden und damit auch im Sinne des Ersatzkapitalrechts kapitalersetzenden Charakter einer Vermögenszufuhr offenbaren kann[1113].

Die - letztlich jedoch nur als Vermutung sich auswirkende - Qualifizierung durch die Gesellschafter zeigte sich daran, dass die Darlehensfinanzierung sich nach einer Gesamtwürdigung der sich aus der Finanzplanung ergebenden Darlehensbedingungen im weiteren Sinne sich für die Gesellschaft wirtschaftlich als Einlagenfinanzierung darstellte[1114].

Neben der Begründung eines Nutzungsverhältnisses bei Insolvenzantragspflicht oder im Stadium der Unfähigkeit, sich bei Dritten die erforderlichen Mittel zum Erwerb des Nutzungsgegenstandes oder doch seiner Überlassung zu beschaffen, ist somit nach einer Fallgestaltung zu forschen, die diese Einschätzung der Gesellschafter auch für die Nutzungsüberlassung zum Ausdruck bringt. Eine Gebrauchsüberlassung würde diesen Anforderungen genügen, wenn sie widerspiegelt, dass nach der Auffassung des gewährenden Gesellschafters die Nutzung der gemieteten oder gepachteten Vermögensgegenstände erforderlich und

---

1112 H. M., vgl. nur Hachenburg/Ulmer, a. a. O., Rz. 4; Scholz/K. Schmidt, a. a. O., Rz. 6 f., m. w. N.; Lutter/Hommelhoff, a. a. O., Rz. 1 ff.

1113 Vgl. Teil 3, V. 11. g); ähnlich: Wiedemann, Gesellschaftsrecht, S. 570; Wiedemann Festschrift Beusch, S. 905 ff.

1114 Vgl. die Befunde in Teil 3, V. 11.

entsprechend abzusichern ist, so dass die Nutzungsmöglichkeit zum Herrschaftsbereich der Gesellschaft gehört.

bd) Einzelvoraussetzungen

Soll eine Gesamtwürdigung der Abreden und Gewährungsumstände einer gesellschafterlichen Nutzungsüberlassung dafür fruchtbar gemacht werden, den Risikoumbruch in der Kapitalstruktur zu kennzeichnen, so gilt es zunächst, die Einzelparameter einer solchen Gesamtbetrachtung zu entwerfen. Unter Einzelparameter soll dabei jede Auffälligkeit oder auch nur Typik in den Bedingungen eines Nutzungsverhältnisses angesehen werden, die - mit anderen - geeignet erscheint nachzuweisen, dass die Nutzungsgewährung erforderlich ist, um der Gesellschaft die Zielerreichung in vorgestelltem Umfang zu ermöglichen[1115]. Zweckdienlich erscheint es dabei, auf die Einzelkriterien zurückzugreifen, denen bereits für die finanzplanbezogene Darlehensausreichung Bedeutung beigemessen werden konnte. Diese Einzelerwägungen sind auf ihre Tauglichkeit zur Beurteilung auch von Finanzplannutzungen zu überprüfen; ggf. ist festzustellen, in welche Richtung sie normzweckorientiert weiterzuentwickeln sind.

(1) Vereinbarte Nutzungsdauer

Aufschluss über eine Risikoverlagerung der Unternehmensfinanzierung auf die Gläubiger könnte die von den Beteiligten von vornherein beabsichtigte Dauer der Nutzungsüberlassung geben.

Versucht man die mögliche oder bindend vereinbarte Dauer der Nutzungsverhältnisse fruchtbar zu machen für die Beurteilung ihrer kapitalersetzenden Qualifizierung, so dürfen die unumstößlichen Grundannahmen der Gesellschaftsfinanzierung durch ihre Mitglieder nicht angetastet werden.

Hierzu gehört, dass Gesellschafter grundsätzlich neben ihren mitgliedschaftlichen Beziehungen auch schuldrechtliche Verbindungen zu ihrem Verband aufnehmen können. Hierzu gehört neben der Fremdfinanzierung mit Darlehen oder stillen Einlagen auch die Begründung von Nutzungsverhältnissen.

Auch lässt sich nicht die grundsätzliche Aussage treffen, dass dieser unbestrittene Grundsatz nur für die Ermöglichung unternehmerischer Tätigkeit gilt, die

---

[1115] Vgl. die Vorgehensweise im Zusammenhang mit Darlehen, BGHZ 104, 33, 38; Lutter/Hommelhoff, a. a. O., Rz. 179 ff.; Hommelhoff/Kleindiek, Festschrift 100 Jahre GmbHG, S. 440 f.; Scholz/K. Schmidt, a. a. O., Rz. 38.

kurzfristig oder allenfalls mittelfristig angelegt ist. Zwar wird in der Literatur und Rechtsprechung diskutiert, ganz kurzfristige Darlehensausreichungen von vornherein vom Anwendungsbereich des Ersatzkapitalrechts auszunehmen[1116]. Dieser Gedanke müsste konsequent auch für Nutzungsüberlassungen tragfähig sein. Auch wenn diese Überlegungen jedenfalls bei flüchtiger Betrachtung einiges für sich haben: Aus ihnen lässt sich jedoch keineswegs der Gegenschluss entwickeln, längerfristige Nichthaftkapitalzufuhren seien ohne weiteres den Ersatzkapitalregeln zu unterstellen.

Ihr Haftkapitalcharakter und eine zur Verwirklichung des Normzwecks erforderliche Belastung der Gläubiger mit den überwiegenden Risiken der Gesellschaftsfinanzierung sind damit keineswegs durchweg verbunden.

So ist die langfristige Dauer der Darlehensgewährung oder Nutzungsüberlassung auch heute kein Umqualifizierungsgrund als solcher. Nennenswerte Bedeutung hat die intendierte Belassungsdauer jedoch dort gewonnen, wo die Kreditunwürdigkeit der Gesellschaft für die Gewährens- oder Belassenssituation anhand von Indizien erschlossen werden muss[1117].

Die langfristige, vielleicht unbefristete Fremdfinanzierung wird also auch in jenem Zusammenhang dahingehend gewürdigt, dass mit ihr über die eigenkapitaltypische Ausgestaltung hinsichtlich der Gewährungsdauer Risikomomente der Unternehmenstätigkeit auf die Gemeinschaft der anderen Gläubiger verlagert werden.

Nur in dieser Hinsicht kann die Gleichstellung von Nutzungsverhältnissen mit der Übereignung der Vermögensgegenstände, also ihre Überführung in das Haftungspotential der Gesellschaft auch für Finanzplannutzungen fruchtbar gemacht werden. Drückt sich die Finanzplanausrichtung einer Nutzungsüberlassung in der Weise aus, dass die Gesellschafter die langfristige Präsenz unkündbaren Eigenkapitals über die Vereinbarung einer entsprechenden Nutzungsdauer nachvollziehen, so gibt sich insoweit nur ein erster Hinweis auf eine damit einhergehende Benachteiligung der Gläubiger.

1116 BGHZ 31, 258, 268 f.; 67, 171, 177 f.; 75, 334, 337; 38, 388 jeweils m. w. N.; Scholz/K. Schmidt, a. a. O., Rz. 39; Schlegelberger/K. Schmidt, HGB, § 172 a, Rz. 27; K. Schmidt, ZHR 147 ff., (83) 165, 188; Lutter/Hommelhoff, a. a. O., Rz. 34; Rümker, Festschrift Stimpel, S. 695.

1117 Von Gerkan/Hommelhoff, a. a. O., S. 78 ff.; Hachenburg/Ulmer, a. a. O., Rz. 49; Häuselmann, u. a., Finanzierung, S. 66 ff., 71 f.

(2) Fallgestaltungen zur Nutzungsdauer

Aber welche Fallgestaltungen kommen dafür in Betracht, diese - jedenfalls bei isolierter Betrachtung - geringfügige Indizwirkung zu entfalten? Schaut man sich die schon bislang als kapitalersetzende Nutzungsüberlassungen qualifizierten Vertragsverhältnisse an, so fällt auf, dass Nutzungsbeziehungen zwischen Gesellschafter und Verband nahezu ausnahmslos auf eine langfristige Zurverfügungstellung ausgelegt sind. Dies jedenfalls dann, wenn man den Blick auf die Nutzungsüberlassung durch Betriebsaufspaltung oder dieser weitgehend gleichkommende Fallgestaltungen richtet.

Von einer solchen Konstellation ist z. B. auszugehen, wenn zwar nicht ein ganzer Betrieb oder selbständiger Betriebsteil, wohl aber etwa wesentliche und betriebsnotwendige Gegenstände des Anlagevermögens überlassen werden. Beispielhaft sei die Vermietung/Verpachtung von Betriebsgrundstücken und -gebäuden oder der die Unternehmenstätigkeit der Gesellschaft wesentlich bestimmenden Produktionsanlagen genannt. Dass Nutzungsverhältnis über derartige Vertragsgegenstände langfristig, ggf. aus der Sicht des Gesellschafters unauflöslich, gestaltet werden, kann nicht verwundern. Schließlich geht es darum, der Gesellschaft auf Dauer die betrieblichen Grundlagen zu sichern. An Sachverhalten, mit denen im Rahmen einer schuldrechtlichen Nutzungsüberlassung, die langfristige Verfügbarkeit als Kennzeichen einer Sachübereignung rezipiert wird, herrscht somit kein Mangel. Freilich bleibt der isolierte Erkenntniswert dieses Befundes begrenzt[1118].

(3) Bindungsform der Nutzungsmöglichkeit

Im Rahmen der Überlegung, bereits aus den Nutzungsbedingungen und den sonstigen Umständen des Vertragsabschlusses Aussagen hinsichtlich der zugrunde liegenden Finanzplanung und einer möglichen Unterkapitalisierung zu gewinnen, kann es nicht gleichgültig sein, in welcher Form und in welchem Verfahren die Verpflichtung von Gesellschaftern, ihrem Verband Gegenstände des Anlagevermögens zur Nutzung zu überlassen, begründet und aufrechterhalten wird. Entscheidender Differenzierungsparameter ist, wie auch hinsichtlich

---

[1118] Jedenfalls kommt man mit dem BGH zu dieser Auffassung, wenn man betriebswirtschaftlich sinnlose kurzfristige oder kündbare Verträge danach befragt, welche Laufzeit ernstlich gewollt war, dann ist das Ergebnis regelmäßig die an den Ertragsgesichtspunkten orientierte langfristige Nutzungsüberlassung; vgl. BGH ZIP 1994, 1765; Ulmer, Festschrift Kellermann, S. 501; Lutter/Hommelhoff, a. a. O., Rz. 149 ff.

der Langfristigkeit der Nutzungsmöglichkeit, die Verfügungssicherheit der gewählten Finanzierung oder Nutzung.

Diese deutet umso mehr auf eine von den oder dem Gesellschafter angenommene Notwendigkeit hin, die Gesellschaft im Interesse des Gelingens des Unternehmens mit nicht rückzahlbarem, haftendem Vermögen auszustatten, je mehr der gewählte Bindungsgrad der Nutzungsüberlassung dem der alternativ vorzustellenden Übereignung von Anlagevermögen entspricht.

Angesprochen sind die formell schuldrechtlichen Gebrauchsüberlassungen, die jedoch ihren eigentlichen Rechtsgrund in gesellschaftsrechtlich-mitgliedschaftlichen Entschließungen finden. Sind Gesellschafter aufgrund der Satzung, eines Gesellschafterbeschlusses oder von Nebenabreden zum Gesellschaftsvertrag zur Gebrauchsüberlassung verpflichtet, kann die Auslegung der Finanzierungs- und Nutzungsstruktur ergeben, dass auch die Überlassungsverhältnisse nicht ausschließlich schuldrechtlich zu würdigen sind[1119]. Zwar ist inzwischen wohl unbestritten, dass auch auf derartig gesellschaftsrechtlicher Grundlage - etwa als Gegenstand einer Beitragspflicht - gewährte Fremdmittel oder Sachmittel nicht notwendig als Gesellschaftsvermögen zu qualifizieren sind. Jedoch kann die Auslegung des Finanzierungskomplexes ergeben, dass die schuldrechtliche Vertragsfreiheit insoweit modifiziert ist, als es für die Rückforderbarkeit der Gegenstände gerade auch neben dem schuldrechtlichen actus contrarin der Aufhebung der pflichtbegründenden mitgliedschaftlichen Grundlagenabrede bedarf[1120].

Ein solches Auslegungsergebnis kommt insbesondere dann in Betracht, wenn die Interessenlage der Gesellschaft - wie des Gesellschafters - darauf gerichtet ist, die Nutzungsmöglichkeit möglichst dauerhaft der Unternehmung zur Verfügung zu halten. Denn die mitgliedschaftliche Grundlagenabrede erlaubt es der Gesellschaft, mit weit größerer Planungssicherheit, den Einsatz von Finanz- wie Anlagevermögen vorzunehmen. Die Entpflichtung des nutzungsgewährenden Gesellschafters setzt nämlich dann einen Meinungsbildungs- und Entscheidungsprozess voraus, der in eine Aufhebung der entsprechenden Satzungs- oder Nebenabrede, bzw. einen aufhebenden Gegenbeschluss mündet.

Zentraler Punkt ist danach die Grundlagenabrede. Sie ist insbesondere geeignet, Gebrauchsüberlassungen, die nach der Planung des Unternehmens auf Dauer zur

---

1119 Vgl. BGHZ 104, 33, 38 f.; 121, 31, 41; von Gerkan/Hommelhoff, a. a. O., S. 196, Rz. 9.11; Lutter/Hommelhoff, a. a. O., Rz. 19 ff.

1120 Lutter/Hommelhoff, a. a. O., Rz. 19 ff.; Scholz-K. Schmidt, a. a. O., Rz. 38, 42, 51.

Verfügung gehalten werden sollen und schuldrechtlich auch dauerhaft zugesagt sind, hinsichtlich ihrer unerwarteten Rückführung der Alleinentscheidung der Geschäftsführung und des gebrauchsüberlassenden Gesellschafters zu entziehen.

Die einlagengleiche Finanzierungssicherheit zeigt sich dann darin, dass zur Aufhebung der mitgliedschaftlichen Grundlage, Mehrheiten, u. U. satzungsändernder Stärke, zusammengebracht werden müssen; ein Verfahren, welches an die Rückgewähr von Stammkapital oder Nachschüssen, jedenfalls aber Ausschüttung in die Rücklagen eingestellter Zuzahlungen heranreicht. Die „Umgehungsfunktion" insoweit eigenkapitalnah ausgestalteter Nutzungsverhältnisse wird dadurch veranschaulicht; sie lässt somit gleichfalls Rückschlüsse auf den Stand der Unterkapitalisierung und die Unentbehrlichkeit der Nutzungsmöglichkeit für die Erreichung der gesellschaftlichen Ziele zu.

(4) Regelungen über das Nutzungsentgelt

Die Gesamtwürdigung soll nicht mit dem Endziel betrieben werden, eine Haftkapitalqualifikation allein auf eine vordergründige „Ähnlichkeit" der Nutzungsüberlassung mit verschiedenen Eigenkapitalkriterien zu gründen. Dies liefe auf ein Vorgehen hinaus, wie es die Rechtsprechung zu praktizieren scheint, nämlich den Haftkapitalcharakter durch Auslegung aus dem von den Parteien Gewollten zu folgern[1121].

Die weitgehend einlagengleiche Ausgestaltung von Gesellschafternutzungsüberlassungen soll vielmehr daraufhin untersucht werden, inwieweit der gewährende Gesellschafter in den Nutzungsbedingungen eine Unterkapitalisierung der Gesellschaft reflektiert und auf diesen Bedarf an Schuldendeckungspotential mit einer entsprechenden Ausgestaltung reagiert.

Zu diesen Details der Gestaltung des Nutzungsverhältnisses gehört zentral auch, in welcher Weise die Gegenleistung für die Gebrauchsüberlassung konzipiert ist. Will man sich der Frage nähern, ob die Entgeltgestaltung die Situation der Unterkapitalisierung spiegeln kann, in der eine Gebrauchsüberlassung, also die Vermeidung der Übereignung von Anlagevermögen, die Risiken der Unternehmenstätigkeit übermäßig den Gläubigern auferlegt, so bieten sich grundsätzlich zwei Ansätze an. Zum einen ist die Höhe des vereinbarten Entgelts daraufhin zu analysieren, ob es den Schluss erlaubt, es solle die Gesellschaft stützen, also gegen Vermögensabfluss an den Gesellschafter schützen. Zum anderen könnte

---

1121 Vgl. dazu Teil 2, III. 2.

neben der absoluten Höhe auch der Bemessungsmodus des Entgelts Aufschluss über die von den Gesellschaftern zugrunde gelegte Risikostruktur geben; dabei ist an Vereinbarungen gedacht, die das Ob und die Höhe einer Gegenleistung vom unternehmerischen Erfolg abhängig machen[1122].

Gerade weil die Chancen einer Fallgruppe der Finanzplannutzungen in unternehmerischen Situationen zu suchen sind, die sich nicht leicht mit der Insolvenzreife oder Kredit- und Überlassungsunwürdigkeit der Gesellschaft kennzeichnen lassen, könnte der absoluten Höhe des vereinbarten Nutzungsentgelts Bedeutung zukommen.

Es könnte sich eine Stützungsfunktion ergeben, die deutlich macht, dass auch die gewährenden und die diese Nutzungsüberlassung billigenden Gesellschafter von der Notwendigkeit ausgegangen waren, der Gesellschaft den Gebrauch der Anlagegüter wirtschaftlich in der Form der Übereignung zu ermöglichen. Diese Einschätzung liegt jedenfalls dann nah, sofern die Entgelterwartungen des Gesellschafters deutlich hinter den Möglichkeiten des Marktes zurückbleiben. In diesem Fall deutet sich an, dass die günstigen Vergabebedingungen dazu bestimmt sind, die zu schwach kapitalisierte Gesellschaft zu entlasten. Das Indiz ist aber zugleich nur ein recht schwaches; Bedeutung kann es wohl nur im Zusammenhang mit deutlicheren Hinweisen aus anderen Abreden erlangen.

Denn die gering vergoltene oder gar unentgeltliche Nutzungsüberlassung kann auch Ausfluss ganz andere Motivationen sein. In dieser Struktur des Anlagevermögens kann der Gesellschafter im Vertrauen, dass die Nutzungsüberlassung eines Wirtschaftsgutes oder eines ganzen Betriebes maßgeblich zum Unternehmensergebnis beiträgt und so eine Verzinsung der Nutzungsmöglichkeit über eine entsprechende Erhöhung der Gewinnausschüttungen realisiert wird. Eine These, die insbesondere dann überzeugt, wenn der Gesellschafter als Allein- oder mehrheitlicher Inhaber die Ausschüttungspraxis in der Hand hat oder maßgeblich beeinflussen kann.

Ähnlich ambivalent ist die jedenfalls für die planmäßige Überlassung von Darlehenskapital bekannt gewordene Bemessung des Nutzungsentgelts am Unternehmensgewinn. Vereinbaren die Gesellschaft und der Gesellschafter, dass das Nutzungsentgelt nicht betragsmäßig fixiert, sondern in Form einer - not-

---

[1122] So von der Rechtsprechung gesehen als Bestandteil der Gesamtwürdigung bei Darlehen, vgl. BGHZ 104, 33, 38.

wendig betragsmäßig variierenden - Teilhabe an der Gewinnausschüttung gestaltet ist, so kann dies erneut zweierlei bedeuten.

Zum einen kann diese offenkundig an den Charakter und die Gestaltung von Sacheinlagen angelehnte Konzeption die krisennahe Lage der Gesellschaft dokumentieren, andererseits kann sich hier - noch weit mehr als in den Fällen unentgeltlicher oder geringentgeltlicher Gebrauchsüberlassung - niederschlagen, dass das vermietende / verpachtende Mitglied die Gegenleistung auf die Teilhabe am Geschäftsergebnis verlagern will. Bei dieser Sehweise lässt sich die Einzelabrede kaum mit dem Ziel, eine zugrunde liegende Unterkapitalisierung zu konkretisieren, in eine Gesamtwürdigung der Überlassungsbedingungen einbringen.

Das Merkmal der Entgeltgestaltung wird in einer Schlussbetrachtung daher nur einen geringen Stellenwert erfahren.

(5) Volumen der Nutzungsüberlassung

Für die Kennzeichnung der Kreditunwürdigkeit der Gesellschaft, aber auch im Rahmen des - hier verworfenen - BGH-Konzepts wird u. a. aus dem Ausmaß der Fremdfinanzierung darauf geschlossen, dass diese Finanzausstattung dem Ausgleich einer Unterkapitalisierung dient; die Vermeidung der Haftkapitalfinanzierung könnte insoweit über eine Geschäftsumfang und -risiko unangemessene Eigenmittelausstattung das Risiko der Gläubiger in einem Umfang erhöhen, der die Finanzierung als unvereinbar mit Grundsätzen ordnungsgemäßer Unternehmensfinanzierung erscheinen lässt.

Diese Grundannahme lässt sich auf die darlehensvertretende Nutzungsüberlassung übertragen. Denn auch hier wird über die Finanzierungsstruktur dafür Sorge getragen, dass die Gesellschaft in großem Umfang am Markt operieren kann, obwohl den Gläubigern nur ein geringes oder gar minimales Vermögen zum Befriedigungszugriff zur Verfügung steht[1123]. Besonders deutlich wird dies im Extremfall der Betriebsaufspaltung: Hier kann die Betriebs-GmbH, selbst nur ausgestattet mit dem Mindeststammkapital, über die Zupachtung von Anlagevermögen oder funktionierenden Betrieben in beliebigem Umfang unternehmerisch tätig werden. Erkennt man, dass die Grundsätze ordnungsgemäßer Unternehmensfinanzierung jedenfalls auch Elemente enthalten, die die Finanzierungs-

---

1123 Bäcker, GmbHR 1994, 766; Real, GmbHR 1994, 777; BGHZ 109, 55; 121, 31; ZIP 1994, 1261; 1994, 1447.

verantwortung des einzelnen Gesellschafters zur Geltung bringen, indem sie in den Ersatzkapital-Regeln die Risikoabwälzung über eine grob unzureichende Haftkapitalausstattung sanktionieren, so kommt jedenfalls bei nachhaltiger Vernachlässigung des Voraushaftungs- und Verlustdeckungspotentials in Betracht, dieser Risikoerhöhung im Rahmen der Gesamtwürdigung erheblichen Stellenwert beizulegen[1124].

Denn auch in dem (großen) Umfang, in dem die Gesellschafter die Finanzierungs- und Bilanzstruktur durch Passiva belasten oder die Bilanzsumme - bei der Nutzungsüberlassung - verkürzen, kann mit deutlich werden, dass sie selbst statt dessen eine Stärkung des Vermögens für erforderlich halten, um die gesellschaftlichen Ziele zu erreichen.

(6) Schaffung von Kreditwürdigkeit

Die breitflächige finanzplangestützte Darlehensfinanzierung konnte auch deshalb deutliche Indizien für ihre Bestimmung zum Ausgleich einer ohne sie bestehenden Unterkapitalisierung liefern, da die stark eigenkapitalorientierte Gestaltung der formellen Fremdmittel der Gesellschaft weitgehende Kreditfähigkeit verschaffen kann[1125].

Die langfristige, ggf. an die Mitgliedschaft gebundene Bereitstellung der Mittel schafft eine dem unkündbaren Eigenkapital vergleichbare Finanzierungssicherheit. Diese erlaubt es Geschäftsführung und Gesellschaftern, Gegenstände des Anlagevermögens zu Eigentum zu erwerben. Das Gesellschaftsvermögen seinerseits ist taugliche Grundlage, weiteres Fremdkapital bei Dritten zu bekommen. Damit übernehmen Finanzplandarlehen wesentliche Eigenkapitalfunktionen und erlauben kraft ihrer Gestaltung Gesellschaft und Gesellschaftern u. U. erst die Erreichung der geschäftlichen Ziele[1126].

Dies deutet nachhaltig darauf hin, dass nach der Einschätzung der Gesellschafter die Finanzierung nach einer an den Grundsätzen ordnungsgemäßer Unternehmensfinanzierung ausgerichteten Risikoverteilung zwischen Gläubigern und Mitgliedern als Haftkapital hätte ausgereicht werden müssen. Fraglich ist indes,

---

1124 Ähnlich: von Gerkan, ZHR 1994, S. 668 f.

1125 Angesprochen bei: BGHZ 104, 33; Lutter/Hommelhoff, a. a. O., Rz. 19, 176 ff.; von Gerkan/Hommelhoff, a. a. O., S. 202 f.

1126 Damit zugleich Illustration dieses Merkmals, BGHZ 104, 33; Lutter/Hommelhoff, a. a. O., Rz. 176 f.; von Gerkan/Hommelhoff, a. a. O., S. 202 f.

ob sich auch für finanzgeplante Nutzungsüberlassungen ähnliche an der Erreichung und Erhaltung der Kreditfähigkeit ausgerichtete Wertungen festmachen lassen. Dem steht grundsätzlich entgegen, dass Nutzungsüberlassungen sich bilanzneutral verhalten. Sie werden weder zu Aktiva noch zu Passiva, da sie nicht in das Vermögen der Gesellschaft übergehen, die Rückgabepflicht konsequent keine passivierungspflichtige Verbindlichkeit begründet[1127].

Nutzungsmöglichkeiten werden nicht zum Anlagevermögen der Gesellschaft, sie verschaffen allein eine diesem entsprechende Funktionsübernahme. Jedoch vermag diese nicht, der Gesellschaft die Möglichkeit zu verschaffen, die nur schuldrechtlich zur Verfügung gestellten Vermögensgegenstände zur Akquisition von Drittmitteln einzusetzen.

Dieser Wertungsgesichtspunkt muss daher entfallen. Hinsichtlich der Finanzplannutzungen kann es innerhalb der Gesamtwürdigung der Überlassungsbedingungen nur bei den sonstigen Kriterien verbleiben; die Ergänzung etwa der Überlegungen zur Überlassungsdauer und zum Verhältnis zwischen Eigenmitteln und Nutzungsüberlassung können nicht wie bei der Darlehensfinanzierung eine Ergänzung erfahren.

Seine Ursache hat diese unerwartete Differenz zwischen verschiedenen Spielarten Eigenkapital ersetzender Unternehmensfinanzierung in der bei schuldrechtlichen Nutzungsüberlassungsverhältnissen fehlenden Übereignung.

Der Hinweis auf die Bonität schaffende Wirkung langfristiger Darlehen könnte von entscheidender Bedeutung sein für die Frage, ob sich die Eigenkapital vertretende Wirkung einer Nutzungsüberlassung aus einer Gesamtwürdigung der Nutzungsbedingungen gewinnen lässt.

Unterstützend lässt sich indes ins Feld führen: Insbesondere die umfangreiche Nutzungsüberlassung kann dem Zweck dienen, eine bestehende Kreditwürdigkeit zur Verfügung der Gesellschaft zu halten. Dem in dem Umfang, in dem Anlagevermögen der Gesellschaft zum Gebrauch überlassen ist, müssen Kredite Dritter nicht zur Bildung von Anlagevermögen herangezogen werden.

1127 BGHZ 109, 55, 58; 121, 31, 34.

Insoweit lässt sich auch für die Nutzungsüberlassung eine der Darlehensfinanzierung entsprechende Aussage treffen[1128].

(7) Beteiligungsproportionale Nutzungsüberlassung

Im Ausgangsfall der Finanzplandarlehen spielen atypische Fallgestaltungen eine wichtige Rolle. Finanzierungsstrukturen sind oftmals so geartet, dass Gesellschafter proportional zur übernommenen Stammeinlage zur Ausreichung eines mehrfach so hohen Darlehensbetrages verpflichtet werden[1129]. Diese Verpflichtung geht oft einher mit einer sehr langen Laufzeit. In nicht seltenen Extremfällen ist die Verpflichtung zur Gewährleistung des Darlehensbestandes gar an die Mitgliedschaft geknüpft[1130]; d. h., die Nutzungsmöglichkeit entfällt nur dann, wenn der Gesellschafter zugleich seine mitgliedschaftliche Stellung aufgibt. Derartige Fallgestaltungen waren von der Rechtsprechung zum Anlass genommen worden, die Rechtsfigur der „gesplitteten Einlage“ zu entwickeln. Deren angenommene Rechtsfolgen kommen in den meisten Fällen in der GmbH indes nicht zum Tragen[1131].

Auch diese Gestaltung kann - in ihren verschiedenen Ausprägungen - deutlich machen, dass die Gesellschafter selbst davon ausgehen, eine ausreichende Finanzierung mit Mitteln, die der Gesellschaft mit hoher Gewährungssicherheit zur Verfügung stehen, sei erforderlich. Dabei wird man sich zwar in erster Linie auf die Modalitäten stützen, die für jede einzelne Finanzierung oder Nutzungsüberlassung eine Annäherung an eine Haftkapitalausstattung vornehmen[1132]. Jedoch kann die beteiligungsproportionale Verpflichtung diesen vorläufigen Eindruck verdeutlichen: Trifft die langfristige, unkündbare Pflicht zur Darlehens- oder Gebrauchsüberlassung alle Gesellschafter im Verhältnis ihrer Beteiligungen, so liegt es - insbesondere bei hohem Gewährungsvolumen - nahe, dass

---

1128 Hinsichtlich der Rechtsfolgen deutet sich an, dass insoweit nur erfasst sein kann, was der Gesellschaft gewährt wurde: das überlassene Nutzungsrecht, nicht die Sachsubstanz. Zur Schaffung von Kreditfähigkeit durch Bildung von werthaltigem Anlagevermögen BGHZ 104, 33; Lutter/Hommelhoff, a. a. O., Rz. 181 ff.; von Gerkan/Hommelhoff, a. a. O., S. 208 ff.

1129 Vgl. BGHZ 104, 33, m. w. N.

1130 Hierzu: Scholz/K. Schmidt, a. a. O., Rz. 38; Herrmann, 50 Jahre WP-Beruf, S. 167.

1131 Vgl. hierzu bereits Teil 2, I., II.

1132 Zum Nachweis der Unverzichtbarkeit durch die eigene Einschätzung der Gesellschafter, BGHZ 104, 33; Scholz/K. Schmidt, a. a. O., Rz. 38; auch Hachenburg/Ulmer, a. a. O., Rz. 48, 61.

sich hiermit die Vorstellung verbindet, ein entsprechend höheres Eigenkapital zu vermeiden.

Aus der Sicht des Praktikers ließe sich hiergegen einwenden: Gerade für die Nutzungsüberlassung sei es höchst praxisfremd, Sachverhalte der beteiligungsproportionalen Nutzungsüberlassung zu würdigen. Denn die koordinierte Nutzungsüberlassung sämtlicher oder auch nur mehrerer Gesellschafter kommt nicht vor. Praktisch dürfte es kaum gelingen, von den einzelnen Gesellschaftern gerade die Vermögensgegenstände zu bekommen, derer die Gesellschaft bedarf und - zusätzlich - diese Nutzungswerte auch noch proportional zur Beteiligung der einzelnen Mitglieder zu halten.

c) Gesamtwürdigung des Tatbestandes

Zuvor konnte eine Mehrzahl von Gestaltungsvarianten auf ihren eigenkapitalspezifischen Gehalt überprüft werden. Gegenstand der Betrachtung waren einmal Gestaltungen, wie sie in der bisher bekannt gewordenen Praxis der Nutzungsüberlassung durch Gesellschafter und Nichtgesellschafter begegnen. Einbezogen werden mussten aber auch Varianten, die bisher - soweit bekannt - in praktischen Fällen noch nicht genutzt worden sind. Dies war insoweit erforderlich, als derartige Gestaltungen aus der Praxis der Finanzplandarlehen geläufig sind. Ihre Projizierung auf das Phänomen der Finanzplannutzungen dient dann deren sachgerechter Würdigung. So bleibt man dem schon für die Fallgruppe der Finanzplandarlehen zugrunde gelegten Gedanken treu, eine den Grundsätzen ordnungsgemäßer Unternehmensfinanzierung, der Finanzierungsverantwortung der Gesellschafter unverträgliche Gesellschafterfinanzierung liege auch dann vor, wenn die Gesellschafter selbst davon ausgehen, dass ein Gelingen des gemeinsamen Unternehmens nur mit einer Eigenmittelausstattung möglich sein wird. Dass der Finanz- und Investitionsplanung der Gesellschaft eine solche Einschätzung zugrunde liegt, darf angenommen werden, wenn die Parteien des Nutzungsüberlassungsverhältnisses unter formeller Beibehaltung der schuldrechtlichen Rechtsform zu weitgehend einlagengleicher Ausgestaltung greifen. Unabdingbar ist, dass sich für die Gesellschaft so die wirtschaftliche Möglichkeit ergibt, über die überlassenen Gegenstände des Anlagevermögens wie über Vermögen zu „verfügen", d. h. sie mit der Finanzierungssicherheit von Sacheinlagen, Sachnachschüssen oder - weniger praktisch - freiwilligen Zuzahlungen in das Eigenkapital anstelle von wirklichen Vermögensmehrungen einsetzen zu können.

Dieser Eindruck ließ sich für Finanzplandarlehen aufgrund einer Vielzahl von Einzelkriterien für manche Fallgestaltung gewinnen.

Der Befund trifft vor allem jene Sachverhaltsgruppen, die Rechtsprechung und weithin die Literatur im Rahmen ihres rechtsgeschäftlichen Auslegungskonzepts bereits als haftendes Vermögen der Gesellschaft qualifizieren. Ein gleiches Ergebnis dürfte sich im Bereich der zum Gegenstand der Finanzplanung gewordenen Nutzungsüberlassungsverhältnisse zwischen Gesellschafter und Verband nur unter engeren Voraussetzungen rechtfertigen lassen. Gegensteuernd in einer Gesamtwürdigung wirkt dabei insbesondere, dass - anders als bei Darlehen - Nutzungsgüter nicht in das Vermögen der Gesellschaft übergehen und so nicht dem Erwerb weitergehender Kreditwürdigkeit dienen können. Aber auch sonst verbleiben noch eine Reihe Sachverhalte, die im Ergebnis ausdrücken könnten, dass die Investitionsstruktur von Anfang an dem Ausgleich einer ohne das Nutzungsabkommen bestehenden Unterkapitalisierung diente[1133]. Dabei ist insbesondere an - hier typisiert behandelte - Fallgruppen zu denken. Die Gesamtwürdigung kann plastischer vorgenommen werden, wenn sie sich innerhalb griffig unterscheidbarer Erscheinungsformen der Nutzungsüberlassung bewegt.

d) Sondertatbestand: Betriebsüberlassungen

Die vielleicht wichtigste Fallgruppe der Gesellschafternutzungsüberlassungen bildet die Überlassung eines ganzen Betriebes[1134].

Verschiedene Gestaltungsmöglichkeiten machen die Betriebsverpachtung für GmbH ganz unterschiedlicher Gesellschafterstruktur attraktiv. Insbesondere zur Haftungsabschottung des wertvollen Anlagevermögens verpachten die Mitglieder einen gesamten funktionierenden Betrieb an die GmbH. In der Ein-Personen-GmbH hat der alleinige Gesellschafter dann regelmäßig die Eigentümerstellung inne. Verteilen sich die unternehmerischen Interessen auf mehrere Mitglieder, so wird häufig in Betracht kommen, das gemeinsam gehaltene Betriebsvermögen auf eine Besitz-Personengesellschaft zu übertragen. Diese

---

1133 Allg. zur Unterkapitalisierung Hachenburg/Ulmer, GmbHG, Anh. § 30, Rz. 4 ff.

1134 Zur Betriebsüberlassung Drygala, Gläubigerschutz, S. 37 ff.; Wiedemann, ZIP 1986, 1293; Holzwarth, Gläubigerschutz, S. 62 f.; Lutter/Hommelhoff, a. a. O., Rz. 138.

Gesellschaft, an der die Betroffenen Vermögensinhaber dann im Verhältnis ihrer Anteile beteiligt sind, übernimmt dann die Nutzungsüberlassung[1135].

Kennzeichnend für die Betriebsaufspaltung ist häufig, dass die pachtende, den eigentlichen operativen Geschäftsbetrieb führende GmbH selbst nur mit einem minimalen Eigenkapital ausgestattet ist. Nimmt die GmbH dabei auch nur einigermaßen umfangreich ihren Geschäftsbetrieb auf, sind die Risiken für die Gläubiger offenkundig; bereits kleinste wirtschaftliche Rückschläge können über eine Einbuße der Liquidität oder Eintritt der Überschuldung die Befriedigungsaussichten für die Gläubiger illusorisch machen. Die vollständige oder doch weitgehende Entfremdung der Haftsubstanz scheint jedenfalls die Risiken unternehmerischer Tätigkeit in einer Weise, die Grundsätzen ordnungsgemäßer Unternehmensfinanzierung nicht mehr entspricht, den Gläubigern aufzuerlegen, wenn die Regelungen im Gebrauchsüberlassungsverhältnis auch aus der Sicht der Gesellschafter darauf hindeuten. Fraglich ist, ob in Fällen der bewussten und gewollten Vermögenslosigkeit der betriebsführenden GmbH durch eine Verlagerung des Betriebsvermögens auf ein allein Besitz (Eigentum) ausübende KG, nicht allein dieser Befund hinreicht, um eine Umqualifizierung der Fremdvermögensinvestition zu rechtfertigen. Dies hieße, für die Bemessung des Maßstabs für den Grundsatz ordnungsgemäßer Unternehmensfinanzierung allein auf den minimalen Haftungsfonds der Gesellschaft abzustellen. Dieser einstweilige Befund sieht sich dem Einwand ausgesetzt, dass die Haftkapitalqualität insoweit ganz maßgeblich von Überlegungen zu einer angemessenen Haftkapitalausstattung bestimmt sei. Schon dies ist aber unzutreffend: Denn eine Umqualifizierung derart weitgehender, haftkapitalvermeidender Nutzungsverhältnisse postuliert gerade nicht, dass bei der Finanzierung und Investition bestimmte abstrakte Verhältniszahlen - etwa zwischen haftendem Vermögen und Geschäftsumfang - eingehalten werden müssten. Sie sucht vielmehr eine Individualisierung und Konkretisierung eines wohl unbestrittenen Zusammenhanges zwischen Eigenkapitalpolster, Geschäftsumfang und Risikotragung der Gläubiger für den Einzelfall herzustellen. Dieser kann - so die hier zentrale These - vermittelt werden durch die eigene Einschätzung der Gesellschafter von der Unverzichtbarkeit der Nutzungsmöglichkeit für die Erreichung der gesellschaftlichen Ziele[1136].

[1135] Zur typischen Betriebsaufspaltung vgl. Brandes, ZGR 1989, 244; Drygala, BB 1992, 80; Hueck, ZGR 1989, 216; Oppenländer, DStR 1993, 1523; Ulmer, Festschrift Kellermann, S. 485; Ziegler, Gebrauchsüberlassungsverhältnisse, S. 65 f.

[1136] Vgl. Teil 3, V. 10. g) gb).

Diese Einschätzung folgt für den Regelfall aus der Gesamtwürdigung einer komplexen Vielfalt von Einzelbedingungen, die die Gesellschafter dem Nutzungsverhältnis beilegen. Besteht der Gegenstand der Gebrauchsüberlassung indes aus einem ganzen Betrieb, hat die Betriebs-GmbH also kaum nennenswertes Vermögen, so gibt dies Anlass, die Anforderungen an die Qualifizierung eines Nutzungsverhältnisses zu senken. Die Aufnahme des Geschäftsbetriebs nahezu ohne Gesellschaftsvermögen langt hin anzunehmen, dass das genutzte Fremdvermögen für die Gesellschaft unverzichtbar ist. Dies sollte jedenfalls dann gelten, wenn die Gestaltung darauf angelegt ist, der Gesellschaft die Nutzungsmöglichkeit an dem funktionalen Betrieb auf Dauer, letztlich endgültig zur Verfügung zu halten. Angesichts der Zielsetzung der Betriebsaufspaltung, einen einheitlichen Geschäftsbetrieb mit aus haftungsrechtlichen und steuerrechtlichen Gründen separierten Haftungsmassen dauerhaft zu führen, dürfte diese Voraussetzung regelmäßig vorliegen. Damit lässt sich einstweilen festhalten: Aus der Überlassung des gesamten Betriebes an die GmbH geht hervor, dass der oder die nutzungsüberlassenden Gesellschafter den Verbleib der Anlagegüter in der Unternehmung für Erfolg und Bestand für unabdingbar halten, jedenfalls dann, wenn der Ersatz des gesellschaftseigenen Anlagevermögens auf Dauer vorgesehen ist. Dabei ist auf den wirklichen Willen der Gesellschafter abzustellen. Überlassungsverhältnisse mit unsinnig kurzer Laufzeit, möglicherweise schon mehrfach verlängert, finden dann keine Beachtung[1137].

e) Überlassung einzelner Nutzungsgegenstände oder von Sachgesamtheiten

In einer Vielzahl von Sachverhalten bleibt die vereinbarte Form der Gebrauchsüberlassung in Umfang und Bindungsintensität hinter den Erscheinungsformen der Betriebsaufspaltung deutlich zurück.

Die Umqualifizierung bei Überlassung bestimmter - meist kapitalintensiver - Vermögensgegenstände oder funktionell zusammengehörender Gruppen von Vermögensgegenständen kann sich allenfalls eingeschränkt darauf stützen, dass allein die langfristige Nutzungsmöglichkeit bereits hinreichend die Einschätzung der Gesellschafter vermittelt, die Gebrauchsmöglichkeiten seien für den Bestand der Gesellschaft und die Erreichung der ihr gesetzten Ziele unentbehrlich. Nutzungsverhältnisse, die die Überlassung nur singulärer Vermögensgegenstände zum Inhalt haben, könnten daher einen wesentlichen Anwendungsfall der

---

1137 So die wohl h. M.; vgl. nur: Lutter/Hommelhoff, GmbHG, §§ 32 a, b, Rz. 150 f.; BGH ZIP 1994, 1265; BGHZ 121, 40; a. A. Altmeppen NJW 1994, 2354.

hier diskutierten Fallgruppe der Finanzplannutzungen bilden. Dabei kommt es erwartungsgemäß erneut auf die Finanzplanung der Gesellschafter an.

f) Finanzplanung bei singulärer Nutzungsüberlassung

Will man die Ersatzkapitalqualifikation eines Nutzungsverhältnisses aus der Finanzplanung der Gesellschafter heraus entwickeln, so kommt es darauf an, den Einfluss einer konkret vorliegenden Finanzierungs-, Investitions- und Eigentumsstruktur auf das Gläubigerrisiko darzulegen[1138].

Da es im vorhinein anzuwendende abstrakte Finanzierungsgrundsätze kaum mit der Verlässlichkeit gibt, die für ihre rechtssichere Handhabung erforderlich ist, ist zentraler Anknüpfungspunkt dieser Risikoanalyse die Finanzplanung und damit die Risikoeinschätzung der Gesellschafter selbst.

Welche inhaltliche Präzisierung der hier eher weit zu begreifende Begriff der Finanzplanung bei normzweckorientierter Betrachtung des Ersatzkapitalrechts zu erfahren hat, konnte schon an anderer Stelle diskutiert werden[1139]. Dies gilt insbesondere für die Anforderungen, die an das planerische Element und die Rezeption der Planungsergebnisse durch die übrigen - nicht oder anders gewährenden - Gesellschafter[1140] zu stellen sind.

Danach ergibt sich der Ersatzkapitalcharakter eines Gebrauchsüberlassungsverhältnisses, wenn aus der Finanzplanung der Gesellschafter folgt, dass die Mittel - u. U. in Konkretisierung andernorts diskutierter Finanzierungssätze - erforderlich sind, um die Gesellschaft mit den konkret für sie formulierten Zielen mit Aussicht auf Erfolg zu betreiben.

Diese Einschätzung muss nicht auf einer betriebswirtschaftlich fundierten, schulmäßigen Finanzplanungen beruhen; ihre ausdrückliche schriftliche Niederlegung ist nicht erforderlich. Sie wird in der Praxis hinsichtlich einzelner Vermögensgegenstände - zumal in kleineren Gesellschaften ohne ausgeprägtes Planungswesen und Controlling - regelmäßig kaum nachvollziehbar sein.

1138 Dies entspricht der Tatbestandsbildung einer Finanzplanfinanzierung; vgl. Teil 3, V. 10. g); Wiedemann, Festschrift Beusch, S. 905 ff.; Wiedemann, Gesellschaftsrecht, S. 554; ebenso Fleischer, Finanzplankredite, S. 99 ff.

1139 Vgl. die Darlegungen in Teil 3, V. 11. f).

1140 Hierzu nochmals: Hachenburg/Ulmer, GmbHG, §§ 32 a, b, Rz. 48, 61; Scholz/ K. Schmidt, GmbHG, §§ 32 a, b, Rz. 38; Lutter/Hommelhoff, a. a. O., §§ 32 a, b, Rz. 176 ff.

Bedeutsamste Qualifizierungshilfen sind auch in diesem Zusammenhang die Vertragsbedingungen, die die Beteiligten zum Bestandteil ihres Gebrauchsüberlassungsverhältnisses gemacht haben[1141]. Wie schon mehrfach angesprochen, kann aus einer Gesamtwürdigung dieser Gestaltungen ggf. das Ergebnis gewonnen werden, dass sie gerade getroffen wurden, um einer von den Gesellschaftern erkannten Risikostruktur gerecht zu werden. Die Einzelkriterien, die in einer solchen Gesamtwürdigung eine Rolle spielen können, sind bekannt. In ihrer Gesamtschau geht es darum, Gestaltungen anzusprechen, in denen die unterschiedlichen Kriterien sich zu dem Eindruck verdichten, die gerade so gewählte Finanzierungs- und Investitionsstruktur sei im Interesse der Gesellschaft zwingend erforderlich. Hinsichtlich der Finanzplandarlehen kam es zu diesem Befund, wenn die Fremdmittelzufuhr nach Gestaltung und Funktion letztlich eigenmittelvertretenden Charakter einnahm und das Gesamtbild der Finanzierung das einer Haftkapitalausstattung bietet. Dieser Ansatz muss für finanzgeplante Nutzungen fortgeschrieben werden. Anders als bei Darlehen, wo mit den Fallgruppen der „gesplitteten Einlagen" jedenfalls eine praktische Fallgestaltung vorliegt, die als Anwendungsfall einer solchen neuen Kategorie des Kapitalersatzes zu diskutieren ist, scheint es an gleichartigen Sachverhalten für Nutzungsüberlassungen zu fehlen.

Einlagengleiche Nutzungsüberlassungen - analog den „gesplitteten Einlagen" - sind bislang nicht bekannt geworden.

Finanzplandarlehen können daher nur unter den sonst zwischen Gesellschafter und Verband üblichen Nutzungsverhältnissen zu finden sein; einer Neubetrachtung sind insbesondere die Vertragsbeziehungen zu unterziehen, die schon bislang - dann in der Insolvenzreife, Kredit- oder Überlassungsunwürdigkeit des Verbandes - als kapitalersetzende Überlassungen dem Kapitalersatzrecht unterstellt werden.

Hilfreich erscheint indes vor allem, auf der Grundlage des bekannten Befundes mögliche Fallgestaltungen zu entwickeln.

Die erforderliche eigenkapitalnahe Gestaltung und Funktion einer Nutzungsüberlassung beruht zentral auf der eigenkapitalähnlichen Verfügbarkeit der schuldrechtlich überlassenen Vermögensgegenstände und dem Bedürfnis danach. Dabei stellen insbesondere Miet- oder Pachtverhältnisse, die langfristig die Nutzung von wesentlichen Gütern der Mitglieder gestatten, ein bedeutendes

---

[1141] Vgl. hierzu Teil 3, V. 11. f) fe) zur Ausgestaltung von Darlehensbedingungen.

Indiz für die mit der Ausreichung verbundene Risikoabwälzung dar. Indes lässt sich eine langfristige Nutzungsüberlassung allein ebenso wenig in diesem Sinne als kapitalersetzend werten wie eine dauerhaft verfügbare Darlehensfinanzierung. Langfristige Fremdmittelausstattung als solche ist, auch wenn sie von den Gesellschaftern initiiert und verwirklicht wird, zulässig; nicht anderes gilt für eine dauerhafte Nutzungsüberlassung. Soll sich die Überzeugung bilden können, eine bestimmte Form der Nutzungsüberlassung sei von vornherein als kapitalersetzend zu qualifizieren, müssen weitere Merkmale hinzutreten. Leitlinie, an der sich die Finanzierungsstruktur spiegeln lässt, könnte die Überlegung sein, ob nicht die Nutzungsverhältnisse in Wahrheit eine Haftkapitalzufuhr ersetzen, mit denen zum Ausdruck kommt, dass die Gesellschafter nicht, wie es jedem Dritten offen steht, schuldrechtliche Renditeinteressen gegenüber dem Verband verfolgen, sondern über Form und Inhalt der Gewährung die Gesellschaft einlagenähnlich finanzieren wollen. Das Eigeninteresse der Gesellschafter hat nur dann Aussicht, über den mit der Überlassung von Nutzungsmöglichkeiten mit ermöglichtem unternehmerischem Erfolg verwirklicht zu werden. Diese Überlegung kann indes nur ein Zwischenschritt sein; denn die Verlagerung der Renditeinteressen von der schuldrechtlichen Entgeltvereinbarung auf die Teilhabe am unternehmerischen Erfolg ist auch Dritten möglich. Dies etwa in Fallgestaltungen auf dem Gebiet der stillen Einlage. Soll sich dagegen in der Gestaltung eine nach der Einschätzung der Gesellschafter gläubigerschädigende Risikostruktur ausdrücken, muss sich in den Überlassungsbedingungen zugleich eine eigenkapitalgleiche Stützung der Gesellschaft manifestieren. Zugleich aber ist gegenüber Gesellschaftern eine strengere Wirkung der Finanzierungsverantwortung festzustellen: Denn Gesellschafter können nicht nur ihre Verzinsungserwartungen auf den unternehmerischen Erfolg verlagern. Über ihre mitgliedschaftliche Stellung nehmen sie unmittelbar an der durch erfolgreiches Wirtschaften eintretenden Wertsteigerung ihres Geschäftsanteils teil. Diese Folge kann bei Nichtgesellschaftern - etwa beim stillen Gesellschafter - nicht ohne weiteres eintreten. Die Zusatzelemente, die eine langfristige großvolumige Nutzungsüberlassung begleiten sollten, damit bereits der Gestaltung die vollständige Ausrichtung auf die Interessen des Verbandes und damit einhergehend ein schon anfänglicher Risikoumbruch zu lasten der Gläubiger zu entnehmen ist, sind bereits deutlich gemacht: Ist es den Gesellschaftern auferlegt, den Verbleib ihrer Vermögensgegenstände etwa für den Bestand ihrer Mitgliedschaft in der Gesellschaft aufrecht zu erhalten, ist die Beendigung der Nutzungsüberlassung von einer Satzungsänderung oder sonstigen mitgliedschaftlichen Entscheidung abhängig, liegt die Annahme nah, dass hier eine grundsätzlich für erforderlich gehaltene Vermögensbildung durch formal schuldrechtliche Nutzungsverträge „umgangen" werden soll.

III. Einschätzung praktischer Anwendbarkeit der Umqualifizierung durch Finanzplanung im Bereich gesellschafterlicher Nutzungsüberlassung

1. Grundaussagen

Die Qualifizierung von Nutzungsüberlassungsverhältnissen als Eigenkapital ersetzend auf der Grundlage der BGH- und Novellen-Regeln kommt - neben den Tatbeständen der Vermietung/Verpachtung an die insolvenzreife oder kredit-/ bzw. überlassungsunwürdige Gesellschaft - auch nach der Finanzplanung der Gesellschafter in Betracht[1142]. Der Blick konzentriert sich dabei auf zwei hier nur recht grob umrissene Fallgruppen. Finanzplannutzungen kapitalersetzenden Charakters kommen zum einen in Fällen der Betriebsaufspaltung vor, aber auch dort, wo die allgemeinen Umstände der Überlassung und die schuldrechtlichen Nutzungskonditionen den Eindruck vermitteln, dass sie Ausfluss einer Finanzplanung sind, die das obligatorische Rechtsverhältnis an die Stelle dringend benötigter und wirtschaftlich auch gewährter Eigenmittelausstattung setzt. Hinsichtlich der Betriebsaufspaltung genügte im Wesentlichen eine Finanzplanung des Inhalts, die das wesentliche haftende „Anlagevermögen" der selbst nur mit geringem Eigenkapital ausgestatteten Gesellschaft durch Miet- und Pachtbeziehungen ersetzt[1143].

Die sonstige finanzplangestützte Gebrauchsüberlassung - etwa die großvolumige Vermietung oder Verpachtung von Produktionsanlagen, ohne dass die Voraussetzungen einer Betriebsaufspaltung vorlagen - ist in weit größerem Umfang von zusätzlichen Indizien abhängig, um als Ergebnis einer Gesamtwürdigung als kapitalersetzend eingeordnet zu werden. Indes: Dieser Befund eröffnet zugleich Zweifel an der praktischen Relevanz dieser Fallgruppe. Bislang sind nämlich

---

1142 Angesprochen von Lutter/Hommelhoff, a. a. O., §§ 32 a, b, Rz. 153; Hachenburg/ Ulmer, a. a. O., §§ 32 a, b, Rz. 111, 115; Ulmer, Festschrift Kellermann, S. 496; Wiedemann, Festschrift Beusch, S. 905 ff.; Scholz/K. Schmidt, a. a. O., §§ 32 a, b, Rz. 114; Oppenländer, DStR 1993, 1523, 1526; aufgegriffen auch von: BGHZ 121, 31, 41; OLG KA ZIP 1994, 483, 485.

1143 Dazu bereits oben II. 2. a).

keine Sachverhalte bekannt, die den Anforderungen an eine Finanzplannutzung erfüllen könnten. Eine - analog der „gesplitteten Einlage“ - koordinierte Nutzungsüberlassung durch die Gesellschafter ist angesichts der Vielgestaltigkeit der in einem Unternehmen regelmäßig erforderlichen Güter, noch vielmehr aber wegen der ihnen eigenen unterschiedlichen Werte kaum zu erwarten. Anders als bei der darlehensweisen Finanzierung, der Überlassung von Kaufkraft bereitet bei der Nutzungsüberlassung die im Zeitverlauf jedenfalls bei verbrauchbarem Anlagevermögen eintretende Entwertung von Gütern Schwierigkeiten, etwa eine beteiligungsproportionale Unterhaltungspflicht durchzuführen. Denn das Engagement der verschiedenen Gesellschafter kann sich so ganz unterschiedlich entwickeln. Aber auch die praktischen Schwierigkeiten, die sich hinsichtlich der einzelnen Nutzungsüberlassung einstellen können, lassen den Gesellschafter wie die Geschäftsführung wohl Gestaltungen, die die hier erarbeiteten Voraussetzungen einer finanzplanorientierten kapitalersetzenden Nutzungsüberlassung erfüllen, vermeiden. In vielen Fällen können die wirtschaftlichen Ergebnisse einer Nutzungsüberlassung erreicht werden, wenn die Gesellschafter ihrem Verband die zum Erwerb der Güter erforderlichen Mittel darlehensweise zur Verfügung stellen, etwa langfristige Mittel zum Aufbau des Betriebs.

Im Ergebnis lässt sich damit festhalten: Die praktische Bedeutung von Finanzplannutzungen, die ihre Ersatzkapitalwirkung von vornherein aus der Finanzplanung, ablesbar an den Überlassungsbedingungen beziehen, beschränkt bislang wohl auf die Fälle der Betriebsaufspaltung. Darüber hinausgehende Sachverhalte im Bereich der Überlassung nur einzelner oder gruppenweiser Vermögensgegenstände sind bis dato nicht bekannt geworden.

2. Relativierung des Umqualifizierungstatbestandes

Die dritte große Fallgruppe kapitalersetzender Gesellschafterfinanzierungen neben den bekannten Mittelzuführungen in der Insolvenzreife oder Kreditunwürdigkeit wurde – unabhängig davon, ob es sich um Darlehensfinanzierung oder Nutzungsüberlassungen handelt - einstweilen dahingehend beschrieben, dass sich aus der Finanzplanung der Gesellschafter die Unverzichtbarkeit der Finanzierung für die unternehmerischen Ziele der Gesellschaft ergibt[1144]. Dem folgt die Vertragsgestaltung durch Gesellschafter und Gesellschaft, die dem angenommenen Risikogefüge dadurch entgegenzuwirken sucht, dass die mit

[1144] Dazu eingehend siehe Teil 3, V. 10. g) gb), vgl. hier nur BGHZ 104, 33; Hommelhoff/Kleindiek, Festschrift 100 Jahre GmbHG, S. 438 ff.

Gelddarlehen oder Nutzungsgegenständen verschafften Möglichkeiten unternehmerischer Betätigung eigenkapitalgleich ausgestaltet werden.

Der insoweit bereits fest gefügt erscheinende Tatbestand einer kapitalersetzenden Nutzungsüberlassung bedarf jedoch der weiteren Relativierung; denn die Finanzierungsverantwortung der Gesellschafter, die es erst erlaubt, bestimmte Nichteigenkapitalfinanzierungen haftendem Kapital gleichzustellen, ist nicht allein durch ein Gebot angemessener Risikobeteiligung der Gesellschafter geprägt. Insoweit findet allein Berücksichtigung, dass Gesellschafter mit einer materiell Eigenkapital darstellenden Finanzierung oder Investition eine funktionswidrige rechtsformverfehlende Finanzierungsstruktur etablieren[1145]. Diese rechtfertigt dann die Gleichstellung mit haftendem Vermögen, weil die Mitglieder bei erfolgreich verlaufender Unternehmensentwicklung in ihrer Mitgliederrolle am wirtschaftlichen Erfolg der Gesellschaft partizipieren, im Falle des angesichts des knappen Voraushaftungspotentials zu erwartenden unternehmerischen Scheiterns aber als Gesellschaftsgläubiger auftreten können; und dies mit der Folge, dass sich etwa in der Gesellschaftsinsolvenz die ohnehin minimalen Befriedigungsaussichten der Drittgläubiger weiter verschlechtern.

Bereits zum Tatbestand des Finanzplandarlehens konnte jedoch ausgeführt werden, dass eine abschließende Subordination auf der Grundlage der Finanzplanung erst dann möglich ist, wenn das zweite, die gesellschafterliche Finanzierungsverantwortung prägende Element angemessen berücksichtigt ist. Dieses ist der Missbrauch der Doppelrolle, aus der heraus es dem Gesellschafter möglich ist, gegenüber dem Verband sowohl als dessen Mitglied aufzutreten als auch die Position des Drittgläubigers einzunehmen[1146]. Dieses bedeutende Element in der Diskussion um kapitalersetzende Leistungen der Gesellschafter muss Einfluss nehmen auf den Tatbestand der Finanzplannutzung mit kapitalersetzender Wirkung. Die Argumentationslinie, die hier zum Tragen kommt, entspricht gänzlich der, mit der auch der zunächst für Finanzplandarlehen entwickelte Tatbestand modifiziert werden musste. Wie auch immer geartete und begründete Finanzierungsformen der Gesellschafter, mögen sie den Haftungsfonds der Gesellschaft noch so sehr verkürzen und die unternehmerische Tätigkeit noch so risikoreich gestalten, können nur dann gegenüber den die Nutzung überlassenden Gesellschaftern sanktioniert werden, wenn die Mitglieder sich in der ihnen möglichen Doppelrolle bei der formellen Fremdkapitalisierung auch wirklich in

---

[1145] So auch A. Müller, Regeln, S. 78 ff.

[1146] Zur Finanzierungsverantwortung insoweit siehe Teil 3, V. 9.

ihrer Gesellschafterposition bewegt haben. Dogmatisch verlässliches, wenn auch nicht immer leicht handhabbares Prüfkriterium ist hier erneut die bei der Gesellschaft nicht verbundenen Dritten feststellbare Finanzierungsbereitschaft. Lässt sich feststellen, dass Dritte bereit gewesen wären, die der unangemessenen Risikoabwälzung verdächtige Nutzungsüberlassung in ihrer konkreten Erscheinungsform ebenfalls einzugehen, so lässt sich dem betroffenen Gesellschafter kaum entgegenhalten, der von ihm geleistete Beitrag zur Unternehmenstätigkeit stehe in Widerspruch zu den Verhaltensanforderungen einer ordnungsgemäßen Unternehmensfinanzierung. Die Finanzierungsverantwortung jedes GmbH-Gesellschafters muss ihre Grenze an den Finanzierungsmöglichkeiten finden, die die Gesellschaft bei nur an angemessener Verzinsung aus einem Nutzungsverhältnis interessierten Dritten zu begründen vermag[1147]. Lässt sich also die Bereitschaft Dritter feststellen, die Gesellschaft zu den im Wesentlichen gleichen Bedingungen mit Anlagevermögen zur Nutzung zu versorgen, dann ist auch für die Gesellschafternutzungsüberlassung materiell an der formellen Qualifikation als schuldrechtliche Nutzungsbeziehung festzuhalten. Für die Ersatzkapitalqualifikation von Finanzplannutzungen ist diese Tatbestandsrelativierung sogar noch weiter auszudehnen. Wenn die Nutzungsüberlassung der Gesellschafter vor allem dann in eine kapitalersetzende Nutzungsbeziehung umzuqualifizieren ist, wenn Dritte nicht (mehr) bereit sind, der Gesellschaft mit Darlehen den Ankauf von Anlagevermögen zu ermöglichen, so ist die von einer finanzplangestützten Nutzungsüberlassung ausgehende Tatbestandswirkung auch dann widerlegt, wenn Dritte bereit wären, eben die zum Erwerb der Güter erforderlichen Mittel zur Verfügung zu stellen.

Festhalten lässt sich damit: Der von der kapitalvertretenden Finanzplanung und ihrem Niederschlag in den Überlassungsbedingungen ausgehende Befund einer kapitalersetzenden Finanzierung ist aufgehoben, wenn die Gesellschaft bei Dritten zu vergleichbaren Konditionen die Gebrauchsüberlassung bewirken kann oder aber Darlehenskapital zum Erwerb der Vermögensgegenstände aufnehmen kann.

[1147] Dieses Kontrollkriterium prägt das gesamte Kapitalersatzrecht. Es ist auch dann heranzuziehen, wenn Finanzplannutzungen hier als Bestandteil der Rechtsprechungs- und Novellen-Regeln verstanden werden.

3. Vermutungswirkung des Finanzplantatbestandes

Der eigentliche Umqualifizierungstatbestand konnte für die Finanzplannutzungen in zwei Stufen dahingehend entwickelt werden, dass eine Erfassung durch die Rechtsprechungs- und Novellen-Regeln allein dann in Betracht kommt, wenn die gewährenden Gesellschafter die - aus ihrer Sicht - bestehende Unverzichtbarkeit der Nutzungsüberlassung für die Erreichung der gesellschaftlichen Ziele annehmen[1148]. Weiter erforderlich ist gleichwohl, dass eine nach den wesentlichen Gestaltungsparametern Gewährungsdauer, Entgelt usw. entsprechende Gebrauchsüberlassung bei Dritten nicht zu erlangen ist. Denn der das Kapitalersatzrecht prägende Gedanke der unzulässigen Risikoabwälzung kommt erst dann endgültig zum Tragen, wenn feststeht, dass die Gesellschafter die Gebrauchsüberlassung in der allein ihnen möglichen Doppelrolle als Mitglied der Körperschaft und zugleich ihr schuldrechtlicher Partner als Gesellschafter zugesagt und ausgereicht haben. Diese konkrete Prüfung konnte - je nach Gegenstand der Nutzungsüberlassung - anhand des Maßstabs der Kredit- bzw. der Überlassungsunwürdigkeit vorgenommen werden; dabei ist dem Kriterium der Überlassungsunwürdigkeit dogmatisch die wohl größere Tragfähigkeit zuzusprechen. Es erlaubt für die Sachverhalte, in denen das Nutzungsgut auch bei Dritten zu erlangen gewesen wäre, die trennschärfere Unterscheidung zwischen neutralem Schuldverhältnis und mitgliedschaftlich motivierter Gebrauchsüberlassung.

a) Weitgehende Entsprechung der Tatbestände

Schon für den Bereich der vorübergehenden Kaufkraftüberlassung durch Gelddarlehen konnte erarbeitet werden, dass sich die Sachverhalte der finanzplangebundenen Darlehensfinanzierung und der Gesellschafterfremdfinanzierung in den einzelnen Finanzierungssituationen weitgehend decken; die Zurverfügungstellung für die unternehmerische Zielerreichung - zumeist in großem Umfang bei Geschäftsaufnahme oder -erweiterung - deckt sich meist mit der Fallgruppe der Kreditunwürdigkeit der Gesellschaft bei Dritten[1149]. Dies jedenfalls dann, wenn man akzeptiert, dass die das Ersatzkapitalrecht prägende Finanzierungsverantwortung der Gesellschafter für eine die Belange der Gläubiger angemessen berücksichtigende Risikoverteilung zwischen Gesellschaftern

---

[1148] Vgl. Teil 3, V. 10. g) gb), in Fortführung des Ansatzes in BGHZ 104, 33 dazu auch Lutter/Hommelhoff, a. a. O., §§ 32 a, b, Rz. 176, 179; von Gerkan/Hommelhoff, Kapitalersatz, S. 202 ff.

[1149] Darauf weist bereits Ulmer, Festschrift Kellermann, S. 496 hin.

und Gläubigern auch schon dann zu einer Haftkapitalausstattung - als Alternative zu einer möglichen Nichtfinanzierung - zwingt, wenn die Kreditunwürdigkeit der Gesellschaft noch nicht zur Liquidation der Gesellschaft zwingt, sondern allein die pessimistischen Zukunftsaussichten von Dritten zum Ausdruck bringt. Zudem beruht die Umqualifizierung in der einen wie der anderen Fallgruppe im Interesse der Gläubiger auf dem Gedanken der Risikowahrung[1150].

Damit stellen sich die unterschiedlichen Fallgruppen Eigenkapital ersetzender Gesellschafterfremdfinanzierung als unterschiedliche Ausprägungen eines einheitlichen Prinzips dar; für das hier so wichtige Verhältnis von Finanzplanfinanzierung und Kreditunwürdigkeitsfinanzierung ist jedoch zu bemerken: Die eigenständige Fallgruppe der Finanzplanfinanzierungen erfährt insofern eine nachhaltige Relativierung, als die Subordination von Gesellschafterleistungen den Drittvergleich erfordert. Sind der Ersatzkapitalqualifizierung verdächtige Gesellschafterleistungen auch von dritter Seite zu bekommen, so haben sich die gewährenden Gesellschafter nicht in relevanter Weise einer Doppelrolle berühmt.

Auf der Grundlage dieses Befundes konnte festgestellt werden: Ergibt für eine Darlehensfinanzierung die Gesamtwürdigung der Finanzplanung und der Vertragsbedingungen, dass nach Einschätzung der Gesellschafter die gesellschaftlichen Ziele nur mit einer entsprechenden Haftkapitalausstattung zu erreichen sein wird, so rechtfertigt dies gleichwohl nur die Vermutung einer kapitalersetzenden Finanzierung[1151]. Mehr erlaubt die wohl regelmäßig mit der planmäßigen Fremdmittelausstattung einhergehende Risikoabwälzung nicht. Ihr kapitalersetzender Charakter ist erst dann verbindlich festgelegt, wenn feststeht, dass Dritte zu einer im Wesentlichen gleichen Finanzierung nicht bereit sind. Gleichwohl rechtfertigt die weitgehend gleichwertige Verkörperung der gläubigerschädigenden Risikostruktur durch Kreditwürdigkeit wie durch eine eigenkapitalnahe Ausgestaltung formell schuldrechtlicher Gestaltungen, letztere mit der Vermutung der vom Ersatzkapitalrecht sanktionierten Risikoabwälzung zu belegen. In der Folge trifft den betroffenen Gesellschafter die Darlegungs- und Nachweispflicht, dass die Mittel doch nicht die Risiken einseitig auf die Gläubiger verlagern.

Einzige verlässliche Nachweismöglichkeit insoweit ist die konkrete Kreditfähigkeit der Gesellschaft bei Dritten. Dieses Ergebnis für die finanzplangestützte

---

1150 Vgl. Teil 3, V. 10. f).

1151 So das Ergebnis in Teil 3, V. 12. e) ec).

Darlehensfinanzierung ist ohne große Schwierigkeiten auf die Sachverhalte der Finanzplannutzungen zu übertragen. Oben konnte bereits nachgewiesen werden, welches die Voraussetzungen für den Kapitalersatzcharakter einer Finanzplannutzungsüberlassung sind[1152]. Auch diese können letztlich nur als Vermutung eines kapitalersetzenden, da risikoabwälzenden Tatbestandes begriffen werden. Für ein endgültiges Ergebnis bedarf es der Beweisführung der Gesellschafter, dass die Führung der Geschäfte auch aus eigener Kraft, d. h., ohne die eigenkapitalnahe Ausgestaltung der Gesellschaftergebrauchsüberlassung möglich wäre.

Damit ist auch in diesem Zusammenhang die Frage gestellt, ob die Gesellschaft eine im Wesentlichen gleich strukturierte Gebrauchsüberlassung auch bei unabhängigen Dritten akquirieren könnte[1153]. In dieser Form ist die Frage vor allem zu präzisieren, wenn es die vermutete Kapitalersatzqualität der Überlassung marktgängiger Vermögensgegenstände zu überprüfen und zu widerlegen gilt.

Geht es dagegen um die planmäßige Einbeziehung individuell angepasster, am Markt nicht erhältlicher Güter, kann die Frage nach der Überlassungsbereitschaft Dritter nicht sinnvoll, nämlich nur rein fiktiv gestellt werden[1154]. Die Entscheidung, ob die gebrauchsüberlassenden Gesellschafter ihre vermutet kapitalersetzende Nutzungsüberlassung in der Rolle als Gesellschafter oder als Drittgläubiger stellen, kann, dann nur im modifizierten Drittvergleich getroffen werden. Die Kontrollfunktion gegenüber der vermuteten Ersatzkapitalqualifikation des Gebrauchsüberlassungsverhältnisses hat dann die Frage nach den gesellschaftlichen Möglichkeiten, das für den Erwerb des Anlagevermögens erforderliche Kapital am Kapitalmarkt aufzunehmen.

b) Befund

Zusammenfassend lässt sich feststellen: Der Tatbestand der Finanzplannutzungen bringt durchaus zum Ausdruck, dass die Finanzierung der Gesellschaft nicht den Grundsätzen ordnungsgemäßer Unternehmensfinanzierung entspricht. Gleichwohl bedarf der Tatbestand der Relativierung und Einschränkung. Nur jene Schuldverhältnisse können letztlich zu lasten der nutzungsüberlassenden

1152 Vgl. oben II. 2.

1153 So bereits die Kontrollüberlegung bei Finanzplandarlehen.

1154 So BGHZ 121, 38 f., 40; Lutter/Hommelhoff, a. a. O., §§ 32 a, b, Rz. 142; Scholz/K. Schmidt, Rz. 114; von Gerkan/Hommelhoff, Kapitalersatz, S. 186 ff.; indes ohne Bezug auf Finanzplanung.

Gesellschafter subordiniert werden, die nicht auch direkt mit Dritten oder doch mit deren finanziellen Darlehensengagement möglich gewesen wären.

4. Rechtsfolgen der Nutzungsüberlassung

In den vorangegangenen Abschnitten konnte der Tatbestand einer Nutzungsüberlassung, die ihre kapitalersetzende Qualifizierung aus der Finanzplanung der Gesellschafter erfährt, entwickelt werden. Dabei ergab sich als Befund: Die Konkretisierung von Nichthaftkapitalfinanzierung über die Grundsätze ordnungsgemäßer Unternehmensfinanzierung gelingt fallgruppenspezifisch auch für die gesellschafterliche Nutzungsüberlassung.

Die normzweckrelevante Verlagerung der Finanzierungsrisiken auf die Gesellschaftsgläubiger folgt, wenn auch nur als Vermutung, aus der haftkapitalgleichen Ausgestaltung der Nutzungsbeziehung. Diese zeigt, dass - wenn auch eingeschränkt und relativiert durch die Finanzierungsbereitschaft Dritter - der finanzierende Gesellschafter unter Hinanstellung seiner Individualinteressen als Gläubiger die Gebrauchsüberlassung im Interesse der Gesellschaft eigenkapitalgleich einzusetzen bereit ist. Gelingt es dem Gesellschafter nicht nachzuweisen, dass die Nutzungsüberlassung in ihrer konkreten Ausprägung auch bei Dritten zu akquirieren ist und deshalb ihm als Gesellschafter das konkrete Nutzungsverhältnis nicht als Verstoß gegen Grundsätze einer gesellschafterlichen Finanzierungsverantwortung angelastet werden kann, so treten die Rechtsfolgen des zweistufigen Kapitalersatzrechts ein.

Diese Rechtsfolgen umfassen zwei große Bereiche: Zum einen führt die Qualifizierung als kapitalersetzendes Nutzungsverhältnis unmittelbar zu einer Verstrickung der formell schuldrechtlichen Beziehung in die GmbH-rechtliche Eigenkapitalbindung. Dies impliziert das Verbot an die Geschäftsführung, auf das kapitalersetzende Nutzungsverhältnis Miet- oder Pachtzahlungen unter Verletzung der Stammkapitalziffer zu zahlen. In der Gesellschaftsinsolvenz können Entgeltzahlungen der Gesellschaft nicht als Verbindlichkeiten der Gemeinschuldnerin anerkannt werden. Die Rechtsfolgen sind insoweit nicht anders, als sie für Gebrauchsüberlassungsverhältnisse gelten, die ihre Ersatzkapitalqualifikation aufgrund der Insolvenzreife der Gesellschaft oder ihrer Kredit- bzw. Überlassungsunwürdigkeit erlangt haben. Sie sind in ihrem Kernbereich geklärt; offene Fragen zu analysieren, die sich im Wesentlichen mit der Insolvenzverwertung auch der überlassenen Sachsubstanz befassen, kann hier nur im Ansatz geleistet werden[1155].

Von besonderem Interesse sind jedoch diejenigen Rechtsfolgen, die sich mit den Voraussetzungen der möglichen Enthaftung von Finanzplannutzungen befassen. Damit ist gerade für die Finanzplanfinanzierung ein bedeutender Fragenkreis angesprochen: Welches sind die Regeln, nach denen die Rechtsfolgen einer Ersatzkapitalqualifizierung qua Finanzplan wieder aufgehoben werden können, die Insolvenz- und Eigenkapitalverstrickung mithin zugunsten einer normalen schuldrechtlichen Beziehung zwischen GmbH und Gesellschafter aufgehoben wird[1156]?

a) Verstrickung durch Kapitalerhaltung und Insolvenz

BGH- und Novellen-Regeln beruhen in ihrer umqualifizierenden Wirkung auf demselben Rechtsgedanken der Finanzierungsverantwortung[1157]. Dieser erlaubt es, auch Gebrauchsüberlassungen als kapitalersetzende Rechtsverhältnisse zu qualifizieren. Auf der Grundlage verschiedener Umqualifizierungstatbestände kann so jedenfalls das Ergebnis erzielt werden, dass Nutzungsentgelte dann nicht gezahlt werden dürfen, wenn die Auszahlung an den Gesellschaftergläubiger eine Unterdeckung des Stammkapitals herbeiführt oder vertieft bzw. gar den Insolvenzgrund der Überschuldung eintreten lässt. Entsprechend dürfen „Forderungen" des Gesellschaftergläubigers aus dem kapitalersetzenden Nutzungsverhältnis nicht als solche zur Insolvenztabelle angemeldet werden. Soweit der Gesellschafter aus einem kapitalersetzenden Überlassungsverhältnis Nutzungsentgelte empfangen hat, sind diese grundsätzlich ebenso subordiniert. Der Geschäftsführer kann sie in den durch § 31 GmbHG gesetzten Grenzen zurückfordern[1158]. Entsprechend verfügt der Insolvenzverwalter über die bekannten Anfechtungsmöglichkeiten. Von Bedeutung könnten die weiteren mit der Insol-

---

1155 Vgl. nur die Lagergrundstückentscheidungen des BGH; I, BGHZ 109, 55 ff.; II, BGHZ 121, 31; III, BGH ZIP 1994, 1261; IV, BGH ZIP 1994, 1443; hierzu: Lutter/Hommelhoff, a. a. O., §§ 32 a, b, Rz. 138 ff., m. w. N.

1156 Zur Aufhebbarkeit der Finanzplanbindung vgl. nur Scholz/K. Schmidt, a. a. O., §§ 32 a, b, Rz. 38, 42, 51; Hachenburg/Ulmer, a. a. O., §§ 32 a, b, Rz. 48; Lutter/Hommelhoff, a. a. O., §§ 32 a, b, Rz. 181 ff.

1157 Hierzu schon in Teil 3, V. 4.

1158 Vgl. Lutter/Hommelhoff, a. a. O., §§ 32 a, b, Rz. 11; von Gerkan/Hommelhoff, Kapitalersatz, S. 189 f.

venzverwertung eines kapitalersetzenden Nutzungsverhältnisses verbundenen Rechtsfolgen sein.

Dies ist eine der aktuellen Fragen im Bereich der kapitalersetzenden Gebrauchsüberlassung. Dabei ist als wesentlicher Eckpunkt anzusehen, dass die dingliche Zuordnung der Nutzungsgegenstände auch durch die Ersatzkapitalqualität der formal schuldrechtlichen Beziehung nicht angetastet werden kann. Diese Erkenntnis hat dazu geführt, dass eine Verwertung der Sachsubstanz der Nutzungsgegenstände heute nicht mehr gefordert wird[1159]. Die Diskussion konzentriert sich denn auch darauf, unter Wahrung der beibehaltenen Eigentumsordnung weitere Rechtsfolgen allein aus der Verwertung der Nutzungsbeziehung zu gewinnen. Diese Tendenz wurde hier bereits einleitend befürwortet.

Der Diskussion um eine Verwertung des Nutzungsverhältnisses könnte der Tatbestand der Finanzplannutzung neue weit reichende Möglichkeiten eröffnen. Denn kapitalersetzende Nutzungsüberlassungsverhältnisse sind in ihrem Tatbestand maßgeblich davon geprägt, im Detail eigenkapitalgleich ausgestaltet der Gesellschaft langfristig, ggf. gebunden an die Dauer der Mitgliedschaft, zur Verfügung zu stehen. Mit überzeugenden Gründen setzt sich durch, auch in der Gesellschaftsinsolvenz der Gesellschaft das Nutzungsverhältnis jedenfalls so lange zur Verfügung des Insolvenzverwalters zum Zwecke der Gläubigerbefriedigung zu halten, wie der betroffene Gesellschafter schuldrechtlich mindestens an die Überlassung zur Nutzung gebunden ist. Dies führt angesichts der langfristigen Unauflöslichkeit finanzgeplanter Nutzungsverhältnisse zu einer der Sachverwertung nahe kommenden Behandlung[1160]. Insbesondere dann, wenn die von Gesellschafter und Körperschaft ernsthaft ins Auge gefasste Nutzungsdauer wirtschaftlich zu einem Substanzverzehr des Wirtschaftsguts führte, kann der Insolvenzverwalter daher die schuldrechtliche Beziehung bis zum Ende jeglicher Nutzungsmöglichkeit nutzen. Dies gilt sowohl für verbrauchbare wie auch für nicht verbrauchbare Nutzungsgüter. Die Chance für die Gesellschaftsgläubiger liegt dann darin, dass der Insolvenzverwalter dieses weitgehende Nutzungsrecht auch außerhalb der Gemeinschuldnerin verwerten kann. Die Verwertung des kapitalersetzenden Nutzungsrechts ist damit keine neue Qualität, die gerade nur bei Finanzplannutzungen Anwendung fände; jedoch erlaubt die langfristige, oft unkündbare Überlassung, die schuldrechtliche Beziehung auch insoweit ganz

---

1159 Wohl aufgehoben seit BGH ZIP 1994, 1265; 1994, 1445.

1160 Lutter/Hommelhoff, a. a. O., §§ 32 a, b, Rz. 146; hierzu auch: BGH ZIP 1994, 1445.

weitgehend als das zu behandeln, als was die Gesellschafter sie materiell konzipiert haben: als eigenkapitalgleiche Finanzierung.

b) Rechtsfolgen: Voraussetzungen und Modalitäten

Schon im Zusammenhang mit den Rechtsfolgen einer kapitalersetzenden Finanzplanung in der Insolvenz und hinsichtlich der insolvenzfreien wie insolvenzbezogenen Verstrickung in das zum Erhalt des satzungsmäßigen Stammkapitals erforderliche Gesellschaftsvermögen war der Hinweis angebracht, dass sich der Rechtsfolgenkanon einer Kapitalersatzqualifizierung anlässlich einer Nutzungsüberlassung als besonders problematisch erweist. Ebenso sind zu den Rechtsfolgen, für die Praxis ebenso bedeutsam, die Voraussetzungen zu zählen, unter denen das Urteil der kapitalersetzenden Qualifikation zu revidieren ist, das Nutzungsüberlassungsverhältnis also uneingeschränkt in seinen schuldrechtlichen Charakter zurückfällt.

c) Praktische Bedeutung

Die praktische Bedeutung dieses Fragenkreises für die Arbeit der Geschäftsführung, der Gesellschafter, aber auch des Insolvenzverwalters liegt auf der Hand. Eigenkapitalersatz unterliegt in seiner Qualifikation der dynamischen Veränderung in der Gesellschaft. Entfällt eine einmal gegebene Subordination des Nutzungsverhältnisses, weil sich die Risikostruktur der Unternehmensfinanzierung grundlegend zugunsten der Gläubiger verbessert hat, so ergeben sich daraus bedeutende Folgen:

Nutzungsentgelte dürfen nunmehr an die Gesellschafter ausgezahlt werden, ohne dass diese befürchten müssen, diese Beträge in einer späteren Insolvenz an die Masse zurückzahlen zu müssen. Auch eine Anspruchshemmung durch die Geschäftsführerpflicht, das zum Erhalt des der Stammkapitalziffer entsprechende Vermögen nach den Regeln der Kapitalerhaltung nicht an die Gesellschafter auszukehren, entfiele. Dies auch dann, wenn die Gesellschaft sich weiterhin oder später erneut im Stadium der Unterbilanz befindet[1161]. Auch die bis heute umstrittenen in ihrer weiteren Entwicklung durch Rechtsprechung und Forschung noch nicht absehbaren Rechtsfolgen hinsichtlich der Verwertung des Nutzungsverhältnisses selbst entfielen.

[1161] Allg. zur Re-Umqualifizierung nach BGH-Regeln verstrickter Finanzierungen siehe Teil 3, V. 12. l) ld).

IV. Wegfall der Verstrickung

Für die Fallgruppe der Finanzplandarlehen konnte hierzu ein geschlossenes Konzept entwickelt werden[1162]. Hierauf kann auch für die Re-Qualifizierung von Finanzplannutzungen in kapitalersatzrechtlich neutrale Schuldverhältnisse zurückgegriffen werden.

1. Ursachenneutrale Auffüllung des Stammkapitals

Eine wesentliche Ursache für den Wegfall der nach den Rechtsprechungs-Regeln bedeutendsten Rechtsfolge, der Bindung von formellem Fremdkapital als Sicherung des die Stammkapitalziffer repräsentierenden Vermögens, ist die Verbesserung der allgemeinen Vermögenssituation der Gesellschaft. Mag die Qualifikation als Ersatzkapital auch als solche fortbestehen, sie vermag außerhalb der Insolvenzsituation im Rahmen des richterrechtlichen Ersatzkapitalrechts Wirkungen nicht zu entfalten. Dieser Befund ist unspektakulär. Er gilt nicht nur für Finanzplannutzungen, sondern für jede Erscheinungsform kapitalersetzender Finanzierung[1163].

2. Fortfall der Ersatzkapitalfunktion

Von spezifischer Bedeutung für die Fallgruppe der kapitalersetzenden Finanzplannutzungen sind indes die Voraussetzungen, unter denen die Eigenkapital ersetzende Funktion des Gebrauchsüberlassungsverhältnisses entfällt; eingeschlossen seien in diese Betrachtung auch jene für die subordinierte Finanzplannutzung als typisch erkannten Fallgestaltungen, bei denen die neue Qualität vor allem darin bestand, dass sich aus ihnen zumindest die widerlegliche Vermutung einer kapitalersetzenden Finanzierung ergibt.

a) Drittvergleich

Die Rechtsfolgen einer kapitalersetzenden Nutzungsüberlassung entfallen jedenfalls dann, wenn dem Gesellschafter der Nachweis gelingt, dass die Gebrauchsüberlassung zu im Wesentlichen gleichen Bedingungen auch bei

---

[1162] Vgl. Teil 3, V. 12., 13.

[1163] Zur Auffüllung des Stammkapitals Scholz/K. Schmidt, a. a. O., §§ 32 a, b, Rz. 77; BGHZ 90, 370, 3788; 76, 326, 333; Baumbach/Hueck, GmbHG, §§ 32 a, Rz. 77.

Dritten zu bekommen ist bzw. insoweit Kreditwürdigkeit der Gesellschaft gegeben ist, so dass ihr der Erwerb des für die Zielerreichung erforderlichen Anlagevermögens mit Hilfe der Fremdmittel möglich ist.

Die Überlegungen an dieser Stelle unterscheiden sich in nichts von denen, die erforderlich waren, um den Vermutungstatbestand einer qua Finanzplanung anscheinend kapitalersetzenden Finanzierung zu widerlegen. War dieses Ansinnen jedoch erfolglos, greift der Vermutungstatbestand also zugunsten einer Ersatzkapitalqualifizierung des Nutzungsverhältnisses für einen bestimmten Zeitpunkt, so haben die Gesellschafter die Möglichkeit, für jeden späteren Zeitpunkt der aus der Finanzplanung folgenden Risikoabwälzung zu lasten der Gläubiger entgegenzutreten. Dies setzt voraus, dass nunmehr der Nachweis einer entsprechenden Bereitschaft Dritter zur Nutzungsüberlassung oder Kreditfinanzierung gelingt.

b) Vermutungswiderlegung

Im Mittelpunkt des Interesses steht indes, unter welchen Voraussetzungen die für die praktische Bedeutung kapitalersetzender Nutzungsüberlassungen wichtigste Rechtsfolge wieder entfällt. Diese zentrale Stellung kommt dem Vermutungstatbestand einer kapitalersetzenden Nutzungsüberlassung zu. Dieser erlaubt es, auf der Grundlage einer offen gelegten Finanzplanung oder von indiziell wirkenden Gestaltungsmerkmalen der Nutzungsüberlassung auf deren kapitalersetzende Funktion, mithin auf eine mit der gesellschafterlichen Finanzierungsverantwortung unvereinbare Risikoabwälzung zu lasten der Gläubiger zu schließen. Dies begründet eine Vermutung, die das Nutzungsverhältnis dem Ersatzkapitalrecht unterstellt; dies jedenfalls solange, wie es dem betroffenen Gesellschafter nicht gelingt, diese Vermutung insbesondere durch einen Drittvergleich mit der Finanzierungsbereitschaft Dritter zu widerlegen[1164].

Der Weg auf dem der Vermutungstatbestand sich begründen lässt und zur Rechtsfolge der Ersatzkapitalqualifikation führt, zeichnet unmittelbar den Gedankengang vor, der zur Aufhebung dieser Rechtsfolge führt.

[1164] Zu dieser hier zentralen These vgl. Teil 3, V. 12., 13.

ba) Revidierung der Finanzplanung und Aufhebung der individuellen Merkmale der Gesamtwürdigung

Wenn sich die für die Umqualifizierung einer Nichthaftkapitalfinanzierung in Kapitalersatz maßgebliche Risikoverlagerung aus einer bestimmten Finanzplanung, insbesondere der erwarteten Unverzichtbarkeit für die Gesellschaftsziele ergibt - dies ist die Kernaussage: eine Gesamtwürdigung der Nutzungsbedingungen führt zu diesem Ergebnis mittelbar über eine Bündelung von Indizien, die Rückschlüsse auf das Risikoverhalten der Gesellschafter erlauben -, so muss eine Aufhebung dieser Rechtsfolge maßgeblich mit einer Revidierung dieser Finanzplanung zusammenhängen.

Anlass für die Gesellschafter, ihre Finanzplanung zu überprüfen, können einmal die veränderten unternehmerischen Vorgaben der Gesellschafter sein. Haben die Gesellschafter etwa ihre Vorstellungen vom zukünftigen Investitions- und Umsatzvolumen nachhaltig zurückgenommen, eine Unternehmensausweitung, zu deren verlässlicher Finanzierung die eigenkapitalgleiche Ausgestaltung des Nutzungsverhältnisses bestimmt war, verworfen, so mag dies auch eine veränderte Risikostruktur der Gesellschaft mit sich bringen. Ab wann diese veränderte Struktur die Grenze hin zur Neutralität der Nutzungsüberlassung überschreitet, ist anhand generell-abstrakter Kriterien erneut kaum feststellbar. Zu diesem Zweck müssten Finanzierungsregeln gewährt werden, die es jedoch mit einer Aussage, die verlässlich angibt, bei welchem Eigenkapitalpolster die Interessen der Gläubiger noch hinreichend gewahrt sind, nicht existieren[1165].

Erneut erlangt in diesem Zusammenhang die Einschätzung der finanzierenden Gesellschafter selbst Bedeutung. Schon bei der Formulierung des Tatbestandes kapitalersetzender Finanzplandarlehen oder Nutzungen musste deutlich darauf hingewiesen werden, dass die Umqualifizierung nicht in erster Linie auf der Anwendung objektiver Finanzierungsregeln auf einen konkreten Sachverhalt beruht. Vielmehr wurden die Gesellschafter mit ihrer Einschätzung der unternehmerischen Risikostruktur beim Wort genommen. Sie wurden letztlich an der eigenkapitalgleichen Funktion, die sie der schuldrechtlichen Nutzungsbeziehung - aus ihrer Sicht notwendigerweise zur Vermeidung einer entsprechenden Haftkapitalausstattung - beigelegt hatten, festgehalten.

Kommt es aber für die Qualifizierung als den Grundsätzen ordnungsgemäßer Finanzierung nicht mehr genügende Gesellschafterleistung neutral auf die in den

---

[1165] Von Gerkan/Hommelhoff, Kapitalersatz, S. 23 ff., 61 f.

Überlassungsbedingungen dokumentierte Sicht der Gesellschafter und der Geschäftsführung an, so muss deren Einschätzung auch erheblich sein, wenn es zu prüfen gilt, ob eine solche zu missbilligende Gesellschafterfinanzierung in den neutralen Bereich schuldrechtlicher Beziehungen zurückfällt.

Dieser Zustand wäre erreicht, wenn die betreffenden Gesellschafter ihre Überlassungsbeziehung mit der Gesellschaft insoweit modifizieren, dass die neuen Überlassungsbedingungen vor dem Hintergrund nunmehr der aktuellen unternehmerischen Planungen hinsichtlich Kapitalbedarf, Finanzierungsdauer usw. nicht mehr die Vermutung der unangemessenen Risikoüberwälzung tragen.

bb) Mögliche Einwände und Bewertung

Dieser Gedankengang muss sich dem Vorwurf stellen, er überlasse das Befriedigungsinteresse der Gläubiger der Entscheidungsfreiheit der Gesellschaft und der Gesellschafter. Von deren Entschluss, die Darlehens- oder Überlassungsbedingungen zu ändern, hänge - vorbehaltlich der Möglichkeit der Vermutungswiderlegung - ab, ob eine Nutzungsbeziehung etwa in der Gesellschaftsinsolvenz als funktionelles Eigenkapital oder allein schuldrechtlich zu behandeln sei. Dieser antizipierte Einwand greift im Ergebnis nicht durch:

Zum einen disponieren die Beteiligten nicht über einen abschließenden Tatbestand der kapitalersetzenden Unternehmensfinanzierung. Disponibel sind nur die Überlassungsbedingungen, die es durch ihre Rückbindung an die gesellschafterliche Finanzplanung erlauben, der Nutzungsüberlassung nach einer Gesamtwürdigung den Charakter einer schuldrechtlichen Beziehung abzusprechen und die Vermutung des Kapitalersatzes beizulegen. Ein etwaiger Einwand, das objektive Ersatzkapitalrecht werde so zur Disposition seiner Hauptbetroffenen gestellt, geht damit fehl. Aber auch innerhalb der Reichweite der Gestaltungsmöglichkeiten und Abänderungsmöglichkeiten werden die betroffenen Gesellschafter, jedenfalls aber die Geschäftsführung, einer Entlassung des Nutzungsverhältnisses aus den ursprünglichen Bedingungen und damit möglicherweise aus der Haftungsvermutung nicht ohne weiteres zustimmen. Denn die Überlassungsbedingungen waren, sollen sie eine entsprechend kapitalersetzende Finanzplanung widerspiegeln können, gerade im Interesse der Gesellschaft wie Eigenkapital/Vermögen der Gesellschaft ausgestaltet. Die für Liquidität und Finanzierungssicherheit der Gesellschaft regelmäßig günstigen Bedingungen - etwa durch Langfristigkeit, Bindung an die Mitgliedschaft, gewinnabhängige Entgeltregelungen - werden zum einen schon von den am weiteren Gedeihen der

Gesellschaft interessierten Gesellschaftern nur dann in ihren Bedingungen umstrukturiert und ggf. abgezogen werden, wenn die Gesellschaft ihrer nicht länger bedarf.

Insbesondere aber die Geschäftsführung wird für diese Sicherung der Betriebsgrundlagen der Unternehmung Sorge tragen. Sie muss an jeder Abänderung des Überlassungsverhältnisses mitwirken. Dieses wird der Geschäftsführer nur dann tun, wenn auch nach seiner Einschätzung auf die dauerhafte Nutzungsüberlassung überhaupt oder doch jedenfalls zu diesen an den Bedürfnissen der Gesellschaft ausgerichteten Bedingungen verzichtet werden kann[1166]. Der Anknüpfungspunkt für eine Aufhebung der Vermutungswirkungen kann also in der Tat nur wiederum die geänderte Finanzplanung sein, wie sie sich als Einschätzung der Gesellschafter in neugefassten Überlassungsbedingungen ausdrückt. Dem Überlassungstatbestand geht die Vermutungswirkung hinsichtlich der Verwirklichung eines kapitalersetzenden Finanzierungstatbestands dann verloren, wenn unter den neuen Voraussetzungen eine Gesamtwürdigung der Überlassungsbedingungen nicht mehr den Eindruck vermittelt, die Beteiligten wollten durch die Ausgestaltung der schuldrechtlichen Beziehung eine für erforderlich gehaltene Stärkung des Gesellschaftsvermögens umgehen. Unter welchen Voraussetzungen dies anzunehmen ist, die Nutzungsüberlassung also zukünftig nur noch schuldrechtlich beurteilt werden kann, entzieht sich weitgehend der generell-abstrakten Vorbeurteilung. Die Sachverhalte sind zu verschieden. Wichtiges Hilfskriterium ist dabei, ob sich die Gesellschafter bei der Vereinbarung der Bedingungen von den Interessen der Gesellschaft leiten lassen oder sich auf ihre schuldrechtlichen Renditeinteressen als Gläubiger besinnen. Sowohl für den Tatbestand kapitalersetzender Darlehens- wie auch der Gebrauchsüberlassung kam es innerhalb der Gesamtwürdigung des gesamten Finanzierungsgeschehens u. a. darauf an zu beurteilen, ob der überlassende Gesellschafter sich zu Überlassungsbedingungen gebunden hat, die ein allein an Eigeninteressen ausgerichteter Dritter als zu sehr gesellschaftsbezogen nicht akzeptiert hätte.

Einschlägig sind hier eine unter dem Marktzins liegende Verzinsung, eine unbegrenzte Überlassungsdauer, etwa durch die Bindung des Nutzungsrechts an den Fortbestand der Mitgliedschaft[1167]. All diese Kriterien erlaubten es Gesellschaft und Geschäftsführung, auf der Basis hoher Finanzierungsverlässlichkeit

---

[1166] Insoweit besteht jedenfalls bei Fremdgeschäftsführung ein Schutz gegen unkontrollierten Abzug.

[1167] Zu diesen Kriterien im Einzelnen siehe Teil 3, V. 11. f).

mit der schuldrechtlichen Nutzungsüberlassung zu operieren, als handele es sich um Anlagevermögen der Gesellschaft.

Unverzichtbar für die Vernichtung des Vermutungstatbestands bleibt indes, dass jene Änderungen der Überlassungsbedingungen in Richtung einer kapitalersatzrechtlich neutralen schuldrechtlichen Beziehung ihre Grundlage im verminderten Finanzierungs- und Investitionsbedarf der Gesellschaft haben. Geht dieser erkennbare Wandel im Geschäftsumfang oder allgemein in den Unternehmenszielen einher mit den angesprochenen Anpassungen der Überlassungsbedingungen an die Bedingungen des Marktes, lässt sich die Vermutungswirkung aus dem Nutzungsverhältnis nicht länger aufrechterhalten[1168].

Die Finanzierungsbeziehung zwischen Gesellschafter und Verband vermittelt dann nur noch den Eindruck einer ausgeglichenen Risikoverteilung zwischen Mitglied- und Gläubigerschaft; es handelt sich dann um eine Nutzungsbeziehung, die ebenso - ganz unverdächtig - mit Dritten möglich wäre.

1168 Die Kontrollüberlegung des Drittvergleichs behält also zentrale Bedeutung, vgl. auch Teil 3, V. 12. f) fb).

Teil 5 Ergebnisse

Das Recht Eigenkapital ersetzender Gesellschafterdarlehen beschäftigt die Rechtsprechung und Literatur inzwischen seit vielen Jahrzehnten.[1169] Während zunächst unter der alleinigen Geltung der BGH-Regeln, aber auch noch in den ersten Jahren nach Einführung der Novellen-Regeln in §§ 32 a, 32 b GmbHG, eine eher technische Sichtweise überwog, nehmen Rechtsprechung und Literatur heute vornehmlich unter materiellen Gesichtspunkten zu den Einzelfragen des Eigenkapitalersatzrechts Stellung. Diese Herangehensweise wird erleichtert dadurch, dass insbesondere die Rechtsprechung in den vergangenen Jahrzehnten viele Fragen des Eigenkapitalersatzrechts unter breiter Akzeptanz des Schrifttums klären konnte.

So wird der Befund, dass Darlehen, die ein Gesellschafter seiner GmbH zur Verfügung stellt, in Insolvenz, Vergleich und Einzelzwangsvollstreckung den Gläubigern der Gesellschaft u. U. zur Verfügung stehen müssen, nicht mehr in Frage gestellt. Diese Umqualifizierung greift indes nur dann Platz, wenn der Gesellschafter mit der Fremdfinanzierung seiner Gesellschaft Grundsätze ordnungsgemäßer Unternehmensfinanzierung missachtete. Ein solcher Verstoß gegen das von einem ordentlichen Kaufmann erwartete Finanzierungsverhalten liegt bekanntlich dann vor, wenn die Gesellschafterfremdfinanzierung die Gesellschaft in einem Zeitpunkt erreichte, in dem die Gesellschaft bei der Unternehmung nicht verbundenen Dritten Kredite zu marktüblichen Bedingungen nicht mehr erhalten hätte und aus diesem Grund hätte liquidiert werden müssen. Gleiches gilt - sachlich und zeitlich in einem späteren Zeitpunkt der Unternehmenskrise angesiedelt -, sollte sich die Gesellschaft bei Ausreichen der Fremdfinanzierung bereits im Stadium der die Insolvenz auslösenden Überschuldung befunden haben.[1170]

Untersucht man die den Grundsätzen ordnungsgemäßer Unternehmensfinanzierung zugrunde liegenden Parameter näher, so zeigt sich, dass ein unter verschiedenen Facetten deutlich werdender Risikoumbruch in der Finanzierungsstruktur, der sich zu Lasten der Befriedigungsinteressen der Gläubigergemeinschaft

1169 Vgl. hierzu die Hinweise in Fn. 452 ff.

1170 Vgl. hierzu noch einmal die zusammenfassenden Darstellungen der Kommentarliteratur Lutter/Hommelhoff, GmbHG, §§ 32 a, b, Rz. 18 ff.; Hachenburg/Ulmer, GmbHG, § 32 a, b, Rz. 42 ff.; Scholz/K. Schmidt, GmbHG, §§ 32 a, 32 b, Rz. 35 ff.; Baumbach/Hueck, GmbHG, § 32 a, Rz. 41 ff.

auswirkt, Anlass für die Umqualifizierung der formellen Gesellschafterfremdfinanzierung in haftendes Eigenkapital der Gesellschaft ist. Nimmt man diesen Befund in der erforderlichen Deutlichkeit wahr, so erfährt die häufigste Fallgruppe Eigenkapital ersetzender Fremdfinanzierung – die Kreditfinanzierung bei die Liquidation auslösender Kreditunwürdigkeit der Gesellschaft in den Augen Dritter – umgehend eine nicht unwesentliche Erweiterung: Ein unangemessener Risikoumbruch in der Finanzierungsstruktur der Gesellschaft tritt auch dann zutage, wenn die Gesellschaft die gewünschten Finanzmittel zwar bei Dritten nicht (mehr) bekommen hätte, ohne diese Fremdfinanzierung durch der Gesellschaft nicht verbundenen Dritte jedoch keineswegs hätte liquidiert werden müssen, um die Verwirtschaftung noch vorhandenen Eigenkapitals im Interesse der Gläubiger zu vermeiden. Angesprochen ist die im Bereich der Finanzplanfinanzierung häufige Fallgestaltung, dass Fremdmittel nicht der Verlängerung der Krise, sondern der nachhaltigen Ausweitung der Geschäftstätigkeit dienen. Würden Gesellschafter im Fall der Verweigerung der Finanzierung durch Dritte in diesem Fall nicht einspringen, könnte die Gesellschaft ihre Aktivitäten mit einer risikoadäquaten Finanzierungsstruktur fortsetzen. Die mangelnde Vergabebereitschaft Dritter - kompensiert durch eine zumeist langfristige Gesellschafterfremdfinanzierung - ermöglicht der Gesellschaft die Ausweitung ihrer Aktivitäten und führt in die Unterkapitalisierung. Die Krisenanfälligkeit einer Unternehmung, die auf unzureichender Eigenkapitalbasis eine Ausweitung ihrer wirtschaftlichen Aktivitäten versucht, ist offenkundig.

Die materielle Haftkapitalqualität formellen Eigenkapitals zeigt sich auch und insbesondere im Bereich der sog. Finanzplankredite, die den Hauptgegenstand dieser Arbeit bilden. Betroffen ist die von den Gesellschaftern als Fremdfinanzierung angesprochene Kapitalausstattung der Gesellschaft. Darlehen, die die wesentlichen Attribute haftenden Eigenkapitals aufweisen, also etwa sehr langfristig gewährt werden, in ihrem Bestand an die Dauer der Gesellschafterstellung geknüpft sind, gewinnabhängig verzinst werden oder von verschiedenen Gesellschafter analog ihrer Beteiligung am Stammkapital erbracht werden, legen die Vermutung nahe, dass das formelle Fremdkapital auch von den Gesellschaftern für erforderlich gehaltenes Eigenkapital ersetzen sollte. Auch bei Vorliegen dieses Tatbestandes ist es angezeigt, die Gesellschafter beim Wort zu nehmen und an ihrem Finanzierungsverhalten festzuhalten. Dies bedingt, die finanzplangebunden zur dauerhaften Finanzierung der Unternehmenstätigkeit gewährten Darlehen als das zu behandeln, als was die Gesellschafter sie - zur Erzeugung interner Finanzierungssicherheit - verstanden wissen wollten. Derart eigenkapitalnah ausgestaltete Fremdmittel sind den Gläubigern der Gesellschaft als Haftungssubstrat vorzubehalten. Denn die eigenkapitalgleiche Ausgestaltung der Gesellschafterfremdfinanzierung zeigt, dass die Gesellschafter selbst eine Finanzierung, die die wesentlichen Attribute von Haftkapital aufweist, im Interesse der Unternehmung für erforderlich hielten, den letzten - gläubigerschützenden - Schritt zur risikoangemessenen Ausstattung der Gesellschaft mit Eigenkapital jedoch scheuten.

Die gefundene Lösung, wonach Finanzplanfinanzierungen sich vor diesem Hintergrund zwanglos in das Recht der Eigenkapital ersetzender Gesellschafterleistungen nach den Rechtsprechungs- und Novellen-Regeln einfügen lassen, wird von der Rechtsprechung nicht geteilt. In seiner Entscheidung vom 28. Juni 1999[1171] hat der Bundesgerichtshof Finanzplandarlehen dem Zugriff der Rechtsprechungs- und Novellen-Regeln entzogen und mit dem Begriff der einlagengleichen Finanzierung in die Nähe des gewillkürten Eigenkapitals gerückt. Anstehende Reformen des GmbH-Rechts werden zu erwägen haben, ob einer einheitlichen Gestaltung eines Rechts des materiellen Eigenkapitals in der Kapitalgesellschaft nicht Vereinfachungen förderlich wären; dies auch vor dem Hintergrund des Drucks vermeintlich einfach zu handhabender, ausländischer Rechtsformen, die der GmbH als der beliebtesten Rechtsform in Deutschland zunehmend Konkurrenz machen[1172].

Die hier für richtig gehaltene nachhaltige Erweiterung der Anforderungen an die Gesellschafterfremdfinanzierung und die Eingliederung der Finanzplanfinanzierungen in das Eigenkapitalersatzrecht hebt den für alle Unternehmensformen geltenden Grundsatz der gesellschafterlichen Finanzierungsfreiheit keineswegs auf. Nach wie vor sind Gesellschafter nicht verpflichtet, ihre Unternehmung mit einem im Vorhinein als angemessen ermittelten Eigenkapital auszustatten. Finanzierungsfreiheit kann jedoch gerade in der Marktwirtschaft nur als verantwortete Freiheit verstanden werden. Dies bedeutet, dass die Gesellschafter ihre Unternehmung nicht mit einem minimalen Eigenkapital betreiben können sollten, welches sie selbst für völlig unzureichend zur Erreichung ihrer unternehmerischen Ziele erachten. Dieser Befund ist aber offenkundig, wenn die Gesellschafter die formelle Fremdfinanzierung nach den - vorstehend noch einmal referierten - wesentlichen Parametern einer Haftkapitalfinanzierung ausgestalten.

1171 BGHZ 142, 116.

1172 Zöllner, GmbHR 2006, 1; Wilhelmi, GmbHR 2006, 13 jeweils mit weiteren umfangreichen Nachweisen.

Dieser finanzplangestützte Haftkapitalcharakter formellen Fremdkapitals ist vollständig unabhängig von der schuldrechtlich oder gesellschaftsrechtlich verfassten Einbindung. Der materielle Haftkapitalcharakter erschließt sich aus der Ausgestaltung des Darlehens selbst. Die Umqualifizierung in haftendes Eigenkapital der Gesellschaft erfordert es nicht, dass die Pflicht, Darlehen eigenkapitalnah zu gewähren, bereits im Gesellschaftsvertrag enthalten ist. Dieses von der Rechtsprechung zunächst für wesentlich erachtete Kriterium wurde inzwischen aufgegeben.[1173] Auch ein sonstiger mitgliedschaftlicher Hintergrund - etwa die Verpflichtung zur Darlehensgewährung auf der Grundlage eines Gesellschafterbeschlusses - ist nicht erforderlich. Gleichwohl sind beide Formen der Verpflichtung zur Darlehensgewährung nicht ohne Belang. Denn sowohl eine entsprechende Regelung im Gesellschaftsvertrag oder in einem Gesellschafterbeschluss dokumentiert das Ergebnis der kollektiven Meinungsbildung im Gesellschafterkreis, die zum Ergebnis hat, dass eine eigenkapitalnahe Fremdkapitalisierung - zur Kompensation eigentlich erforderlichen Eigenkapitals - für die Erreichung der Unternehmensziele erforderlich war.

Die Abstimmung mit dem unumstößlichen Grundsatz der Finanzierungsfreiheit vollzieht sich zudem auf einer weiteren Ebene: Eine Umqualifizierung, die den mit Grundsätzen ordnungsgemäßer Unternehmensfinanzierung nicht mehr zu vereinbarenden Risikoumbruch in der Finanzierungsstruktur zu Lasten der Gesellschaftsgläubiger auch an einer Ausgestaltung der Fremdfinanzierung festmacht, muss den finanzierenden Gesellschaftern den Einwand gestatten, die gewählte Finanzierungsform sei sehr wohl – entgegen dem aus der Gestaltung abgeleiteten Ergebnis – mit den risikoorientierten Grundsätzen ordnungsgemäßer Unternehmensfinanzierung vereinbar. Dem Einwand kommt insbesondere dann Bedeutung zu, wenn den betroffenen Gesellschaftern der Nachweis gelingt, dass gesellschaftsfremde Dritte im Zeitpunkt der Darlehensausreichung bereit gewesen wären, der Gesellschaft Darlehen in einem vergleichbaren Umfang und zu vergleichbaren Konditionen zu gewähren. Der Fallgruppe der Finanzplandarlehen kommt daher in weiten Teilen die Bedeutung einer Beweislastregelung zu Lasten der Gesellschafter zu. Diese kommt in erster Linie dann zur Anwendung, wenn die eigenkapitalnahe Ausgestaltung der formellen Fremdfinanzierung durch die Gesellschafter die Vermutung erzwingt, dass Art und Umfang der Unternehmung für dauerhaften Bestand die darlehensersetzende Kapitalausstattung erfordert hätten.

[1173] BGHZ 121, 31, 41 f.; a. A. OLG Karlsruhe, ZIP 1996, 918, 923.

Die Einbindung des Tatbestandes finanzplangestützter Gesellschafterfremdfinanzierung in die weitgehend geklärten Regelungen des Eigenkapitalersatzrechts, wie sie schlagwortartig mit den Rechtsprechungs- und Novellen-Regeln zu beschreiben sind, gestattet, auch Finanzplandarlehen des Eigenkapitalersatzrechts zu unterwerfen. Diese sind inzwischen - nicht nur in ihren Grundzügen - durch Rechtsprechung und Literatur sorgfältig abgewogen ausgearbeitet worden; unlängst hat die behutsame Fortentwicklung des Eigenkapitalersatzrechts durch den Gesetzgeber eine eindrucksvolle Bestätigung erfahren. Mit dem Inkrafttreten der Insolvenzordnung zum 1. Januar 1999 hat der Gesetzgeber nur ganz rudimentär klarstellende Änderungen im Eigenkapitalersatzrecht vorgenommen. Diese beschränken sich auf die auch in Rechtsprechung und Literatur bislang schon angenommene Konsequenz, dass Gesellschafter, die die Umqualifizierung formellen Fremdkapitals hatten hinnehmen müssen, jedenfalls ganz nachrangig gegen die Gesellschaft Ansprüche auf Rückgewähr behalten. § 39 Abs. 1 Nr. 5 InsO hat dies nun festgeschrieben.

Akzeptiert man, dass das in den Rechtsprechungs- und Novellen-Regeln verfasste Eigenkapitalersatzrecht auch die Umqualifizierung von Nutzungsüberlassungen gestattet, erfährt auch die inzwischen vielfältig erörterte Finanzplan-Nutzungsüberlassung eine verlässliche Regelung. Nutzungsüberlassungen, die - ohne dass sich im Einzelfall die fehlende Vergabebereitschaft Dritter nachweisen ließe – zur Erreichung der unternehmerischen Ziele der Gesellschaft unverzichtbar sind, zudem dauerhaft erfolgen und auf einer einheitlichen Finanzplanung der Gesellschafter beruhen, zählen zum materiellen Eigenkapital der Gesellschaft. Auch hier muss dem finanzierenden Gesellschafter – etwa gegenüber dem Insolvenzverwalter – die Beweisführung offen stehen, dass die Ausgestaltung der Nutzungsüberlassung ihrem materiellen Gehalt nicht entspricht. Diesen Beweis kann der Gesellschafter durch den Nachweis führen, dass Dritte bereit gewesen wären, zu vergleichbaren Konditionen die Nutzungsüberlassung einzuräumen. Die Rechtsfolgen der Finanzplan-Nutzungsüberlassung folgen sodann im Wesentlichen dem inzwischen von Rechtsprechung und Literatur entwickelten Rechtsfolgenkanon. Gegenstand der Kapitalbindung kann also nur die Nutzungsüberlassung selbst, nicht indes die Eigentümerstellung am Nutzungsgegenstand sein.

Außen vor bleiben jene Gestaltungen, bei denen sich der Haftkapitalcharakter einer Finanzierung bereits aus der Voraushaftungsfunktion, abgeleitet aus der Berücksichtigung in der Berechung eines Abfindungs- oder Liquidationsguthabens, erschließt. Die Bezeichnung einer solchen Außenfinanzierung als Fremdfinanzierung ist schlicht rechtsformverfehlend. Ihr Haftkapitalcharakter ergibt sich aus einer Auslegung der vertraglichen Regelungen.

Eine von der gesplitteten Einlage der Publikums-Kommanditgesellschaft als „historische Quelle“ der Finanzdarlehen losgelöste Betrachtung gestattet es, Finanzplandarlehen und Finanzplan-Nutzungsüberlassungen in die überkommenen Strukturen des Eigenkapitalersatzrechts einzubinden. Berücksichtigt man, dass Finanzierungsfreiheit wie Grundsätze ordnungsgemäßer Unternehmensfinanzierung beiderseits im Spannungsfeld zu Risikoüberlegungen im Interesse der Gesellschaftsgläubiger stehen, wird insbesondere die Rechtsprechung - wie sie es im Eigenkapitalersatzrecht in der Vergangenheit mit Erfolg getan hat - Tatbestand und Rechtsfolgen finanzplangebundener Unternehmensfinanzierung behutsam fortentwickeln können. Ein Schwerpunkt wird hierbei sicher auf der Entwicklung rechtsformspezifischer Besonderheiten liegen; gleichwohl wird die Finanzplanfinanzierung in allen Unternehmungen, in denen zwischen Eigen- und Fremdkapital unterschieden wird, von grundsätzlichem Interesse sein.

Literaturverzeichnis

Adler/Düring/Schmaltz Rechnungslegung und Prüfung der Unternehmen, 6. Aufl., Stuttgart, Stand: 1995

Albach, Horst Zur Finanzierung von Kapitalgesellschaften durch ihre Mitglieder, ZStaatsW 118 (1962), 653

Altmeppen, Holger Neues zum Finanzplan- und zum Sanierungskredit in Festschrift für Walter Sigle, 2000, S. 216

ders. Verschlimmbesserungen im Kapitalersatzrecht, ZIP 1996, 1455

ders. Anm. zu BGH, Urteil vom 11.07.1994, Az. II ZR 146/92, NJW 1994, 2353

Arbeitskreis-GmbH-Reform (Hueck, Goetz/ Lutter, Marcus u. a.) Kapital- und Haftungsfragen bei der GmbH, Thesen und Vorschläge zur GmbH-Reform, Bd. 2, Heidelberg 1972

Bäcker, Roland M. Die Rechtsfolgen der eigenkapitalersetzenden Nutzungsüberlassung, GmbHR 1994, 766

ders. Die Vermietung von Betriebsmitteln an die GmbH durch einen Gesellschafter als kapitalersetzende Rechtshandlung gemäß § 32 a Abs. 3 GmbHG, ZIP 1989, 681

Ballerstedt, Kurt Gesellschaftsrechtliche Probleme der Reform des GmbH-Rechts, ZHR 135 (1971), 390

ders. 75 Jahre GmbH-Gesetz, GmbHR 1967, 66

ders. Kapital, Gewinn und Ausschüttungen bei Kapitalgesellschaften, Tübingen 1949

Bange, Hubertus Die Innenhaftung der Gesellschafter bei eigenkapitalersetzenden Darlehen und Sicherheiten, DB 1997, 1755

Bauer, Fritz Sturner, Rolf Zwangsvollstreckungs-Konkurs- und Vergleichsrecht, 11. Aufl., Heidelberg 1983

Baumbach, Adolf Hopt, Klaus J. Handelsgesetzbuch, 31. Aufl., München 2003

dies.	GmbH-Gesetz, 17. Aufl., München 2000
Beck'scher Bilanz-Kommentar	5. Aufl., München 2003
Bender, Helmut	Das Gesellschaftsrecht der Betriebsaufspaltung: insbesondere die Verzahnung der Gesellschaftsverträge, Baden-Baden 1988
Benne, Dietmar	Haftungsdurchgriff bei der GmbH insbesondere im Fall der Unterkapitalisierung, 1979
Bischoff, Wolfgang	Die Finanzierungsregeln im Lichte der neuen Literatur, DB 1971, 1581
Böckli, Peter	Der Rangrücktritt im Spannungsfeld von Schuld- und Aktienrecht, in: T.S. Schluep, Zürich 1988, 339
Boujong, Karlheinz	Zur Auslegung und Fortbildung des GmbH-Rechts in der neuen Judikatur des Bundesgerichtshofs, GmbHR 1992, 207
Brandes, Helmut	Die Behandlung von Nutzungsüberlassungen im Rahmen der Betriebsaufspaltung unter Gesichtspunkten des Kapitalersatzes und der Kapitalbehandlung, ZGR 1989, 244
Brandmüller, Gerhard	Die Betriebsaufspaltung nach Handels- und Steuerrecht, 7. Aufl., Heidelberg 1997
Brandner, Hans-Erich	Wegfall oder Beständigkeit des Erstattungsanspruchs aus § 31 GmbHG bei anderweitiger Wiederherstellung, in: Festschrift Fleck, Berlin/New York 1988, 23
Braun, Eberhard	Die Ableitung der Kreditunwürdigkeit gem. § 32 a GmbHG aus dem Jahresabschluß der Gesellschaft, WPg 1990, 553, 593
Büscher, Dirk Klusemann, Martin	Die Nutzungsüberlassung durch Gesellschafter an die GmbH, ZIP 1991, 12
Büschgen, Hans-Georg	Zur Eigenkapitalausstattung der GmbH & Co. KG, GmbHR, 1979, 25, 49

Claussen, Carsten P.	Die GmbH braucht eine Deregulierung des Kapitalersatzrechts, GmbHR 1996, 316
ders.	Zeitenwende im Kapitalersatzrecht?, GmbHR, 1994, 9
ders.	Betriebswirtschaft und Kapitalersatzrecht, in: Festschrift Förster, Düsseldorf, 1992, 139
ders.	Kapitalersetzende Darlehen und Sanierungen durch Kredit-institute, ZHR 147 (1983), 195
Coing, Helmut	Zum Problem der sogenannten Durchgriffe bei juristischen Personen, NJW 1977, 1793
Dauner-Lieb, Barbara	Die Freistellung geringfügig beteiligter Gesellschafter von der Kapitalersatzhaftung, DStR 1998, 609
Dendorfer, Wilhelm	Die Feststellung eigenkapitalersetzender Gesellschafterdarlehen im Sinne des § 32 a Abs. 151 GmbHG, Frankfurt/New York 1986
Döllerer Georg	Bilanzrechtliche Fragen der kapitalersetzenden Darlehen und der kapitalersetzenden Miete, in: Festschrift Förster, Düsseldorf 1992, 199
ders.	Verdeckte Gewinnausschüttungen und verdeckte Einlagen bei Kapitalgesellschaften, 2. Aufl., München 1990
Dörner, Bernhard	Gestaltungsüberlegungen im Zusammenhang mit der Ausstattung einer GmbH mit Finanzplandarlehen, INF 1998, 494
Drukarczyk, Jochen	Finanzierung, 9. Aufl., Stuttgart 2003
Drygala, Tim	Gibt es die eigenkapitalersetzende Finanzplan-Nutzungsüberlassung? GmbHR 1996, 481
Drygala, Tim	Die Rechtsfolgen eigenkapitalersetzender Nutzungsüberlassung, BB 1992, 80
ders.	Der Gläubigerschutz bei der typischen Betriebsaufspaltung, Köln 1991

Duske, Wilfried — Rechnungslegung beim Eigenkapitalersatz - Erwiderung auf Küfner, DStR 1993, 180; DStR 1993, 925

Ebenroth, Carsten Thomas
Wilken, Oliver — Kapitalersatz und Betriebsaufspaltung, Anmerkung zu BGHB 121, 31; BB 1993, 305

Ehlers, Harald — Die Überschuldungssituation einer GmbH, ihre Rechtsfolgen und deren Abwendung, DStR 1998, 1765

Ensthaler, Jürgen — Eigenkapitalersetzende Darlehen und Ausgleichsverpflichtung unter Mitgesellschaftern, DB 1991, 195

Eppler, Gerold — Das Quasi-Eigenkapital bei der GmbH als steuerrechtliches Problem, DB 1991, 195

Erlinghagen, Dieter — Haftungsfragen einer unterkapitalisierten GmbH, GmbHR 1962, 169

Erman, Walter — KTS 1970, 169

ders. — Zur Frage der Haftung der Hintermänner überschuldeter Gesellschaften, KTS 1959, 129

Fabritius, Andreas — Die Überlassung von Anlagevermögen an die GmbH durch Gesellschafter 1987

Farrenkopf, Stefan — „Kapitalersetzende" Darlehen bei der AG, Frankfurt 1984

Fassnacht, Jürgen — Die Fremdfinanzierung von Kapitalgesellschaften durch den Gesellschafter unter besonderer Berücksichtigung des Entwurfs eines § 8 a KStG, Köln 1974

Fastrich, Lorenz — Ausfallsicherheiten als eigenkapitalersetzende Leistungen, NJW 1983, 260

Fenn, Herbert — Arbeitsverhältnis und sonstige Beschäftigungsverhältnisse – Eine Skizze zur Freiheit der Rechtsformwahl und zum Rechtsformzwang im Arbeitsrecht, Festschrift Bosch, München 1976, 170

Fenske, Ralf Zur Unbrauchbarkeit des Überschuldungstatbestandes, AG 1997, 554

Fleck, Hans-Joachim Das kapitalersetzende Gesellschafterdarlehen in der GmbH-Bilanz – Verbindlichkeit oder Eigenkapital?, GmbHR 1989, 313

ders. Die Bilanzierung kapitalersetzender Gesellschafterdarlehen in der GmbH, in: Festschrift Döllerer, Düsseldorf 1988, 109

ders. Das kapitalersetzende Bankdarlehen in der GmbH, in: Festschrift Werner, Berlin/New York 1984, 107

Fleischer, Holger Der Finanzplankredit im Gesamtgefüge der einlagegleichen Gesellschafterleistungen, DStR 1999, 1774, 1787

ders. Finanzplankredite und Eigenkapitalersatz im Gesellschaftsrecht, Köln/Berlin/Bonn/München 1995

Flume, Werner Allgemeiner Teil des Bürgerlichen Rechts, Band I/2, Die juristische Person, Berlin/Heidelberg/New York 1983

Fritsch, Ulrich Die Eigenkapitallücke in der BRD, Köln 1981

Früh, Hans-Joachim
Wagner, Wolfgang Überschuldungsprüfung bei Unternehmen, WPg 1998, 907

Geißler, Markus Stationen der Rechtsentwicklung zur eigenkapitalersetzenden Gesellschafterbürgschaft, GmbHR 1996, 565

Geßler, Ernst Zur Problematik bei kapitalersetzenden Gesellschafterdarlehen, ZIP 1981, 228

ders. Die GmbH-Novelle, BB 1980, 1385

GmbH-Dokumentation Deregulierung des Kapitalersatzrechts für die GmbH, GmbHR 1996, 600

Goette, Wulf Einige Aspekte des Eigenkapitalersatzrechts aus richterlicher Sicht, ZHR BA 162 (1998), 223

Götz, Alexander *Hegerl, Hans-Jörg*	Die Sanierungsfeindlichkeit des Eigenkapitalersatzrechts und die Sanierungsobjektgesellschaft als Ausweg, DB 1997, 2365
Groß, Wolfgang	Eigenkapitalersetzende Gesellschafterdarlehen in der KG, BB 1991, 2386
Grunewald Barbara	Plädoyer für eine Abschaffung der Rechtsregeln für eigenkapitalersetzende Gesellschafterdarlehen, GmbHR 1997, 7
Haak, Michael	Der Forderungsrücktritt als Mittel einer Überschuldungsbeseitigung, KTS 1980, 309
Haarmeyer, Hans *Wutzke, Wolfgang* *Förster, Karsten*	Handbuch zur Insolvenzordnung – InsO/EGInsO, 3. Aufl., München 2001
Habersack, Mathias	Eigenkapitalersatz im Gesellschaftsrecht, ZHR Bd. 162 (1998), 201
ders.	Finanzplankredit und Eigenkapitalersatz, ZHR Bd. 161 (1997), 457-490
ders.	Genußrechte und sorgfaltswidrige Geschäftsführung, ZHR Bd. 155 (1991), 378
Hachenburg, Max	GmbH-Gesetz, Bd. 1, §§ 1- 34; Bd. 2, §§ 35-52; Bd. 3, §§ 53-85, 8. Aufl. 1997
Hahn, Oswald	Finanzwirtschaft, 2. Aufl., Landsberg 1983
Hartung, Wolfgang	Kapitalersetzende Darlehen – Eine Chance für Wirtschaftskriminelle? NJW 1996, 229
Häuselmann, Holger	Anm. zu BGHZ 121, 31, DZWiR 1993, 164
ders.	Finanzierung der GmbH durch ihre Gesellschafter, Frankfurt a.M. 1992
Häuselmann, Holger *Rümker, Dietrich* *Westermann, Hans-Peter*	Finanzierung der GmbH durch ihre Gesellschafter, Frankfurt a.M. 1992
Hellwege, Heiko	Diskussionsbericht, ZGR 1988, 516
Henze, Hartwig	Entwicklungen der Rechtsprechung des BGH im GmbH-Recht – Freud und Leid der Kommentatoren, GmbHR 2000, 1069, 1077

ders.	Höchstrichterliche Rechtsprechung zum Recht der GmbH, Köln 1993
Herber, Rolf	Zum Entwurf einer GmbH-Novelle, GmbHR 1978, 25
Herrmann, Horst	Fremdfinanzierung der Gesellschaft aus handelsrechtlicher Sicht, in: 50 Jahre Wirtschaftsprüferberuf
Herzig, Norbert	Eigenkapitalersetzende Leistungen bei GmbH und GmbH & Co., Köln 1992
Heublein, Gerrit	Eigenkapitalersetzende Nutzungsüberlassung von Immobilien im Spannungsfeld von Insolvenz- und Zwangsverwaltung, ZIP 1998, 1899
Heymann, Ernst	Handelsgesetzbuch, Bd. 2 (§§ 105-237), Bearb. Norbert Horn, Berlin/New York 1989
Hillers, Klaus	Personengesellschaft und Liquidation, Köln/ Berlin/Bonn/München 1987
Holzwarth, Gabriele	Konzernrechtlicher Gläubigerschutz bei der klassischen Betriebsaufspaltung, Köln 1994
Hommelhoff, Peter	Unternehmensfinanzierung – Eigenkapitalersetzende Darlehen, Jahrbuch der Fachanwälte für Steuerrecht 1991/92, 427
ders.	Eigenkapitalersetzende Gesellschafterdarlehen und Konkursantragspflicht, in: Festschrift Döllerer, Düsseldorf 1988, 244
ders.	Das Gesellschaftsdarlehen als Beispiel institutioneller Rechtsfortbildung, ZGR 1988, 460
ders.	Zur Haftung bei unternehmerischer Beteiligung an Kapitalgesellschaften, Köln 1984
ders.	Rechtliche Überlegungen zur Vorbereitung der GmbH auf das Bilanzrichtlinien-Gesetz, WPg 1984, 629
Hommelhoff, Peter *Goette, Wulf* *Kleindiek, Detlef*	Eigenkapitalersatzrecht in der Praxis, 3. Aufl., Köln 2003

Hommelhoff, Peter *Kleindiek, Detlef*	Flexible Finanzierungsinstrumente im GmbH-Recht, in: Festschrift 100 Jahre GmbHG, Köln 1992, 429
Hommelhoff, Peter *Priester, Hans-Joachim*	Bilanzrichtliniengesetz und GmbH-Satzung, ZGR 1986, 463
Hueck, Goetz	Die Behandlung von Nutzungsüberlassungen im Rahmen der Betriebsaufspaltung als Gesellschaftsdarlehen, ZGR 1989, 216
Hüffer, Uwe	Kapitalersatz durch Gesellschafterdarlehen einer Landesbank und durch Landesbürgschaft, in: Konkurs einer illiquiden GmbH, ZGR 1989 (Bd. 153), 322
Immenga, Ulrich	Kapitalersetzende Aktionärsdarlehen als Haftkapitalersatz, ZIP 1983, 1405
ders.	Die personalistische Kapitalgesellschaft, Bad Homburg 1970
Jaubus, Hans	Finanzierungshandbuch, 2. Aufl., Wiesbaden 1980
Jebens, Thomas *Wagner, Klaus*	Eigenkapitalersetzende Nutzungsüberlassung – Einschränkung der Risiken durch Vertragsgestaltung und Vertragsdurchführung, DB 1998, 2253
Joecks, Wolfgang	Kapitalersetzende Gesellschafterdarlehen und Pflicht zur Konkursanmeldung, BB 1986, 1681
Joost, Detlev	Eigenkapitalersetzende Kommanditistendarlehen, ZGR 1987, 371
ders.	Grundlagen und Rechtsfolgen der Kapitalerhaltungsregeln in der GmbH, ZHR 1984 (Bd. 148), 27
Junge, Werner	Die haftungsrechtlichen Risiken der Betriebsaufspaltung, in: Festschrift Merz, Köln 1992, 243
Kahler, Ulrich	Anm. zu BSG, Urteil vom 07.12.1985, GmbHR 1985, 296

Kaligin, Thomas — Die spezifischen Risiken und Rechtsschutzmöglichkeiten des Kommanditisten bei Beteiligungen an Abschreibungsgesellschaften in der Form der GmbH & Co. KG, Gelsenkirchen 1983

Kallmeyer, Harald — Bereinigung der Finanzplanverfassung der GmbH – Vorschlag für eine GmbH-Reform, GmbHR 2004, 377

ders. — Das Eigenkapitalersatzrecht vor dem Hintergrund von Centros und Überseering, GmbHR 2003, Heft 5, Blickpunkt

ders. — Eigenkapitalersetzende Nutzungsüberlassung im Insolvenzverfahren, GmbHR 1999, 59

ders. — Eigenkapitalersatz bei „Zwergbeteiligungen“ an GmbH?, GmbHR 1996, R 177

Kalter — Einige Gedanken zur unterkapitalisierten GmbH – Ein Fall der Durchgriffshaftung, KTS 1970, 267

Kamen, Christoph — Gesellschafterdarlehen an Kapitalgesellschaften nach deut-schem Recht unter Berücksichtigung schweizerischen und französischen Rechts, Düsseldorf 1970

Kamm, Christoph — Gesellschafterdarlehen an Kapitalgesellschaften, Düsseldorf 1970

Kamprad, Baldwin — Gesellschafterdarlehen an die GmbH und GmbH & Co. KG, 2. Auf., Köln 1980

Keßler, Jürgen — Zivilrechtliche Haftungsrisiken der Betriebsaufspaltung, GmbHR 1993, 541

Kilger, Joachim
Schmidt, Karsten — Insolvenzgesetze KO/VergleichsO/GesO, 17. Aufl., München 1997

Kleindiek, Detlev — Anmerkung zu BGH, Urteil vom 28.06.1999, II ZR 272/98, WuB II C,. § 32 a GmbHG 4.01

Knobbe-Keuk, Brigitte — Bilanz- und Unternehmenssteuerrecht, 9. Aufl., Köln 1993 *dies.* Stille Beteiligung und Verbindlichkeiten mit Rangrücktritt in Konkurs, ZIP 1983, 127

Koch, Sabine Eigenkapitalleistungen und eigenkapitalersetzende Leistungen in der gesetzestypischen Kommanditgesellschaft, Frankfurt 1992

Konzen, Horst Geschäftsführung, Weisungsrecht und Verantwortlichkeit in der GmbH und GmbH & Co. KG, NJW 1989, 2977

Kornblum, Udo Weitere Rechtstatsachen zum Unternehmens- und Gesellschaftsrecht (I, II), GmbHR 1983, 29, 61

Kornblum, Udo / Kleinle, Werner / Bornmann, Roland / Steffan, Bernhard Neue Rechtstatsachen zum Unternehmens- und Gesellschaftsrecht (I, II) GmbHR 1985, 7 42

Kraft, Alfons / Kreutz, Peter Gesellschaftsrecht, 11. Aufl., Neuwied/Kriftel/ Berlin 2000

Krink, Klaus / Maertins, Jan Gesellschafterdarlehen im Handels- und Steuerrecht, DB 1998, 833

Kuhn, Georg Haften die Gesellschafter für Gesellschafterschulden persönlich?, in: Festschrift Fischer, Berlin/New York 1979, 351

Küting, Karl-Heinz Finanzwirtschaftliche Bilanzanalyse - Finanzierungs- und Horizontalanalyse, DStR 1992, 1029

Küting, Karl-Heinz / Weber, Claus-Peter Handbuch der Rechnungslegung, 5. Aufl., Stuttgart 2004

Larenz, Karl / Wolf, Manfred Allgemeiner Teil des Bürgerlichen Rechts, 9. Aufl., München 2004

Leffson, Ulrich Handwörterbuch unbestimmter Rechtsbegriffe im Bilanzrecht des HGB, Köln 1986

Luckan, Eberhardt / Schacht, Helmut Gläubigerschutz, Publizität und Haftung, DB 1970, 1449

Lutter, Marcus / Hommelhoff, Peter GmbHG, 16. Aufl., Köln 2004 *dies.* Nachrangiges Haftkapital und Unterkapitalisierung in der GmbH, ZGR 1979, 31

Lutter, Marcus Neues zum Gesellschafterdarlehen, ZIP 1989, 477

ders. Die zivilrechtliche Haftung in der Unternehmensgruppe, ZGR 1982, 244

ders. Die GmbH-Novelle und die Bedeutung für die GmbH, die GmbH & Co. KG und die Aktiengesellschaft, DB 1980, 1317

ders. Rechtsverhältnisse zwischen Gesellschaftern und Gesellschaft, in: Probleme der GmbH-Reform, Köln 1970, 63

Maier-Reimer, Georg Kreditsicherung und Kapitalersatz in der GmbH, in: Festschrift Rowedder, München 1994, 245

Martens, Klaus-Peter Anm. zu BGH, Urteil vom 14.11.1988, Az. II ZR 115/88, ZIP 1989, 93; EWiR 1989, 369

Michalski, Lutz
de Vries, Kolja Eigenkapitalersatz, Unterkapitalisierung und Finanzplankredite, NZG 1999, 181-185

Michel, Sabine Eigenkapitalersetzende Gesellschafterleistungen bei GmbH und GmbH & Co. KG, Pfaffenweiler 1992

Moser, Ulrich Kapitalersetzende Gesellschafterdarlehen bei der GmbH, Frankfurt a.M., 1989

Müller, Andreas Regeln für eigenkapitalersetzende Gesellschafterdarlehen bei der GmbH und ihre Übertragbarkeit auf die AG, Frankfurt a.M. 1987

Müller, Klaus Der Tatbestand des kapitalersetzenden Gesellschafterdarlehens in § 32 a Abs. 1 GmbHG, GmbHR 1982, 33

Müller-Freienfels, Wolfram Die Lehre vom sogenannten „Durchgriff" bei juristischen Personen im Privatrecht, AcP 136 (1957), 522

Münchener Kommentar zur Insolvenzordnung, Bd. 2, §§ 103-269, München 2002 *ders.* zum Bürgerlichen Gesetzbuch, Bd. 3, München 1995; Bd. 4, München 1997

Mundry, Thomas Darlehen und stille Einlagen im Recht der Kommanditgesellschaft, Köln 1992

Mutter, Christoph Kapitalersetzende Darlehen und Gebrauchsüberlassung bei der GmbH, Frankfurt a.M., 1992

Niederleitlinger, Ernst Probleme der Ausdehnung des GmbH-Rechts auf die neuen Bundesländer, GmbHR 1992, 220

Niemann, Walter
Mertzbach, Markus Eigenkapitalersetzende Darlehen in der Handels- und Steuerbilanz von Gesellschaften mit beschränkter Haftung, DStR 1992, 929

Noack, Ulrich Kapitalersatz bei verbundenen Unternehmen, GmbHR 1996, 153

Olfert, Klaus
Reichel, Christopher Finanzierung, 12. Aufl., Ludwigshafen/Kiel 2003

Oppenhoff, Walter Ausfallhaftung bei Rückzahlung kapitalersetzender Gesellschafterdarlehen, in: Festschrift für Stiefel, München 1987, 551

Oppenländer, Frank Eigenkapitalersatz durch Gebrauchs- oder Nutzungsüberassung an die GmbH, DStR 1993, 1523

Osnabrück, Wolfgang Die Darstellung der Finanzlage im Jahresabschluß der Kapitalgesellschaft, BB 1990, 813

Ostheim, Rolf Eigenkapitalersetzende Gesellschafterdarlehen in der Unternehmenskrise, GesRZ 1989, 122, 173

Palandt, Otto Bürgerliches Gesetzbuch, 63. Aufl., München 2004

Pape, Gerhard Die Umqualifizierung stehengelassener Gesellschafterbürgschaften in Eigenkapitalersatz, ZIP 1996, 1409

Pape, Gerhard
Uhlenbruck, Wilhelm Insolvenzrecht, München 2002

Pape, Gerhard
Voigt, Joachim m.E. Einladung zur Umgehung der Eigenkapitalersatzregeln?, DB 1996, 2113

Pentz, Andreas — Zur Anwendbarkeit der GmbH-Eigenkapitalersatzregeln auf Leistungen geringfügig beteiligter Gesellschafter, BB 1997, 1265

ders. — Die Änderungen und Ergänzungen der Kapitalersatzregeln im GmbH-Gesetz, GmbHR 1999, 437

Perridorn, Louis
Steiner, Manfred — Finanzwirtschaft der Unternehmung, 12. Aufl., München 2003

Peters, Klaus — Der vertragliche Rangrücktritt von Forderungen, WM 1988, 641, 688

Pleyer, K. — Anm. zu BGH, Urteil vom 14.12.1959, Az. II ZR 187/57, GmbHR 1960, 44

Priester, Hans-Joachim — Ausschüttungen bei Abschreibungsgesellschaften und Wie-deraufleben der Kommanditistenhaftung, BB 1996, 1005

ders. — Dienstleistungspflichten als Eigenkapitalersatz, DB 1993, 1173

ders. — Sind eigenkapitalersetzende Darlehen Eigenkapital?, DB 1991, 1917

ders. — Erhöhung des Stammkapitals mit kapitalersetzenden Gesellschafterdarlehen, in: Festschrift Döllerer, Düsseldorf 1988, 487

ders. — Anm. zu OLG Hamburg, ZIP 128, 1113, in: EwiR § 32 a GmbHG, 1986, 901

ders. — Gläubigerrücktritt zur Vermeidung der Überschuldung, DB 1977, 2429

Priester, Hans-Joachim
Timm, Wolfram (Hrsg.) — Abschied von der Betriebsaufspaltung?, Köln 1991

Raiser, Thomas — Recht der Kapitalgesellschaften, 2. Aufl., München 1992

Real, Gustav K.L. — Betriebsaufspaltung ade?, GmbHR 1994, 777

Rechenberg, Freiherr von, Wolfgang Georg — Die Neuregelung des Kapitalersatzrechts für Kleinbeteiligungen, INF 1997, 369

Referentenentwurf — zur Änderung des GmbH-Kapitalersatzrechts, ZIP 1996, 1362

Rehbinder, Eckard	Zehn Jahre Rechtsprechung zum Durchgriff im Gesellschaftsrecht, Festschrift R. Fischer, S. 579
Reinhardt, Rudolf	Gedanken zum Identitätsproblem bei der Einmanngesellschaft, in: Festschrift Lehmann, Berlin/Frankfurt/Tübingen 1956, 576
Reuter/Albach/Sauber	Gutachten zum DJT I/II 1984/85
Rexrodt, Dirk Michael	Die Behandlung des Gesellschafterdarlehens in: Konkurs der GmbH unter Berücksichtigung der Finanzplanung, März 1978 (KN 263, F 455)
Rittner, Fritz	Die sogenannte wirtschaftliche Betrachtungsweise in der Rechtsprechung des Bundesgerichtshofs, Karlsruhe 1975
Rodewald, Jörg	Inhalt und Formulierung von Rangrücktrittsvereinbarungen, GmbHR 1996, 194
Rogusch, Michael	Mindesteigenkapital, Haftungsbeschränkung und Gläubigerschutz bei der GmbH, Frankfurt a.M. 1979
Röhricht, Volker	Die Rechtsprechungsregeln zum Eigenkapitalersatz bei GmbH und GmbH & Co. KG, in: Herzig, Norbert (Hrsg.), Eigenkapitalersetzende Leistungen bei GmbH und GmbH & Co. KG in Zivil- und Steuerrecht, Köln 1992
ders.	Die Rechtsprechungs-Regeln zum Eigenkapitalersatz bei GmbH und GmbH & Co. – Entwicklung und heutiger Stand, Jahrbuch der Steuerberater 1991/92, 313
Roth, Günther	Unterkapitalisierung und persönliche Haftung, ZGR 1993, 170
Roth, Günther *Altmeppen, Holger*	Gesetz betreffend die Gesellschaft mit beschränkter Haftung, 4. Aufl., München 2003
Rowedder, Heinz	GmbHG, 14. Aufl., München 2002
Rümker, Dietrich	Überlegungen zur gesellschaftsrechtlichen Finanzierungsverantwortung, ZHR 1988, 494

ders.	Formen kapitalersetzender Gesellschafterdarlehen in der Bankpraxis, in: Festschrift Stimpel, Berlin 1985
ders.	Anm. zu BGHB 104, 33, WuB II G § 161 HGB, S. 855
Schlegelberger, Franz	Handelsgesetzbuch Band III, 1. Halbband, (§§ 105-160), 5. Aufl., München 1992, Bearb. Karsten Schmidt
ders.	Handelsgesetzbuch, Band III, 2. Halbband (§§ 161-171 a), 5. Aufl., München 1986, Bearb. Klaus-Peter Martens
Schlögell, Christian	Aktuelle Entwicklungen im GmbH-Eigenkapitalersatz, GmbHR 2000, Heft 10, Blickpunkt
Schmidt, Karsten	Gesellschaftsrecht, 4. Aufl., Köln/Berlin/Bonn/ München 2002
ders.	Finanzplanfinanzierung, Rangrücktritt und Eigenkapitalersatz, ZIP 1999, 1241, 1249
ders.	Nutzungsüberlassung, Eigenkapitalersatz und materielle Unterkapitalisierung, ZIP 1993, 161
ders.	Quasi-Eigenkapital als haftungsrechtliches und bilanzrechtliches Problem, in: Festschrift Goerdeler, Düsseldorf 1987, 478
ders.	Sinneswandel und Funktion des Überschuldungstatbestandes, ZIP 1985, 713
ders.	Kapitalersetzende Gesellschafterdarlehen: ein Rechtsproblem nur der GmbH und GmbH & Co. KG, AG 1984, 12
ders.	Die Eigenkapitalausstattung der Unternehmen als rechtspolitisches Problem, JZ 1984, 771
ders.	Kapitalersetzende Bankenkredite, ZHR 1983 (Band 147), 165
ders.	Institution eines künftigen Insolvenzrechts der Unternehmen, JZ 1982, 171

ders. Gesellschafterdarlehen als Insolvenzrechtsproblem, ZIP 1981, 689

ders. Anm. zu BGH NJW 1988, 3143, Urteil vom 19.09.1988, Az. II ZR 255/87

ders. Anm. zu BGH WM 1985, 284, in: JuS 1985, 557

ders. Anm. zu BGH WM 1982, 742, in: NJW 1982, 2254

ders. Einlage und Haftung, Köln 1977

ders. Konkursgründe und präventiver Gläubigerschutz

ders. Zurechnungsprobleme um das Zwerganteilsprivileg des § 32 a Abs. 3 Satz 2 GmbHG

Schmidt, Karsten (Hrsg) Uhlenbruck, Wilhelm Die GmbH in Krise, Sanierung und Insolvenz, Köln 1997

Schmidt-Wendt, Dietrich Ziche, Christian Ausgleichsansprüche gegen Mitgesellschafter bei eigenkapitalersetzenden Gesellschafterdarlehen?, BB 1991, 2235

Schneider, Uwe H. „Kapitalmindernde Darlehen" der GmbH an ihre Gesellschafter, in: Festschrift Döllerer, Düsseldorf 1988, 543

ders. Das Recht der Konzernfinanzierung, ZGR 1984, 497

Schön, Wolfgang Die stille Beteiligung an dem Handelsgewerbe einer Kom-manditgesellschaft, ZGR 1990, 220

Scholz Kommentar zum GmbH-Gesetz, 9. Aufl., Bd. I, Köln 2000, Bd. II, Köln 2002

Schulze-Osterloh, Joachim Zivilrecht und Steuerrecht, AcP 190 (1990), 140

ders. Gläubiger- und Minderheitenschutz bei der steuerlichen Betriebsaufspaltung, ZGR 1983, 123

Seibert, Ulrich Festschrift für Walter Röhricht, Die rechtsmissbräuchliche Verwendung der GmbH in der Krise – Stellungnahme zu einer Umfrage des Bundesministeriums der Justiz, S. 581-601

Seidl, Otto — Richterliche Rechtsfortbildung und Verfahrensrecht, ZGR 1988, 296

Serick, Rolf — Überschuldete Gesellschaft und konkursabwendender Forderungsrücktritt eines Nichtgesellschafters, ZIP 1980, 9

Siegel, Theodor — § 8 a KStG ist tot – Es lebe die Gesellschafterfremdfinanzierung, GmbHR 1990, 138

Sieger, Jürgen J.
Aleth, Franz — Finanzplankredite: Stand der Rechtsprechung und offene Fragen, GmbHR 2000, 462

Sieker, Susanne — Eigenkapital und Fremdkapital der Personengesellschaft, Köln 1991

Singer, Reinhard — Das Verbot widersprüchlichen Verhaltens, München 1993

Sonnenberger, Hans-Jürgen — Das Darlehen des GmbH-Gesellschafters als Mittel der Gesellschaftsfinanzierung, NJW 1965, 2033

Spreemann, Klaus — Investition und Finanzierung, 4. Aufl., München/Wien 1991

Staub, Hermann — Großkommentar zum HGB, §§ 166-177 a, 4. Aufl., Berlin/New York 1987 (Bearb. Schilling)

Stauder, Bernd — Gesellschaftsdarlehen an Kapitalgesellschaften, GmbHR 1968, 73

Staudinger, Julius — Kommentar zum BGB, Bd. 2 (§§ 433-534), 13. Aufl., Berlin 1995 (Bearb. Honsell)

Steinbeck, Anja Verena — Obligatorische Nutzungsüberlassung als Sacheinlage und Kapitalersatz, ZGR 1996, 116

Stimpel, Walter — Durchgriffshaftung bei der GmbH: Tatbestände, Verlustausgleich, Ausfallhaftung, in: Festschrift Gördeler, Düsseldorf 1987, 601

Süchting, Joachim — Finanzmanagement: Theorie und Politik der Unternehmensfinanzierung, 6. Aufl., Wiesbaden 1995

Swoboda, Peter — Investition und Finanzierung, 4. Aufl., Göttingen 1992

Teller, Horst — Rangrücktrittsvereinbarungen zur Vermeidung der Überschuldung bei der GmbH, Köln 1993

Thomas, Heinz
Putzo, Hans — Zivilprozessordnung, 26. Aufl., München 2004

Thöne, Wolfgang A. — Behandlung der Gesellschafterdarlehen im Konkurs der Gesellschaft nach der GmbH-Novelle, DB 1980, 2179

Timm, Wolfram — Das neue GmbH-Recht in der Diskussion, GmbHR 1980, 286

Tipke, Klaus
Lang, Joachim — Steuerrecht, 17. Aufl., Köln 2002

Uhlenbruck, Wilhelm — Die Überschuldungsprüfung durch den GmbH-Geschäftsführer nach der Formel von der Quadratur des Kreises?

Ullrich, Hans — Gesellschafterdarlehen der Banken in der Finanzkrise der GmbH, GmbHR 1983, 133

Ulmer, Peter — Gebrauchsüberlassung an die GmbH als Eigenkapitalersatz, in: Festschrift für Kellermann, Berlin/New York 1991, 484

ders. — Umstrittene Fragen im Recht der Gesellschafterdarlehen (§ 32 a GmbHG), ZIP 1984, 1163

ders. — Die neuen Vorschriften über kapitalersetzende Darlehen und eigene Geschäftsanteile, in: Das neue GmbH-Recht in der Diskussion, Köln 1981

ders. — Gesellschafterdarlehen und Unterkapitalisierung bei GmbH und GmbH & Co. KG, in: Festschrift Duden, München

Unger, Joachim — Unterkapitalisierung in Belgien und Frankreich, Frankfurt a.M. 1982

von Armin, Bernd — Eigenkapital, in: Büschgen, Hans E. (Hrsg.), Handwörterbuch der Finanzwirtschaft, Stuttgart 1976

von Gerkan, Hartwin	Zur Umqualifizierung stehengelassener Gesellschafterkredite zu Eigenkapitalersatz, GmbHR 1996, 400
ders.	Die Rechtsfolgen der eigenkapitalersetzenden Nutzungsüberlassung – Fragen und Zweifel, ZHR 158 (1994), 668
ders.	Zum Stand der Rechtsentwicklung bei den kapitalersetzenden Gesellschafterleistungen, GmbHR 1990, 384
ders.	Kapitalersetzende Gesellschafterleistungen, Schwerpunkte und Entwicklungen im Recht der kapitalersetzenden Gesellschafterleistungen, GmbHR 1986, 218
ders.	Anm. zu BGH WM 1986, 1554; EwiR § 30 GmbHG 2/86, 1209
von Gerkan, Hartwin *Hommelhoff, Peter (Hrsg.)*	Handbuch des Kapitalersatzrechts, 2. Aufl., Köln 2002
dies.	Kapitalersatz in Gesellschafts- und Insolvenzrecht, 5. Aufl., Köln 1997
von Wysocki, Klaus u. a. (Hrsg.)	Fremdfinanzierung von Kapitalgesellschaften durch Anteilseigner, München 1982
Vonnemann, Wolfgang	Haftung von GmbH-Gesellschaftern wegen materieller Unterkapitalisierung, GmbHR 1992, 77
ders.	Haftung der GmbH-Gesellschafter bei materieller Unterkapitalisierung, Baden-Baden 1991
ders.	Gebrauchsüberlassung als eigenkapitalersetzende Leistung, DB 1990, 261
ders.	Sinn und Zweck des § 32 a GmbHG und der Rechtsprechungsregeln zu den sogenannten eigenkapitalersetzenden Gesellschafterdarlehen, GmbHR 1989, 145
Vormbaum, Herbert	Finanzierung der Betriebe, 9. Aufl., Wiesbaden 1995

Wank, Rolf	Richterliche Rechtsfortbildung und Verfahrensrecht, Co-Referat, ZGR 1988, 314
Westermann, Harm Peter *Westermann, Harry*	Handbuch der Personengesellschaft, Bd. I, 4. Aufl. Köln, Stand: September 1996
Westermann, Harm Peter	Vertragsfreiheit und Typengesetzlichkeit im Recht der Personengesellschaften, Berlin/Heidelberg/New York 1970
Wiedemann, Herbert	Gesellschaftsrechtliche Probleme der Betriebsaufspaltung, ZIP 1986, 1293
ders.	Gesellschaftsrecht Bd. I, München 1980
ders.	Haftungsbeschränkungen und Kapitaleinsatz in der GmbH, in: Wiedemann/Bär/Dabin, Haftung der GmbH-Gesellschafter, Köln 1969, 5
ders.	Eigenkapital und Fremdkapital – eine gesellschaftsrechtliche Zwischenbilanz, in: Festschrift Beusch, Berlin/New York, 893, 199
Wilhelm, Gerhard Albert	Die Problematik der Massen-KG, insbesondere die Probleme bei Überprüfung, Auslegung und Ergänzung der Gesellschaftsverträge, Diss. Tübingen 1980
Wilhelmi, Rüdiger	Das Mindestkapital als Mindestschutz – eine Apologie im Hinblick auf die Diskussion um eine Reform der GmbH angesichts der englischen Limited, GmbHR 2006, 13
Wilken, Oliver	Betriebsaufspaltung, Finanzplanmittel und das Kapitalersatzrecht, WiB 1996, 561
Wimmer, Richard	Die Haftung des GmbH-Geschäftsführers, NJW 1996, 2546
Winkler, Karl	Die Haftung der Gesellschafter einer unterkapitalisierten GmbH, BB 1969, 1202
Winter, Georg	Die Haftung der Gesellschafter im Konkurs der unterkapitalisierten GmbH, Frankfurt a.M. 1973

Winter, Heinz — Übersicht über die Ergebnisse der Umfrage zur rechtstatsächlichen Struktur der GmbH, GmbHR 1969, 120, 145

Winter, Martin — Mitgliedschaftliche Treubindungen im GmbH-Recht, München 1988

Wöhe, Günter / *Bilstein, Jürgen* — Grundzüge der Unternehmensfinanzierung, 9. Aufl., München 2002

Wöhe, Günter / *Döring, Ulrich* — Allgemeine Einführung in die Betriebswirtschaftslehre, 21. Aufl., München 2002

Wüst, Günther — Unterkapitalisierung und Überschuldung bei Beschränkthaftern, JZ 1985, 817

Zanner, Andreas — Rechtsfolgen eigenkapitalersetzender Gesellschafterdarlehen bei der GmbH und GmbH & Co. KG, Mainz 1989

Zartmann, H. — Der Gläubigerschutz bei konzernmäßig verbundenen Unternehmen, insbesondere bei Organschaftsverhältnissen nach geltendem und künftigem Aktienrecht, AG 1965, 93

Ziegler, Klaus — Kapitalersetzende Gebrauchsüberlassung und Konzernhaftung bei der GmbH unter besonderer Berücksichtigung der Betriebsaufspaltung, Baden-Baden 1989

Zöllner, Wolfgang — Konkurrenz für inländische Kapitalgesellschaften durch ausländische Rechtsträger, insbesondere durch die englische Private Limited Company, GmbHR 2006, 1